AF474293

VOYAGE

DANS

LA BASSE ET LA HAUTE

ÉGYPTE.

Cet ouvrage, composé d'un vol. in-4° de texte et d'un vol. de planches format atlantique, se vend

A PARIS,

Chez L'AUTEUR, rue J. J. Rousseau, hôtel de Bullion;
P. DIDOT l'aîné, imprimeur, aux galeries du Louvre, n° 3.

Le même ouvrage, 3 vol. in-12 sans atlas, nécessaire aux acquéreurs de la premiere édition.

VOYAGE

DANS

LA BASSE ET LA HAUTE ÉGYPTE,

PENDANT

LES CAMPAGNES DU GÉNÉRAL BONAPARTE.

PAR VIVANT DENON.

A PARIS,

DE L'IMPRIMERIE DE P. DIDOT L'AINE,

AUX GALERIES DU LOUVRE, n° 3.

AN X. = M. DCCCII.

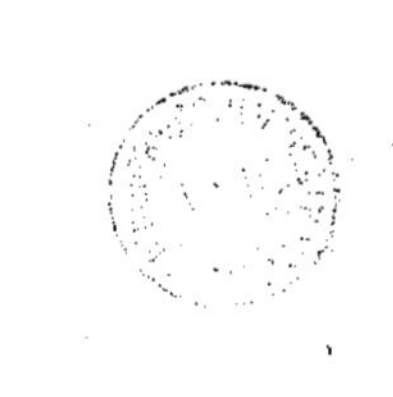

A BONAPARTE.

Joindre l'éclat de votre nom à la splendeur des monuments d'Égypte, c'est rattacher les fastes glorieux de notre siecle aux temps fabuleux de l'histoire; c'est réchauffer les cendres des *Sésostris* et des *Mendès*, comme vous conquérants, comme vous bienfaiteurs.

L'Europe, en apprenant que je vous accompagnois dans l'une de vos plus mémorables expéditions, recevra mon ouvrage avec un avide intérêt. Je n'ai rien négligé pour le rendre digne du héros à qui je voulois l'offrir.

VIVANT DENON.

PRÉFACE.

Le principal objet d'un auteur, lorsqu'il se décide à faire une préface, est de donner une idée de son ouvrage. Je remplirai cette espece de devoir en insérant ici le discours que je me proposois de lire à l'institut du Caire, à mon retour de la haute Egypte.

« Vous m'avez dit, citoyens, que l'institut attendoit de moi que je lui rendisse compte de mon voyage dans la haute Égypte, en lui faisant lecture, dans différentes séances, du journal qui doit accompagner les dessins que j'ai rapportés. L'envie de répondre au vœu de l'institut hâtera la rédaction d'une foule de notes que j'ai prises, sans autre prétention que de ne rien oublier de tout ce que chaque jour offroit à ma curiosité. Je parcourois un pays que l'Europe ne connoît guere que de nom; tout y devenoit donc important à décrire; et je prévoyois bien qu'à mon retour chacun m'interrogeroit sur ce qui, en raison de ses études habituelles ou de son caractere, exciteroit davantage sa curiosité. J'ai dessiné des objets de tous les genres; et si je crains ici de fatiguer ceux à qui je montre mes nombreuses productions, parcequ'elles ne leur retracent que ce qu'ils ont sous les yeux, arrivé en France, je me reprocherai peut-être de ne les avoir pas multipliées encore davantage, ou, pour mieux dire, je gémirai de ce que les circonstances ne m'en ont laissé ni le temps ni les facilités. Si mon zele a mis en œuvre tout ce que j'ai de moyens, ils ont été puissamment secondés par le général en chef, en qui les plus vastes conceptions ne font oublier aucun détail. Comme il savoit que le but de mon voyage étoit de visiter les monuments de la haute Égypte, il me fit partir avec la division qui devoit en faire la conquête. J'ai trouvé dans le général Desaix un savant, un curieux, un ami des arts; j'en ai obtenu toutes les complaisances que pouvoient lui permettre les circonstances. Dans le général Belliard, j'ai trouvé égalité de caractere, de l'amitié, des soins inaltérables; de l'aménité dans les officiers; une cordiale obligeance dans tous les soldats de la vingt-unieme demi-brigade; enfin je m'étois identifié de telle sorte au bataillon qu'elle formoit, et au milieu duquel j'avois, si l'on peut s'exprimer ainsi, établi mon domicile, que j'oubliois le plus souvent que je faisois la guerre, ou que la guerre étoit étrangere à mes occupations.

« Comme on avoit à poursuivre un ennemi toujours à cheval, les mouvements de la division ont toujours été imprévus et multipliés. J'étois donc obligé quelquefois de passer rapidement sur les monuments les plus intéressants; quelquefois de m'arrêter où il n'y avoit rien à observer. Mais, si j'ai senti la fatigue des marches infructueuses, j'ai éprouvé aussi qu'il est souvent avantageux de prendre un premier apperçu des grandes choses avant de les détailler; que si elles éblouissent d'abord par leur nombre, elles se classent ensuite dans l'esprit par la réflexion; que s'il faut conserver avec soin les premieres impressions, ce n'est qu'en l'absence de l'objet qui les a fait naître qu'on peut les bien examiner, les analyser. J'ai pensé aussi qu'un artiste voyageur, en se mettant en marche, devoit déposer tout amour-propre de métier; qu'il ne doit pas s'occuper de ce qui peut ou non composer un beau dessin, mais de l'intérêt que devra généralement inspirer l'aspect du lieu qu'il se propose de dessiner. J'ai déja été récompensé de l'abandon que j'ai fait de cet amour-propre par la complaisante curiosité que vous avez mise, citoyens, à observer avidement le nombre immense des dessins que j'ai rapportés; dessins que j'ai faits le plus souvent sur mon genou, ou debout, où même à cheval: je n'ai jamais pu en terminer un seul à ma volonté, puisque pendant toute une année je n'ai pas trouvé une seule fois une table assez bien dressée pour y poser une regle.

« C'est donc pour répondre à vos questions que j'ai fait cette multitude de dessins, souvent trop petits, parceque nos marches étoient trop précipitées pour attaquer les détails des objets dont je voulois au moins vous apporter et l'aspect et l'ensemble. Voilà comme j'ai pris en masse les pyramides de Ssakharah, dont j'ai traversé l'emplacement au galop pour aller me fixer un mois dans les maisons de boue de Benisuef. J'ai employé ce temps à comparer les caracteres, dessiner les figures, les costumes des différents peuples qui habitent maintenant l'Égypte, leurs fabriques, le gisement de leurs villages.

« Je vis enfin le portique d'Hermopolis; et les grandes masses de ses ruines me donnerent la premiere image de la splendeur de l'architecture colossale des Egyptiens: sur chaque rocher qui compose cet édifice il me sembloit voir gravé, *Postérité*, *éternité*.

« Bientôt après, Denderah (Tintyris) m'apprit que ce n'étoit point dans les seuls ordres dorique, ionique, et corinthien, qu'il falloit chercher la beauté de l'architecture; que par-tout où existoit l'harmonie des parties, là étoit la beauté. Le matin m'avoit amené près de ses édifices, le soir m'en arracha plus agité que satisfait. J'avois vu cent choses; mille m'étoient échappées : j'étois entré pour la premiere fois dans les archives des sciences et des arts. J'eus le pressentiment que je ne devois rien voir de plus beau en Égypte; et vingt voyages que j'ai faits depuis à *Denderah* m'ont confirmé dans la même opinion. Les sciences et les arts unis par le bon goût ont décoré le temple d'Isis : l'astronomie, la morale, la métaphysique, ont ici des formes, et ces formes décorent des plafonds, des frises, des soubassements, avec autant de goût et de grace que nos sveltes et insignifiants arabesques enjolivent nos boudoirs.

« Nous avancions toujours. Je l'avouerai, j'ai tremblé mille fois que Mourat-bey, las de nous fuir, ne se rendît, ou ne tentât le sort d'une bataille. Je crus que celle de Samanhout alloit être la catastrophe de ce grand drame : mais, au milieu du combat, il pensa que le désert nous seroit plus fatal que ses armes; et Desaix vit encore fuir l'occasion de le détruire, et moi renaître l'espoir de le poursuivre jusqu'au-delà du tropique.

« Nous marchâmes sur Thebes, Thebes dont le seul nom remplit l'imagination de vastes souvenirs. Comme si elle avoit pu m'échapper, je la dessinai du plus loin que je pus l'appercevoir; et je crus sentir en faisant ce dessin que vous partageriez un jour le sentiment qui m'animoit. Nous devions la traverser rapidement; à peine on appercevoit un monument, qu'il falloit le quitter.

« Là étoit un colosse qu'on ne pouvoit mesurer que de l'œil et d'après le sentiment de surprise que sa vue occasionnoit; à droite, des montagnes creusées et sculptées; à gauche, des temples, qui, à plus d'une lieue, paroissoient encore d'autres rochers; des palais, d'autres temples dont j'étois arraché; et je me retournois pour chercher machinalement ces cent portes, expression poétique par laquelle Homere a voulu d'un seul mot nous peindre cette ville superbe, chargeant le sol du poids de ses portiques, et dont la largeur de l'Égypte pouvoit à peine contenir l'étendue. Sept voyages n'ont pas suffi à la curiosité que m'avoit inspirée cette premiere journée; ce ne fut qu'à la quatrieme que je pus toucher à l'autre rive du fleuve.

« Plus loin, Hermontis m'auroit semblé superbe, si je ne l'eusse trouvée presque aux portes de Thebes. Le temple d'Esnê, l'ancienne *Latopolis*, me parut la perfection de l'art chez les Égyptiens, une des plus belles productions de l'antiquité; celui d'Etfu (ou Apollinopolis magna), un des plus grands, des plus conservés, et le mieux situé de tous les monuments de l'Égypte: en son état actuel il paroît encore une forteresse qui la domine.

« Ce fut là que le sort de mon voyage fut décidé, et que nous nous mîmes irrévocablement en marche pour Syene (Assuan); c'est dans cette traversée de désert que pour la premiere fois je sentis le poids des années, que je n'avois pas comptées en m'engageant dans cette expédition; mon courage plus que mes forces me porta jusqu'à ce terme. Là je quittai l'armée pour rester avec la demi-brigade qui devoit tenir Mourat-bey dans le désert. Fier de trouver à ma patrie les mêmes confins qu'à l'empire romain, j'habitai avec gloire les mêmes quartiers des trois cohortes qui les avoient jadis défendus. Pendant vingt-deux jours que je restai dans ce lieu célebre je pris possession de tout ce qui l'avoisinoit. Je poussai mes conquêtes jusque dans la Nubie, au-delà de Philée, isle délicieuse, dont il fallut encore arracher les curiosités à ses farouches habitants; six voyages et cinq jours de siege m'ouvrirent enfin ses temples. Sentant toute l'importance de vous faire connoître le lieu que j'habitois, toutes les curiosités qu'il rassembloit, j'ai dessiné jusqu'aux rochers, jusqu'aux carrieres de granit, d'où sont sorties ces figures colossales, ces obélisques plus colossals encore, ces rochers couverts d'hiéroglyphes. J'aurois voulu vous rapporter, avec les formes, des échantillons de tout ce qu'elles contiennent d'intéressant. Ne pouvant faire la carte du pays, j'ai dessiné à vol-d'oiseau l'entrée du Nil dans l'Égypte, les vues de ce fleuve roulant ses eaux à travers les aiguilles granitiques, qui semblent avoir marqué les limites de la brûlante Éthiopie, et d'un pays plus heureux et plus tempéré. Laissant pour jamais ces âpres contrées, je me rapprochai de la verdoyante Éléphantine, le jardin du tropique: je recherchai, je mesurai tous les monuments qu'elle conserve, et quittai à regret ce paisible séjour, où des occupations douces m'avoient rendu la santé et les forces.

«Sur la rive droite du Nil je trouvai *Ombos*, la ville du Crocodile, celle de Junon Lucine, Cophtos, près de laquelle il fallut défendre ce que je rapportois de richesses, du fanatisme atroce des Mekkains.

«Établi à Kéné, j'accompagnai ceux qui traverserent le désert pour aller à Cosséir mettre une barriere à de nouvelles émigrations de l'Arabie. Je vis ce que l'on pourroit appeler la coupe de la chaine du Mokattam, les bords stériles de la mer Rouge: j'appris à connoître, à révérer cet animal patient que la nature semble avoir placé dans cette région pour réparer l'erreur qu'elle a commise en créant un désert. Je revins à Kéné, d'où je partis successivement pour retourner à Etfu, à Esnê, à Hermontis, à Thebes, à Denderah; à Etfu, à Thebes encore, toutes les fois qu'on envoyoit un détachement, et par-tout où il étoit envoyé. Si l'amour de l'antiquité a fait souvent de moi un soldat, la complaisance des soldats pour mes recherches en a fait souvent des antiquaires. C'est dans ces derniers voyages que j'ai visité les tombeaux des rois; que j'ai pu prendre dans ces dépôts mystérieux une idée de l'art de la peinture chez les Égyptiens, de leurs armes, de leurs meubles, de leurs ustensiles, de leurs instruments de musique, de leurs cérémonies, de leurs triomphes; c'est dans ces derniers voyages que je suis parvenu à m'assurer que les hiéroglyphes sculptés sur les murailles n'étoient pas les seuls livres de ce peuple savant. Après avoir trouvé sur des bas-reliefs des personnages dans l'action d'écrire, j'ai trouvé encore ce rouleau de papyrus, ce manuscrit unique qui a déja fait l'objet de votre curiosité; frêle rival des pyramides, précieux gage d'un climat conservateur, monument respecté par le temps, et que quarante siecles placent au rang du plus ancien de tous les livres.

« C'est dans ces dernieres excursions que j'ai cherché, par des rapprochements, à compléter cette volumineuse collection de tableaux hiéroglyphiques; c'est en pensant à vous, citoyens, et à tous les savants de l'Europe, que je me suis trouvé le courage de copier avec une scrupuleuse exactitude les détails minitieux de tableaux secs, dénués de sens, et qui ne devoient avoir pour moi de l'intérêt qu'avec le secours de vos lumieres.

« A mon retour, citoyens, chargé de mes ouvrages, dont le poids s'étoit journellement augmenté, j'ai oublié la fatigue qu'ils m'avoient coûtée, dans la pensée qu'achevés sous vos yeux, et à l'aide de vos conseils, je pourrois quelque jour les utiliser pour ma patrie, et vous en faire un digne hommage. »

VOYAGE

DANS LA BASSE ET LA HAUTE

ÉGYPTE.

J'AVOIS toute ma vie desiré de faire le voyage d'Égypte ; mais le temps, qui use tout, avoit usé aussi cette volonté. Lorsqu'il fut question de l'expédition qui devoit nous rendre maîtres de cette contrée, la possibilité d'exécuter mon ancien projet en réveilla le desir; un mot du héros qui commandoit l'expédition décida de mon départ : il me promit de me ramener avec lui; et je ne doutai pas de mon retour. Dès que j'eus assuré le sort de ceux dont l'existence dépendoit de la mienne, tranquille sur le passé, j'appartins tout à l'avenir. Bien persuadé que l'homme qui veut constamment une chose acquiert dès-lors la faculté de parvenir à son but, je ne songeai plus aux obstacles, ou du moins je sentis au-dedans de moi tout ce qu'il falloit pour les surmonter; mon cœur palpitoit sans qu'il me fût possible de me rendre compte si cette émotion étoit de la joie ou de la tristesse; j'allois errant, évitant tout le monde, m'agitant sans objet, sans prévoir ni rassembler rien de ce qui alloit m'être si utile dans un pays si dénué de toutes ressources. Le brave et malheureux *du Falga* m'associa mon neveu. Combien je fus reconnoissant de ce bienfait! emmener un être aimable en m'éloignant de tout ce que j'aimois, c'étoit empêcher la chaîne de mes affections de se rompre, c'étoit conserver à mon ame l'exercice de sa sensibilité, c'étoit un acte qui caractérisoit la délicatesse de ce brave et savant homme.

Je m'étendrai peu sur mon voyage de Paris jusqu'au port désigné pour l'embarquement. Nous arrivâmes à Lyon sans sortir de voiture; là nous nous embarquâmes sur le Rhône jusqu'à Avignon. Je pensois, en voyant les belles rives de la Saône, les pittoresques bords du Rhône, que, sans jouir de ce qu'ils possedent, les hommes vont chercher bien loin des aliments à leur insatiable curiosité. J'avois vu la Néva, j'avois vu le Tibre, j'allois chercher le Nil; et cependant je n'avois pas trouvé en Italie de plus belles antiquités qu'à Nîmes, Orange, Beaucaire, S.-Remi, et Aix. Je cite cette derniere ville, parceque nous y restâmes une heure, et que je m'y baignai dans une chambre et dans une baignoire où, depuis le proconsul Sextus, on n'avoit rien changé que le robinet.

Nous perdîmes un jour à Marseille: nous en partîmes le 24 floréal an 6, pour Toulon; et, le 25, j'étois en mer sur la frégate *la Junon*, destinée avec deux autres frégates à éclairer la route, et former l'avant-garde.

Le vent étoit contraire; la sortie fut difficile : nous abordâmes deux autres bâtiments; pronostic fâcheux : un Romain seroit rentré; mais ce Romain auroit eu tort, car le hasard, qui nous sert presque toujours mieux que nous ne nous servons nous-mêmes, en ne me laissant rien faire comme je voulois, en me conduisant aveuglément à tout ce que je voulois faire, me mit dès ce moment aux avant-postes, que je ne devois pas quitter de toute l'expédition.

Le 26, nous ne fîmes que des bordées.

Le 27, vers le soir, nous découvrîmes quatre voiles; elles manœuvroient sous notre vent en ordre de bataille : on ordonna le branlebas; le *branlebas!* mot terrible dont on ne peut se faire idée, quand on n'a pas été en mer : silence, terreur, appareil de carnage, appareil de ses suites, plus funestes que le carnage même, tout est là sous les yeux réuni sur un même point; la manœuvre et les canons sont les seuls objets de la sollicitude, et les hommes ne sont plus qu'accessoires. La nuit vint, et non pas la tranquillité; nous la passâmes à notre poste. Au jour, nous n'avions rien perdu de l'avantage des vents: nous ne pouvions juger si c'étoient des vaisseaux ou des frégates; ils étoient quatre, et nous trois; tous nos bas-agrès étoient embarrassés de trains d'artillerie : dans l'après-midi la commandante nous ordonna de la suivre en ordre de bataille, et assura son pavillon d'un coup de canon : les bâtiments inconnus arborerent pavillon espagnol. La nuit arrivoit, on nous laissa coucher: à trois heures du matin on nous éveilla avec l'ordre de se préparer au combat.

Je n'étois pas fâché de commencer une expédition par quelque chose de brillant; mais j'avois bien quelque peur d'échanger le Nil contre la Tamise. Nous n'étions plus qu'à une portée de canon, lorsque la commandante envoya un canot, qui, après une heure, nous rapporta que nous avions également inquiété quatre frégates espagnoles, qui ne venoient pas plus que nous chercher l'ennemi.

Le 30, à la pointe du jour, le vent passa au nord-ouest : la flotte et le convoi se mirent en mouvement, et à midi la mer en fut couverte. Quel spectacle imposant! jamais pompe nationale ne peut donner une plus grande idée de la splendeur de la France, de sa force, de ses moyens; et peut-on sans la plus vive admiration songer à la facilité, à la promptitude avec laquelle fut préparée cette grande et mémorable expédition ! On vit accourir avec enthousiasme dans les ports des milliers d'individus de toutes les classes de la société. Presque tous ignoroient quelle étoit leur destination : ils quittoient femmes, enfants, amis, fortune, pour suivre Bonaparte, et par cela seul que Bonaparte devoit les conduire.

Le 1er prairial, l'*Orient* sortit enfin du port, et nous commençâmes à marcher par un bon vent; chaque bâtiment prit ses positions en ordre de marche. Nous nous mîmes en avant; ensuite venoit le général avec ses avisos et les vaisseaux de ligne; le convoi suivoit la côte entre les isles d'Hieres et du Levant: le soir, le vent fraîchit; *le Francklin* fut démâté de son hunier d'artimon; deux frégates de notre division furent envoyées pour avertir le convoi de Gênes qui devoit nous joindre; et, le 3 prairial au matin, nous nous trouvâmes par le travers de la Corse à la hauteur de S.-Florent, voyant cette partie de l'isle comme elle est représentée figure premiere, planche premiere de l'Atlas.

Nous dirigions sur le cap Corse, qui termine cette premiere figure, marchant à l'est, abandonnant à notre gauche Gênes et le rivage ligurien. Notre ligne militaire avoit une lieue d'étendue, et le demi-cercle que formoit le convoi en avoit tout au moins six. Je comptai cent soixante bâtiments, sans pouvoir tout compter.

Le 4, au matin, nous avions dépassé le cap Corse; le convoi filoit en bon ordre; nos vaisseaux étoient par le travers du cap Corse et de l'isle Capraya. J'en dessinai le détroit (*figure* 2).

Le convoi qui étoit resté sous le vent du cap ne put le doubler de la journée, et nous restâmes à l'attendre sur le cap même, à une lieue de la terre. Je fis un dessin du cap (*n*° 3).

Le 5, au matin, la division légere se trouva par le travers de la côte orientale de la Corse, vis-à-vis de Bastia, dont je distinguai fort bien la rade et le port: j'en fis le dessin (*n*° 6). La ville me parut jolie, et le territoire d'un aspect moins sauvage que le reste de l'isle : j'en fis un dessin (*n*° 4). L'isle d'Elbe est un rocher de fer, dont les mines cristallisées offrent toutes les couleurs du prisme. Ce rocher est partagé en trois souverainetés : la seigneurie et les mines sont au prince de Piombino; à gauche, Porto-Ferraio appartient au grand-duc de Toscane; à droite, Porto-Longone est au roi de Naples (1).

Je fis aussi le dessin de la partie sud-ouest de Capraya (*n*° 5), qui n'est de ce côté qu'un rocher escarpé inabordable. Il appartient aux Génois, qui y ont un château et un mouillage à la partie orientale.

A 5 heures, nous avions à l'est l'isle Pianose, qui n'est qu'un plateau d'une lieue d'étendue; elle ne s'éleve qu'à quelques pieds au-dessus de la surface de la mer; ce qui en fait un écueil très dangereux de nuit pour tout pilote qui ne connoît pas ces parages; elle est entre l'Elbe et Monte-Cristo, rocher inculte, abandonné aux chevres sauvages (*voyez*

(1) D'après le dernier traité de paix avec Naples, la possession de l'isle est assurée à la France.

n° 7). A l'ouest de cette isle, le vent nous manquoit, et notre pesant convoi ne cheminoit plus.

Quand le calme s'établit, l'oisiveté développe toutes les passions des habitants d'un vaisseau, fait naître tous les besoins superflus, et les querelles pour se les procurer. Les soldats vouloient manger le double, et se plaignoient; les plus avides vendoient leurs effets ou en faisoient des loteries; d'autres, encore plus pressés de jouir, jouoient, et perdoient plus en un quart-d'heure qu'ils ne pouvoient payer en toute leur vie : après l'argent venoient les montres; j'en ai vu six ou huit sur un coup de dés. Lorsque la nuit faisoit treve à ces jouissances violentes, un mauvais violon, un plus mauvais chanteur, charmoient sur le pont un nombreux auditoire : un peu plus loin, un conteur énergique attachoit l'attention d'un groupe de soldats, toujours prêts à s'emporter contre celui qui auroit troublé le récit des prodiges de valeur et des aventures merveilleuses de Tranche-Montagne : car le héros étoit toujours un soldat; ce qui rendoit toutes les aventures aussi probables qu'intéressantes pour les auditeurs.

Cependant nos provisions diminuoient, et nous restions toujours sur les mêmes parages.

Le 6, nous étions encore par le travers du Monte-Cristo, et de la rive orientale de la Corse. Je fis la vue de cette derniere (*n*° 8). Cette partie de l'isle me parut la plus riante et la mieux cultivée.

Le 7, au point du jour, nous nous trouvâmes devant les bouches de Bonifacio (*voyez n*° 9). Notre convoi étant rassemblé, nous eussions fait bonne route, si on n'avoit pas été obligé de mettre en panne pour attendre les divisions d'Ajaccio et de Civita-Vecchia. La *Diane* et un aviso leur avoient été dépêchés; nous avions reçu l'ordre de croiser en avant, de questionner et de reconnoître les bâtiments.

Le 8, au matin, nous avions perdu toute terre de vue. La journée du 9 se passa dans une parfaite stagnation. Le calme d'une croisiere en mer ressemble au sommeil que procure l'opium dans l'ardeur de la fievre; le mal a été suspendu, mais on n'a rien gagné sur la maladie.

Le 10, on nous laissa marcher. Le convoi d'Ajaccio nous avoit joints, et l'on n'attendoit plus celui de Civita-Vecchia; nous avions perdu de vue la Corse, et nous nous trouvions vis-à-vis de l'isle de Talara (*voyez planche* II, *n*° 1).

La Sardaigne n'est pas aussi élevée que la Corse : ces deux isles l'une au bout de l'autre paroissent une prolongation de la chaîne des Alpes qui aboutit au golfe de Gênes, ainsi que la chaîne de l'Apennin, celle des Vosges, et toutes les autres chaînes secondaires, qui ne sont que des diramations divergentes du même noyau. A midi, on nous signala un ordre par écrit : nous avions tellement besoin d'évènements que ce fut une fête à bord; cet ordre étoit de marcher sur Cagliari, et de revenir à Porto-Vecchio, si l'ennemi supérieur en forces nous y avoit prévenus.

Le 11 et le 12, nous ne pûmes profiter

du vent, la flotte n'ayant fait que des bordées : le soir, la *Badine* nous rejoignit, nous apportant l'espoir presque certain de trouver la mer libre à la pointe de Cagliari. Le soir, je dessinai cette pointe.

Jusqu'au 16 il n'y eut rien de nouveau. Nos provisions s'achevoient ; notre eau fétide ne pouvoit plus être chauffée ; les animaux utiles disparoissoient, et ceux qui nous mangeoient centuploient.

Le 17, nous reçûmes l'ordre d'une nouvelle formation ; ce qui nous fit penser que décidément nous nous mettions en marche, et que nous allions faire canal. La *Diane* marchoit en avant : nous passions ses signaux à l'*Alceste*, qui les transmettoit au *Spartiate*, de là à l'*Aquilon*, et enfin à l'*Amiral*. Vers les 8 heures nous nous trouvâmes dans l'ordre que je viens de décrire. En cas que la *Diane* chassât un vaisseau ennemi, les cinq bâtiments de la flotte légere devoient forcer de voiles pour les rejoindre. Nous vîmes de petits dauphins à notre proue ; mais, à notre grand regret, ils disparurent pendant que nous nous disposions à les harponner. Je les observai de très près ; leur marche ressemble au tangage d'un bâtiment ; ils sortent ainsi de l'eau, et s'élancent à vingt pieds en avant ; leur forme est élégante, et leurs mouvements rapides ressemblent plutôt à la gaieté d'une joûte, qu'ils n'annoncent la voracité d'un animal qui cherche une proie. Le soir, le vent fraîchit, et, passant de l'est à l'ouest, rassembla de telle sorte le convoi, que je crus voir Venise, et que tous ceux qui connoissoient cette ville s'écrierent, *C'est Venise qui marche* (*v. n*° 1, *pl.* III) ! Au soleil couchant nous découvrîmes Martimo, et reçûmes ordre de rallier le convoi, au milieu duquel nous passâmes la nuit comme dans une ville ambulante.

Le 18, nous reprîmes l'ordre de la veille. Je dessinai le Martimo (*n*° 4, *pl.* II), rocher qui semble être un môle à la pointe occidentale de la Sicile : c'est un des points de reconnoissance de la Méditerranée, et c'étoit un de ceux où nous pouvions trouver les Anglais. Le vent fraîchit et nous faisions deux lieues à l'heure : c'est dans ces cas qu'on oublie les inconvénients de la mer pour ne voir que l'avantage d'en faire l'agent d'une marche de quarante mille hommes, sans halte ni relais. A une heure, nous étions par le travers de Martimo, à une lieue de ce rocher, découvrant la Favaniane, autre rocher qui est devant Trapany, et le Mont-Erix, qui domine cette ville, célebre par un temple de Vénus, et par la maniere dont on y offroit des sacrifices à cette déesse. J'avois autrefois visité le Mont-Erix, et j'y avois cherché son temple, la ville du même nom, renommée par la beauté des femmes qui l'habitoient : mais, malgré ma jeunesse et l'imagination de cet âge, je n'avois pu voir qu'un méchant village, quelques substructions du temple, et les squelettes des anciennes beautés. Je fis un dessin de la Favaniane, du Mont-Erix, et d'une partie de la côte de Sicile. (*voyez planche* II, *n*° 6).

Ce pays agréable, cultivé, abondant, consoloit nos yeux de l'aspect âpre des côtes de Corse et des rochers qui les avoisinent : ils avoient un charme de plus pour moi, celui des souvenirs; la Sicile étoit pour mon imagination une ancienne propriété: je pouvois appercevoir, à travers les vapeurs de l'atmosphere, Marsala, l'ancienne Lilybée, d'où les Grecs et les Romains voyoient sortir de Carthage les flottes qui venoient les attaquer. Plus loin j'entrevoyois les campagnes vertes et riantes de Mazzarra, la ville de Motia, que les Syracusains attacherent à la terre par une jetée, pour y aller combattre les Carthaginois; et mon imagination, suivant la côte, rêvoit les aspects de Sélinonte, de ses temples, de ses colonnes debout ressemblant encore à des tours, et plus loin l'hospitaliere Agrigente. Nous faisions trois lieues à l'heure; et mon rêve alloit se réaliser, lorsqu'on nous signala de nous rapprocher de l'armée pour passer la nuit avec elle. Je fis, en soupirant de regret, un dessin de ce que je voyois de ces heureuses côtes (*voyez n° 7, planche* II): c'étoit un dernier hommage, et, suivant toute apparence, ce fut un éternel adieu.

La nuit fut belle. J'avois recommandé qu'on m'éveillât si l'on voyoit encore la terre au point du jour: à trois heures et demie j'étois sur le pont, et les premiers rayons du jour me firent voir que toute l'armée et le convoi faisant canal avoient marché sur Malte. La Sicile disparut. J'apperçus au sud-ouest, ou plutôt je jugeai le gisement de la Pantellerie aux nues orageuses dont elle s'enveloppe perpétuellement, honteuse sans doute d'avoir de tout temps servi aux vengeances des gouvernements: les Romains y exiloient leurs illustres proscrits; elle recele encore les prisonniers d'état du roi de Naples.

Le 19, le ciel fut clair; mais un vent foible nous fit faire peu de chemin; et une chasse que nous fîmes sur un bâtiment inconnu nous sépara de la flotte, que nous ne pûmes rejoindre. On vit un poisson d'environ 80 pieds de long.

La nuit fut calme, et le point du jour du 20 nous retrouva dans la même position où nous avoit laissés le soleil couchant. Nous vîmes au nord-est l'Etna se découper sur l'horizon; j'en reconnus les contours dans tous leurs développements: la fumée s'échappoit par son flanc oriental, et accusoit une éruption par une bouche accidentelle; il étoit à cinquante lieues de nous, et paroissoit encore plus grand que les montagnes de la côte du midi, qui n'en étoit qu'à douze. A peine le soleil fut-il à quelques degrés d'élévation qu'il disparut avec l'ombre qui marquoit son contour.

Nous apperçûmes le Gozo à six heures; le soir nous le distinguâmes parfaitement qui rougissoit à l'horizon à 7 lieues de distance: nous nous mîmes en panne pour passer la nuit et attendre le convoi. A la pointe du jour je revis encore l'Etna, dont la fumée s'étendoit sur le ciel à plus de 20 lieues de distance comme un long voile de vapeurs. Nous étions alors à 53 lieues de l'isle.

Tous les bâtiments armés passerent à la poupe du général. Nous n'avions pas encore approché de l'*Orient* depuis notre départ: cette évolution avoit quelque chose de si auguste et de si imposant, que, malgré le plaisir que nous avions de nous revoir, nous n'ajoutâmes pas une phrase au bon jour qu'à voix basse nous nous dîmes en passant.

Le 20, nous tournâmes à la partie nord du Gozo; c'est un plateau élevé, taillé à pic, et sans abordage : nous côtoyâmes ensuite la partie orientale à demi-portée de canon. Ce côté, qui paroît d'abord aussi aride que l'autre, est cependant cultivé en coton; toutes les petites vallées sont autant de jardins.

Vers le milieu de l'isle il y a un gros village, sous lequel est une batterie, et au sommet le plus élevé un château casematé, fort bien bâti.

A huit heures on signala des voiles; on en distinguoit trente : étoit-ce la flotte ennemie? on envoya reconnoître; c'étoit enfin la division du général Desaix, le convoi de Civita-Vecchia, qui avoit suivi la côte d'Italie, passé le détroit de Messine, et nous avoit précédés de quelques jours devant Malte.

De même que l'avalanche, qui s'est grossie en roulant des neiges, menace dans sa chûte accélérée par sa masse d'entraîner les forêts et les villes; ainsi notre flotte, devenue immense, portoit sans doute l'effroi sur tous les parages qui venoient à la découvrir. La Corse avertie n'avoit ressenti d'autre émotion que celle qu'inspire un aussi grand spectacle; la Sicile fut épouvantée; Malte nous parut dans la stupeur. Mais n'anticipons pas sur les évènements.

A cinq heures nous passâmes devant le Cumino et le Cuminotto, qui sont deux islots qui séparent le Gozo de Malte, et composent avec ces deux derniers toute la souveraineté du grand-maître. Il y a plusieurs petits châteaux pour garder les islots des Barbaresques, et les empêcher de s'y établir lorsque les galeres de Malte ont fini leur croisiere. Une de nos barques alloit y aborder; on lui refusa de mettre à terre : son canot fit le tour, et en sonda les mouillages. A six heures nous vîmes Malte, dont l'aspect ne m'imposa pas moins d'admiration que la premiere fois que je l'avois vue : deux seules méchantes barques vinrent nous proposer du tabac à fumer. La nuit vint; aucune lumiere ne parut dans la ville : notre frégate étoit par le travers de l'entrée du port à moins d'une portée de canon du fort S.-Elme; on ordonna de mettre toutes les embarcations en mer. A neuf heures on nous signala de prendre position; le vent étoit presque nul. L'armée fit des signaux de nuit relatifs à ces mouvements, et à ceux du convoi; on tira des fusées, puis le canon; ce qui fit éteindre jusqu'à la derniere lumiere du port. Notre capitaine étoit allé à bord du général; mais il garda le secret sur les ordres qu'il y avoit reçus.

Le 22, à quatre heures du matin, entraînés par les courants, nous étions sous le vent de l'isle, dont nous voyions la partie de l'est; il n'y avoit point encore de vent. Je fis (*n*° 1, *planche* VIII) une vue de toute l'isle, du Gose, et des deux islots, pour avoir une idée de la forme générale de ce groupe et de sa surface sur la ligne horizontale de la mer.

Il s'éleva une petite brise; on en profita pour former une ligne demi-circulaire, et dont une extrémité aboutissoit à la pointe Sainte-Catherine, et l'autre à une lieue à gauche de la ville, et en bloquoit le port; nous mîmes le centre par le travers des forts Saint-Elme et Saint-Ange. Le convoi étoit allé mouiller entre les isles de Cumino et du Gose. Un moment après on entendit un coup de canon qui partoit du fort Sainte-Catherine, et qui étoit dirigé sur les barques qui s'approchoient de la côte, et le débarquement que commandoit Desaix: tout de suite un autre coup se fit entendre du château qui domine la ville; sur le même château l'étendard de la religion fut déployé; en même temps, à l'autre extrémité de la circonvallation de nos bâtiments, des chaloupes mettoient à terre des soldats et des canons: à peine formés sur le rivage, ils marcherent sur deux postes, dont la garnison se replia après un moment de résistance. Alors les batteries de tous les forts commencerent à tirer sur les débarquements et sur nos bâtiments. J'en fis le dessin (*n*° 3, *pl.* III). Les forts continuerent à tirer jusqu'au soir avec une précipitation imprudente qui déceloit le trouble et la confusion. A dix heures, nous vîmes nos troupes gravir le premier monticule, et marcher sur les derrieres de la *Cité-Valette*, pour s'opposer à une sortie qu'avoient faite les assiégés: ils furent repoussés jusque dans les murs et sous les batteries; la fusillade ne cessa qu'à la nuit fermée. Cette tentative de la part des chevaliers unis à quelques gens de la campagne eut une funeste issue: il y avoit eu du mouvement dans la ville, et la populace massacra plusieurs chevaliers à leur rentrée.

Le vent tomboit: nous profitâmes du reste de la brise pour nous rapprocher des vaisseaux, dans la crainte de nous trouver par un calme plat à la disposition de deux galeres maltaises, qui étoient venues mouiller à l'entrée du port (*voy. pl.* III, *n*° 2). J'étois toujours sur le pont, et, la lunette à la main, j'aurois pu faire de là le journal de ce qui se passoit dans la ville, et noter, pour ainsi dire, le degré d'activité des passions qui en dirigeoient les mouvements. Le premier jour tout étoit en armes: les chevaliers en grande tenue, une communication perpétuelle de la ville aux forts, où l'on faisoit entrer toutes sortes de provisions et de munitions; tout annonçoit la guerre: le second jour le mouvement n'étoit plus que de l'agitation; il n'y avoit qu'une partie des chevaliers en uniforme; ils se disputoient et n'agissoient plus.

Le 23, à la pointe du jour, je retrouvai tout dans le même état où je l'avois laissé: on continua un feu lent et insignifiant. Bonaparte étoit revenu à bord; le général Reynier, qui s'étoit emparé du Gose, lui avoit envoyé des prisonniers; après se les être fait nommer, il leur dit d'un ton indigné: Puisque vous avez pu prendre les armes contre votre patrie, il falloit savoir mourir; je ne veux point de vous pour prisonniers; vous pouvez retourner à Malte tandis qu'elle ne m'appartient pas encore.

Une barque sortit du port; nous envoyâmes un canot la héler, et la conduire au général. Quand je vis cette petite barque portant à sa poupe l'étendard de la religion, cheminant humblement sous ces remparts qui avoient victorieusement résisté deux années à toutes les forces de l'orient commandées par le terrible Dragut; quand je me peignis cette masse de gloire, acquise et conservée pendant des siecles, venant se briser contre la fortune de Bonaparte, il me sembla entendre frémir les mânes des Lisle-Adam, des Lavalette, et je crus voir le temps faire le plus illustre sacrifice à la philosophie, de la plus auguste de toutes les illusions.

A onze heures, il se présenta une seconde barque avec le drapeau parlementaire: c'étoient des chevaliers qui quittoient Malte, ils ne vouloient point être comptés parmi ceux qui avoient tenté de résister. On put juger par leurs discours que les moyens des Maltais se réduisoient à peu de chose. A quatre heures la *Junon* étoit à une demi-portée : j'observai tous les forts, et j'y voyois moins d'hommes que de canons.

Les portes des forts étoient fermées; ils n'avoient plus de communication avec la ville ; ce qui faisoit voir la méfiance et la mésintelligence qui existoient entre les habitants et les chevaliers. L'aide-de-camp Junot fut envoyé avec l'ultimatum du général. Quelques moments après une députation de douze commissaires maltais se rendit à l'*Orient*. Nous nous trouvions parfaitement vis-à-vis de la ville, percée du nord au sud, et dont nous avions la vue dans toute la longueur des rues ; elles étoient aussi éclairées alors qu'elles avoient été obscures la nuit de notre arrivée.

Le 24 au matin, nous apprîmes que l'aide-de-camp du général avoit été reçu avec acclamation par les habitants. Avec ma lunette je distinguai que la grille qui fermoit le fort S.-Elme paroissoit assaillie par une multitude de gens du peuple : ceux qui étoient dedans étoient assis sur les parapets des batteries sans proférer une parole, dans l'attitude de gens qui attendent avec inquiétude. A onze heures et demie nous vîmes partir de l'*Orient* la barque parlementaire qui y étoit restée la nuit, et, en même temps, nous reçûmes l'ordre d'arborer le grand pavillon; un moment après, on nous signala que nous étions maîtres de Malte.

Cette isle devenoit une échelle entre notre pays et celui que nous allions conquérir ; elle achevoit la conquête de la Méditerranée, et jamais la France n'étoit arrivée à un si haut degré de puissance. A cinq heures nos troupes entrerent dans les forts, et furent saluées par la flotte, de cinq cents coups de canon.

Nous étions sortis les premiers de Toulon, nous entrâmes les derniers à Malte; nous ne pûmes aller à terre que le 25 au matin. Je connoissois cette ville surprenante ; je ne fus pas moins frappé, la seconde fois, de l'aspect imposant qui la caractérise.

On hésite en géographie si l'on doit attacher Malte à l'Europe ou à l'Afrique. La figure des Maltais, leur caractere moral, la couleur, le langage, doivent décider la question en faveur de l'Afrique.

Français et Maltais, tous étoient très surpris de se trouver sur le même sol; chez nous c'étoit de l'enthousiasme, chez eux de la stupéfaction.

On délivra tous les esclaves turcs et arabes; jamais la joie ne fut prononcée d'une maniere plus expressive : lorsqu'ils rencontroient les Français, la reconnoissance se peignoit dans leurs yeux d'une maniere si touchante, qu'à plusieurs reprises elle me fit verser des larmes; ce fut un vrai bonheur que j'éprouvai à Malte. Pour prendre une idée de leur extrême satisfaction dans cette circonstance, il faut savoir que leur gouvernement ne les rachetoit et ne les échangeoit jamais, que leur esclavage n'étoit adouci par aucun espoir; ils ne pouvoient pas même rêver la fin de leurs peines.

J'allai chercher mes anciennes connoissances : je revis avec un plaisir nouveau les belles peintures à fresque de Calabrese dont les voûtes de l'église de S.-Jean sont décorées, le magnifique tableau de Michel-Ange-de-Caravage, dans la sacristie de la même église. J'allai à la bibliotheque; et j'y vis un vase étrusque, trouvé au Gose, de la plus belle espece et pour la terre et pour la peinture. Je fis le dessin d'un vase de verre d'une très grande proportion (*voyez pl.* IV, *n*° 6), celui d'une lampe, trouvée de même au Gose, celui encore d'une espece de disque votif en pierre, portant en bas-relief, sur l'une de ses faces, un sphinx avec la patte sur une tête de belier (*voyez la planche* IV, *figures* 5 *et* 7) : le travail n'en est pas précieux, mais il y a trop de style pour laisser douter que ce morceau ne soit antique; le reste des curiosités est gravé dans la description du cabinet de Malte, ou dans celle que j'en ai donnée dans le Voyage pittoresque d'Italie.

On avoit trouvé depuis quelques mois une sépulture près la cité, dans un lieu appelé Earbaçeo (*voyez même planche*, *n*° 5).

Le quatrieme jour, le général nous donna un souper où furent admis les membres des autorités nouvellement constituées. Ils virent avec autant de surprise que d'admiration l'élégance martiale de nos généraux, cette assemblée d'officiers rayonnants de santé, de vie, de gloire, et d'espérance; ils furent frappés de la physionomie imposante du général en chef, dont l'expression agrandissoit la stature.

Le mouvement qui avoit régné dans la ville à notre arrivée avoit fait fermer les cafés et autres lieux publics : les bourgeois, encore étonnés des évènements, se tenoient clos dans leurs maisons; nos soldats, la tête échauffée par le soleil et par le vin, avoient épouvanté les habitants, qui avoient fermé leurs boutiques et caché leurs femmes. Cette belle ville, où nous ne voyions que nous, nous parut triste; ces forts, ces châteaux, ces bastions, ces formidables fortifications qui sembloient dire à l'armée que rien ne pouvoit plus l'arrêter et qu'elle n'avoit plus qu'à marcher à la victoire, la firent retourner avec plaisir à bord. Le vent s'opposoit cependant à notre sortie; j'en profitai pour faire les trois vues de l'intérieur du port, que l'on peut voir *même planche*, n° 4, 5 *et* 6.

La journée du 30 se passa à courir des bordées devant le port.

Le matin du 1er messidor le général sortit, laissant dans l'isle quatre mille hommes de troupes, commandés par le général Vaubois, deux officiers de génie et d'artillerie, un commissaire civil, et enfin tous ceux qui, poussés par une inquiete curiosité, s'étoient embarqués sans trop de réflexion, qui, par une suite de leur inconstance ou de leur inconséquence, s'étoient dégoûtés sur la route, et qui, fatigués des inconvénients inséparables des voyages, les comptoient au nombre des injustices qu'à les en croire on leur faisoit éprouver. J'en ai vu qui, peu touchés des beautés de Malte, de la commodité de ses ports, de l'avantage de sa situation, trouvoient ridicule qu'un rocher sous le climat de l'Afrique ne fût pas aussi verd que la vallée de Montmorenci : comme si chaque contrée n'avoit pas reçu des dons particuliers de la nature! Voyager n'est-ce pas en jouir? et ne les détruit-on pas en cherchant à les comparer?

Si l'aspect de Malte est aride, peut-on voir sans admiration que la plus petite colline qui recele quelque peu de terre soit toujours un jardin aussi délicieux qu'abondant, où l'on pourroit acclimater toutes les plantes de l'Asie et de l'Afrique? Cette espece de premiere serre-chaude pourroit servir à en alimenter une autre à Toulon, et, par degré, en amener les productions jusqu'à Paris, sans leur avoir fait éprouver les secousses trop vives qu'occasionne l'extrême différence des climats : peut-être y naturaliseroit-on une grande partie des plantes exotiques que nous faisons venir à grands frais chaque année dans nos serres, qui y languissent la seconde année, et y périssent la troisieme. Les expériences déja faites sur les animaux me semblent venir à l'appui de ce système de graduation.

Toute la journée du 1er messidor fut employée à rassembler l'armée, l'escadre légere, et les convois. Vers les six heures on signala de se mettre en ordre de marche: le mouvement fut général dans tous les sens, et produisit la confusion.

Obligés de céder le passage à l'*Amiral*, nous nous apperçûmes un peu tard que la frégate la *Léoben* venoit sur nous : l'officier de quart prétendoit que la *Léoben* avoit tort, et s'en tint strictement à la tactique ; le capitaine, plus occupé de sauver la frégate contre la regle que de donner un tort à la *Léoben*, ordonna une manœuvre ; l'officier en ordonna une autre : il y eut un moment d'inertie; il ne fut plus temps d'opérer. Je conçus notre danger à la contraction de toute la personne de notre capitaine : Nous aborderons ! nous allons aborder ! nous abordons ! furent les trois mots prononcés consécutivement ; et le temps de les prononcer celui qu'il falloit pour décider de notre sort. Les bâtiments s'approchent, les agrès s'engagent, se déchirent ; une demi - manœuvre de la *Léoben* nous fait présenter son flanc, et le choc est amorti par des roues de trains d'artillerie attachées contre son bordage; elles sont fracassées: les cris de quatre cents personnes, les bras étendus vers le ciel, me font croire un instant que la *Léoben* est la victime de ce premier choc ; nous voulons faire un mouvement pour éviter ou diminuer le second, nous trouvons à tribord l'*Artémise* qui nous arrivoit dans le sens contraire, et, en avant, la proue d'un vaisseau de 72, que nous n'eûmes pas le temps de reconnoître. L'effroi fut à son comble; nous étions devenus un point où tous les dangers se concentroient à la fois. Le second mouvement de la *Léoben* nous présentoit la partie de l'avant; sa vergue de misene entra sur notre pont. Cet incident, qui pouvoit être funeste à bien du monde, tourna à notre avantage; les matelots, et notamment les Turcs qui nous étoient arrivés, se jeterent sur cette vergue, et firent de tels efforts pour la repousser, que le coup, qui n'étoit point appuyé par le vent, fut amorti; et cette fois nous en fûmes quittes pour un trou fait dans la partie haute de notre bordage par l'ancre de la *Léoben*. L'*Artémise* avoit glissé à notre poupe; le vaisseau avoit avancé; les efforts pour le débarrasser de la vergue de la *Léoben* l'avoient repoussé au large, et tous ces dangers, qui s'étoient amoncelés sur nous comme les nuées pendant l'orage, se dissiperent encore plus promptement. Il ne nous resta que la fureur de notre officier de quart, qui auroit voulu que nous eussions tous péri, pour prouver à son camarade que c'étoit lui qu'il falloit accuser. Nous dûmes notre salut à la foiblesse du vent, et aux trains d'artillerie qui affoiblirent le premier choc. Deux bâtiments marchands qui se heurtent peuvent se faire quelque mal, mais non s'anéantir: il n'en est pas de même de deux vaisseaux de guerre; il est bien rare que l'un ou l'autre ne périsse, et souvent tous les deux.

Le 2, nous eûmes toute la journée un calme plat, et toute la chaleur du soleil de la fin de juin au trente-cinquieme degré.

Dans la nuit, une brise nous mit en pleine route. L'ordre de la marche fut changé.

Le 3, on mit le convoi en avant, l'armée derriere, et nous sur le flanc gauche.

Les 4, 5, et 6, nous eûmes un temps fait, vent arriere, qui nous eût menés à Candie, si nous n'eussions pas eu notre convoi qu'il falloit attendre à tout moment.

Les vents de nord et de nord-est sont les vents alizés de la Méditerranée pendant les trois mois de juin, juillet, et août; ce qui rend la navigation de cette saison délicieuse pour aller au sud et à l'ouest, mais ce qui en même temps fait dépendre du hasard tous les retours, parcequ'il faut les faire dans les mauvaises saisons.

Du 6 au 7, nous fîmes quarante-huit lieues par une brise qui étoit presque du vent. On nous fit signal à onze heures de faire chasse pour trouver la terre; nous découvrîmes la partie de l'ouest de Candie à quatre heures. Je vis le mont Ida de vingt lieues; je le dessinai à quinze. Je n'en voyois que le sommet et la base, le reste de l'isle se perdant dans la brume; mais je craignois qu'elle ne m'échappât dans la nuit, et de n'avoir pas pris le contour de la montagne où naquit Jupiter, et qui fut la patrie de presque tous les dieux (*voyez planche* II, *figure* 9).

J'aurois eu le plus grand desir de voir le royaume de Minos, de chercher quelques vestiges du labyrinthe; mais ce que j'avois prévu arriva, l'excellent vent que nous avions nous tint éloignés de l'isle.

Le 8, à cinq heures, je trouvai que nous avions cheminé dans la direction de la côte de l'est sans nous en approcher; le vent avoit été si fort pendant la nuit que tout le convoi étoit dispersé: nous passâmes toute la matinée à le rassembler, et à diminuer de voiles pour l'attendre. C'étoit pendant cette manœuvre que, par une brume épaisse, le hasard nous déroboit à la flotte anglaise, qui, à six lieues de distance, gouvernant à l'ouest, alloit nous cherchant à la côte du nord.

Le soir du 9, on nous signala de passer à poupe de l'*Orient*. Il seroit aussi difficile de donner que de prendre une idée exacte du sentiment que nous éprouvâmes à l'approche de ce sanctuaire du pouvoir, dictant ses décrets, au milieu de trois cents voiles, dans le mystere et le silence de la nuit: la lune n'éclairoit ce tableau qu'autant qu'il falloit pour en faire jouir. Nous étions cinq cents sur le pont, on auroit entendu voler une mouche; la respiration même étoit suspendue. On ordonna à notre capitaine de se rendre à bord du commandant. Quelle fut ma joie à son retour, lorsqu'il nous dit que nous étions dépêchés en avant pour aller chercher notre consul à Alexandrie, et savoir si on étoit instruit de notre marche, et quelles étoient les dispositions de cette ville à notre égard; qu'il nous étoit réservé d'aborder les premiers en Afrique pour y recueillir nos compatriotes, et les mettre à l'abri du premier mouvement des habitants à l'approche de la flotte. Dès cet instant nous déployâmes toutes les voiles pour faire le plus vîte qu'il nous seroit possible les soixante lieues qui nous restoient à parcourir; mais le vent nous manqua toute la nuit du 9 au 10: nous eûmes quelques heures de brise, et le reste du temps nous ne fîmes de chemin que par le mouvement donné à la mer, et les courants qui portoient sur le point que nous devions atteindre.

Notre mission, après avoir prévenu les Francs de se tenir sur leurs gardes, étoit de venir retrouver l'armée, qui devoit croiser, et nous attendre à six lieues du cap Brûlé (*voyez la carte, page* 6). A midi, nous étions à trente lieues d'Alexandrie; à quatre heures les gabiers crierent *terre;* à six nous la vîmes du pont: nous eûmes toute la nuit la brise; à la pointe du jour je vis la côte à l'ouest, qui s'étendoit comme un ruban blanc sur l'horizon bleuâtre de la mer. Pas un arbre, pas une habitation; ce n'étoit pas seulement la nature attristée, mais la destruction de la nature, mais le silence et la mort. La gaieté de nos soldats n'en fut pas altérée; un d'eux dit à son camarade en lui montrant le désert: Tiens, regarde, voilà les six arpents qu'on t'a décrétés. Le rire général que fit éclater cette plaisanterie peut servir de preuve que le courage est désintéressé, ou du moins qu'il a sa source dans de plus nobles sentiments.

Ces parages sont périlleux dans les temps d'orage et dans les brumes de l'hiver, parcequ'alors la côte basse disparoît, et qu'on ne l'apperçoit que lorsqu'il n'est plus temps de l'éviter. Mais le bonheur qui nous accompagnoit nous laissa maîtres de manœuvrer sur le cap Durazzo, que nous cherchions en tirant à l'est quart de sud.

A dix lieues du cap, à cinq d'Alexandrie, nous vîmes une ruine que l'on appelle la Tour-des-Arabes; à midi j'en fis un dessin (*voyez pl.* VI, *n*° 1). Cette ruine me parut un carré bastionné, et à quelque distance il y a une tour. J'aurois bien desiré pouvoir mieux en distinguer les détails, juger si c'est une fabrique arabe, ou si sa construction est antique, et à quelle antiquité elle appartient; si c'est la Taposiris des anciens, que Procope nous donne comme le tombeau d'Osiris, ou le Chersonesus de Strabon, ou bien Plinthine, dont le golfe tiroit son nom. La garnison d'Alexandrie a poussé depuis des reconnoissances jusqu'à ce poste; mais les rapports purement militaires de ces reconnoissances n'ont pu porter aucune lumiere sur l'origine de ces ruines, et n'ont fait qu'augmenter la curiosité qu'inspirent leur masse et leur étendue. En général toute cette côte de l'ouest, contenant la petite et la grande Syrte de la Cyrénaïque, autrefois très habitée, qui a eu des républiques, des gouvernements particuliers, est à présent une des contrées les plus oubliées de l'univers, et n'est plus rappelée à notre mémoire que par les superbes médailles qui nous en restent.

De droite et de gauche notre terre promise nous parut plus aride encore que celle des Juifs. Il est vrai que jusqu'alors elle ne nous avoit pas coûté si cher; que, s'il ne nous avoit pas plu des cailles toutes rôties, notre manne ne s'étoit pas corrompue, que nous n'avions pas eu de coliques ardentes, et que nous avions encore conservé tout ce qui étoit tombé aux Israélites; mais au reste les Arabes Bédouins, qui errent sur ces côtes, auroient pu équivaloir à ces fléaux, et nous devenir aussi funestes. On assure cependant que depuis vingt ans ils ont fait un accord avec la factorerie d'Alexandrie, vingt piastres par tête, au lieu de les tuer comme ils faisoient plus anciennement.

Le lieutenant, que l'on dépêcha à terre, partit à une heure après midi; il n'avoit pas le pied dans le canot que nous attendions son retour, et comptions les instants.

Je fis, de trois lieues de distance, une vue d'Alexandrie (*voyez n*°. 3).

Nous voyions avec la lunette le drapeau tricolor sur la maison de notre consul: je me figurois la surprise qu'il alloit éprouver, et celle que nous ménagions au schérif d'Alexandrie pour le lendemain.

Quand les ombres du soir dessinerent les contours de la ville, que je pus distinguer ces deux ports, ces grandes murailles flanquées de nombreuses tours, qui n'enferment plus que des mornes de sables, et quelques jardins où le verd pâle des palmiers tempere à peine l'ardente blancheur du sol, ce château turc, ces mosquées, leurs minarets, cette célebre colonne de Pompée, mon imagination se reporta sur le passé; je vis l'art triompher de la nature, le génie d'Alexandre employer la main active du commerce pour planter sur une côte aride les fondements d'une ville superbe, et la choisir pour y déposer les trophées des conquêtes du monde; les Ptolomées y appeler les sciences et les arts, et y rassembler cette bibliotheque à la destruction de laquelle la barbarie a employé des années : c'est là, me disois-je, pensant à Cléopâtre, à César, à Antoine, que l'empire de la gloire a cédé à l'empire de la volupté : je voyois ensuite l'ignorance farouche s'établir sur les ruines des chefs-d'œuvre des arts, achevant de les consumer, et n'ayant cependant pu défigurer encore les beaux développements qui tenoient aux grands principes de leurs premiers plans. Je fus tiré de cette préoccupation, de ce bonheur de rêver devant de grands objets, par un coup de canon tiré de notre bord, pour appeler à l'ordre un bâtiment qui avoit mis tout au vent pour entrer malgré nous à Alexandrie, et y porter sans doute l'avis de notre marche : la nuit le déroba bientôt à nos recherches. Notre inquiétude sur le canot augmentoit à chaque moment, et se changeoit en terreur. A minuit, nous entendîmes appeler avec des voix effrayées, et bientôt nous vîmes entrer notre consul et son drogman, échappant au sabre vengeur et à l'effroi répandu dans le pays. Ils nous apprirent qu'une flotte de quatorze vaisseaux de guerre anglais n'avoit quitté que la veille au soir le mouillage d'Alexandrie; que les Anglais avoient déclaré qu'ils nous cherchoient pour nous combattre; ils avoient été pris pour des Français; et tout le pays, déja averti de nos projets et instruit de la prise de Malte, s'étoit aussitôt soulevé; on avoit fortifié les châteaux, ajouté des milices aux troupes réglées, et rassemblé une armée de Bédouins (ce sont les Arabes errants, que les habitants poursuivent, mais avec lesquels ils s'allient lorsqu'ils ont à combattre un ennemi commun).

La présence des Anglais avoit noirci notre horizon. Quand je me rappelai que trois jours auparavant nous regrettions que le calme nous retînt, et que sans lui nous serions tombés dans la flotte ennemie, à laquelle nous aurions découvert la nôtre, je me vouai dès-lors au fatalisme, et me recommandai à l'étoile de Bonaparte.

Le schérif n'avoit consenti au départ du consul qu'en le faisant accompagner par des mariniers d'Alexandrie, qui devoient l'y ramener : ils parloient la langue franque, et entendoient l'italien; je causai avec eux : ils ajouterent à ce que le consul avoit dit, que les Anglais avoient fait route à l'est pour aller nous chercher à Chipre, où ils croyoient que nous étions restés.

Nous marchions à la rencontre de notre flotte : la premiere pointe du jour nous fit découvrir la premiere division du convoi; à sept heures nous arrivâmes à bord de l'*Orient*.

J'avois été chargé d'accompagner le consul d'Alexandrie; nous avions à dire au général ce qui pouvoit le plus vivement l'intéresser dans une circonstance aussi critique : on avoit vu les Anglais, ils pouvoient arriver à chaque instant; le vent étoit très fort, le convoi mêlé à la flotte, et dans une confusion qui eût assuré la défaite la plus désastreuse, si l'ennemi eût paru. Je ne pus pas remarquer un mouvement d'altération sur la physionomie du général. Il me fit répéter le rapport qu'on venoit de lui faire ; et après quelques minutes de silence il ordonna le débarquement.

Les dispositions furent d'approcher le convoi de terre autant que le pouvoit permettre le danger de faire côte dans un moment où le vent étoit aussi fort ; les vaisseaux de guerre formoient un cercle de défense en dehors ; toutes les voiles furent amenées, et les ancres jetées. A peine avions-nous fait cette opération que nous eûmes ordre d'aller croiser devant la ville aussi près que le vent pourroit nous le permettre, et de faire de fausses attaques pour faire diversion.

Le vent avoit encore augmenté ; la mer étoit si forte que nous travaillâmes en vain tout le reste du jour pour lever l'ancre. La nuit fut trop orageuse pour faire cette opération sans risquer de nous abattre, et couler bas les embarcations et les transports, qui effectuoient le débarquement avec une peine et des dangers inouis : les chaloupes prenoient un à un et à la volée ceux qui descendoient des vaisseaux ; lorsqu'elles en étoient encombrées, les vagues menaçoient à chaque instant de les engloutir, ou bien, poussées par le vent, elles se rencontroient ou en abordoient d'autres ; et, après avoir échappé à tous ces dangers, en arrivant près de la côte elles ne savoient comment y toucher sans se rompre contre les brisants. Au milieu de la nuit une embarcation qui ne pouvoit plus gouverner passa à notre poupe, et nous demanda du secours : le danger où je sentois ceux dont elle étoit chargée me causa une émotion d'autant plus vive que je croyois reconnoître la voix de chacun de ceux qui crioient. Nous jetâmes un cable à ces malheureux ; mais à peine l'eurent-ils atteint qu'il fallut le couper ; les vagues faisant heurter l'embarcation contre notre bâtiment menaçoient de l'ouvrir. Les cris qu'ils jeterent au moment où ils se sentirent abandonnés retentirent jusqu'au fond de nos ames ; le silence qui y succéda y apporta encore de plus funestes pensées. L'effroi étoit redoublé par les ténebres, et les opérations étoient aussi lentes qu'elles étoient désastreuses. Cependant le 13, à six heures du matin, il y eut assez de troupes à terre pour attaquer et prendre un petit fort appelé le Marabou. Là fut planté le premier pavillon tricolor en Afrique (*voy. pl.* VII, *n*° 3).

Le 14, la mer étoit meilleure : nous appareillâmes tandis que la plage se couvroit de nos soldats. A midi, ils étoient déja sous les murs d'Alexandrie ; le centre à la colonne de Pompée, derriere de petits mornes formés des débris de l'ancienne ville. Ces vieilles murailles n'offrirent à la valeur de nos soldats qu'une suite de breches : une colonne s'ébranla, toutes les autres se déployerent, marcherent, et attaquerent en même temps ; en approchant de mauvais fossés, elles découvrirent plus de murailles qu'on n'en avoit vu d'abord : un feu d'une vivacité extraordinaire de la part des assiégés étonna un moment nos troupes, mais ne ralentit point leur impétuosité : on chercha sous le feu de l'ennemi l'approche la plus praticable ; on la trouva à l'angle de l'ouest, où étoit l'antique port de Kibotos ; on monta à l'assaut : Kléber, Menou, Lescale, furent renversés par des coups de feu, et par la chûte des pans de murailles. Koraim, schérif d'Alexandrie, qui combattoit par-tout, prit Menou renversé pour le général en chef blessé à mort, ce qui soutint encore un moment le courage des assiégés. Personne ne fuyoit, il fallut tout tuer sur la breche, et deux cents des nôtres y resterent.

Notre frégate eut ordre de protéger l'entrée du convoi dans le vieux port ; et je saisis cette occasion pour aller à terre. Un ancien préjugé avoit établi que, dès qu'un vaisseau franc entreroit dans le port vieux, l'empire d'Alexandrie seroit perdu pour les musulmans ; pour le moment, notre canot vérifia la prophétie.

Il me seroit impossible de rendre ce que j'éprouvai en abordant à Alexandrie : il n'y avoit personne pour nous recevoir ou nous empêcher de descendre ; à peine pouvions-nous déterminer quelques mendiants, accroupis sur leurs talons, à nous indiquer le quartier-général : les maisons étoient fermées ; tout ce qui n'avoit osé combattre avoit fui, et tout ce qui n'avoit pas été tué se cachoit de crainte de l'être selon l'usage oriental. Tout étoit nouveau pour nos sensations, le sol, la forme des édifices, les figures, le costume, et le langage des habitants. Le premier tableau qui se présenta à nos regards fut un vaste cimetiere, couvert d'innombrables tombeaux de marbre blanc sur un sol blanc : quelques femmes maigres, et couvertes de longs habits déchirés, ressembloient à des larves qui erroient parmi ces monuments ; le silence n'étoit interrompu que par le sifflement des milans qui planoient sur ce sanctuaire de la mort. Nous passâmes de là dans des rues étroites et aussi désertes. En traversant Alexandrie je me rappelai et je crus lire la description qu'en a faite Volney ; forme, couleur, sensation, tout y est peint à un tel degré de vérité, que, quelques mois après, relisant ces belles pages de son livre, je crus que je rentrois de nouveau à Alexandrie. Si Volney eût décrit ainsi toute l'Égypte, personne n'auroit jamais pensé qu'il fût nécessaire d'en tracer d'autres tableaux, d'en faire de dessin.

Dans toute la traversée de cette longue ville si mélancolique, l'Europe et sa gaieté ne me fut rappelée que par le bruit et l'activité des moineaux. Je ne reconnus plus le chien, cet ami de l'homme, ce compagnon fidele et généreux, ce courtisan gai et loyal ; ici sombre, égoïste, étranger à l'hôte dont il habite le toit, isolé sans cesser d'être esclave, il méconnoît celui dont il défend encore l'asyle, et sans horreur il en dévore la dépouille. L'anecdote suivante achevera de developper son caractere.

Le jour où je descendis à terre, n'ayant point apporté de linge pour changer, je voulois aller sur la frégate la *Junon*, que je croyois placée à l'entrée du port ; je prends une petite barque turque, et nous voguons vers ce point. Arrivés à la frégate nous vîmes que ce n'étoit pas la *Junon* ; on nous en montra une autre en rade à une demi-lieue de là. Le soleil se couchoit ; les deux tiers du chemin étoient faits ; je pouvois coucher à bord : nous voilà de nouveau en route. Ce n'étoit point encore la *Junon :* elle croisoit au large. Il nous fallut donc revenir ; mais le vent avoit fraîchi ; les vagues étoient devenues si hautes que nous ne voyions plus qu'à la dérobée la terre qu'il nous falloit regagner. Mon homme me mit au timon pour ne s'occuper que de la voile.

Je n'appercevois qu'à peine la direction qu'il me falloit garder ; et je commençai alors à sentir que c'étoit un véritable abandon de soi-même de se trouver à cette heure livré aux vents, au milieu d'une mer agitée, seul avec un homme qui, comme tous ses concitoyens, pouvoit bien, sans injustice, haïr les Français, et vouloir s'en venger. J'affectai de la confiance, de la gaieté même, je fis bonne contenance; et enfin nous touchâmes au rivage, objet de tous mes vœux. Mais il étoit onze heures, j'étois encore à une demi-lieue du quartier ; j'avois à traverser une ville prise d'assaut le matin, et dont je ne connoissois pas une rue. Aucune offre de récompense ne put persuader mon homme de quitter son bateau pour m'accompagner. J'entrepris seul le voyage, et, bravant les mânes des morts, je traversai le cimetiere ; c'étoit le chemin que je savois le mieux : arrivé aux premieres habitations des vivants, je fus assailli de meutes de chiens farouches, qui m'attaquoient des portes, des rues, et des toits ; leurs cris se répercutoient de maison en maison, de famille en famille; cependant je pus m'appercevoir que la guerre qui m'étoit déclarée étoit *sans coalition,* car dès que j'avois dépassé la propriété de ceux dont j'étois assailli, ils étoient repoussés par ceux qui étoient venus me recevoir à la frontiere. Ignorant l'abjection dans laquelle ils vivoient, je n'osois les frapper dans la crainte de les faire crier, et d'ameuter aussi les maîtres contre moi. L'obscurité n'étoit diminuée que par la lueur des étoiles, et la transparence que la nuit conserve toujours dans ces climats. Pour ne pas perdre cet avantage, pour échapper aux clameurs des chiens, et suivre une route qui ne pouvoit m'égarer, je quittai les rues, et résolus de longer le rivage ; mais des murailles et des chantiers qui arrivoient jusqu'à la mer me barroient le passage ; enfin passant dans la mer pour éviter les chiens, escaladant les murs pour éviter la mer lorsqu'elle devenoit trop profonde, mouillé, couvert de sueur, accablé de fatigue et d'épouvante, j'atteignis à minuit une de nos sentinelles, bien convaincu que les chiens étoient la sixieme et la plus terrible des plaies d'Égypte.

En arrivant le matin au quartier-général, je trouvai Bonaparte entouré des grands de la ville et des membres de l'ancien gouvernement; il en recevoit le serment de fidélité : il dit au schérif Koraim : Je vous ai pris les armes à la main, je pourrois vous traiter en prisonnier ; mais vous avez montré du courage ; et, comme je le crois inséparable de l'honneur, je vous rends vos armes, et pense que vous serez aussi fidele à la république que vous l'avez été à un mauvais gouvernement. Je remarquai dans la physionomie de cet homme spirituel une dissimulation ébranlée et non vaincue par la généreuse loyauté du général en chef : il ne connoissoit pas encore nos moyens, et

PALÆOGRAPHIE.

RAGMENT d'une Lettre de J. B. G. *D'ANSSE DE VILLOISON, membre de l'Institut national de France, au professeur MILLIN, sur l'inscription grecque de la prétendue colonne de Pompée.*

E professeur JAUBERT vient de rapporter Alexandrie une copie de l'inscription fruste, qui rte faussement le nom de Pompée. Cette copie est rfaitement conforme à une autre que j'avois déja çue. La voici avec mes notes et avec ma traction :

1 TO......ωTATONAYTOKPATOPA
2 TONΠOΛIOYXONAΛEΞANΔPEIAC
3 ΔIOK.H.IANONTON.....TON
4 ΠO... EΠAPXOCAIΓYΠTOY.

Ligne première TO. Il est évident que c'est l'arcle τόν.

Ibidem, ligne première..... ωTATONAYTOKPAPA. Il est également clair que c'est une épithète nnée à l'empereur Dioclétien ; mais pour la trouver, faut chercher un superlatif qui se termine en ώτατον, par un *oméga* (et non pas par un *omicron*, qui seroit plus facile et plus commun), et ensuite convienne particulièrement à ce prince. Je crois e c'est ὁσιώτατον, *très-saint* : qu'on ne soit pas sur-

pris de cette épithète. Je la vois donnée à Di
sur une inscription grecque découverte dans l
de Thymbra (aujourd'hui *Thimbrek-Déré*),
plaine de Bounar-Bachi, et rapportée par Lech
n.° 1, pag. 256 de son *Voyage dans la T*
seconde édition, Paris, an VII, *in-8.°* On
ΤΩΝ ΟCΙΩΤΑΤΩΝ ΗΜΩΝ ΑΥΤΟΚΡΑΤΟΡΩΝ Δ
ΤΙΑΝΟΥ ΚΑΙ ΜΑΞΙΜΙΑΝΟΥ, c'est-à-dire, *de no*
saints empereurs Dioclétien et Maximien. S
autre inscription d'une colonne voisine, ils pa
avec Constance Chlore, ce même titre, ὁσ
très-saints, dont les empereurs grecs chréti
Bas-Empire ont hérité, comme je l'ai
ibidem, p. 257.

Ligne 2, ΤΟΝ ΠΟΛΙΟΥΧΟΝ ΑΛΕΞΑΝΔΡΕΙΑC
proprement *le protecteur*, *le génie tutélaire d'A*
drie. Les Athéniens donnoient le nom de
à Minerve, qui présidoit à leur ville et la c
de son égide. Voyez ce que dit *Spanheim* sur
vers de l'hymne de Callimaque, *sur les b*
Pallas, page 668 et suivantes, tome 2.,
d'Ernesti.

Ligne 3. ΔΙΟΚ.Η.ΙΑΝΟΝ. Le Λ et le Τ sont dé
mais on reconnoît tout de suite le nom de Dioc
ΔΙΟΚΛΗΤΙΑΝΟΝ.

Ibid. Ligne 3, ΤΟΝ.... ΤΟΝ. Je crois qu
suppléer CΕΒΑCΤΟΝ, *c'est-à-dire*, Auguste, τὸν
Tout le monde sait que Dioclétien prend le
titres d'εὐσεϐὴς, et de σεϐαςὸς, *pius*, *Augustus*, su
sieurs médailles, et celui de σεϐαςὸς, AUGUSTI
presque toutes, notamment sur celles d'Alexar

e place immédiatement après son nom. Voyez
oëga, p. 335 et suivantes, de ses *Numi Ægyptii*
ratorii, *Romæ*, 1787, *in-4°*.
uatrième et dernière ligne, ΠΟ. C'est l'abrévia-
si connue de Πόϐλιος, Publius. Voyez Corsini,
5, col. 1, *De notis Græcorum*, *Florentiæ*, 1749,
olio, *Gennaro Sisti*, p. 51 de son *Indirizzo per la*
ura greca dalle sue oscurità rischiarata, *in Napoli*,
8, *in-8.°*, etc. etc. Les Romains rendoient de
e le nom de Publius par ces deux lettres, PV.
ez p. 328, d'un ouvrage fort utile, et totalement
nnu en France, intitulé *Notæ et siglæ quæ in*
mis, *et lapidibus*, *apud Romanos obtinebant*, *ex-*
atæ, par mon savant et vertueux ami, feu
Jean-Dominique Coleti, ex-jésuite Vénitien,
t je regretterai sans cesse la perte. Ses esti-
bles frères, les doctes MM. Coleti, les Aldes de
jours, ont donné cet ouvrage classique à Venise,
5, in-4°.
eut-être la lettre initiale du nom suivant entiè-
ent effacé, de ce préfet d'Egypte, étoit-elle un
qu'on aura pu joindre mal-à-propos dans cette
asion, aux lettres précédentes ΠΟ. Alors on aura
que ΠΟΜ étoit une abréviation de ΠΟΜΠΗΙΟΣ,
mpée, dont le nom est quelquefois indiqué par
trois lettres, comme dans une inscription de
arte, rapportée, n.° 248, p. XXXVIII des *Inscrip-*
nes et Epigrammata græca et latina reperta a
riaco Anconitano, recueil publié à Rome, *in-folio*,
1654, par Charles Moroni, bibliothécaire du
rdinal Albani. Voyez aussi Maffei, p. 66 de ses

Siglæ Græcorum lapidariæ, *Veronæ*, 1746, in Gennaro Sisti, l. c., p. 51, etc. Cette erreur en a engendré une autre, et auroit donné lieu à la dé-mination vulgaire et fausse de *colonne de Pom* Les seules lettres ΠΟ suffisoient pour accréditer c opinion dans des siécles d'ignorance.

Quoi qu'il en soit de cette conjecture, les hi-riens qui ont parlé du règne de Dioclétien, ne m prennent pas le nom totalement détruit de ce p d'Egypte, et me laissent dans l'impossibilité de pléer cette petite lacune, peu importante, e seule qui reste maintenant dans cette inscrip Seroit-ce Pomponius Januarius, qui fut consu 288, avec Maximien?

Je soupçonne, au reste, que ce gouverneur a une ancienne colonne, monument d'un âge où arts fleurissoient, et l'a choisie pour y placer le de Dioclétien, et lui faire sa cour aux dépen l'antiquité.

A la fin de cette inscription, il faut nécessai-ment sous-entendre, suivant l'usage constant, ἀνέθ ἀνέστησεν, ou ἐτίμησεν, ou ἀφιέρωσεν, ou quelque a verbe semblable, qui désigne que ce préfet a éri a consacré ce monument à la gloire de Dioclét L'on feroit un volume presque aussi gros que Recueil de Gruter, si l'on vouloit entasser tou les pierres antiques, et accumuler toutes les inscri-tions grecques où se trouvent cette ellipse si co-mune, dont plusieurs antiquaires ont parlé, cette construction avec l'accusatif, sans verbe. C ainsi que les Latins omettent souvent le ve POSVIT.

l ne reste plus qu'à tâcher de déterminer la date
cise de ce : e inscription. Elle ne paroît pas pou-
r être antérieure à l'année 296, ou 297, époque
la défaite et de la mort d'Achillée, qui s'étoit
paré de l'Egypte, et s'y soutint pendant environ
ans. Je serois tenté de croire qu'elle est de
302, et a rapport à la distribution abondante
pain que l'empereur Dioclétien fit faire à une
le inconcevable d'indigens de la ville d'Alexan-
e, dont il est appelé, pour cette raison, le
nie tutélaire, le conservateur, le protecteur,
ἰῦχος. Ces immenses largesses continuèrent jus-
'au règne de Justinien qui les abolit. Voyez le
ronicon Paschale, à l'an 302, p. 276 de l'édition
Ducange, et l'*Histoire secrète* de Procope, c. 26,
77, édition du Louvre.

Je crois maintenant avoir éclairci toutes les diffi-
ltés de cette inscription fameuse. Voici la ma-
ère dont je l'écrirois en caractères grecs ordinaires
rsifs; j'y joins ma version latine et ma traduction
ançaise.

Τὸν ὁσιώτατον αὐτοκράτορα,
Τὸν πολιοῦχον Ἀλεξανδρείας,
Διοκλητιανὸν τὸν σεβαστὸν,
Πόπλιος.... ἔπαρχος Αἰγύπτου.

SANCTISSIMO IMPERATORI,
PATRONO CONSERVATORI ALEXANDRIÆ,
DIOCLETIANO AVGVSTO,
PVBLIVS..... PRÆFECTVS ÆGYPTO.

C'est-à-dire, Publius.... (ou Pomponius), préfet

d'Egypte, a consacré ce monument à la gloi très-saint empereur Dioclétien Auguste, le tutélaire d'Alexandrie.

Ce 9 pluviose an XI.

ANTIQUITÉS.

MONUMENS ANTIQUES, inédits ou n*vellement expliqués, collection de Stat Bas-reliefs, Bustes, Peintures, Mo ques, Gravures, Vases, Inscriptions Instrumens; tirés des Collections nation et particulières, et accompagnés d'un t explicatif; par* A. L. *MILLIN, conse teur des Médailles, des Pierres gravé des Antiques de la Bibliothéque natio de France, professeur d'histoire et d'a quités, etc.* Tome I.er IV.e livraison, p. 262. A Paris, chez *Laroche*, maison l'Auteur, à la Bibliothéque nationale, Neuve-des-Petits-Champs, n.o 11, au c de celle de la Loi; *Fuchs*, rue des Mat rins, hôtel de Cluny; *Levrault*, quai Ma quais (1).

CETTE *quatrième* livraison, qui sera incessamm suivie des deux qui doivent compléter le *prem volume* de ce recueil, contient quatre dissertati

(1) Chaque volume de cet ouvrage, imprimé à l'*Imprimerie*

ne savoit pas assez si tout ce qui s'étoit passé n'étoit pas un coup de main ; mais quand il vit 30 mille hommes et des trains d'artillerie à terre, il s'attacha à capter Bonaparte, il ne quitta plus le quartier-général, Bonaparte étoit couché qu'il étoit encore dans son anti-chambre ; chose bien remarquable dans un musulman (*voyez son portrait, pl.* CV, *n*° 1).

Le premier dessin que je fis fut le port neuf, depuis le petit Pharion jusqu'au quartier des Francs, qui étoit, au temps de Cléopâtre, le quartier délicieux où son palais étoit bâti, et où étoit le théâtre (*voyez planche* VIII, *n*° 3).

Le 16, au matin, j'accompagnai le général dans une reconnoissance : il visita tous les forts, c'est-à-dire des ruines, de mauvaises constructions, où de mauvais canons gisoient sur quelques pierres qui leur servoient d'affût. Les ordres du général furent d'abattre tout ce qui étoit inutile, de ne raccommoder que ce qui pouvoit servir à empêcher l'approche des Bédouins ; il porta toute son attention sur les batteries qui devoient défendre les ports.

Nous passâmes près de la colonne de Pompée. Il en est de ce monument comme de presque toutes les réputations, qui perdent toujours dès qu'on s'approche de ce qui en est l'objet. Elle a été nommée colonne de Pompée dans le quinzieme siecle, où les connoissances commençoient à se réveiller de leur assoupissement : les savants, plutôt que les observateurs, se hâterent à cette époque d'assigner un nom à tous les monuments ; et ces noms passerent sans contradiction de siecle en siecle ; la tradition les consacra. On avoit élevé à Alexandrie un monument à Pompée ; il ne se trouvoit plus, on crut le retrouver dans cette colonne. On en a fait depuis un trophée à Septime Sévere ; cependant elle est élevée sur des décombres de l'ancienne ville, et au temps de Septime Sévere la ville des Ptolomées n'étoit point encore en ruine. Pour faire à cette colonne une fondation solide on a piloté un obélisque, sur le culot duquel on a posé un vilain piédestal, qui porte un beau fût, surmonté d'un chapiteau corinthien lourdement ébauché (*voyez planche* IX, *n*° 1).

Si le fût de cette colonne en le séparant du piédestal et du chapiteau a fait partie d'un édifice antique, il en atteste la magnificence et la pureté de l'exécution ; il faut donc dire que c'est une belle colonne, et non un beau monument ; qu'une colonne n'est point un monument ; que la colonne de Sainte-Marie-Majeure, bien qu'elle soit une des plus belles qui existent, n'a point le caractere d'un monument, que ce n'est qu'un fragment ; et que si les colonnes trajane et antonine sortent de cette catégorie, c'est qu'elles deviennent des cylindres colossals, sur lesquels est fastueusement déroulée l'histoire des expéditions glorieuses de ces deux empereurs, et que réduites à leurs simples traits et à leur seule dimension, elles ne seroient plus que de lourds et tristes monuments.

Les fondations de la colonne de Pompée étant venues à se déchausser, on a cru ajouter à leur solidité en adaptant à la premiere fondation deux fragments d'obélisque en marbre blanc, le seul monument de cette matiere que j'aie vu en Egypte.

Des fouilles faites aux environs de la colonne donneroient sans doute des lumieres sur son origine ; le mouvement du terrein et les formes qu'il laisse voir encore attestent d'avance que les recherches ne seroient pas vaines : elles découvriroient peut-être la substruction et l'*atrium* du portique auquel a appartenu cette colonne, qui a été l'objet de dissertations faites par des savants qui n'en ont vu que des dessins, ou n'en ont eu que des descriptions de voyageurs ; et ces voyageurs ne leur ont pas dit qu'on trouvoit près de là des fragments de colonne de même matiere et de même diametre; que le mouvement du sol indique la ruine et l'enfouissement de grands édifices, dont les formes se distinguent à la surface, tels qu'un carré d'une grande proportion, et un grand cirque, dont on pourroit, quoiqu'il soit recouvert de sable et de débris, mesurer encore les principales dimensions.

Après avoir observé que la colonne dite *de Pompée* est d'un style et d'une exécution très purs, que le piédestal et le chapiteau ne sont pas de même granit que le fût, que le travail en est lourd et ne semble être qu'une ébauche, que la fondation, faite de débris, annonce une construction moderne ; on peut conclure que ce monument n'est point antique, et que son érection peut appartenir également au temps des empereurs grecs, ou à celui des califes, puisque, si le piédestal et le chapiteau sont assez bien travaillés pour appartenir à la premiere de ces époques, ils n'ont pas assez de perfection pour que l'art dans la seconde n'ait pu atteindre jusque-là.

Des fouilles dans cet endroit pourroient aussi déterminer l'enceinte de la ville au temps des Ptolomées, lorsque son commerce et sa splendeur changerent son premier plan et la rendirent immense: celle des califes, qui existe encore, en fut une réduction, quoiqu'elle enferme aujourd'hui des campagnes et des déserts: cette circonvallation fut construite de débris, car leurs édifices rappellent toujours la destruction et le ravage ; les chambranles et les someses des portes qu'ils ont faites à leurs enceintes et à leurs forteresses ne sont que des colonnes de granit, qu'ils n'ont pas même pris la peine de façonner à l'usage qu'ils leur ont donné; elles paroissent n'être restées là que pour attester la magnificence et la grandeur des édifices dont elles sont les débris ; d'autres fois ils ont fait entrer cette immensité de colonnes dans la construction de leurs murailles, pour en redresser et niveler l'assise ; et comme elles ont résisté au temps, elles ressemblent maintenant à des batteries. Au reste ces constructions arabes et turques, ouvrages des besoins de la guerre, offrent une confusion d'époques et de différentes industries dont on ne voit peut-être nulle part ailleurs d'exemples plus frappants et plus rapprochés. Les Turcs sur-tout, ajoutant l'ineptie à la profanation, ont mêlé au granit non seulement la brique et la pierre calcaire, mais des madriers, et jusqu'à des planches, et de tous ces éléments, si peu analogues et si étrangement amalgamés, ont présenté l'assemblage monstrueux de la splendeur de l'industrie humaine, et de sa dégradation.

En revenant de la colonne vers la ville moderne, nous traversâmes celle des Arabes ou celle qui étoit enceinte par leurs murs; car ce n'est maintenant qu'un désert parsemé de quelques enclos, qui sont des jardins dans les mois de l'inondation, et qui dans les autres temps conservent plus ou moins d'arbres et de légumes en proportion de la grandeur de la citerne qu'ils renferment: cette citerne est le principe de leur existence; si elle tarit, les jardins redeviennent des décombres et du sable.

A la porte de chacun de ces jardins il y a des monuments d'une piété touchante; ce sont des réservoirs d'eau que la pompe remplit toutes les fois qu'on la met en mouvement, et qui offrent au voyageur qui passe de quoi satisfaire le premier besoin dans ce climat brûlant, la soif.

On rencontre à chaque pas des regards de ces citernes qui se communiquent, et dont les soupiraux sont couronnés de la base ou du chapiteau d'une colonne antique creusée, et servant de margelle.

Il suffit, pour la fabrication d'une nouvelle citerne, de creuser et de revêtir des réservoirs à plusieurs étages, de faire ensuite une saignée, et de la prolonger jusqu'à ce qu'elle rencontre une autre excavation; dès-lors elle reçoit le bénéfice commun du débordement, qui remplit, par l'effet du niveau que cherchent les eaux, tout le vide qui lui est présenté. La grande piscine ou conserve d'eau d'Alexandrie est une des grandes antiquités du temps moyen de l'Égypte, et un des plus beaux monuments de ce genre, soit par sa grandeur, soit par l'intelligence de sa construction: quoiqu'une partie soit dégradée et que l'autre ait besoin de réparation, elle contient encore assez d'eau pour suffire à la consommation des hommes et des animaux pendant deux années. Nous arrivâmes le mois avant celui où elle alloit être renouvelée, et nous la trouvâmes très fraîche et très bonne.

Nous fûmes attirés par une ruine rougeâtre, que les catholiques appellent la maison de Sainte-Catherine la savante, celle qui épousa le petit Jésus quatre cents ans après sa mort: la construction en est romaine; les canaux, enduits de stalactites, annoncent que ce devoit être des thermes.

Nous vînmes ensuite à l'obélisque dit de Cléopâtre; un autre, renversé à côté, indique qu'ils décoroient tous deux une des entrées du palais des Ptolomées, dont on voit encore des ruines à quelques pas de là. L'inspection de l'état actuel de ces obélisques, et les cassures, qui existoient lors même qu'ils ont été dressés dans cet endroit, prouvent qu'ils étoient déja fragments à cette époque, et apportés de Memphis ou de la haute Égypte. Ils pourroient facilement être embarqués, et devenir en France un trophée de la conquête, trophée très caractéristique, parcequ'ils sont à eux seuls un monument, et que les hiéroglyphes dont ils sont couverts doivent les rendre préférables à la colonne de Pompée, qui n'est qu'une colonne un peu plus grande que celles qu'on trouve par-tout. On a depuis fouillé la base de cet obélisque, et l'on a trouvé qu'il posoit sur une dale: les piédestaux, qu'on a toujours ajoutés en Europe à cette espece de monument, sont un ornement qui en change le caractere. Le trait que j'en ai donné, planche IX, n° 3, fait connoître l'état de cet obélisque depuis la fouille.

Je fis un dessin pittoresque de ces deux obélisques, ainsi que des paysages et monuments qui les avoisinent (*voyez pl.* IX, *n°* 2): en observant le monument sarrasin qui est auprès, je trouvai que le soubassement appartenoit à un édifice grec ou romain; on y distingue encore des chapiteaux de colonnes engagées, d'ordre dorique, dont les fûts vont se perdre au-dessous du niveau de la mer. Strabon a dit que les bases du palais de Ptolomée étoient battues par les vagues: ces débris pourroient tout à la fois attester la vérité du rapport de Strabon et donner le gisement de ce palais.

En revenant au fond du port par le bord de la mer, on trouve des débris de fabriques de tous les temps, également maltraités par la vague et par les siecles. On y distingue des restes de bains, dont il existe encore plusieurs chambres, fabriquées postérieurement dans des murailles plus anciennes. Ces fabriques me parurent arabes; et pour les conserver on a fait une espece de pilotis en colonnes, qui ressemblent maintenant à des batteries rasantes; leur nombre immense prouve combien étoient magnifiques les palais qu'elles ont décorés. Lorsqu'on a dépassé le fond du port, on trouve de grandes fabriques sarrasines, qui ont quelques détails de magnificence et d'un mélange de goût qui embarrasse l'observateur: des frises, ornées de triglyphes doriques, surmontées de voûtes à ogives, doivent faire croire que ces fabriques ont été construites de fragments antiques que les Sarrasins ont mêlés au goût de leur architecture. Les portes de ces édifices peuvent donner la mesure de l'indestructibilité du bois de sycomore, qui est resté dans son entier, tandis que le fer dont elles étoient revêtues a cédé au temps et a disparu entièrement. Derriere cette espece de forteresse sont des thermes arabes, décorés de toutes sortes de détails de magnificence: nos soldats, qui les avoient trouvés tout chauffés, s'y étoient établis pour faire leur lessive, et en avoient suspendu l'usage. Je renvoie donc à un autre moment la description des bains de cette espece, et à celle qu'en a faite Savary, l'idée de volupté qu'on en doit prendre.

Auprès de ces bains est une des principales mosquées, autrefois une primitive église sous le nom de S.-Athanase. Cet édifice, aussi délabré que magnifique, peut donner une idée de l'incurie des Turcs pour les objets dont ils sont le plus jaloux. Avant notre arrivée ils n'en laissoient pas approcher un chrétien, et préféroient y avoir une garde plutôt que d'en raccommoder les portes: dans l'état où nous les avons trouvées elles ne pouvoient ni fermer ni rouler sur leurs gonds.

Au milieu de la cour de cette mosquée un petit temple octogone renferme une cuve de breche égyptienne d'une beauté incomparable, soit par sa nature, soit par les innombrables figures hiéroglyphiques dont elle est couverte en-dedans comme en-dehors; ce monument, qui est sans doute un sarcophage de l'antique Égypte, sera peut-être illustré par des volumes de dissertations. Il eût fallu un mois pour en dessiner les détails; je n'eus que le temps d'en prendre la forme générale, dont on peut voir le trait (*pl.* IX, *n*° 3); et je dois ajouter qu'il peut être regardé comme un des morceaux les plus précieux de l'antiquité, et une des premieres dépouilles de l'Égypte, dont il seroit à desirer que nous pussions enrichir un de nos musées. Mon enthousiasme fut partagé par Dolomieux lorsque nous découvrîmes ensemble ce précieux monument.

Ce fut des galeries du minaret de cette mosquée que je fis le dessin (*n*° 4, *pl.* X) où l'on voit à vol d'oiseau tout le développement du port neuf. Tout près de la mosquée sont trois colonnes debout (*voyez pl.* II, *n*° 3), dont aucun voyageur n'a parlé. Il seroit intéressant de fouiller à leur base: au fini du travail de ces colonnes on peut juger qu'elles ont fait partie de quelques monuments antiques; mais leur espacement exagéré doit faire penser qu'elles ne sont pas placées à leur destination primitive: quoi qu'il en soit, elles sont les restes d'un grand et magnifique édifice.

Nous allâmes de là jusqu'à la porte de Rosette, qui est fortifiée, et où s'étoient défendus les Turcs lors de notre arrivée. Un groupe de maisons y forme une espece de bourg, qui laisse un espace vide d'une demi-lieue entre cette partie de la ville et celle qui avoisine les ports. Toutes les horreurs de la guerre existoient encore dans ce quartier. J'y fis une rencontre qui m'offrit le plus frappant de tous les contrastes: une jeune femme, blanche et d'un coloris de roses, au milieu des morts et des débris, étoit assise sur un catalecte encore tout sanglant; c'étoit l'image de l'ange de la résurrection: lorsqu'attiré par un sentiment de compassion je lui témoignai ma surprise de la trouver si isolée, elle me répondit avec une douce ingénuité qu'elle attendoit son mari pour aller coucher dans le désert; ce n'étoit encore qu'un mot pour elle, elle y alloit coucher comme à un autre gîte. On peut juger par-là du sort qui attendoit les femmes auxquelles l'amour avoit donné le courage de suivre leurs maris dans cette expédition.

La plupart des divisions, en descendant du navire, n'avoient fait que traverser Alexandrie pour aller camper dans le désert. Il fallut s'occuper aussi d'abandonner Alexandrie, ce point si important dans l'histoire, où les monuments de toutes les époques, où les débris des arts de tant de nations sont entassés pêle-mêle, et où les ravages des guerres, des siecles, et d'un climat humide et salin, ont apporté plus de changement et de destruction qu'en aucune autre partie de l'Égypte.

Bonaparte, qui s'étoit emparé d'Alexandrie avec la même rapidité que S. Louis avoit pris Damiette, n'y commit pas la même faute: sans donner le temps à l'ennemi de se reconnoître, et à ses troupes celui de voir la pénurie d'Alexandrie et son âpre territoire, il fit mettre en marche les divisions à mesure qu'elles débarquoient, et sans leur laisser le temps de prendre des renseignements sur les lieux qu'elles alloient occuper. Un officier, entre autres, disoit à sa troupe au moment du départ: Mes amis, vous allez coucher à Béda; vous entendez, à Béda; cela n'est pas plus difficile que cela: marchons, mes amis, et les soldats marcherent. Il est sans doute difficile de citer un trait plus frappant de naïveté d'une part et de confiance de l'autre: c'est avec ce courage insouciant qu'on entreprend ce que d'autres n'osent projeter, et qu'on exécute ce qui paroît inconcevable. Plus curieux qu'étonnés ils arrivent à Béda, qu'ils devoient croire un village bâti, peuplé comme les nôtres; ils n'y trouvent qu'un puits comblé de pierres, au travers desquelles distilloit un peu d'eau saumâtre et bourbeuse; puisée avec des gobelets, elle leur fut distribuée, comme de l'eau-de-vie, à petite ration. Voilà la premiere étape de nos troupes dans une autre partie du monde, séparées de leur patrie par des mers couvertes d'ennemis, et par des déserts mille fois plus redoutables encore; et cependant cette étrange position ne flétrit ni leur courage ni leur gaieté.

Si l'on veut avoir la mesure du despotisme domestique des orientaux, si l'on ne craint pas de frémir de l'atrocité de la jalousie, quand elle a pour appui un préjugé reçu, et quand la religion absout de ses emportements, qu'on lise l'anecdote suivante.

Le second jour de marche de nos troupes au départ d'Alexandrie, quelques soldats rencontrerent, près de Béda, dans le désert, une jeune femme le visage ensanglanté; elle tenoit d'une main un enfant en bas âge, et l'autre main égarée alloit à la rencontre de l'objet qui pouvoit la frapper ou la guider. Leur curiosité est excitée; ils appellent leur guide, qui leur servoit en même temps d'interprete; ils approchent, ils entendent les soupirs d'un être auquel on a arraché l'organe des larmes; une jeune femme, un enfant, au milieu d'un désert! Étonnés, curieux, ils questionnent: ils apprennent que le spectacle affreux qu'ils ont sous les yeux est la suite et l'effet d'une fureur jalouse: ce ne sont pas des murmures que la victime ose exprimer, mais des prieres pour l'innocent qui partage son malheur, et qui va périr de misere et de faim. Nos soldats, émus de pitié, lui donnent aussitôt une part de leur ration, oubliant leur besoin près d'un besoin plus pressant; ils se privent d'une eau rare dont ils vont manquer tout-à-fait, lorsqu'ils voient arriver un furieux, qui de loin repaissant ses regards du spectacle de sa vengeance, suivoit de l'œil ces victimes; il accourt arracher des mains de cette femme ce pain, cette eau, cette derniere source de vie que la compassion vient d'accorder au malheur: Arrêtez! s'écrie-t-il; elle a manqué à son honneur, elle a flétri le mien; cet enfant est mon opprobre, il est le fils du crime. Nos soldats veulent s'opposer à ce qu'il la prive du secours qu'ils viennent de lui donner; sa jalousie s'irrite de ce que l'objet de sa fureur devient encore celui de l'attendrissement; il tire un poignard, frappe la femme d'un coup mortel, saisit l'enfant, l'enleve, et l'écrase sur le sol; puis, stupidement farouche, il reste immobile, regarde fixement ceux qui l'environnent, et brave leur vengeance.

Je me suis informé s'il y avoit des lois répressives contre un abus d'autorité aussi atroce; on m'a dit qu'il avoit *mal fait* de la poignarder, parceque, si Dieu n'avoit pas voulu qu'elle mourût, au bout de quarante jours on auroit pu recevoir la malheureuse dans une maison, et la nourrir par charité.

La division Kléber, commandée par Dugua, avoit pris la route de Rosette pour protéger la flottille qui étoit entrée dans le Nil. L'armée acheva de se mettre en marche, les 17 et 18 messidor, par Birket et Demenhour: les Arabes en attaquent les avant-postes, en harcellent le reste; la mort devient la peine du traîneur. Desaix est au moment d'être pris, pour être resté cinquante pas derriere la colonne; Le Mireur, officier distingué, et qui, par l'effet d'une distraction mélancolique, n'avoit pas répondu à l'invitation qu'on lui avoit faite de se rapprocher, est assassiné à cent pas des avant-postes; l'adjudant-général Galois est tué en portant un ordre du général en chef; l'adjudant Delanau est fait prisonnier à quelques pas de l'armée en traversant un ravin; on met un prix à sa rançon; les Arabes s'en disputent le partage, et, pour terminer le différent, brûlent la cervelle à cet intéressant jeune homme.

Les Mamelouks étoient venus au-devant de l'armée française: la premiere fois qu'elle les vit ce fut près de Demenhour; ils ne firent que la reconnoître, et cette apparition, ainsi que le combat insignifiant de Chebreis, donna leur mesure à nos soldats, et leur ôta cette émotion incertaine qui tient de la terreur, et que donne toujours un ennemi inconnu. De leur côté, n'ayant vu dans notre armée que de l'infanterie, sorte d'arme pour laquelle ils avoient un souverain mépris, ils emporterent la certitude d'une victoire aisée, et ne tourmenterent plus notre marche, déja assez pénible par sa longueur, par l'ardeur du climat, et les souffrances de la soif et de la faim, auxquelles il faut encore ajouter les tourments d'un espoir toujours trompé et toujours renaissant; en effet c'étoit sur des tas de blé que nos soldats manquoient de pain, et avec l'image d'un vaste lac devant les yeux qu'ils étoient dévorés par la soif. Ce supplice d'un nouveau genre a besoin d'être expliqué, puisqu'il est l'effet d'une illusion qui n'a lieu que dans ces contrées: elle est produite par le *mirage* des objets saillants sur les rayons obliques du soleil réfractés par l'ardeur de la terre embrasée; ce phénomene offre tellement l'image de l'eau, qu'on y est trompé la dixieme fois comme la premiere; il attise une soif d'autant plus ardente que l'instant où il se manifeste est le plus chaud du jour. J'ai pensé qu'un dessin n'en donneroit pas l'idée, puisqu'il ne pourroit jamais être que la représentation d'une ressemblance; mais, pour y suppléer, il faut lire un rapport fait à l'institut du Caire, et inséré dans les mémoires (1) imprimés par Didot l'aîné, dans lequel le citoyen Monge a décrit et analysé ce phénomene avec la sagacité et l'érudition qui caractérisent ce savant.

Les villages étoient désertés à l'approche de l'armée, et les habitants en emportoient tout ce qui auroit pu l'alimenter.

Les pasteques furent le premier soulagement que le sol de l'Égypte offrit à nos soldats, et ce fruit fut consacré dans leur mémoire par la reconnoissance. En arrivant au Nil ils s'y jeterent tout habillés pour se désalterer par tous les pores.

Lorsque l'armée eut dépassé Rahmanieh, ses marches sur les bords du fleuve devinrent moins pénibles. Nous ne la suivrons pas dans toutes ses stations : nous dirons seulement que le 1er thermidor elle vint coucher à Amm-êl-Dinar; elle en partit le lendemain avant le jour; après douze heures de marche elle se trouva près Embabey, où les Mamelouks étoient rassemblés; ils y avoient un camp retranché, entouré d'un mauvais fossé, défendu par trente-huit pieces de canon. Dès qu'on eut découvert les ennemis, l'armée se forma : lorsque Bonaparte eut donné ses derniers ordres, il dit, en montrant les pyramides : Allez, et pensez que du haut de ces monuments quarante siecles nous observent. Desaix, qui commandoit l'avant-garde, avoit dépassé le village; Reynier suivoit à sa gauche; Dugua, Vial et Bon, toujours à gauche, formoient le demi-cercle en se rapprochant du Nil. Mourat-bey, qui vint nous reconnoître, et qui ne vit point de cavalerie, dit qu'il alloit nous tailler comme *des citrouilles* (ce fut son expression) : en conséquence le corps le plus considérable des Mamelouks, qui étoit en avant d'Embabey, s'ébranla, et vint charger la division Dugua avec une rapidité qui lui avoit à peine laissé le temps de se former; elle les reçut avec un feu d'artillerie qui les arrêta; et par un *à gauche* ils allerent tomber jusque sur les baïonnettes de la division Desaix; un feu de file nourri et soutenu produisit une seconde surprise : ils furent un moment sans détermination; puis, tout-à-coup voulant tourner la division, ils passerent entre celle de Reynier et celle de Desaix, et reçurent le feu croisé de toutes deux; ce qui commença leur déroute. N'ayant plus de projet, une partie retourna sur Embabey, l'autre alla se retrancher dans un parc planté de palmiers, qui se trouvoit à l'occident des deux divisions, et d'où on les envoya déloger par des tirailleurs; ils prirent alors la route du désert des pyramides. Ce furent eux qui dans la suite nous disputerent la haute Égypte. Pendant ce temps les autres divisions, en s'approchant du village, se trouvoient dans le cas d'être endommagées par l'artillerie du camp retranché : on résolut de l'attaquer; il fut formé deux bataillons, tirés de la division Bon et Menou, et commandés par les généraux Rampon et Marmont, pour marcher sur le village, et le tourner à l'aide du fossé : le bataillon Rampon leur paroît facile à envelopper et à détruire; il est attaqué par ce qui restoit de Mamelouks dans le camp. Ce fut là que le feu fut le plus vif et le

(1) *Mémoires sur l'Egypte*, 4 vol. in-8°.

plus meurtrier ; ils ne concevoient pas notre résistance (ils ont dit depuis qu'ils nous avoient crus liés ensemble) : en effet la meilleure cavalerie de l'orient, peut-être du monde entier, vint se rompre contre un petit corps hérissé de baïonnettes ; il y en eut qui vinrent enflammer leur habit au feu de notre mousqueterie, et qui, blessés mortellement, brûlerent devant nos rangs. La déroute devint générale : ils voulurent retourner dans leur camp, nos soldats les y suivirent, et y entrerent pêle-mêle avec eux; leurs canons furent pris; toutes les divisions qui s'approchoient en entourant le village leur ôtoient tous moyens de retraite : ils voulurent longer le Nil, un mur qui y arrivoit transversalement les arrêta et les refoula ; alors ils se jeterent dans le fleuve pour aller rejoindre le corps d'Hibrahim-bey, qui étoit resté vis-à-vis pour couvrir le Caire : dès-lors ce ne fut plus un combat, mais un massacre; l'ennemi sembloit défiler pour être fusillé, et n'échapper au feu de nos bataillons que pour devenir la proie des eaux. Au milieu de ce carnage, en levant les yeux, on pouvoit être frappé de ce contraste sublime qu'offroit le ciel pur de cet heureux climat : un petit nombre de Français, sous la conduite d'un héros, venoit de conquérir une partie du monde; un empire venoit de changer de maître; l'orgueil des Mamelouks achevoit de se briser contre les baïonnettes de notre infanterie. Dans cette grande et terrible scene, qui devoit avoir de si importants résultats, la poussiere et la fumée troubloient à peine la partie la plus basse de l'atmosphere; l'astre du jour roulant sur un vaste horizon achevoit paisiblement sa carriere : sublime témoignage de cet ordre immuable de la nature qui obéit à d'éternels décrets dans ce calme silencieux qui la rend encore plus imposante. C'est ce que j'ai cherché à peindre dans le dessin que j'ai fait de ce moment (*voyez pl.* XII, *et le plan de la bataille pl.* XI, *et les explications de ces deux planches*).

La relation officielle du général Berthier, où les mouvements militaires sont circonstanciés de la maniere la plus lucide et la plus savante, servira encore d'explication au plan de cette bataille, plan qui doit acquérir un prix particulier par les corrections qu'a bien voulu y faire Bonaparte lui-même dans la disposition des corps, et la détermination de leurs mouvements. Ce plan de bataille, auquel se joint celui du Caire, de Boulac, Djyzeth, etc., est tout à la fois la carte du pays, dont le *n*° 12 est la vue.

Le général Menou étoit resté blessé à Alexandrie : il devoit aller organiser le gouvernement à Rosette, et faire une tournée dans le Delta. Avant de se rendre au Caire il m'avoit engagé à l'accompagner dans cette marche : je me décidai d'autant plus volontiers à faire ce voyage, que je pensois d'avance qu'il ne pouvoit être très intéressant qu'autant qu'on le feroit avant celui de la haute Égypte ; j'accompagnois d'ailleurs un homme aimable, instruit, et mon ami depuis long-temps.

Nous nous embarquâmes sur un aviso dans le port neuf d'Alexandrie ; nous manœuvrâmes tout le jour : mais nos capitaines, ne connoissant ni les courants, ni les brisants, ni les bas-fonds de ce port, après avoir évité la pointe du diamant, pensèrent nous échouer au rocher du petit Pharillon, et nous ramenèrent mouiller à l'entrée du port pour repartir le lendemain. Je fis le dessin du château (*n*° 3, *pl.* X), bâti dans l'isle Pharus, sur l'emplacement de ce fameux monument si utile et si magnifique, cette merveille du monde, qui, après avoir pris le nom de l'isle sur laquelle il avoit été élevé, le transmit à tous les monuments de ce genre.

Nous repartîmes le lendemain sous d'aussi mauvais auspices que la veille. A peine fûmes-nous à quelques lieues en mer, que, le vent étant devenu très fort, le général Menou fut pris d'un vomissement convulsif qui pensa lui coûter la vie, en le faisant tomber de sa hauteur la tête sur la culasse d'un canon. Aucun de nous ne pouvoit juger du danger de la large blessure qu'il s'étoit faite : il avoit perdu connoissance; nous mîmes en délibération si on le conduiroit sur l'*Orient*, qui étoit mouillé avec la flotte à Aboukir, et vis-à-vis duquel nous nous trouvions dans le moment.

Nos marins croyoient que quelques heures nous suffiroient pour nous rendre dans le Nil : nous choisîmes ce parti, qui devoit finir les angoisses du général. Malgré le tourment de notre situation et le roulis du bâtiment, je parvins à dessiner la petite vue (*n*° 1, *pl.* XV) qui donne une idée du mouillage de notre flotte devant Aboukir, de ce promontoire célebre autrefois par la ville de Canope et toutes ses voluptés, aujourd'hui si fameux par toutes les horreurs de la guerre. Quelques heures après nous nous trouvâmes, sans le savoir, à une des bouches du Nil, ce que nous reconnûmes au tableau le plus désastreux que j'aie vu de ma vie. Les eaux du Nil repoussées par le vent élevoient à une hauteur immense des ondes qui étoient perpétuellement refoulées et brisées par le courant du fleuve avec un bruit épouvantable; un de nos bâtiments qui venoit de faire naufrage, et que la vague achevoit de rompre, fut le seul indice que nous eûmes de la côte; plusieurs autres avisos dans la même situation que nous, c'est-à-dire dans la même confusion, se rapprochoient pour se consulter, s'évitoient pour ne pas se briser, et ne pouvoient s'entendre que par des cris encore plus épouvantables. Il n'y avoit point de pilote côtier; nous ne savions plus qu'aviser, le général alloit toujours en empirant: nous imaginâmes d'aller reconnoître le bogaze ou la barre du fleuve; le canot fut mis à la mer, et le chef de bataillon Bonnecarerre et moi nous nous y jetâmes comme nous pûmes. A peine eûmes-nous quitté notre bord que nous nous trouvâmes au milieu des abymes, sans voir autre chose que la cime recourbée des vagues qui de toutes parts menaçoient de nous engloutir; à mille toises de l'aviso nous ne pouvions plus le rejoindre : le mal de mer commençoit à me tourmenter; il étoit question d'attendre d'une maniere indéfinie, et de passer ainsi la nuit. Je m'enveloppois de mon manteau pour ne plus rien voir de notre déplorable situation, lorsque nous passâmes sous les eaux d'une felouque, où j'apperçus un malheureux qui, en descendant dans une embarcation, étoit resté suspendu à une corde; fatigué des efforts qu'il faisoit pour se soutenir dans cette périlleuse position, ses bras s'alongeoient, et le laissoient aller dans ceux de la mort, que je voyois ouverts pour le recevoir. J'éprouvai à ce spectacle une telle révolution que mes évanouissements cesserent : je ne criois pas, je hurlois; les matelots mêloient leurs cris aux miens : ils furent enfin entendus de ceux du bâtiment : d'abord on ne savoit ce que nous voulions; on chercha de tous côtés avant de venir au secours du malheureux dont les dernieres forces expiroient; on le découvre à la fin.... on eut encore le temps de le sauver.

Le moment que nous avoit fait perdre cet évènement, et les efforts que nous avions faits pour nous tenir au vent en cas que cet homme tombât à la mer nous avoient fait prendre assez de hauteur pour regagner notre aviso; nous l'escaladâmes assez heureusement, et nous nous retrouvâmes au même point dont nous étions partis sans savoir plus que tenter. Le vent se calma un peu, mais la mer resta grosse : la nuit vint; elle fut moins orageuse.

Le général étoit trop mal pour prendre lui-même une résolution : nous tînmes de nouveau conseil, et nous résolûmes de le mettre de notre mieux dans le canot, pensant que le bâtiment naufragé et les brisants nous serviroient de guides, et qu'en les évitant également nous entrerions dans le Nil : cela nous réussit; au bout d'une heure de navigation nous nous trouvâmes à l'angle de la côte, et tournant tout-à-coup à droite, nous voguâmes dans le plus paisible lit du plus doux de tous les fleuves, et une demi-heure après au milieu du plus frais et du plus verdoyant de tous les pays : c'étoit exactement sortir du Ténare pour entrer par le Léthé dans les Champs-Élysées. Ceci étoit encore plus vrai pour le général, qui étoit déja sur son séant, et ne nous laissoit d'inquiétude que sur la profondeur de sa blessure, qu'aucun de nous n'avoit osé sonder.

Nous trouvâmes bientôt à notre droite un fort, et à notre gauche une batterie, qui, autrefois construite pour défendre l'embouchure du Nil, en est maintenant à une lieue; ce qui pourroit donner la mesure de la progression de l'alluvion du fleuve. En effet la construction de ces forts ne remonte pas au-delà de l'invention de la poudre, et ils n'ont par conséquent pas plus de trois cents ans. Je fis rapidement deux dessins de ces deux points (*n°* 1 *et* 2, *pl.* XIII).

Le premier, à l'ouest du fleuve, présente un château carré, flanqué de grosses tours aux angles, avec des batteries dans lesquelles étoient des canons de vingt-cinq pieds de longueur; le second n'est plus qu'une mosquée, devant laquelle étoit une batterie ruinée, dont un canon, du calibre de vingt-huit pouces, ne servoit plus qu'à procurer d'heureux accouchements aux femmes lorsqu'elles venoient l'enjamber pendant leur grossesse.

Une heure après nous découvrîmes, au milieu des forêts de dattiers, de bananiers, et de sycomores, Rosette, placée sur les bords du Nil, qui, sans les dégrader, baigne tous les ans les murailles de ses maisons. J'en fis la vue avant d'y aborder (*voyez n*° 3, *pl.* XIII).

Rascid, que les Francs ont nommée Rosette ou Rosset, a été bâtie sur la branche et près de la bouche Bolbitine, non loin des ruines d'une ville de ce nom, qui devoit être située à un coude du fleuve, où est à présent le couvent d'Abou-Mandour, à une demi-lieue de Rosette : ce qui pourroit appuyer cette opinion, ce sont les hauteurs qui dominent ce couvent, et qui doivent avoir été formées par des atterrissements; ce sont encore quelques colonnes et autres antiquités trouvées en faisant, il y a une vingtaine d'années, des réparations à ce couvent (*voyez la vue pl.* XIII, *n*° 5).

Léon d'Afrique dit que Rascid fut bâtie par un gouverneur d'Égypte, sous le regne des califes; mais il ne dit ni le nom du calife, ni l'époque de la fondation.

Rosette n'offre aucun monument curieux. Son ancienne circonvallation annonce qu'elle a été plus grande qu'elle n'est à présent; on reconnoît sa premiere enceinte aux buttes de sable qui la couvrent de l'ouest au sud, et qui n'ont été formées que par les murailles et les tours qui servent aujourd'hui de noyaux à ces atterrissements. Ainsi qu'à Alexandrie, la population de cette ville va toujours en décroissant. On y bâtit peu, et ce qui s'y construit ne se fait plus que des vieilles briques des édifices qui tombent en ruine faute d'habitants et de réparations. Les maisons, mieux bâties en général que celles d'Alexandrie, sont cependant si frêles encore, que, si elles n'étoient épargnées par le climat, qui ne détruit rien, il n'existeroit bientôt plus une maison à Rosette; les étages, qui vont toujours en avançant l'un sur l'autre, finissent presque par se toucher; ce qui rend les rues fort obscures et fort tristes. Les habitations qui sont le long du Nil n'ont pas cet inconvénient; elles appartiennent pour la plupart aux négociants étrangers. Cette partie de la ville seroit d'un embellissement facile; il n'y auroit qu'à construire sur la rive du fleuve un quai alternativement rampant et revêtu : les maisons, outre l'avantage d'avoir vue sur la navigation, ont encore l'aspect riant des rives du Delta, isle qui n'est qu'un jardin d'une lieue d'étendue.

Cette isle devint d'abord notre propriété, notre promenade, et enfin le parc où nous nous donnions le plaisir de la chasse, lequel étoit doublé par celui de la curiosité, puisque chaque oiseau que nous tuions étoit une nouvelle connoissance.

Je pus remarquer que les habitants de la rive gauche du Nil, c'est-à-dire les habitants du Delta, étoient plus doux et plus sociables : je crois qu'il faut en attribuer la cause à plus d'abondance, à l'absence des Arabes Bédouins, qui, ne traversant jamais le fleuve, les laissent dans un état de paix que n'éprouvent les autres dans aucun moment de leur vie.

En observant les causes on est presque toujours moins porté à se plaindre des effets. Peut-on reprocher aux Arabes cultivateurs d'être sombres, défiants, avares, sans soins, sans prévoyance pour l'avenir, lorsque l'on pense qu'outre la vexation du possesseur du sol qu'ils cultivent, de l'avide bey, du cheikh, des Mamelouks, un ennemi errant, toujours armé, guette sans cesse l'instant de lui enlever tout ce qu'il oseroit montrer de superflu ? L'argent qu'il peut cacher, et qui représente toutes les jouissances dont il se prive, est donc tout ce qu'il peut croire véritablement à lui; aussi l'art de l'enfouir est-il sa principale étude: les entrailles de la terre ne le rassurent pas; des décombres, des haillons, toute la livrée de la misere, c'est en ne présentant que ces tristes objets aux regards de ses maîtres qu'il espere soustraire ce métal à leur avidité; il lui importe d'inspirer la pitié : ne pas le plaindre, ce seroit le dénoncer; inquiet en amassant ce dangereux argent, troublé quand il le possede, sa vie se passe entre le malheur de n'en point avoir, ou la terreur de se le voir ravir.

Nous avions à la vérité chassé les Mamelouks; mais, à notre arrivée, éprouvant toutes sortes de besoins, en les chassant, ne les avions-nous pas remplacés? et ces Arabes Bédouins, mal armés, sans résistance, n'ayant pour rempart que des sables mouvants, de ligne que l'espace, de retraite que l'immensité, qui pourra les vaincre ou les contenir? Tâcherons-nous de les séduire en leur offrant des terres à cultiver? mais les paysans d'Europe qui deviennent chasseurs cessent sans retour de travailler la terre; et le Bédouin est le chasseur primitif; la paresse et l'indépendance sont les bases de son caractere; et pour satisfaire et défendre l'une et l'autre, il s'agite sans cesse, et se laisse assiéger et tyranniser par le besoin. Nous ne pouvons donc rien proposer aux Bédouins qui puisse équivaloir à l'avantage de nous voler; et ce calcul est toujours la base de leurs traités.

L'envie, fléau dont n'est pas exempt le séjour même du besoin, plane encore sur les sables brûlants du désert. Les Bédouins guerroient avec tous les peuples de l'univers, ne haïssent et ne portent envie qu'aux Bédouins qui ne sont pas de leur horde; ils s'engagent dans toutes les guerres, ils se mettent en mouvement dès qu'une querelle intérieure ou un ennemi étranger vient troubler le repos de l'Égypte, et, sans s'attacher à l'un ou à l'autre des partis, ils profitent de leur querelle pour les piller tous deux. Lorsque nous descendîmes en Afrique, ils se mêloient parmi nous, enlevoient nos traîneurs, et eussent pillé les Alexandrins, s'ils fussent venus se faire battre hors de leurs murailles. Là où est le butin, là est l'ennemi des Bédouins: toujours prêts à traiter, parcequ'il y a des présents attachés aux stipulations, ils ne connoissent d'engagement que la nécessité. Leur cruauté n'a cependant rien d'atroce: les prisonniers qu'ils nous ont faits, en retraçant les maux qu'ils avoient soufferts dans leur captivité, les considéroient plutôt comme une suite de la maniere de vivre de cette nation que comme un résultat de leur barbarie. Des officiers, qui avoient été leurs prisonniers, m'ont dit que le travail qu'on avoit exigé d'eux n'avoit rien eu d'excessif ni de cruel ; ils obéissoient aux femmes, chargeoient et conduisoient les ânes et les chameaux ; il falloit à la vérité camper et décamper à tout moment ; tout le ménage étoit plié, et l'on étoit en route dans un quart-d'heure au plus : au reste ce ménage consistoit en un moulin à bled et à café, une plaque de fer pour cuire les galettes, une grande et une petite cafetiere, quelques outres, quelques sacs à grains, et la toile de la tente qui servoit d'enveloppe à tout cela. Une poignée de bled rôti et douze dattes étoient la ration commune des jours de marche, et quelque peu d'eau, qui, vu sa rareté, avoit servi à tout avant que d'être bue ; mais ces officiers n'ayant eu l'ame flétrie par aucun mauvais traitement, ils ne conservoient aucun souvenir amer d'une condition malheureuse qu'ils n'avoient fait que partager.

Sans préjugé de religion, sans culte extérieur, les Bédouins sont tolérants : quelques coutumes révérées leur servent de lois ; leurs principes ressemblent à des vertus qui suffisent à leurs associations partielles, et à leur gouvernement paternel.

Je dois citer un trait de leur hospitalité : un officier français étoit depuis plusieurs mois le prisonnier d'un chef d'Arabes ; son camp surpris la nuit par notre cavalerie, il n'eut que le temps de se sauver ; tentes, troupeaux, provisions, tout fut pris. Le lendemain, errant, isolé, sans ressource, il tire de ses habits un pain, et en donnant la moitié à son prisonnier, il lui dit : Je ne sais quand nous en mangerons d'autre ; mais on ne m'accusera point de n'avoir pas partagé le dernier avec l'ami que je me suis fait. Peut-on haïr un tel peuple, quelque farouche que d'ailleurs il puisse être? et quel avantage lui donne sur nous cette sobriété comparée aux besoins que nous nous sommes faits? comment persuader ou réduire de pareils hommes? n'auront-ils pas toujours à nous reprocher de semer de riches moissons sur les tombeaux de leurs ancêtres?

Tant que nous n'avions pas été maîtres du Caire, les habitants des bords du Nil, regardant notre existence comme très précaire en Égypte, s'étoient soumis en apparence à notre armée lors de son passage ; mais ne doutant point qu'elle ne se fondît bientôt devant leurs invincibles tyrans, ils s'étoient permis, soit pour qu'ils leur pardonnassent de s'être soumis, soit pour se livrer à leur esprit de rapine, de courir et de tirer sur les barques que nous envoyions à l'armée, et sur celles qui en revenoient : quelques bateaux furent obligés de rétrograder, après avoir reçu pendant plusieurs lieues de chemin des coups de fusils, notamment des habitants des villages de Metubis et Tfemi. On envoya contre eux un aviso et quelques troupes : j'étois de cette expédition : les instructions étoient pacifiques ; nous acceptâmes leurs soumissions, et emmenâmes des otages. Je fis, pendant les pourparlers qu'exigea notre traité, les vues de Metubis et de Tfemi. (*Voyez planche* XVI, *n*° 1, 2, 3 *et* 4). Le n° 3 est Metubis ; le n° 1 est la vue de Tfemi, qui est vis-à-vis du premier ; le n° 4, même planche, est le village de Sandion, que l'on trouve sur la route de Fua; et le n° 2 sont les trois villages ci-dessus, qu'à une certaine hauteur on apperçoit tout à la fois.

Quelques jours après, une autre barque partit pour le Caire: on n'entendit plus parler de ceux qui la montoient; et ce ne fut que par les gens du pays que nous sûmes qu'ils avoient été attaqués au-delà de Fua; qu'après avoir été tous blessés, leurs conducteurs s'étoient jetés à l'eau; que, livrés au courant, ils avoient échoués; qu'arrêtés et conduits à Salmie, ils y avoient été fusillés. Le général Menou se crut obligé de faire un grand exemple. Nous partîmes donc avec deux cents hommes sur un demi-chebek et des barques; nous mîmes à terre à une demi-lieue de Salmie; un détachement tourna le village, un autre suivit le bord du fleuve; la troisieme division, qui devoit achever la circonvallation, étoit restée engravée à deux lieues au-dessous. Nous trouvâmes les ennemis à cheval, en bataille, devant le village; ils nous attaquerent les premiers, et chargerent jusque sur les baïonnettes: les principaux ayant été tués à la premiere décharge, et se voyant entourés, ils furent bientôt en déroute; la troisieme division, qui devoit fermer la retraite, n'étant point arrivée à temps, le cheikh et tous les combattants s'échapperent. Le village fut livré au pillage pendant le reste du jour, et au feu dès que la nuit fut venue: les flammes et des coups de canon tant que durerent les ténebres avertirent à dix lieues à la ronde que notre vengeance avoit été complete et terrible. J'en fis un dessin à la lueur de l'incendie (*pl.* XXVIII, *n°* 2); le n° 1, pl. XX, est Salmie vue de jour.

Nous revînmes à Fua, où nous fûmes reçus en vainqueurs qui savoient mettre des bornes à leurs vengeances: tous les cheikhs de la province avoient été convoqués, et s'étoient assemblés; ils entendirent avec respect et résignation le manifeste qui leur fut lu concernant l'expédition, et les bases sur lesquelles alloit s'établir la nouvelle organisation de Salmie. On nomma un ancien cheikh à la place de celui que les Français venoient de déposséder et de proscrire; il fut envoyé pour rassembler les habitants épars, et amener une députation, qui arriva le troisieme jour. Le détachement qui avoit conduit le vieux cheikh avoit été reçu avec acclamation. Les députés nous dirent en arrivant qu'ils avoient reconnu la paternité dans la main qui s'étoit appesantie sur eux; qu'ils voyoient bien que nous ne leur voulions point de mal, puisque nous n'avions tué que neuf coupables, et brûlé que le quart du village: ils ajouterent que le feu étoit éteint, que la maison du cheikh émigré étoit détruite, et qu'ils avoient offert le reste des poules et des oies aux soldats qui étoient venus terminer les remords qui les tourmentoient depuis trois semaines.

Nous établîmes une poste ordinaire à Salmie, d'accord avec les arrondissements avoisinants, et nous achevâmes notre expédition par une tournée du département. Dans chaque village nous étions reçus d'une maniere plus que féodale; c'étoit le principal personnage du pays qui nous recevoit, et faisoit payer notre dépense aux habitants. Il falloit connoître les abus avant d'y remédier; séduits d'ailleurs par la facilité que le hasard nous offroit d'observer les coutumes d'un pays dont nous allions changer les mœurs, nous laissions faire encore pour cette fois.

Une maison publique, qui presque toujours avoit appartenu au Mamelouk, ci-devant seigneur et maître du village, se trouvoit en un moment meublée, à la mode du pays, en nattes, tapis, et coussins; un nombre de serviteurs apportoit d'abord de l'eau fraîche parfumée, des pipes et du café; une demi-heure après un tapis étoit étendu; tout autour on formoit un bourlet de trois ou quatre especes de pain et de gâteaux, dont tout le centre étoit couvert de petits plats de fruits, de confitures, et de laitage, la plupart assez bons, sur-tout très parfumés. On sembloit ne faire que goûter de tout cela; effectivement en quelques minutes ce repas étoit fini; mais deux heures après le même tapis étoit couvert de nouveau; d'autres pains et d'immenses plats de riz au bouillon gras et au lait, de demi-moutons mal rôtis, de grands quartiers de veaux, des têtes bouillies de tous ces animaux, et de soixante autres plats tous entassés les uns sur les autres: c'étoient des ragoûts aromatisés, herbes, gelées, confitures, et miel non préparé. Point de sieges, point d'assiettes, point de cuillers ni de fourchettes, point de gobelets ni de serviettes; à genoux sur ses talons, on prend le riz avec les doigts, on arrache la viande avec ses ongles, on trempe le pain dans les ragoûts, et on s'en essuie les mains et les levres; on boit de l'eau au pot: celui qui fait les honneurs boit toujours le premier; il goûte de même le premier de tous les plats, moins pour vous prouver que vous ne devez pas le soupçonner que pour vous faire voir combien il est occupé de votre sûreté, et le cas qu'il fait de votre personne. On ne vous présente une serviette qu'après le dîner, lorsqu'on apporte à laver les mains; ensuite l'eau de rose est versée sur toute la personne; puis la pipe et le café.

Lorsque nous avions mangé, les gens du second ordre du pays venoient nous remplacer, et étoient eux-mêmes très rapidement relevés par d'autres: par principe de religion un pauvre mendiant étoit admis, ensuite les serviteurs, enfin tous ceux qui vouloient, jusqu'à ce que tout fût mangé. S'il manque à ces repas de la commodité et cette élégance qui aiguillonne l'appétit, on peut en admirer l'abondance, l'abandon hospitalier, et la frugalité des convives, que le nombre des plats ne retient jamais plus de dix minutes à table.

Le 14 fructidor, au matin, nous étions maîtres de l'Égypte, de Corfou, de Malte; treize vaisseaux de ligne rendoient cette possession contiguë à la France, et n'en faisoient qu'un empire. L'Angleterre ne croisoit dans la Méditerranée qu'avec des flottes nombreuses qui ne pouvoient s'approvisionner qu'avec des embarras et des dépenses immenses.

Bonaparte, sentant tout l'avantage de cette position, vouloit, pour le conserver, que notre flotte entrât dans le port d'Alexandrie; il avoit promis deux mille sequins à celui qui en donneroit le moyen : des capitaines de bâtiments marchands avoient, dit-on, trouvé une passe dans le port vieux; mais le mauvais génie de la France conseilla et persuada à l'amiral de s'embosser à Aboukir, et de changer en un jour le résultat d'une longue suite de succès.

Le 14, après-midi, le hasard nous avoit conduits à Abou-Mandour, couvent dont j'ai déja parlé, et qui, depuis Rosette, est le terme d'une jolie promenade sur le bord du fleuve (*voyez pl.* XV, *n*°. 5): arrivés à la tour qui domine le monastere nous appercevons vingt voiles; arriver, se mettre en ligne, et attaquer, fut l'affaire d'un moment. Le premier coup de canon se fit entendre à cinq heures; bientôt la fumée nous déroba les mouvements des deux armées; mais à la nuit nous pûmes distinguer un peu mieux, sans pouvoir cependant nous rendre compte de ce qui se passoit. Le danger que nous courions d'être enlevés par le plus petit corps de Bédouins ne put nous distraire de l'avide attention qu'excitoit en nous un évènement d'un si grand intérêt. Le feu roulant et redoublé étoit perpétuel; nous ne pouvions douter que le combat ne fût terrible, et soutenu avec une égale opiniâtreté. De retour à Rosette nous montâmes sur les toits de nos maisons; vers dix heures, une grande clarté nous indiqua un incendie; quelques minutes après une explosion épouvantable fut suivie d'un silence profond: nous avions vu tirer de gauche à droite sur l'objet enflammé, et, par suite de raisonnement, il nous sembloit que ce devoient être les nôtres qui avoient mis le feu; le silence qui avoit succédé devoit être la suite de la retraite des Anglais, qui pouvoient seuls continuer ou cesser le combat, puisque seuls ils disposoient de la liberté de l'espace. A onze heures un feu lent recommença : à minuit le combat étoit de nouveau engagé; il cessa à deux heures du matin : à la pointe du jour j'étois aux postes avancés, et, dix minutes après, la canonnade fut rétablie; à neuf heures un autre vaisseau sauta; à dix heures quatre bâtiments, les seuls restés entiers, et que nous reconnûmes français, traverserent à toutes voiles le champ de bataille, dont ils nous paroissoient maîtres, puisqu'ils n'étoient ni attaqués ni suivis. Tel étoit le fantôme produit par l'enthousiasme de l'espérance.

Je passois ma vie à la tour d'Abou-Mandour; j'y comptois vingt-cinq bâtiments, dont la moitié n'étoit plus que des cadavres mutilés, et dont le reste se trouvoit dans l'impossibilité de manœuvrer pour les secourir : trois jours nous restâmes dans cette cruelle incertitude. La lunette à la main j'avois dessiné les désastres, pour me rendre compte si le lendemain n'y apporteroit aucun changement (*voyez pl.* XV, *n*° 5) : nous repoussions l'évidence avec la main de l'illusion : mais le bogaze fermé, mais la communication d'Alexandrie interceptée, nous apprirent que notre existence étoit changée; que, séparés de la métropole, nous étions devenus colonies, obligés jusqu'à la paix d'exister de nos moyens : nous apprîmes enfin que la flotte anglaise avoit doublé notre ligne, qui n'avoit point été assez solidement appuyée contre l'isle qui devoit la défendre ; que les ennemis, prenant par une double ligne nos vaisseaux l'un après l'autre, cette manœuvre, qui invalidoit l'ensemble de nos forces, en avoit rendu la moitié spectatrice de la destruction de l'autre ; que c'étoit l'*Orient* qui avoit sauté à dix heures ; que c'étoit l'*Hercule* qui avoit sauté le lendemain ; que ceux qui commandoient les vaisseaux le *Guillaume-Tell*, et le *Généreux*, et les frégates la *Diane* et la *Justice*, voyant les autres au pouvoir de l'ennemi, avoient profité du moment de sa lassitude pour échapper à ses coups réunis. Nous apprîmes enfin que le 14 fructidor avoit rompu ce bel ensemble de nos forces et de notre gloire ; que notre flotte détruite avoit rendu à nos ennemis l'empire de la Méditerranée, empire que leur avoient arraché les exploits inouis de nos armées de terre, et que la seule existence de nos vaisseaux nous auroit conservé.

Notre position avoit entièrement changé : dans la possibilité d'être attaqués nous fûmes obligés à des préparatifs de défense ; on fortifia l'entrée du Nil, on établit une batterie sur une des isles, on visita tous les points.

Dans une de nos reconnoissances nous retournâmes au bogaze ou barre du Nil : il étoit à cette époque presque à sa plus grande hauteur ; et nous fûmes dans le cas de voir les efforts de son poids contre les vagues de la mer, qui dans cette saison sont poussées douze heures de chaque jour par le vent de nord dans le sens opposé au cours du fleuve : il résulte de ce combat un bourlet de sables, qui s'exhausse avec le temps, devient une isle qui partage le cours du fleuve, et lui forme deux bouches qui ont chacune leurs brisants ; le remoux de ces brisants rapporte au rivage une partie du sable que le courant avoit entraîné, et, par cette alluvion, les deux bouches se resserrent peu-à-peu jusqu'à ce que l'une d'elles l'emportant sur l'autre, la moins forte s'obstrue, devient terre ferme avec l'isle ; et à la bouche qui reste se reforme bientôt un autre bourlet, une isle, deux bouches nouvelles, etc., etc. N'est-ce pas là comme on peut le plus naturellement rendre compte de l'antique géographie des bouches du Nil, expliquer le voyage de Ménélas dans Homere, le changement du Delta, dont l'emplacement a pu d'abord être un golfe, puis une plage, puis une terre cultivée, couverte de villes superbes et de riches moissons, coupée de canaux, qui, desséchant ou arrosant avec intelligence le sol, portoient l'abondance sur toute la surface de ce pays nouveau ? Puis, par le laps de temps, les fléaux des révolutions, et leurs résultats funestes, des points de desséchements se seront manifestés ; des parties auront été abandonnées ; d'autres seront devenues salines ; des lacs se seront formés, détruits, et reproduits avec des formes nouvelles ; les canaux obstrués auront changé de cours, se seront perdus ; et aujourd'hui, dans nos recherches incertaines, nous demandons où étoient les bouches de Canope, de Bolbitine, de Berenice, etc., etc.

Les premiers végétaux qui croissent sur les alluvions sont trois à quatre especes de soudes : les sables s'amoncellent contre ces plantes ; elles s'élevent de nouveau sur l'amoncellement : leur dépérissement est un engrais qui fait croître des joncs ; ces joncs élevent encore le sol et le consolident : le dattier paroît, qui, par son ombre, y conserve l'humidité, et acheve d'y apporter l'abondance, ainsi qu'on peut le voir aux environs du château de Racid, dont, au temps de Selim, le canon tiroit en mer, et qui maintenant se trouve à une lieue du rivage, entouré de forêts de palmiers, sous lesquels croissent d'autres arbres fruitiers, et tous les légumes de nos jardins les plus abondants.

Dans cette expédition je vis, à l'embouchure du fleuve, nombre de pélicans et de gerboises. En observant le château de Racid je remarquai qu'il avoit été construit de membres d'anciens édifices ; qu'une partie des pierres des embrasures de canon étoient de beaux grès de la haute Égypte, couvertes encore d'hiéroglyphes. En visitant les souterrains, nous y trouvâmes une espece de magasin, composé d'armes abandonnées ; c'étoient des arbalêtes, des arcs et fleches, avec des casques et des épées de la forme de celles des croisés. En fouillant ces magasins, nous délogeâmes des chauves-souris grosses comme des pigeons : nous en tuâmes plusieurs ; elles avoient toutes les formes de la roussette.

Depuis la perte de notre flotte, ce qu'il y avoit de troupes à Rosette avoit été disséminé en petites garnisons dans les châteaux et les batteries : on avoit été obligé d'établir une caravane d'Alexandrie à Rosette par Aboukir et le désert, pour entretenir la communication de ces deux villes ; des soldats étoient employés à protéger ces caravanes contre les Arabes : il en restoit trop peu à Rosette pour le service de la place, et la défense en cas d'attaque ; il fut donc question de former une milice de ce qu'il y avoit de voyageurs, de spéculateurs, et d'hommes inutiles, incertains, errants, irrésolus, qui arrivoient d'Alexandrie, ou qui revenoient déja du Caire : ces amphibies, corrompus par les campagnes d'Italie, ayant ouï parler des moissons égyptiennes comme des plus abondantes de l'univers, avoient pensé que la prise de possession d'un tel pays étoit la fortune toute faite des préoccupants ; d'autres, curieux, blasés, l'esprit fasciné par les récits de Savary, étoient partis de Paris pour venir chercher de nouvelles voluptés au Caire ; d'autres, spéculateurs, pour fournir l'armée, pour observer, faire venir et vendre à haut prix ce qui pourroit manquer à la colonie : et cependant les beys avoient emporté tout ce qu'il y avoit d'argent et de magnificence au Caire ; le peuple avoit achevé le pillage des maisons opulentes avant notre entrée dans cette ville ; Bonaparte ne vouloit point de fournisseurs, et la flotte marchande se trouvoit bloquée par les Anglais : toutes ces circonstances jetoient un voile sombre sur l'Égypte pour tous ces voyageurs, étonnés de se trouver captifs, déçus de leurs projets, et obligés de concourir à la défense et à l'organisation d'un établissement qui ne devoit plus faire que la fortune et la gloire de la nation en général : ils écrivoient en France de tristes récits, que les Anglais interceptoient, et qui contribuoient à les tromper sur notre situation. Les Anglais se complaisoient à croire que nous mourions de faim, nous renvoyoient nos prisonniers, pour hâter l'époque de notre destruction, imprimoient dans leurs gazettes que la moitié de notre armée étoit à l'hôpital, que la moitié de l'autre moitié étoit obligée de conduire le reste qui étoit aveugle; tandis que cependant la haute Égypte nous fournissoit en abondance le meilleur bled, et la basse, le plus beau riz; que le sucre du pays coûtoit la moitié moins qu'en France; que des troupeaux innombrables de buffles, bœufs, moutons, et chevres, tant des cultivateurs que des Arabes pasteurs, fournissoient abondamment à une consommation nouvelle au moment même de l'invasion, ce qui nous assuroit pour l'avenir abondance et superflu; tandis que, pour le luxe de nos tables, nous pouvions ajouter toutes especes de volailles, poissons, gibiers, légumes, et fruits. Voilà cependant ce que l'Égypte offroit d'objets de premiere nécessité à ces détracteurs, à qui il falloit de l'or pour réparer l'abus qu'ils en avoient fait, et qui, n'en trouvant point, ne voyoient plus autour d'eux que des sables brûlants, un soleil perpétuel, des puces et des cousins, des chiens qui les empêchoient de dormir, des maris intraitables, des femmes voilées ne leur montrant que des gorges éternelles.

Mais abandonnons au vent cette nuée de papillons qui affluent toujours où brille une premiere lueur: voyons nos triomphes et la paix rouvrir la porte d'Alexandrie, y amener de sages et industrieux cultivateurs, d'utiles négociants, des colons enfin, qui, sans s'effrayer de ce que l'Afrique ne ressemble pas à l'Europe, observeront qu'en Égypte un homme, pour trois sous, peut avoir autant qu'il lui en faut pour un jour du meilleur riz du monde; qu'une partie des terres qui ont cessé d'être inondées peuvent être rendues à la culture par l'arrosement, que des moulins à vent feroient monter plus haut que les moulins à pots qu'on y emploie, et qui consomment tant de bœufs, occupent tant de bras; que les isles du Nil et la plus grande partie du Delta n'attendent que des colons américains pour produire les plus belles cannes à sucre sur un sol qui ne dévorera pas les hommes; en s'approchant du Caire et par-delà, ils verront qu'il n'y a qu'à améliorer pour rivaliser avec toutes les plantations d'indigo et de coton de toutes especes; qu'en faisant une fortune sage et sûre, ils habiteront sous un ciel pur et sain, sur le bord d'un fleuve d'une espece presque miraculeuse, et dont on ne peut achever de nombrer les avantages: ils verront une colonie nouvelle avec des villes toutes bâties, des travailleurs adroits accoutumés à la peine et tout acclimatés, avec lesquels, en peu d'années, et à l'aide des canaux qui sont tous tracés, ils créeront de nouvelles provinces, dont l'abondance future n'est pas problématique, puisque l'industrie moderne ne fera que leur rendre leur ancienne splendeur.

A l'égard de nos soldats insouciants, ils se moquerent de nos marins qui avoient été battus: imaginerent que Mourat-bey avoit un chameau blanc chargé d'or et de diamants; et il ne fut plus question que de Mourat-bey et de son chameau blanc. Pour moi, j'avois à voir la haute Égypte, et j'ajournai à penser sur notre situation que mon voyage fût fini.

Notre tournée dans le Delta se retardoit par les affaires qui survenoient au général Menou : je résolus d'employer ce retard à revenir sur mes pas refaire par terre la partie dont je n'avois apperçu que les côtes en venant d'Alexandrie par mer; je profitai d'une caravane pour aller chercher les ruines de Canope.

Il s'étoit joint nombre de gens du pays à l'escorte de cette caravane : à la chûte du jour, lorsqu'en sortant de la ville elle commença à se développer sur le tapis jaunâtre et lisse des monticules sablonneux qui environnent Rosette, elle produisit l'effet le plus pittoresque et le plus imposant ; les groupes de militaires, ceux des marchands dans leurs différents costumes, soixante chameaux chargés, autant de conducteurs arabes, les chevaux, les ânes, les piétons, quelques instruments militaires, offroient la vérité d'un des plus beaux tableaux du Benedetto, ou de Salvator Rose. Dès que nous eûmes descendu les monticules et dépassé les palmiers, nous entrâmes, au jour expirant, dans un vaste désert, où la ligne horizontale n'est brisée que par quelques petits monuments en briques, qui sont destinés à empêcher le voyageur de se perdre dans l'espace, et sans lesquels la plus petite erreur dans l'ouverture d'angle le feroit aboutir par une ligne prolongée à un but bien éloigné de celui où il tendoit. Nous marchions, dans le silence du désert et des ténebres, sur une croûte de sel qui consolidoit un peu le sable mouvant : un détachement ouvroit la marche; ensuite venoient les voyageurs, puis les bêtes de somme ; un autre détachement militaire assuroit le convoi contre les Arabes voltigeurs, qui, lorsqu'ils n'ont pas les forces nécessaires pour attaquer de front, viennent quelquefois enlever les traîneurs à vingt pas de la caravane.

A minuit, nous arrivâmes au bord de la mer. La lune en se levant éclaira une scene nouvelle; quatre lieues de rivages couverts de nos débris nous donnerent la mesure de la perte que nous avions faite à la bataille d'Aboukir. Les Arabes errants, pour avoir quelques clous ou quelques cercles de fer, brûloient, tout le long de la côte, les mâts, les affûts, les embarcations, encore tout entieres, fabriquées à grands frais dans nos ports, et dont les débris même étoient encore des trésors sur des parages si avares de telles productions. Les voleurs fuyoient à notre approche; il ne restoit que les cadavres des malheureuses victimes, qui, portés et déposés sur un sable mou dont ils étoient à demi-couverts, étoient restés dans des poses aussi sublimes qu'effrayantes. L'aspect de ces objets funestes avoit par degré fait tomber mon ame dans une sombre mélancolie; j'évitois ces spectres effrayants; et tous ceux que je rencontrois, par leurs attitudes variées, arrêtoient mes regards, et apportoient à ma pensée des impressions diverses : il n'y avoit que quelques mois que tous ces êtres, jeunes, pleins de vie, de courage et d'espoir, avoient été, par un noble effort, arrachés à des larmes que j'avois vu répandre, aux embrassements de leurs meres, de leurs sœurs, de leurs amantes, aux foibles étreintes de leurs jeunes enfants : tous ceux à qui ils étoient chers, me disois-je, et qui, cédant à leur ardeur, les laisserent s'éloigner, font encore des vœux pour leur succès et leur retour; avides des nouvelles de leur triomphe, ils leur préparent des fêtes, ils content les instants, tandis que les objets de leur attente gisent sur un rivage étranger, desséchés par un sable brûlant, le crâne déja blanchi..... Quel est ce squelette tronqué? est-ce toi, intrépide Thevenard? impatient d'abandonner au fer secourable des membres fracassés, tu n'aspires plus qu'à l'honneur de mourir à ton poste; une opération trop lente fatigue ton ardeur inquiete : tu n'as plus rien à attendre de la vie, mais tu peux encore donner un ordre utile, et tu crains d'être prévenu par la mort. Un autre spectre succede; son bras enveloppe sa tête qui s'enfonce dans le sable: mort au combat, les remords semblent survivre à ta courageuse fin : as-tu quelques reproches à te faire? tes membres tronqués attestent ton courage; devois-tu donc être plus que brave? est-ce que les ruines que la vague disperse autour de toi sont entassées par tes erreurs? et mon ame, émue en abandonnant tes restes, ne peut-elle leur donner qu'une stérile pitié? Quel est cet autre, assis, les jambes emportées? il semble par sa contenance arrêter un moment la mort dont il est déja la proie! c'est toi, sans doute, courageux Dupetit-Thouars; reçois le tribut de l'enthousiasme que tu m'inspires : tu meurs, mais tes yeux en se fermant n'ont pas vu ton pavillon abattu, et ta derniere parole a été l'ordre aux batteries que tu commandois, de tonner sur l'ennemi de la patrie: adieu; un tombeau ne couvrira pas ta cendre, mais les larmes du héros qui te regrette sont le trophée impérissable qui va placer ton nom au temple de mémoire. Quel est celui-ci dans cette attitude tranquille de l'homme vertueux, dont la derniere action a été dictée par la sagesse et le devoir? il regarde encore la flotte anglaise; semblable à Bayard, il veut expirer la face tournée du côté de l'ennemi; sa main est étendue vers des ossements tendres et presque déja détruits; je distingue cependant un cou alongé, et des bras étendus : c'est toi, jeune héros, aimable Casabianca; ce ne peut être que toi; la mort, l'inflexible mort, t'a réuni à ton pere, que tu préféras à la vie : sensible et respectable enfant, le temps te promettoit la gloire; la piété filiale a préféré la mort : reçois nos larmes, le prix de tes vertus.

Le soleil avoit chassé les ombres, et n'avoit point encore dissipé la teinte sombre de mes pensées; cependant la caravane en s'arrêtant m'avertit que nous étions au bord du lac qui sépare la plaine du désert de la presqu'isle au bout de laquelle est bâti Aboukir. Ce vaste et profond lac est l'ancienne bouche Canopite, que le Nil a abandonnée, et dont la mer, en y entrant sans obstacle, a par son poids refoulé les rives et rélargi le lit:

ce mal toujours croissant menace de détruire l'isthme qui attache Aboukir à la terre ferme, et sur lequel coule le canal qui porte les eaux à Alexandrie. Les princes arabes ont tenté de construire une digue, qui n'a jamais été finie, ou qui, trop foible, a cédé aux efforts de la vague, poussée pendant une partie de l'année par les vents du nord; il ne reste de cette digue que deux jetées sur les rives respectives. Le plan topographique de cette partie peu connue de l'Égypte, et toujours mal tracée sur toutes les cartes, procureroit le moyen de raisonner efficacement sur les dangers qui peuvent résulter du mouvement de la mer, et d'apporter les remedes nécessaires à la sûreté du canal important qui amene les eaux du Nil à Alexandrie.

L'embarcation difficile du canal de la Madié nous rendit ce petit trajet presque aussi long que tout le reste de la route. J'en fis le dessin (*n*° 2, *planche* XV). Nous trouvâmes à l'autre rive les premiers travaux d'une batterie que nous élevions pour protéger ce moyen de communication, que la présence de l'ennemi rendoit mal assurée sans cette précaution. A peine fûmes-nous passés que nous en eûmes la preuve; car un brick et un aviso anglais, venant pour troubler notre marche, nous tirerent sept à huit coups de canon; notre silence leur fit croire que nous n'avions rien à leur répondre; en conséquence, quelques heures après nous vîmes se détacher de l'escadre anglaise douze embarcations, et les deux bâtiments du matin qui venoient à toutes voiles sur nos travaux. Nous crûmes qu'ils alloient tenter une descente; mais ils se contenterent de jeter l'ancre près de la batterie, et, lorsque la nuit fut venue, de nous canonner : nous attendîmes la lune; et dès qu'elle nous eut assurés de leur position, nous commençâmes à leur répondre d'une maniere apparemment si avantageuse, qu'au quatrieme coup de canon ils couperent les cables, laisserent leur ancre, et disparurent.

Après avoir traversé la bouche du lac en suivant deux sinus bordés de monticules sablonneux, j'arrivai enfin au faubourg d'Aboukir, qui ressemble beaucoup à la ville, dont il est séparé par un espace de cent cinquante pas : les deux ensemble peuvent être composés de quarante à cinquante mauvaises baraques en ruines, qui coupent en deux parties la presqu'isle, au bout de laquelle est bâti le château : cette forteresse a quelque apparence de loin (*voyez-en la vue n*°. 3, *pl.* XV); mais les bastions s'en écrouleroient au troisieme coup de coulevrines qui sont sur les remparts, où elles semblent moins braquées qu'oubliées; il y en a une en bronze de quinze pieds, portant boulet de cinquante livres. Il a fallu jeter bas une partie des batteries pour former avec les décombres une plateforme assez solide pour y placer quatre de nos canons de 36 : cette précaution ne me parut pas d'une grande utilité, les bâtiments et embarcations susceptibles de porter du canon à battre des murailles ne pouvant s'approcher de ce promontoire à cause des ressifs et des rochers qui le couronnent. Une descente hostile ne se feroit pas là; et, une fois effectuée, le château ne pourroit tenir, et ne pourroit même servir de logement ou de magasin que dans le cas où l'on construiroit en avant des lignes pour en défendre l'approche : mais en tout il me parut qu'il seroit préférable de détruire le château, de combler les fontaines, d'épargner ainsi une garnison, inutile quand il n'y a point d'ennemi, et qui doit être toujours bloquée ou prisonniere de guerre dès l'instant qu'il aura pu effectuer une descente.

Je fis le dessin à vol d'oiseau de la presqu'isle (*n*° 4, *planche* XV).

Je trouvai dans l'embrasure de la porte du château quatre grandes pierres de porphyre d'un verd foncé, et deux pierres longues de granit statuaire le plus compacte; à la seconde porte, je trouvai, avec quatre autres pierres, un membre d'entablement dorique, portant des triglyphes d'une grande proportion et d'une belle exécution : ces fragments, avec quelques traces de substructions à la pointe du rocher, sont les seules antiquités que j'aie pu découvrir à Aboukir, dont l'emplacement n'a jamais pu changer, puisque le sol est une plate-forme calcaire qui s'éleve au-dessus de la mer, et n'est attachée à la terre que par un isthme trop étroit pour qu'une ville considérable y ait été bâtie : ce n'a donc jamais pu être que le fort ou le château en mer de Canope ou d'Héraclée, que Strabon place là ou près de là. J'avois passé devant des fontaines une demi-lieue avant d'arriver à Aboukir; on me vanta leur construction : j'y retournai ; je ne trouvai que trois puits carrés de fabrique arabe; ils sont entourés de hauteurs qui contiennent certainement des ruines contre lesquelles est amoncelée une quantité immense de tessons de pots de terre cuite, mêlés aux sables du désert apportés par le vent. Sont-ce des tours arabes enfouies? étoient-ce des fabriques de pots? sont-ce les ruines d'Héraclée? quelques morceaux de granit sur la plate-forme de la plus grande éminence me feroient préférer cette derniere opinion.

Le lendemain, je longeai, avec un détachement, la côte de l'ouest, interrogeant toutes les sinuosités et les plus petites éminences; car, dans la basse Égypte, elles recelent toutes les antiquités, lesquelles en sont presque toujours le noyau. Après trois quarts-d'heure de marche, je trouvai dans le fond de la seconde anse une petite jetée formée de débris colossals : quel plaisir j'éprouvai en appercevant d'abord un fragment d'une main, dont la premiere phalange, de quatorze pouces, appartenoit à une figure de trente-six pieds de proportion! le granit, le travail, et le style de ce morceau, ne me laisserent nul doute qu'il ne remontât aux anciennes époques égyptiennes; au mouvement de cette main, à quelque autre débris qui l'avoisine, et d'après la seule habitude de voir des figures égyptiennes, dont la pose offre si peu de variété, on peut reconnoître dans ce fragment une Isis tenant un nilometre : il seroit facile d'emporter ce morceau; mais déplacé il perdroit presque tout son prix. Près de là plusieurs membres d'architecture attestent par leur dimension qu'ils ont appartenu à un grand et bel édifice d'ordre dorique : les vagues couvrent et frappent depuis bien des siecles ces débris sans les avoir défigurés : il semble que c'est le sort attaché à tous les monuments égyptiens de résister également aux hommes et au temps. Plus avant dans la mer, on voit mêlé aux fragments du colosse celui d'un sphinx, dont la tête et les jambes de devant sont tronquées, autant que les madrepores et les petits coquillages ont pu m'en laisser juger; il est d'un style et d'un ciseau grecs et n'est point de granit, mais d'un grès ressemblant au marbre blanc, et d'une transparence que je n'ai jamais vue qu'en Égypte à cette matiere; il avoit treize à quatorze pieds de proportion. A quelque distance, au milieu des débris d'entablements semblables à ceux que j'ai décrits, est une autre figure d'Isis, assez conservée pour qu'on puisse en reconnoître la pose; ses jambes sont rompues; mais le morceau est à côté : cette figure est en granit, et a dix pieds de proportion. Tous ces débris semblent avoir été mis là pour former une jetée, et servir de brisant devant un édifice détruit, mais qui, à en juger par ses substructions, ne peut être que le reste d'un bain pris sur la mer, et dont le rocher coupé trace encore le plan. La partie que ne couvre pas la mer conserve des conduits d'eau bâtis en briques, et recouverts en ciment et en pozzolane. Tout cela n'ayant pas assez de saillie pour en faire un dessin qui fût une vue, j'en ai tracé une espece de plan pittoresque qui donnera l'image des ruines et des fragments que je viens de décrire (*voyez planche* VIII, *n*° 2).

A quatre cents toises de là, en rentrant dans les terres, toujours tirant sur Alexandrie, on trouve plusieurs substructions construites en briques; et, quoiqu'on n'en puisse pas faire de plan, on juge, par quelques fragments de constructions soignées, qu'elles faisoient partie d'édifices importants. Près de là on trouve plusieurs chapiteaux corinthiens en marbre, trop frustes pour être mesurés, mais qui doivent avoir appartenu à des bases de même matiere, et qui donnoient à la colonne vingt pouces de diametre. Plus loin, une grande quantité de tronçons de colonnes de granit rose, cannelés, tous de même grosseur, de même matiere, travaillés avec le même soin, sont les incontestables ruines d'un grand et superbe temple d'ordre dorique. D'après ce que nous a transmis Strabon sur cette partie de l'Égypte, d'après tout ce que je viens de décrire, et notamment ces derniers fragments, il ne me resta aucun doute que ce ne fussent là les ruines de Canope, et celles de son temple bâti par les Grecs, dont le culte rivalisoit avec celui de Lampsaque : ce temple miraculeux où les vieillards retrouvoient la jeunesse; et les malades, la santé. Le bain dont j'ai donné la vue étoit peut-être un des moyens que les prêtres employoient pour opérer ces prodiges.

Le sol n'a rien conservé de l'antique volupté canopite; quelques éminences de sables et des ruines en brique, de grandes pierres de granit carrées, sans hiéroglyphes ni formes qui attestent à quel genre d'édifice et à quel siecle elles ont appartenu, enfin de petites vallées, aussi arides que les monticules dont elles sont formées, sont tout ce qui reste de cette ville, jadis si délicieuse, et qui n'offre plus qu'un aspect triste et sauvage. Il est vrai que le canal dont parle Strabon, qui communiquoit d'Alexandrie à Éleusine, et qui par un embranchement arrivoit à Canope, et y apportoit la fraîcheur, a disparu de telle sorte qu'on ne peut en distinguer la trace, ni même concevoir la possibilité de son existence. Il ne reste d'eau aux environs que dans quelques puits ou citernes, si étroites et si obscures, qu'on ne peut en mesurer ni les dimensions ni la profondeur; elles recelent cependant encore de l'eau. Enfin cette ville, qui rassembloit toutes les délices, où affluoient tous les voluptueux, n'est plus maintenant qu'un désert que traversent quelques chacals et des Bédouins: je n'y trouvai point des derniers; mais je vis un chacal, que j'eusse pris pour un chien, si je n'avois eu le temps d'examiner très distinctement son nez pointu et ses oreilles dressées, sa queue plus longue, traînante, et garnie de poil comme celle du renard, à qui il ressemble beaucoup plus qu'au loup, quoique le chacal soit regardé comme le loup d'Afrique.

Ne pouvant abuser de l'escorte qui m'avoit accompagné, je repris la route d'Aboukir: j'y trouvai des dépêches pour le général en chef; on alloit expédier un détachement pour les porter : je ne pus me défendre du plaisir que me faisoit éprouver l'occasion qui s'offroit de quitter un lieu si triste. Pendant le séjour que j'y avois fait, je n'avois jamais pu éloigner de ma pensée que ce château étoit une prison d'état dans laquelle j'étois relégué. Ce rocher exigu, battu continuellement des vagues, le bruit importun qui en résulte, le sifflement des vents, la blancheur du sol qui fatigue la vue, tout dans ce triste séjour afflige et flétrit l'ame: en le quittant, il me sembla que j'échappois à tous les tourments d'une tyrannique captivité.

Je me mis en route par une nuit obscure; j'en fus quitte pour marcher dans la mer, m'écorcher dans les halliers, et tomber par fois dans les débris épars sur le rivage; mais à trois heures du matin j'arrivai à Rosette, et j'allai me reposer voluptueusement, je ne dirai pas dans mon lit, je n'en avois pas vu depuis mon départ de France, mais dans une chambre fraîche, sur une natte propre.

Le jour de l'anniversaire de la naissance de Mahomet étoit arrivé: nous vîmes avec surprise qu'on ne faisoit aucun préparatif pour célébrer cette fête, la plus solennelle de l'année hégirienne. Vers le soir, le général Menou envoya chercher le moufti, dont notre arrivée avoit augmenté les honneurs et les honoraires; ses réponses furent évasives: les autres municipaux questionnés dirent qu'ils avoient proposé les préparatifs d'usage, mais que, ne pouvant agir qu'en second dans une chose qui étoit du département de leur collegue le moufti, ils avoient été obligés d'attendre des ordres à cet égard. Le prêtre fut dévoilé: courtisan, il demandoit et obtenoit chaque jour une nouvelle faveur; mais l'occasion s'étant présentée de faire croire au peuple que nous nous opposions à ce qui étoit un des actes les plus sacrés de son culte, il l'avoit saisie : il fut déjoué à la maniere orientale ; on lui signifia qu'il falloit que la fête eût lieu à l'instant. Sur l'observation que l'on n'auroit jamais assez de temps pour faire les préparatifs, le général lui dit que si ce qui restoit de temps ne suffisoit pas pour ordonner la fête, il suffiroit pour conduire le moufti aux fers. La fête fut proclamée dans un quart d'heure ; la ville fut illuminée, et les chants de piété furent unis à ceux de l'alégresse et de la reconnoissance.

Après souper, nous fûmes invités à nous rendre dans le quartier du premier magistrat civil, où nous trouvâmes dans la rue tout l'appareil d'une fête turque : la rue étoit la salle d'assemblée, qui s'alongeoit ou se raccourcissoit suivant le nombre des assistants. Une estrade couverte de tapis fut occupée par les personnes distinguées ; des feux, joints à une quantité de petites lampes et de grands cierges, formoient une bizarre illumination : d'un côté, il y avoit une musique guerriere, composée de petits hautbois courts et criards, de petites timbales, et de grands tambours albanois ; de l'autre, étoient des violons, des chanteurs ; et au milieu, des danseurs grecs, des serviteurs chargés de confitures, de café, de sirop, d'eau de rose, et de pipes : tout cela complétoit l'appareil de la fête.

Dès que nous fûmes placés, la musique guerriere commença : une espece de coryphée jouoit deux phrases de musique que les autres répétoient en chœur à l'unisson ; mais, soit faute de mouvement dans l'air, soit manie de le broder, la seconde mesure étoit déja une cacophonie aussi désagréable pour des oreilles bien organisées qu'enchanteresse pour celles des Arabes. Ce que je remarquai, c'est que le coryphée reprenoit toujours le même chant avec l'importance et l'enthousiasme d'un improvisateur inspiré, et, quand ses nerfs sembloient ne pouvoir plus supporter l'exaltation de l'expression qu'il vouloit y mettre, le chœur venoit à son secours, et toujours avec la même dissonance ; les violons, plus supportables, jouoient ensuite des refrains, où un peu de mélodie étoit noyé dans des ornements superflus. La voix nasarde d'un chanteur inspiré venoit ajouter encore à la fastidieuse mollesse des semitons du violon, qui, évitant sans cesse la note du ton, tournoit autour de la seconde, et terminoit toujours par la sensible, comme dans les seguidilles espagnoles. Ceci pourroit servir à prouver que le séjour des Arabes en Espagne y a naturalisé ce genre de chant. Après le couplet, le violon reprenoit le même motif avec de nouvelles variations, que le chanteur déguisoit de nouveau par un mouvement pointé, jusqu'à faire perdre entièrement le motif, et n'offrir plus que le délire d'une expression sans principe et sans rhythme ; mais c'étoit là ce qui ravissoit toujours de plus en plus les auditeurs. La danse, qui suivit, fut du même genre que le chant ; ce n'étoit ni la peinture de la joie ni celle de la gaieté, mais celle d'une volupté qui arrive très rapidement à une lasciveté d'autant plus dégoûtante, que les acteurs, toujours masculins, expriment de la maniere la plus indécente les scenes que l'amour même ne permet aux deux sexes que dans l'ombre du mystere.

De petites affaires éloignoient sans cesse nôtre grande tournée, et retardoient ce qui faisoit l'objet de mon voyage. Obligé de rapprocher mes observations autour de moi, je remarquai combien, dans la variété des figures, il étoit facile de distinguer les races des individus qui composoient la population de Rosette; je pensai que cette ville, entrepôt de commerce, devoit naturellement rassembler toutes les nations qui couvrent le sol de l'Égypte, et devoit les y conserver plus séparées et plus caractérisées que dans une grande ville, comme le Caire, où le relâchement des mœurs les croise et les dénature. Je crus donc reconnoître évidemment dans les Cophtes l'antique souche égyptienne, espece de Nubiens basanés, tels qu'on en voit les formes dans les anciennes sculptures: des fronts plats, surmontés de cheveux demi-laineux; les yeux peu ouverts, et relevés aux angles; des joues élevées; des nez plus courts qu'épatés; la bouche grande et plate, éloignée du nez et bordée de larges levres; une barbe rare et pauvre; peu de grace dans le corps; les jambes arquées et sans mouvement dans le contour, et les doigts des pieds alongés et plats. Je dessinai la tête de plusieurs individus de cette race (*n*° 2 *et* 3, *pl.* CVIII): le premier étoit un prêtre ignorant et ivrogne; le second, un calculateur adroit, fin, et délié: ce sont les qualités morales qui caractérisent ces anciens maîtres de l'Égypte. On peut assigner la premiere époque de leur dégradation à la conquête de Cambyse, qui, vainqueur jaloux et furieux, régna par la terreur, changea les lois, persécuta le culte, mutila ce qu'il ne put détruire, et, voulant asservir, avilit sa conquête: la seconde époque fut la persécution de Dioclétien, lorsque l'Égypte fut devenue catholique; cette persécution, que les Égyptiens reçurent en martyrs fideles, les prépara tout naturellement à l'asservissement des Mahométans. Sous le dernier gouvernement, ils s'étoient rendus les courtiers et les gens d'affaires des beys et des kiachefs; ils voloient tous les jours leurs maîtres: mais ce n'étoit là qu'une espece de ferme, parcequ'une avanie leur faisoit rendre en gros ce qu'ils avoient amassé en détail; aussi employoient-ils encore plus d'art à cacher ce qu'ils avoient acquis qu'ils n'avoient mis d'impudeur à l'acquérir.

Après les Cophtes viennent les Arabes, les plus nombreux habitants de l'Égypte moderne. Sans y avoir plus d'influence, ils semblent être là pour peupler le pays, en cultiver les terres, en garder les troupeaux, ou en être eux-mêmes les animaux: ils sont cependant vifs et pleins de physionomie; leurs yeux, enfoncés et couverts, sont étincelants de mouvement et de caractere; toutes leurs formes sont anguleuses; leur barbe courte et à meches pointues; leurs levres minces, ouvertes, et découvrant de belles dents; les bras musclés; tout le reste plus agile que beau, et plus nerveux que bien conformé. C'est dans la campagne, et sur-tout chez les Arabes du désert, que se distinguent les traits caractéristiques que je viens d'énoneer. Il faut cependant en distinguer trois classes bien différentes : l'Arabe pasteur, qui semble être la souche originelle, et qui ressemble au portrait que je viens de faire, et les deux autres qui en dérivent; l'Arabe bédouin, auquel une indépendance plus exaltée et l'état de guerre dans lequel il vit donnent un caractere de fierté sauvage, que l'on peut remarquer dans la figure *n*° 2, *pl.* CIX (celui-ci étoit un chef de tribu, que je dessinai au moment où il venoit d'être pris et où il croyoit qu'on alloit lui couper la tête); et l'Arabe cultivateur, le plus civilisé, le plus corrompu, le plus asservi, le plus avili par conséquent, le plus varié de forme et de caractere, comme on peut le remarquer dans les têtes de cheikhs ou chefs de village, les fellahs ou paysans, les boufackirs ou mendiants, enfin dans les manœuvres, qui forment la classe la plus abjecte (*voyez planche* IX, *n*° 1; *pl.* CVII, *n*° 5; *pl.* CVI, n° 1, *et l'explication des planches*).

Les Turcs ont des beautés plus graves avec des formes plus molles; leurs paupieres épaisses laissent peu d'expression à leurs yeux; le nez gras, de belles bouches bien bordées, et de longues barbes touffues, un teint moins basané, un cou nourri, toute l'habitude du corps grave et lourde, en tout une pesanteur, qu'ils croient être noblesse, et qui leur conserve un air de protection, malgré la nullité de leur autorité. A parler en artiste, on ne peut faire de leur beauté que la beauté d'un Turc (*voyez pl.* CVII, *n*° 3). Il n'en est pas de même des Grecs, qu'il faut déja classer au nombre des étrangers formant des especes de colleges séparés des indigenes (*voyez planche* X, *n*° 2); leurs belles projections, leurs yeux pleins de finesse et d'esprit, la délicatesse et la souplesse de leurs traits et de leur caractere, rappellent tout ce que notre imagination se figure de leurs ancêtres, et tout ce que leurs monuments nous ont transmis de leur élégance et de leur goût. L'avilissement où on les a réduits, par la peur qu'inspire encore la supériorité de leur esprit, a fait d'un grand nombre d'eux d'astucieux frippons; mais rendus à eux-mêmes, ils arriveroient peut-être bientôt jusqu'à n'être plus, comme autrefois, que d'adroits ambitieux. C'est la nation qui desire le plus vivement une révolution, de quelque part qu'elle vienne. Dans une cérémonie (c'étoit la premiere prise de possession de Rosette) un jeune Grec s'approcha de moi, me baisa l'épaule, et, le doigt sur ses levres, sans oser proférer une parole, me glissa mystérieusement un bouquet qu'il m'avoit apporté : cette seule démonstration étoit un développement tout entier de ses sensations, de sa position politique, de ses craintes, et de ses espérances. Ensuite viennent les Juifs, qui sont en Égypte ce qu'ils sont par-tout, haïs, sans être craints; méprisés et sans cesse repoussés, jamais chassés; volant toujours, sans devenir très riches, et servant tout le monde en ne s'occupant que de leur propre intérêt. Je ne sais si c'est parcequ'ils sont plus près de leur pays que leur caractere physique est plus conservé en Égypte, mais il m'a paru frappant : ceux qui sont laids ressemblent aux nôtres; les beaux, sur-tout les jeunes, rappellent le caractere de tête que la peinture a conservé à Jésus-Christ; ce qui prouveroit qu'il est de tradition, et n'a pas pour époque le quatorzieme siecle et le renouvellement des arts. Voyez la tête que j'ai dessinée (*planche* X, *n*° 2); c'est celle d'un jeune Juif de Jérusalem: ce portrait peut venir à l'appui de mon observation. Les Juifs disputent aux Cophtes, dans les grandes villes d'Égypte, les places dans les douanes, les intendances des riches, enfin tout ce qui tient aux calculs et aux moyens d'amasser et de cacher une fortune bien ou mal acquise.

Une autre race d'hommes, nombreuse en individus, a des traits caractéristiques très prononcés: ce sont les Barabras ou gens d'en-haut, qui sont des habitants de la Nubie, et des frontieres de l'Abyssinie. Dans ces climats brûlants, la nature avare leur a refusé tout superflu; ils n'ont ni graisse ni chair, mais seulement des nerfs, des muscles, et des tendons, plus élastiques que forts; ils font par activité et par lesteté ce que les autres font par puissance: il semble que l'aridité de leur sol ait pompé la portion de substance que la nature leur devoit; leur peau luisante est d'un noir transparent et ardent, semblable absolument à la patine des bronzes de l'autre siecle: ils ne ressemblent point du tout aux Negres de l'ouest de l'Afrique; leurs yeux sont profonds et étincelants, sous un sourcil surbaissé; leurs narines larges, avec le nez pointu, la bouche évasée sans que les levres soient grosses, les cheveux et la barbe rares et par petits flocons: ridés de bonne heure, et restant toujours agiles, l'âge ne se prononce chez eux qu'à la blancheur de la barbe; tout le reste du corps est grêle et nerveux: leur physionomie est gaie; ils sont vifs et bons: on les emploie le plus ordinairement à garder les magasins, et les chantiers de bois: ils se vêtissent d'une piece de laine blanche, gagnent peu, se nourrissent de presque rien, et restent attachés et fideles à leurs maîtres (*voyez pl.* CVII, *n*° 4).

Le pélerinage de la Mecke fait traverser l'Égypte à toutes les nations de l'Afrique qui sont désignées sous le nom de Maugrabins, ou gens de l'ouest. C'étoit le moment du retour de la caravane: Bonaparte, qui avoit fait tous ses efforts pour la faire arriver complete au Caire, n'avoit pu empêcher Ibrâhim-bey, qui se sauvoit en Syrie, d'arriver avant lui dans le désert, et d'attaquer la caravane à Belbéis, d'en partager les trésors avec les Arabes et l'émir Adgis, qui devoient la protéger; Ibrâhim-bey ne laissa passer jusqu'à nous que les dévots mendiants, qui nous arriverent par pelotons de deux à trois cents, composés de toutes les nations d'Afrique, depuis Fez jusqu'à Tripoli: ils étoient dans un tel état de fatigue qu'ils se ressembloient tous; aussi maigres que les pays qu'ils venoient de traverser sont arides, ils étoient aussi exténués que des prisonniers qu'on auroit oubliés dans les fers. C'est l'impulsion, c'est le ressort de l'opinion qui rend sans doute l'homme le plus fort de tous les animaux : quand on pense à l'espace que viennent de parcourir ces pélerins, à tout ce qu'ils ont eu à souffrir dans cette immense et terrible traversée, on reste convaincu qu'un but moral peut seul faire affronter tant de fatigues si douloureuses, que l'enthousiasme d'un sentiment pieux, que la considération attachée au titre d'adgis ou *pélerins*, que portent avec orgueil ceux qui font le voyage de la Mecke, sont les leviers qui peuvent seuls mouvoir l'indolence orientale, et la porter à une telle entreprise; il faut y ajouter cependant le droit que s'arrogent les adgis de conter et faire croire le reste de leur vie aux autres musulmans tout ce qu'ils ont pu voir, et tout ce qu'ils n'ont pas vu. Ne pourrois-je pas être accusé d'un peu d'*adgisme*, dans le voyage que j'entreprends, et de braver des difficultés pour faire partager mon enthousiasme? mais ma propre curiosité rassure ma conscience; j'ai pour moi auprès des autres le peu de séduction de mon style, et la naïveté de mes dessins: et si tout cela ne suffit pas pour me cautionner, on pourra quelque jour ajouter ma figure desséchée à celles des deux adgis que je donne ici (*planche* CVII, *n*° 2).

On nous avoit aussi envoyé quatorze Mamelouks prisonniers, dont sans doute le quartier-général ne savoit que faire: je fus curieux de les observer, sans réfléchir que ce n'est point une nation, mais un ramassis de gens de tous les pays: aussi, dans le petit nombre de ceux qui nous arrivoient, je n'en trouvai pas un qui eût une physionomie assez caractérisée pour mériter d'être dessiné : il y avoit cependant des Mingreliens et des Géorgiens; mais, soit que la nature les eût déshérités de ce qu'elle a départi de beauté à leur contrée, soit que les femmes en soient dotées plus avantageusement, j'attendis que d'autres individus m'en offrissent des traits plus caractéristiques. J'ajournai aussi le plaisir de dessiner des Égyptiennes au moment où notre influence sur les mœurs de l'orient pourroit lever le voile dont elles se couvrent: mais quand même, ce qui n'est pas à présumer, les hommes nous sacrifieroient leurs préjugés sur cet article, la coquetterie des vieilles, plus scrupuleuses sur tout ce qui tient à l'honneur, exigeroit encore long-temps de leurs jeunes compagnes l'austérité dont elles furent victimes dans leur bel âge. Ce que j'ai pu remarquer, c'est que les filles qui ne sont point nubiles, et pour lesquelles la rigueur n'existe pas encore, retracent assez en général les formes des statues égyptiennes de la déesse Isis: les femmes du peuple, qui ont plus soin de se cacher le nez et la bouche que toutes les autres parties du corps, découvrent à tout moment, non des attraits, mais quelques beaux membres dispos, conservant un à-plomb plus leste que voluptueux: dès que leurs gorges cessent de croître elles commencent à tomber, et la gravitation est telle qu'il seroit difficile de persuader jusqu'où quelques unes peuvent arriver : leur couleur, ni noire ni blanche, est basanée et terne: elles se tatouent les paupieres et le menton sans que cela produise un grand effet: mais je n'ai pas encore vu de femmes porter plus élégamment un enfant, un vase, des fruits, et marcher d'une maniere plus leste et plus assurée. Leur draperie longue ne seroit pas sans noblesse, si un voile en forme de flamme de navire, qui part des yeux et pend jusqu'à terre, n'attristoit tout l'ensemble du costume jusqu'à le faire ressembler au lugubre habit de pénitent.

Un homme riche du pays qui m'avoit quelques obligations voulut m'en témoigner sa reconnoissance en m'invitant chez lui: vu mon âge et ma qualité d'étranger, il crut qu'il pouvoit, pour me fêter mieux, me faire déjeûner avec son épouse. Elle étoit mélancolique et belle: le mari, négociant, savoit un peu d'italien, et nous servoit d'interprete: sa femme, éblouissante de blancheur, avoit des mains d'une beauté et d'une délicatesse extraordinaires; je les admirai, elle me les présenta: nous n'avions pas grand'chose à nous dire; je caressois ses mains; elle, très embarrassée de ce qu'elle feroit ensuite pour moi, me les laissoit, et moi je n'osois les lui rendre dans la crainte qu'elle crût que je m'en étois lassé: je ne sais comment cette scene eût fini, si, pour nous tirer d'embarras, on ne nous eût apporté les rafraîchissements; on les lui remettoit, et elle me les offroit d'une maniere toute particuliere, et qui avoit une sorte de grace. Je crus appercevoir que son insouciante mélancolie n'étoit qu'un air de grande dame qui, selon elle, devoit la rendre supérieure à toutes les magnificences dont elle étoit entourée et couverte. Avant de la quitter, j'en fis rapidement le petit dessin gravé dans la *planche* LXXXIII, *n*° 1; celle, planche LXXIV, n° 1, étoit une naturelle du pays qu'avoit épousée un Franc: elle parloit italien, elle étoit douce et belle, elle aimoit son mari; mais il n'étoit pas assez aimable pour qu'elle ne pût aimer que lui: jaloux, il lui suscitoit à tout moment de bruyantes querelles; soumise, elle renonçoit toujours à celui qui avoit été l'objet de sa jalousie: mais le lendemain nouveau grief; elle pleuroit encore, se repentoit; et cependant son mari avoit toujours quelque motif de gronder. Elle demeuroit vis-à-vis de mes fenêtres; la rue étoit étroite, et par cela même j'étois tout naturellement devenu le confident et le témoin de ses chagrins. La peste se déclara dans la ville: ma voisine étoit si communicative qu'elle devoit la prendre et la donner; effectivement elle la prit de son dernier amant, la donna fidèlement à son mari, et ils moururent tous trois. Je la regrettai; sa singuliere bonté, la naïveté de ses désordres, la sincérité de ses regrets, m'avoient intéressé, d'autant que, simple confident, je n'avois à la quereller ni comme mari ni comme amant, et qu'heureusement je n'étois point à Rosette lorsque la peste désola ce pays.

Nous partîmes enfin pour le Delta, pour cette tournée si long-temps attendue, où nous allions fouler un terrain neuf pour tout Européen, et même pour tous autres que les habitants; car les

Mamelouks alloient rarement jusqu'au centre du Delta se faire payer le miri, ou organiser les avanies. Nous partîmes le 24 fructidor après-midi ; nous traversâmes le Nil en bateau, le général Menou, le général Marmont, une douzaine de savants ou artistes, et un détachement de deux cents hommes d'escorte. On avoit cru tout prévoir, et ce que l'on avoit oublié étoit l'essentiel. Les chevaux que nous devions monter n'avoient de la race arabe que les vices ; les voyageurs, qui n'étoient point écuyers, et qui n'avoient que l'alternative d'un cheval sans bride ou d'un âne sans bât, hésitoient s'ils se mettroient en route, ou renonceroient à un voyage qu'ils avoient desiré si ardemment et commencé avec tant d'enthousiasme : cependant peu-à-peu tout s'arrangea, et nous nous mîmes en marche. Nous traversâmes les villages de Madie, Elyeusera, Abougueridi, Melahoué, Abouserat, Ralaici, Bereda, Ekbet, Estaone, Elbat, Elsezri, Souffrano, Elnegars, Madie-di-Berimbal ; et nous arrivâmes à Berimbal à la nuit fermée. Je place ici la nomenclature peu intéressante de tous ces villages, pour donner une idée de la population de quatre lieues de pays, et de l'abondance d'un sol qui nourrit tant d'habitants et porte tant d'habitations, sans compter ce qu'il fournit au possesseur titulaire, qui pour le plus souvent fait sa résidence dans la capitale. A Madie-di-Berimbal nos chameaux tomberent dans le canal ; nous ne fûmes rassemblés qu'à minuit : on ne nous attendoit plus ; nos hardes et nos provisions étoient toutes mouillées : après un souper difficile à obtenir nous nous couchâmes comme nous pûmes vers les deux heures du matin. Le lendemain, après nous être séchés, nous nous rendîmes à Métubis en deux heures de marche, rencontrant autant de villages que la veille.

Le général avoit un travail à faire avec les cheikhs des environs, un éclaircissement à prendre, et une explication à avoir sur des fautes passées (*voyez planche* LXXVIII, *n*° 1) : il fut résolu que nous ne nous mettrions en route que le lendemain ; Métubis offroit d'ailleurs sous quelques rapports un aliment à la curiosité : il est possible d'abord qu'elle ait été bâtie sur les ruines de l'antique Métélis ; et, d'un autre côté, par la licence connue et permise de ses mœurs, elle a succédé à Canope, et a la même réputation. Nos recherches furent vaines quant aux antiquités ; tout ce que nous y trouvâmes de granit étoit employé à moudre le grain, et paroissoit y avoir été apporté d'autre part pour être consacré à cet usage : on nous parloit de ruines au sud-est, à une lieue et demie ; il étoit tard, notre intérêt se reporta sur l'autre curiosité ; nous demandâmes en conséquence aux cheikhs de nous faire amener des almés, qui sont des especes de bayaderes semblables à celles des Indes : le gouvernement du pays, des revenus duquel elles faisoient peut-être partie, mettoit quelque difficulté à leur permettre de venir ; souillées par les regards des infideles, elles pouvoient diminuer de réputation, perdre même leur état : ceci peut donner la mesure de l'abjection d'un Franc dans l'esprit d'un

Musulman, puisque ce qu'il y a de plus dissolu chez eux peut encore être profané par nos regards; mais quelques vieux torts à réparer, la présence d'un général, et sur-tout de deux cents soldats, leverent les obstacles : elles arriverent, et ne nous laisserent point appercevoir qu'elles eussent partagé les considérations politiques et les scrupules religieux des cheikhs. Elles nous disputerent cependant avec assez de grace ce que nous aurions pu croire devoir être les moindres faveurs, celles de découvrir leurs yeux et leur bouche, car le reste fut livré comme par distraction; et bientôt on ne pensa plus avoir quelque chose à nous cacher, tout cela cependant à travers des gazes colorées et des ceintures mal attachées, qu'on raccommodoit négligemment avec une folie qui n'étoit pas sans agrément, et qui me parut un peu française. Elles avoient amené deux instruments, une musette, et un tambour, fait avec un pot de terre, que l'on battoit avec les mains : elles étoient sept; deux se mirent à danser, les autres chantoient avec accompagnement de castagnettes, en forme de petites cymbales de la grandeur d'un écu de six livres : le mouvement par lequel elles les choquoient l'une contre l'autre donnoit infiniment de grace à leurs doigts et à leurs poignets. Leur danse fut d'abord voluptueuse; mais bientôt elle devint lascive : ce ne fut plus que l'expression grossiere et indécente de l'emportement des sens; et ce qui ajoutoit au dégoût de ces tableaux, c'est que dans les moments où elles conservoient le moins de retenue un des deux musiciens dont j'ai parlé venoit, avec l'air bête du Gilles de nos parades, troubler d'un gros rire la scene d'ivresse qui alloit terminer la danse.

Elles buvoient de l'eau-de-vie à grands verres comme de la limonnade; aussi, quoique toutes jolies et jeunes, elles étoient fatiguées et flétries, excepté deux, qui ressembloient en beau d'une maniere si frappante à deux de nos femmes célebres de Paris, que ce ne fut qu'un cri lorsqu'elles se découvrirent le visage : la grace est tellement un pur don de la nature que Josephina et Hanka, qui n'avoient reçu d'autre éducation que celle réservée au plus infâme métier dans la plus corrompue des villes, avoient, lorsqu'elles ne dansoient plus, toute la délicatesse des manieres des femmes à qui elles ressembloient, et la caressante et douce volupté qu'elles réservent sans doute pour ceux à qui elles prodiguent leurs secretes faveurs. Je l'avouerai, j'aurois voulu que Josephina ne se fût pas permis de danser comme les autres (*voy. pl.* CXII, *n*° 2). Quoique la scene qui est représentée dans cette planche ne soit pas celle qui vient d'être décrite, elle peut faire connoître la danse des almés.

Malgré la vie licencieuse des almés, on les fait venir dans les harems pour instruire les jeunes filles de tout ce qui peut les rendre plus agréables à leurs maris; elles leur donnent des leçons de danse, de chant, de grace, et de toutes sortes de recherches voluptueuses. Il n'est pas étonnant qu'avec des mœurs où la volupté est le principal devoir des femmes, celles qui font profession de galanterie soient les institutrices du beau sexe : elles sont admises dans les fêtes que se donnent les grands entre eux ; et lorsqu'un mari veut bien quelquefois réjouir l'intérieur de son harem, il les fait aussi appeler. C'est ce qui fait le sujet de la planche n° CXII.

Le lendemain l'antiquité eut son tour. Nous allâmes à Qoùm-êl-Hhamar, c'est-à-dire la *Montagne-Rouge*, nom qui vient sans doute du monticule de brique de cette couleur dont cette ruine est formée : elle ne conserve aucun caractere ; ce peut être celle d'une ville antique sans monuments, comme celle d'un village moderne, rebelle aux Mamelouks, et détruit par eux : nous ne trouvâmes aucun vestige d'antiquité, malgré le desir de Dolomieu et le mien d'y reconnoître l'ancienne Métélis, capitale du nome de ce nom. Le pays que nous découvrîmes à la partie orientale au-delà de Comé-Lachma jusqu'au lac Bérélos n'étoit qu'un marais inculte. Nous vînmes dîner à Sindion, et coucher à Foua. Le lendemain nous allâmes à El-Alavi, à Thérafa : nous quittâmes la route pour aller au nord-est visiter des ruines considérables, appelées encore pour la même raison Qoùm-Hhamar-êl-Médynéh ; étoit-ce Cabaza capitale du nome cabasite, ou la Naucratis qu'avoient bâtie les Mylésiens ? Nous ne fûmes pas plus heureux que la veille ; même nature de décombres ; car on ne peut pas donner un autre nom à ce nombre de tessons sans forme, à ces tas de briques dont il n'y avoit pas une d'entiere. Nous découvrîmes de là à-peu-près deux lieues carrées de terrains arides et incultes ; ce qui nous désenchanta un peu sur la fécondité générale du sol du Delta. Si c'étoient là les ruines d'une des deux villes que je viens de nommer, leur situation étoit triste, et on peut assurer qu'elles ne possédoient aucun grand monument : quoique l'espace qu'elles occupoient fût considérable, on n'y distingue que quelques canaux d'irrigation, mais aucune trace d'un canal de navigation. Nous revînmes très peu satisfaits de nos recherches ; nous n'avions pas même recueilli assez de renseignements pour nous aider à l'avenir dans celles que nous pourrions entreprendre. Nous avions quitté le détachement pour faire cette excursion : accompagnés seulement de quelques guides, nous cheminâmes en droite ligne sur Desouk, qui étoit notre rendez-vous ; nous passâmes par Gabrith, village fortifié de murailles et de tours, particularité qui distingue ceux qui ne sont pas sur le bord du Nil au-delà de Foua. Le territoire étoit aussi moins cultivé ; le sol, plus élevé et plus difficile à arroser avec des roues, attendoit l'inondation pour être semé en bled et en maïs, auxquels rien ne devoit succéder : dans les parties de terrain de cette nature, dès que les récoltes sont faites, la terre, abandonnée au soleil, se gerce, et n'offre plus à l'œil que l'image d'un désert. Nous traversâmes Salmie, où nous pûmes distinguer tous les désastres qu'avoit causés notre vengeance, sans pouvoir remarquer sur la physionomie des habitants qu'ils en eussent conservé quelque dangereux ressentiment ; je ne pouvois cependant me rappeler sans émotion que je me trouvois à-peu-près seul sur la même place où j'avois vu tomber quelques jours auparavant les principaux habitants du pays : nous étions ensemble comme des gens qui ont eu un procès, mais dont les comptes sont arrêtés. J'ai remarqué d'ailleurs que pour tout ce qui est des évènements de la guerre les orientaux n'en conservent point de rancune : ils ajouterent de bonne grace et fort loyalement un guide à celui qui nous conduisoit à Mehhâl-êl-Malek et au canal de Ssa'ïdy.

Le canal de Ssa'ïdy est assez grand pour porter des bateaux du Nil au lac de Bérélos : Desouk, village considérable, n'en est qu'à une demi-lieue ; une mosquée, révérée de tout l'orient deux fois dans l'année, y amene en dévotion deux cents mille ames : les almés s'y rendent de toutes les parties de l'Égypte ; et le plus grand miracle que fasse Ibrâhym, si révéré à Desouk, est de suspendre la jalousie des Musulmans pendant le temps de cette espece de fête, et d'y laisser jouir les femmes d'une liberté dont on assure qu'elles profitent dans toute l'extension imaginable.

On avoit préparé un palais, disoit-on, pour le général ; nous y fûmes tous logés : il consistoit en une cour, une galerie ouverte, et une chambre qui ne fermoit pas (*voyez le dessin, planche* XVI, *n*° 6). J'ai pris le moment où le général Menou donne audience par la fenêtre aux principaux du pays assemblés dans la cour, tandis qu'on apporte le déjeûner qu'ils nous avoient fait préparer.

Le jour après devoit être consacré à visiter ce qui restoit de villages du gouvernement du général Menou dans la province de Sharkié. Dans cette tournée nous devions passer à Sanhour-êl-Medin, où l'on nous avoit dit qu'il y avoit une quantité de ruines. Etoit-ce Saïs? Toujours séduits, notre espoir s'étoit accru par le nom de êl-Medin, qui veut dire la grande, et qui pouvoit lui avoir été conservé à cause de son antiquité, ou de l'ancienne grandeur de Saïs, qui, selon Strabon, étoit la métropole de toute cette partie inférieure de l'Égypte. Nous traversâmes une grande plaine altérée qui attendoit d'heure en heure le Nil, qui arrivoit déja par mille rigoles.

Sanhour-êl-Medin ne nous offrit encore que des dévastations, et pas une ruine qui eût une forme : le peu de fragments en grès et granit que nous rencontrâmes ne pouvoit nous attester que quelques siecles d'antiquité ; nos recherches obstinées dans tous les environs furent également vaines : nous revînmes coucher à Desouk sans rien rapporter.

Le lendemain notre marche se dirigea au nord-est, et vers l'intérieur du Delta. Après avoir traversé de nouveau Sanhour-êl-Medin, nous passâmes de grands canaux de chargement, que nous jugeâmes, à la qualité des eaux, devoir prendre leurs sources au lac de Bérélos.

Au-delà de ces canaux nous trouvâmes le pays déja tout inondé, quoiqu'il fût élevé de quatre pieds plus haut que celui que nous venions de quitter : l'irrigation, dirigée et retenue par des digues sur lesquelles nous marchions alors, devoit les surpasser pour arroser à leur tour les terres que nous avions parcourues; ces digues servoient de communication aux différents villages, qui s'élevoient au-dessus des eaux comme autant d'isles: cette circonstance détachant tous les objets, notre curiosité se flattoit de ne rien laisser échapper d'intéressant. On nous avoit promis des antiquités à Schaabas-Ammers: nous marchions sur ce village par une digue étroite qui partageoit, en serpentant, deux mers d'inondations; nous avions devancé le détachement d'une lieue, pour avoir plus de temps à donner à nos observations: un guide à cheval, deux guides à pied, un jeune homme de Rosette, les deux généraux Menou et Marmont, un médecin interprete, un artiste dessinateur, et moi, formions le premier groupe en avant; Dolomieu, tirant par la bride un cheval vicieux, et plusieurs serviteurs étoient restés à quelque distance en arriere: nous observions la position avantageuse et pittoresque de Kafr-Schaabas, faubourg en avant de Schaabas, lorsque tout-à-coup nous vîmes revenir à toute bride le médecin disant, *Ils nous attendent avec des fusils;* on nous crioit *Erga*, *En arriere.* Nos guides voulurent entrer en explication; mais on répondit par une fusillade, qui heureusement, quoique faite de très près, n'atteignit aucun de nous: nous voulûmes parlementer de nouveau; mais une seconde décharge nous apprit qu'il ne falloit pas laisser casser les jambes de nos chevaux qui étoient notre seule ressource. En nous retournant, nous apperçûmes une autre troupe armée qui, par un chemin couvert par l'eau, marchoit pour nous couper la seule route que nous pussions suivre. Dans ce moment le dessinateur, frappé de cette terreur funeste qui ôte toutes les facultés physiques et morales, se laisse tomber de son cheval sur lequel il ne pouvoit plus se tenir: en vain nous voulons le faire remonter, le prendre en croupe, ou l'engager à empoigner la queue d'un de nos chevaux: son heure est sonnée, sa tête est perdue: il crie sans être maître d'un seul de ses mouvements, sans vouloir accepter aucun secours. Ceux qui avoient tiré sur nous s'avançoient; pour prévenir d'être cernés, nous n'avions que le temps d'échapper au galop tout à travers les balles qui nous arrivoient de tous côtés: nous rencontrons le second groupe, et Dolomieu monté sur son cheval rétif et dont la bride s'étoit rompue; il me reste heureusement assez de temps pour la lui rattacher: le hasard me paie aussitôt de ce service, car pendant le temps que je remonte à cheval je vois Dolomieu tomber dans un trou, où j'aurois été submergé, et d'où il parvint à se retirer, grace à sa taille gigantesque. Je prends un autre chemin, franchis une digue que nos ennemis avoient rompue; l'eau couvroit déja le terrain que nous avions traversé, et de toutes parts des courants le parcouroient dans tous les sens comme autant de torrents: dispersés, nous rejoignons chacun de notre côté le détachement, avec lequel nous revenons sur Kafr-Ammers, que dans notre colere nous croyions emporter d'un coup de main. Il étoit quatre heures après midi lorsque nous arrivâmes devant le village;

quarante hommes retranchés dans un fossé firent feu sur nous, et nous manquerent; nous ne fûmes pas plus heureux dans la riposte : ils se retirerent cependant vers une autre troupe qui les attendoit sous les murailles; car nous apperçûmes alors que ce faubourg étoit une petite forteresse formée de quatre courtines avec quatre tours aux angles, à l'une desquelles étoit attaché un château; ce petit fort étoit séparé de Schaabas par un canal rempli d'eau, et une esplanade de mille toises. Le chef-lieu avoit arboré pavillon blanc; mais le faubourg continuoit de tirer sur nous : notre premiere attaque fut sans succès; l'officier chargé de la diriger, emporté par son cheval, étoit tombé dans l'eau, et sa troupe s'étoit débandée pour courir sur des habitants qui emportoient leurs effets : les deux généraux coururent pour remédier à ce désordre et rallier la troupe; nous fûmes par ce mouvement obligés de passer sous les tours et sous le feu de l'ennemi; plusieurs soldats furent tués ou blessés. Nous tournâmes la forteresse; une des tours n'avoit pas été armée, nous enfonçâmes une des portes de la ville qu'elle défendoit : trente soldats et le général entrerent; ce dernier et moi étions les deux seuls à cheval, et les maisons étoient si basses que nous nous trouvâmes le point de mire des trois côtés de la place : au même instant que j'avertissois le général Menou qu'on l'ajustoit, son cheval fut tué comme d'un coup de foudre, et par sa chûte le précipita dans un trou : je le crus mort; je lui portois des secours impuissants, lorsque le général Marmont et quelques volontaires vinrent m'aider à le tirer de là : le feu étoit violent de part et d'autre; mais les assiégés étoient couverts, bien armés, et tiroient juste depuis qu'ils pouvoient poser leur fusil. Plusieurs morts et douze blessés nous obligerent à la retraite. Nous attaquâmes avec plus d'ordre la tour parallele à celle dont nous nous étions emparés : d'abord ils y perdirent plusieurs hommes et l'abandonnerent; on commença à mettre le feu aux maisons pour approcher du fort; huit des nôtres furent blessés à l'attaque de la porte; la position devenoit fâcheuse; nous avions laissé trente hommes à la garde des équipages, et il nous restoit peu de monde. A l'entrée de la nuit, les assiégés pousserent des cris affreux, auxquels les habitants des villages circonvoisins répondirent par des hurlements : bientôt des rassemblements s'avancerent; nous entendions concerter les moyens de se joindre; nous les laissâmes approcher, et, après une décharge faite aux jugés, nous entendîmes les cris de guerre se changer en cris de douleur, et la retraite s'effectuer. Bientôt après il nous arriva une députation du village de Schaabas, qui fut suivie du cheikh lui-même avec les drapeaux : il nous dit que les gens à qui nous avions affaire étoient des brigands atroces avec lesquels nous ne devions pas espérer de traiter : un homme du pays, que nous avions délivré à Malte, lui servoit d'interprete; il nous dit en confidence que, si nous n'emportions pas la place dans la nuit, au jour nous ne serions pas assez de monde, que les gens des environs nous couperoient la retraite, et que nous serions tous tués. Pendant qu'il nous faisoit ce récit, sa belle physionomie étoit accompagnée d'un air de compassion si vrai, que, sans réfléchir autrement aux suites de ce qu'il nous annonçoit, par un instinct machinal, toujours étranger à toute circonstance, je me mis à dessiner sa tête, qui est celle *n*° 7, *planche* CVIII. Les avis du cheikh étoient d'autant mieux fondés qu'un nombre de blessés à transporter sur une chaussée étroite et rompue rendoit la retraite difficile à couvrir et à défendre. Pendant qu'on s'occupoit des moyens qui pouvoient être les moins désastreux pour sortir avant le jour de la position critique où nous nous trouvions, les assiégés feignirent dans les ténebres d'appeler et de recevoir des secours, firent un grand feu sur leur flanc qu'ils vouloient conserver, et, abandonnant aux flammes toutes leurs possessions, effectuerent leur retraite dans le plus profond silence; nous n'entendîmes de bruit que lorsqu'ils furent obligés d'entrer dans l'eau: nous tirâmes au hasard; et quelques chameaux qu'ils avoient abandonnés, et qui revinrent au village, nous avertirent de leur fuite. Maîtres du champ de bataille, nous achevâmes de brûler tout ce qui pouvoit prendre feu; les soldats se consolerent de la fatigue de la journée et de la nuit en chargeant sur deux cents ânes deux ou trois mille poulets et pigeons, et emmenant sept à huit cents moutons: mais à nous autres amateurs il ne restoit rien qui pût nous dédommager de ce que cette malencontre faisoit perdre à notre curiosité; notre espérance étoit déçue, et notre expédition avortée; nous n'avions pris que des notes peu intéressantes, et obtenu que des apperçus fort incertains et presque nuls. A la pointe du jour nous nous remîmes en route, sans trouver d'autres obstacles que ceux qu'on nous avoit préparés la veille. Je fis un dessin de Kafr-Schaabas-Ammers (*n*° 5, *planche* XVI), où j'ai représenté cette petite forteresse à la pointe du jour, fumant encore de l'incendie de la nuit. Il est évident que pour faire une pareille tournée il falloit du canon, et que par les retardements nous avions perdu la saison où on en pouvoit traîner après soi.

Le général Dugua m'a donné depuis deux plans topographiques de la basse Égypte, que j'ai cru devoir faire graver, et que je joins ici (*planche* XVII): l'un représente les ruines de Tanis, aujourd'hui Sann ou Tanach, près le lac Menzaléh, et sur le canal de Moës; l'autre est la ruine d'un temple près Beibeth. N'ayant point été sur les lieux, tout ce que j'ajouterois de descriptions pourroit être autant d'erreurs.

Nous revînmes à Rosette: les membres de l'institut qui y étoient restés avoient reçu l'ordre du général en chef de rejoindre ceux qui étoient au Caire, pour organiser les travaux et les séances de cette assemblée. Je m'embarquai le lendemain avec mes camarades: en quittant la province de Rosette nous quittâmes ce que le Delta a de plus riant; quand on a passé Rahmanié, les sables du désert s'approchent quelquefois jusqu'à la rive gauche du fleuve, la campagne se dépouille, les arbres deviennent rares, l'horizon n'offre qu'une ligne dont il est presque impossible d'offrir l'aspect. Je fis le dessin d'Alcan, village dont les habitants avoient massacré l'aide-de-camp Julien et vingt-cinq volontaires : le village avoit été brûlé, les habitants chassés; des volées innombrables de pigeons restoient sur les décombres, et sembloient ne vouloir point abandonner des habitations qui paroissoient n'avoir été construites que pour eux (*voyez n°* 1, *pl.* XVIII). Je dessinai aussi le village de Demichelat (*n°* 2 *et* 3, *planche* XVIII) : on peut remarquer dans ces deux figures que le talus pyramidal du style égyptien antique, l'ordonnance des plans, et la simplicité des couronnements, se sont conservés encore quelquefois dans les constructions les plus modernes et les plus frêles, et donnent une gravité historique aux paysages de l'Égypte, que l'on ne trouve nulle part ailleurs.

A plus de dix lieues du Caire nous découvrîmes la pointe des pyramides qui perçoit l'horizon ; bientôt après nous vîmes le Mokattam, et, vis-à-vis, la chaîne qui sépare l'Égypte de la Libye, et empêche les sables du désert de venir dévorer les bords du Nil. Dans ce combat perpétuel entre ce fleuve bienfaisant et ce fléau destructeur on voit souvent cette onde aride submerger des campagnes, changer leur abondance en stérilité, chasser l'habitant de sa maison, en couvrir les murailles, et ne laisser échapper que quelques sommités de palmiers, derniers témoins de sa végétante existence, qui ajoutent encore au triste aspect du désert l'affligeante pensée de la destruction. Je me trouvois heureux de revoir des montagnes, de voir des monuments dont l'époque, dont l'objet de la construction, se perdoient également dans la nuit des siecles : mon ame étoit émue du grand spectacle de ces grands objets ; je regrettois de voir la nuit étendre ses voiles sur ce tableau aussi imposant aux yeux qu'à l'imagination ; elle me déroba la vue de la pointe du Delta, où, dans le nombre des vastes projets sur l'Égypte, il étoit question de bâtir une nouvelle capitale. Au premier rayon du jour, je retournai saluer les pyramides ; j'en fis plusieurs dessins : je me complaisois sur la surface du Nil, à son plus haut point d'élévation, de voir glisser les villages devant ces monuments, et composer à tout moment des paysages dont elles étoient toujours l'objet et l'intérêt (*voyez les n°* 1, 2, 3, 4, *pl.* XIX). J'aurois voulu les montrer avec cette couleur fine et transparente qu'elles tiennent du volume immense d'air qui les environne ; c'est une particularité que leur donne sur tous les autres monuments la supériorité extraordinaire de leur élévation; la grande distance d'où elles peuvent être apperçues les fait paroître diaphanes, du ton bleuâtre du ciel, et leur rend le fini et la pureté des angles que les siecles ont dévorés.

Vers les neuf heures, le bruit du canon nous annonça et le Caire et la fête du premier de l'année que l'on y célébroit : nous vîmes d'innombrables minarets ceindre le Mokattam, et sortir des jardins qui avoisinent le Nil; le vieux Caire, Boulac, Roda, se groupant avec la ville, y ajoutent le charme de la verdure, lui donnent sous cet aspect une grandeur, des beautés, et même des agréments : mais bientôt l'illusion disparoît; chaque objet se remettant pour ainsi dire à sa place, on ne voit plus qu'un tas de villages, que l'on a rassemblés là on ne sait pourquoi, les éloignant d'un beau fleuve pour les rapprocher d'un rocher aride (*voyez pl.* XIX, *n*° 5).

A peine arrivé chez le général en chef, j'appris qu'il partoit à l'heure même un détachement de deux cents hommes pour protéger les curieux qui n'avoient pas encore vu les pyramides : je gémissois de n'avoir pas su quelques heures plutôt cette expédition, et je croyois que voir des objets aussi importants sans être muni de ce qui pouvoit mettre dans le cas de les observer avec fruit, ce n'étoit que céder à une curiosité vaine; j'étois d'ailleurs si fatigué des deux voyages que je venois de faire, que tous mes muscles me déconseilloient d'en entreprendre un troisieme, et je regardois comme prudent d'ajourner ma curiosité jusqu'au moment où les astronomes devoient aller faire leurs observations dans ces lieux si célebres.

Au sortir de table le général dit : On ne peut aller aux pyramides qu'avec une escorte, et on ne peut pas y envoyer souvent un détachement de deux cents hommes. Cet entraînement qu'exercent certains esprits sur l'esprit des autres détruisit tous mes raisonnements; cet entraînement qui m'avoit fait venir en Égypte me fit partir pour les pyramides, et, sans rentrer chez moi, je m'acheminai au vieux Caire; je rejoignis en route des camarades avec lesquels je traversai le Nil. Nous arrivâmes à la nuit fermée à Gizeh : je ne savois où je coucherois; mais déterminé à bivouacquer, ce fut une bonne fortune qui me parut tenir de l'enchantement de me trouver tout-à-coup sur de beaux divans de velours, dans une salle où le parfum de la fleur d'orange nous étoit apporté par un zéphyr rafraîchi sous des berceaux d'arbres touffus : je descendis dans le jardin, qui, au clair de la lune, me parut digne des descriptions de Savary. Cette maison étoit la maison de plaisance de Mourat-bey : je l'avois entendu déprécier, je ne la voyois qu'après le passage d'une armée victorieuse; et cependant je ne pus m'empêcher d'éprouver que, si l'on ne veut rien détruire par d'inutiles comparaisons, les jouissances orientales ont bien leur mérite, et qu'on ne peut refuser ses sens à l'abandon voluptueux qu'elles inspirent. Ce ne sont ici ni nos longues et fastueuses allées françaises, ni les tortueux sentiers des jardins anglais, de ces jardins où, pour prix de l'exercice qu'ils obligent de faire, on obtient et la faim et la santé. En orient, un exercice vain est retranché du nombre des plaisirs; du milieu d'un groupe de sycomores, dont les branches surbaissées procurent une ombre plus que fraîche, on entre sous des tentes ou des kiosques ouverts à volonté sur des taillis d'orangers et de jasmins : ajoutons à cela des jouissances, qui ne nous sont encore qu'imparfaitement connues, mais dont on peut concevoir la volupté ; tel est, par exemple, le charme que l'on doit éprouver à être servi par de jeunes esclaves chez qui la souplesse des formes est jointe à une expression douce et caressante; là, sur de moëlleux et immenses tapis, couverts de carreaux, nonchalamment couché près d'une beauté préférée, enivré de desirs, de santé, de fumée de parfums, et de sorbet, présentés par une main que la mollesse a consacrée de tout temps à l'amour; près d'une jeune favorite, dont la pudeur ombrageuse ressemble à l'innocence, l'embarras à la timidité, l'effroi de la nouveauté au trouble du sentiment, et dont les yeux languissants, humides de volupté, semblent annoncer le bonheur et non l'obéissance, il est bien permis sans doute au brûlant Africain de se croire aussi heureux que nous. En amour tout le reste n'est-il pas convention? A la vérité, nous nous sommes créé avec elle encore un autre bonheur; mais n'est-ce point aux dépens de la réalité? Ah! oui : le bonheur se trouve toujours près de la nature; il existe par-tout où elle est belle, sous un sycomore en Égypte comme dans les jardins de Trianon, avec une Nubienne comme avec une Française; et la grace qui naît de la souplesse des mouvements, de l'accord harmonieux d'un ensemble parfait, la grace, cette portion divine, est la même dans le monde entier, c'est la propriété de la nature également départie à tous les êtres qui jouissent de la plénitude de leur existence, quel que soit le climat qui les a vus naître. Ce n'est point ici le bonheur d'un Mamelouk que j'ai voulu peindre; il faut toujours écarter de ses tableaux les monstruosités; et si l'on se permet quelquefois d'en faire une esquisse, ce doit être une caricature qui en inspire le mépris et le dégoût.

L'officier qui commandoit l'escorte se trouva être un de mes amis; il me désigna dans le petit nombre de ceux qui devoient entrer dans les pyramides : on étoit trois cents. Le lendemain au matin on se chercha, on s'attendit; on partit tard, comme il arrive toujours dans les grandes associations. Nous croisâmes dans les terres par des canaux d'arrosement; après bien des bordées dans le pays cultivé, nous arrivâmes à midi sur le bord du désert, à une demi-lieue des pyramides : j'avois fait en route plusieurs esquisses de leurs approches (*voy. pl.* XIX *et* XX, *n*° 2), une vue de la maison de Mourat-bey (*voyez pl.* XVIII, *n*° 4). A peine avions-nous quitté les barques que nous nous trouvâmes dans des sables; nous gravîmes jusqu'au plateau sur lequel posent ces monuments : quand on approche de ces colosses, leurs formes anguleuses et inclinées les abaissent et les dissimulent à l'œil; d'ailleurs comme tout ce qui est régulier n'est petit ou grand que par comparaison, que ces masses éclipsent tous les objets environnants, et que cependant elles n'égalent pas en étendue une montagne (la seule grande chose que tout naturellement notre esprit leur compare), on est tout étonné de sentir décroître la premiere impression qu'elles avoient fait éprouver de loin ; mais dès qu'on vient à mesurer par une échelle connue cette gigantesque production de l'art, elle reprend toute son immensité : en effet cent personnes qui étoient à son ouverture lorsque j'y arrivai, me semblerent si petites qu'elles ne me parurent plus des hommes. Je crois que pour donner, en peinture comme en dessin, une idée des dimensions de ces édifices, il faudroit dans la juste proportion représenter sur le même plan que l'édifice une cérémonie religieuse analogue à leurs antiques usages. Ces monuments, dénués d'échelle vivante, ou accompagnés seulement de quelques figures sur le devant du tableau, perdent et l'effet de leurs proportions et l'impression qu'ils doivent faire. Nous en avons un exemple de comparaison en Europe dans l'église de S.-Pierre de Rome, dont l'harmonie des proportions, ou plutôt le croisement des lignes, dissimule la grandeur, dont on ne prend une idée que lorsque, rabaissant sa vue sur quelques célébrants qui vont dire la messe suivis d'une troupe de fideles, on croit voir un groupe de marionnettes voulant jouer Athalie sur le théatre de Versailles : un autre rapprochement de ces deux édifices, c'est qu'il n'y avoit que des gouvernements sacerdotalement despotes qui pussent oser entreprendre de les élever, et des peuples stupidement fanatiques qui dussent se prêter à leur exécution. Mais, pour parler de ce qu'ils sont, montons d'abord sur un monticule de décombres et de sables, qui sont peut-être les restes de la fouille du premier de ces édifices que l'on rencontre, et qui servent aujourd'hui à arriver à l'ouverture par laquelle on peut y pénétrer ; cette ouverture, trouvée à-peu-près à soixante pieds de la base, étoit masquée par le revêtissement général, qui servoit de troisieme et derniere clôture au réduit silencieux que receloit ce monument (*voyez la vue de cette entrée, pl.* XX bis, n° 2, *et la coupe*, *pl.* XX, *n°* 3, *let.* G) : là commence immédiatement la premiere galerie ; elle se dirige vers le centre et la base de l'édifice ; les décombres, que l'on a mal extraits, ou qui, par la pente, sont naturellement retombés dans cette galerie, joints au sable que le vent du nord y engouffre tous les jours, et que rien n'en retire, ont encombré ce premier passage, et le rendent très incommode à traverser. Arrivé à l'extrémité, on rencontre deux blocs de granit, qui étoient une seconde cloison de ce conduit mystérieux : cet obstacle a sans doute étonné ceux qui ont tenté cette fouille ; leurs opérations sont devenues incertaines ; ils ont entamé dans le massif de la construction ; ils ont fait une percée infructueuse, sont revenus sur leurs pas, ont tourné autour des deux blocs, les ont surmontés, et ont découvert une seconde galerie ascendante, et d'une roideur telle qu'il a fallu faire des tailles sur le sol pour en rendre la montée possible. Lorsque par cette galerie on est parvenu à une espece de palier, on trouve un trou, qu'on est convenu d'appeler *le puits*, et l'embouchure d'une galerie horizontale, qui mene à une chambre connue sous le nom de *chambre de la reine*, sans ornements, corniche, ni inscription quelconque: revenu au palier, on se hisse dans la grande galerie, qui conduit à un second palier, sur lequel étoit la troisieme et derniere clôture, la plus compliquée dans sa construction, celle qui pouvoit donner le plus l'idée de l'importance que les Égyptiens mettoient à l'inviolabilité de leur sépulture. Ensuite vient la chambre royale, contenant le sarcophage : ce petit sanctuaire, l'objet d'un édifice si monstrueux, si colossal en comparaison de tout ce que les hommes ont fait de colossal, se trouve ici figuré (*voyez n*° 10 *et* 11, *même pl.*). Si l'on considere l'objet de la construction des pyramides, la masse d'orgueil qui les a fait entreprendre paroît excéder celle de leur dimension physique; et de ce moment l'on ne sait ce qui doit le plus étonner de la démence tyrannique qui a osé en commander l'exécution, ou de la stupide obéissance du peuple qui a bien voulu prêter ses bras à de pareilles constructions : enfin le rapport le plus digne pour l'humanité sous lequel on puisse envisager ces édifices, c'est qu'en les élevant les hommes aient voulu rivaliser avec la nature en immensité et en éternité, et qu'ils l'aient fait avec succès, puisque les montagnes qui avoisinent ces monuments de leur audace sont moins hautes et encore moins conservées (*voy. la description de la pl.* XX, *n*° 3).

Nous n'avions que deux heures à être aux pyramides : j'en avois employé une et demie à visiter l'intérieur de la seule qui soit ouverte ; j'avois rassemblé toutes mes facultés pour me rendre compte de ce que j'avois vu; j'avois dessiné, et mesuré autant que le secours d'un seul pied-de-roi avoit pu me le permettre; j'avois rempli ma tête: j'espérois rapporter beaucoup de choses; et, en me rendant compte le lendemain de toutes mes observations, il me restoit un volume de questions à faire. Je revins de mon voyage harassé au moral comme au physique, et sentant ma curiosité sur les pyramides plus irritée qu'elle ne l'étoit avant d'y avoir porté mes pas.

Je n'eus que le temps d'observer le sphinx, qui mérite d'être dessiné avec le soin le plus scrupuleux, et qui ne l'a jamais été de cette maniere. Quoique ses proportions soient colossales, les contours qui en sont conservés sont aussi souples que purs : l'expression de la tête est douce, gracieuse, et tranquille; le caractere en est africain : mais la bouche, dont les levres sont épaisses, a une mollesse dans le mouvement et une finesse d'exécution vraiment admirables; c'est de la chair et de la vie. Lorsqu'on a fait un pareil monument, l'art étoit sans doute à un haut degré de perfection; s'il manque à cette tête ce qu'on est convenu d'appeler du style, c'est-à-dire les formes droites et fieres que les Grecs ont données à leurs divinités, on n'a pas rendu justice ni à la simplicité ni au passage grand et doux de la nature que l'on doit admirer dans cette figure; en tout, on n'a jamais été surpris que de la dimension de ce monument, tandis que la perfection de son exécution est plus étonnante encore (*voyez pl.* XX bis, *n*° 1).

J'avois entrevu des tombeaux, de petits

temples décorés de bas-reliefs et de statues, des tranchées dans le rocher qui pouvoient avoir formé des stylobates aux pyramides, et donné de l'élégance à leur masse; il m'avoit paru rester tant d'objets d'observations à faire, qu'il auroit fallu encore bien des séances comme celle-ci pour entreprendre de faire autre chose que des esquisses, et dissiper enfin le nuage mystérieux qui semble avoir de tout temps voilé ces symboliques monuments. On est presque également incertain et de l'époque où ils ont été violés, et de celle où ils ont été construits : celle-ci, déja perdue dans la nuit des siecles, ouvre un espace immense aux annales des arts ; et, sous ce rapport, on ne peut trop admirer la précision de l'appareil des pyramides, et l'inaltérabilité de leur forme, de leur construction, et dans des dimensions si immenses, qu'on peut dire de ces monuments gigantesques qu'ils sont le dernier chaînon entre les colosses de l'art et ceux de la nature.

Hérodote rapporte qu'on lui avoit conté que la grande pyramide, celle dont je viens de parler, étoit le tombeau de Chéopes; que la pyramide voisine étoit celui de son frere Chephrenes qui lui avoit succédé; qu'il n'y avoit que celle de Chéopes qui eût des galeries intérieures; que cent mille hommes avoient été occupés vingt ans à la bâtir; que les travaux qu'avoit exigés cet édifice avoient rendu ce prince odieux à son peuple, et que, malgré les corvées qu'il avoit exigées de ses sujets, les seules dépenses de la nourriture des ouvriers étoient montées si haut, qu'il avoit été obligé de prostituer sa fille pour achever le monument; enfin que, du surplus de ce qu'avoit rapporté cette prostitution, la princesse avoit trouvé de quoi bâtir la petite pyramide qui est vis-à-vis, et qui lui servit de sépulture. Ou les princesses égyptiennes qui se prostituoient se faisoient alors payer bien cher, ou l'amour filial étoit porté à un haut degré dans cette fille de Chéopes, puisque, dans son enthousiasme, elle avoit montré encore plus de dévouement que n'en exigeoit son pere, et avoit recueilli de quoi bâtir pour son compte une autre pyramide. Que de travaux pendant sa vie pour s'assurer un asyle de repos après sa mort! Il faut dire aussi que Chéopes, ayant fermé les temples pendant son regne, n'avoit pas trouvé après sa mort de panégyristes parmi les prêtres historiens de l'Égypte, et qu'Hérodote, notre premiere lumiere sur ce pays, s'étoit laissé conter bien des fables par ces prêtres.

J'étois au Caire depuis près d'un mois, et je cherchois encore cette ville superbe, cette cité sainte, grande parmi les grandes, ce délice de la pensée, dont le faste et l'opulence font sourire le prophete; car c'est ainsi qu'en parlent les orientaux. Je voyois effectivement une innombrable population, de longs espaces à traverser, mais pas une belle rue, pas un beau monument : une seule place vaste, mais qui a l'air d'un champ; c'étoit Lelbequier, celle où demeuroit le général Bonaparte, qui, dans le moment de l'inondation, a quelque agrément par sa fraîcheur et les promenades que l'on y fait la nuit en bateau (*voy. pl.* LXXXVIII); des palais ceints de murs, qui attristent plus les rues qu'ils ne les embellissent; l'habitation du pauvre plus négligée qu'ailleurs ajoute à ce que la misere a d'affligeant par tout ce qu'ici le climat lui permet d'incurie et de négligence: on est toujours tenté de demander quelles étoient donc les maisons où habitoient les vingt-quatre souverains. Cependant, lorsqu'on a pénétré dans ces especes de forteresses, on y trouve quelques commodités, quelques recherches de luxe et d'agréments, de jolis bains en marbre, des étuves voluptueuses, des salons en mosaïques, au milieu desquels sont des bassins et des jets-d'eau; de grands divans, composés de tapis peluchés, de larges estrades matelassées, couvertes d'étoffes riches, et entourées de magnifiques coussins; ces divans occupent ordinairement les trois côtés de chacun des fonds de la chambre: les fenêtres, quand il y en a, ne s'ouvrent jamais, et le jour qui en vient est obscurci par des verres de couleur devant des grilles réticulaires très serrées; le jour principal vient ordinairement d'un dôme au milieu du plafond. Les Musulmans, étrangers à tous les usages que nous faisons de la lumiere, se donnent très peu de soin de se la procurer: il semble en général que toutes leurs coutumes invitent au repos; les divans, où l'on est plutôt couché qu'assis, où l'on est bien, et d'où se lever est une affaire; les habillements, dont les hauts-de-chausses sont des jupes où les jambes sont engagées; les grandes manches qui couvrent huit pouces au-delà du bout des doigts; un turban avec lequel on ne peut baisser la tête; leur habitude de tenir d'une main une pipe de la vapeur de laquelle ils s'enivrent, et de l'autre un chapelet dont ils passent les grains dans leurs doigts; tout cela détruit toute activité, toute imagination: ils rêvent sans objet, font sans goût chaque jour la même chose, et finissent par avoir vécu sans avoir cherché à varier la monotonie de leur existence. Les êtres qui ont besoin de se livrer à quelques travaux ne sont pas très différents des grands dont je viens de parler; ils ont accoutumé ceux-ci à ne rien attendre de leur industrie hors de ce qui est la routine ordinaire: aussi n'en sortent-ils jamais, n'inventent-ils aucun moyen pour faire mieux, ne recherchent-ils pas même ceux qui sont inventés, et rejettent-ils tous ceux qui les obligent à se tenir debout, chose pour laquelle ils ont le plus d'aversion; le menuisier, le serrurier, le charpentier, le maréchal, travaillent assis; le maçon même éleve un minaret sans jamais être debout: comme les sauvages, ils n'ont guere qu'un outil; on est tout étonné de ce qu'ils en savent faire; on seroit tenté même de leur croire de l'adresse si, vous ramenant sans cesse à leur coutume, ils ne vous forçoient bientôt à penser que, semblables à l'insecte dont on admire le travail, ce n'est qu'un instinct dont il n'est pas en eux de s'écarter. Le despotisme, qui commande toujours et ne récompense jamais, n'est-il pas la source et la cause permanente de cette stagnation de l'industrie? J'ai vu depuis, dans la haute Égypte, les

Arabes artisans, éloignés de leur maître, venir chercher nos soldats manufacturiers, travailler avec eux, nous offrir leurs services, et, sûrs d'un salaire proportionné, s'efforcer de nous satisfaire, et recommencer leurs travaux pour y parvenir; regarder avec enthousiasme l'effet du moulin à vent, et voir battre le mouton avec le saisissement de l'admiration : un secret sentiment de paresse leur inspiroit peut-être cette admiration pour ces deux machines qui suppléent à tout ce qui nécessite leurs plus grands travaux, l'obligation d'élever les eaux, et de faire des digues pour les retenir. Ils bâtissent le moins qu'ils peuvent; ils ne réparent jamais rien : un mur menace ruine, ils l'étaient; il s'éboule, ce sont quelques chambres de moins dans la maison; ils s'arrangent à côté des décombres : l'édifice tombe enfin, ils en abandonnent le sol, ou, s'ils sont obligés d'en déblayer l'emplacement, ils n'emportent les plâtras que le moins loin qu'ils peuvent; c'est ce qui a élevé autour de presque toutes les villes d'Égypte et particulièrement du Caire, non pas des monticules, mais des montagnes, dont l'œil du voyageur est étonné, et dont il ne peut tout d'abord se rendre compte. J'ai fait la vue de ces montagnes (*pl.* XXIV, *n*° 2).

Il y a quelques édifices considérables au Caire, que je crois qu'il faut attribuer au temps des califes, tels que le palais de Joseph, le puits de Joseph, les greniers de Joseph, dont tous les voyageurs ont parlé, et quelques uns en laissant subsister la tradition populaire que ces monuments sont dus aux soins prévoyants du Joseph de Putiphar : il faudroit pour cela que le Caire fût aussi ancien que Memphis, et qu'alors il y eût eu déja des villes ruinées près de cette ville, puisque ces palais sont bâtis de ruines plus antiques : au reste, ces édifices portent les caracteres de tout ce qu'ont bâti les Musulmans dans cette région, c'est-à-dire qu'ils offrent un mélange de magnificence, de misere, et d'ignorance; ces demi-barbares prenoient, pour élever des constructions colossales, tous les matériaux qui étoient le plus à leur portée, et les employoient à mesure qu'ils les trouvoient sous leurs mains. L'aqueduc qui apporte de l'eau du vieux Caire au château, après lui avoir fait faire mille soixante toises de chemin, seroit un édifice à citer, si dans sa longueur il n'étoit vicié de toutes ces inconséquences.

Le château, bâti sans plan, sans vrais moyens de défense, a cependant quelques parties assez avantageusement disposées; le pacha y étoit logé, ou plutôt enfermé; la seule piece remarquable de son quartier est la salle du divan où s'assembloient les beys, et qui a été souvent le lieu des scenes sanglantes de ce gouvernement orageux. On y voit aussi le puits de Joseph, taillé dans le roc à deux cents soixante-neuf pieds de profondeur : Norden en a donné tous les détails. Le palais de Joseph, dont je viens de faire mention, est d'une belle conception dans son plan : je n'ai pu voir sans une espece d'admiration l'emploi que les architectes arabes ont su faire des fragments antiques qu'ils ont fait entrer dans leur construction, et avec quelle adresse ils y ont mêlé quelquefois des ornements de leur goût.

A présent que les Turcs ne trouvent plus sous leurs mains de colonnes de l'ancienne Égypte, qu'ils continuent d'élever des mosquées sans démolir celles qui s'écroulent, ils chargent les Francs de leur faire venir des colonnes à la dou zaine : ceux-ci les achetent de toute grandeur à Carare; arrivées, les architectes musulmans les garnissent de cercles de fer à leur astragale, et leur font porter les arcs des portiques des mosquées. Les ornements sarrasins qui commencent au départ de ces colonnes, d'un style grec mesquin, en composent un mélange d'architecture du goût le plus détestable qu'on puisse imaginer : leurs minarets et leurs tombeaux sont les seules fabriques où ils aient conservé le style arabe dans toute son intégrité ; si l'on n'y retrouve pas ce qui doit être la beauté de l'architecture, la rassurante solidité, du moins on y voit avec plaisir des ornements qui font richesse, sans offrir de pesanteur, et une élégance si bien combinée, qu'elle ne rappelle jamais l'idée de la sécheresse et de la maigreur. Le cimetiere des Mamelouks en est un exemple : en sortant des masures du Caire, on est tout étonné de voir une autre ville toute de marbre blanc, où des édifices, élevés sur des colonnes couronnées de dômes, ou de palanquins peints, sculptés et dorés, forment un ensemble gracieux et riant; il ne manque que des arbres à cette retraite funebre pour en faire un lieu de délices : enfin il semble que les Turcs, qui bannissent la gaieté de par-tout, veuillent encore l'enterrer avec eux (*voyez pl.* XXIII, *n*° 2).

J'étois au moment d'achever le dessin de ce sanctuaire de la mort, si ridiculement festonné, lorsque j'entendis des cris; je crus d'abord que c'étoit un enterrement qui, selon l'usage, étoit suivi par des pleureuses à gages; mais je vis bientôt qu'au lieu de se lamenter ces femmes fuyoient, et me faisoient signe de les suivre : l'idée du fléau du pays me vint à l'esprit; mais découvrant un grand espace, et ne voyant point d'Arabes ni rien qui pût y ressembler, je me remis à dessiner. A peine assis, je vis fuir les hommes aussi; et me trouvant isolé assez loin de nos postes, je pensai qu'il étoit plus prudent de m'en rapprocher : je trouvai quelque agitation dans les rues, de la surprise dans les regards de ceux qui me fixoient. Arrivé à la maison, j'apprends qu'il y a du bruit dans la ville, que le commandant vient d'être assassiné; des fusillades se font entendre : le palais de l'institut, attenant à la campagne, situé au milieu de grands jardins où l'on jouissoit d'une tranquillité délicieuse en temps de paix, dans les circonstances fâcheuses devenoit un quartier abandonné, et le premier attaqué par les Arabes, s'ils étoient appelés par les gens du pays, ou s'ils venoient pour leur compte; du côté de la ville, il étoit voisin de la partie du peuple la plus pauvre, et conséquemment la plus à craindre. Nous apprîmes que la maison du général Caffarelli venoit d'être pillée, que plusieurs personnes de la commission des arts y avoient péri : nous fîmes la revue de ceux qui manquoient parmi nous; quatre étoient absents; une heure après nous sûmes par nos gens qu'ils avoient été massacrés. Nous n'avions point de nouvelles de Bonaparte; la nuit arrivoit; les fusillades étoient partielles; les cris s'entendoient de toutes parts; tout annonçoit un soulèvement général. Le général Dumas, revenant de poursuivre les Arabes, avoit fait un grand carnage des rebelles en rentrant dans la ville; il avoit coupé la tête d'un chef des séditieux pendant qu'il haranguoit le peuple; mais toute une moitié de la ville et la plus populeuse s'étoit barricadée; plus de quatre mille habitants étoient retranchés dans une mosquée; deux compagnies de grenadiers avoient été repoussées, et le canon n'avoit pu pénétrer dans les rues étroites et tortueuses; les pierres, les lances trouvoient leur victime sans qu'on vît d'ennemis: le général nous envoya un détachement qu'il fut obligé de nous retirer à minuit; ce qui exagéra pour l'institut le danger de sa situation. La nuit fut assez calme, car les Turcs n'aiment point à se battre quand il fait noir, et se font un cas de conscience de tuer leurs ennemis dès que le soleil est couché: par un autre principe, moi, ayant toujours pensé que, dans les cas périlleux, dès que la prévoyance est inutile elle n'est plus qu'une vaine inquiétude, et me fiant sur la terreur des autres pour être éveillé en cas d'alerte, j'allai me coucher. Le lendemain la guerre recommença avec les premiers rayons du jour: on nous envoya des fusils; tous les savants se mirent sous les armes: on nomma des chefs; chacun avoit son plan, mais personne ne croyoit devoir obéir. Dolomieu, Cordier, Delisle, Saint-Simon, et moi, nous étions logés loin des autres; notre maison pouvoit être pillée par qui auroit voulu en prendre la peine: soixante hommes venoient d'arriver au secours de nos confreres: rassurés sur leur compte, nous prîmes le parti d'aller nous retrancher chez nous de maniere à tenir quatre heures au moins, si l'on nous attaquoit avec des forces ordinaires, et attendre ainsi le secours que notre feu auroit sans doute appelé. Nous crûmes un moment être investis; nous avions vu fuir tous les paisibles habitants; les cris s'entendoient sous nos murs, et les balles siffloient sur nos terrasses; nous les démolissions pour écraser avec leurs matériaux ceux qui seroient venus pour enfoncer nos portes; dans un cas extrême, l'escalier, par où l'on pouvoit nous atteindre, étoit devenu une machine de guerre à ensevelir tous nos ennemis à la fois: nous jouissions de nos travaux, lorsqu'enfin la grosse artillerie du château vint faire la diversion après laquelle je soupirois; elle produisit tout l'effet que j'en attendois; la consternation succéda à la fureur: on ne pouvoit battre la mosquée; mais elle devint le seul point de rassemblement des ennemis, tout le reste demanda grace; la mosquée même fut tournée, une batterie lui apprit que chez nous la guerre ne cessoit pas avec le jour: ils leverent leurs barricades, crurent pouvoir faire une sortie, furent repoussés, et se rendirent: le reste de la nuit fut calme; le lendemain nous fûmes libres.

Nous venions de conquérir le Caire, qui la premiere fois n'avoit fait que se rendre au vainqueur des Mamelouks: les apathiques et timides Égyptiens avoient souri au départ de ceux qui les vexoient par des injustices et des avanies sans nombre; mais bientôt ils avoient regretté leurs tyrans, quand il avoit fallu payer leurs libérateurs; revenus de leur premiere terreur, ils avoient écouté contre nous leur moufti, et, animés par un enthousiasme fanatique, ils avoient conspiré dans le silence. Il eût peut-être fallu livrer sans exception au trépas tous ceux dont les yeux avoient vu se replier des compagnies de Français; mais la clémence avoit devancé le repentir : aussi l'esprit de vengeance ne fut point étouffé par la consternation; c'est ce que je lus le lendemain dans l'attitude et dans l'expression de la physionomie des mécontents; je sentis que si avant la journée du 1er brumaire nous étions déja circonscrits par un cercle d'Arabes, un cercle plus étroit venoit de nous enceindre, et que désormais nous ne marcherions plus qu'à travers nos ennemis. On arrêta, on punit quelques traîtres, mais on rendit les mosquées qui avoient été l'asyle du crime; et l'orgueil des coupables s'investissoit de cette condescendance: le fanatisme ne fut pas terrassé par la terreur; et, quelque danger que l'on pût faire envisager à Bonaparte, rien ne put altérer le sentiment de bonté qu'il déploya dans cette circonstance: il voulut être aussi clément qu'il auroit pu être terrible; et le passé fut oublié, tandis que nous comptions des pertes nombreuses et importantes.

Le général Dupuis, excellent capitaine, qui, pendant deux ans dans les brillantes campagnes d'Italie, avoit bravé tous les dangers dont est semée la carriere de la gloire, est assassiné dans une reconnoissance par un coup lâchement asséné; un couteau au bout d'un bâton, lancé par l'embrasure d'une fenêtre, lui coupe l'artere du bras, et il expire au bout de quelques instants : le jeune et brave Sulcowsky, à peine guéri des blessures dont l'avoit couvert le combat chevaleresque de Salayer, va reconnoître l'ennemi, le voit, l'attaque, malgré la disproportion du nombre, le culbute, le poursuit, tombe dans une embuscade; son cheval percé d'une lance se renverse sur lui, et il est écrasé par celui qui vole à son secours. Ainsi finit un des officiers les plus distingués de l'armée: observateur dans les marches, chevalier dans les combats, la plume délassoit ses mains des fatigues des armes; il venoit de décrire la marche sur Belbeys avec autant de grace et d'intérêt qu'un autre en auroit pu mettre à raconter les combats qu'il y avoit soutenus, les blessures glorieuses qu'il y avoit reçues : ambitieux de la gloire, ce jeune étranger avoit cru ne la trouver que dans nos bataillons; captivant la vivacité de son caractere, il avoit mesuré ses mouvements sur ceux de celui qu'il avoit choisi pour maître; il poussoit l'envie d'en être distingué jusqu'à la jalousie; et la tâche qu'il s'étoit proposée donnoit la mesure de ce qu'on pouvoit attendre de lui. J'avois été confident des passions de sa jeunesse; je l'étois de sa noble ambition : elle étoit belle et grande; c'étoit par l'étude, c'étoit par un mérite réel qu'il vouloit parvenir. Il n'y avoit que quelques heures que, dans un épanchement amical, il venoit de m'intéresser par son énergie, lorsque la nouvelle de sa mort vint flétrir et froisser mon ame; c'étoit un des officiers que je pouvois le plus aimer, et ce fut peut-être sa perte qui jeta un voile triste sur la victoire du 1er brumaire.

Si la populace, quelques grands, et tous les dévots se montrerent fanatiques et cruels dans la révolte du Caire, la classe moyenne, celle où dans tous les pays résident la raison et les vertus, fut parfaitement humaine et généreuse, malgré les mœurs, la religion, et la langue, qui nous rendoient si étrangers les uns aux autres: tandis que des galeries des minarets on excitoit saintement au meurtre, tandis que la mort et le carnage parcouroient les rues, tous ceux dont les Français habitoient les maisons s'empressoient de les sauver, de les cacher, de venir au-devant de leurs besoins. Une vieille dame du quartier où nous demeurions nous fit dire que notre mur étoit mitoyen, que si nous étions attaqués nous n'avions qu'à l'abattre, et que son harem seroit notre asyle. Un voisin, sans que nous l'en eussions prié, nous fit des provisions aux dépens des siennes, tandis qu'on ne trouvoit rien à acheter dans la ville, et que tout annonçoit la disette: il ôta tous les signes qui pouvoient faire remarquer notre demeure, et vint fumer devant notre porte pour écarter les assaillants, en leur faisant croire que la maison étoit à lui. Deux jeunes gens, poursuivis dans la rue, sont enlevés par des personnes inconnues, et portés dans une maison; ils se regardent comme des victimes réservées à un tourment d'une cruauté plus réfléchie; ils deviennent furieux: leurs ravisseurs, ne pouvant espérer de se faire comprendre, leur livrent leurs enfants, comme des gages sinceres de la douceur et de la bienfaisance de leurs intentions. On pourroit citer nombre d'autres anecdoctes d'une sensibilité aussi délicate, qui rattachent à l'humanité dans les moments où elle semble briser tous ses liens. Si le grave Musulman réprime l'expression de sensibilité qu'ailleurs on se feroit gloire de manifester, c'est qu'il veut conserver la noble austérité de son caractere. Mais passons à d'autres objets.

On venoit d'ouvrir des caves à Saccara, on avoit trouvé dans une chambre sépulcrale plus de cinq cents momies d'ibis, on m'en avoit donné deux; je ne pus pas tenir au desir d'en ouvrir une: le citoyen Geoffroi et moi nous nous mîmes seuls à une table avec tous les moyens de procéder tranquillement à son ouverture; et, pour ne pas laisser vieillir mes idées sur cette opération et n'en pas perdre une circonstance, je me mis en devoir d'en dessiner chaque développement, et d'en faire une espece de procès-verbal (*voyez planche* XCIX).

Il existe une variété très sensible dans le soin donné à ces embaumements d'oiseaux; il n'y a que le pot de terre qui soit le même pour tous. Cette inégalité de soin dans des momies prises dans la même cave prouve qu'il y avoit aussi, comme pour les hommes, variété dans le prix de l'opération, par conséquent que c'étoient des particuliers qui faisoient cette dépense, et qu'ainsi il est à présumer que les oiseaux embaumés n'avoient pas été également nourris dans quelques temples ou par quelques colleges de prêtres en reconnoissance des services que rendoit l'espece. S'il en eût été des oiseaux comme du dieu Apis, un seul individu auroit suffi, et on ne trouveroit pas de ces pots par milliers. On doit donc croire que l'ibis, destructeur de tous les reptiles, devoit être en vénération dans un pays où ils abondoient à une certaine époque de l'année; et, comme la cicogne en Hollande, cet oiseau s'apprivoisant aussi par l'accueil qu'on lui faisoit, chaque maison avoit les siens affidés, auxquels après leur mort chacun, suivant ses moyens, donnoit les honneurs de la sépulture. Hérodote dit qu'on lui avoit conté que dans les premiers temps connus il y en avoit en abondance; qu'à mesure que les marais de la haute Égypte s'étoient desséchés, ils avoient gagné la basse pour suivre leur pâture; ce qui s'accorderoit assez avec ce que rapportent les voyageurs que l'on en voit encore quelquefois au lac Menzaléh. Si l'espece avoit déja diminué du temps d'Hérodote, il n'est pas étonnant que son existence devienne presque problématique de nos jours. Hérodote raconte que les prêtres d'Héliopolis lui avoient dit qu'à la retraite des eaux du Nil il arrivoit, par les vallées qui séparent l'Égypte de l'Arabie, des nuées de serpents ailés, que les ibis alloient au-devant de ces serpents et les dévoroient; il ajoute qu'il n'avoit pas vu les serpents ailés, mais qu'il étoit allé dans les vallées, et avoit trouvé des squelettes innombrables de ces monstres. Je crois, n'en déplaise au patriarche de l'histoire, que l'ibis n'avoit pas besoin qu'on lui créât des dragons d'Arabie pour le rendre intéressant à l'Égypte qui produisoit d'elle-même tant de reptiles mal-faisants; mais le respectable Hérodote étoit Grec, et il aimoit le merveilleux.

Il n'est plus question de serpents ailés en Égypte; mais cet animal y conserve encore quelque prestige. J'étois chez le général en chef un jour qu'on y introduisit des psylles: on leur fit plusieurs questions relativement au mystere de leur secte, et la relation qu'elle a avec les serpents auxquels ils paroissent commander; ils montroient plus d'audace que d'intelligence dans leurs réponses: on vint à l'expérience: Pouvez-vous connoître, leur dit le général, s'il y a des serpents dans ce palais? et, s'il y en a, pouvez-vous les obliger de sortir de leur retraite? Ils répondirent par une affirmation sur les deux questions: on les mit à l'épreuve; ils se répandirent dans les appartements; un moment après ils déclarerent qu'il y avoit un serpent: ils recommencerent leur recherche pour découvrir où il étoit, prirent quelques convulsions en passant devant une jarre placée à l'angle d'une des chambres du palais, et indiquerent que l'animal étoit là; effectivement on le trouva. Ce fut un vrai tour de Comus; nous nous regardâmes, et convînmes qu'ils étoient fort adroits.

Toujours curieux d'observer les moyens que les hommes emploient pour commander à l'opinion, j'avois regretté de ne m'être pas trouvé à Rosette à la procession de la fête d'Ibrâhym, où les convulsions des psylles sont pour le peuple la partie la plus intéressante de cette fonction religieuse. Pour me dédommager, je m'adressai au chef de la secte, qui étoit concierge de l'okel ou auberge des Francs; je le flattai : il me promit de me rendre spectateur de l'exaltation d'un psylle auquel il auroit *soufflé l'esprit*, c'étoient ses expressions. Il crut dans ma curiosité reconnoître un prosélyte, et me proposa de m'initier : j'acceptai; mais ayant appris que dans la cérémonie de réception le grand-maître crachoit dans la bouche du néophyte, cette circonstance refroidit ma vocation, et je sentis qu'elle ne résisteroit pas à cette épreuve; je donnai de l'argent au concierge, et le grand-prêtre me promit de me faire voir un inspiré. Effectivement le moment arriva; le chef de la secte me vint trouver avec tout le sérieux de sa suprématie : il étoit vêtu d'une longue robe, dont la magnificence étoit relevée par le dépenaillement des trois initiés qui l'accompagnoient, et qui n'avoient que quelques haillons sur le corps.

Ils avoient apporté des serpents; ils les sortirent d'un grand sac de cuir où ils les tenoient, et les firent se dresser et siffler en les irritant. Je remarquai que la lumiere étoit principalement ce qui causoit leur irritation, car dès qu'on les remettoit dans le sac leur colere cessoit, et ils ne cherchoient plus à mordre; ils avoient cela de particulier qu'au-dessous de leur tête, dans la longueur de six pouces, la colere dilatoit leur peau de la largeur de la main (*voyez pl.* CIV, *n*° 1). Je vis parfaitement que je ne craignois pas plus la morsure des serpents que les psylles; car, ayant bien remarqué comment en les attaquant d'une main ils les saisissoient avec l'autre tout auprès de la tête, j'en fis, à leur grand scandale, tout autant qu'eux, et sans danger. On passa de ce jeu au grand mystere : un des psylles prit un des serpents à qui il avoit d'avance rompu la mâchoire inférieure, et dont il ratissa encore les gencives jusqu'à l'amputation totale du palais; cela fait, il l'empoigna avec l'affectation de l'emportement, s'approcha du chef, qui, avec celle de la gravité, lui accorda le souffle, c'est-à-dire qu'après quelques paroles mystérieuses il lui souffla dans la bouche : à l'instant l'autre, saisi d'une sainte convulsion, les bras et les jambes crispés, les yeux hors de la tête, se mit à déchirer l'animal avec les dents; et ses deux acolytes, touchés de ce qu'il paroissoit souffrir, le retenant avec peine, lui arracherent de la main le serpent, qu'il ne vouloit pas leur abandonner; dès qu'il en fut séparé il resta comme stupide : le chef s'approcha de lui, marmotta quelques mots, reprit l'esprit par aspiration, et il redevint dans son état naturel; mais celui qui s'étoit saisi du serpent, tourmenté de l'ardeur de consommer le mystere, vint aussi demander le souffle, et comme il étoit plus vigoureux que le premier, ses cris et ses convulsions furent encore plus forts et plus ridicules.

Je me crus assez initié; et cette grossiere jonglerie finit.

Cette secte des psylles remonte dans ces contrées à la plus haute antiquité : elle existoit particulièrement dans la Cyrénaïque ; le dieu Knuphis, ou l'architecte de l'univers, selon Strabon et Eusebe, étoit adoré à Éléphantine sous la figure d'un serpent. Depuis le serpent d'Éden jusqu'à celui d'Achmin, dont nous parle Savary, ce reptile jouit d'une célébrité non interrompue : après avoir été la tentation de notre premiere mere, on lui fit lâcher la pomme, se mordre la queue, et il fut l'emblême de l'éternité ; on le fit monter le long d'un bâton, et il devint le dieu de la santé; les Égyptiens en attacherent deux autour d'un globe, pour représenter peut-être l'équilibre du systême du monde; les Indiens le mirent à la main de toutes leurs divinités : nous en avons fait la justice, nous en avons fait la prudence : le serpent d'airain chez les Hébreux; celui d'Elerme et le serpent Python chez les Grecs; et tout récemment le dévirgineur Harridi chez les Musulmans, etc.: et cependant tant d'illustrations n'ont rien changé au principe de modestie de ce sage animal ; il continue de chercher l'obscurité, il fuit l'éclat, et il n'éleve sa tête qu'à la moitié de sa grandeur. Pourquoi donc cette célébrité? pourquoi ce culte unanimement accordé à ce reptile ? Il a suivi le précepte de l'Écriture, Humilie-toi, et tu seras élevé; il a rampé, et il est parvenu. On peut voir (*planche* CIV, *n*° 1, et *pl.* CI, *n*° 5) l'espece de serpent dont on se sert pour toutes les jongleries dont je viens de parler ; voyez aussi l'explication des planches au même numéro.

Les chameaux sont les charrettes du Caire; ils y apportent toutes les provisions, et en remportent les ordures : les chevaux de selle y tiennent lieu de voitures, et les ânes de fiacres ; on en trouve dans toutes les rues de tout bridés, et toujours prêts à partir. Cet animal, sérieux en Europe, toujours plus triste à mesure qu'il s'approche du nord, est en Égypte dans le climat qui lui est propre ; aussi semble-t-il y jouir de la plénitude de son existence : sain, agile et gai, c'est la plus douce et la plus sûre monture qu'on puisse avoir; il va tout naturellement l'amble ou le galop, et, sans fatiguer son cavalier, lui fait traverser rapidement les longs espaces qu'il faut parcourir au Caire. Cette maniere d'aller me paroissoit si agréable que je passois ma vie sur les ânes : peu de temps après mon arrivée j'étois connu de tous ceux qui les louent; ils étoient au fait de mes habitudes, portoient mon porte-feuille et ma chaise à dessiner, et me servoient d'écuyers tout le jour : en leur payant courses doubles, ils montoient d'autres ânes, et j'allois ainsi aussi vîte qu'avec les meilleurs chevaux, et beaucoup plus long-temps. C'est de cette maniere que, dans mes promenades, j'ai fait les dessins du canal qui amene l'eau du Nil au Caire à l'époque de l'inondation (*voyez pl.* XXI, *n*° 2).

Chargé par l'institut d'un rapport sur des colonnes qui sont près du vieux Caire, je fis,

1° Le dessin de l'aqueduc (*voyez même planche, n*° 3);

2° Les tombeaux des califes à l'est du Caire, hors des murs (*voyez pl.* XXII, *n*° 1);

3° Une vue du vieux Caire (*même planche*, *n*° 2);

4° Une autre vue du vieux Caire (*même planche*, n° 3);

5° Une vue de Boulac (*planche* XXIII, *n*° 3);

6° Une autre vue des tombeaux des califes (*planche* XXIV, *n*° 1);

7° Une attaque d'Arabes (*même pl.*, *n*° 2);

8° Une vue du jardin de l'institut (*pl.* XXV, *n*° 3; *voyez aussi l'explication de toutes ces planches*).

J'étois fort bien au Caire; mais ce n'étoit pas pour être bien au Caire que j'étois sorti de Paris. Il arriva une caravane arabe; elle venoit du mont Sinaï; elle en apportoit du charbon, de la gomme, et des amandes; elle étoit composée de cinq cents hommes, et sept cents chameaux; c'étoit une maniere bien dispendieuse d'apporter des marchandises qui devoient produire si peu d'argent: mais ils avoient besoin de choses qu'ils ne pouvoient trouver ailleurs, et ils n'avoient que du charbon à donner en échange: quelques uns des leurs avoient essayé d'escorter des Grecs, un mois auparavant, pour savoir si les Français, maîtres du Caire, ne mangeoient pas les Arabes; on les avoit bien traités, ils arriverent en caravanes. Le général en chef desiroit que quelqu'un profitât de leur retour pour prendre connoissance de la route de Tor: je fus tenté de faire celle des Israélites; j'offris au général d'entreprendre ce voyage pourvu qu'il assurât mon retour: il me dit qu'il garderoit le chef de la caravane en otage: il rioit à mon imagination de penser que de là à douze jours je connoîtrois et j'aurois dessiné les sites de la partie merveilleuse de l'expédition de Moïse depuis son départ de Memphis jusqu'à son arrivée dans le désert de Pharan; que, sans y rester quarante ans, j'aurois vu en peu de jours le mont Sinaï, traversé un des points de la terre dont les annales remontent le plus haut, le berceau de trois religions, la patrie de trois législateurs qui ont gouverné l'opinion du monde, sortis tous trois de la famille d'Abraham.

A la premiere proposition que je fis au chef des Arabes, il me dit que pour tout l'or du monde il ne se chargeroit pas de moi; que ce seroit risquer ma vie, celle des moines du mont Sinaï, et celle de tous les individus de la caravane, parceque deux tribus puissantes, les Ovatis et les Ayaidis, avoient des vengeances à tirer des Français. Comme je venois rendre compte de ma mission au général en chef, il donnoit des ordres pour envoyer un convoi à Desaix: je voulois partir pour l'orient; je lui demandai un passeport pour le sud, et quelques heures après j'étois déja en chemin.

Le lendemain, à la pointe du jour, nous nous trouvâmes à une lieue de Ssakharah, n'ayant fait, faute de vent, que quatre lieues dans la nuit. Je fis un dessin de ce que je voyois des pyramides de Ssakharah, qui paroissent occuper l'espace de deux lieues (*voyez pl.* XXVI, *n*° 4). Quoiqu'éloigné du fleuve, je pus distinguer que la plus proche, de grandeur moyenne, est à gradins élevés; viennent ensuite d'autres petites pyramides presque détruites : à une demi-lieue de celles-ci, il y en a une qui paroît avoir autant de base que la plus grande de celles de Gizéh, mais moins d'élévation; elle est très bien conservée: à une autre demi-lieue de cette derniere il y en a une qui est la plus grande de toutes celles de Ssakharah; sa forme est irréguliere, c'est-à-dire que la ligne de son arête a la courbure d'une console renversée, comme on peut le voir *même planche, même numéro* : tout près de celle-ci, il y en a une petite; et plus proche du Nil une autre absolument en ruine, et qui n'a plus la forme que d'un rocher gris-brun; sa couleur est produite par les matériaux, qui me parurent être de brique non cuite: je crois que le rivage du fleuve nous en cachoit encore d'autres plus petites. Cette multitude de pyramides, la plaine des moines, les caves des ibis, tout prouve que le territoire de Ssakharah étoit la Nécropolis au sud de Memphis, et le faubourg opposé à celui-ci, où sont les pyramides de Gizéh, une autre ville des morts, qui terminoit Memphis au nord, et qui donne encore aujourd'hui la mesure de son étendue.

L'après-midi, vis-à-vis Missenda, nous vîmes encore une pyramide fort grande, mais si fruste que dans tout autre pays que l'Égypte, à la grande distance d'où on la voit du Nil, on la prendroit pour un monticule: une lieue plus loin il y en a encore une et plus grande et plus déformée.

Les petites isles qui sont à cette hauteur étoient couvertes de canards, de hérons, et de pélicans.

Vers le soir, nous vîmes la pyramide de Medoun, entre les villages de Rigga et Caffr-él-Risk (*voyez pl.* XXVI, *n*° 2 *et* 3).

Nous arrivâmes dans la nuit à Zaoyé. Le général Belliard m'offrit obligeamment de partager sa demeure: c'étoit bien partager un infiniment petit; nos lits occupoient toute notre chambre; on les ôtoit pour mettre la table, et on ôtoit la table lorsque nous avions quelque toilette à faire. Cette association fut aussi heureuse qu'étroite, car nous ne nous quittâmes plus de la campagne; je desire qu'il ait conservé de moi un souvenir aussi agréable que celui que m'ont laissé sa douceur, son égalité, et l'amabilité inaltérable de son caractere. La seconde nuit, notre cuisine éboula, ainsi que notre écurie; mais, aussi flegmatiques que des Musulmans, nous ne désemparâmes pas; et d'ailleurs, malgré cet accident, cette maison étoit encore la meilleure et la plus apparente du village (*voyez pl.* XXVII, *n*° 2). Dans cette partie de l'Égypte toutes les constructions sont faites de boue et de paille hachée cuite au soleil; les escaliers, les embrasures, les fours, les ustensiles, et les ameublements, sont de même matiere; de sorte que, s'il étoit possible qu'il y eût un changement momentanée dans l'ordre que la nature a fixé imperturbablement en Égypte, s'il arrivoit, par exemple, que des vents extraordinaires arrêtassent et fissent dissoudre un des groupes de nuages que le vent du nord pousse en été contre les montagnes de l'Abyssinie, les villes et villages seroient délayés et liquéfiés en quelques heures, et l'on pourroit semer sur leur emplacement : mais, grace au climat, une maison bâtie d'une maniere aussi frêle dure la vie d'un homme ; ce qui suffit à celui dont le fils doit racheter de son souverain le sol qu'il a déja payé.

Le lendemain de mon arrivée, une colonne de trois cents hommes alloit lever *le miri* ou l'imposition territoriale, et une réquisition de chevaux et de buffles : nous suivions en cela les manieres des Mamelouks qui pour le même objet faisoient chacun dans la province qui lui étoit départie la même promenade militaire, en campant au-devant des villes et villages, se nourrissant à leurs dépens jusqu'à l'acquittement de ce qu'ils avoient à recevoir. Cela rappelle ce que Diodore de Sicile dit des Égyptiens, qu'ils se croyoient dupes de payer ce qu'ils devoient, avant d'être battus pour y être contraints. Je pus remarquer que, sans jamais refuser, il n'y avoit sorte de moyens ingénieux qu'ils n'employassent pour retarder de quelques heures le dessaisissement de leur argent.

Les mouvements de cette colonne devenoient un moyen avantageux de faire des découvertes et d'observer les particularités de l'intérieur du pays : cette premiere course m'approcha de la pyramide de Medoun, que j'avois vue de loin ; je n'en étois plus qu'à une demi-lieue, mais cet espace étoit traversé par le canal Jusef et un autre petit canal, et nous n'avions point de bateau ; avec une excellente lunette et le plus beau temps je pus en observer les détails comme si je l'avois touchée : bâtie sur une plate-forme secondaire de la chaîne libyque, sa forme est de cinq gradins en retraite ; la pierre calcaire dont elle est construite étant plus ou moins friable, sa base et son premier gradin sont plus dégradés que tous les autres, et, dans le milieu de l'élévation du second, il y a plusieurs assises qui ont éprouvé la même dégradation (*voyez planche* XXVI, *n*° 3). En passant du village de Medoun à celui de Sapht je fus dans le cas d'observer trois faces de cette pyramide ; il paroît qu'on a tenté une fouille au second gradin du côté du nord : les décombres, recouverts de sables, s'élevent jusqu'à la hauteur de cette fouille, et ne laissent voir que les angles du premier gradin ; la ruine absolue commence au troisieme, dont il reste à-peu-près le tiers : la hauteur totale de ce qui existe de cette pyramide me parut être à-peu-près de deux cents pieds.

Tout le pays que nous avions parcouru étoit abondant, semé de bled, de sainfoin, d'orge, de féves, de lentilles, et de doura ou sorgo, qui est une espece de millet dont la culture est presque générale dans la haute Égypte. Pendant que le grain de cette plante est en lait, les paysans le font griller comme le maïs : ils en mâchent la canne verte comme celle du sucre ; la feuille nourrit le bétail, la moëlle seche sert d'amadou ; la canne remplace le bois pour cuire et chauffer le four ; du grain on fait de la farine, et de cette farine on fait des gâteaux ; et rien de tout cela n'est bon.

Entre Medoun et Sapht, je trouvai les ruines d'une mosquée parmi lesquelles étoient de grandes colonnes de marbre cipolin : seroient-ce des débris de l'ancienne Nicopolis ? au reste je ne trouvai aux environs aucun arrachement de mur qui indiquât l'existence d'aucune antiquité.

De Sapht nous allâmes à un hameau, qui en est tout près, et qui est une espece de forteresse de boue ; cette retraite féodale est formée d'une enceinte traversée par quelques rues alignées ; dans cette enceinte est un petit château qui servoit de demeure au kiachef, le tout crenelé, avec un chemin couvert criblé de meurtrieres : le kiachef avoit émigré, ses satellites étoient dispersés, et leurs maisons étoient pillées ; les habitants des villages voisins avoient saisi cette occasion de prendre une revanche.

A notre seconde sortie nous allâmes à Meimound, village très riche, de dix mille habitants ; il est entouré, comme tous les autres, de monceaux d'ordures et de décombres, qui, dans un pays de plaine, forment autant de montagnes d'où l'on découvre tout le pays d'alentour : aussi les crêtes de ces monticules sont-elles chaque soir couvertes d'une partie des habitants, qui, accroupis, y respirent l'air, fument leur pipe, et observent si la plaine est tranquille. L'inconvénient de ces tas d'ordures, c'est d'offusquer les villages, de les rendre mal-sains en les privant d'air, d'empâter les yeux des habitants d'une poussiere fangeuse, mêlée de brins de paille imperceptibles, et d'être une des nombreuses causes des maux d'yeux dont l'Égypte est affligée.

De Meimound nous allâmes à El-Eaffer, joli village dans un excellent pays : on y recueille de la gomme, connue sous le nom de gomme arabique, tirée de l'incision d'un mimosa, appelé épine égyptienne, ou cassie, portant des boutons d'or très odoriférants : on nous donna à El-Eaffer de beaux chevaux et un bon déjeûner. Nous découvrîmes de là Aboussir, Benniali, Dallaste, Bacher, Tabouch, Bouch, Zeitoun, et Eschmend-êl-Arab. Nous trouvâmes à El-Eaffer une douzaine d'Arabes campés hors du village : je dessinai la tente du chef, composée de neuf piquets, soutenant un mauvais tissu de laine, sous lequel étoient tous les meubles de son ménage, consistant en une natte, et un tapis de même étoffe que la tente ; deux sacs, l'un de bled pour le maître, et l'autre d'orge pour la jument ; une grande jarre pour serrer les habits ; un moulin à bras pour faire la farine ; une cage à poulets, un vase à faire pondre les poules ; des pots, enfin des cafetieres et des tasses. Les femmes étoient hideuses, ainsi que les enfants (*voyez planche* LIV, *n*° 1). De El-Eaffer nous vînmes à Benniali ; on ne nous y donna rien : nous emmenâmes les cheikhs ; et le lendemain on nous amena des chevaux, et on nous compta l'argent du miri. Je fis encore une vue de Zaoyé à sa partie sud (*voyez planche* XXV, *n*° 1), et laissai sans regret cette premiere station pour aller joindre Desaix, que je connoissois, que j'aimois, que je n'allois plus quitter, et dont le sort des opérations alloit être celui de mes voyages. Nous partîmes de Zaoyé, et vînmes coucher à Chendaouyéh, en repassant par Meimound et Benniali : les premiers arrivés à ce village en avoient trouvé les habitants armés ; il en étoit résulté un mal-entendu pour lequel il y avoit eu des coups de fusil tirés ; plusieurs d'entre eux avoient été tués : mais on s'étoit expliqué, et tout s'étoit arrangé. Un moment après nous entendîmes de grands cris, qui nous parurent annoncer quelque terrible catastrophe, ou en être la suite ; la hache de nos sapeurs avoit attenté aux branches seches d'un tronc pourri, qui avoit paru à nos soldats très propre à faire bouillir la soupe ; et ce fut bien un autre grief que le premier.

La croyance dans un Être suprême, quelques principes de morale, enfin tout ce qui est raisonnable suffit à l'homme sage ; mais aux passions de l'homme ignorant il faut des divinités intermédiaires, des divinités grossieres, analogues à sa grossiere imagination, des divinités vicieuses, pour ainsi dire, avec lesquelles il puisse traiter de ses habitudes vicieuses. La religion de Mahomet, qui se réduit à des préceptes, ne peut donc suffire à l'ignorance fantastique des Arabes ; aussi, malgré leur aveugle respect pour le koran, et leur obéissance absolue pour tout ce qui vient de leur prophete, malgré l'anathême prononcé contre tout ce qui s'en écarte, ils n'ont pu se soustraire à l'hérésie, et au charme de l'idolâtrie : ils ont donc aussi des saints, auxquels ils n'assignent point de places à part dans leur paradis, où tout est commun, mais auxquels ils élevent des tombeaux, et dont ils réverent la cendre ; et ce qu'il y a d'étrangement stupide, c'est que ces saints ne deviennent l'objet de leur culte qu'après leur avoir servi de risée pendant leur vie. Ils attribuent aux *pauvres d'esprit*, quand ils sont morts, des pouvoirs et des influences : l'un est le pere de la lumiere, et guérit le mal des yeux ; un autre est le pere de la génération, et préside aux accouchements, etc., etc. La plupart de ces saints, accroupis à l'angle d'une muraille, ont passé leur vie à répéter sans cesse le mot *Allah*, et à recevoir sans reconnoissance ce qui a suffi à leur subsistance ; d'autres à se frapper la tête avec des pierres ; d'autres, couverts de chapelets, à chanter des hymnes ; d'autres enfin, tels que les fakirs, à rester immobiles, et absolument nus, sans témoigner jamais la moindre sensation, et attendant une aumône, qu'ils ne demandent point, et dont ils ne remercient jamais. Outre cette idolâtrie, il en est encore d'autres qui ont du rapport avec la magie : ce sont, par exemple, des pierres, des arbres, qui recelent un bon ou un mauvais génie, et qui deviennent sacrés, dont on ne peut rien détacher sans profanation, auxquels on va faire des confidences domestiques, et communiquer ses projets ; le culte en est mystérieux et secret, mais on les révere publiquement. Il y avoit un arbre de ce genre à Chendaouyéh, et c'étoit le danger qu'il avoit couru qui avoit excité la rumeur : j'allai le voir, et je fus frappé de sa décrépitude ; il n'y avoit plus qu'une de ses branches qui portât des feuilles ; toutes les autres, desséchées et rompues, étoient scrupuleusement conservées à l'endroit où en se détachant du tronc elles étoient tombées sur le sol : j'examinai cet arbre avec attention; j'y trouvai des cheveux attachés avec des clous, des dents, de petits sacs de cuir, de petits étendards, et tout près des tombeaux, des pierres isolées, un siege en forme de selle, sous lequel étoit une grosse lampe. Les cheveux avoient été cloués par des femmes pour fixer l'inconstance de leurs maris : les dents appartenoient à des adultes, qui les consacrent pour implorer le retour des secondes; et de tous les miracles c'est le plus ordinaire, car ils possedent les plus belles et les meilleures dents : les pierres sont votives, afin que la maison que l'on va fabriquer soit toujours habitée par celui qui va la bâtir; le siege est le lieu où se met celui qui adresse son vœu de nuit, après avoir allumé la lampe qui est dessous; cérémonie à laquelle j'aurois voulu assister pour en faire une vue avec l'effet mystérieux de la nuit. Voyez cet arbre tel que je l'ai vu (*planche* XXV, *n*° 2); on peut voir aussi (*planche* CI, *n*° 7) une figure de ces santons, et deux autres de ceux qui sont nus (*planche* XXX, *n*° 3); on peut voir aussi, à l'article des têtes (*pl.* CVII, *n*° 2), les figures particulieres de ces êtres, parmi lesquels il y en a qui sont du plus grand caractere, qui tiennent plutôt à l'élévation de l'histoire qu'aux formes triviales et avilies qui accompagnent d'ordinaire la misere et l'habitude de la mendicité.

A Chendaouyéh, nous bivouacquâmes dans un bois de palmiers, où pour la premiere fois je trouvai du gazon en Égypte. A peine nous étions enveloppés dans nos manteaux, une fusillade nous remit debout; nous passâmes la nuit à faire la ronde des postes, et à chercher vainement ce qui nous avoit donné cette alerte : je fis un dessin de ce bivouac pittoresque (*voyez pl.* XXVIII, *n*° 1). Le lendemain, nous arrivâmes à Bénésouef.

Desaix avoit été chargé de poursuivre Mourat-bey, et de faire la conquête de la haute Égypte, où ce dernier s'étoit réfugié après la bataille des pyramides; le même jour, la division Desaix étoit allée prendre position en avant du Caire; et lui n'étoit venu dans cette ville que pour prendre les ordres du général en chef, et concerter ses mouvements avec les siens : il en étoit parti le 8 fructidor avec une flottille qui devoit convoyer sa marche.

Informé qu'une partie des provisions et munitions des Mamelouks étoit sur des bateaux à Réchuésé, Desaix avoit, malgré l'inondation, marché pour les enlever; et la vingt-unieme légere, ayant traversé huit canaux et le lac Bathen avec de l'eau jusque sous les bras, avoit atteint le convoi à Bénéseh, chassé les Mamelouks qui devoient le défendre, et s'en étoit emparée. Mourat avoit fui dans le Faïoum; Desaix avoit rejoint sa division à Abougirgé, avoit marché sur Tarout-êl-Cherif, où il avoit pris position à l'entrée du canal Jusef, pour assurer ses communications avec le Caire. Arrivé à Siouth, où les Mamelouks n'avoient osé l'attendre, il avoit essayé de les joindre à Bénéadi, où ils s'étoient retirés avec leurs femmes et leurs équipages : les ayant enfin tous rassemblés dans le Faïoum, il étoit reparti de Siouth pour descendre à Tarout-êl-Cherif; il y avoit embarqué son armée, lui avoit fait remonter le canal de Jusef, malgré les obstacles inouis qu'offroient les sinuosités de ce canal, malgré les attaques des Mamelouks, et les oppositions des habitants, étonnés de se voir obligés de servir au succès d'opérations qu'ils avoient regardées d'abord comme impossibles. Desaix arriva cependant à la hauteur de Manzoura, sur le bord du désert, où il joignit enfin Mourat : ne pouvant effectuer son débarquement sous le feu de l'ennemi, il fit virer de bord pour revenir à Minkia; les Mamelouks, encouragés par cette contre-marche, harcellent les barques; des compagnies de grenadiers les chassent et les dispersent : le débarquement s'effectue, les troupes se forment en bataillons carrés; on reprend le chemin du désert, accompagné des barques, jusque vis-à-vis de Manzoura. Mourat-bey étoit à deux lieues; tandis que son arriere-garde nous harcelle, il gagne les hauteurs, où on le voit se déployer avec toute la magnificence orientale. Avec des lunettes on put distinguer sa personne toute resplendissante d'or et de pierreries; il étoit entouré de tous les beys et kiachefs qu'il commandoit. On marche droit à lui; et cette brillante cavalerie, toujours incertaine dans ses opérations, canonnée par deux de nos pieces, les seules qui eussent pu suivre, s'arrête, se replie, et se laisse chasser jusqu'à El-belamon. En la suivant, on s'étoit éloigné des barques; nous manquions de vivres, il fallut rétrograder pour venir chercher du biscuit : l'ennemi croit que nous fuyons; il nous attaque avec des cris qui ressemblent à des hurlements : nos canons en éloignent la masse; mais les plus déterminés viennent avec leurs sabres braver notre mousqueterie, et enlever deux hommes jusque sous nos baïonnettes; la nuit seule nous délivre de leur obstination. On regagne les barques, on se charge de biscuit, et après avoir pris quelque repos on se remet en marche. Pendant ce temps, Mourat-bey avoit fait venir à son armée un inconnu qui répandoit la nouvelle que les Anglais avoient détruit ce qu'il y avoit de Français à Alexandrie, que les habitants du Caire avoient massacré ceux qui occupoient cette ville, enfin qu'il ne restoit en Égypte que cette poignée de soldats que l'on avoit vus fuir la veille, et que l'on alloit anéantir : il y eut une fête ordonnée, et dans cette fête un simulacre de combat, où les Arabes représentant les Français avoient ordre de se laisser vaincre; la fête se termina à la maniere des cannibales, c'est-à-dire qu'ils massacrerent les deux prisonniers qu'ils avoient faits deux jours auparavant.

Desaix avoit appris que Mourat étoit à Sediman, qu'il s'ébranloit pour le joindre et lui livrer bataille; il résolut de l'attaquer lui-même : dès que nous eûmes quitté le pays couvert et cultivé, et que sur une surface unie l'œil put nous compter, des cris d'une joie féroce se firent entendre; mais la journée étoit avancée, les ennemis remirent au lendemain une victoire qu'ils croyoient assurée. La nuit se passa en fêtes dans leur camp; leurs patrouilles venoient dans les ténebres insulter nos avant-postes en contrefaisant notre langage. Au premier rayon du jour, on se forma en bataillon carré avec deux pelotons aux flancs; peu de temps après, on vit Mourat-bey à la tête de ses redoutables Mamelouks, et huit à dix mille Arabes, couvrant vis-à-vis de nous un horizon d'une lieue d'étendue. Une vallée séparoit les deux armées; il falloit la franchir pour attaquer ceux qui nous attendoient; à peine nous voient-ils engagés dans cette position désavantageuse qu'ils nous enveloppent de toutes parts, et nous chargent avec une bravoure qui tenoit de la fureur: notre masse pressée rend leur nombre inutile; notre mousqueterie les foudroie, et repousse leur premiere attaque: ils s'arrêtent, se replient comme pour prendre du champ, et tombent tous à la fois sur un de nos pelotons; il en est écrasé; tout ce qui n'est pas tué, par un mouvement spontanée se jette à terre: ce mouvement démasque l'ennemi pour notre grand carré; il en profite et le foudroie: ce coup de feu l'arrête de nouveau, et le fait encore se replier. Ce qui reste du peloton rentre dans les rangs; on rassemble les blessés. Nous sommes de nouveau attaqués en masse, non plus avec les cris de victoire, mais avec ceux de la rage: la valeur est égale des deux côtés; ils avoient celle de l'espérance, nous avions celle de l'indignation: nos canons de fusils sont entamés de leurs coups de sabres; leurs chevaux sont précipités contre nos files, qui n'en sont point ébranlées; ces animaux reculent à la vue de nos baïonnettes; leurs maîtres les poussent tournés en arriere, dans l'espoir d'ouvrir nos rangs à force de ruades: nos gens, qui savent que leur salut est dans l'unité de leurs efforts, se pressent sans désordre, attaquent sans s'engager; le carnage est par-tout, et il n'y a point de mêlée: les tentatives impuissantes des Mamelouks excitent en eux un délire de fureur; ils lancent contre nous les armes qui n'ont pu autrement nous atteindre, et, comme si ce combat dût être le dernier, nous les voyons jeter fusils, tromblons, pistolets, haches, et masses d'armes; le sol en est jonché. Ceux qui sont démontés se traînent sous les baïonnettes, et viennent chercher avec leurs sabres les jambes de nos soldats; le mourant rassemble sa force, et lutte encore contre le mourant, et leur sang, qui se mêle en abreuvant la poussiere, n'a pas appaisé leur animosité. Un des nôtres renversé avoit joint un Mamelouk expirant, et l'égorgeoit; un officier lui dit: Comment, en l'état où tu es, peux-tu commettre une pareille horreur? Vous en parlez bien à votre aise, vous, lui dit-il, mais moi, qui n'ai plus qu'un moment à vivre, il faut bien que je jouisse un peu.

Les ennemis avoient suspendu leur attaque; ils nous avoient tué bien du monde; mais en se repliant ils n'avoient pas fui, et notre position n'étoit pas devenue plus avantageuse : à peine s'étoient-ils retirés, que, nous laissant à découvert, ils firent jouer une batterie de huit canons, qu'ils avoient masquée, et qui, à chaque décharge, emportoit six à huit des nôtres. Il y eut un moment de consternation et de stupeur; le nombre des blessés augmentoit à chaque instant. Ordonner la retraite étoit rendre le courage à l'ennemi et s'exposer à toute sorte de dangers; différer étoit accroître inutilement le mal et s'exposer à périr tous : pour marcher il falloit abandonner les blessés, et les abandonner étoit les livrer à une mort assurée; circonstance affreuse dans toutes les guerres, et sur-tout dans la guerre atroce que nous faisions! Comment donner un ordre? Desaix, l'ame brisée, reste immobile un instant; l'intérêt général commanda; la voix de la nécessité couvrit les cris des malheureux blessés, et l'on marcha. Nous n'avions à choisir qu'entre la victoire ou une destruction totale; cette situation extrême avoit tellement rapproché tous les intérêts, que l'armée n'étoit plus qu'un individu, et que pour citer les braves il faudroit nommer tous ceux qui la composoient : notre artillerie légere, commandée par le bouillant Tournerie, fit des prodiges d'adresse et de célérité; et tandis qu'elle démonte en courant quelques canons des Mamelouks, nos grenadiers arrivent; la batterie est abandonnée; cette cavalerie à l'instant s'étonne, s'ébranle, se replie, s'éloigne, et disparoît comme une vapeur; cette masse décuple de forces s'évanouit, et nous laisse sans ennemis.

Jamais il n'y eut de bataille plus terrible, de victoire plus éclatante, de résultat moins prévu; c'étoit un rêve dont il ne restoit qu'un souvenir de terreur: pour la représenter j'en fis les deux dessins (*n° 1 et 2, planche* XXIX). J'ai voulu peindre dans ces deux sujets la guerre telle qu'elle est, généreuse et implacable, atroce et sublime (*voyez l'explication des planches*).

L'avantage réel que nous obtînmes à la bataille de Sedinan fut de détacher les Arabes des Mamelouks; mais nous devons encore compter parmi nos succès la terreur qu'acheva de donner à ces derniers notre maniere de combattre; malgré la disproportion du nombre, la position désavantageuse où nous nous étions trouvés, malgré les circonstances qui avoient favorisé leurs armes, et qui avoient dû faire croire à notre destruction totale, le résultat du combat n'avoit été pour eux que la perte d'une illusion. Il s'ensuivit que Mourat-bey n'espéra plus d'enfoncer les lignes de notre infanterie, ni de tenir contre ses attaques ou de les repousser : aussi ne nous laissa-t-il plus de moyens de le vaincre; nous fûmes réduits à poursuivre un ennemi rapide et léger, qui, dans son inquiete précaution, ne nous laissoit ni repos ni sécurité. Notre maniere de guerroyer alloit être la même que celle d'Antoine chez les Parthes : les légions romaines renversant les bataillons, sans compter de vaincus, ne trouvoient de résistance que l'espace que l'ennemi laissoit devant elles; mais, épuisées de pertes journalieres, fatiguées de victoires, elles tinrent à fortune de sortir du territoire d'un peuple qui, toujours vaincu et jamais subjugué, venoit le lendemain d'une défaite harceler avec une audace toujours renaissante ceux à qui la veille il avoit abandonné un champ de bataille toujours inutile au vainqueur.

La chaleur des jours, la fraîcheur des nuits dans cette saison, avoient affligé l'armée d'un grand nombre d'ophtalmies; cette maladie est inévitable lorsque de longues marches ou de grandes fatigues sont suivies de bivouacs dans lesquels l'humidité de l'air répercute la transpiration : ces contrastes produisent des fluxions qui attaquent ou les yeux ou les entrailles.

Desaix, pressé de percevoir le miri et de lever des chevaux dans la province dont il vient de s'emparer, laisse trois cents cinquante hommes à Faïoum, et part pour réduire les villages que Mourat-bey avoit soulevés. Pendant qu'il parcourt la province, mille Mamelouks et un nombre de fellahs ou paysans viennent attaquer dans la ville ceux qui y étoient restés malades.

Le général Robin, et le chef de brigade Exuper, atteint aussi de l'ophtalmie, ainsi que ceux qu'il commandoit, font des prodiges de valeur, et repoussent de rue en rue un peuple d'ennemis, après en avoir fait un massacre épouvantable. Desaix rejoint ces braves, et toute l'armée marche sur Bénésouef pour disputer à Mourat-bey le miri de cette riche province.

Arrivé à Bénésouef, Desaix, pour se procurer les moyens de se remettre en campagne, alla au Caire; il y rassembla et fit partir tout ce qu'il croyoit nécessaire pour assurer ses marches, et forcer Mourat à combattre. Redoutant les délices de la capitale, je restai à Bénésouef; quelque peu pittoresque qu'il fût, j'en fis le dessin (*planche* XXX, *n*° 1).

Sur la rive gauche du Nil, vis-à-vis de Bénésouef, la chaîne arabique s'abaisse, s'éloigne, et forme la vallée de l'Araba ou des Chariots, terminée par le mont-Kolsun, fameux par les grottes des deux patriarches des cénobites, S. Antoine et S. Paul, les fondateurs de la secte monastique, les créateurs de ce système contemplatif, si inutile à l'humanité, et si long-temps respecté par les peuples trompés. Sur le sol qui couvre les deux grottes qu'habiterent ces deux saints hermites, il existe encore deux monasteres, de l'un desquels on apperçoit, dit-on, le mont Sinaï au-delà de la mer Rouge. L'embouchure de cette vallée du côté du Nil n'offre qu'une triste plaine, dont une bande étroite sur le bord du fleuve est seule cultivée: au-delà de cette bande, on apperçoit encore quelques restes de villages dévorés par le sable ; ils offrent le spectacle affligeant d'une dévastation journaliere, produite par l'empiétement continuel du désert sur le sol inondé.

Rien n'est triste comme de marcher sur ces villages, de fouler aux pieds leurs toits, de rencontrer les sommités de leurs minarets, de penser que là étoient des champs cultivés, qu'ici croissoient des arbres, qu'ici encore habitoient des hommes, et que tout a disparu; autour des murs, dans leurs murs, par-tout le silence : ces villages muets sont comme les morts dont les cadavres épouvantent.

Les anciens Égyptiens parlant de cet empiétement de sables le désignoient par l'entrée mystérieuse de Thyphon dans le lit de sa belle-sœur Isis, inceste qui doit changer l'Égypte en un désert aussi affreux que les déserts qui l'avoisinent ; et ce grand évènement arrivera lorsque le Nil trouvera une pente plus rapide dans quelques unes des vallées qui le bordent que dans le lit où il coule maintenant, et qu'il éleve tous les jours. Cette idée, qui paroît d'abord extraordinaire, devient probable si l'on considere les lieux. L'élévation du Nil, l'exhaussement de ses rives, lui ont fait un canal artificiel, qui auroit déja laissé le Faïoum sous les eaux, si le calife Jusef n'eût pas élevé des digues sur les anciennes, et creusé un canal d'embranchement au-dessous de Bénésouef, pour rendre au fleuve une partie de celles que le débordement verse chaque année dans ce vaste bassin. Sans les chaussées faites pour arrêter l'inondation, les grandes crues ne feroient bientôt qu'un grand lac de toute cette province : c'est ce qui faillit arriver, il y a vingt-cinq ans, par une inondation extraordinaire, dans laquelle le fleuve ayant surpassé les digues d'Hilaon, il y eut à craindre que toute la province ne restât sous les eaux, ou que le Nil ne reprît une route qu'il est presque évident qu'il a déja tenue dans des siecles bien reculés. C'est donc pour remédier à cet inconvénient qu'on a fabriqué près d'Hilaon une digue graduée, où, dès que l'inondation est arrivée à la hauteur qui arrose cette province sans la submerger, il y a une décharge qui en partage la masse, en fait entrer la quantité nécessaire pour arroser le Faïoum, fait dériver le surplus, et le force à revenir au fleuve par d'autres canaux plus profonds. Si donc l'on osoit hasarder un systême, on diroit que, plus anciennement que les temps les plus antiques dont nous ayons connoissance, tout le Delta n'étoit qu'un grand golfe dans lequel entroient les eaux de la Méditerranée ; que le Nil passoit à l'ouverture de la vallée qui entre dans le Faïoum ; que par le fleuve sans eau il alloit former le Maréotis, qui en étoit l'embouchure dans la mer, ainsi que le lac Madier l'étoit de la bouche Canopite, et que les lacs de Bérélos et de Menzaléh le sont encore des bouches Sebenitique, Mendeisienne, Tanitique, et Pélusiaque ; que le lac Bahr-Belame ou le lac sans eau sont les ruines de l'ancien cours de ce fleuve, dans lequel on trouve en pétrification d'irrévocables témoignages de débordements, de végétations, et de travaux humains, qui attestent que ce sol a été exhaussé par le cours du fleuve, et par cette perpétuelle fluctuation des sables qui marchent toujours de l'ouest à l'est ; que le Nil, à une certaine époque, trouvant plus de pente au nord qu'au nord-ouest, où il couloit, s'est précipité dans le golfe que nous venons de supposer ; qu'il y a formé d'abord des marais, et puis enfin le Delta. Il résulteroit de là que les premiers travaux des anciens Égyptiens, tels que le lac Mœris, aujourd'hui le lac Bathen, et la premiere digue, n'ont été faits d'abord que pour retenir une partie des eaux du débordement, pour en arroser la province d'Arsinoé, qui menaçoit de devenir stérile, et que, dans un temps postérieur, le lac Mœris ou Bathen ne recevant plus assez d'eau et ne pouvant plus arroser le Faïoum, on a été obligé de prendre le fleuve de plus haut, et de creuser le canal Jusef, qui porte sans doute le nom du calife qui aura fait cette grande opération; mais en même temps, craignant que dans les grandes inondations le Faïoum ne fût inondé sans retour, ce prince aura élevé tout d'un temps de nouvelles digues sur les anciennes telles qu'elles existent maintenant, et fait creuser les deux canaux de Bouche et de Zaoyé, pour faire rentrer dans le fleuve le superflu des eaux.

Les observations sur les nivellements et sur les travaux des Égyptiens aux diverses époques, des plans et des cartes exacts, seront peut-être quelque jour le résultat d'une possession tranquille : ils établiront des certitudes à la place des systêmes; ils feront connoître à quel dégré les Égyptiens se sont de tout temps occupés du régime des eaux, et combien même, dans les siecles d'ignorance, ils ont encore dans cette partie conservé d'intelligence. Après cela, si le Nil continue à appuyer sur sa droite, à grossir, comme il fait déja, la branche de Damiette aux dépens de celle de Rosette; s'il abandonne cette derniere comme il a déja fait de celle du fleuve sans eau, et ensuite de celle de Canope; s'il laisse enfin le lac de Bérélos pour se jeter tout entier dans celui de Menzaléh, ou former de nouvelles branches et de nouveaux lacs à la partie orientale de Péluse; si la nature enfin, toujours plus forte que tout ce qu'on peut lui opposer, a condamné le Delta à devenir un sol aride, les habitants suivront le Nil dans sa marche, et trouveront toujours sur ses rives l'abondance, qu'entraînent par-tout ses bienfaisantes eaux.

D'abord après le départ de Desaix, nous allâmes faire des reconnoissances et une tournée pour la levée des contributions : nous visitâmes les villages qui avoisinent l'embouchure du Faïoum, à une demi-lieue à l'ouest de Bénésouef; nous passâmes le canal; et, après deux heures de marche, nous arrivâmes à Davalta, beau village, c'est-à-dire beau paysage; car en Égypte, lorsque la nature est belle, elle est admirable en dépit de tout ce que les hommes y ajoutent, et n'en déplaise aux détracteurs de Savary qui se mettent en fureur contre ses riantes descriptions. Il faut cependant convenir que sans industrie la nature ici crée d'elle-même des bocages de palmiers, sous lesquels se marient l'oranger, le sycomore, l'oponcia, le bananier, l'acacia, et le grenadier; que ces arbres forment des groupes du plus beau mélange de feuillage et de verdure; que lorsque ces bosquets sont entourés à perte de vue par des champs couverts de doura déja mûr, de cannes à sucre prêtes à être recueillies, de champs de bleds, de lins, et de trefles, qui tapissent de velours verd les gerçures du sol à mesure que l'inondation se retire; lorsque, dans les mois de notre hiver, on a sous les yeux ce brillant tableau des richesses du printemps qui annonce déja l'abondance de l'été ; il faut bien dire avec ce voyageur que l'Égypte est le pays que la nature a le plus miraculeusement organisé, et qu'il ne lui manque que des collines ombragées d'où couleroient des ruisseaux, un gouvernement qui rendroit sa population industrieuse, et l'éloignement des Bédouins, pour en faire le plus beau et le meilleur de tous les pays.

En traversant la riche contrée que je viens de décrire, où l'œil découvre vingt villages à la fois, nous arrivâmes à Dindyra, où nous nous arrêtâmes pour coucher. La pyramide d'Hilahoun, située à l'entrée du Faïoum, semble de là une forteresse élevée pour la commander. Seroit-ce la pyramide de Mendes? Le canal de Bathen, qui y aboutit, n'est-il pas le Mœris creusé de mains d'hommes, ainsi que le croient Hérodote et Diodore? car le lac de Birket-êl-Kerun, qui est le Mœris de Strabon et de Ptolomée, ne peut jamais être regardé que comme l'ouvrage de la nature. Quelque accoutumés que nous soyons aux travaux gigantesques des Égyptiens, nous ne pourrions nous persuader qu'ils eussent creusé un lac comme celui de Geneve. Tout ce que les historiens et les géographes anciens ont dit du lac de Mœris est équivoque et obscur ; on voit évidemment que ce qu'ils en ont écrit leur a été dicté par ces colleges de prêtres, toujours jaloux de tout ce qui regardoit leur pays, et qui auront jeté d'autant plus facilement un voile mystérieux sur cette province qu'elle étoit écartée de la route ordinaire ; et de là sont venus ce lac creusé de trois cents pieds de profondeur, cette pyramide élevée au milieu, ce fameux labyrinthe, ce palais des cent chambres, ce palais pour nourrir des crocodiles, enfin tout ce qu'il y a de plus fabuleux dans l'histoire des hommes, et tout ce qui nous reste d'incroyable dans celle de l'Égypte. Mais, à l'aspect de ce qui existe, on trouve qu'effectivement il y a un canal, qui est celui de Bathen, et qui étoit encore sous l'eau de l'inondation lorsqu'à plusieurs reprises nous nous en sommes approchés ; que la pyramide d'Hilahoun peut être celle de Mendes, qui auroit été bâtie à l'extrémité de ce canal, qui seroit le Mœris ; que le lac Birket-êl-Kerun n'est qu'un dépôt d'eau qui a dû toujours exister, et dont le bassin aura été donné par le mouvement du sol, entretenu et renouvelé chaque année de l'excédent du débordement qui arrose le Faïoum ; les eaux en seront devenues saumâtres à l'époque où le Nil aura cessé de couler par la vallée du fleuve sans eau. Les preuves de ce systême sont les formes locales, l'existence du lit d'un fleuve prolongé jusqu'à la mer, ses dépositions et ses incrustations, la profondeur du lac, son extension, sa masse appuyée au nord à une chaîne escarpée, qui court de l'est à l'ouest, et dérive au nord-ouest pour suivre en s'abaissant jusqu'à la vallée du fleuve sans eau ; enfin les lacs de natron, et, plus que tout cela, la chaîne au nord de la pyramide qui ferme l'entrée de la vallée, coupée à pic, comme presque toutes les montagnes dont le courant du Nil s'approche encore aujourd'hui, offrant aux yeux l'aspect d'un fleuve à sec et de ses destructions (*voyez planche* XXVI, *n*° I; *l'escarpement de cette roche est à droite de la pyramide*).

Les ruines que l'on trouve près de la ville de Faïoum sont sans doute celles d'Arsinoé : je ne les ai pas vues, non plus que celles qui sont à la pointe occidentale du lac, près du village de Kasr-Kerun ; mais on m'en a fait voir le plan, et il n'offre que quelques chambres, avec un portique décoré de quelques hiéroglyphes.

La pyramide d'Hilahoun, la plus délabrée de toutes les pyramides que j'aie vues, est aussi celle qui avoit été bâtie avec le moins de magnificence ; sa construction est composée de masses de pierres calcaires, qui servent de noyau à un monceau de briques non cuites : cette frêle construction, plus ancienne peut-être que les pyramides de Memphis, existe cependant encore (*même planche* XXVI, *n*° I), tant le climat de l'Egypte est favorable aux monuments; ce qui seroit dévoré par quelques uns de nos hivers résiste victorieusement ici au poids destructeur d'une masse de siecles.

Il est des heures malencontreuses où tous les mouvements que l'on fait sont suivis d'un danger ou d'un accident. Comme je revenois de cette tournée pour rentrer à Bénésouef, le général me charge d'aller porter un ordre à la tête de la colonne : je me mets au galop; un soldat qui marchoit hors des rangs m'entend venir, se tourne à gauche comme je passois à sa droite, et par ce mouvement me présente sa baïonnette que je n'ai plus le temps d'éviter, et dont le coup me souleve de ma selle, et le contre-coup jette le soldat par terre. Voilà un savant de moins, dit-il en tombant; car pour nos soldats en Égypte tout ce qui n'étoit point militaire étoit savant. Quelques piastres que j'avois dans la petite poche de la doublure de mon habit m'avoient servi de bouclier; j'en fus quitte pour un habit déchiré. Arrivé à la tête de la colonne, j'y trouve l'aide-de-camp Rapp : nous étions bien montés, le pas de nos chevaux avoit devancé l'infanterie; c'étoit à la tombée du jour; plus on approche du tropique et moins il y a de crépuscule, le soleil plongeant perpendiculairement sous l'horizon, l'obscurité suit immédiatement ses derniers rayons. Les Bédouins infestoient la campagne; nous appercevons quelques points dans la plaine qui étoit immense; Rapp me dit : Nous sommes mal ici, regagnons la colonne, ou franchissons l'espace, et arrivons à Bénésouef. Je savois que le parti le plus hardi étoit celui que préféroit mon compagnon: j'accepte le dernier; nous piquons des deux, et bravons les Bédouins, dont c'étoit l'heure de la chasse : la course étoit longue; nous doublons le mouvement; mon cheval s'échauffe, et m'emporte; la nuit arrive, elle étoit noire lorsque je me trouve sous les retranchements de Bénésouef. Je crois pouvoir tenir la même route que le matin; mon cheval bronche, je le releve d'un coup d'éperon; il saute un fossé qu'on avoit fait dans la journée, et je me trouve de l'autre côté, le nez contre une palissade, sans pouvoir avancer ni reculer. Pendant ce temps la sentinelle avoit crié, je n'avois pas entendu; elle tire, j'appelle en français; elle me demande ce que je fais là, me gronde, me renvoie; et voilà le mal-adroit ou le savant avec un coup de baïonnette, un coup de fusil, querellé, et remené chez lui comme un écolier sorti sans permission de son college.

Le 19 frimaire, le général Desaix revint du Caire, amenant douze cents hommes de cavalerie, six pieces d'artillerie, six djermes armées et bastinguées, et deux à trois cents hommes d'infanterie; ce qui faisoit sa division forte de trois mille hommes d'infanterie, douze cents chevaux, et huit pieces d'artillerie légere; il avoit ainsi tout ce qu'il falloit pour suivre, attaquer, et battre Mourat-bey, s'il vouloit se laisser approcher. Nous étions pleins de courage et d'espoir. J'étois peut-être le seul qui dans tout cela n'eût à acquérir ni gloire ni grade; mais je ne pouvois me défendre de m'enorgueillir de mon énergie; mon amour-propre étoit exalté de marcher avec une armée toute brillante de victoires, d'avoir repris mon poste à l'avant-garde de l'expédition, d'être sorti le premier de Toulon, et de marcher avec l'espoir d'arriver le premier à Syene, enfin de voir mes projets se réaliser, et de toucher au but de mon voyage: en effet ce n'étoit que de là que commençoit la partie importante de mon expédition particuliere; j'allois défricher, pour ainsi dire, un pays neuf; j'allois voir le premier, et voir sans préjugé; j'allois fouler une terre couverte de tout temps du voile du mystere, et fermée depuis deux mille ans à tout Européen. Depuis Hérodote jusqu'à nous, tous les voyageurs, sur les pas les uns des autres, ont remonté rapidement le Nil, n'osant perdre de vue leurs barques, ne s'en éloignant quelques heures que pour aller avec inquiétude à quelque cent toises visiter rapidement les objets les plus voisins; ils s'en rapportoient à des récits orientaux pour tout ce qui n'est pas sur les bords du fleuve. Encouragé par l'accueil que me faisoit le général en chef, secondé par tous les officiers qui partageoient mon amour pour les arts, je ne craignois plus que de manquer de temps, de crayons, de papier, et de talent: j'étois accoutumé au bivouac, et le biscuit de munition ne m'épouvantoit pas; je ne craignois de Mourat-bey que de le voir entrer dans le désert, et nous promener de Bénésouef au Faïoum, et du Faïoum à Bénésouef.

Enfin nous partîmes de cette ville le 26 au soir: le spectacle du départ étoit admirable; je regrettai d'être trop occupé pour en pouvoir faire un dessin: notre colonne avoit une lieue d'étendue; tout respiroit la joie et l'espérance. A la tombée du jour, nous fûmes attristés par la vue d'une terre en friche, et d'un village abandonné; le silence de la nuit, un sol inculte, des maisons désertes, combien de tels objets apportent d'idées mélancoliques! c'est la tyrannie qui commence cette affreuse dépopulation, qu'achevent le désespoir et le crime. Lorsque le maître d'un village a exigé tout ce que le pays peut donner, que la misere des habitants est encore troublée par de nouvelles demandes, réduits au désespoir, ils opposent la force à la force ; dès-lors, en état de guerre, on leur court sus; et si, en se défendant, ils ont le malheur de tuer quelques satellites de leurs tyrans, il ne leur reste de ressource que la fuite pour sauver leur vie, et le vol pour l'alimenter ; hommes, femmes, enfants, errants, rayés de la société, deviennent la terreur de leurs voisins, ne paroissent dans leurs foyers que furtivement, et, comme des oiseaux de nuit, se servent de leurs murailles comme repaires de leur brigandage, et n'y reparoissent plus que momentanément pour épouvanter ceux qui pourroient vouloir leur succéder. C'est ainsi que ces villages, devenus l'asyle du crime, n'offrent plus aux regards que friches, ruines, silence, et désolation.

Nous arrivâmes à El-Beranqah à une heure de nuit; nous en partîmes dès la pointe du jour; nous vînmes déjeûner à Bébé, village considérable, qui n'a rien de particulier que de posséder le poignet de S. George, relique très recommandable pour tout pieux chevalier : ici la chaîne arabique se rapproche si fort du Nil, qu'elle ne laisse qu'un ruban verd sur sa rive.

A Miniel-Guidi, nous fûmes retardés par des accidents arrivés aux trains de notre artillerie dans les passages des canaux; nous apprîmes là que les Mamelouks étoient à Fechneh. Pendant que nous attendions assis à l'ombre, on amena au général Desaix un criminel. On crioit, C'est un voleur ; il a volé des fusils aux volontaires, on l'a pris sur le fait; et nous vîmes paroître un enfant de douze ans, beau comme un ange, blessé au bras d'un large coup de sabre; il regardoit sa blessure sans émotion : il se présenta d'un air naïf et confiant au général, qu'il reconnut aussitôt pour son juge. O puissance de la grace naïve ! pas un assistant n'avoit conservé de colere. On lui demanda qui lui avoit dit de voler ces fusils : *Personne;* qui l'avoit porté à ce vol, *Il ne savoit, le fort, Dieu;* s'il avoit des parents : *Une mere seulement, bien pauvre et aveugle :* le général lui dit que s'il avouoit qui l'avoit envoyé, on ne lui feroit rien ; que s'il s'obstinoit à se taire, il alloit être puni comme il le méritoit: *Je vous l'ai dit, personne ne m'a envoyé, Dieu seul m'a inspiré;* puis mettant son bonnet aux pieds du général : *Voilà ma tête, faites-la couper.* Religion fatale, où des principes vicieux, unis au dogme, mettent l'homme entre l'héroïsme et la scélératesse! Pauvre petit malheureux! dit le général ; qu'on le renvoie. Il vit que son arrêt étoit prononcé ; il regarda le général, celui qui devoit l'emmener, et devinant ce qu'il n'avoit pu comprendre, il partit avec le sourire de la confiance ; sourire qui arriva jusqu'au fond de mon cœur : je fis le mieux que je pus un dessin de cette scene. C'est par des anecdotes qu'on peut faire connoître la morale des nations; c'est par des anecdotes, plutôt que par des discussions, que l'on peut développer l'influence des religions et des lois sur les peuples (*voyez planche* XXXVI, *n*° 1).

A cette scene touchante succéda un évènement étrange, de la pluie! elle nous donna pour un instant une sensation qui nous rappela l'Europe et le premier parfum du printemps au 17 décembre. Quelques moments après on vint nous avertir que les Mamelouks nous attendoient à deux lieues de là avec une armée de paysans : dès-lors alégresse ; bataille pour le soir ou au plus tard pour le lendemain. A l'approche de Fechneh nous découvrîmes un détachement de Mamelouks, qui nous laissa approcher à la demi-portée du canon, et disparut: on nous dit que le gros corps étoit à Saste-Elsayéné, à une lieue plus loin; les canons se faisoient attendre, leur marche étoit à chaque instant arrêtée par les canaux; et, malgré la volonté du général de joindre l'ennemi, et de l'attaquer avant même que l'ordre de bataille fût complet, nous ne pûmes arriver à Saste qu'à la nuit; et il y avoit deux heures que les Mamelouks en étoient sortis. A Saste, nous sûmes qu'ils avoient appris notre marche à la moitié de la journée, dans le moment où les habitants débattoient leurs intérêts sur ce qu'ils exigeoient d'imposition extraordinaire ; et dès-lors ils ne penserent plus qu'à charger leurs chameaux, nous nommant *fléau de Dieu*, envoyé pour les punir de leurs fautes; et en vérité ils auroient pu employer des expressions moins pieuses.

Ils allumerent des feux qui furent bientôt éteints. Nous partîmes le 28 à la pointe du jour; ils nous avoient précédés de deux heures, et avoient pris trois lieues d'avance sur nous; ils marchoient en s'éloignant du Nil, entre le Bar-Juseph et le désert, abandonnant le pays le plus riche de l'univers. Dans cette troisieme traversée, je ne trouvai point ce canal droit comme il est tracé sur toutes les cartes : un nivellement général pourroit seul faire connoître le système et le régime des arrosements, et ce qui appartient à la nature ou aux travaux des hommes dans cette partie intéressante de l'Égypte. Vers le soir, nous traversâmes à gué le canal de Juseph, qui à cet endroit paroît n'être que la partie la plus basse de la vallée, le réceptacle de l'écoulement des eaux, et point du tout l'ouvrage de l'art, qui ne se manifeste nulle part. Le secret sur tout cela est réservé à une grande opération faite en temps de paix, qui pourra déterminer ce qu'il y auroit à faire pour recouvrer les avantages négligés ou perdus de ce mystérieux canal. Ce travail important auroit été celui du général Caffarelli, toujours si ardent pour tout ce qui pouvoit contribuer au bien de tous, si la mort n'eût enlevé dans sa personne un ami tendre au général en chef, un bienfaiteur à l'Égypte entiere.

Au simple examen de ces nivellements je serois porté à croire que cette partie de l'Égypte est devenue plus basse que les bords exhaussés du Nil, et qu'après l'inondation générale le refoulement des eaux les fait se rassembler dans cette partie. J'ai vu depuis, dans la haute Égypte, l'effet de la filtration qui s'en opere; ces eaux n'ayant dans cette région ni vallées ni canaux pour s'écouler après l'inondation, cette grande masse pénetre l'épaisseur du sol végétable, rencontre une couche de terre glaise, et revient au fleuve par des filons lorsque son décroissement l'a mis au-dessous de la superficie de cette couche. Ne seroit-ce pas à cette même opération de la nature que l'on doit les oasis?

Nous vîmes des outardes; elles étoient plus petites que celles d'Europe, ainsi que toutes les especes d'animaux communs aux deux continents. Nous nous approchâmes du désert, *qui marchoit à nous;* car, comme l'ont dit les anciens Égyptiens, c'est le tyran Thyphon qui envahit sans cesse l'Égypte. Les montagnes étoient encore à deux lieues, et nous touchions aux dunes, qui sont l'ourlet entre les déserts et les terres cultivées. Pendant que nous faisions halte on vint nous dire que les Mamelouks en étoient aux mains avec nos avant-gardes : on fait des nouvelles à Paris d'un quartier à l'autre, on en fait aussi dans une division de l'avant-garde au grand corps; mais comme à l'armée il n'est jamais permis de les rejeter quand elles sont possibles, celle-ci pressa notre marche : nous ne trouvâmes point l'ennemi, et vînmes coucher près du village de Benachie, dans un joli bois de palmiers.

Le 29, à la pointe du jour, nous nous mîmes en route avec le constant espoir de joindre l'ennemi; nous apprîmes qu'il avoit marché toute la nuit : l'artillerie appesantissoit notre marche, y mettoit à chaque instant de petits obstacles; les Mamelouks n'en avoient point, et ils avoient encore pour eux le désert, au milieu duquel ils défioient notre ardeur : nous tentâmes de nous y enfoncer; bientôt nos chevaux de trait furent sur les dents; nous arrivâmes par cette route à Benesech, où heureusement pour moi on fut obligé de faire halte.

Benesech fut bâti sur les ruines de l'antique Oxyrinchus, capitale du trente-troisieme nome ou province de l'Égypte; il ne reste de son ancienne existence que quelques tronçons de colonnes en pierre, des colonnes en marbre dans les mosquées, et enfin une colonne debout, avec son chapiteau et une partie de son entablement, qui annoncent que ce fragment faisoit l'angle d'un portique d'ordre composite. Le desir de dessiner, sur-tout depuis que j'en trouvois rarement l'occasion, m'avoit fait prendre les devants : ce n'étoit pas sans quelque danger que j'étois arrivé seul une demi-heure avant la division; mais rester après eût été plus périlleux encore : je n'eus donc que le temps de parcourir à cheval et de faire une vue de ce triste pays, et de dessiner la seule colonne debout qui soit restée de son ancienne splendeur (*voyez pl.* XXXI, *n*° 1 *et* 2): de ce point on apperçoit un monument sortir des mains de la nature et du temps, qui, au lieu d'exciter l'admiration et la reconnoissance, porte dans l'ame un sentiment mélancolique; Oxyrinchus, autrefois capitale, entourée d'une plaine fertile, éloignée de deux lieues de la chaîne libyque, a disparu sous le sable; l'ancien Benesech, au-delà d'Oxyrinchus, a disparu aussi sous le sable; la nouvelle ville est obligée de fuir ce fléau en lui abandonnant chaque jour quelques habitations, et finira par aller se retrancher au-delà du canal Juseph, au bord duquel il vient encore la menacer. Ce beau canal semble vous offrir ses rives fleuries pour consoler vos yeux des horreurs du désert; du désert!

nom terrible à qui l'a vu une fois, horizon sans bornes, dont l'espace vous oppresse, dont la surface ne vous présente si elle est unie qu'une tâche pénible à parcourir, où la colline ne vous cache ou ne vous découvre que la décrépitude et la décomposition, où le silence de la non-existence regne seul sur l'immensité. C'est pour cela sans doute que les Turcs vont y placer leurs tombeaux : des tombeaux dans le désert, c'est la mort et le néant.

Fatigué de dessiner, je me livrois, me croyant seul, à toute la mélancolie que m'inspiroit ce tableau, lorsque j'apperçus Desaix dans la même attitude que moi, pénétré des mêmes sensations :

Mon ami, me dit-il, ceci n'est-il point une erreur de la nature? rien n'y reçoit la vie ; tout semble être là pour attrister ou épouvanter; il semble que la Providence, après avoir pourvu abondamment les trois autres parties du monde, a manqué tout-à-coup d'un élément lorsqu'elle voulut fabriquer celle-ci, et que, ne sachant plus comment faire, elle l'abandonna sans l'achever. — N'est-ce pas bien plutôt, lui dis-je, la décrépitude de la partie du monde la plus anciennement habitée? ne seroit-ce pas l'abus qu'en auroient fait les hommes qui l'a réduite en cet état? Dans ce désert il y a des vallées, des bois pétrifiés; il y a donc eu des rivieres, des forêts : ces dernieres auront été détruites; dès-lors plus de rosée, plus de brouillards, plus de pluie, plus de rivieres, plus de vie, plus rien.

Nous trouvâmes dans les mosquées de Benesech une quantité de colonnes de différents marbres, qui sont sans doute les dépouilles de l'antique Oxyrinchus, mais qui n'avoient point appartenu au temps des Égyptiens.

Nous nous remîmes en chemin en suivant le canal, qui dans cette partie ressemble à la Marne : après une lieue, nous vîmes une explosion considérable dont nous n'entendîmes pas le bruit ; nous pensâmes que c'étoit un signal ; ce ne fut que le surlendemain que nous sûmes que c'étoit une partie de la poudre des Mamelouks qui avoit pris feu : un quart-d'heure après, nous nous saisîmes d'un convoi de huit cents moutons, que je crois bien qu'on fit semblant de croire leur appartenir; enfin il consola notre troupe des fatigues de cette grande journée. Nous arrivâmes à Elsack trop tard pour pouvoir sauver ce village du pillage; en un quart-d'heure il ne resta rien dans les maisons, rien dans l'exactitude du mot; les habitants arabes s'étoient sauvés dans les champs : on leur dit de revenir; ils répondirent froidement : Qu'irions-nous chercher chez nous? ces champs déserts ne sont-ils pas pour nous comme nos maisons? Nous n'avions rien à répondre à cette phrase laconique.

Le lendemain 30 n'offrit rien de très intéressant. Nous trouvâmes le lac Bathen tortueux comme le lac Juseph : le nivellement du sol de l'Égypte nous en donnera quelque jour la coupe, et nous éclaircira l'histoire ténébreuse de ses irrigations tant anciennes que modernes; avant cette opération, tous les raisonnements seroient téméraires, et les assertions illusoires. Nous vînmes coucher à Tata, grand village, habité par les Cophtes, et un chef arabe, qui avoit rejoint Mourat-bey, laissant à notre disposition une belle maison, et des matelas sur lesquels nous passâmes une nuit délicieuse : nous pouvions si rarement dormir avec quelque commodité !

Le lendemain, 1er nivose, nous traversâmes des champs de pois et defêves déja en grains, et d'orge en fleur.

A midi, nous arrivâmes à Mynyeh, grande et jolie ville, où il y avoit autrefois un temple à Anubis. Je n'y trouvai point de ruines, mais de belles colonnes de granit dans la grande mosquée, colonnes bien fuselées, avec un astragale très fin : faisoient-elles partie du temple d'Anubis ? je ne sais ; mais elles étoient sûrement d'un temps postérieur à celles des temples de la haute antiquité égyptienne que j'ai vus dans la suite de mon voyage.

Les Mamelouks étoient partis de la ville de Mynyeh, et avoient manqué d'être surpris par notre cavalerie qui y arriva quelques heures après ; ils avoient été obligés d'abandonner cinq bâtiments armés de dix pieces de canon, et d'un mortier à bombe ; ils en avoient enterré deux autres : plusieurs déserteurs grecs qui les montoient vinrent nous joindre.

Mynyeh étoit la plus jolie petite ville que nous eussions encore vue ; d'assez belles rues, de bonnes maisons, fort bien situées, et le Nil coulant dans un large et riant bassin. J'en fis un dessin (*n*° 3, *planche* XXXII).

De Mynyeh à Come-êl-Caser, où nous couchâmes, la campagne est plus abondante et plus riche que toutes celles que nous avions parcourues, et les villages si nombreux et si rapprochés, qu'au milieu de la plaine j'en comptai vingt-quatre autour de moi ; ils n'étoient point attristés par des monticules de décombres, mais tellement plantés d'arbres si touffus, que l'on croyoit voir les tableaux que les voyageurs nous ont transmis des habitations des isles de la mer Pacifique.

Le lendemain, à onze heures, nous nous trouvâmes entre Antinoé et Hermopolis. Je n'étois pas très curieux de visiter Antinoé ; j'avois vu des monuments du siecle d'Adrien, et ce qu'il avoit bâti en Égypte ne pouvoit rien avoir de piquant ni de nouveau pour moi, mais je brûlois d'aller à Hermopolis, où je savois qu'il y avoit un portique célebre ; aussi quelle fut ma satisfaction lorsque Desaix me dit : Nous allons prendre trois cents hommes de cavalerie, et nous courrons à Achmounin, pendant que l'infanterie se rendra à Melaui.

En approchant de l'éminence sur laquelle est bâti le portique, je le vis se dessiner sur l'horizon, et déployer des formes gigantesques : nous traversâmes le canal d'Abou-Assi, et bientôt après, à travers des montagnes de débris, nous atteignîmes à ce beau monument, reste de la plus haute antiquité.

Je soupirois de bonheur : c'étoit, pour ainsi dire, le premier produit de toutes les avances que j'avois faites ; c'étoit le premier fruit de mes travaux ; en exceptant les pyramides, c'étoit le premier monument qui fût pour moi un type de l'antique architecture égyptienne, les premieres pierres qui eussent conservé leur premiere destination, qui, sans mélange et altération, m'attendissent là depuis quatre mille ans pour me donner une idée immense des arts et de leur perfection dans cette contrée. Un paysan qu'on sortiroit des chaumieres de son hameau, et que l'on mettroit tout d'abord devant un pareil édifice, croiroit qu'il y a un grand intervalle entre lui et les êtres qui l'ont construit ; sans avoir aucune idée de l'architecture, il diroit : Ceci est la maison d'un dieu ; un homme n'oseroit l'habiter. Sont-ce les Égyptiens qui ont inventé et perfectionné un si grand et si bel art? c'est sur quoi il est difficile de prononcer ; mais ce dont je ne pus douter dès le premier instant que j'apperçus cet édifice, c'est que les Grecs n'avoient rien inventé et rien fait d'un plus grand caractere. La premiere idée qui vint troubler ma jouissance, c'est que j'allois quitter ce grand objet, c'est que mes moments étoient comptés, et que le dessin que j'allois faire ne pourroit rendre la sensation que j'éprouvois : il falloit du temps et un grand talent ; je manquois de l'un et de l'autre ; mais si je n'osois mettre la main à l'œuvre, je n'osois m'éloigner sans emporter avec moi un dessin quelconque, et je ne me mis à l'ouvrage qu'en desirant bien sincèrement qu'un autre plus heureux que moi pût faire un jour ce que j'allois ébaucher (*voyez n° 1, planche* XXXIII).

Si quelquefois le dessin donne un grand aspect aux petites choses, il rapetisse toujours les grandes ; les chapiteaux, qui paroissent pesants, les bases ramincies, qui sont bizarres dans le dessin, ont par leur masse quelque chose d'imposant qui arrête la critique : ici on n'ose adopter ni rejeter ; mais ce qu'il faut admirer, c'est la beauté des lignes principales, la perfection de l'appareil, l'emploi des ornements, qui font richesse de près, sans nuire à la simplicité qui produit le grand. Le nombre immense des hiéroglyphes qui couvrent toutes les parties de cet édifice, non seulement n'ont point de relief, mais ne coupent aucune ligne, disparoissent à vingt pas, et laissent à l'architecture toute sa gravité. La gravure, plus que la description, donnera une idée précise de ce qui est conservé de cet édifice ; l'explication de l'estampe et le plan acheveront de donner toutes les dimensions que j'ai pu m'en procurer.

Parmi les monticules, à deux cents toises du portique, on voit à demi enfouis d'énormes quartiers de pierres, et des substructions, qui paroissent être celles d'un édifice auquel appartenoient des colonnes de granit, enfouies, et qu'à peine on distingue à la superficie du sol : plus loin, toujours sur les décombres de la grande Hermopolis, est bâtie une mosquée, où il y a nombre de colonnes de marbre cipolin, de médiocre grandeur, et toutes retouchées par les Arabes ; ensuite vient le gros village d'Achmounin, peuplé d'environ cinq mille habitants, pour lesquels nous fûmes une curiosité aussi étrange que leur temple l'avoit été pour nous.

Nous vînmes coucher à Melaui, à une demi-lieue de chemin d'Achmounin. Mais j'entends le lecteur me dire : Quoi ! vous quittez déja Hermopolis, après m'avoir fatigué de longues descriptions de monuments, et vous passez rapidement quand vous pourriez m'intéresser! qui vous presse? qui vous inquiete? n'êtes-vous pas avec un général instruit qui aime les arts? n'avez-vous pas trois cents hommes avec vous? Tout cela est vrai; mais telles sont les circonstances d'un voyage, et tel est le sort du voyageur: le général, très bien intentionné, mais dont la curiosité est bientôt satisfaite, dit au dessinateur: Il y a dix heures que trois cents hommes sont à cheval, il faut que je les loge, il faut qu'ils fassent la soupe avant de se coucher. Le dessinateur entend cela d'autant mieux qu'il est aussi bien las, qu'il a peut-être bien faim, qu'il bivouacque chaque nuit, qu'il est douze à seize heures par jour à cheval, que le désert a déchiré ses paupieres, et que ses yeux brûlants et douloureux ne voient plus qu'à travers un voile de sang.

Melaui est plus grande et encore plus jolie que Mynyeh; les rues en sont droites, son bazard fort bien bâti; et il y a une spacieuse maison de Mamelouks qui seroit facile à fortifier.

Nous étions rentrés tard; j'avois perdu du temps à parcourir la ville et à aller chercher mon quartier: j'étois logé hors les murs, et devant une jolie maison qui paroissoit assez commode: le propriétaire, aisé, étoit assis devant la porte; il me fit voir qu'il avoit fait coucher le général Belliard dans une chambre, et que j'y trouverois place aussi; il y avoit quelque temps que je couchois dehors; je fus tenté. A peine endormi, je suis réveillé par une agitation que je prends pour une fievre inflammatoire; aux prises avec la douleur et le sommeil, chaque minute, passant de l'effroi d'une maladie grave à l'affaissement de la lassitude, prêt à m'évanouir, j'entends mon compagnon qui me dit, à moitié endormi, Je suis bien mal; je lui réponds, Je n'en puis plus: ce dialogue nous réveille tout-à-fait; nous nous levons, nous sortons de la chambre, et, à la clarté de la lune, nous nous trouvons rouges, enflés, méconnoissables; nous ne savions que penser de notre état, lorsque, bien éveillés, nous nous appercevons que nous sommes devenus la proie de toutes sortes d'animaux immondes.

Les maisons de la haute Égypte sont de vastes colombiers dans lesquels le propriétaire se réserve une seule chambre; il y loge avec ce qu'il a de poules, de poulets, et tout ce que ces animaux et lui produisent d'insectes dévorants: la recherche de ces insectes l'occupe la journée; la dureté de sa peau brave, la nuit, leur morsure; aussi notre hôte, qui de bonne foi avoit cru faire merveille, ne concevoit rien à notre fuite. Nous nous débarrassâmes comme nous pûmes des plus affamés de nos convives, en nous promettant bien de ne jamais accepter pareille hospitalité.

Le 3, nous continuâmes de suivre les Mamelouks: ils étoient toujours à quatre lieues de distance; nous ne pouvions rien gagner sur eux: ils dévastoient autant qu'ils pouvoient le pays qu'ils laissoient entre nous. Vers le soir nous vîmes arriver une députation avec des drapeaux en signe d'alliance; c'étoient des Chrétiens auxquels ils avoient demandé une contribution de cent chameaux; et, ces malheureux n'ayant pu les leur donner, ils avoient tué soixante des leurs; un tel procédé ayant irrité les Chrétiens, ils avoient de leur côté tué huit Mamelouks, dont ils nous proposoient de nous apporter les têtes: ils parloient tous à la fois, répétoient cent fois les mêmes expressions; mais heureusement pour nos oreilles l'audience se donnoit dans un champ de luzerne, ce qui offrit un rafraîchissement à la députation, qui se mit à manger de l'herbe comme d'un mets délicieux dont on craint de perdre l'occasion de se rassasier. Sans descendre de cheval, je me mis aussi à dessiner un député comme il venoit d'interrompre sa harangue (*voyez planche* CI, *n*° 6).

Nous vînmes coucher à Elgansanier, où nous fûmes assez bien logés dans un tombeau de santon.

Le 4, nous marchions sur Mont-Faloût, lorsqu'on vint nous dire que les Mamelouks étoient à Bénéadi, où nous courûmes les chercher. Électrisé par tout ce qui m'entouroit, le cœur me battoit de joie toutes les fois qu'il étoit question de Mamelouks, sans réfléchir que j'étois là sans animosité ni rancune contre eux; que, puisqu'ils n'avoient jamais dégradé les antiquités, je n'avois rien à leur reprocher; que, si la terre que nous foulions leur étoit mal acquise, ce n'étoit pas à nous à le trouver mauvais; et qu'au moins plusieurs siecles de possession établissoient leurs droits: mais les apprêts d'une bataille présentent tant de mouvements, forment l'ensemble d'un si grand tableau, les résultats en sont d'une telle importance pour ceux qui s'y engagent, qu'ils laissent peu de place aux réflexions morales; il n'est plus alors question que de succès: c'est un jeu d'un si grand intérêt, qu'on veut gagner quand on joue.

Nous arrivâmes à Bénéadi, et notre espérance fut encore déçue cette fois; nous n'y trouvâmes que des Arabes, que notre cavalerie chassa dans le désert. Bénéadi est un riche village d'une demi-lieue de long, avantageusement situé pour le commerce des caravanes de Darfour, possédant un territoire abondant; sa population a toujours été assez nombreuse pour se trouver en mesure de composer avec les Mamelouks, et ne pas se laisser rançonner par eux. Il nous parut qu'il falloit temporiser aussi pour le moment, d'autant que les avances amicales qu'on nous y faisoit avoient je ne sais quoi qui ressembloit à des conditions: nous jugeâmes qu'il falloit dissimuler l'insolence de ces procédés sous les dehors de la cordialité. Entourés d'Arabes dont ils ne craignent rien, aux besoins desquels ils fournissent, et dont ils peuvent par conséquent disposer, les habitants de Bénéadi ont une influence dans la province qui les rendoit embarrassants pour un gouvernement quelconque; ils vinrent au-devant de nous, ils nous reconduisirent au-delà de leur territoire sans que nous fussions tentés ni les uns ni les autres de passer la nuit ensemble. Nous vînmes coucher à Benisanet.

Le 5, avant d'arriver à Siouth, nous trouvâmes un grand pont, une écluse, et une levée pour retenir les eaux du Nil après l'inondation; ces travaux arabes, faits sans doute d'après les errements antiques, sont aussi utiles que bien entendus; en tout il me paroissoit que la distribution des eaux dans la haute Égypte étoit faite avec plus d'intelligence que dans la basse, et par des moyens plus simples.

Siouth est une grande ville bien peuplée, sur l'emplacement, suivant toute apparence, de Licopolis ou la ville du Loup. Pourquoi la ville du Loup dans un pays où il n'y a pas de loups, puisque c'est un animal du nord? étoit ce un culte emprunté des Grecs, et les Latins, qui nous ont transmis cette dénomination dans des siecles où l'on s'occupoit peu de l'histoire naturelle? n'ont-ils fait aucune différence entre le chakal et le loup? On ne trouve point d'antiquités dans la ville; mais la chaîne libyque, au pied de laquelle elle est bâtie, offre une si grande quantité de tombeaux, qu'il n'est pas possible de douter qu'elle n'occupe le territoire d'une ancienne grande ville. Nous étions arrivés à une heure après midi; il y eut des vivres à prendre pour l'armée, des malades à envoyer à l'ambulance, des barques et des provisions, que les Mamelouks n'avoient pu emmener, dont il falloit prendre possession : on résolut de coucher. Je commençai par faire un dessin de la Siouth moderne, à une demi-lieue de la chaîne libyque (*voyez pl.* XXX, *n*° 2).

Je courus bien vîte la visiter; j'étois si envieux de toucher à une montagne égyptienne! j'en voyois deux chaînes depuis le Caire sans avoir pu risquer de gravir aucune d'elles : je trouvai celle-ci telle que je l'avois pressentie, une ruine de la nature, formée de couches horizontales et régulieres de pierres calcaires, plus ou moins tendres, plus ou moins blanches, entrecoupées de gros cailloux mamelonnés et concentriques, qui semblent être les noyaux ou les ossements de cette longue chaîne, soutenir son existence, et en suspendre la destruction totale : cette dissolution s'opere journellement par l'impression de l'air salin qui pénetre chaque partie de la surface de la pierre calcaire, la décompose, et la fait, pour ainsi dire, couler en ruisseaux de sables, qui s'amoncellent d'abord auprès du rocher, puis sont roulés par les vents, et de proche en proche changent les villages et les champs fertiles en de tristes déserts. Les rochers sont à près d'un quart de lieue de Siouth; dans cet espace est une jolie maison du kiachef qui géroit pour Soliman-bey. Les rochers sont creusés par d'innombrables tombeaux, plus ou moins grands, décorés avec plus ou moins de magnificence; cette magnificence ne peut laisser aucun doute sur l'antique proximité d'une grande ville; je dessinai un des principaux de ces monuments (*voyez planche* XXXIII, *n*° 2), et le plan intérieur (*même planche*). Tous les parvis intérieurs de ces grottes sont couverts d'hiéroglyphes; il faudroit des mois pour les lire, si on en savoit la langue; il faudroit des années pour les copier : ce que j'ai pu voir avec le peu de jour qui entre par la premiere porte, c'est que tout ce que les Grecs ont employé d'ornements dans leur architecture, tous les méandres, les enroulements, et ce qu'on appelle vulgairement les grecques, est ici exécuté avec un goût, une délicatesse exquise. Si une telle excavation est une seule et même opération, comme la régularité de son plan sembleroit l'indiquer, c'étoit une grande entreprise que la fabrication d'un tombeau: mais il est à croire qu'il servoit à perpétuité à toute une famille, à une race entiere; qu'on y venoit rendre quelques cultes aux morts: car, si l'on n'eût jamais pensé à rentrer dans ces monuments, à quoi eussent servi ces décorations si recherchées, ces inscriptions qu'on n'auroit jamais lues, ce faste ruineux, secret, et perdu? A diverses époques ou fêtes de l'année, chaque fois qu'on y ajoutoit quelques nouvelles sépultures, il s'y célébroit sans doute quelques *fonctions* funebres où la magnificence des cérémonies étoit jointe à la splendeur du lieu; ce qui est d'autant plus probable que les richesses des décorations de l'intérieur sont d'un contraste frappant avec la simplicité de l'extérieur, qui est la roche toute brute, ainsi qu'on peut le remarquer dans la vue que j'en ai faite. J'en trouvai une avec un simple salon, qui servoit à une innombrable quantité de sépultures prises en ordre dans les roches; elle avoit été toute fouillée pour en ravir des momies: j'y en trouvai encore quelques fragments, comme du linge, des mains, des têtes, des os épars. Outre ces principales grottes, il y en a une telle quantité de petites, que la montagne entiere est devenue un corps caverneux et sonore. Plus loin, au sud, on trouve les restes de grandes carrieres, dont les cavités sont soutenues par des pilastres: une partie de ces carrieres a été habitée par de pieux solitaires; à travers les rochers, dans ces vastes retraites, ils joignoient à l'austere aspect du désert celui d'un fleuve qui dans son cours majestueux répandoit l'abondance sur ses rives. C'étoit l'emblême de leur vie; avant leur retraite, troubles, richesses, agitations; et depuis, calme et jouissances contemplatives: la nature muette imitoit le silence auquel ils s'étoient condamnés; la splendeur constante et auguste du ciel d'Égypte commande avec sévérité une éternelle admiration; le réveil du jour n'est point réjoui par les cris de joie, les bondissements des animaux; le chant d'aucun oiseau ne célebre le retour du soleil; l'alouette, qui égaie, anime nos guérets, dans ces climats brûlants crie, appelle, mais ne chante jamais ni ses amours ni son bonheur; la nature grave et superbe semble n'inspirer que le sentiment profond d'une humble reconnoissance: enfin la grotte du cénobite semble avoir été placée ici par l'ordre et le choix de Dieu même; tout ce qui devroit animer la nature partage avec lui sa triste et stupéfaite méditation sur cette Providence, distributrice éternelle d'éternels bienfaits.

De petites niches, des revêtissements en stuc, et quelques peintures en rouge, représentant des croix, des inscriptions, que je crus être en langue cophte, sont les témoignages et les seuls restes de l'habitation de ces austeres cénobites dans ces austeres cellules. Dans la saison où nous les vîmes, rien n'étoit comparable à la verdure de toutes les teintes qui tapissoient les rives du Nil aussi loin que la vue pouvoit s'étendre : entraîné par la curiosité, j'avois tant fait de chemin que je ne pouvois plus me rendre au quartier.

La sortie d'une grande ville est toujours embarrassante pour une armée. Le lendemain nous nous mîmes en marche avant le jour : tous nos guides s'étoient attachés à la même division; et laissant errer la nôtre à l'aventure, nous passâmes une partie de la matinée à nous chercher avec inquiétude, et à nous rassembler avec peine. Nous suivions toutes les sinuosités du canal d'Abou-Assi, qui est le dernier de la haute Égypte, et aussi considérable que pourroit l'être un bras du Nil; il partage avec ce fleuve le diametre de la vallée, qui dans cette journée ne me parut pas avoir plus d'une lieue, mais cultivée avec plus de soin et d'intelligence que tout ce que nous avions vu jusqu'alors : on y a tracé des chemins qui nous firent voir qu'avec très peu de frais on en feroit d'excellents et d'éternels dans un climat où il ne pleut ni ne gele. A toutes les demi-lieues nous trouvions des citernes, avec un petit monument hospitalier pour donner à boire au passant et à son cheval : je dessinai un des plus considérables de ces petits établissements philanthropiques, aussi agréables qu'utiles, qui caractérisent la charité arabe (*voyez les pl.* XXVII *et* XXXIV, *n*°. I). Vers le milieu de la journée, nous nous rapprochâmes du désert, où je trouvai trois objets nouveaux : le palmier-doum, qui ressemble par la feuille au palmier-raquette, que nous connoissons, et qui n'a pas, comme le dattier, une seule tige, mais de huit jusqu'à quinze; son fruit ligneux est attaché par groupe à l'extrémité des branches principales, d'où partent les touffes qui forment le feuillage de l'arbre; il est de forme triangulaire et de la grosseur d'un œuf; sa premiere enveloppe est spongieuse, et se mange comme le caroube; sa saveur est mielleuse, et approche du goût du pain-d'épice; sous cette enveloppe est une écorce dure et filandreuse comme celle du coco, à qui il ressemble plus qu'à tout autre fruit; mais il manque absolument de cette partie ligneuse et fine; sa partie gélatineuse est sans saveur : elle devient d'une grande dureté; on en fait des grains de chapelets qui prennent la teinture et le poli (*voyez pl.* XXXIV, *n*° I).

Je vis aussi un petit oiseau charmant, qu'à sa forme et ses habitudes je dois ranger dans la classe des *gobe-mouches;* il prenoit à chaque instant de ces insectes avec une adresse admirable : grace à l'apathie des Turcs, tous les oiseaux chez eux sont familiers; les Turcs n'aiment rien, mais ne dérangent rien : la couleur de l'oiseau dont il s'agit est verte, claire, et brillante; la tête dorée, ainsi que le dessus des ailes; son bec long, noir, et pointu; et il a à la queue une plume d'un demi-pouce plus longue que les autres : sa grosseur est celle de la petite mésange.

Un peu plus loin, je vis dans le désert des hirondelles d'un gris clair comme le sable sur lequel elles volent; celles-ci n'émigrent pas, ou vont dans des climats analogues, car nous n'en voyons jamais en Europe de cette couleur : elles sont de l'espece des cu-blancs.

Après treize heures de marche, nous vînmes coucher à Gamerissiem, malheureusement pour ce village; car les cris des femmes nous firent bientôt comprendre que nos soldats, profitant des ombres de la nuit, malgré leur lassitude, prodiguoient des forces superflues, et, sous le prétexte de chercher des provisions, arrachoient en effet ce dont ils n'avoient pas besoin : volés, déshonorés, poussés à bout, les habitants tomberent sur les patrouilles qu'on envoyoit pour les défendre, et les patrouilles, attaquées par les habitants furieux, les tuerent, faute de s'entendre et de pouvoir s'expliquer.... O guerre, que tu es brillante dans l'histoire! mais vue de près, que tu deviens hideuse, lorsqu'elle ne cache plus l'horreur de tes détails!

Le 7, nous suivîmes le désert, qui étoit bordé par une suite de villages. Malgré le froid que nous éprouvions la nuit, la chaleur du jour et les productions de la terre nous avertissoient que nous approchions du tropique; l'orge étoit mûre, le bled en grain, et les melons, plantés en plein champ, étoient déja en fleurs. Nous vînmes bivouacquer dans un bois près de Narcette.

Le 8, nous traversâmes un désert, et vînmes aboutir à un couvent cophte, auquel les Mamelouks avoient mis le feu la veille, et qui brûloit encore, ce qui m'empêcha d'y entrer : mais on en connoîtra les détails par ceux que je vais donner du couvent Blanc, qui lui ressemble, et qui n'est éloigné de l'autre que de vingt minutes de marche, situé de même sous la montagne, et de même au bord du désert; on appelle le premier le couvent Rouge, parcequ'il est bâti en brique; l'autre le couvent Blanc, parcequ'il est en pierre de taille de cette couleur : ce dernier avoit été brûlé aussi la veille ; mais les moines, en s'enfuyant, avoient laissé la porte ouverte, et quelques serviteurs pour sauver les débris.

On attribue l'érection de cet édifice à Ste Hélene; ce qui est probable à en juger par le plan. Il y avoit sans doute un couvent près de ce temple; quelques arrachements de mur et des blocs de granit attestent son ancienne existence. A l'aspect de ces monuments on doit penser que si c'est Ste Hélene qui les a fait construire, l'empereur Constantin secondoit son zele, et mettoit de fortes sommes à sa disposition; le couvent n'étant point, comme l'église, construit de maniere à pouvoir se clorre et se défendre, aura sans doute été brûlé ou détruit dans quelques circonstances pareilles à celle dont nous venions d'être les témoins; la construction de cette église est telle encore qu'avec un machicouli sur les portes et quelques pieces de canons sur les murailles on s'y défendroit très bien contre les Arabes, et même contre les Mamelouks; mais, sans armes, ces pauvres moines n'avoient pu opposer que la patience, la résignation, leur sainteté, et sur-tout leur misere, qui dans toute autre occasion les auroient sauvés; dans celle-ci, les Mamelouks s'étoient vengés sur des catholiques des maux qu'ils éprouvoient des catholiques: comme s'ils pouvoient réparer par un aussi injuste moyen les malheurs dont nous étions la cause! Nous apperçûmes dans les ruines produites par cette catastrophe le charbon qui résultoit de l'incendie de la boiserie du chœur; et les insatiables besoins de l'insatiable guerre nous firent encore enlever ces débris de la misere, et ces restes de la dévastation dont nous étions la cause.

Depuis l'ancienne destruction du couvent, les moines se sont logés dans la galerie latérale de l'église, si l'on peut appeler des logements les petites huttes qu'ils se sont fabriquées sous ces portiques fastueux; c'est la misere dans le palais de l'orgueil.

Les peres avoient fui; nous ne trouvâmes que les freres, couverts de haillons, et à peine revenus de l'agonie qu'ils avoient éprouvée la veille. Pour avoir une idée de la vie, du caractere, et des moyens de subsistance de ces moines, il faut lire ce qu'en a écrit le général Andréossi dans l'excellent mémoire qu'il a donné sur les lacs de natron, et les couvents d'El-Baramous, de Saint-Ephrem, et de Saint-Macaire; cet exact et judicieux observateur y a décrit les besoins de ces moines, leur état de guerre continuelle avec les Arabes, les malheurs de leur existence, les causes morales qui les leur font supporter et perpétuent ces établissements.

Pendant qu'on faisoit halte, je fis, aussi rapidement qu'il me fut possible, les deux vues *n°* 1 *et* 2, *planche* XXXII, et le plan *n°* 4, *planche* XCIII. La vue n° 1 est dessinée du couvent Rouge au couvent Blanc, qui indique l'espace qu'il y a entre eux, et la situation de ces deux monasteres appuyés contre le désert, et ayant la vue d'une riche campagne arrosée par le canal d'Abou-Assi: le n° 2 donne l'idée de l'architecture de ces édifices du quatrieme siecle, par conséquent postérieurs de vingt siecles aux grands monuments égyptiens, et dont la gravité du style, la corniche, et les portes, rappellent absolument le genre de cette premiere architecture; le plan fait voir de belles lignes, excepté dans la partie du chœur, où l'on reconnoît la décadence du bon goût. Nous allâmes bivouacquer à Bonnasse-Boura.

Le 7, nous revînmes sur le Nil, et nous traversâmes le champ de bataille où, dans la derniere guerre des Turcs avec les Mamelouks, Assan-pacha fut battu par Mourat-bey, et où ce dernier, avec cinq mille Mamelouks, renversa et mit en fuite dix-huit mille Turcs et trois mille Mamelouks. Malem-Jacob, le Cophte, qui nous accompagnoit comme intendant des finances, spectateur et acteur de cette bataille, nous en expliqua les détails; il nous démontroit avec quelle supériorité de talent Mourat avoit pris ses avantages, et en avoit profité: ce même Mourat-bey devoit rugir de colere d'être obligé de repasser sur le même sol fuyant devant quinze cents hommes d'infanterie. Comme nous raisonnions sur les vicissitudes de la fortune, entraînés par l'intérêt de la conversation, nous avions très imprudemment, comme il nous arrivoit tous les jours, devancé l'armée d'une demilieue. Je disois en plaisantant à Desaix qu'il seroit très ridicule de trouver dans l'histoire qu'on lui eût coupé le cou dans une rencontre de cinq à six Mamelouks, et que pour mon compte je serois désolé de laisser ma tête derriere quelques buissons, où elle seroit oubliée : en ce moment nous dépassions Minchie; l'adjudant Clément vint dire au général qu'il y avoit des Mamelouks dans le village : en effet il en parut deux, puis six, puis dix, puis quatre autres, puis deux autres, puis des équipages; ils allerent se mettre à une portée de fusil, et nous observoient : rétrograder eût été se faire enlever ; le pays étoit couvert : Desaix prit le parti de faire bonne contenance, de paroître prendre des dispositions; il avoit quatre fusiliers, qu'il plaçoit alternativement sur tous les points, afin de les multiplier par leurs mouvements : nous mîmes quelques fossés entre les Mamelouks et nous; nous gagnâmes du temps; notre avant-garde parut enfin, et ils se retirerent. On vint nous dire que Mourat nous attendoit devant Girgé; nous entendîmes de grands cris, nous vîmes s'élever des nuages de poussiere; Desaix crut avoir obtenu la bataille après laquelle nous courions depuis quatorze jours : je fus envoyé pour faire avancer la colonne d'infanterie ; j'apperçus, en passant au galop, un revêtissement antique sur le bord du Nil, et des rampes à gradins descendant dans deux bassins; étoient-ce les ruines de Ptolémaïs?... On tira un coup de canon pour faire rejoindre la cavalerie qui avoit couché à une lieue de nous; après une demi-heure, nous nous trouvâmes en état de défense ou d'attaque : nous marchâmes en bataille sur le rassemblement, qui se dissipa; les Mamelouks eux-mêmes disparurent, et nous arrivâmes à Girgé sans avoir joint les ennemis.

Assis près de son bureau, la carte devant lui, l'impitoyable lecteur dit au pauvre voyageur, harassé, poursuivi, affamé, en butte à toutes les miseres de la guerre, Il me faut ici Aphroditopolis, Crocodilopolis, Ptolémaïs; qu'avez-vous fait de ces villes? Qu'êtes-vous allé faire là, si vous ne pouvez m'en rendre compte? n'aviez-vous pas un cheval pour vous porter, une armée pour vous protéger, un interprete pour questionner! n'avez-vous pas pensé que je vous honorerois de ma confiance? — A la bonne heure; mais veuillez bien, lecteur, songer que nous sommes entourés d'Arabes, de Mamelouks, et que très probablement ils m'auroient enlevé, pillé, tué, si je m'étois avisé d'aller à cent pas de la colonne vous chercher quelques briques d'Aphroditopolis.

Ce quai revêtu, que j'ai vu en passant au galop à Minchie, c'étoit Ptolémaïs; il n'en reste rien autre chose.

Encore un peu de patience, et nous irons ensemble fouler un sol tout neuf pour les recherches, voir ce qu'Hérodote même n'a décrit que sur des récits mensongers, ce que les voyageurs modernes n'ont pu dessiner et mesurer qu'avec toute sorte d'anxiété, sans oser perdre le Nil et leur barque de vue : en effet ces malheureux voyageurs, rançonnés tour-à-tour et sous toute sorte de prétextes par les reis, par leur interprete, par tous les cheikhs, kiachefs, et pachas, abandonnés des leurs, volés des autres, suspects comme sorciers, tourmentés pour les trésors qu'ils devoient avoir trouvés ou pour ceux qu'ils alloient chercher, obligés en dessinant d'avoir un œil sur tous ceux qui les environnoient, et qui étoient toujours près de se soulever, et d'attenter à l'ouvrage, s'ils n'alloient pas jusqu'à attenter à la personne ; ces voyageurs, dis-je, ne sont pas si coupables de ne pas transmettre tous les détails que l'on pourroit desirer sur ce pays si curieux, mais si dangereux à observer.

Grace à la courageuse obstination du brave Mourat-bey qui voudra tenter le sort de la guerre, nous irons encore à sa poursuite, et nous entrerons enfin dans la terre promise.

Girgé, où nous arrivâmes à deux heures après-midi, est la capitale de la haute Égypte : c'est une ville moderne qui n'a rien de remarquable; elle est aussi grande que Mynyeh et que Melaui, moins grande que Siouth, et moins jolie que toutes les trois : le nom de Girgé ou Dgirdgé lui vient d'un grand monastere, plus anciennement bâti que la ville, dédié à S. Georges, qui se prononce *Gerge* en langue du pays ; le couvent existe encore, et nous y trouvâmes des moines européens. Le Nil vient heurter contre les constructions de Girgé, et en démolit journellement une partie ; on n'y feroit qu'avec de grands frais un mauvais port pour les barques : cette ville n'est donc intéressante que par sa position à une distance égale du Caire et de Syene, et par la richesse de son territoire. Nous y trouvâmes tous les comestibles à un très bas prix ; le pain à un sou la livre, douze œufs pour deux sous, deux pigeons à trois sous, une oie de quinze livres pour douze sous. Étoit-ce pauvreté ? non, c'étoit abondance ; car, après un séjour de trois semaines, où plus de cinq mille personnes avoient augmenté la consommation et répandu de l'argent, tout étoit encore au même prix.

Les barques ne nous joignoient pas ; nous manquions de souliers et de biscuits : on s'établit, on fit construire des fours, préparer une caserne pour stationner cinq cents hommes : la troupe se reposa ; et moi j'y trouvai personnellement l'avantage de rafraîchir mes yeux, qui menaçoient de cesser tout-à-fait le service. Je n'avois le secours d'aucun remede ; mais un pot de miel que je trouvai dans la maison d'un cheikh où je logeois, et une jarre de vinaigre, m'en tinrent lieu : je mangeai de ce premier jusqu'à indigestion, et calmai l'ardeur de mon sang en buvant l'autre avec de l'eau et du sucre.

Le 13, nous apprîmes que des paysans, séduits par les Mamelouks, se rassembloient derriere nous pour nous attaquer à dos, tandis qu'on leur promettoit de nous attaquer en avant. Il n'y avoit qu'un mois qu'ils avoient volé une caravane de deux cents marchands qui venoient de l'Inde par la mer Rouge, Cosseïr, et

Qouss ; ils se croyoient des braves : quarante villages insurgés avoient rassemblé six à sept mille hommes; une charge de notre cavalerie qui en sabra mille à douze cents leur apprit que leur projet ne valoit rien.

Nous trouvâmes à Girgé un prince nubien : il étoit frere du souverain de Darfour; il revenoit de l'Inde, et alloit rejoindre un autre de ses freres qui accompagnoit une caravane de huit cents Nubiens de Sennar, avec autant de femmes : des dents d'éléphants et de la poudre d'or étoient les marchandises qu'il portoit au Caire, pour les échanger contre du café, du sucre, des schals et des draps, du plomb, du fer, du séné, et du tamarin. Nous causâmes beaucoup avec ce jeune prince, qui étoit vif, gai, ardent, et spirituel; sa physionomie peignoit tout cela : il étoit plus que bronzé; les yeux très beaux et bien enchâssés; le nez peu relevé, mais petit; la bouche fort épatée, mais point plate; les jambes comme tous les Africains, grêles et arquées : il nous dit que son frere étoit allié du roi de Bournou, qu'il commerçoit avec lui, et qu'il faisoit une guerre perpétuelle avec ceux du Sennar; il nous dit que de Darfour à Siouth il y avoit quarante jours de traversée, pendant lesquels ils ne trouvoient de l'eau que tous les huit jours, soit dans des citernes, soit à leur passage aux oasis. Il faut que les profits de ces caravanes soient incalculables pour indemniser ceux qui les rassemblent des frais qu'ils ont à faire, et les payer de l'excès de leurs fatigues. Lorsque leurs esclaves femelles ne sont pas des captives, et qu'ils les achetent, elles leur coûtent un mauvais fusil; et les hommes, deux. Il nous raconta qu'il faisoit très froid chez lui pendant un temps de l'année; n'ayant point de mot pour nous exprimer des *glaces*, il nous dit qu'on mangeoit beaucoup d'une chose qui étoit dure en la prenant dans la main, et qui échappoit des doigts lorsqu'on l'y tenoit quelque temps. Nous lui parlâmes de Tombout, cette fameuse ville dont l'existence est encore un problême en Europe. Nos questions ne le surprirent point : selon lui Tombout étoit au sud-ouest de son pays; ses habitants venoient commercer avec eux; il leur falloit six mois de trajet pour arriver; eux leur vendoient tous les objets qu'ils venoient chercher au Caire, et s'en faisoient payer avec de la poudre d'or : ce pays s'appeloit dans leur langue le *Paradis;* enfin la ville de Tombout étoit sur le bord d'un fleuve qui couloit à l'ouest; les habitants étoient fort petits et doux.

Nous regrettâmes bien de posséder si peu de temps cet intéressant voyageur, que nous ne pouvions cependant pas questionner jusqu'à l'indiscrétion, mais qui n'eût pas mieux demandé que de nous dire beaucoup de choses, n'ayant rien de la gravité musulmane, et s'exprimant avec énergie et facilité. Il nous dit encore que dans la famille royale la succession étoit élective, que c'étoient les chefs militaires et civils qui choisissoient parmi les fils du roi mort celui qu'ils jugeoient le plus digne de lui succéder au trône, et qu'il n'y avoit pas encore d'exemple que cela eût produit la guerre civile. Tout ce qu'on vient de lire est mot pour mot le procès-verbal de l'interrogatoire que nous fîmes subir à cet étrange prince : il ajouta que nous avions infiniment de choses à fournir à l'Afrique ; que nous la rendrions très volontairement notre tributaire, sans nuire au commerce qu'ils avoient à faire eux-mêmes, et que nous les attacherions à nos intérêts par tous leurs besoins, et par l'exportation de tout le superflu de nos productions; que le commerce de l'Inde se feroit de même par la Mekke, en prenant cette ville ou celle de Cosseïr pour entrepôt commun, comme Alep l'étoit pour celui des états musulmans, malgré la longueur des marches qu'il falloit faire de chaque côté pour arriver à ce point de contact.

Nous attendions les barques qui devoient suivre notre marche, et qui portoient nos vivres, nos munitions, et la chaussure de nos soldats: le vent avoit été toujours favorable contre l'ordinaire en cette saison; et cependant les barques n'arrivoient point: nous avions dépêché divers exprès pour prendre des informations; les premiers avoient péri dans la traversée des villages révoltés; les autres ne reparoissant plus, notre belle saison se perdoit dans l'inaction; le pays pouvoit croire que nous prenions peur des Mamelouks, et ce préjugé égarer de nouveau les paysans : ils refusoient déja de payer le miri, et ils disoient pour raison : Il doit y avoir bataille; nous paierons au vainqueur.

Le 19 frimaire, dixieme jour de notre arrivée, le général Desaix se détermina à envoyer sa cavalerie jusqu'à Siouth, pour savoir définitivement ce qu'étoit devenu son convoi maritime; on avoit envoyé en avant de Girgé un bataillon à Bardis pour chercher des vivres; l'officier qui le commandoit nous fit dire, le 19 au soir, qu'il se répandoit que le 21 les Mamelouks se mettroient en marche de Hau pour arriver le 22, et qu'ils vouloient en venir à une bataille : cette nouvelle étoit confirmée de toutes parts; et quoique Desaix ne fût pas convaincu de cette bonne fortune, il se trouva dans le cas de reprocher encore à notre marine de le priver de notre cavalerie, qui le laisseroit sans moyen de profiter de la victoire, s'il y en avoit une; car la simple infanterie ne pouvoit avec les Mamelouks qu'accepter le combat, sans jamais les y forcer ni le prolonger.

Un autre fléau dont nous étions travaillés, c'étoit une volerie perpétuelle, et organisée de telle sorte qu'aucune rigueur militaire ne pouvoit en défendre nos armes et nos chevaux. Chaque nuit les habitants entroient dans nos camps comme des rats, et en sortoient comme des chauves-souris, emportant presque toujours leur proie. On en avoit surpris qui avoient été sacrifiés au premier mouvement de la rage du soldat : on espéra que cette rigueur feroit quelque sensation; la garde fut doublée; et le jour même on prit deux des forges de l'artillerie : on saisit les voleurs, qui furent fusillés. Dans la nuit qui suivit cette exécution les chevaux de l'aide-de-camp du général de la cavalerie furent volés : le général gagea qu'on ne le voleroit pas; le lendemain on lui enleva son cheval, et l'on avoit démoli un mur pour le surprendre lui-même, si le jour ne fût venu à son secours.

Le 20, nous sûmes que Mourat-bey invitoit les cheikhs arabes des villages soumis à marcher contre nous, leur donnant rendez-vous à Girgé. Le 22, jour où il devoit nous attaquer, plusieurs nous envoyerent leur lettre, en nous faisant dire qu'ils restoient fideles au traité, et nous dénoncerent ceux qui avoient promis de marcher; mais la rencontre que ceux-ci avoient faite de notre cavalerie avoit déconcerté leurs projets.

Le 21, le temps fut couvert, et nous en souffrîmes comme d'un jour d'hiver assez rude, quoiqu'il eût été un de nos fort beaux jours d'avril; tant il est vrai que l'absence du bien sur lequel on a compté est déja un mal! je vis cependant dans cette effroyable journée une treille de vigne verte comme au mois de juillet; les feuilles ne font ici que se durcir, rougir, et sécher, pendant que le bout de la branche renouvelle perpétuellement sa verdure; les pois-grimpants font la même chose; la tige en devient ligneuse: j'en ai vu qui avoient quarante pieds de haut, et atteignoient au sommet des arbres.

Nous sûmes qu'il étoit arrivé de la Mekke par Cosseïr une quantité innombrable de fantassins pour se joindre à Mourat-bey, et qu'ils étoient en marche pour venir nous attaquer.

Le 23, nous apprîmes que notre cavalerie avoit rencontré un rassemblement à Menshieth, avoit sabré mille de ces égarés, et avoit poursuivi son chemin; leçon rien moins que fraternelle, mais que notre position rendoit peut-être nécessaire: cette province, qui, de tout temps révoltée, avoit la réputation d'être terrible, avoit besoin d'apprendre que ce n'étoit pas lorsqu'elle se mesuroit contre nous; nous avions d'ailleurs à leur cacher que nos moyens étoient petits et disséminés; peut-être falloit-il encore qu'ils nous crussent aussi vindicatifs que cléments; peut-être enfin, n'ayant pas le temps de les catéchiser, falloit-il, par un malheur de circonstance, punir sévèrement ceux qui s'obstinoient à ne pas croire que tout ce que nous faisions n'étoit que pour leur bien.

Nous nous disposions à partir aussitôt que la cavalerie seroit de retour, soit que les barques arrivassent enfin, soit qu'il fallût y renoncer; car attendre ne faisoit qu'aggraver nos maux, et ceux que nous étions obligés de faire aux habitants des environs, en laissant subsister cet état de guerre, d'incertitude, et d'inorganisation.

Le 24, nous n'en avions point encore de nouvelles. Nous nous faisions réciter des contes arabes pour dévorer le temps et tempérer notre impatience. Les Arabes content lentement, et nous avions des interpretes qui pouvoient suivre ou qui ralentissoient très peu le débit: ils ont conservé pour les contes la même passion que nous leur connoissons depuis le sultan Schahriar des mille et une nuits; et sur cet article Desaix et moi nous étions presque des sultans: sa mémoire prodigieuse ne perdoit pas une phrase de ce qu'il avoit entendu; et je n'écrivois rien de ces contes, parcequ'il me promettoit de me les rendre mot pour mot quand je voudrois : mais ce que j'observois, c'est que si les histoires n'étoient pas riches de détails vrais et sentimentals, mérite qui semble appartenir particulièrement aux narrateurs du nord, elles abondoient en évènements extraordinaires, en situations fortes, produites par des passions toujours exaltées : les enlèvements, les châteaux, les grilles, les poisons, les poignards, les scenes nocturnes, les méprises, les trahisons, tout ce qui embrouille une histoire, et paroît en rendre le dénouement impossible, est employé par ces conteurs avec la plus grande hardiesse ; et cependant l'histoire finit toujours très naturellement et de la maniere la plus claire et la plus satisfaisante. Voilà le mérite de l'inventeur : il reste encore au conteur celui de la précision et de la déclamation, auxquelles les auditeurs mettent beaucoup de prix : aussi arrive-t-il que la même histoire est faite consécutivement par plusieurs narrateurs devant les mêmes auditeurs, avec un égal intérêt et un égal succès ; l'un aura mieux traité et déclamé la partie sensible et amoureuse, un autre aura mieux rendu les combats et les effets terribles, un troisieme aura fait rire ; enfin c'est leur spectacle : et, comme chez nous on va au théâtre une fois pour la piece, d'autres fois pour le jeu des acteurs, les répétitions ne les fatiguent point. Ces histoires sont suivies de discussions ; les applaudissements sont disputés, et les talents se perfectionnent : aussi y en a-t-il en grande réputation qui sont chéris, et font le bonheur d'une famille, de toute une horde. Les Arabes ont aussi leurs poëtes, même leurs improvisateurs, que l'on fait venir dans les festins ; ils en paroissent enchantés : je les ai entendus ; mais quand leurs chansons ne sont pas apologétiques, elles perdent sans doute trop à être traduites ; elles ne m'ont paru que des concetti ou jeux de mots assez insipides : leurs poëtes ont d'ailleurs des manieres extraordinaires, des tics, qui les singularisent aux yeux des gens du pays, mais qui leur donnoient pour nous un air de démence qui m'inspiroit de la pitié et de la répugnance : il n'en étoit pas de même des conteurs, qui me paroissoient avoir un talent plus vrai, plus près de la nature.

Je devois m'affliger moins qu'un autre des retardements, puisqu'ils me laissoient le temps de calmer l'inflammation qui dévoroit mes yeux ; mais je partageois l'impatience de Desaix, qui avoit dû compter sur toutes les ressources du convoi, dont l'absence paralysoit ses opérations sous tous les rapports, et le laissoit dans un dénuement affligeant : heureusement les malades et les blessés étoient peu nombreux ; car les médecins, sans remedes, n'étoient là que pour dire ceux qu'il auroit fallu leur donner, et ne pouvoient leur en administrer aucun : on fit cependant établir un hôpital, des fours, un magasin, et une caserne assez bien fortifiée pour se défendre d'une émeute ou d'une attaque de paysans, et pouvoir laisser à cet échelon de l'échelle du Nil trois cents hommes en sécurité.

Ne sachant que faire à mes yeux malades, j'imaginai d'aller prendre les bains du pays, qui me soulagerent. Je renvoie mon lecteur à l'élégante description de M. Savary, dont la riante imagination a fait tout à la fois le tableau des agréments qu'offrent ces bains, et des voluptés dont ils sont susceptibles (*voyez le plan et la vue*, *planche* XXXV, *n°* 1 *et* 2, *et l'explication*).

Le 25, il fit assez froid le matin pour desirer de se chauffer; mais ce froid pourtant ressembloit à celui qu'on éprouve quelquefois chez nous au mois de mai; car en mettant la tête à la fenêtre, j'y vis les oiseaux faisant l'amour, ou tout au moins faisant leur nid pour le faire: le soir du même jour il tonna, évènement très extraordinaire dans cette contrée; en effet cela n'arrive qu'une fois dans une génération, par un concours de circonstances peut-être faciles à expliquer. Le vent du nord, le plus constant de tous ceux qui dominent dans cette partie du monde, amene de la mer les nuages d'une région plus froide, les roule dans la vallée de l'Égypte, où le sol ardent les raréfie, et les réduit en vapeur; cette vapeur poussée jusqu'en Abyssinie, le vent du sud, qui traverse les montagnes élevées et froides de ce pays, en ramene quelquefois de petits nuages, qui, n'éprouvant qu'un léger changement de température en repassant dans la vallée humide du Nil lors de son débordement, restent condensés, et produisent par fois, sans tonnerre ni orage, de petites pluies d'un instant; mais les vents d'est et d'ouest, qui d'ordinaire enfantent les orages, traversant tous les deux des déserts ardents qui dévorent les nuages, ou élevent les vapeurs à une telle hauteur qu'elles traversent la vallée étroite de la haute Égypte, sans pouvoir éprouver de détonnation par l'impression des eaux du fleuve, le phénomene du tonnerre devient une chose si étrange pour les habitants de ces contrées, que les savants même du pays n'imaginent pas de lui attribuer une cause physique. Le général Desaix questionnant un homme de loi sur le tonnerre, il lui répondit avec la sécurité de l'assurance: « On sait très « bien que c'est un ange, mais il est si « petit qu'on ne l'apperçoit point dans « les airs; il a cependant la puissance de « promener les nuages de la Méditerranée « en Abyssinie; et, lorsque la méchanceté « des hommes arrive à son comble, il fait « entendre sa voix, qui est celle du re- « proche et de la menace; et, pour preuve « que la punition est à sa disposition, il « entr'ouvre la porte du ciel, d'où sort « l'éclair, mais, la clémence de Dieu étant « toujours infinie, jamais dans la haute « Égypte sa colere ne s'est autrement ma- « nifestée ». On est toujours émerveillé d'entendre un homme sensé, avec une barbe vénérable, faire un conte aussi puéril. Desaix voulut lui expliquer différemment ce phénomene; mais il trouva son explication si inférieure à la sienne, qu'il ne prit pas même la peine de l'écouter. Au reste, il avoit plu tout-à-fait la nuit; ce qui rendit les rues fangeuses, glissantes, et presque impraticables. Ici finit l'histoire de notre hiver, et je n'aurai plus à en parler.

Le 25, on fit des fours à l'usage du pays. Le 26, on fit du biscuit (*voyez planche* LXXIX, *n°* 1). J'aurois voulu dans mon dessin pouvoir exprimer l'adresse et la célérité des ouvriers ; on peut dire qu'individuellement l'Égyptien est industrieux et adroit, et que manquant, à l'égal du sauvage, de toute espece d'instrument, on doit s'étonner de ce qu'ils font de leurs doigts auxquels ils sont réduits, et de leurs pieds, dont ils s'aident merveilleusement : ils ont, comme ouvriers, une grande qualité, celle d'être sans présomption, patients, et de recommencer jusqu'à ce qu'ils aient fait à-peu-près ce que vous desirez d'eux. Je ne sais jusqu'à quel point on pourroit les rendre braves ; mais nous ne devons pas voir sans effroi toutes les qualités de soldats qu'ils possedent ; éminemment sobres, piétons comme des coureurs, écuyers comme des centaures, nageurs comme des tritons : et cependant c'est à une population de plusieurs millions d'individus qui possedent ces qualités que quatre mille Français isolés commandoient impérieusement sur deux cents lieues de pays ! tant l'habitude d'obéir est une maniere d'être comme celle de commander, jusqu'à ce que les uns s'endormant dans l'abus du pouvoir, les autres soient réveillés par le bruit de leur chaîne.

Le 28, la cavalerie revint ; elle nous annonça l'arrivée des barques, et nous donna les détails d'un combat qu'elle avoit eu à soutenir contre quelques Mamelouks et leurs agents, qui avoient répandu le bruit qu'ils nous avoient détruits ; que ce qu'on voyoit rétrograder étoit le reste des Français qui tâchoient de gagner le Caire. Deux mille Arabes à cheval, et cinq à six mille paysans à pied, avoient cru en venir à bout ; ils s'étoient portés en avant de Tata, lorsque la cavalerie les découvrit en bataille ; elle avoit fait un mouvement pour se former ; ils avoient cru qu'elle déclinoit le combat, et avoient chargé avec le désordre accoutumé, c'est-à-dire quelques braves en avant, le reste au milieu, frappant toujours et ne parant jamais ; à la seconde décharge, étonnés de voir faire à la cavalerie des feux de bataillon, ils avoient commencé à lâcher pied ; et, après avoir perdu quarante des leurs, avoir eu une centaine de blessés, ils avoient disparu en se dispersant, et abandonnant la pauvre infanterie, qui, comme de coutume, avoit été hachée, et eût été détruite, si la nuit ne fût venue à son secours.

Le 30, les barques arriverent enfin ; quelques commodités qu'elles nous apporterent, et sur-tout la musique d'une de nos demi-brigades jouant des airs français, firent une sensation si étrangement voluptueuse pour Girgé, qu'elle calma tout ce que l'impatience avoit mis d'irascibilité dans notre esprit. C'étoit, hélas ! le chant du cygne : mais n'anticipons pas sur les évènements ; à la guerre il faut jouir du moment, puisque celui qui suit n'appartient à personne.

Le 1er nivose, le prêt, l'eau-de-vie, raviva notre existence ; et le soldat, déja las de manger six œufs pour un sou, partit avec joie pour aller au-devant du besoin.

Il y avoit vingt et un jours que nous n'étions fatigués que de notre nullité : je savois que j'étois près d'Abidus, où Ossimandue avoit bâti un temple, où Memnon avoit résidé; je tourmentois Desaix pour pousser une reconnoissance jusqu'à El-Araba, où chaque jour on me disoit qu'il y avoit des ruines; et chaque jour Desaix me disoit : Je veux vous y conduire moi-même; Mourat-bey est à deux journées, il arrivera après-demain, il y aura bataille, nous déferons son armée, l'autre après-demain nous ne penserons plus qu'aux antiquités, et je vous aiderai moi-même à les mesurer. Il avoit raison le bon Desaix; et quand sa raison n'auroit pas été bonne, il auroit bien fallu que je m'en accommodasse.

Enfin le 2 nivose, nous partîmes de Girgé à l'entrée de la nuit; nous passâmes vis-à-vis les antiquités; Desaix n'osoit me regarder : Tremblez, lui dis-je; si je suis tué demain, mon ombre vous poursuivra, et vous l'entendrez sans cesse autour de vous vous répéter, El-Araba. Il se souvint de ma menace, car cinq mois après il envoya de Siouth l'ordre de me donner un détachement pour m'y accompagner.

Nous arrivâmes devant un village; nous ne sûmes que le lendemain qu'il s'appeloit El-Besera, car le soir il n'y avoit pas un habitant pour nous le dire : j'aimois assez trouver les villages déménagés, pour ne pas entendre les cris des habitants que l'on étoit forcé de dépouiller : il ne restoit que des murailles dans les déménagements prévus; les portes et les chambranles même étoient emportés, et un village abandonné depuis deux heures avoit l'air d'être une ruine d'un siecle.

Le 3, à peine en marche, comme le plus désœuvré, je fus le premier qui apperçus les Mamelouks; ils marchoient à nous sur un front d'une étendue immense : nous nous formâmes en trois carrés, deux d'infanterie aux ailes, et un de cavalerie au centre, flanqué de huit pieces d'artillerie aux angles; nous marchions dans cet ordre, en suivant notre route jusqu'à un quart de lieue de Samanhout, village élevé, contre lequel nous cherchions à nous appuyer (*voyez la vue planche* XXXVII). Les Mamelouks se développant et nous tournant sur trois points, ils commencerent leur fusillade et leurs cris avant que nous pensassions à tirer le canon. Un corps de volontaires de la Mekke s'étoit posté dans un ravin, entre le village et nous, et tiroit à couvert sur le carré de la vingt-unieme : Desaix envoya un détachement d'infanterie pour les déloger du fossé, et un détachement de cavalerie, qui devoit les poursuivre lorsqu'ils en auroient été chassés. La cavalerie, trop ardente, attaqua trop tôt et avec désavantage; un des nôtres fut tué, un autre fut blessé; l'aide-de-camp Rapp reçut un coup de sabre, et auroit succombé, si un volontaire n'eût paré quatre autres coups dont il étoit menacé; les Mekkains furent cependant repoussés.

Des chasseurs furent envoyés au village pour en déloger ceux qui l'occupoient; les Mamelouks se mirent en mouvement pour attaquer notre gauche, pendant que d'autres longeoient notre droite : ils eurent un moment favorable pour nous charger; ils hésiterent, et ne le retrouverent plus; ils caracoloient autour de nous, faisant briller leurs armes resplendissantes et manœuvrer leurs chevaux; ils déployoient tout le faste oriental: mais notre boréale austérité présentoit un aspect sévere qui n'étoit pas moins imposant: le contraste étoit frappant, le fer sembloit braver l'or; la plaine étinceloit, le spectacle étoit admirable. Notre artillerie tira sur toutes les faces à la fois: ils firent une fausse attaque à notre droite; plusieurs des leurs y périrent; un chef, atteint d'un boulet, étoit tombé trop près de nous pour être secouru des siens; son cheval, étonné de le voir se traînant, sans l'abandonner, ne se laissoit point approcher; tout brillant d'or, il excitoit la cupidité des tirailleurs, qui tentoient à chaque instant d'aller en faire leur proie; aux prises avec le sort, traîné çà et là par son cheval, ce malheureux ne périt qu'après avoir essuyé les horreurs de mille morts.

D'autres chasseurs avoient été envoyés à Samanhout pour en déloger ceux qui s'y étoient postés; ils les eurent bientôt mis en fuite: du nombre de ces fuyards étoit Mourat, qui s'y étoit mis en réserve; il prit la route de Farshiut. Ce mouvement divisa toute l'armée ennemie: Desaix saisit cette circonstance, fit marcher sur l'espace qu'elle abandonnoit, et ordonna à la cavalerie de charger ceux qui restoient encore sur notre droite; en un instant nous les vîmes dans le désert gravir une premiere rampe de la montagne avec une vélocité surprenante: nous pensions qu'arrivés sur le plateau ils en défendroient l'approche aux nôtres; mais la terreur et le désordre étoient dans leurs rangs, ils ne penserent plus qu'à se réunir dans leur fuite; quelques traîneurs furent tués, quelques chameaux furent pris; un petit corps séparé s'enfuit par la gauche: le feu finit à midi, à une heure nous ne vîmes plus d'ennemis. Nous marchâmes sur Farshiut, que Mourat-bey avoit déja abandonné.

Cette malheureuse ville avoit été pillée quelques heures auparavant par les Mamelouks. Le cheikh étoit un descendant des cheikhs Ammam, souverains puissants et chéris dans le Saïd, qui, dans le commencement de ce siecle, avoient régné avec équité, et défendu leurs sujets des vexations des Mamelouks. Ce dernier, battu par Mourat, réduit à un état de foiblesse et de misere, avoit vu avec plaisir arriver des vengeurs, et leur avoit préparé du biscuit: Mourat, battu, obligé de fuir, avant de quitter Farshiut envoie chercher ce vieux prince, l'accable de reproches, et, dans sa fureur, lui coupe la tête de sa main. Nous arrivons, nous achevons de piller les magasins; on bat la générale pour empêcher ce désordre; il auroit fallu punir toute l'armée: on alloit ordonner une marche forcée; et, pour éviter les regards de reproche des habitants, nous partons à minuit.

L'obscurité étoit affreuse, et le froid assez vif pour être obligés d'allumer du feu toutes les fois que l'artillerie nous arrêtoit; abrités contre le mur d'une maison auprès d'un de ces feux, nous nous chauffions, Desaix, ses aides-de-camp, et moi, lorsque tout-à-coup nous recevons une fusillade par-dessus le mur:

c'étoient encore des volontaires de la Mekke, car nous étions destinés à en rencontrer par-tout ; ils étoient vingt, on en tua huit ; les autres se sauverent à la faveur des ténebres. Ces volontaires, qui se prétendoient nobles, portoient un turban verd, comme descendants de la race d'Hali ; ces chevaliers, à-peu-près vagabonds, volant les caravanes sur la côte de Gidda, et poussés d'un beau zele, profitoient de la saison morte pour venir attaquer une nation européenne qu'ils croyoient couverte d'or, et avoient bien voulu venir à leurs risques et fortune pour butiner sur nous.

Armés de trois javelots, d'une pique, d'un poignard, de deux pistolets, et d'une carabine, ils attaquoient avec audace, résistoient avec opiniâtreté; et, quoique mortellement frappés, sembloient ne pouvoir cesser de vivre : lors de cette derniere surprise, j'en vis un combattre encore, et blesser deux des nôtres qui le tenoient cloué contre un mur avec leurs baïonnettes.

Nous arrivâmes à une heure de soleil à Haw ; les Mamelouks venoient d'en partir : une partie des beys étoient entrés dans le désert avec les chameaux pour arriver par cette route en un jour et demi à Esneh ; les autres avoient suivi le Nil, route par laquelle il en faut quatre.

Haw, ou l'ancienne Diospolis-Parva, est dans une belle position militaire : elle ne conserve aucune antiquité.

Nous fîmes halte à Haw, et nous en partîmes une heure avant la nuit, qui, comme nous l'avions appris la veille, devoit être sombre, et rendre périlleuse la marche de notre artillerie. Mais la conquête de l'Égypte, qui avoit été commencée si brillamment par la bataille des pyramides, auroit fini de même par la bataille de Thebes, s'il eût été possible de l'obtenir de notre *Fabius* Mourat-bey. Que de marches forcées nous a coûtées le rêve de cette bataille ! mais Desaix n'étoit point l'enfant gâté de la fortune, et son étoile étoit nébuleuse : l'expérience ne pouvoit le convaincre de notre insuffisance pour gagner de vîtesse l'ennemi que nous poursuivions ; il ne vouloit rien entendre de ce qui pouvoit affoiblir ses espérances. L'artillerie étoit trop lourde, l'infanterie trop lente, la grosse cavalerie trop pesante ; la cavalerie légere auroit à peine secondé sa volonté ; et je suis sûr qu'il gémissoit de n'être pas simple capitaine, pour aller, dans sa bouillante ardeur, avec sa compagnie attaquer et combattre Mourat-bey : enfin nous partîmes, et, après avoir été éclairés de la fausse lueur d'une aurore boréale, et avoir attendu la lune jusqu'à dix heures et demie, nous arrivâmes à onze heures à un grand village, dont je n'ai jamais su le nom, et où, malheureusement pour lui et au grand préjudice de ses habitants, nos soldats s'égarerent....

Le 5 pluviose nous partîmes à la premiere pointe du jour. La langue de terre cultivée se resserroit peu-à-peu à la rive gauche où nous étions, et s'augmentoit en même proportion à l'autre rive.

Enfin nous entrâmes dans le désert ; nous y vîmes d'assez près une bête sauvage, qu'à sa grosseur et à sa forme remarquable nous jugeâmes tous être une hyene; nous courûmes dessus, mais le galop de nos chevaux ne put que la suivre sans rien gagner sur elle. Nous approchions de Tintyra : j'osai parler d'une halte; mais le héros me répondit avec humeur : cette défaveur ne dura qu'un moment; bientôt, rappelé à son naturel sensible, il vint me rechercher, et partageant mon amour pour les arts, il se montra leur ami, et peut-être plus ardent que moi. Doué d'une délicatesse d'esprit vraiment extraordinaire, il avoit uni l'amour de tout ce qui est aimable à une violente passion pour la gloire, et à un nombre de connoissances acquises les moyens et la volonté d'ajouter celles qu'il n'avoit pas eu le temps de perfectionner; on trouvoit en lui une curiosité active qui rendoit sa société toujours agréable, sa conversation continuellement intéressante.

Nous arrivâmes à Tintyra : le premier objet que je vis fut un petit temple à gauche du chemin, d'un si mauvais style et dans de si mauvaises proportions, que je le jugeai de loin n'être que les ruines d'une mosquée (*voy. pl.* XXXVIII, *n*°. 2). En me retournant à droite, je trouvai enfouie dans les plus tristes décombres une porte construite de masses énormes couvertes d'hiéroglyphes; au travers de cette porte j'apperçus le temple. Je voudrois pouvoir faire passer dans l'ame de mes lecteurs la sensation que j'éprouvai. J'étois trop étonné pour juger; tout ce que j'avois vu jusqu'alors en architecture ne pouvoit servir à régler ici mon admiration. Ce monument me sembla porter un caractere primitif, avoir par excellence celui d'un temple. Tout encombré qu'il étoit, le sentiment du respect silencieux qu'il m'imprima m'en parut une preuve; et, sans partialité pour l'antique, ce fut celui qu'il imposa à toute l'armée.

Avant d'entrer dans aucun détail, tâchons de faire connoître par les plans et les vues l'étendue et l'ordonnance de cet édifice, son état actuel, et son effet pittoresque (*voyez les trois planches* XXXVIII, XXXIX, XL, contenant une carte topographique, *n*° 9, *pl.* XL; une vue générale, *pl.* XXXVIII, *n*° 1; deux vues pittoresques, *même planche, n*° 4 *et* 5; un aspect géométral du portique, *pl.* XXXIX, *n*° 2; une porte intérieure, *même planche, n*° 1; des plans et des détails architecturals, *pl.* XL). Ces trois planches peuvent donner une idée générale de la situation de la ville antique, de l'emplacement qu'elle occupoit, et de la situation respective des édifices, de leur état actuel, et de la richesse de leurs détails. Ces monuments étoient situés sur le bord du désert, sur le dernier plateau de la chaîne libyque au pied duquel arrive l'inondation du fleuve, à une lieue de son lit.

Rien de plus simple et de mieux calculé que le peu de lignes qui composent cette architecture. Les Égyptiens n'ayant rien emprunté des autres, ils n'ont ajouté aucun ornement étranger, aucune superfluité à ce qui étoit dicté par la nécessité : ordonnance et simplicité ont été leurs principes; et ils ont élevé ces principes jusqu'à la sublimité : parvenus à ce point, ils ont mis une telle importance à ne pas l'altérer, que, bien qu'ils aient surchargé leurs édifices de bas-reliefs, d'inscriptions, de tableaux historiques et scientifiques, aucune de ces richesses ne coupe une seule ligne; elles sont respectées; elles semblent sacrées: tout ce qui est ornement, richesse, somptuosité de près, disparoît de loin pour ne laisser voir que le principe, qui est toujours grand et toujours dicté par une raison puissante. Il ne pleut pas dans ce climat; il n'a donc fallu que des plates-bandes pour couvrir et pour donner de l'ombre; dès-lors plus de toits, dès-lors plus de frontons : le talus est le principe de la solidité; ils l'ont adopté pour tout ce qui porte, estimant sans doute que la confiance est le premier sentiment que doit inspirer l'architecture, et que c'en est une beauté constituante. Chez eux l'idée de l'immortalité de Dieu est présentée par l'éternité de son temple; leurs ornements, toujours raisonnés, toujours d'accord, toujours significatifs, prouvent également des principes sûrs, un goût fondé sur le vrai, une suite profonde de raisonnements; et quand nous n'aurions pas acquis la conviction du degré éminent où ils étoient parvenus dans les sciences abstraites, leur seule architecture, dans l'état où nous l'avons trouvée, nous auroit donné l'idée de l'ancienneté de ce peuple, de sa culture, de son caractere, de sa gravité.

Je n'aurois point d'expression, comme je l'ai dit, pour rendre tout ce que j'éprouvai lorsque je fus sous le portique de Tintyra; je crus être, j'étois réellement dans le sanctuaire des arts et des sciences. Que d'époques se présenterent à mon imagination, à la vue d'un tel édifice! que de siecles il a fallu pour amener une nation créatrice à de pareils résultats, à ce degré de perfection et de sublimité dans les arts! combien d'autres siecles pour produire l'oubli de tant de choses, et ramener l'homme sur le même sol à l'état de nature où nous l'avons trouvé! jamais tant d'espace dans un seul point; jamais les pas du temps plus prononcés et mieux suivis. Quelle constante puissance, quelle richesse, quelle abondance, quelle superfluité de moyens dans le gouvernement qui peut faire élever un tel édifice, et qui trouve dans la nation des hommes capables de le concevoir, de l'exécuter, de le décorer, de l'enrichir de tout ce qui parle aux yeux et à l'esprit! jamais d'une maniere plus rapprochée le travail des hommes ne me les avoit présentés si anciens et si grands: dans les ruines de Tintyra les Égyptiens me parurent des géants.

J'aurois voulu tout dessiner, et je n'osois mettre la main à l'œuvre; je sentois que, ne pouvant m'élever à la hauteur de ce que j'admirois, j'allois rapetisser ce que je voudrois imiter; nulle part je n'avois été environné de tant d'objets propres à exalter mon imagination. Ces monuments, qui imprimoient le respect dû au sanctuaire de la divinité, étoient les livres ouverts où la science étoit développée, où la morale étoit dictée, où les arts utiles étoient professés; tout parloit, tout étoit animé, et toujours dans le même esprit. L'embrasure des portes, les angles, le retour le plus secret, présentoient encore une leçon, un précepte, et tout cela dans une harmonie admirable; l'ornement le plus léger sur le membre d'architecture le plus grave déployoit d'une maniere vivante ce que l'astronomie avoit de plus abstrait à exprimer. La peinture ajoutoit encore un charme à la sculpture et à l'architecture, et produisoit tout à la fois une richesse agréable, qui ne nuisoit ni à la simplicité ni à la gravité de l'ensemble. La peinture en Égypte n'étoit encore qu'un ornement de plus; suivant toute apparence elle n'étoit point un art particulier : la sculpture étoit emblématique, et, pour ainsi dire, architecturale. L'architecture étoit donc l'art par excellence, dicté par l'utilité; elle pourroit donc à elle seule lever le doute, sinon sur la primogéniture, au moins sur la supériorité de l'architecture des Égyptiens comparée à celle des Indiens, puisque ne participant en rien de celle de ces derniers, elle est devenue le principe de tout ce que nous avons admiré depuis, de tout ce que nous avons cru être exclusivement de l'architecture, les trois ordres grecs, le dorique, l'ionique, et le corinthien. Il faut donc bien se garder de penser, comme on le croit abusivement, que l'architecture égyptienne est l'enfance de l'art; mais il faut dire qu'elle en est le type.

Je fus frappé de la beauté de la porte qui fermoit le sanctuaire du temple; tout ce que l'architecture a ajouté depuis d'ornements à ce genre de décoration n'a fait qu'en rapetisser le style (*voyez planche* XXXIX, *n*° 1).

Je ne devois pas espérer de rien trouver en Égypte de plus complet, de plus parfait que Tintyra; j'étois agité de la multiplicité des objets, émerveillé de leur nouveauté, tourmenté de la crainte de ne pas les revoir. J'avois apperçu sur des plafonds des systêmes planétaires, des zodiaques, des planispheres célestes, présentés dans une ordonnance pleine de goût; j'avois vu que les murailles étoient couvertes de la représentation des rites de leur culte, de leurs procédés dans l'agriculture et les arts, de leurs préceptes moraux et religieux; que l'Être suprême, le premier principe, étoit partout représenté par les emblêmes de ses qualités : tout étoit également important à rassembler; et je n'avois que quelques heures pour observer, pour réfléchir, pour dessiner ce qui avoit coûté des siecles à concevoir, à construire, à décorer. Notre impatience française étoit épouvantée de la constante volonté du peuple qui avoit exécuté ces monuments : par-tout même égalité de recherches et de soins : ce qui pourroit faire penser que ces édifices n'étoient point l'ouvrage des rois, mais qu'ils étoient construits aux frais de la nation, sous la direction de colleges de prêtres, et par des artistes auxquels il étoit imposé des regles invariables. Un laps de temps avoit pu chez eux apporter quelques perfections dans l'art; mais chaque temple est d'une telle égalité dans toutes ses parties, qu'ils semblent tous avoir été sculptés de la même main; rien de mieux, rien de plus mal; point de négligence, point d'élans à part d'un génie plus distingué ; l'ensemble et l'harmonie régnoient par-tout. L'art de la sculpture, enchaîné à l'architecture, étoit circonscrit dans le principe, dans la méthode, dans le mode : une figure n'exprimoit rien par le sentiment; elle devoit avoir telle pose pour signifier telle chose; le sculpteur en avoit le poncif, et ne devoit se permettre aucune altération qui auroit pu en changer le vrai sens : il en étoit de ces figures comme de nos cartes à jouer, dont nous avons respecté les imperfections, pour ne rien ôter à la facilité avec laquelle nous les savons reconnoître. La perfection qu'ils ont donnée à leurs animaux prouve assez qu'ils avoient l'idée du style, dont ils ont indiqué le caractere avec si peu de lignes dans un principe si grand, et un systême qui tendoit au grave et au beau idéal, comme nous en avions déja la preuve dans les deux sphinxs du Capitole, et dont on retrouve ici le style dans ceux qui sont sur le flanc du grand temple (*voyez planche* XL, *n*° 2).

Quant au caractere de leur figure humaine, n'empruntant rien des autres nations, ils ont copié leur propre nature, qui étoit plus gracieuse que belle. Celle des femmes ressemble encore à la figure des jolies femmes d'aujourd'hui : de la rondeur, de la volupté; le nez petit; les yeux longs, peu ouverts, et relevés à l'angle extérieur, comme tous les peuples dont cet organe est fatigué par l'ardeur du soleil ou la blancheur de la neige; les pommettes des joues un peu grosses, les levres bordées, la bouche grande, mais riante et gracieuse: en tout, le caractere africain, dont le Negre est la charge, et peut-être le principe.

Les hiéroglyphes, exécutés de trois manieres, sont aussi de trois genres, et peuvent avoir aussi trois époques : par l'examen des différents édifices que j'ai été dans le cas d'observer, j'ai pu juger que ceux qui devoient être les plus anciens n'ont qu'un simple contour, creusé sans relief, et très profondément; les seconds, ceux qui font le moins d'effet, sont simplement en relief très bas; et les troisiemes, qui me paroissent du meilleur temps, et qui sont à Tintyra d'une exécution plus parfaite qu'en aucun autre lieu de l'Égypte, sont en relief au fond du contour creusé. A travers les figures qui composent les tableaux, il y a de petits hiéroglyphes, qui paroissent n'être que l'explication des tableaux, et qui, avec des formes simplifiées, sembleroient une maniere plus rapide de s'exprimer, une espece d'écriture *cursive,* si l'on peut dire ainsi en parlant de sculpture.

Un quatrieme genre sembloit être consacré à l'ornement; nous l'avons appelé improprement, et je ne sais pourquoi, *arabesque:* adopté par les Grecs, au temps d'Auguste il fut admis chez les Romains, et dans le quinzieme siecle, lors de la renaissance des arts, il nous fut transmis par eux comme une décoration fantastique, dont le goût étoit tout le mérite. Chez les Égyptiens, employé avec le même goût, chaque objet avoit un sens ou une moralité, décoroit en même temps les frises, les corniches, les soubassements de leur architecture (*voyez les pl.* CXVI *et* CXVII). J'ai retrouvé à Tintyra des représentations de péristyles de temples en cariatides, exécutées en peinture aux bains de Titus, copiées par Raphaël, et que nous singeons tous les jours dans nos boudoirs, sans imaginer que les Égyptiens nous en ont donné les premiers modeles. Le crayon à la main, je passois d'objets en objets; distrait de l'un par l'intérêt de l'autre, toujours attiré, toujours arraché, il me manquoit des yeux, des mains, et une tête assez vaste, pour voir, dessiner, et mettre quelque ordre à tout ce dont j'étois frappé. J'avois honte des dessins insuffisants que je faisois de choses si sublimes : mais je voulois des souvenirs des sensations que je venois d'éprouver; je craignois que Tintyra ne m'échappât pour toujours, et mes regrets égaloient mes jouissances. Je venois de découvrir dans un petit appartement un planisphere céleste, lorsque les derniers rayons du jour me firent appercevoir que j'étois seul avec le constamment bon et complaisant général Belliard, qui, après avoir vu pour lui, n'avoit pas voulu m'abandonner dans un lieu si désert.

Nous rattrapâmes au galop la division, déja à Dindera, à trois quarts de lieue de Tintyra, où nous vînmes coucher : sans ordre donné, sans ordre reçu, chaque officier, chaque soldat s'étoit détourné de la route, avoit accouru à Tintyra, et spontanément l'armée y étoit restée le reste de la journée. Quelle journée! qu'on est heureux d'avoir tout bravé pour obtenir de telles jouissances!

Le soir, Latournerie, officier d'un courage brillant, d'un esprit et d'un goût délicat, vint me trouver, et me dit: « Depuis que je suis en Égypte, trompé sur tout, j'ai toujours été mélancolique et malade : Tintyra m'a guéri; ce que j'ai vu aujourd'hui m'a payé de toutes mes fatigues; quoi qu'il puisse en être pour moi de la suite de cette expédition, je m'applaudirai toute ma vie de l'avoir faite par les souvenirs que me laissera éternellement cette journée. »

Le 6, une nature nouvelle se développa sous nos yeux : des palmiers-doum, beaucoup plus grands que ceux que nous avions vus, des tamarisques gigantesques, des villages d'une demi-lieue de long, et cependant des terres qui avoient été inondées, et qui étoient restées incultes. Les habitants ne vouloient-ils cultiver que ce qui devoit suffire à leur nourriture, et priver ainsi leurs tyrans du superflu de leurs travaux? Dans l'après-midi, causant avec Desaix, il me parloit des crocodiles : nous étions dans la partie du Nil qu'ils habitent; devant nous étoient des isles basses de sable, comme celles où ils se montrent : nous vîmes quelque chose de long et brun à travers nombre de canards; c'étoit un crocodile; il avoit quinze à dix-huit pieds; il dormoit : on lui tira un coup de fusil, il entra doucement dans l'eau, et en ressortit quelques minutes après; un second coup de fusil l'y fit rentrer, il en ressortit de même : je lui trouvai le ventre beaucoup plus gros que ceux des animaux de même espece que j'avois vus empaillés.

Nous apprîmes qu'une partie des Mamelouks avoit passé à la rive droite du fleuve, et que l'autre suivoit la route d'Esnê et de Syene. Desaix fit partir sa cavalerie à minuit pour tâcher d'atteindre ces derniers.

Le 7, nous partîmes à deux heures du matin; à huit, nous trouvâmes un crocodile mort sur les bords du fleuve : il étoit encore frais; il avoit huit pieds de long : la mâchoire de dessus, la seule mouvante, s'ajuste assez mal avec celle de dessous; mais son gosier y supplée, il se plisse comme une bourse, et son élasticité fait l'office de la langue, dont il manque absolument : ses narines et ses oreilles se ferment comme les ouïes d'un poisson; ses yeux, petits et rapprochés, ajoutent beaucoup à l'horreur de sa physionomie.

A neuf heures, en détournant la pointe d'une chaîne de montagnes qui forme un promontoire, nous découvrîmes tout-à-coup l'emplacement de l'antique Thebes dans tout son développement; cette ville dont une seule expression d'Homere nous a peint l'étendue, cette Thebes *aux cent portes;* phrase poétique et vaine que l'on répete avec confiance depuis tant de siecles. Décrite dans quelques pages dictées à Hérodote par des prêtres égyptiens, et copiées depuis par tous les autres historiens; célebre par ce nombre de rois que leur sagesse a mis au rang des dieux, par des lois que l'on a révérées sans jamais les connoître, par des sciences confiées à de fastueuses et énigmatiques inscriptions, doctes et premiers monuments des arts, respectés par le temps; ce sanctuaire abandonné, isolé par la barbarie, et rendu au désert sur lequel il avoit été conquis; cette cité enfin toujours enveloppée du voile du mystere par lequel les colosses même sont agrandis; cette cité reléguée, que l'imagination n'entrevoit plus qu'à travers l'obscurité des temps, étoit encore un fantôme si gigantesque pour notre imagination, que l'armée, à l'aspect de ses ruines éparses, s'arrêta d'elle-même, et, par un mouvement spontanée, battit des mains, comme si l'occupation des restes de cette capitale eût été le but de ses glorieux travaux, eût complété la conquête de l'Égypte. Je fis un dessin de ce premier aspect comme si j'eusse pu craindre que Thebes m'échappât; et je trouvai dans le complaisant enthousiasme des soldats des genoux pour me servir de table, des corps pour me donner de l'ombre, le soleil éclairant de rayons trop ardents une scene que je voudrois peindre à mes lecteurs, pour leur faire partager le sentiment que me firent éprouver la présence de si grands objets, et le spectacle de l'émotion électrique d'une armée composée de soldats, dont la délicate susceptibilité me rendoit heureux d'être leur compagnon, glorieux d'être Français.

La situation de cette ville est aussi belle qu'on peut se la figurer; l'étendue de ses ruines ne permet pas de douter qu'elle ne fût aussi vaste que la renommée l'a publié : le diametre de l'Égypte n'étant pas assez grand pour la contenir, ses monuments s'appuient sur les deux chaînes qui la bordent, et ses tombeaux occupent les vallées de l'ouest jusque bien avant dans le désert. Je fis une vue de sa situation dès l'instant où je pus distinguer ses obélisques, et ses portiques si fameux : je pensois bien que, tout aussi empressés que moi, mes lecteurs verroient avec intérêt l'image d'un objet aussi curieux d'aussi loin qu'on peut l'appercevoir, et qu'en général le premier devoir d'un voyageur est de rendre compte de toutes ses sensations, sans se permettre de les juger et de les dénaturer. C'est pourquoi je me suis fait une loi de donner à la gravure mes dessins tels que je les ai faits d'après nature : et j'ai tâché de conserver à mon journal la même naïveté que j'ai mise dans mes dessins (*voyez planche* XLIII, *n*° 1).

Quatre bourgades se disputent les restes des antiques monuments de Thebes; et le fleuve, par la sinuosité de son cours, semble encore fier de traverser ses ruines.

Entre midi et une heure, nous arrivâmes à un désert qui étoit le champ des morts: la roche, taillée dans son plan incliné, présente dans les trois faces d'un carré des ouvertures régulieres, derriere lesquelles de doubles et triples galeries et des chambres servoient de sépultures (*voyez pl.* XLII, *n*° 4). J'y entrai à cheval avec Desaix, croyant que ces retraites sombres ne pouvoient être que l'asyle de la paix et du silence; mais à peine fûmes-nous engagés dans l'obscurité de ces galeries que nous fûmes assaillis de javelots et de pierres par des ennemis que nous ne pouvions distinguer; ce qui mit fin à nos observations. Nous avons appris depuis qu'une population considérable habitoit ces retraites obscures, qu'y contractant apparemment des habitudes farouches, elle étoit presque toujours en rebellion avec l'autorité, et devenoit la terreur de ses voisins : trop pressés pour faire plus ample connoissance avec les habitants, nous rétrogradâmes avec précipitation; et pour cette fois nous ne vîmes Thebes qu'au galop.

Mon sort étoit de séjourner des mois à Zaoïé, à Bénisouef, à Girgé, et de passer sans m'arrêter sur les grands objets que j'étois venu chercher. Nous arrivâmes un moment après à un temple, que je dus juger des plus anciens à son délâbrement, à sa couleur de vétusté plus prononcée, à sa construction moins perfectionnée, à l'excessive simplicité de ses ornements, à l'irrégularité de ses lignes, de ses dimensions, et sur-tout à la grossièreté de sa sculpture. Je me mis bien vîte à en faire un dessin (*voyez planche* XLI, *n*° 6), puis, galopant après les troupes qui marchoient toujours, j'arrivai à un second édifice beaucoup plus considérable et bien mieux conservé. Je trouvai en chemin une statue de granit noir, je dis granit, en attendant qu'il soit décidé quelle est cette matiere que l'on a longtemps appelée basalte, et dont sont faits les magnifiques lions égyptiens qui sont au bas de la rampe du Capitole, ce second monument dont j'ai fait depuis le dessin (*voyez planche* XLII, *n*° 5, *et pl.* XLV, *n*° 1).

A son entrée deux môles carrés flanquent une porte immense: contre le mur de l'intérieur sont sculptés en deux bas-reliefs les combats victorieux d'un héros; cette sculpture est de la composition la plus baroque, sans perspective, sans plan, sans distribution, et comme les premieres conceptions de l'esprit humain qui a toujours la même marche. J'ai vu à Pompéia des dessins faits par des soldats romains sur le stuc des murailles; ils ressembloient entièrement aux dessins des nôtres, à ceux de tout enfant qui veut rendre ses premieres idées, lorsqu'il n'a encore ni vu, ni comparé, ni réfléchi. Ici le héros est gigantesque, et les ennemis qu'il combat sont vingt-cinq fois plus petits : si c'étoit déja une flatterie des arts, elle étoit sans doute mal entendue, puisqu'il devoit être honteux pour ce héros de n'avoir à combattre que des pygmées.

C'est à quelques pas de cette porte que sont les restes d'un colosse énorme; il a été méchamment brisé, car les parties épargnées ont tellement conservé leur poli, et les fractures leurs arêtes, qu'il est évident que si l'esprit dévastateur des hommes leur eût permis de confier au temps seul le soin de ruiner ce monument, nous en jouirions encore dans tout son entier; il suffit de dire, pour donner une idée de sa grandeur, que la largeur des épaules est de vingt-cinq pieds, ce qui donneroit à-peu-près soixante-quinze à la figure entiere; exacte dans ses proportions, le style en est médiocre, mais l'exécution parfaite; dans sa chûte il est tombé sur le visage, ce qui empêche de voir cette partie intéressante; la coiffure étant brisée, on n'est plus dans le cas de juger par ses attributs si c'étoit la figure d'un roi ou d'une divinité: étoit-ce la statue de Memnon ou celle d'Ossimandue?.... Les descriptions faites jusqu'à présent, comparées sur les lieux aux monuments, jettent plutôt de la confusion dans les idées qu'elles ne les éclaircissent. Si c'étoit celle de Memnon, ce qui est le plus probable, tous les voyageurs depuis deux mille ans se seroient trompés dans l'objet de leur curiosité, comme on le voit par l'inscription de leur nom sur un autre colosse, dont j'aurai à parler tout à l'heure.

Il reste un pied de cette premiere statue, qui est détaché et bien conservé, très susceptible d'être transporté, qui pourroit donner en Europe une échelle de comparaison des monuments de ce genre, et faire pendant aux pieds colossals qui sont dans la cour du Capitole à Rome. L'enceinte dans laquelle est cette figure étoit, ou un temple, ou un palais, ou peut-être tous les deux à la fois; car si le bas-relief convenoit à un palais de souverain, huit figures de prêtres devant deux portiques de l'intérieur convenoient aussi à un temple, à moins qu'elles ne fussent là pour rappeler au souverain que, conformément aux lois, les prêtres devoient toujours servir et assister sa majesté. Au reste cette ruine, située sur le penchant de la montagne, et n'ayant jamais été habitée dans les temps postérieurs, est si bien conservée dans ses parties encore debout, qu'elle a moins l'aspect d'une ruine que d'un édifice que l'on bâtit, et dont les travaux sont suspendus: on y voit nombre de colonnes jusqu'à leurs bases; les proportions en sont grandes, mais le style, quoique plus pur que celui du premier temple, n'est cependant pas comparable à celui de Tintyra, ni pour la majesté de l'ensemble, ni pour la délicatesse de l'exécution des détails. Il auroit fallu le temps de la réflexion pour en concevoir le plan; mais on avoit pris le mouvement du galop, et il falloit suivre de près pour n'être pas arrêté pour toujours dans ses observations (voyez les vues que j'en ai faites depuis, *planche* XLII, *n*° 5, *et pl.* XLV, *n*° 1).

On fut attiré dans la plaine par deux grandes figures assises, entre lesquelles, selon les descriptions d'Hérodote, de Strabon, et de ceux qui ont copié ces écrivains, étoit la fameuse statue d'Ossimandue, le plus grand de tous les colosses : Ossimandue lui-même avoit été si glorieux de l'exécution d'une entreprise si hardie, qu'il avoit fait graver une inscription sur le piédestal de cette statue, dans laquelle il défioit la puissance des hommes d'attenter à ce monument ainsi qu'à celui de son tombeau, dont la fastueuse description ne paroît qu'un rêve fantastique. Les deux statues encore debout sont sans doute celles de la mere et du fils de ce prince, dont Hérodote fait mention; celle du roi a disparu; le temps et la jalousie s'étant disputé à l'envi sa destruction, il n'en reste plus qu'un rocher informe de granit; il faut le regard obstiné de l'observateur accoutumé à voir pour distinguer quelques parties de cette figure échappées à la destruction, et encore sont-elles si insignifiantes, qu'elles ne peuvent donner aucune idée de sa dimension : les deux qui sont encore existantes ont cinquante à cinquante-cinq pieds de proportion; elles sont assises, les deux mains sur leurs genoux : ce qui en reste conservé fait voir que le style en étoit aussi sévere que la pose en est droite. Les bas-reliefs et les petites figures qui composent le fauteuil de celle qui est plus au sud ne manquent cependant ni de charme ni de délicatesse dans l'exécution; c'est contre la jambe de celle du nord que sont écrits en grec les noms des illustres et anciens voyageurs qui sont venus entendre les sons de la statue de Memnon. C'est ici que l'on peut se convaincre de l'empire de la célébrité sur l'esprit des hommes, puisque, dans des temps où l'ancien gouvernement égyptien et la jalousie des prêtres ne défendoient plus aux étrangers d'approcher de ces monuments, l'amour du merveilleux agissoit encore sur ceux qui venoient les visiter; qu'au siecle d'Adrien, éclairé des lumieres de la philosophie, Sabine, la femme de cet empereur, qui elle-même étoit lettrée, voulut bien, ainsi que les savants qui l'accompagnoient, avoir entendu des sons, qu'aucune raison physique ni politique ne pouvoit plus produire : mais l'orgueil de monumenter son nom en l'inscrivant sur de telles antiquités aura fort bien pu faire écrire les premiers noms, et le desir bien naturel d'associer le sien à cette espece de gloire y aura fait ajouter les autres; telle est sans doute la cause de ces innombrables inscriptions de noms de toutes dates et en toutes langues. (Voyez la vue et les détails de ces figures, que j'ai dessinées depuis, *planche* XLIV, *n*° 1, 2 *et* 3).

J'avois à peine commencé à dessiner ces colosses que je m'apperçus que j'étois resté seul avec mes fastueux originaux, et les pensées que leur dénuement m'inspiroit; effrayé de celui où je me trouvois, je me remis au galop pour rattraper mes curieux compagnons, déja arrivés à un grand temple, près du village de Medinet-Abou. J'observai en courant que l'emplacement du tombeau d'Ossimandue étoit cultivé, que par conséquent l'inondation y arrivoit; ce qui prouvoit, ou que le lit du Nil étoit exhaussé, ou qu'anciennement il y avoit eu quelque quai ou digue pour empêcher les eaux d'inonder cette partie de la ville, qui, dans le moment où nous la traversions, étoit un vaste champ de bled bien verd, et qui promettoit une abondante récolte.

A droite et attenant au village de Medinet-Abou, au bas de la montagne, est un vaste palais bâti et agrandi à diverses époques (*voyez* les dessins et plans que j'ai faits depuis, *planche* XLVI, *n*° 1, et *planche* XLV, *n*° 2).

Ce que j'ai pu observer de positif dans la rapidité de ce premier examen, que nous faisions à cheval, c'est que le fond de ce palais, qui est adossé à la montagne, et qui me parut la partie la plus anciennement construite, étoit couvert d'hiéroglyphes, très profondément creusés, et sans aucun relief; que la catholicité, dans le quatrieme siecle, s'est emparée de ce temple, et en a fait une église, en y ajoutant deux rangs de colonnes dans le style du temps, pour pouvoir soutenir une couverture. Au sud de ce monument, il y a des appartements égyptiens avec des fenêtres carrées, des escaliers, le seul édifice que j'eusse vu encore qui ne fût pas un temple (*voyez planche* XLV, *n*° 2); à côté, des fabriques reconstruites avec des matériaux plus anciens, devant lesquelles sont une façade et une cour qui n'ont jamais été achevées (voyez encore les dessins que j'en ai faits depuis *pl.* XLVI). C'étoit plutôt là un coup-d'œil, une reconnoissance faite à la hâte qu'un véritable examen. La premiere soif de curiosité satisfaite, Desaix s'étoit remis au galop comme s'il eût vu les Mamelouks dans la plaine; il nous mena encore à deux grandes lieues de là coucher à Hermontis, où pour ma part je fus logé dans un temple.

Je pouvois enfin descendre de cheval: il y avoit encore un moment de jour; j'en profitai pour faire bien vîte la vue, *planche* LI, *n*° 1, 2, 3. La figure de Typhon ou d'un Anubis y est si souvent répétée dans l'intérieur de ce temple qu'on peut croire que ce monument lui étoit consacré; il est représenté debout avec un ventre de cochon surmonté de mamelles semblables à celles des Égyptiennes d'à présent; j'en fis un dessin (*n*° 4, *planche* CXX). A l'orient, à cent toises du temple, est un réservoir assez grand, revêtu en belle pierre, dans lequel on descendoit par quatre escaliers.

A deux cents toises plus loin dans la même direction sont les ruines d'une église, bâtie dans le quatrieme ou cinquieme siecle, des plus beaux débris égyptiens; des colonnes de granit superbes décoroient la nef: mais tout est renversé; il ne reste debout que le cu-de-four du chœur et l'arrachement des murs de l'enceinte: cette destruction est de mains d'hommes; l'édifice étoit trop bien construit pour qu'il n'eût pas résisté au temps.

Le jour cessa, et je rentrai, la tête étourdie de la profusion d'objets qui avoient passé sous mes yeux dans un si court espace de temps; je croyois avoir rêvé durant toute cette journée si abondante; et en effet je me serois alimenté délicieusement un mois entier de ce qu'il m'avoit fallu dévorer dans douze heures, sans que je pusse me promettre seulement de trouver le lendemain un moment pour y réfléchir.

Le 8 au matin, je vis un tamarisque d'une grosseur énorme, planté sur le bord du Nil; il avoit été déraciné par les inondations progressives, et enfin renversé; la plus grande partie de ses racines dressées avoit produit des feuilles; les anciennes branches qui l'avoient reçu à terre, et qui s'y étoient fichées, lui servoient de pied; de sorte que son énorme tronc, resté suspendu horizontalement, par une confusion dans le système de la circulation, végétoit dans tous les sens, et lui donnoit un si étrange aspect, que les Turcs n'avoient pas manqué d'en faire un arbre à miracle: je l'aurois dessiné, si dans ce moment je ne m'étois pas trouvé un peu en arriere de la division, et s'il n'eût pas fallu le détailler scrupuleusement pour faire bien concevoir ce phénomene végétal.

A notre halte nous trouvâmes un autre *étranglement* du Nil, dont je fis le dessin (*voyez planche* XXXII, *n*° 2). La chaîne libyque, tournant tout-à-coup à l'orient, vient serrer le Nil contre la chaîne arabique; pressé entre ces deux obstacles, le fleuve a triomphé de celui qui lui offroit le moins de résistance; le courant a dans ses accroissements miné et dégradé un lit de gravier qu'il a trouvé sous le plateau du rivage libyque; la partie supérieure, manquant de base, a fait la bascule, et de sa déchirure a formé les deux pointes de rocher que l'on voit dans l'estampe, où j'ai représenté la halte que nous y fîmes. Ce rocher, appelé Gibelin ou les deux Montagnes, sert de limite à une subdivision de la haute Égypte, et, sous le dernier gouvernement, étoit devenu une barriere pour les beys rebelles qui étoient relégués dans le haut Saïd, barriere que les exilés ne pouvoient franchir sans être hors la loi. C'est ainsi que dans les dernieres années Osman-bey, après avoir été envoyé à Cosséir accompagné d'hommes qui étoient secrètement chargés de le tuer au lieu de l'embarquer pour la Mekke, où il étoit censé être exilé, prévint ses assassins, vola le bâtiment richement chargé, se sauva dans la haute Égypte, rassembla assez de Mamelouks pour obliger Mourat de traiter, et de lui céder la souveraineté de tout l'espace entre Gibelin et Syene.

Après cet étranglement du cours du Nil la vallée s'élargit sans que la culture y gagne rien; de vastes champs gercés par le séjour des eaux avoient attendu en vain qu'on leur prêtât ce qu'ils auroient rendu à si gros intérêts.

Le 9, nous arrivâmes le matin d'assez bonne heure à Esnê, la derniere ville un peu considérable de l'Égypte; Mourat avoit été obligé de l'abandonner la veille quelques heures avant l'arrivée de notre cavalerie, d'y brûler une partie de ses tentes, et du gros bagage qui auroit pu ralentir sa marche. Nous dûmes donc juger qu'il étoit déterminé à quitter l'Égypte et à s'enfoncer dans la Nubie, dans l'espoir de nous fatiguer et de nous disséminer; le pays n'offrant point le moyen de nourrir en masse notre armée, il pouvoit espérer de rassembler des forces, et de venir par le désert attaquer nos détachements.

Esnê est l'ancienne Latopolis; on voit encore sur le bord du Nil quelques débris de son port ou quai, qui a été souvent rétabli, et qui, bien qu'on y fasse quelques réparations, est dans un état déplorable. Il y a aussi dans la ville le portique d'un temple, que je crois le monument le plus parfait de l'antique architecture: il est situé près du bazar, sur la grande place, et en feroit un ornement incomparable, si les habitants pouvoient soupçonner son mérite; au lieu de cela, ils l'ont masqué de méchantes masures en ruine, et l'ont livré aux usages les plus abjects: le portique est très bien conservé et d'une grande richesse de sculpture; il est composé de dix-huit colonnes à chapiteaux évasés; ces colonnes sont élancées, et me parurent aussi élégantes que nobles, quoiqu'on ne puisse juger de leur effet que de la maniere la plus désavantageuse à l'architecture; il faudroit déblayer, pour savoir s'il reste quelque partie de la *Cella :* je fis le mieux que je pus la vue pittoresque et un plan de ce monument (*planche* LIII, *n*° 1, *et* LIV, *n*° 3); les hiéroglyphes en reliefs, dont il est couvert en dedans comme en dehors, sont d'une exécution soignée; on y remarque un zodiaque, de grandes figures d'hommes à têtes de crocodiles; les chapiteaux, quoique presque tous différents, sont d'un bel effet; et ce qui pourroit ajouter à la preuve que les Égyptiens n'ont rien emprunté des autres nations, c'est qu'ils ont pris tous les ornements dont ces chapiteaux sont composés, des productions de leur pays, telles que le lotus, le palmier, la vigne, le jonc, etc. etc. Je ne sortis de ce temple que lorsqu'il fallut se remettre en route: nous laissâmes la moitié de notre infanterie et de notre artillerie à Esnê, pour marcher plus lestement dans un pays dont les ressources diminuoient à chaque lieue, et devenoient presque à rien; nous vînmes coucher à trois lieues et demie d'Esnê.

Le 10, après trois heures de marche, à trois quarts de lieue du fleuve, sur le bord du désert, nous trouvâmes une petite pyramide de cinquante à soixante pieds de base, bâtie en moëllons, trop petits pour avoir conservé leur assise, aussi le revêtissement en est-il dégradé du haut jusqu'en bas (*voyez pl.* LXII, *n*° 2).

A deux heures et demie, en avant d'Etfu, nous trouvâmes les ruines d'Hiéraconpolis, qui consistent dans les restes d'une porte d'un édifice considérable, à en juger par la grosseur des pierres, l'étendue des débris, et le diametre des chapiteaux frustes que l'on trouve épars çà et là sur le sol; la nature du grès dont étoit bâti le temple d'Hiéraconpolis est si friable, que l'édifice n'a conservé aucune forme, et que les détails sont tout-à-fait perdus. A quelques toises plus loin, on en distingue avec peine un autre encore plus dégradé: les restes de la ville ne sont plus que des monceaux de briques très cuites, et quelques fragments de granit. Je dessinai ce que je pus de ces ruines presque effacées (*n*° 2, *planche* LIV *bis*) ; je m'y suis représenté avec toute ma suite et dans le délâbrement où m'avoient réduit les fatigues de la route.

Nous vîmes de l'autre côté du fleuve descendre deux cents Mamelouks avec leurs équipages ; nous sûmes depuis que c'étoit Elfi-bey, qui, blessé à Samanhout, n'avoit pas voulu passer les cataractes avec les autres beys. En approchant, nous admirions la superbe et avantageuse situation d'Apollinopolis la grande ; elle dominoit le fleuve et toute la vallée de l'Égypte, et son superbe temple pyramidoit encore sur le tout comme une citadelle qui auroit pu commander le pays : cette idée dérive si naturellement de sa situation, que ce temple n'est connu dans le pays que sous le nom de *la forteresse* (*voyez pl.* LVI, LVII *et* LVIII). Je prévoyois avec chagrin que nous arriverions tard et que nous partirions le lendemain de grand matin. Je me mis au galop pour devancer les premiers soldats, et avant que les derniers rayons du jour cessassent d'éclairer le pays. Je n'eus que le temps cette fois de parcourir à cheval cet édifice, dont la grandeur, la noblesse, la magnificence et la conservation surpassent tout ce que j'avois encore vu en Égypte et ailleurs ; il me fit une impression gigantesque comme ses dimensions. Cet édifice est une longue suite de portes pyramidales, de cours décorées de galeries, de portiques, de nefs couvertes, construites, non pas avec des pierres, mais avec des rochers tout entiers. La nuit étoit venue avant que j'eusse eu le temps de faire le tour de ce surprenant monument ; et je recommençai à gémir sur le sort qui m'obligeoit de voir si rapidement ce qui méritoit tant d'admiration. La conservation de cet édifice antique contraste merveilleusement avec les ruines grisâtres des habitations modernes construites dans son intérieur ; une partie de la population du village habite le temple dans des huttes, bâties dans les cours et sur les combles, et qui, semblables aux nids des hirondelles dans nos maisons, les salissent sans les masquer ni les dégrader. Au reste ce mélange, fâcheux au premier coup-d'œil, produit un contraste pittoresque qui donne tout à la fois une échelle et des hommes et des temps : d'ailleurs avons-nous le droit de trouver ridicule que des peuples ignorants appuient leurs foibles constructions, et ne craignent pas de masquer des beautés sur lesquelles ils n'ont jamais arrêté leurs regards, tandis que nous laissons les arenes de Nîmes encombrées de masures ?

Au-delà d'Etfu le pays se resserre ; il n'y a plus qu'un quart de lieue entre le désert et le fleuve. A midi, nous fîmes halte sur le bord du Nil : la cavalerie nous avoit devancés ; au moment de nous mettre en route, elle nous fit dire que nous allions avoir à traverser un désert de sept lieues : la journée étant trop avancée pour nous engager dans une marche aussi longue, nous couchâmes dans un village abandonné, où heureusement il y avoit du bois.

Le 11, nous partîmes à trois heures :

après avoir marché une heure dans le pays cultivé, nous entrâmes dans la montagne composée d'ardoise pourrie, de grès, de quartz blanc et rose, de cailloux bruns, avec quelques cornalines blanches. Après cinq heures de marche dans le désert, les souliers étoient déchirés, les soldats attachoient ce qu'ils avoient de linge à leurs pieds, une soif ardente les dévoroit; on ne pouvoit trouver de l'eau que dans le Nil, dont les rives étoient aussi arides que le désert: la division étoit harassée, et pour arriver au fleuve il falloit se détourner d'une lieue; mais la soif commanda, on y arriva excédé; les équipages, dont les animaux n'avoient eu aucun pacage la veille, affoiblis par la faim, n'avoient pu suivre que partiellement. Quelle fut la détresse, lorsqu'il fallut annoncer à la troupe qu'il n'y avoit rien à manger! nous nous regardions tristement; on n'entendoit aucun murmure, mais un morne silence, mais les larmes, triste avant-coureur du désespoir, étoient bien autrement terribles. Après quelques instants de cette affreuse situation, un chameau qui portoit une légere petite charge de beurre nous joignit avec quelques uns de ceux dont les provisions étoient mangées; on chercha au fond des sacs, on les secoua, on parvint à ramasser de quoi faire une distribution d'une poignée de farine: on proposa de faire des beignets; un arbre nous donna du feu; l'occupation chassa les idées mélancoliques, et la gaieté française ramena parmi nous le courage accoutumé. Nous partîmes bien vîte sur notre lest; mais à peine en route, nos pauvres chevaux, qui n'avoient pas mangé de beignets, rouloient sous nous d'inanition; il falloit les mener en main, il falloit les soutenir ou les abandonner; il falloit marcher, ce que j'aurois cru impossible sans la nécessité: mais *il y avoit urgence;* et nous avions appris l'étendue des ressources que ce mot fait trouver.

Une demi-heure après avoir passé le premier désert, nous trouvâmes les ruines de Silsilis, qui consistent en débris, en briques, et dans les restes d'un temple, dont les murs les plus élevés n'excedent pas maintenant trois pieds au-dessus du sol. On peut reconnoître encore que la nef du temple, couverte d'hiéroglyphes, étoit entourée d'une galerie, à laquelle, dans un temps postérieur, on avoit ajouté un portique sans hiéroglyphes: nous rentrâmes une troisieme fois dans le désert; une hyene suivit la colonne pendant assez long-temps.

Le rocher devient graniteux, avec des cailloux de toute couleur et de toute espece, que leur dureté rendoit susceptibles d'un poli brillant; j'en trouvai de cornaline, de jaspe, et de serpentine; le sable n'est formé que des débris de toutes les matieres primitives et constituantes du granit. Nous arrivâmes à un plateau élevé, d'où on découvre une vaste étendue dans laquelle on voit serpenter le Nil; après avoir coulé le long du Mokatam, il revient au nord-ouest pour courir de nouveau au nord. A cet angle, on distingue les ruines d'un phare, qui servoit peut-être à éclairer cette partie tortueuse de la navigation; à l'autre angle, on voit les hauteurs d'Ombos, déployant de beaux monuments; au coude du fleuve, une de ses branches forme une isle inondée, et qui vaut à elle seule vingt lieues carrées de tout le pays qui l'avoisine : sa position la sauva des incursions de la cavalerie mamelouke et de notre visite; les habitants de terre ferme s'y retirerent, nous abandonnant le grand village de Binban, accoudé au désert et aussi triste que lui. C'est là que nous arrivâmes après onze heures de marche. Le troupeau de bœufs qui nous suivoit s'étoit égaré; il falloit l'attendre avec la peur qu'il n'eût été enlevé: le village ne nous offroit que quelques murailles; elles furent fouillées jusqu'à leur fondation. Je fus témoin dans cet instant d'une scene qui offroit un contraste frappant de la brutalité la plus farouche et de la sensibilité la plus hospitaliere. Dans le moment où j'observois que si l'avarice est ingénieuse à trouver une cachette, le besoin l'est peut-être plus encore pour la découvrir, un soldat sort d'un trou, traînant après lui une chevre qu'il en avoit arrachée: il étoit suivi d'un vieillard portant deux enfants à la mamelle; il les laisse sur la terre, tombe à genoux, et, sans proférer une parole, il montre, en versant un torrent de larmes, que ses enfants vont mourir si la chevre leur est enlevée. L'aveugle et sourd besoin n'est point arrêté par ce tableau déchirant, et la chevre est déja égorgée: dans le même instant arrive un autre soldat tenant dans ses bras un autre enfant, qu'une mere, en fuyant devant nous, avoit sans doute été obligée d'abandonner dans le désert; malgré le poids dont étoit chargé ce brave homme, son sac, son fusil, ses cartouches, la lassitude de quatre jours de marche forcée, le besoin de sauver cette malheureuse petite créature la lui avoit fait ramasser soigneusement; il l'apportoit depuis deux lieues dans ses bras : ne sachant plus qu'en faire dans ce village abandonné, il apperçoit un seul habitant, il voit deux enfants, et, sans prendre d'autres informations, il lui laisse encore l'objet de sa sollicitude avec l'enthousiasme d'un être sensible qui fait une bonne action.

Si j'avois eu horreur de voir que la faim rendoit un individu de mon espece aussi féroce qu'une bête farouche, cet autre soldat m'avoit soulagé, m'avoit rattaché à l'humanité. Quelles sensations que celles produites par les vertus douces au milieu des horreurs de la guerre! l'ame flétrie en est ravivée; c'est un verre d'eau douce et fraîche présenté au milieu du désert. Je pus donner de l'argent, du biscuit au malheureux vieillard; mais ne pouvant rien pour les enfants, je me sauvai pour échapper au spectacle d'un malheur auquel il n'étoit pas en mon pouvoir d'apporter aucun secours.

Le 12, nouveaux déserts à traverser: nous trouvons le rocher alternativement de granit et de grès décomposé, formant une croûte friable et déchirante à la superficie, semblable à des scories. Dans les vallées où abonde le sable, sa surface y est unie et tendre comme la neige, de sorte que les traces des animaux s'y impriment avec la même facilité, et que l'on peut reconnoître ceux qui les ont traversées depuis le dernier vent; le plus souvent ce sont des traces de gazelles qui les sillonnent : ce joli petit animal, plus timide que farouche, après avoir pris sa nourriture sur le bord du fleuve, va cacher sa peur dans le silence du désert. Je remarquai avec une réflexion triste qu'un animal de proie accompagne presque toujours les pas de ce joli et frêle individu ; la vîtesse de sa course n'assure point sa liberté, et l'espace n'est point encore pour lui un asyle contre la tyrannie : nous vîmes dans la journée deux de ces animaux, les plus élégants, les plus délicats de tous ceux de cette grande famille.

Nous marchions aussi lentement que péniblement, nous arrêtant à chaque instant pour raccommoder nos chaussures, et reprendre haleine : dans l'après-midi, je trouvai en plein désert la trace d'un grand chemin antique, revêtu de chaque côté de grosses masses de pierres alignées, et qui conduisoit en droiture à Syene. L'après-midi, la troupe étoit tellement fatiguée, qu'au sortir du désert on la laissa s'arrêter au premier endroit qui put fournir de l'herbe à nos chevaux ; je crois qu'il eût été impossible de les en arracher, ni de faire relever les soldats : pour moi, j'étois au terme de mes forces, et je restai comme attaché au sol où je m'assis, et j'y passai la nuit. Le lendemain nous n'eûmes que trois quarts de lieue à faire pour rejoindre la cavalerie, qui ne nous avoit devancés que pour manger le pays devant nous ; enfin nous touchions à Éçouan ou Syene, le terme de notre marche. Le soldat oublia les fatigues, comme s'il fût arrivé à la terre promise, comme si, pour retrouver un pays qui pût le nourrir, il n'eût pas dû refaire le même chemin qu'il venoit de parcourir si péniblement ; mais le passé n'est déja plus rien, et la jouissance présente laisse à peine entrevoir l'avenir incertain. Je ne voyois cependant guere que moi qui fusse dans le cas de se réjouir, puisque j'allois pour la premiere fois respirer et m'asseoir dans un pays où tout alloit être intéressant.

La premiere bonne nouvelle que nous apprîmes fut que les Mamelouks n'avoient pas brûlé les barques auxquelles ils n'avoient pu faire franchir les cataractes : nous bivouacquâmes à Contre-Éçouan (*voyez planche* LXIII, *n*°. 1). Le matin, je montai au couvent de S.-Laurent, qui est une mauvaise ruine. Au-dessus est la tour des vents, qui est une vedette d'où on a la vue la plus étrange : c'est le bout du monde, ou plutôt c'est le chaos, dont l'air s'est déja dégagé, et dont l'eau par filons, commençant aussi à se séparer de la terre, promet à la nature de la rendre féconde ; en effet ses premiers bienfaits se manifestent sur les rochers de granit, où du sable et du limon déposés dans des creux organisent une base pour les végétations, qui se multiplient en s'agrandissant par gradation. A Éléphantine, la culture, les arbres, les habitations, offrent déja l'image de la nature perfectionnée ; c'est sans doute ce qui lui a fait donner en arabe le nom de Qeziret-êl-Sag ou d'Isle Fleurie. Je fis un dessin de ce pays, qu'il faudroit peindre, et dont je ne puis offrir qu'une carte à vol d'oiseau (*voyez planche* LXIV, *n*°. 1).

Le 14 pluviose, nous traversâmes le

fleuve pour aller à la rive droite occuper Eçouan ou Syene. Mourat-bey avoit passé les cataractes, et s'étendoit dans un long espace pour pouvoir faire subsister ses Mamelouks et ses chevaux : nous nous trouvions dans le même cas pour les nôtres.

Le 16, Desaix partit avec la cavalerie pour aller chercher Elfy-bey, que nous avions laissé derriere nous à la droite du fleuve. Je n'avois pas encore quitté Desaix depuis que j'étois sorti du Caire : j'ose dire avec quelque orgueil que ce fut un chagrin pour tous deux ; nous avions passé ensemble des moments si doux et si répétés, marchant au pas côte à côte pendant douze à quinze heures de suite ; nous ne causions pas, nous rêvions tout haut ; et souvent, après ces séances si longues, nous nous disions : Combien nous aurons de choses à nous dire le reste de notre vie ! Que d'idées administratives, sages, philanthropiques, arrivoient à son ame quand le son de la trompette ou le roulement du tambour cessoient de lui donner la fievre guerriere ! Que de notes intéressantes me fourniroit aujourd'hui son étonnante mémoire ! avec quel avantage je le consulterois ! avec quel intérêt il verroit mon ouvrage, qu'il auroit regardé comme le sien ! En s'éloignant de moi pour quelques moments, il sembloit qu'il voulût par degrés m'accoutumer à le quitter.

J'allai avec le général Belliard prendre possession du gouvernement de Syene. Pendant mon séjour dans cette ville, mes dessins vont suppléer à mon journal et le remplacer.

Je fis d'abord la vue que je viens de décrire, qui est une espece de carte à vol d'oiseau, dans laquelle on peut voir d'un coup-d'œil le tableau général du pays, l'entrée du Nil dans l'Égypte traversant le banc de granit qui forme ses dernieres cataractes, l'isle Éléphantine entre Contra-Syene et Syene, les monuments de cette ville, dans lesquels on peut distinguer les diverses époques, ou plutôt les périodes de son existence. Les ruines de sa premiere antiquité se font facilement reconnoître ; ce devoit être alors une cité bien considérable, si les édifices de droite et de gauche du Nil et ceux d'Éléphantine ne formoient qu'une même ville, comme on doit le croire, puisqu'ils ne sont séparés que par le fleuve, qui en cet endroit est plus profond que large : les ruines arabes sont groupées sur un rocher à l'est ; au bas, sont des monuments romains ; et l'on retrouve aussi des fabriques dans l'isle Éléphantine : à tout cela a succédé un grand village, mieux bâti, avec des rues plus droites que les villages ordinaires ; ce que l'on doit attribuer à la présence de la pierre et à la quantité des anciens matériaux. Au milieu est un château turc, masqué de tous côtés, et qui ne peut être d'aucune défense.

Dans mes premieres promenades, je dessinai les profils des objets dont j'avois fait la carte (*voyez planche* LXIV, *n*° 2) ; et me rapprochant du rocher sur lequel étoit l'ancienne ville arabe, je fis celui de l'isle Éléphantine et de ses monuments, dont on peut voir le gisement avant d'en connoître les détails (*même planche n*° 3).

Nous employâmes nos premiers moments à nous établir : nous avions un assez beau quartier; c'étoit la maison du kiachef, bâtie en pierre, avec un étage, des terrasses, et des appartements voûtés: nous fîmes des lits, des tables, des bancs; se déshabiller, s'asseoir, et se coucher, me parut de la mollesse, une véritable volupté: les soldats en firent de même. Le second jour de notre établissement il y avoit déja dans les rues de Syene des tailleurs, des cordonniers, des orfevres, des barbiers français avec leur enseigne; des traiteurs et des restaurateurs à prix fixe. La station d'une armée offre le tableau du développement le plus rapide des ressources de l'industrie; chaque individu met en œuvre tous ses moyens pour le bien de la société: mais ce qui caractérise particulièrement une armée française, c'est d'établir le superflu en même temps et avec le même soin que le nécessaire; il y avoit jardins, cafés, et jeux publics, avec des cartes faites à Syene. Au sortir du village une allée d'arbres alignés se dirigeoit au nord; les soldats y mirent une colonne milliaire avec l'inscription, *Route de Paris, n° onze, cent soixante-sept milles trois cents quarante:* c'étoit quelques jours après avoir reçu une distribution de dattes pour toute ration qu'ils avoient des idées si plaisantes ou si philosophiques. La mort seule peut mettre un terme à tant de bravoure et de gaieté; les plus grands malheurs n'y peuvent rien.

De ce côté du fleuve il n'y a d'autre reste de la ville égyptienne qu'un petit temple carré entouré d'une galerie, mais si détruite et si informe, qu'on n'y voit plus que l'embrasure de deux entrecolonnements, avec les chapiteaux, et une petite partie de l'entablement : ce fragment est ce que Savari, qui confesse n'être pas venu à Syene, indique sur parole, comme pouvant être les restes de l'observatoire, dans lequel il faut, selon lui, chercher le nilometre. J'ai fait le dessin particulier de cette petite ruine, pour détruire une erreur dont on ne peut accuser notre ardent et élégant voyageur, qui a tout cherché, tout indiqué, et qui souvent a peint merveilleusement même ce qu'il n'avoit pas vu (*voyez pl.* LXVI, *n°* 1).

Près de cette ruine, parmi les palmiers, sont des fragments d'un édifice, qu'il faut, je crois, donner à la catholicité grecque; on voit encore debout deux colonnes de granit, deux chambranles de même matiere, et des colonnes groupées contre deux faces d'un seul pilastre; ces deux derniers morceaux sont renversés.

L'isle d'Éléphantine devint tout à la fois ma maison de campagne, mon lieu de délices, d'observation, et de recherches; je crois y avoir retourné toutes les pierres, et questionné tous les rochers qui la composent : c'étoit à sa partie sud qu'étoit la ville égyptienne et les habitations romaines et arabes qui lui ont succédé. On ne reconnoît l'occupation romaine qu'aux briques, aux tessons de poterie, aux petites déités de terre cuite et de bronze qu'on y trouve encore : on ne reconnoît celle des Arabes qu'aux ordures dont elle a couvert le sol, et qui forment d'ordinaire les ruines de leurs édifices. Tous ceux des temps postérieurs ont à peine laissé des traces de leur existence; tout a péri devant ces monuments égyptiens, voués à la postérité, et qui ont résisté aux hommes et aux temps. Au milieu du vaste champ de briques et de terres cuites dont je viens de parler s'éleve encore un très ancien temple carré, entouré d'une galerie en pilastres, avec deux colonnes au portique (*voyez pl.* LXVI, *n*° 2, et *pl.* LXI, *n*° 5, qui est la colonne du portique prise à part); il ne manque que deux pilastres à l'angle gauche de cette ruine: on y avoit ajouté postérieurement d'autres édifices, dont il ne reste que quelques arrachements, qui ne peuvent rien indiquer de la forme qu'ils avoient, mais attester seulement que les accessoires étoient plus grands que le sanctuaire; ce dernier est couvert en dehors et en dedans d'hiéroglyphes en reliefs assez bien conservés et fort bien sculptés; j'ai dessiné tout un côté de la partie intérieure; celle qui lui fait face n'en est presque qu'une répétition (voyez article des hiéroglyphes, *planche* CXXVIII, *n*° 5). Cette espece de tableau est d'autant plus intéressant à offrir à la discussion, qu'il est d'une unité que je n'avois pas encore rencontrée dans ces sortes de décorations, ordinairement partagées en compartiments; j'ai dessiné aussi tout un côté de l'extérieur, et un seul pilastre; tous les autres lui ressemblent à peu de chose près (*voyez même planche*, *n*° 1 *et* 4): la vue pittoresque de la totalité de ce petit édifice donnera une idée de son importance et de l'état de sa conservation.

Étoit-ce là le temple de Cneph, le bon génie, le dieu égyptien, qui se rapproche le plus avec nos idées de l'Etre suprême? ou bien ce temple, cité par les historiens, étoit-il celui que l'on voit à six cents pas plus au nord, qui est plus ruiné, de même forme, de même grandeur, et dont tous les ornements sont accompagnés du serpent, emblême de la sagesse et de l'éternité, et particuliè-rement du dieu Cneph? A en juger par tout ce que j'ai vu d'édifices égyptiens, ce dernier est de l'ordre le plus anciennement employé, il est absolument du genre du temple de Kournou à Thebes, celui qui m'a paru le plus ancien de cette ville (voyez les vues *planche* LXV, *n*° 2, et *pl.* LXIII, *n*° 2; et le détail d'un chapiteau, *pl.* LX, *n*° 4). Ce que j'ai trouvé de particulier à la sculpture de ce temple-ci, c'est plus de mouvement dans les figures, des robes plus alongées et se composant davantage (*voyez pl.* CXXIII, *n*° 3, *et* CXXI, *n*° 1): les trois figures de ce dernier bas-relief semblent remercier un héros de les avoir délivrées d'un cinquieme personnage, presque effacé, mais que l'on reconnoît être renversé. Cette sculpture, où il semble qu'il y ait une espece de composition groupée avec de la perspective, est-elle antérieure ou postérieure à celle où les Égyptiens avoient arrêté un rhythme pour leurs figures, afin d'en faire, comme de l'écriture, des caracteres, dont à la premiere vue on reconnût la signification, que l'on expliquât sans presque avoir besoin de les regarder? Il n'y a de conservé de ce dernier édifice qu'une colonne du portique, et tout un côté de la galerie en pilastres; le reste est absolument détruit (*voyez planche* LXIII, *n*° 2, *et pl.* LXV, *n*° 2).

Au milieu de l'isle, il y a deux chambranles d'une grande porte extérieure, en blocs de granit, ornés d'hiéroglyphes (*voyez pl.* LXV, *n*° 1): ce débris a sans doute appartenu à quelques monuments d'une grande magnificence, dont quelque foible fouille pourroit faire connoître l'étendue. A l'orient est encore un fragment d'édifice très petit et très soigné; ce que l'on en voit est le côté occidental d'une chambre étroite ou d'un très petit temple, et ce qui reste des hiéroglyphes est parfaitement sculpté; les ornements en sont surchargés du lotus, et entre autres des fleurs de cette plante, dont la tige penchée semble être ranimée par une figure qui l'arrose, comme dans le tableau que j'ai trouvé à Latopolis (*voyez planche* CXXVII, *n*° 4). Cette chambre ou temple communiquoit à un couloir plus étroit, qui, à en juger par une suite de fabriques, aboutissoit à une galerie ouverte sur le Nil, et posant sur un grand revêtissement qui défendoit la partie orientale de l'isle d'être dégradée par le remous du courant du fleuve: il reste encore trois portiques de cette galerie, et un escalier en granit qui descend jusque dans le fleuve: cette galerie, cette chambre décorée, et cet escalier, ne seroient-ils pas cet observatoire et ce nilometre que les voyageurs cherchent en vain à Syene? Préoccupé de cette idée, j'ai bien regardé et n'ai pu découvrir aucune marque sur le revêtissement de l'escalier qui indiquât aucune graduation; mais au reste les marches mêmes de l'escalier en eussent pu servir, et la partie supérieure de cet escalier étant encombrée, il est possible que les mesures soient marquées dans cette partie que je n'ai pu voir (1).

Toutes ces fabriques posent sur des masses de rochers, couverts d'hiéroglyphes gravés avec plus ou moins de soin: plus loin, en s'avançant vers le nord, on trouve deux portions de parapet, qui laissent entre elles une ouverture pour descendre au fleuve: sur le flanc intérieur de droite est un bas-relief en marbre, représentant la figure du Nil, de quatre pieds de proportion, dans l'attitude d'un colosse qui est à Rome, et qui représente ce même fleuve. Cette copie de la même idée prouve tout à la fois que l'édifice est romain, qu'il est postérieur au temps où ce chef-d'œuvre grec a été apporté à Rome, et que les Romains dans leur établissement à Syene, ayant pu ajouter les ornements de luxe et de superflu aux constructions de premiere nécessité, y avoient eu plus qu'une station militaire, mais une colonie puissante: les bains et ustensiles précieux en bronze que l'on y trouve encore journellement viennent à l'appui de cette opinion sur la richesse et la durée de cette colonie.

L'isle d'Éléphantine, défendue au sud par des brisants, s'est sans doute fort augmentée au nord par des alluvions; ces alluvions deviennent journellement

(1) Strabon, qui avoit observé Syene avec soin, et qui l'a décrit avec détail, dit que ce nilometre étoit un puits qui recevoit les eaux du Nil, et que les marques d'après lesquelles on évaluoit l'inondation étoient gravées sur les côtés de ce puits.

des terres labourées et des jardins assez agréables, qui, arrosés perpétuellement par des roues à chapelet, y produisent quatre ou cinq récoltes par an; aussi les habitants en sont-ils nombreux, aisés, et très accorts. Je les appelois de l'autre bord; ils venoient me chercher avec leurs barques; j'étois bientôt accompagné de tous les enfants, qui m'apportoient et me vendoient des fragments d'antiquité, et des cornalines brutes: avec quelques écus, je faisois nombre de petits heureux, et leurs parents devenoient mes amis; ils m'invitoient, me préparoient à déjeûner dans les temples où je devois venir dessiner; enfin, j'étois comme le propriétaire bénévole d'un jardin, où tout ce que l'on cherche ailleurs à imiter étoit là en réalité, islots, rochers, désert, champs, prés, jardins, bocage, hameaux, bois sombre, plantes extraordinaires et variées, fleuve, canaux et moulins, ruines sublimes: lieu d'autant plus enchanté que, comme les jardins d'Armide, il étoit environné des horreurs de la nature, de celles de la Thébaïde enfin, dont le contraste faisoit sentir le bonheur. Les sens, l'imagination également en activité, je n'ai jamais passé d'heures plus délicieusement occupées que celles que j'ai données à mes promenades solitaires dans Éléphantine: cette isle vaut à elle seule tout le territoire de terre ferme qui avoisine la ville.

La population de Syene est nombreuse; le commerce se réduit cependant au séné et aux dattes, et ces deux articles payoient tous les autres besoins des habitants, l'entretien d'un kiachef, d'un gouverneur, et d'une garnison turque: le séné qui croît aux environs de Syene est médiocre; on ne le vend qu'en le mêlant frauduleusement avec celui du désert qu'apportent les Barabra, et qu'ils vendent à-peu-près la centieme partie de ce que nous le payons en Europe; il est vrai qu'il est imposé à nombre de droits avant d'y arriver, et que c'est un des articles les plus importants de la douane du Caire et d'Alexandrie. Le second article de l'exportation est celui des dattes; elles sont seches et petites, mais si abondantes, qu'outre qu'elles font la nourriture principale des habitants, il en descend tous les jours des bateaux chargés dans la basse Égypte.

Nous apprenions par nos espions que les Mamelouks remontoient le moins qu'il leur étoit possible au-delà des cataractes, qu'ils ravageoient les deux rives du Nil qui leur fournissoient encore quelques fourrages. Ils avoient fait venir de Deir et de Bribes des provisions en farines et en dattes; mais l'aga qui y réside leur signifioit que ce secours alloit tarir. Ils occupoient dix lieues d'espace sur l'une et l'autre rive; leur arrieregarde n'étoit qu'à quatre lieues de nous, d'où ils savoient tout ce que nous faisions, comme nous étions instruits de tous leurs mouvements par les mêmes moyens, et peut-être par les mêmes émissaires, qui fidèlement servoient les deux partis avec la même exactitude.

Le général Davoust avoit rencontré Assan-bey sur la rive droite, vis-à-vis d'Etfu, au moment où il s'approchoit du Nil pour faire de l'eau: le danger éminent de perdre ses équipages le fit charger avec fureur; l'empressement des nôtres de s'en emparer, et un peu de mépris qu'ils avoient pris à la bataille de Samanhout, les firent attaquer avec trop de négligence. Ce combat de deux cents cavaliers contre deux cents cavaliers fut plutôt une mêlée qu'une bataille ; les deux partis firent preuve d'une valeur inouie : la charge dura une demi-heure ; le champ de bataille resta aux Français ; mais Assan bey obtint ce qu'il avoit voulu, c'étoit de sauver ses équipages : il resta trente à quarante morts de notre côté et autant de blessés ; il y eut douze Mamelouks de tués et beaucoup de blessés : Assan le fut à la jambe ; de sorte que personne n'eut à s'applaudir de cette rencontre.

Nous allâmes à la recherche des barques que les Mamelouks avoient essayé de remonter : notre projet étoit en même temps de voir les cataractes ; nous rencontrâmes à travers les rochers de granit les carrieres d'où l'on détachoit les blocs qui servoient à faire ces statues colossales qui ont été l'objet de l'admiration de tant de siecles, et dont les ruines nous frappent encore d'étonnement ; il semble que l'on ait voulu illustrer les masses qui les ont produites en laissant sur la place des inscriptions hiéroglyphiques qui en font peut-être mémoire. L'opération par laquelle on détachoit ces blocs devoit être la même que celle que l'on emploie de nos jours, c'est-à-dire que l'on préparoit une fente, et que l'on faisoit éclater la masse par une suite de coins frappés tous à la fois. Les arêtes de ces premieres opérations sont conservées si vives dans cette matiere inaltérable, qu'il semble encore que les travaux n'en ont été suspendus que d'hier. J'en fis un dessin (*n*° LXVIII, *pl.* 2). La qualité de ce granit est si dure et si compacte, que les rochers qui se trouvent dans le courant, au lieu de se dégrader en se décomposant, ont acquis du lustre par le frottement de l'eau. Le plus beau granit, le plus abondant, est le granit rose ; le gris est souvent trop micacé : entre ces blocs on trouve des veines de quartz très brillant, des couches d'une pierre rouge qui tient de la nature et de la dureté des porphyres, et d'autres lits de cette pierre noire et dure, que nous avons prise longtemps pour du basalte, et que les Égyptiens ont souvent employée pour leurs statues de moyenne grandeur.

A une lieue et demie au-delà des carrieres les rochers se multiplient, et forment une barre, où nous trouvâmes les barques des Mamelouks fixées entre les rochers jusqu'à la premiere crûe du fleuve ; les paysans des environs en avoient pris les agrès et les provisions. Nous quittâmes là le petit bateau dans lequel nous étions venus, et, remontant à pied un quart-d'heure, nous vîmes ce qu'on est convenu d'appeler la *cataracte*. Ce n'est qu'un brisant du fleuve qui s'écoule à travers les roches, en formant dans quelques endroits des cascades de quelques pouces de hauteur ; elles sont si peu sensibles qu'on pourroit à peine les exprimer dans un dessin : j'en fis seulement deux de la barre où finit la navigation, afin de détruire l'idée qu'on s'est faite de la chûte de ces fameuses cataractes

(*voyez planche* LXIX, *n*° 1 *et* 2); au reste, elles feroient un beau tableau en les peignant avec la couleur qui les caractérise. Ces montagnes, toutes hérissées d'aspérités noires et aiguës, sont réfléchies d'une maniere sombre dans le miroir des eaux du fleuve, contraint et rétréci par nombre de pointes de granit qui le partagent en déchirant sa surface, et le sillonnent de longues traces blanches; ces formes et ces couleurs austeres sont contrastées par le verd tendre des groupes de palmiers jetés çà et là à travers les rochers et la voûte azurée du plus beau ciel du monde: ce tableau bien fait auroit le singulier avantage d'offrir tout à la fois l'image d'une nature vraie et tout-à-fait nouvelle. Lorsque l'on a passé les cataractes, les rochers s'élevent, et à leurs sommets s'amoncelent des blocs de granit, qui semblent pyramider et s'équilibrer pour produire des effets pittoresques. C'est à travers cette nature âpre et austere que l'on découvre tout-à-coup les superbes monuments de l'isle de Philée, qui forment un brillant contraste et une des plus merveilleuses surprises qu'un voyageur puisse éprouver. Le Nil fait un détour comme pour venir chercher et enceindre cette isle enchantée, où les monuments ne sont séparés que par quelques bouquets de palmiers, ou des rochers, qui ne semblent conservés que pour grouper les richesses de la nature avec les magnificences de l'art, et faire un faisceau de tout ce qu'elles peuvent rassembler de plus pittoresque et de plus imposant. L'enthousiasme qu'éprouve à tout moment le voyageur à la vue des monuments de la haute Egypte peut paroître au lecteur une perpétuelle emphase, une monotone exagération, et n'est cependant que la naïve expression du sentiment qu'impose la sublimité de leur caractere; c'est la défiance que j'ai de l'insuffisance de mes dessins pour donner l'idée de ce grand caractere, qui fait que je cherche par mes expressions à rendre à ces édifices le degré de surprise qu'ils inspirent, et celui d'admiration qui leur est dû.

Il n'y avoit point d'habitants sur la terre ferme; ils avoient même quitté Philée, et s'étoient retirés sur une seconde isle plus grande, où ils faisoient des cris de sauvages, que l'on nous assura être des cris de frayeur: nous fîmes ce que nous pûmes pour leur persuader de nous envoyer une barque qui étoit aprouée à leur bord; nous ne pûmes rien en obtenir. Au reste, comme cette branche du Nil est étroite, cela ne m'empêcha pas de faire des vues de l'isle sous les trois aspects qu'elle pouvoit nous offrir (*voyez planche* LXXI, *n*° 1, 2, 3; *planche* LXXII, *n*° 2; *planche* LXIII, *n*° 3).

Nous revînmes fort contents de notre journée; mais cet apperçu ne me paroissoit pas suffisant pour des objets d'antiquité aussi importants, pour des monuments aussi considérables, aussi conservés, et dont les détails devoient être si intéressants.

Quelques jours après nous apprîmes que les Mamelouks de la rive droite venoient fourrager jusqu'à deux lieues de nous; nous nous mîmes en devoir de les repousser ; nous partîmes avec quatre cents hommes, et nous avançâmes sur Philée par la route de terre à travers le désert : ce que cette route a de particulier, c'est qu'on voit qu'elle a été tracée, relevée en chaussée, et très pratiquée autrefois; cet espace étoit le seul en Égypte où un grand chemin fût d'une absolue nécessité ; le Nil cessant d'être praticable à cause des cataractes, toutes les marchandises du commerce de l'Éthiopie, qui venoient aborder à Philée, devoient être transportées par terre à Syene, où on les embarquoit de nouveau. Tous les blocs que l'on rencontre sur cette route sont couverts d'hiéroglyphes, et sembloient être là pour entretenir les passagers. Je fis des dessins de plusieurs de ces rochers (*voyez les pl.* LXVIII, *n*° 1, *et* LXVII, *n*° 1 *et* 2); un plus étrange présente la forme d'un siege que l'on a achevé de façonner en fabriquant dans le massif un escalier pour arriver à la foulée du fauteuil ; le tout couvert d'hiéroglyphes, dont la plupart sont fort soignés ; j'ai fait le dessin de ce bloc (*voyez planche* LXXII, *n*° 3), et celui de l'inscription (*planche* CXVIII, *n*° 6).

Une autre particularité de cette route, ce sont les ruines de lignes construites en briques de terre cuites au soleil, dont la base a quinze à vingt pieds d'épaisseur : ce retranchement longeoit la vallée en bordant la route, et aboutissoit à des rochers et à des forts à près de trois lieues de Syene. Quoique ces murailles fussent construites de matériaux peu précieux, elles ont été d'une dépense de fabrication qui atteste l'importance qu'on avoit mise à la défense de ce point : seroient-ce les restes de la fameuse muraille élevée par une reine d'Egypte appelée Zuleikha, fille de Ziba, l'un des Pharaons, et qui s'étendoit de l'ancienne Syene jusqu'où est à présent El-Arych, et dont les Arabes appellent les fragments haïf-êl-adjouz, ou la muraille de la vieille?

Nous trouvâmes les habitants de Philée revenus à leur habitation, mais bien décidés à ne point nous recevoir ; nous attribuâmes encore cette mauvaise volonté à la peur que nous leur causions, et nous continuâmes notre route : au-delà de Philée le fleuve est absolument libre et navigable ; après avoir dépassé un fort arabe et une mosquée du même temps, le rivage du Nil devient peu-à-peu impraticable ; au lieu de cette profusion de monuments et d'inscriptions, nous ne vîmes plus qu'une nature pauvre, livrée à elle-même, et sur des rochers quelques habitations qui ressembloient à des huttes de sauvages (voyez une des plus fastueuses, *planche* LXIX, *n*° 3) ; nous entrâmes dans un désert coupant un angle du Nil pour raccourcir le chemin ; et après avoir gravi, descendu pendant plusieurs heures des vallées aussi creuses que si nous eussions été dans une région sujette aux orages et aux torrents, nous débouchâmes sur le Nil par un ravin qui nous amena à Taudi, mauvais village sur le bord du fleuve ; à notre approche les Mamelouks venoient d'abandonner ce village, laissant leurs plats, leurs marmites, et jusqu'à la soupe qu'ils avoient préparée, et qu'ils devoient manger sitôt le soleil couché ; car c'étoit le mois du ramadan, espece de carême, pendant lequel les Musulmans, les soldats même ne mangent point tant que le soleil est sur l'horizon.

Nous envoyâmes un espion pendant la nuit; nous sûmes à la pointe du jour qu'à Démiet, quatre lieues plus haut que Taudi, les Mamelouks se trouvant encore trop près de nous, après avoir fait rafraîchir leurs chevaux, étoient repartis à minuit. Notre but de les éloigner étant rempli, nous reprîmes la route de Syene. J'avois déja assez de l'Éthiopie, des Gou-blis, et de leurs femmes, dont l'extrême laideur ne peut être comparée qu'à l'atroce jalousie de leurs maris: j'en vis quelques unes; comme j'inspirois aux maris moins de peur que les soldats, ils en mirent un certain nombre sous ma sauve-garde dans une cabane, devant la porte de laquelle je m'étois établi pour passer la nuit. Surprises par notre marche détournée, à la chûte du jour, elles n'avoient pas eu le temps de fuir et de se cacher dans les rochers, ou de passer le fleuve à la nage; elles avoient absolument la farouche stupidité des sauvages. Un sol âpre, la fatigue, et une nourriture insuffisante alterent sans doute en elles tous les charmes de la nature, et donnent même à leur jeunesse l'empreinte et la dégradation de la décrépitude. Il semble que les hommes soient d'une autre espece, car leurs traits sont délicats, leur peau fine, leur physionomie animée et spirituelle, et leurs yeux et leurs dents admirables. Vifs et intelligents, ils mettent dans leur langage tant de clarté et de concision, qu'une phrase courte est toujours la réponse complete à la question qu'on leur a faite: leur caractere de vivacité est plus analogue au nôtre que celui des autres orientaux; ils entendent et servent vîte, dérobent encore plus lestement, et sont d'une avidité pour l'argent, qui ne peut être justifiée que par leur excessive pauvreté, et comparée qu'à leur frugalité. C'est à toutes ces raisons que doit être attribuée leur maigreur, qui ne tient point à leur mauvaise santé, car leur couleur, quoique noire, est pleine de vie et de sang, mais leurs muscles ne sont que des tendons: je n'en ai pas vu un seul gras, pas même charnu (*voyez planche* CI, *n*° 9).

Il falloit affamer le pays pour tenir l'ennemi éloigné; nous achetâmes le bétail, nous payâmes la récolte en herbes; les habitants nous aiderent eux-mêmes à arracher ce qu'elle leur promettoit de provision, et nous suivirent avec ce qu'ils avoient d'animaux. Emmenant ainsi toute la population, nous ne laissâmes derriere nous qu'un désert. En revenant, je fus de nouveau frappé de la somptuosité des édifices de Philée; je suis persuadé que c'est pour produire cet effet que les Égyptiens avoient porté à leur frontiere cette splendeur de monuments. Philée étoit l'entrepôt d'un commerce d'échange de l'Éthiopie et de l'Égypte; et voulant donner aux Éthiopiens une grande idée de leurs moyens et de leur magnificence, les Égyptiens avoient élevé nombre de somptueux édifices jusques aux confins de leur empire, à leur frontiere naturelle, qui étoit Syene et les cataractes. Nous eûmes encore un pourparler avec les habitants de l'isle; il fut plus explicatif : ils nous signifierent que deux mois de suite nous viendrions tous les jours sans qu'il nous fût jamais permis d'arriver jusqu'à eux. Il fallut encore pour cette fois nous le tenir pour dit, car nous n'avions pas de moyens de rien changer à leur décision : mais comme il eût été d'un mauvais exemple qu'une poignée de paysans pût être insolente à quatre pas de nos établissements, on remit au lendemain à leur faire des observations qui pussent changer quelque chose à leur détermination. On y retourna effectivement avec deux cents hommes ; ils ne les virent pas plutôt qu'ils se mirent en état de guerre : elle fut déclarée à la maniere des sauvage, savec des cris répétés par les femmes. Les habitants de l'isle voisine accoururent avec des armes qu'ils faisoient briller comme des lutteurs ; il y en avoit de tout nus, tenant d'une main un grand sabre, de l'autre un bouclier, d'autres avec des fusils de rempart à meche et de longues piques ; en un moment tout le rocher de l'est fut couvert de groupes d'ennemis (*voyez planche* LXXI, *n*° 3). Nous leur criâmes encore que nous n'étions pas venus pour leur faire du mal, que nous ne leur demandions qu'à entrer amicalement dans l'isle ; ils répondirent qu'ils ne nous en donneroient jamais les moyens, que leurs barques ne viendroient point nous chercher, et qu'enfin ils n'étoient pas des Mamelouks pour reculer devant nous : cette fanfaronnade fut couverte des cris d'unanimité qui retentirent de toutes parts : ils vouloient batailler ; ils s'étoient défendus contre les Mamelouks ; ils avoient battu leurs voisins ; ils vouloient avoir la gloire de nous résister, et même de nous braver. Aussitôt l'ordre fut donné à nos sapeurs d'abattre les toits des huttes de terre ferme qui pouvoient nous fournir du bois pour faire un radeau : cet acte fut la déclaration de guerre : ils tirerent sur nous ; postés et cachés dans les fentes des rochers, ils nous couvroient de balles fort bien ajustées. Dans ce moment arriva une piece de canon dont la seule vue porta leur rage au dernier degré ; dès-lors il n'y eut plus de communication entre la grande isle et l'isle de Philée ; ceux de la grande emmenerent leurs troupeaux, leur firent passer le bras du fleuve, et allerent les perdre dans le désert.

On s'apperçut que le bois de palmier étoit trop lourd et prenoit l'eau, il fallut remettre au lendemain la descente : la troupe resta ; on fit venir tout ce qu'il falloit pour la fabrication d'un radeau de grandeur à porter quarante soldats. Ce travail occupa tout le lendemain ; et ce retard augmenta l'insolence de ces malheureux, qui oserent proposer au général de payer cent piastres pour passer seul et désarmé dans l'isle : mais la scene changea quand tout-à-coup ils virent la grande isle inondée de nos volontaires dont la descente avoit été protégée par du canon à mitraille ; la terreur succéda, comme de coutume, à l'insuffisante audace ; hommes, femmes, enfants, tout se jeta dans le fleuve pour se sauver à la nage ; conservant le caractere de la férocité, on vit des meres noyer les enfants qu'elles ne pouvoient emporter, et mutiler les filles pour les soustraire aux violences des vainqueurs. Lorsque j'entrai le lendemain dans l'isle, je trouvai une petite fille de sept à huit ans, à laquelle une couture faite avec autant de brutalité que de cruauté avoit ôté tous les moyens de satisfaire au plus pressant besoin, et lui causoit des convulsions horribles : ce ne fut qu'avec une contre-opération et un bain que je sauvai la vie à cette malheureuse petite créature qui étoit tout-à-fait jolie. D'autres, d'un âge plus avancé, se montrerent moins austeres, et se choisirent elles-mêmes des vainqueurs. Enfin cette colonie insulaire se trouva en quelques instants dispersée, ayant fait, relativement à ses moyens, une perte immense et irréparable.

Ils avoient pillé les barques que les Mamelouks n'avoient pu faire remonter, et avoient fait des magasins de ce butin, qui, par comparaison avec leurs voisins, les rendoient d'une richesse sans exemple, et pouvoient assurer leur aisance et leur repos pour nombre d'années: en quelques heures ils se trouverent privés du présent et de l'avenir, ils passerent de l'aisance au besoin, et furent obligés d'aller demander asyle à ceux chez lesquels ils avoient porté la guerre quelques jours auparavant. L'évacuation des magasins situés dans la grande isle occupa les soldats tout le reste du jour; et j'employai ce temps à faire les dessins des rochers et des antiquités qui s'y trouvent (*voyez pl.* LXXII, *n*° 1, *et pl.* LXXIV, *n*° 2).

Ces ruines consistent en un petit sanctuaire, précédé d'un portique de quatre colonnes avec des chapiteaux très élégants, auquel on avoit ajouté postérieurement un autre portique qui tenoit sans doute à la circonvallation du temple. La partie la plus ancienne, travaillée avec plus de soin, étoit beaucoup plus décorée; l'usage qu'en a fait la catholicité en a dénaturé le caractere, en ajoutant des arcs aux formes carrées des portes. Dans le sanctuaire, tout auprès des figures d'Isis et d'Osiris, on voit encore l'impression miraculeuse des pieds de S. Antoine ou de S. Paul hermite.

Le lendemain fut le plus beau jour de mon voyage: j'étois possesseur de sept à huit monuments dans l'espace de trois cents toises, et sur-tout je n'avois point à mes côtés de ces curieux impatients qui croient toujours avoir assez vu, et qui vous pressent sans relâche d'aller voir autre chose; point de tambours battant le rassemblement ou le départ, point d'Arabes, point de paysans; seul enfin, et jouissant à mon aise, je me mis à faire la carte de l'isle et le plan des édifices dont elle est couverte (*voyez pl.* LXX).

J'étois à mon sixieme voyage à Philée; j'avois employé les cinq premiers à faire les vues du dehors et des environs.

Cette fois-ci, qui étoit la premiere où je touchois au sol de l'isle, je commençai d'abord par parcourir tout son intérieur, pour prendre connoissance de ses divers monuments, et m'en former une idée générale, une espece de carte topographique, contenant l'isle, le cours du fleuve, et les particularités adjacentes. Je pus me convaincre que ce groupe de monuments avoit été construit à des époques différentes, par diverses nations, et avoit appartenu à divers cultes, enfin que la réunion de ces édifices, dont chacun étoit régulier, offroit un ensemble irrégulier aussi magnifique que pittoresque (*voyez planche* LXXII, *n*° 2). Je distinguai huit sanctuaires ou temples particuliers, plus ou moins grands; bâtis à différentes époques, on avoit respecté les uns dans la construction des autres, ce qui avoit nui à la régularité de l'ensemble. Une partie des augmentations n'avoit été faite que pour raccorder ce qui avoit été construit antérieurement, sauvant le plus adroitement possible les fausses équerres et les irrégularités générales. Cette espece de confusion des lignes architecturales, qui paroît une erreur dans le plan, produit dans l'élévation des effets pittoresques que ne peut avoir la rectitude géométrale, multiplie les objets, forme des groupes, et offre à l'œil plus de richesse que la froide symétrie. Je pus me convaincre là de ce que j'avois déja remarqué à Tintyra et à Thebes, que le systême de construction étoit d'élever des masses, dans lesquelles on travailloit pendant des siecles aux détails de la décoration, à commencer par les lignes architecturales, passant ensuite à la sculpture des figures hiéroglyphiques, et enfin aux stucs et à la peinture. Toutes ces différentes époques dans les travaux sont très sensibles ici, où il n'y a de fini que ce qui est de la plus haute antiquité; une partie des constructions qui servoient à rattacher les divers monuments n'avoit été ni ragréée, ni sculptée, ni même achevée de bâtir; le grand et magnifique monument carré long est de ce nombre : il seroit difficile d'assigner un usage à cet édifice, si les détails des ornements représentant des offrandes n'indiquoient qu'il devoit encore être un temple. Il n'a cependant ni la forme d'un portique ni celle d'un sanctuaire; les colonnes qui composent son pourtour, et qui ne sont engagées que jusqu'à la moitié de leur hauteur, ne portent qu'un entablement et une corniche sans toit ni plate-forme; il n'étoit ouvert que par deux portes sans sommiers qui le traversoient dans sa longueur. Élevé sans doute à la derniere époque de la puissance égyptienne, l'art s'y manifeste dans sa derniere pureté; les chapiteaux y sont d'une beauté et d'une exécution admirables, les volutes et les feuilles fouillées comme au beau temps de la Grece (*voyez pl.* LX, *n*° 3), symétriquement diversifiés comme à Apollinopolis, c'est-à-dire variés entre eux et semblables dans leurs correspondants, et tous assujettis à la même parallele.

Je n'eus pas peu de peine à déblayer dans mon imagination ces longues galeries encombrées de ruines, à suivre les lignes des quais, à relever les sphinxs et les obélisques, à rattacher les communications des rampes et des escaliers : attiré par les peintures, par les sculptures, j'étois assailli à la fois par tous les genres de curiosités, et, dans la crainte de faire partager mes erreurs à ceux auxquels je me proposois de rendre compte de mes sensations et des mes opérations, j'aurois desiré pouvoir tracer sur mon plan l'état des ruines et le mélange des décombres, et sur ce plan leur communiquer mes doutes et mes incertitudes, et les discuter avec eux (voyez le plan général *planche* LXX, et l'explication). Que pouvoit signifier ce grand nombre de sanctuaires si rapprochés et si distincts? étoient-ils consacrés à différentes divinités? étoient-ce des chapelles votives, ou des lieux de station pour les cérémonies du culte? Les sanctuaires les plus secrets contenoient encore de plus mystérieux sanctuaires, des temples monolites, qui étoient des tabernacles qui contenoient ce qu'il y avoit de plus précieux, ce qu'il y avoit de plus sacré, et peut-être même l'oiseau sacré qui représentoit le dieu du temple, l'épervier, par exemple, qui étoit l'emblême du soleil, auquel précisément ce temple étoit consacré (voyez le plan et la vue géométrale d'un de ces monuments monolites ou d'une seule pierre, *planche* XLI, *n*° 1 *et* 2). Sous le même portique étoient peints dans les plafonds des tableaux astronomiques, des théories des éléments (*voyez planche* CXXIX, *n*° 5), et sur les murs, des cérémonies religieuses, des images, des prêtres, et des dieux (*voyez planche* CXXI, *n*° 7 *et* 9); à côté des portes, les portraits gigantesques de quelques souverains, ou des figures emblématiques de la force et de la puissance menaçant un groupe de personnages suppliants, qu'elles tiennent d'une main par leurs cheveux rassemblés (*voyez planche* CXX, *n*° 7). Sont-ce des sujets rebelles? sont-ce des ennemis vaincus? je pencherois pour cette derniere opinion, parceque les figures représentant des Égyptiens n'ont jamais de longs cheveux.

Outre cette grande enceinte, où ce nombre de temples étoit rattaché et groupé par les logements des prêtres, il y avoit deux temples isolés; le grand, dont j'ai déja parlé, et un second, le plus joli que l'on puisse imaginer, d'une conservation parfaite, et d'une dimension si petite, qu'il donne envie de l'emporter. Je trouvai dedans les restes d'un ménage, qui me sembla être celui de Joseph et Marie, et me fit venir en pensée le tableau d'une fuite en Égypte du style le plus vrai et le plus intéressant. Si jamais on vouloit transporter un temple d'Afrique en Europe, il faudroit choisir celui-ci, outre qu'il en offre toutes les possibilités par la petitesse de sa dimension, il donneroit un témoignage palpable de la noble simplicité de l'architecture égyptienne, et deviendroit un exemple frappant que le caractere et non l'étendue fait la majesté d'un édifice.

Outre les monuments égyptiens, on trouve au sud-est de l'isle des ruines grecques ou romaines, qui m'ont paru être les restes d'un petit port, et d'une douane, dont le mur de la façade est décoré de pilastres et d'arcades d'ordre dorique; quelques arrachements de colonnes formoient devant une galerie ouverte une espece de portique: entre ces ruines et les monuments égyptiens, on peut remarquer le soubassement d'une église catholique, construite de fragments antiques, mêlés de croix et d'ornements grecs du bas temps; car l'humble catholicité paroît n'avoir jamais été assez opulente dans ces contrées pour séparer tout-à-fait son culte du faste des temples idolâtres.

Après avoir établi ses saints à travers les divinités égyptiennes, elle a peint souvent S. Jean ou S. Paul à côté de la déesse Isis, et déguisé Osiris en S. Athanase; lorsqu'elle a quitté les temples, elle les a dégradés emportant les pierres toutes façonnées pour en bâtir ses églises.

Que d'objets à questionner! et le temps s'écouloit; j'aurois voulu retenir le soleil: j'avois employé bien des heures à observer, je me mis à dessiner, à mesurer: je voyois se terminer l'enlèvement des magasins, je ne pouvois plus espérer de revenir à Philée: ce n'étoient pas ici mes bonnes gens de l'Éléphantine, et les troupes avoient été déja trop fatiguées du siege de cette petite isle. Je la quittai les yeux fatigués de tant d'objets, et l'ame remplie des souvenirs qui y étoient attachés; j'en partis à la nuit fermée, chargé de mon butin, et de ma petite fille, que je remis au cheikh d'Éléphantine, qui la rendit à ses parents.

On avoit eu le projet de mettre Syene en état de défense: l'ingénieur Garbé avoit choisi pour élever un fort une plateforme sur une éminence, au sud de la ville, qui en commandoit toutes les approches, et d'où on découvroit tout le pays d'alentour. Il nous manquoit pelles, pioches, marteaux, et truelles; on forgea tout: nous n'avions pas de bois pour faire des briques; on rassembla toutes celles des vieilles fabriques arabes. Semblable aux cohortes romaines qui avoient déja habité le même lieu, la brave vingtunieme ne connut point de difficultés, ou les surmonta toutes. Chaque individu étoit taxé à deux voyages par jour pour le transport des matériaux; beaucoup avoient peine à se porter eux-mêmes, et personne ne se dispensa d'un seul voyage: les bastions furent tracés, et les travaux conduits avec une telle célérité, qu'en peu de jours l'on vit la forteresse sortir de ses fondements; en même temps l'on bastionna et crenela une fabrique romaine, bien bâtie et assez bien conservée, qui avoit été un bain, et qui, par sa situation, avoit le double avantage de protéger le cours du fleuve.

Le terme de la marche des Français en Égypte fut inscrit sur un rocher de granit au-delà des cataractes. Je profitai de l'occasion d'une reconnoissance qui étoit portée dans le désert de la rive gauche, pour aller chercher les carrieres dont parle Pococke, et un ancien couvent de cénobites; après une heure de marche nous découvrîmes ce monument dans une petite vallée, entourée de roches décrépites, et des sables que produit leur décomposition. Le détachement, en poursuivant sa route, me laissa à mes recherches dans ce lieu.

A peine le détachement fut-il parti que je fus épouvanté de mon isolement. Perdu dans de longs corridors, le bruit prolongé que faisoient mes pas sous leurs tristes voûtes étoit peut-être le seul qui depuis plusieurs siecles en eût troublé le silence. Les cellules des moines ressembloient aux cases des animaux d'une ménagerie; un carré de sept pieds n'étoit éclairé que par une lucarne à six de hauteur: ce raffinement d'austérité ne déroboit cependant aux reclus que la vue d'une vaste étendue du ciel, d'un aussi vaste horizon de sable, d'une immense lumiere aussi triste et plus atténuante que la nuit, et qui les eût pénétrés peut-être encore davantage du sentiment affligeant de leur solitude : dans ce cachot une couche de brique, un enfoncement servant d'armoire, étoient tout ce que l'art avoit ajouté au lissé des quatre murailles : un tour placé à côté de la porte prouve encore que c'étoit isolément que ces solitaires prenoient leur austere repas. Quelques sentences tronquées, écrites sur les murs, attestent seules que des humains habitoient ces repaires : je crus voir dans ces inscriptions leurs derniers sentiments, une derniere communication avec les êtres qui devoient leur survivre, espoir dont le temps, qui efface tout, les a encore frustrés. Je me les peignois expirants et voulant dire quelques mots qu'ils n'avoient pas eu la force d'articuler. Oppressé du sentiment que m'inspiroit cette suite de mélancoliques objets, je courus chercher l'espace dans la cour : entourée de hautes murailles crenelées, de chemins couverts, et d'embrasures de canons, tout y annonçoit que les orages de la guerre avoient, dans ce lieu funeste, succédé à l'horreur du silence ; que cet édifice, enlevé aux cénobites qui l'avoient construit avec tant de zele et de constance, avoit à diverses époques servi de retraite à des partis vaincus, ou de poste avancé à des partis vainqueurs. Les différents caracteres de sa construction peuvent encore servir d'époque à l'histoire de ce monument : commencé dans les premiers siecles de la catholicité, tout ce qui a été construit par elle conserve encore de la grandeur et de la magnificence ; ce que la guerre y a ajouté a été fait à la hâte, et se trouve plus ruiné que les premieres constructions. Dans la cour une petite église bâtie en briques non cuites atteste encore qu'un plus petit nombre de solitaires sont revenus dans un temps postérieur en reprendre possession ; enfin une dévastation plus récente laisse penser qu'il n'y a que quelques siecles que ce lieu a été rendu tout-à-fait à l'abandon et au silence auxquels la nature l'avoit condamné.

Le détachement qui m'y avoit laissé vint me reprendre ; et il me sembla, en m'en allant, sortir d'un tombeau. J'avois fait le dessin de ce triste lieu en attendant le détachement (*voyez n*° 3, *planche* LXXIII). A l'égard des carrieres que je trouvai près de là, ce ne sont point celles où se tailloient les obélisques ; les obélisques sont toujours de granit ; les roches de granit sont éloignées de ce lieu-ci, et ces roches sont de grès ; ce qui en reste de curieux ce sont les fragments de routes inclinées, sur lesquelles on faisoit glisser les masses, qui étoient ainsi conduites au fleuve pour y être embarquées, et servir à la fabrication des différents édifices.

Nous apprîmes que les Mamelouks, qui avoient fui devant nous à Démiet, avoient pris le désert de droite, et étoient descendus pour aller rejoindre Assan-bey ; que Mourat, après de vives discussions, avoit rassemblé tout ce que le pays supérieur pouvoit lui fournir de vivres, et qu'il rétrogradoit par le désert de gauche, ne laissant derriere lui que le vieux

Soliman, qui tenoit Bribe avec quatre-vingts Mamelouks. N'ayant plus rien à faire à Syene, nous en partîmes le 6 ventose : j'y serois resté volontiers encore deux semaines; mais j'aurois redouté d'y voir arriver les vents brûlants du printemps : j'en avois déja éprouvé douloureusement la secousse; trois jours de vent d'est en janvier avoient enflammé l'atmosphere comme elle l'est dans notre canicule ; ensuite avoit succédé un vent de nord si froid, qu'en quatre heures il m'avoit donné la fievre. Espérant me reposer, je me mis sur les barques ; elles devoient marcher à la même hauteur que les troupes qui reprenoient la route que j'avois déja faite; et j'espérai par celle du fleuve voir Ombos et les carrieres de Gebel Silsilis que j'avois laissés à gauche en montant.

A peine embarqué, j'éprouvai tous les inconvénients de cette maniere de voyager; le vent, l'impossibilité de faire manœuvrer les gens du pays, les cris vains de nos Provençaux, tout se réunissoit pour notre supplice. Embarqués le 3, nous n'arrivâmes que le 6 à Com-Ombos, au moment où le vent devenoit favorable pour passer outre : on étoit trop pressé d'en profiter pour que j'osasse proposer de mettre une heure à terre; je n'eus que le temps d'observer un instant, et de faire bien vîte une esquisse du site et de la position avantageuse des monuments. L'antique Ombos, où étoit révéré le crocodile, s'appelle encore Com-Ombos (montagne d'Ombos); elle est effectivement posée sur une éminence qui domine le pays, et s'avance jusque sur le bord du fleuve (*voyez planche* LXXV, *n*° 2). Si tous les fragments qu'on y voit encore appartenoient, comme il paroît, à un seul édifice, il étoit immense. Au centre, est un grand portique en colonnes à chapiteaux évasés, de la plus grande proportion : à la partie sud, une porte est conservée dans son entier; elle tenoit à un mur de circonvallation qui est détruit: à l'ouest et sur le bord du Nil, s'élevoit un môle énorme, ruiné à présent dans sa partie supérieure; les débordements du fleuve en ont déchaussé des fondations de quarante pieds de profondeur; elles étoient construites avec la même solidité et la même magnificence que ce qui servoit de décoration. Au nord, dans la même direction, on voit les restes d'un temple ou galerie, de proportion plus petite, avec des colonnes à chapiteaux à tête. Dans l'espace entre ces deux derniers édifices étoit un parapet en pierres de taille, qui laissoit voir le grand temple au milieu, et devoit produire un effet aussi théâtral que magnifique. Il est bien prouvé que les Égyptiens tenoient plus au grandiose, même à l'effet pittoresque, qu'à la régularité symétrique; ils la remplaçoient par de belles masses, par de la richesse, par de grands partis, et par des effets imposants. Avoient-ils tort? c'est une grande question. Quoi qu'il en soit, et quel que fût le reste de ce qui composoit la ville antique d'Ombos, elle ne pouvoit offrir qu'un aspect très majestueux, puisque dans l'état de dégradation où elle est, et malgré les méchantes huttes dont ces monuments sont encombrés, ses formes offrent encore le tableau de ruine le plus magique qu'il fût possible d'imaginer.

Le lendemain je fus plus heureux ; nous engravâmes vis-à-vis les grandes carrieres de grès, taillées dans les montagnes qui aboutissent au Nil des deux côtés de ce fleuve : ce lieu est appelé *Gebel Silsilis*, il est situé entre Etfu et Ombos ; le grès de ces carrieres étant d'un grain égal et d'une masse entiere, on pouvoit y couper les quartiers de la grandeur dont on avoit besoin qu'ils fussent : c'est sans doute à la beauté et à l'égalité de cette matiere que l'on doit la grandeur et la conservation des monuments qui font après tant de siecles l'objet de notre admiration. Aux immenses excavations et à la quantité de débris que l'on voit encore dans ces carrieres on peut juger que les travaux en ont été suivis pendant des milliers d'années, et qu'elles ont pu fournir les matériaux employés à la plus grande partie des monuments de l'Égypte : l'éloignement ne devoit effectivement apporter aucun obstacle à l'exploitation de ces carrieres, puisque le Nil dans ses accroissements venoit tout naturellement soulever et conduire à leur destination les batardeaux chargés dans l'autre saison des masses à transporter.

La manie monumentale des Égyptiens se manifeste de toutes parts dans ces carrieres ; après avoir fourni à l'érection des temples, elles étoient elles-mêmes consacrées par des monuments : les carrieres mêmes étoient décorées par des temples. Sur la rive du Nil, on trouve des portiques avec des colonnes, des entablements, et des corniches couvertes d'hiéroglyphes taillés et pris dans la masse, et un grand nombre de tombeaux creusés aussi dans le rocher : ces tombeaux sont encore très curieux, quoique tous fouillés et méchamment défigurés (*voyez planche* LXXVI, *n*° 1, *et pl.* LV, *n*° 2). Celui que représente cette derniere planche étoit un des plus considérables et des mieux conservés ; on en trouvera les mesures et les détails intérieurs *à l'explication des planches*.

Dans ce tombeau et dans nombre de plus petits qui sont auprès on trouve, dans de petites chambres particulieres, de grandes figures assises (*voyez planche* LXXVI, *n*° 2, 3, *et* 4) ; ces chambres sont ornées d'hiéroglyphes tracés sur la roche, et terminés en stuc colorié, représentant toujours des offrandes de pains, de fruits, de liqueurs, de volailles, etc. Les plafonds, aussi en stuc, sont ornés d'enroulements peints et d'un goût exquis ; le sol est entaillé de plusieurs tombes de dimension juste, et de la même forme que les caisses de momies, et en même nombre que les figures sculptées : celles qui représentent des hommes ont de petites barbes carrées, avec des coiffures pendantes derriere les épaules ; celles des femmes ont les mêmes coiffures, mais pendantes en avant sur leurs gorges nues.

Ces dernieres ont d'ordinaire un bras passé sous celui de la figure qui est près d'elles ; de l'autre elles tiennent une fleur de lotus, plante de l'Achéron, emblême de la mort. Les tombeaux où il n'y a qu'une figure (comme on peut voir *n*° 3, *pl.* LXXVI) sont apparemment ceux des hommes morts célibataires ; ceux où il y en a trois, comme au *n*° 4, étoient peut-être des maris qui avoient eu deux femmes à la fois, ou l'une après l'autre; peut-être aussi lorsque deux freres mariés tous deux ne s'étoient fait préparer qu'un tombeau, se faisoient-ils représenter comme dans le *n*° 2. L'ouverture toujours brisée de ces tombeaux ne m'a pas laissé observer comment ces monuments s'ouvroient ou se fermoient ; ce que j'ai pu distinguer dans les parties restantes, c'est que les portes sont toutes décorées d'un chambranle, couvert d'hiéroglyphes, surmonté d'un couronnement à gorge formant une corniche, et d'un entablement sur lequel est toujours sculpté un globe ailé.

Sur le côté des portes j'ai rencontré plusieurs fois la figure d'une femme dans l'attitude de la douleur ; c'étoit peut-être celle d'une veuve qui avoit survécu à son époux : j'en ai dessiné une (*voyez planche* CXXIII, *n*° 2).

Le choix de ce site pour placer des tombeaux prouve que de tout temps, en Égypte, le silence du désert a été l'asyle de la mort, puisqu'aujourd'hui encore, pour trouver un sol perpétuellement sec et conservateur, les Égyptiens portent leurs morts dans le désert, jusqu'à trois lieues de leur habitation, et vont cependant chaque semaine faire des prieres sur leurs sépultures. A peine eus-je dessiné ce qui étoit le plus intéressant dans ces carrieres que le vent nous rappela à bord.

En nous rapprochant d'Esnê nous retrouvâmes des crocodiles : on n'en voit point à Syene, et ils reparoissent au-dessus des cataractes ; il semble qu'ils affectent de préférence certains parages, et particulièrement depuis Tintyra jusqu'à Ombos, et que le lieu où ils sont le plus abondants, c'est près d'Hermontis. Nous en vîmes trois ici, dont un, beaucoup plus gros que les deux autres, avoit au moins vingt-cinq pieds de long; ils étoient tous trois endormis : nous en approchâmes jusqu'à vingt pas ; nous eûmes tout le temps de distinguer leur triste allure ; ils ressembloient à des canons sur leurs affûts. Je tirai sur le plus gros avec une charge et un fusil de munition ; la balle frappa et glissa sur les écailles; il fit un saut de dix pieds de longueur, et se perdit dans le Nil.

A quatre lieues avant Esnê, je vis un quai revêtu, sur le bord du Nil ; à cent toises de là, une porte pyramidale fort détruite, et six colonnes du portique et de la galerie d'un temple, qui doit être celui de Chnubis. Nous avions bon vent : demander une demi-heure eût été un crime de lese service militaire ; il fallut prendre en passant une petite vue pittoresque, que j'ai recommencée depuis d'une maniere un peu moins incommode (*voyez pl.* LXXV, *n*° 3).

A une demi-lieue plus bas, nous trouvâmes quatre autres crocodiles.

A la pointe du jour, nous arrivâmes à Esnê. En abordant, nous entendîmes battre un rassemblement : j'avois déja bien assez de la marine ; je me sauvai plutôt que je ne descendis du bateau, et dix minutes après avoir mis pied à terre j'étois déja à cheval tournant le dos à Apollinopolis et à Latopolis, auxquelles j'avois bien encore quelques questions à faire : mais tel étoit le sort de la guerre ; et je devois me compter bien heureux que l'opiniâtreté de Mourat-bey m'eût fait voir Syene. Il avoit fallu pour cela que, sans autre plan qu'une constante obstination, il eût suivi chaque jour l'impulsion du moment et de la circonstance.

La coalition des beys étoit déja rompue ; Soliman étoit resté à Déir ; Assan, avec quarante Mamelouks, s'étoit séparé de Mourat à la hauteur d'Esnê, et étoit remonté à Etfu : tous les cheikhs de gauche devoient se séparer plus bas : et Mourat, seul avec ses trois cents Mamelouks, devoit descendre jusqu'au-delà de Siouth ; mais rencontré à Souhama, audessous de Girgé, par le général Friand, qui avoit détruit tous les rassemblements qu'il avoit formés, il prit la route d'Élouah, l'une des oasis, où il alla attendre ce que le sort ordonneroit de lui et de nous. Il y avoit eu deux affaires entre les Mekkains et la division du général Friand, sur la rive gauche entre Thebes et Kous ; six cents de ces aventuriers y avoient péri : on attendoit, disoit-on, le schérif de la Mekke lui-même, qui, avec six mille des siens, devoit se joindre aux huit à neuf cents qui restoient de la premiere croisade.

Le 13 ventose au matin, nous arrivâmes à Hermontis ; nous nous y arrêtâmes pour attendre des nouvelles des Mamelouks, des Mekkains, et du reste de notre armée, disséminée dans ce moment sur nombre de points.

Réduit au temple dont j'avois déja fait la vue (*voyez pl.* LI, *n*° 3), j'allai de nouveau en questionner les hiéroglyphes, et dessiner tout ce qui me paroissoit plus utile à présenter aux observations des curieux et des savants (*voyez pl.* CXXVI, *n*° 4 *et* 5 ; *pl.* CXXII, *n*° 3, 4, 5, 6, 8, *et* 17) ; je fis aussi le plan et la vue (*pl.* LI, *n*° 1 *et* 2 ; *voyez les explications*).

Je fus dans le cas de mieux observer l'emplacement de la ville antique, qui avoit eu une circonvallation et possédé plusieurs temples. Mais toujours des temples ! pas un édifice public, pas une maison qui eût eu assez de consistance pour résister au temps, pas un palais de roi ! qu'étoit donc la nation ? qu'étoient donc les souverains ? Il me semble que la premiere étoit composée d'esclaves ; les seconds de pieux capitaines ; et les prêtres, d'humbles et hypocrites despotes, cachant leur tyrannie à l'ombre d'un vain monarque, possédant toutes les sciences, et les enveloppant de l'emblême et du mystere, pour mettre ainsi une barriere entre eux et le peuple. Le roi étoit servi par des prêtres, conseillé par des prêtres, nourri par eux, prêché par eux : chaque matin, après l'avoir habillé, ils lui lisoient les devoirs du souverain envers son peuple, envers sa religion ; ils le menoient au temple : le reste du jour, comme le doge de Venise, il n'étoit jamais sans six conseillers, qui étoient encore six prêtres. Avec de telles précautions il ne pouvoit peut-être pas y avoir de mauvais rois ; mais qu'y gagnoit le peuple, si les prêtres les remplaçoient ? Les deux seuls souverains qui, selon l'histoire, aient osé secouer le joug, qui fermerent les temples pendant trente ans, Chéphrenes et Chéops, furent regardés et consignés dans les annales, que les prêtres écrivoient, comme des princes rebelles et impies.

Le palais des cent chambres, le seul palais cité dans l'histoire de l'Égypte, fut l'ouvrage d'une nouvelle forme de gouvernement où les prêtres ne pouvoient avoir la même influence. Ces fameux canaux, dont l'histoire nous parle si fastueusement, n'ont conservé aucune magnificence, aucune digue, aucune écluse, aucun empèlement : ce que j'ai rencontré d'épaulement et de quais sur le bord du Nil sont de petits ouvrages en comparaison de ces temples colossals et immortels dont les circonvallations occupoient une grande partie de l'emplacement des villes. Les jésuites du Paraguay auroient peut-être pu nous donner le secret ou l'exemple du système de cette domination théocratique; et, dans ce cas, je ne verrois dans ce riche pays de l'Égypte qu'un gouvernement mystérieux et sombre, des rois foibles, un peuple triste et malheureux.

Le 17, nous nous mîmes en route pour aller à la rencontre d'Osman-bey, que l'on disoit devoir passer le Nil à Kéné. J'eus la douleur de traverser l'emplacement de Thebes, et d'y éprouver encore plus de privations que la premiere fois. sans mesurer une colonne, sans dessiner une vue, sans approcher d'un seul monument, nous suivîmes les bords du Nil, également éloignés des temples de Médinet-a-Bou, du Memnonium, des temples de Gournoux, que je laissois à ma gauche, des temples de Luxor et de Karnaq, que je laissois à ma droite : des temples ! encore des temples ! toujours des temples ! et pas un vestige de ces cent portes si vaines et si fameuses, point de murailles, point de quais ni de ponts, point de thermes, point de théâtres, pas un édifice d'utilité ou de commodité publique ! J'observois avec soin, je cherchois même, et je ne voyois que des temples, des murailles couvertes d'emblêmes obscurs, d'hiéroglyphes qui attestoient l'ascendant des prêtres qui sembloient dominer encore sur toutes ces ruines, et dont l'empire obsédoit encore mon imagination.

Quatre villages et autant de hameaux, au milieu de vastes champs, remplacent maintenant cette ville incompréhensible, comme quelques rejetons sauvages rappellent l'existence d'un arbre célebre par la majesté de son ombre ou la douceur de ses fruits. Quittant à regret ce sol fameux, nous fîmes halte dans le faubourg de l'ouest, le quartier de la Nécropolis, où je retrouvai les habitants de Gournoux, qui nous disputerent encore une fois l'entrée des tombeaux, devenus leur asyle ; il eût fallu les tuer pour leur apprendre que nous ne voulions pas leur faire de mal, et nous n'avions pas le temps d'entamer la discussion : nous nous contentâmes de les bloquer pendant un petit repas que nous fîmes sur l'emplacement de leur retraite; je profitai de ce moment pour dessiner le désert et les dehors de ces habitacles de la mort (*voyez planche* XLII, *n*° 4). Vers le soir un de nos espions nous rapporta que les Mekkains, unis à Osman-bey, nous attendoient retranchés à Benhoute, à trois lieues en avant de Kéné; qu'ils avoient du canon, et étoient résolus à faire la guerre et à tenter une bataille; ils ajouterent qu'ils avoient arrêté plusieurs de nos barques sur le Nil, et qu'après un combat opiniâtre, où beaucoup de paysans et de Mekkains avoient été tués, les Français avoient succombé sous le nombre et avoient été tous massacrés. Nous vînmes coucher sur les bords du fleuve: il falloit le traverser pour rencontrer l'ennemi; nous attendions nos barques qui suivoient. Nous vîmes à n'en pouvoir douter que nous étions observés de l'autre rive; à chaque instant des cavaliers armés arrivoient et repartoient: nous fîmes une marche rétrograde pour rencontrer notre convoi, que nous rejoignîmes bientôt; tout le reste de la journée fut employé à notre passage, que nous effectuâmes à êl-Kamonteh. Le 19 ventose, nous nous mîmes en marche; à notre arrivée à Kous on nous confirma le récit de la veille.

Kous, placée à l'entrée de l'embouchure du désert qui conduit à Bérénice et à Cosséir, a encore quelque apparence du côté du sud; ses immenses plantations de melons, ses jardins, assez abondants, doivent la faire paroître délicieuse aux habitants des bords de la mer Rouge, et aux voyageurs altérés qui viennent de traverser le désert; elle a succédé à Cophtos par son commerce et par sa catholicité, car les Cophtes en sont encore les plus nombreux habitants. Leur zele vint nous donner tous les renseignements qu'ils avoient pu recueillir; ils nous accompagnerent de leurs personnes et de leurs vœux jusqu'aux confins de leur territoire. Je fus frappé de l'intérêt sincere du cheikh, qui, croyant que nous marchions à une mort assurée, nous donna les avis les plus circonstanciés, sans nous cacher aucun de nos dangers, nous prévint avec la plus parfaite intelligence sur tout ce qui pouvoit nous les rendre moins funestes, nous suivit aussi loin qu'il put, et nous quitta les larmes aux yeux. Desaix avoit été huit jours à Kous; il avoit beaucoup vu le cheikh; et ce tendre intérêt que l'on nous témoignoit étoit un résultat bien naturel de l'idée avantageuse qu'il avoit donnée de son caractere loyal et communicatif, de cette équité douce et constante qui lui valut dans la suite le surnom de *juste*, le plus beau titre qu'ait jamais obtenu un vainqueur, un étranger arrivé dans un pays pour y porter la guerre.

Nous ne concevions rien à ces barques, à ce combat; nous étions bien éloignés de deviner l'importance du rapport qu'on nous avoit fait: nous n'étions plus qu'à quatre lieues de l'ennemi; une heure après avoir dépassé Kous nous vîmes à notre droite, au pied du désert, les ruines de Cophtos, fameuse dans le quatrieme siecle par son commerce d'orient; on ne reconnoît son ancienne splendeur qu'à la hauteur de la montagne de décombres dont elle est entourée, et qui indique encore combien étoit grand l'emplacement qu'elle occupoit. La ville antique est à présent aussi seche et aussi déshabitée que le désert sur le bord duquel elle est située.

A peine avions-nous dépassé Cophtos qu'on vint nous dire que l'ennemi étoit en marche: nous fîmes halte, et après un léger repas nous nous remîmes en mouvement pour joindre l'ennemi. Nous apperçûmes bientôt ses drapeaux ; leur développement occupoit une ligne de plus d'une lieue: nous continuâmes à marcher dans l'ordre que nous avions pris, c'est-à-dire en bataillon carré, flanqué d'une seule piece de canon de trois, et quinze hommes de cavalerie; nous avions l'air d'un point qui va toucher une ligne: nous entendîmes bientôt des cris, et nous nous rencontrâmes à un village que l'extrémité de leur développement étoit venue occuper; on détacha des tirailleurs, qui au même instant se trouverent mêlés corps à corps avec eux: malgré quelques décharges efficaces de notre piece, ils ne reculoient point; leur valeur et leur dévouement suppléoient chez eux à la pénurie des armes. Après que cet avant-poste eut été détruit plutôt que repoussé, on trouva plus de résistance dans les villages, où les murailles et quelques armes à feu leur donnoient quelque égalité dans le combat; nous les repoussâmes cependant jusque sous un autre village à un quart de lieue plus loin: à cet instant, les Mamelouks commencerent à parader, et à paroître vouloir charger notre droite pour faire diversion à l'avantage que nous prenions sur leur coalisé; nous marchâmes droit à eux, sans cesser ni même affoiblir le combat que les chasseurs livroient aux Mekkains; notre marche fiere et quelques coups de canons nous délivrerent du voisinage des Mamelouks, qui n'y alloient pas d'aussi bonne foi que les Mekkains, et vouloient seulement essayer si le nombre de ces derniers et leur bravoure détacheroient assez de soldats du grand carré pour qu'il pût être attaqué avec avantage. Après avoir délogé l'infanterie du second village, nous nous trouvâmes dans une petite plaine qui précédoit Benhoute, où nous savions qu'étoit retranché le grand corps ennemi, et où s'étoient encore réunis tous ceux que nous avions déja battus. Nous nous attendions bien à un combat sanglant, mais non à être canonnés par une batterie en ordre, qui nous envoyoit tout à la fois et mitraille et boulets, qui arrivoient à notre carré et même le dépassoient. La mort planoit autour de moi; je la voyois à tout moment; dans l'espace de dix minutes que nous fûmes arrêtés, trois personnes furent tuées pendant que je leur parlois: je n'osois plus adresser la parole à personne; le dernier fut atteint par un boulet que nous voyions tous deux arriver labourant le sol et paroissant au terme de son mouvement; il leva le pied pour le laisser passer, un dernier ressaut du boulet l'atteignit au talon et lui déchira tous les muscles de la jambe; blessure dont mourut le lendemain ce jeune officier, parceque nous manquions d'outils pour faire les amputations.

Nous crûmes que, selon l'usage du pays, leurs pieces sans affût n'avoient qu'une direction; mais nous ne fûmes pas peu surpris de voir leurs coups suivre nos mouvements, et nous obliger de hâter le pas pour aller occuper la tête du village, et y maintenir le combat, tandis que les carabiniers et les chasseurs étoient allés tourner leur batterie et l'enlever à la baïonnette. Au moment où l'on battoit la charge, les Mamelouks se précipiterent sur nos carabiniers, qui les reçurent avec un feu de mousqueterie qui leur fit tourner bride, puis, tombant sur la batterie, ils firent un massacre général de ceux qui la servoient: les pieces se trouverent françaises, et on reconnut que c'étoient celles de *l'Italie*, barque amirale de notre flottille. Nous espérions qu'après cette prise importante le combat alloit finir par la dispersion ou la fuite de l'armée des Mekkains; une partie tint cependant encore assez long-temps dans un petit bois de palmiers, tandis que l'autre, et la plus considérable, faisoit une espece de retraite, que nous ne pouvions troubler, parceque, toutes les fois que nous dépassions les lieux couverts pour faire un mouvement rapide, les Mamelouks, que nous avions toujours en flanc, pouvoient nous attaquer et nous culbuter; il falloit donc marcher en ordre de bataille et toujours formés pour les recevoir. Il y avoit déja six heures que nous combattions sans relâche un ennemi inexpérimenté, mais brave, fanatique, et en nombre décuple, qui attaquoit avec fureur et résistoit avec obstination: il ne se replioit qu'en masse; il falloit tuer tout ce qui avoit avancé en détachements. Harassés, haletants de chaleur, nous nous arrêtâmes un instant pour prendre haleine: nous manquions absolument d'eau, et jamais nous n'en avions eu autant de besoin. Je me rappelle qu'au fort de l'action je trouvai une cruche à l'angle d'une muraille, et que, n'ayant pas le temps de boire, tout en marchant je m'en versai l'eau dans le sein pour étancher l'ardeur dont j'étois dévoré.

Tant que l'ennemi eut ses batteries il se replioit avec confiance, parcequ'il se rabattoit sur des forces nouvelles: nous dûmes même penser que son dessein avoit été de nous attirer sur elles, mais qu'après les avoir perdues, le petit bois où il s'étoit retiré devenant son dernier point de défense, il tenteroit le sort d'un dernier combat, se jeteroit à l'eau, passeroit le Nil, ou se joindroit aux Mamelouks, et disparoîtroit avec eux; ce qu'il nous étoit impossible d'empêcher: mais, en approchant de ce bois, nous apperçûmes qu'il contenoit un gros village avec une maison de Mamelouks, fortifiée, crenelée, bastionnée, et d'une approche d'autant plus difficile que l'ennemi étoit fourni de toutes sortes d'armes et de munitions, que nous reconnûmes être des nôtres, tant par la portée des fusils que par les balles qu'il nous envoyoit. Il y avoit déja plus de deux heures que nous attaquions cette maison de tous côtés, sans en trouver un qui ne fût meurtrier; nous avions perdu soixante hommes et nous en avions eu autant de blessés: la nuit venue, on mit le feu aux maisons adjacentes, on s'empara d'une mosquée, on sépara l'ennemi du Nil, et on travailla à rétablir les pieces reprises. De leur côté les assiégés s'occupoient à augmenter le nombre de leurs creneaux, à faire des batteries basses, et à pointer des canons qu'ils n'avoient point encore employés. Des paysans, qui s'échapperent du feu des assiégeants et de celui des assiégés, vinrent nous dire que le lendemain du jour du départ du général Desaix pour aller poursuivre Mourat, les Mekkains, nouvellement descendus du désert, étoient venus attaquer *l'Italie* et la flottille qu'elle commandoit; qu'après un combat de vingt-quatre heures, ceux qui la montoient engraverent, et, craignant l'abordage, avoient brûlé la grande barque, et monté sur les petites; mais qu'un grand vent ayant constamment contrarié leur manœuvre, fatigués par le nombre et l'acharnement des assaillants, ces malheureux avoient tous été tués; que depuis ce temps les Mekkains n'avoient pensé qu'à rassembler tout ce que cette défaite leur fournissoit de moyens d'attaque et de défense; qu'ils avoient échoué un de nos bâtiments, afin de forcer tout ce qui navigueroit sur le fleuve à passer sous leur batterie, et s'étoient ainsi rendus maîtres du Nil; que, malgré tout ce qu'ils avoient perdu de monde, ils étoient encore très nombreux et très déterminés.

A la pointe du jour, nous commençâmes à battre la maison en breche: construite en briques non cuites, chaque boulet ne faisoit que son trou, et ne causoit aucun éboulement; l'incendie ne faisoit point de progrès à cause des cours qui séparoient le corps de logis de la circonvallation. A neuf heures du matin, les Mamelouks s'avancerent avec des chameaux comme pour porter des secours à la place; on marcha sur eux, et ils se retirerent sans une véritable résistance: le général Belliard, voyant que les moyens conservatifs usoient et les hommes et le temps, ordonna un assaut, qui fut donné et reçu avec une valeur inouie; on ouvrit sous le feu de l'ennemi la premiere circonvallation, et, à travers les fusillades et la sortie des assiégés, on introduisit des combustibles qui commencerent à rendre leur retraite douloureuse: un de leurs magasins sauta (*voyez pl.* LXXVII, *n*° 2); dès-lors le feu les atteignoit de toutes parts; ils manquoient d'eau, ils éteignoient le feu avec les pieds, avec les mains, ils l'étouffoient avec leurs corps. Noirs et nus, on les voyoit courir à travers les flammes; c'étoit l'image des diables dans l'enfer: je ne les regardois point sans un sentiment d'horreur et d'admiration. Il y avoit des moments de silence dans lesquels une voix se faisoit entendre; on lui répondoit par des hymnes sacrés, par des cris de combat; ils se jetoient ensuite sur nous de toutes parts malgré la certitude de la mort.

Vers la tombée du jour on donna un assaut; il fut long et terrible; deux fois on pénétra dans l'enceinte, deux fois on fut obligé d'en sortir: je n'étois pas tant effrayé de nos pertes que de la pensée qu'il faudroit recommencer de nouveaux efforts contre des ennemis toujours plus rassurés; je savois d'ailleurs que nous étions réduits à la derniere caisse de cartouches. Le capitaine Bulliot, officier d'une bravoure distinguée, périt dans la derniere tentative: cet homme, connu par une insouciante imprudence, ému d'un sentiment de prédestination, me serra la main en m'entraînant avec lui, et me dit un adieu sinistre; l'instant d'après je le vis se traînant sur les mains, et cherchant à se dérober à la mort.

Quand la nuit fut venue on fit halte: il y avoit deux jours que nous nous battions.

Au danger succédoient de tristes soins; nous entendions les cris de nos blessés, auxquels nous n'avions point de remedes à donner, auxquels, faute d'instruments, on ne pouvoit faire les plus urgentes opérations; nous avions perdu bien du monde, et nous avions encore bien des ennemis à vaincre: le besoin d'épargner de braves gens fit rétablir l'incendie à la place des assauts; on alluma des feux; à toutes les avenues on posa des postes; on se relayoit pour prendre du repos; le carré reposa en bataille; le danger commandoit l'exactitude du service: au milieu de la nuit, un âne, poursuivant une ânesse, entra au galop dans le quartier; chacun se trouva debout et à son poste avec un silence et un ordre aussi augustes que la cause en étoit ridicule.

Un malheureux évêque cophte, prisonnier dans le château, à la faveur des ténebres se sauve avec quelques compagnons, et n'arrive jusqu'à nous qu'à travers le feu de nos postes, couvert de blessures et de contusions: après avoir pris quelque nourriture, il nous conta les détails des horreurs auxquelles il venoit d'échapper. Les assiégés n'avoient plus d'eau depuis douze heures; leurs murailles ardoient; leurs langues épaissies les étouffoient; enfin leur situation étoit affreuse. Effectivement peu de moments après, une heure avant le jour, trente des assiégés les mieux armés, avec deux chameaux, forcerent un de nos postes et passerent. A la pointe du jour, on entra par les breches de l'incendie, et l'on acheva d'assommer ceux qui, à moitié grillés, opposoient encore quelque résistance. On en amene un au général; il paroissoit être un des chefs; il étoit tellement enflé, qu'en pliant pour s'asseoir, sa peau éclata de toute part: sa premiere phrase fut, Si c'est pour me tuer qu'on me conduit ici, qu'on se dépêche de terminer mes douleurs. Un esclave l'avoit suivi, il regardoit son maître avec une expression si profonde, qu'elle m'inspira de l'estime pour l'un et pour l'autre: les dangers qui l'environnoient ne pouvoient distraire un moment sa sensibilité; il n'existoit que pour son maître; il regardoit, il ne voyoit que lui. Quels regards! quelle tendre et profonde mélancolie! qu'il devoit être bon celui qui s'étoit fait chérir ainsi de son esclave! quelque affreux que fût son sort, je l'enviois: comme il étoit aimé! et moi, par un retour sur moi-même, je me disois: Pour satisfaire une orgueilleuse curiosité, me voilà à mille lieues de mon pays; j'accompagne des braves, et je cherche un ami; tandis que je m'afflige sur les vaincus, sur les vainqueurs, je vois frapper la mort autour de moi; c'est toujours sa faux que je rencontre par-tout: hier j'étois avec des guerriers dont j'estimois la loyauté, dont j'admirois la bravoure brillante; aujourd'hui j'accompagne leur convoi; demain j'abandonnerai leurs restes sur une terre étrangere qui ne peut plus être que funeste pour moi : tout à l'heure un jeune homme brillant de santé et d'audace bravoit l'ennemi qu'il alloit combattre ; je le vois attaquer une porte meurtiere, il tombe ; aux expressions du courage succedent les accents de la douleur ; il appelle en vain ; il se traîne, le feu le gagne, se communique aux cartouches dont il est chargé ; il n'a déja plus de forme, et cependant j'entends encore sa voix ; et demain.... demain son emploi consolera de sa perte le compagnon qui le remplacera. O homme, où puiserez-vous donc des vertus, si le métier le plus noble cache encore de si petites passions? Égoïsme cruel, que le malheur ne corrige point, et qui devient atroce, parceque le danger ne permet plus de le cacher ! c'est à la guerre qu'on peut vraiment le connoître et éprouver ses terribles effets. Mais tournons nos regards vers le beau côté du métier.

Le 2 au matin, le général Belliard eut le bonheur d'avoir à pardonner à ce qu'il avoit fait de prisonniers, de pouvoir les renvoyer en leur faisant connoître notre générosité et la différence de nos coutumes. Plusieurs d'entre eux, émus de reconnoissance, les larmes aux yeux, demandoient à nous suivre : les Mamelouks parurent encore ; nous marchâmes à eux : c'étoit une fausse attaque, pour donner à leurs chameaux le temps de faire de l'eau. Débarrassés du siege de la veille, nous les chassâmes jusqu'au désert : ce fut alors que nous vîmes toutes leurs forces rassemblées ; elles consistoient en mille chevaux, autant de chameaux, et environ deux mille serviteurs à pied ; le reste étoit composé des Mekkains, qu'ils avoient si perfidement engagés dans leur querelle, et si lâchement abandonnés. Nous crûmes d'abord qu'ils alloient s'enfoncer dans le désert ; mais ils resterent à mi-côte, mesurant leurs mouvements sur les nôtres, ayant en arriere des gens à cheval, qui les avertissoient par un coup de fusil, des haltes et des mouvements en avant que nous faisions. Nous sentîmes mieux que jamais combien il étoit inutile de les poursuivre quand ils ne vouloient pas se battre, et l'impossibilité de les surprendre dans un pays où il leur restoit de chaque côté du fleuve une retraite toujours ouverte et toujours assurée tant qu'ils conserveroient la supériorité de la cavalerie et qu'ils sauroient protéger leurs chameaux. Nous abandonnâmes donc une poursuite inutile, et retournâmes sagement à la garde de nos barques : le général Belliard passa le reste du jour à rassembler et faire charger ce qu'on avoit repris d'artillerie, munitions et ustensiles de guerre.

C'est après l'accès que le malade sent ce que la fievre lui a enlevé de forces. Tant que l'on avoit tiré sur nous avec notre poudre et nos boulets, nous n'avions pas calculé ce qu'il falloit en dépenser pour épuiser ou reprendre celle qu'on nous avoit enlevée ; mais, plus calmes, nous comptâmes cent cinquante hommes hors de combat, c'est-à-dire que nous avions joué à une loterie où chaque septieme billet étoit un billet rouge, et qu'ayant fait en munitions la dépense des deux côtés, il nous en restoit à peine de quoi fournir à un combat; enfin que le convoi qui devoit les remplacer étoit détruit avec tous ceux qui devoient le défendre; que nous étions à cent cinquante lieues du Caire où on ne nous croyoit aucun besoin. J'avois admiré le courage tranquille du général Belliard pendant un combat de trois jours et deux nuits, je ne fus pas moins édifié de son intelligence administrative dans les heures qui suivirent cette action, moins brillante que périlleuse: la moindre imprudence auroit mis le comble au malheur d'avoir perdu notre flotte; désastre que sa prudente intelligence n'avoit pu réparer, mais dont au moins elle avoit arrêté ce que les suites de cette perte auroient pu avoir de désastreux.

Pendant que l'on traitoit du sort des habitants qui étoient restés à Benhouth, de celui de ceux qui avoient fui, je ne fus pas peu surpris de trouver dans les postes que nous avions dans le village toutes les femmes établies avec une gaieté et une aisance qui me faisoient illusion; je ne pouvois pas me persuader qu'elles ne nous entendissent pas: elles avoient chacune fait librement leur choix, et en paroissoient très satisfaites: il y en avoit de charmantes; il leur sembloit si nouveau d'être nourries, servies, et bien traitées par des vainqueurs, que je crois qu'elles auroient volontiers suivi l'armée. Appartenir est tellement leur destin, que ce ne fut que par le sentiment de l'obéissance qu'elles rentrerent au pouvoir de leurs peres et de leurs maris; et, dans ces cas désastreux, elles ne sont point reçues avec cette jalousie scrupuleusement inexorable qui caractérise les orientaux: C'est la guerre, disent-ils, nous n'avons pu les défendre; c'est la loi des vainqueurs qu'elles ont subie; elles n'en sont pas plus flétries que nous déshonorés des blessures qu'ils nous ont faites: elles rentrent dans le harem, et il n'est jamais question de tout ce qui s'est passé. Par des distinctions aussi délicates la jalousie épurée ne devient-elle pas une passion noble dont on peut même s'enorgueillir?

Nous apprîmes que le cheikh qui commandoit, ou plutôt exhortoit les Mekkains, s'étoit sauvé vers la fin de la derniere nuit; que pendant le siege il avoit prié sans combattre; que de temps à autre il sortoit de sa retraite, disoit aux siens: Je prie le ciel pour vous; c'est à vous de combattre pour lui. C'étoit après ces exhortations que nous avions entendu ces chants pieux, suivis de cris de guerre, de sorties, et de décharges générales.

Le 21, nous nous remîmes en marche sur Kéné pour aller savoir s'il y restoit des Mekkains, et où pouvoit être le général Desaix; cette marche fut troublée par ces vents qui, sans nuages, remplissent l'air de tant de sable qu'il ne fait ni jour ni nuit: nos barques ne pouvant marcher, nous fûmes obligés de nous arrêter à un quart de lieue de ce fatal Benhouth de sinistre mémoire. Le lendemain, nous arrivâmes à Kéné à neuf heures du matin, où nous trouvâmes des lettres du général Desaix, qui ignoroit les évènements de la flotte et notre position. La ville étoit débarrassée d'ennemis, et les habitants vinrent au-devant de nous.

Kéné a succédé à Kous, comme Kous avoit succédé à Cophtos : sa situation a cet avantage qu'elle est immédiatement au débouché du désert, et sur le bord du Nil : elle n'a jamais été aussi florissante que les deux autres, parcequ'elle n'a existé que depuis que le commerce de l'Inde a été détourné et presque anéanti, soit par la découverte de la route du cap de Bonne-Espérance, soit par la tyrannie du gouvernement égyptien. Réduit au passage des pélerins, son commerce n'avoit quelque activité qu'au moment de la marche de la grande caravane. C'est à Kéné que s'approvisionnent les pélerins des oasis, ainsi que ceux de la haute Égypte, et quelques Nubiens; ils y prennent non seulement ce qui est nécessaire pour la traversée du désert jusqu'à Cosséir, mais encore pour le voyage de Gedda, de Médine, et de la Mekke, et pour le retour; car ces villes n'ont pour territoire qu'un désert pierreux (1), où l'on n'existe qu'à force d'or; de sorte que si, graces au fanatisme, la Mekke est restée un point de contact entre l'Inde, l'Afrique, et l'Europe, elle est aussi devenue un abyme dans lequel une population de cent vingt mille habitants absorbe l'or de l'Inde, de l'Asie mineure, et de toute l'Afrique.

Nos mouvements sur la Syrie, et notre guerre d'Égypte ayant ruiné la caravane de l'an six, et dissous pour l'an sept toutes celles d'Europe et d'Afrique, et les Indiens ne trouvant point d'échange aux marchandises qu'ils avoient apportées à la Mekke, son commerce, qui depuis long-temps diminue, dut éprouver à cette derniere époque un échec peut-être irréparable. En certains cas, lorsqu'un ressort d'une vieille machine se rompt, la machine s'écroule; il ne faut donc pas s'étonner si, l'intérêt se joignant au fanatisme, la croisade de la Mekke fut organisée avec autant de rapidité, et apporta contre nous toute la rage qu'inspirent les passions les plus violentes.

Le général Belliard eût poursuivi les Mamelouks effrayés et les Mekkains vaincus; mais il falloit des munitions pour rentrer en campagne, et nous en manquions absolument. Nous fûmes obligés de fortifier la maison où nous nous étions logés à Kéné, et qui nous servoit de quartier : nous ne recevions aucune nouvelle de personne, pas même de Desaix; le pays étoit couvert d'ennemis dispersés, qui arrêtoient et tuoient nos émissaires, ou les empêchoient de se mettre en route, et nous tenoient isolés d'une maniere inquiétante. L'infatigable Desaix avoit poursuivi les Mamelouks jusqu'à Siouth, avoit forcé Mourat-bey à se jeter dans les oasis; il avoit fait passer le général Friand à la rive droite, pour faire parallèlement à lui la chasse à Elfi-bey et aux corps dispersés des Mamelouks. Desaix vint nous trouver à Kéné; et nous nous remîmes en campagne.

Nous nous dirigeâmes vers Kous, où étoient les Mekkains, et d'où ils faisoient des incursions dans les villages de l'une et l'autre rive, volant et massacrant les chrétiens et les Cophtes, et les emmenant,

(1) Le pain coûte à la Mekke de huit à dix sous la livre, ce qui est énorme en orient.

afin de leur faire payer une rançon. Nous sortîmes de Kéné dans le silence et les ténebres de la nuit pour tâcher de les surprendre : nous marchâmes le long du désert pour tromper leurs avant-postes. Lorsque nous arrivâmes au village où étoit leur camp, nous ne les trouvâmes plus; ils en étoient partis à la même heure que nous nous étions mis en marche de Kéné; ils avoient pris le désert avec les Mamelouks, et s'étoient rendus à la Kittah.

Prendre le désert, en terme militaire, dans la haute Égypte, n'est pas seulement sortir des terres cultivées pour passer sur les sables qui les bordent de droite et de gauche, mais s'enfoncer dans les gorges qui traversent les deux chaînes, et qui ont des embouchures, qui deviennent des positions, des especes de postes, qu'il est important d'occuper et de défendre. Les Mamelouks avoient sur nous l'avantage de les connoître tous, de savoir le nombre de fontaines qu'on pouvoit y rencontrer. Dans la vallée qui conduit de Cosséir au Nil il y a quatre de ces fontaines; une à demi-journée de Cosséir (l'eau de celle-ci n'est bonne que pour les chameaux); la seconde à une journée et demie de la premiere; puis celle de la Kittah, à une autre journée et demie : cette derniere est très importante lorsqu'on veut occuper le désert, parce-qu'elle se trouve placée à un point de dirimation de trois chemins, dont l'un, se dirigeant au sud-ouest, débouche sur Rédisi; un autre, portant plus à l'ouest, aboutit à Nagadi ; et le troisieme, au nord-ouest, amene à Birambar, où il y a une quatrieme fontaine; et de Birambar on arrive, par trois routes d'égale longueur, à Kous, à Kefth ou Cophtos, et à Kéné.

Desaix résolut de bloquer les Mamelouks dans le désert, ou du moins de leur barrer le Nil, de gêner leurs mouvements, de les empêcher de pouvoir se séparer sans risquer d'être détruits, et enfin de les réduire par la faim : il avoit laissé trois cents hommes et du canon à Kéné; il alla se poster à Birambar avec de l'infanterie, de la cavalerie, et de l'artillerie; et nous, avec la vingt-unieme légere, nous allâmes occuper le passage de Nagadi : on eut l'imprudence de négliger Rédisi, ou bien l'on craignit de trop se disséminer. Si la gorge de Rédisi avoit pu être occupée, tous les beys de la rive droite étoient obligés de se rendre; il ne restoit plus que Mourat-bey à poursuivre, et plus de diversion à craindre.

L'espérance de voir Thebes en marchant de ce côté me fit encore avec joie tourner le dos au Caire; mon destin étoit de marcher avec ceux qui remontoient le plus haut : je suivis donc le général Belliard; je devois rejoindre bientôt Desaix; nous avions fait la veille mille projets pour l'avenir : nos adieux furent cependant mélancoliques; cette fois, notre séparation me parut plus douloureuse : devois-je penser que, si jeune, ce seroit lui qui me laisseroit dans la carriere, que ce seroit moi qui le regretterois? nous nous séparâmes, et je ne l'ai plus revu. J'étois déja à une lieue, lorsque je fus rejoint au galop par le brave Latournerie ; il étoit revenu pour me dire adieu : nous nous aimions beaucoup ; touché de ce témoignage de tendresse, je fus cependant frappé de son émotion : nous versâmes quelques larmes en nous embrassant. Le métier de la guerre peut endurcir les êtres froids, mais ses horreurs ne flétrissent point la sensibilité des ames tendres ; les liaisons formées au milieu des peines et des dangers d'une expédition de la nature de celle d'Égypte deviennent inaltérables ; c'est une espece de confraternité ; et lorsque des rapports de caractere viennent encore resserrer ces liens, le sort ne peut les briser sans troubler le reste de la vie.

En traversant Kous, dans lequel je n'étois pas entré lorsque j'avois descendu le Nil, je trouvai au milieu de la place le couronnement d'une porte de belle et grande proportion enfouie jusqu'à la simaise ; ce seul vestige, qui n'avoit pu appartenir qu'à un grand édifice, atteste que Kous a été bâti sur l'emplacement d'Apollinopolis parva (*voyez pl.* LXXX, *n*° 3). La gravité de cette ruine offre un contraste avec tout ce qui l'environne qui en dit plus sur l'architecture égyptienne que vingt pages d'éloge et de dissertation ; ce fragment paroît à lui seul plus grand que tout le reste de la ville : à une demi-lieue de Kous, dans le village de Elmécié, je trouvai le soubassement de quelques édifices en grès avec des hiéroglyphes. Étoit-ce une petite ville dont on ignore l'existence? étoit-ce un temple isolé? la dégradation de ce monument étoit trop entiere pour que je pusse en donner une idée par un dessin, et il étoit impossible de faire le plan d'aucune de ses parties. A une autre demi-lieue de là, sur une petite éminence, on voit plus distinctement le soubassement d'un temple absolument isolé de toute autre espece de ruines ; on distingue encore trois assises de grosses pierres de grès, qui servoient de stylobate, et arrivoient au sol du temple, devant lequel étoit un portique de six colonnes engagées dans le bas de leur fût. Ce monument conservant encore quelque forme dans la saillie, j'en fis un petit dessin (*voyez planche* LV, *n*° 1). Nous marchâmes encore une heure, et nous arrivâmes à Nagadi, gros et triste village assis sur le désert (*voyez planche* LXXIII, *n*° 2) ; un parti de Mamelouks l'avoit dépouillé il y avoit douze heures. Avant d'entrer dans le désert, nous envoyâmes des reconnoissances en avant, qui prirent quelques chameaux, et tuerent une trentaine de Mekkains traîneurs. Nous nous portâmes jusqu'à une enceinte qui avoit été d'abord un couvent retranché, habité par des Cophtes, qui étoit ensuite devenu une mosquée, et définitivement ne servoit plus qu'aux sépultures ; nous nous y logeâmes en en chassant les chauves-souris, et en bouleversant les tombes. Un fort, un désert, des tombeaux ! nous étions entourés de tout ce qu'il y a de triste au monde ; et si, pour échapper à l'impression que de semblables objets pouvoient apporter à notre ame, nous sortions quelquefois la nuit pour respirer quelques instants, notre respiration étoit le seul bruit qui troublât le calme du néant qui nous épouvantoit ; le vent parcourant ce vaste horizon sans rencontrer d'autres objets que nous, silencieux, nous rappeloit encore, au milieu des ténebres, l'immense et triste espace dont nous étions environnés. Voyez la situation du fort (*planche* LXXIII, *n*° 1).

Quelques marchands, qui avoient eu le bonheur de sauver leurs pacotilles des Mamelouks, n'étoient pas très rassurés sur notre compte. Dénoncés par les cheikhs de Nagadi, ils nous apporterent des présents : nous les refusâmes; ils en furent encore plus effrayés : accoutumés à voir des gens couverts d'or qui les mettoient à contribution, et nous voyant faits à-peu-près comme des bandits, ils crurent que nous allions les dévaliser; il n'y avoit pas moyen de cacher leurs richesses. Nos porte-manteaux avoient été pris sur les barques; nous avions besoin de linge, nous leur fîmes donc ouvrir leurs ballots : tout espoir finit pour eux; nous choisîmes ce qui nous convenoit, nous leur demandâmes ce que coûteroit ce dont nous avions besoin; ils nous dirent que ce seroit ce que nous voudrions; nous demandâmes le prix juste, et nous payâmes : ils furent si surpris, qu'ils touchoient leur argent pour savoir si cela étoit bien vrai; des gens armés et en force qui payoient! ils avoient parcouru toute l'Asie et toute l'Afrique, et n'avoient rien vu de si extraordinaire. Dès-lors nous eûmes toute leur estime et toute leur confiance; ils venoient faire nos déjeûners, nous apportoient des confitures de l'Inde et de l'Arabie, des cocos, et nous faisoient le meilleur café qu'il fût possible de boire : ce mélange de dénuement et de recherche avoit quelque chose de piquant; il n'y a pas de situation au monde qui n'ait ses jouissances, j'en appelle de cette vérité aux tombeaux de Nagadi.

Nagadi est un point important à occuper; il doit naturellement devenir la route la plus fréquentée du désert, puisqu'elle est la plus courte d'un jour; un commissionnaire peut venir de Cosséir à Nagadi en deux journées avec un dromadaire, et en trois à pied. Comme on ne trouve rien à Cosséir, le négociant qui y débarque en revenant de Gidda est très pressé d'arriver sur le bord du Nil; les moyens les plus courts lui paroissent donc les meilleurs; il demande des chameaux à Nagadi qui peuvent arriver le sixieme jour. Le prix dans le moment où nous y étions, étoit d'une gourde forte, c'est-à-dire cinq francs le quintal; chaque chameau en porte quatre : ce prix doit augmenter en raison du commerce plus ou moins considérable, ainsi que le prix des chameaux, qui n'étoit alors que de vingt piastres, au lieu de soixante qu'ils valoient avant notre arrivée; ce qui peut donner la mesure du malheur des circonstances, et combien la Mekke, Médine, et Gidda, ont dû souffrir des troubles de l'Égypte. Nous qui nous vantions d'être plus justes que les Mamelouks, nous commettions journellement et presque nécessairement nombre d'iniquités; la difficulté de distinguer nos ennemis à la forme et à la couleur nous faisoit tuer tous les jours d'innocents paysans; les soldats chargés d'aller à la découverte ne manquoient pas de prendre pour des Mekkains les pauvres négociants qui arrivoient en caravane, et avant que justice leur fût rendue (quand on avoit le temps de la leur rendre), il y en avoit eu deux ou trois de fusillés, une partie de leur cargaison avoit été pillée ou gaspillée, leurs chameaux changés contre ceux des nôtres qui étoient blessés; et le profit de tout cela en derniere analyse passoit aux employés, aux Cophtes, et aux interpretes, les sang-sues de l'armée, le soldat ayant sans cesse l'envie de s'enrichir, et le tambour du rassemblement ou la trompette du boute-selle lui faisant toujours abandonner et oublier ce projet. Le sort des habitants, pour le bonheur desquels sans doute nous étions venus en Égypte, n'étoit pas préférable: si à notre approche, la frayeur leur faisoit quitter leur maison, lorsqu'ils y rentroient après notre passage, ils n'en retrouvoient que la boue dont sont composées les murailles; ustensiles, charrues, portes, toits, tout avoit servi à faire du feu pour la soupe; leurs pots étoient cassés, leurs graines étoient mangées, les poules et les pigeons rôtis; il ne restoit que les cadavres de leurs chiens, lorsqu'ils avoient voulu défendre la propriété de leurs maîtres. Si nous séjournions dans leur village, on sommoit ces malheureux de rentrer, sous peine d'être traités comme rebelles associés à nos ennemis, et en conséquence imposés au double de contribution; et lorsqu'ils se rendoient à ces menaces, et venoient payer le miri, il arrivoit quelquefois que l'on prenoit leur grand nombre pour un rassemblement, leurs bâtons pour des armes, et ils essuyoient toujours quelques décharges des tirailleurs ou des patrouilles avant d'avoir pu s'expliquer: les morts étoient enterrés; et on restoit amis jusqu'à ce qu'une occasion offrît à la vengeance une revanche assurée. Il est vrai que s'ils restoient chez eux, qu'ils payassent le miri, et fournissent à tous les besoins de l'armée, cela leur épargnoit la peine du voyage et le séjour du désert; ils voyoient manger leurs provisions avec ordre, et pouvoient en manger leur part, conservoient une partie de leurs portes, vendoient leurs œufs aux soldats, et n'avoient que peu de leurs femmes ou de leurs filles de violées: mais aussi ils se trouvoient coupables pour l'attachement qu'ils nous avoient montré; de sorte que quand les Mamelouks nous succédoient, ils ne leur laissoient pas un écu, pas un cheval, pas un chameau; et souvent le cheikh payoit de sa tête la prétendue partialité qu'on lui imputoit. Il étoit bien urgent pour ces malheureux qu'un pareil état de choses finît, et qu'on pût en organiser un autre: mais comment y parvenir tant que les Mamelouks ne voudroient pas se battre, et que des bandes fanatisées et affamées comme les Mekkains se joindroient à eux?

Nous apprîmes le troisieme jour de notre séjour à Nagadi, que trois cents Mekkains avoient résolu, évitant par-tout les Français, de pousser tout à travers le désert jusqu'au Caire, de se perdre dans la population immense de cette ville, jusqu'à ce qu'ils pussent retourner dans leur patrie avec les caravanes, ou que quelque occasion leur fût offerte de se venger de nous: on nous dit qu'au moment de mourir, leur chef leur avoit suggéré ce parti, et leur avoit conseillé de ne plus tenter de nous combattre; mais le neveu de l'émir, qui lui avoit succédé dans le commandement, voulant conserver de l'autorité, et hériter de ce qui restoit du butin fait sur les barques françaises, leur avoit fait croire que le trésor qu'il en avoit tiré étoit resté dans le château de Benhouth, et que, dès que nous serions éloignés, il les rameneroit pour le reprendre; mais comme en attendant il falloit vivre, il les détachoit par pelotons, et les envoyoit marauder dans les villages; ce qu'ils exécutoient avec plus ou moins de succès; et par suite les paysans, dont ils étoient devenus le fléau, les traquoient, et en faisoient comme une chasse au loup: rencontrés par nos patrouilles, ils étoient ramassés, fusillés, et détruits comme des animaux nuisibles à la société; c'étoit ainsi qu'on leur démontroit que Mahomet n'avoit point approuvé leur croisade, et que ce n'étoit point le ciel qui l'avoit ordonnée: c'est ce qui fait le sujet du tableau (*n*° 2, *planche* LXXIX); j'y ai représenté le moment où les paysans catholiques nous les amenoient au milieu de la nuit dans les tombeaux où nous étions logés.

Le 12, le général Desaix envoya chercher trois cents hommes de notre demi-brigade, et cinquante cavaliers de ceux qui étoient avec nous, afin de remplacer à Birambar ceux qu'il emmenoit pour renforcer le poste de Kéné: nous avions appris le même jour par nos espions que les Mamelouks et les Mekkains avoient quitté la Kittah, et que leurs traces annonçoient qu'ils avoient descendu au nord pour aller déboucher à Kéné ou à Samata. Les dispositions étoient bien prises de ce côté pour les tenir dans le désert, ou les surprendre s'ils vouloient en sortir; mais toutes ces mesures furent déjouées par l'ardeur de nos soldats, et la confiance de leurs officiers: les éclaireurs du corps que le général Desaix conduisoit à Kéné rencontrerent l'arriere-garde des Mamelouks, et les chargerent. Le corps de cavalerie voulut soutenir les éclaireurs; mais s'étant imprudemment trop écarté de l'infanterie pour en être lui-même soutenu, il fut en quelques minutes chargé et sabré; deux chefs de bataillon payerent de leur vie leur imprudence, vingt dragons furent tués: l'artillerie auroit été d'un grand secours, mais elle étoit trop en avant; les Mamelouks, qui craignoient de la voir revenir, continuerent leur route, contents d'avoir échappé à nos embûches, d'avoir sauvé leur convoi, et confirmé à nos cavaliers qu'ils manœuvroient plus rapidement et savoient mieux espadonner. Deux cents hommes d'infanterie et une piece de canon eussent changé cette échaufourée en une victoire bien importante dans la détresse où se trouvoient les beys et les kiachefs déja dispersés et abandonnés par une partie de leurs Mamelouks; mais une négligente confiance, un défaut d'ensemble dans la marche, mirent un défaut d'ensemble dans l'attaque; les ordres de Desaix mal entendus et arrivés trop tard coûterent la vie à plusieurs braves officiers. Le chef de brigade Duplessis, militaire distingué, qui avoit commandé dans l'Inde, et avoit servi utilement et glorieusement sa patrie, atteint de l'inculpation de ne s'être jamais signalé dans la derniere guerre, en saisit avec fureur la premiere occasion; il oublie les ordres qu'il a reçus de se tenir sur une hauteur dans le poste inattaquable qu'il occupoit; il se porte en avant, devance ceux qu'il commande, et se précipite de sa personne au milieu des ennemis; choisissant celui qui lui semble le plus apparent, il pousse à lui: c'étoit Osman, le plus vaillant des beys; leurs deux chevaux se heurtent; celui de Duplessis s'accule: il saute sur sa selle, saisit Osman au corps, et l'étouffoit dans ses bras; mais pendant cette lutte digne de l'ancienne chevalerie, le malheureux Duplessis, qui n'avoit pas été suivi, se trouva environné, et fut percé d'un coup de lance sur le corps même de son adversaire: j'en ai fait le dessin d'après les détails qui m'ont été donnés depuis par un kiachef tout à la fois spectateur et acteur de ce combat, et qui ne parloit qu'avec enthousiasme de l'intrépidité de notre officier (*voyez pl.* LXXVIII, *n*° 3).

Le combat de Birambar, quoiqu'imprudemment combiné, eut cependant des suites presque décisives pour la dissolution du reste de la coalition des beys: nous apprîmes par des espions envoyés sur le champ de bataille que de quatre morts, deux avoient de la barbe, par conséquent que c'étoient tout au moins des kiachefs: les Mamelouks ordinaires sont rasés; ce n'est qu'en recevant quelques dignités, et par conséquent la liberté, qu'il leur est permis de se marier et de se laisser croître la barbe. Nous apprîmes depuis que l'un d'eux étoit Mustapha kiachef abou-diabe, c'est-à-dire pere de la barbe; chacun des beys et des kiachefs a un nom de guerre, soit sobriquet, soit titre honorable, qu'il change d'après les circonstances, et qui devient alternativement glorieux ou ridicule: nous sûmes aussi que Assan-bey avoit reçu une balle au cou, et un coup de sabre au bras; que Osman-bey eut presque tous les doigts coupés; que douze des plus braves de ses Mamelouks avoient été mis hors de combat; et ce qui étoit encore plus important, c'est qu'après avoir eu l'avantage dans cette rencontre, la crainte de trouver l'infanterie dans leur route, et de perdre leur équipage, leur avoit fait rebrousser chemin et les avoit fait rentrer dans le désert. Nous apprîmes par ceux que nous avions envoyés à la Kittah, qu'ils y étoient revenus faire de l'eau, et avoient pris la route de Rédisi, dirigeant leur marche sur la haute Égypte. J'avoue que toutes les dispositions militaires qui me reportoient sur Thebes et la rive droite du Nil me paroissoient les meilleures; aussi je crois que je fus le seul à me réjouir de l'ordre que nous reçûmes d'aller les atteindre, ou les pousser plus loin que Rédisi. Nous partîmes de Nagadi, suivant le revers des montagnes, derriere lesquelles marchoient les Mamelouks: nous sûmes, par quelques domestiques qui les avoient quittés à la Kittah, qu'ils étoient dans une détresse pitoyable, et qu'ils périroient tous, si dans trois jours ils n'atteignoient à Rédisi.

Nous arrivâmes vers midi sur le sol de Thebes: nous vîmes à trois quarts de lieue du Nil les ruines d'un grand temple, dont aucun voyageur n'a parlé, et qui peut donner la mesure de l'immensité de cette ville, puisqu'à supposer que ce fût le dernier édifice de sa partie orientale, il se trouve à plus de deux lieues et demie de Médinet-Abou, où est le temple le plus occidental. C'étoit la troisieme fois que je traversois Thebes; mais comme si le sort eût arrêté que ce fût toujours en hâte que je verrois ce qui devoit autant m'intéresser, je me bornai encore cette fois à tâcher de me rendre compte de ce que je voyois, et à noter ce que j'aurois à prendre à mon retour, si j'étois plus heureux. Je cherchois à démêler si à Thebes les arts avoient eu des époques et une chronologie : s'il avoit existé un palais en Égypte, ce devoit être à Thebes qu'il falloit en chercher les restes, puisque Thebes en avoit été la capitale; s'il y avoit des époques dans les arts, les résultats de ces premiers essais devoient être aussi dans la capitale, le luxe et la magnificence ne s'éloignant que progressivement de ce premier point, puisqu'ils ne marchent qu'avec l'opulence et le superflu. Enfin nous arrivâmes à Karnak, village bâti dans une petite partie de l'emplacement d'un seul temple, qui, comme on l'a dit, a effectivement de tour une demi-heure de marche : Hérodote, qui ne l'avoit pas vu, a donné une juste idée de sa grandeur et de sa magnificence; Diodore et Strabon, qui n'en virent que les ruines, semblent avoir donné la description de son état actuel; tous les voyageurs, qui tout naturellement ont dû paroître les copier, ont pris l'étendue des masses pour la mesure de la beauté, et, se laissant plutôt surprendre que charmer, en voyant la plus grande de toutes les ruines, n'ont pas osé leur préférer le temple d'Apollinopolis à Etfu, celui de Tintyra, et le seul portique d'Esnê; il faut peut-être renvoyer les temples de Karnak et de Luxor au temps de Sésostris, où la fortune venoit d'enfanter les arts en Égypte, et peut-être les montroit au monde pour la premiere fois. L'orgueil d'élever des colosses fut la premiere pensée de l'opulence : on ne savoit point encore que la perfection dans les arts donne à leurs productions une grandeur indépendante de la proportion; que la petite rotonde de Vicence est un plus bel édifice que S.-Pierre de Rome; que l'École de chirurgie de Paris est aussi grandiose que le Panthéon de la même ville; qu'un camée peut être préférable à une statue colossale. C'est donc la somptuosité des Égyptiens qu'il faut voir à Karnak, où sont entassées non seulement des carrieres, mais des montagnes façonnées avec des proportions massives, une exécution molle dans le trait, et grossiere dans l'appareil, des bas-reliefs barbares, des hiéroglyphes sans goût et sans couleurs dans la maniere dont la sculpture en est fouillée. Il n'y a de sublime pour la dimension et la perfection du travail que les obélisques, et quelques parements des portes extérieures, qui sont d'une pureté vraiment admirable; si les Égyptiens dans le reste de cet édifice nous paroissent des géants, dans cette derniere production ce sont des génies : aussi suis-je persuadé que ces sublimes embellissements ont été postérieurement ajoutés à ces colossals monuments. On ne peut nier que le plan du temple de Karnak ne soit noble et grand; mais l'art des beaux plans a toujours devancé en architecture celui de la belle exécution des détails, et lui a toujours survécu plusieurs siecles après sa corruption, comme l'attestent à la fois les monuments de Thebes comparés à ceux d'Esnê et de Tintyra, et les édifices du regne de Dioclétien comparés à ceux du temps d'Auguste.

Il faut ajouter aux descriptions connues de ce grand édifice de Karnak que ce n'étoit encore qu'un temple, et que ce ne pouvoit être autre chose; que tout ce qui y existe est relatif à un très petit sanctuaire, et avoit été ainsi disposé pour inspirer la vénération dont il étoit l'objet, et en faire une espece de tabernacle. A la vue de l'ensemble de toute cette ruine l'imagination est fatiguée de la seule pensée de le décrire: étant dans l'impossibilité d'en faire un plan, j'en traçai seulement une image pour m'assurer un jour que ce que j'avois vu existoit; il faut que le lecteur jette les yeux sur cette esquisse (*planche* XCIII, *n*° 2), et qu'il se dise que des cent colonnes du seul portique de ce temple les plus petites ont sept pieds de diametre, et les plus grandes en ont onze; que l'enceinte de sa circonvallation contenoit des lacs et des montagnes; que des avenues de sphinxs amenoient aux portes de cette circonvallation; enfin que, pour prendre une idée vraie de tant de magnificence, il faut croire rêver en lisant, parceque l'on croit rêver en voyant; mais en même temps il faut se dire relativement à l'état présent de cet édifice que sa destruction défigure une grande partie de son ensemble; tous les sphinxs sont tronqués méchamment: fatiguée de détruire, la barbarie en a cependant négligé quelques uns; ce qui a pu faire voir qu'il y en avoit qui étoient à tête de femme, d'autres à têtes de lion, de bélier, et de taureau: l'avenue qui se dirigeoit de Karnak à Luxor étoit de cette derniere espece; cet espace, qui est d'à-peu-près une demi-lieue, offre une suite continuelle de ces figures parsemées à droite et à gauche, d'arrachements de murs en pierre, de petites colonnes, et de fragments de statues. Ce point étant le centre de la ville, le quartier le plus avantageusement situé, on doit croire que c'étoit là qu'étoit le palais des grands ou des rois; mais si quelques vestiges peuvent le faire présumer, aucune magnificence ne le prouve.

Luxor, le plus beau village des environs, est aussi bâti sur l'emplacement, et à travers les ruines d'un temple moins grand que celui de Karnak, mais plus conservé, le temps n'ayant point écrasé les masses de leur propre poids. Ce qu'il y a de plus colossal ce sont quatorze colonnes de dix pieds de diametre, et, à sa premiere porte, deux figures en granit, enterrées jusqu'à la moitié des bras, devant lesquelles sont les deux plus grands obélisques connus et les mieux conservés. Il est sans doute glorieux pour les fastes de Thebes que la plus grande et la plus riche des républiques ne se soit pas cru assez de superflu, non pour faire tailler, mais seulement pour tenter de transporter ces deux monuments, qui ne sont qu'un fragment d'un seul des nombreux édifices de cette étonnante ville.

Une particularité du temple de Luxor, c'est qu'un quai, revêtu avec un épaulement, garantissoit la partie orientale qui avoisinoit le fleuve des dégradations qu'auroient pu y causer les débordements: cet épaulement, réparé et augmenté en briques dans un temps postérieur, prouve que le lit du fleuve n'a jamais changé; et la conservation de cet édifice, que le Nil n'a jamais été bordé d'autres quais, puisque dans toutes les autres parties de la ville on ne trouve pas d'autres vestiges de cette espece de construction (*voyez les planches* 48, 49 *et* 50, que j'ai dessinées depuis).

Je fis, malgré l'ardeur excessive d'un soleil du midi, un dessin de la porte du temple, qui est devenue celle du village de Luxor; rien de plus grand et de plus simple que le peu d'objets qui composent cette entrée; aucune ville connue n'est annoncée aussi fastueusement que ce misérable village, composé de deux à trois mille habitants, nichés sur les combles, ou tapis sous les plates-formes de ce temple, sans cependant que cela lui donne l'air d'être habité (*voyez pl.* L, *n*° 1).

Pendant que je dessinois, notre cavalerie étoit aux prises avec quelques Mamelouks égarés, dont ils tuerent deux, et prirent les armes et les chevaux de ceux qui trouverent leur salut en gagnant l'autre rive à la nage.

Nous partîmes à deux heures, et arrivâmes à Salamiéh après treize heures de route, comme si ce nombre d'heures de marche eût été un réglement pour toutes les journées où nous avions Thebes à traverser. Le lendemain nous rentrâmes dans le désert, et arrivâmes d'assez bonne heure devant Esnê. Le jour d'après, en nous mettant en route, nous trouvâmes un petit temple très fruste, mais cependant très pittoresque, et remarquable par son plan, et par quelques uns de ses détails (*voyez pl.* LIII, *n*° 2): il est composé d'un portique de quatre colonnes de face, de deux pilastres, et de deux colonnes de profondeur; le sanctuaire au milieu, et deux pieces latérales, dont celle de droite est détruite; dans le portique il y a une porte prise dans l'épaisseur du mur latéral de droite, dont l'usage ne pouvoit être que celui d'un petit sanctuaire à déposer les offrandes. Une autre singularité dans l'élévation de l'édifice, c'est que les chapiteaux des deux colonnes du milieu du portique sont avec des têtes en relief, et que les deux autres sont à chapiteaux évasés: cet édifice est un des plus frustes que j'aie vus en Égypte: cette grande dégradation tient sans doute à la nature du grès dont il est construit; les accessoires sont mieux conservés que dans les autres temples, ce que l'on doit attribuer sans doute à l'emploi d'une meilleure nature de brique; on y peut reconnoître assez distinctement la circonvallation du temple, dans laquelle étoient contenus les logements des prêtres; toute cette enceinte étoit un peu élevée au-dessus de la très petite ville de Contra-Latopolis, qui étoit bâtie à l'entour de ce monument. Il semble qu'il étoit d'usage que toutes les grandes villes bâties sur le bord du Nil eussent à l'autre rive une autre petite ville ou port, et peut-être cette autre ville étoit située ainsi pour la commodité du commerce. A peine faisoit-il jour, la troupe défiloit; je n'eus le temps de faire que très rapidement le dessin que je viens de décrire; je regrettai de n'avoir pas celui d'étudier mieux les détails du plan et des fabriques accessoires au temple.

Nous continuâmes de longer la montagne: à cette hauteur la partie droite de l'Égypte est si étroite, qu'à deux reprises la chaîne s'approche jusqu'au Nil; notre artillerie eut de la peine à passer, ce qui nous fit perdre une partie considérable de la journée: au-delà de ces passages les rochers changerent de nature; nous trouvâmes les carrieres de grès d'où sans doute sont sortis la ville et les temples de Chenubis, où nous arrivâmes une heure après. A un quart de lieue en avant de cette ville sont deux tombeaux taillés dans le rocher, et un petit sanctuaire, entouré d'une galerie, avec un portique: ce monument étoit isolé, et placé là comme les chapelles que la catholicité a dans les campagnes; j'en fis à la hâte un petit dessin (*voyez pl.* LXXV, *n*° 1), et courus au galop en faire un autre du temple ou des temples de Chenubis; car les ruines que l'on trouve dans cette ville sont si morcelées et dans des proportions si différentes entre elles, qu'il est très difficile de se rendre compte de ce qu'en pouvoit être le plan (*voyez la vue*, *pl.* LXXV, *n*°. 3). Ce qu'il y a de plus considérable et de plus élevé sont six colonnes, dont trois à chapiteaux, que je nommerai à renflement, paralleles à trois autres, à chapiteaux évasés, unis par un entablement, ainsi que j'avois pu le distinguer en passant sur la barque: je pus voir de plus près qu'elles n'étoient pas bâties du même temps; que celles à chapiteaux évasés n'avoient jamais été finies, et avoient été ajoutées en galerie aux premieres. Devant ce fragment, au sud, on voit les soubassements d'un portique, que l'on reconnoît aussi n'avoir pas été achevé; toujours au sud est un morceau de granit, qui paroît être les restes d'une statue colossale: à la partie orientale étoit une piece d'eau, revêtue et décorée à son pourtour d'une galerie en colonnes; dans la partie occidentale de la ville, on voit encore la porte d'un sanctuaire, et deux fragments, de proportion très petite, dont il est difficile de se rendre compte; en avant du tout étoit un revêtissement en forme de quai, sur le Nil. Parmi ces ruines d'architecture on en trouve aussi quelques unes de sculpture, entre autres celles d'un groupe de deux figures accouplées, de trois pieds de proportion, dont les têtes ont été brisées. Ce que Chenubis a de plus particulier, c'est une enceinte de muraille, bâtie en brique non cuite; cette muraille, de forme conique, a plus de vingt-cinq pieds d'épaisseur à sa base: cet ouvrage extraordinaire existe encore en grande partie dans son entier. Est-ce un ouvrage arabe? l'histoire n'en fait mention nulle part; d'ailleurs il n'y a aucuns débris, ni décombres de fabriques arabes dans l'enceinte de Chenubis: si c'étoit un ouvrage de la haute antiquité, il nous apprendroit qu'il n'est pas besoin de faire jamais de fortification d'une autre espece en Égypte, excepté pour les chambranles et embrasures, et toutes les parties où il y a fatigues de mouvement. Ici toutes les grandes masses ont complètement résisté au temps, et pourroient encore servir de défense.

Après avoir fait à toutes voiles un dessin de Chenubis en descendant le fleuve en barque, il m'en fallut faire à toute bride un autre en remontant par terre, maudissant la guerre, les guerriers, et l'importance de leurs opérations, qui me faisoient toujours tout quitter pour courir en vain après des gens qui faisoient en un jour plus de chemin que nous en trois, et auxquels nous avions laissé les passages ouverts : c'étoit pour aller de grand jour coucher à trois quarts de lieue de Chenubis que cette vaine hâte avoit été ordonnée si impérieusement. Le lendemain, après avoir marché une heure, nous trouvâmes à rase terre les arrachements de deux temples, dont il est impossible de prendre ni plan ni vue; ils semblent être restés là seulement pour marquer l'emplacement de la ville de Junon-Lucine, que l'infaillible d'Anville a placée à cette hauteur. Nous arrivâmes enfin par le désert à la gorge de Rédisi, qui est un quatrieme débouché de la Kittah, mais qui n'est pas pratiqué par le commerce, et dont la route avoit été fatale aux Mamelouks, car ils y avoient presque tous perdu leurs chevaux, une partie de leurs chameaux, nombre de serviteurs, et vingt-six femmes, de vingt-huit que les beys avoient emmenées: leur marche étoit tracée par les désastres qu'ils laissoient derriere eux, les tentes, les armes, les habits, les cadavres de chevaux exténués, les chameaux restés sous le poids de leur charge, des serviteurs, des femmes abandonnées. Qu'on se peigne le sort d'un malheureux, haletant de fatigue et de soif, la gorge desséchée, respirant avec peine un air ardent qui le dévore; il espere qu'un instant de repos lui rendra quelques forces; il s'arrête, il voit défiler ceux qui étoient ses compagnons, et dont il sollicite en vain le secours; le malheur personnel a fermé tous les cœurs; sans détourner un regard, l'œil fixe, chacun suit en silence la trace de celui qui le précede; tout passe, tout fuit; et ses membres engourdis, déja trop chargés de leur pénible existence, s'affaissent, et ne peuvent être ranimés ni par le danger ni par la terreur: la caravane a passé; elle n'est déja pour lui qu'une ligne ondoyante dans l'espace, bientôt elle n'est plus qu'un point, et ce point s'évanouit; c'est la derniere lueur de la lumiere qui s'éteint: ses regards égarés cherchent, et ne rencontrent plus rien; il les ramene sur lui-même, et bientôt ferme les yeux pour échapper à l'aspect du vide affreux qui l'environne; il n'entend plus que ses soupirs; ce qui lui reste d'existence appartient à la mort; seul, tout seul au monde, il va mourir sans que l'espoir vienne un instant s'asseoir auprès de son lit de mort; et son cadavre, dévoré par l'aridité du sol, ne laissera bientôt que des os blanchis, qui serviront de guide à la marche incertaine du voyageur qui aura osé braver le même sort.

C'est le tableau que nous offrit la trace du passage des Mamelouks ; c'est à ces signes effrayants que nous reconnûmes la direction de leur marche : il y avoit trois jours qu'ils étoient passés ; ils avoient remonté vers les cataractes, et étoient allés se rafraîchir dans une isle entre Baban et Ombos. J'ai déja parlé de l'abondance de cette isle dans ma route de Syene : leur état de détresse nous tranquillisant sur leurs intentions, nous bornâmes là notre poursuite dans un pays où nous ne pouvions espérer de trouver aucunes ressources, les Mamelouks qui nous précédoient ayant dû achever de les consommer.

Nous vînmes camper, ou, pour mieux dire, nous reposer près du fleuve ; nous nous établîmes parmi des tombeaux, et près de deux arides mimosa, qui pouvoient seuls nous indiquer qu'on avoit vécu là, et que la nature y végétoit encore. On renvoya tout ce dont on pouvoit se passer à Etfu ; et j'accompagnai ce surplus, dans l'espérance de voir à mon aise le sublime temple d'Apollinopolis, le plus beau de l'Égypte, et le plus grand après ceux de Thebes : bâti à une époque où les arts et les sciences avoient acquis toute leur splendeur, toutes les parties en sont également belles dans leur exécution ; le travail des hiéroglyphes également soigné, les figures plus variées, l'architecture plus perfectionnée que dans les édifices de Thebes, qu'il faut reléguer à des temps bien antérieurs. Mon premier soin fut de prendre un plan général de l'édifice (*voyez pl.* LXI, *n*° 2 ; *voyez aussi l'explication*). Rien de plus simple que les belles lignes de ce plan, rien de plus pittoresque que l'effet produit dans l'élévation par la variété des dimensions de chaque membre de ce bel ensemble : tout ce superbe édifice est posé sur un sol élevé qui domine non seulement le pays, mais toute la vallée (*voyez planche* LVIII, *n*° 2) : sur un plan beaucoup plus bas et tout près de ce grand temple en est un petit, presque enfoui jusqu'à son comble (*voyez planche* LVII, *n*° 1) ; ce qui en reste encore d'apparent est dans un creux entouré de décombres, qui laissent voir un petit portique de deux colonnes et de deux pilastres, un péristyle et le sanctuaire du temple, autour une galerie en pilastre. Une colonne avec un chapiteau, qui sort des décombres à quarante pieds en avant du portique, et un angle de mur, à cent pieds au-delà, attestent qu'il y avoit encore une cour devant ce temple : une singularité de ce monument, c'est que dans un édifice d'une exécution aussi recherchée les portes ne sont point régulièrement au centre. On doit croire qu'il fut dédié au mauvais génie, car la figure de Typhon est en relief sur les quatre côtés de la dalle qui surmonte chacun des chapiteaux (*voyez pl.* LX, *n*° 9) ; toute la frise et tous les tableaux de l'intérieur sont analogues à Isis se défendant des attaques de ce monstre (*voyez planche* CXVI, *n*° 6). Je fis une vue du rapprochement de ce petit temple avec le grand (*voyez planche* LVI, *n*° 1) ; j'en fis une autre du grand temple en sens contraire (*planche* LVI, *n*° 2), qui peut donner l'idée de sa position dans la vallée ; j'en fis une troisieme de l'intérieur de ce même temple pris à l'angle du portique, qui offre l'aspect de la cour, de ses galeries, et de la porte extérieure (*voyez pl.* LVII, *n*° 2), et j'augmentai considérablement ma collection d'hiéroglyphes, particulièrement par le dessin de la frise de l'intérieur du portique (*voyez planche* CXXXI, *n*° 3; *voyez aussi l'explication des planches*) : je dessinai plusieurs chapiteaux (*voyez pl.* 59, *n*° 2, 4, 6, 8, 10, *et* 11).

Le second jour, le général Belliard arriva, et nous partîmes le lendemain. A quelque distance d'Etfu, je trouvai sur la rive du Nil les restes d'un quai près l'embouchure d'un grand canal; aucune autre ruine n'accompagne ce fragment: deux escaliers qui viennent à la rencontre l'un de l'autre annoncent cependant que ce n'est pas simplement pour résister au fleuve qu'avoit été construit ce quai; les escaliers qui servoient à y descendre étoient d'un usage journalier qui suppose la présence antique d'une ville, ou tout au moins d'habitations dont on a perdu le nom et la mémoire : j'en fis le dessin (*voyez pl.* LXII, *n*° 2). Nous repassâmes sur les ruines d'Hiéracopolis, dont j'ai déja parlé (*voyez pl.* LIV *bis*; *n*° 2), et nous vînmes coucher à quatre lieues d'Etfu : nous nous remîmes en route à une heure du matin, et arrivâmes à Esné le 23 germinal, rendus de fatigue. Je me berçois de l'espoir d'obtenir quelques jours de repos ; mais nous apprîmes à notre arrivée que le reste des Mekkains unis à quelques Mamelouks avoient marche sur Girgé ; que, prévenus et battus à Bardis, ils n'en avoient tenu compte, et étoient venus à Girgé pour piller le bazar, où une partie avoit été cernée et battue de nouveau, et que cependant le peu de ceux qui restoient étoient encore à craindre, parcequ'ils ameutoient des fanatiques: nous nous remîmes donc en route pour retourner occuper les bouches du désert. Nous employâmes toute une nuit à passer le fleuve : lorsque nous nous mîmes en route, le soleil étoit élevé et déja brûlant; nous fîmes halte sous l'ardeur de ses rayons, et vînmes ensuite coucher à Salamié. Le lendemain, après quelques heures de marche, j'apperçus pour la quatrieme fois les restes de Thebes : j'en fis une vue dans une situation d'où l'on pouvoit découvrir à la fois toutes les ruines de l'un et de l'autre côté du fleuve, depuis Karnak jusqu'à Medinet-Abou, c'est-à-dire l'espace de six milles (*voyez planche* XLVIII, *n*° 1). Il reste cependant encore hors de cette vue une ruine au nord-est, au village de Guédime, à trois quarts de lieue en arriere, ce qui donne à Thebes plus de deux lieues et demie de traversée; occupées par des monuments : nous nous arrêtâmes cette fois à Karnak; ce qui fut une premiere bonne fortune pour moi. Ne pouvant à moi seul lever le plan ni faire de grandes vues de cette masse de ruines, qui au premier aspect ressemble à un chantier de carrieres, ou plutôt à des montagnes entassées, mon projet fut d'employer les deux heures que nous devions y passer à dessiner les bas-reliefs historiques, prendre et donner une idée de cette sculpture primitive, du style et de la composition des tableaux de ce temps, et de l'état de cet art, à une époque si reculée, qu'il est possible que c'en soient là les plus anciennes productions.

Je dessinai les fragments les plus conservés (*voyez planche* CXXXIII), un Pharaon, Memnon, Ossimandue, peut-être Sésostris combattant seul sur un char; il poursuit des nations lointaines portant barbe et de longues tuniques; il les culbute dans un marais; il les oblige à se réfugier dans une forteresse. Dans le fragment *n*° 1, il renverse le chef, déja atteint d'une fleche: *n*°. 2, il ramene les captifs: *n*° 4, il les présente enchaînés aux trois divinités de la protection desquelles il tient sans doute la victoire; car il est à remarquer que, dans toutes les actions ci-dessus, ses armes ont toujours été accompagnées et protégées par un ou deux éperviers emblématiques. Les divinités auxquelles il fait ses offrandes sont celles de l'abondance, sous la figure d'un Priape, tenant de sa main droite un fléau; c'étoit à ce dieu qu'étoit consacré le temple de Karnak, le plus grand de Thebes, un des plus anciens et des plus grands qui aient jamais été construits. A prendre depuis le sanctuaire jusqu'aux murs de circonvallation, ce dieu est présenté de la maniere la moins équivoque par le trait qui le caractérise. J'aurois voulu aussi dessiner le bas-relief, représentant un navire conduit par des nautonniers; mais il est trop ruiné, et manque de tout ce qui pourroit éclaircir le sens qu'il renferme. La journée s'avançoit, et nous n'avions encore rien mangé: les voyageurs ne sont pas comme les héros de romans, ils sentent quelquefois le besoin de se restaurer: le soleil nous gagna; il fut résolu que nous coucherions à Karnak. Je me remis bien vîte à l'ouvrage, je parcourus les ruines; je me convainquis qu'il faudroit huit jours pour lever un plan un peu satisfaisant de ces groupes d'édifices enceints dans la même circonvallation. Je m'en tins donc encore à la petite image sans mesure que j'en avois faite à l'autre voyage, pensant qu'à l'aide de quelques lignes je ferois encore mieux concevoir quelle est la forme de cet édifice, qu'en en donnant une longue description (*voyez pl.* XCIII, *n*° 2).

Je n'ai pu mesurer à la toise quelle pouvoit être la surface de ce groupe d'édifices, mais, à plusieurs reprises, en suivant à cheval les traces de son enceinte, j'ai toujours mis vingt-cinq minutes, allant au trot, pour en faire le tour. Cette circonvallation étoit ouverte par six portes qui existent encore, dont trois étoient précédées d'avenues de sphinxs; elle contenoit non seulement le grand temple, mais trois autres absolument distincts, ayant tous leurs portes, leurs portiques, leurs cours, leurs avenues, et leur enceinte particuliere. Étoient-ce des temples? étoient-ce des palais? les souverains logeoient-ils sous les portiques des temples? ou leurs palais étoient-ils semblables à ces édifices? ou enfin n'occupoient-ils que des maisons d'une construction qui n'a pu résister au temps? ce qu'il y a de certain, c'est que, s'ils habitoient ce que nous devons regarder à leur distribution comme des édifices sacrés, ils n'étoient pas commodément logés: de grandes cours avec des galeries ouvertes, des portiques formés d'entre-colonnements étroits, ne pouvoient être que désagréables à habiter; le peu de chambres qui existent, petites, sans air ni lumiere, couvertes de pieuses allégories, ne devoient pas récréer leurs yeux ni leur imagination : j'ai été d'ailleurs dans le cas d'observer qu'une partie de ces chambres obscures contenoit de petits tabernacles, renfermant sans doute, ou la figure de la divinité, ou l'animal qui en étoit l'emblême, ou le trésor du temple; ce qui en faisoit tout naturellement un lieu sacré, et fermé pour tout autre que pour les prêtres. Il est donc à croire que c'étoient des colleges nombreux de ces prêtres qui occupoient les vastes enceintes de ces édifices, et que, dépositaires des lumieres, ils l'étoient aussi du pouvoir et de ses moyens.

Quelle monotonie! quelle triste sagesse! quelle gravité de mœurs! J'admire encore avec effroi l'organisation d'un pareil gouvernement; les traces qu'il a laissées me glacent et m'épouvantent encore. La divinité, sacerdotalement vêtue, d'une main tient un crochet, de l'autre un fléau, l'un sans doute pour arrêter, et l'autre pour punir : la loi porte partout la chaîne, et la mesure; je vois les arts se traîner sous le poids de cette chaîne, et son génie m'en paroît accablé: ce signe de la génération tracé sans pudeur jusqu'au sanctuaire des temples m'annonce que pour détruire la volupté ils en avoient encore fait un devoir : pas un cirque, pas une arene, pas un théâtre! des temples, des mysteres, des initiations, des prêtres, des victimes! pour plaisirs, des cérémonies! pour luxe, des tombeaux! Le mauvais génie de la France évoqua sans doute l'ame d'un prêtre égyptien, lorsqu'il anima le monstre qui imagina, pour faire notre bonheur, de nous rendre tristes et atrabilaires comme lui. (Voyez la description du plan à l'explication des planches XCIII, n° 2.)

Après avoir parcouru l'espace qu'il falloit observer pour avoir les détails de l'édifice, je me trouvai à la partie sud-ouest de cette enceinte, où sont compris d'autres temples particuliers : je fis la vue d'un de ces temples (*voyez pl.* XLIII, *n°* 3). L'intérieur du monument me fit éprouver une sensation nouvelle : derriere les deux môles que l'on voit dans l'estampe est un portique ouvert de vingt-huit colonnes; ce portique, lourd dans ses proportions, a un caractere dont l'austérité fait la noblesse; tant il est vrai qu'en architecture, quand les lignes sont longues, qu'il y en a peu, et que rien ne les coupe, l'effet est toujours grand et imposant! Au fond de ce premier portique, une large porte en laisse voir un second, porté par huit colonnes sur deux rangs, de proportion encore plus grave, et d'un caractere que l'obscurité rend encore plus terrible; c'est le temple des Euménides : une piece longue et étroite suivie de deux autres plus obscures précede un sanctuaire, absolument enfoui; un mur de circonvallation isole ce monument, qui semble être l'asyle de la terreur. J'avois fait un dessin de la vue extérieure de cet édifice; je voulois en faire un de l'intérieur avec le sentiment qu'il m'inspiroit; mais j'éprouvai à cet instant un tel degré de lassitude physique et morale, que je ne trouvai plus de faculté pour exécuter; j'étois épuisé, j'étois incapable de rendre ce que je concevois : j'avois dessiné des bas-reliefs, des hiéroglyphes; j'avois pris connoissance de toutes les localités; j'avois fait une vue générale du temple, prise de la porte de l'est, qui est le point d'où on découvre quelques formes à ce chantier de carriere, qu'ont laissé les écroulements de ces édifices gigantesques, et dont chaque débris ne se distingue que par la réflexion et dans l'éloignement (*voyez pl.* XLIII, *n*° 2); et enfin j'avois fait encore une autre vue de la partie sud de ces édifices (*même planche*, *n*° 3).

Il avoit fait si chaud que le sol m'avoit brûlé les pieds à travers ma chaussure; je n'avois pu me fixer pour dessiner qu'en faisant promener mon serviteur entre le soleil et moi, pour rompre les rayons et me faire un peu d'ombre de son corps; les pierres avoient acquis un tel degré de chaleur, qu'ayant voulu ramasser des agates-cornalines, que l'on trouve en grand nombre dans l'enceinte même de la ville, elles me brûloient au point que, pour en emporter, j'avois été obligé de les jeter sur mon mouchoir, comme on toucheroit à des charbons ardents. Harassé, j'allai me jeter dans un petit tombeau arabe, qu'on nous avoit préparé pour la nuit, et qui me parut un boudoir délicieux, jusqu'au moment où l'on me dit que, lors de notre dernier passage, on y avoit égorgé un des nôtres qui étoit resté en arriere de la colonne : les marques de cet assassinat, empreintes encore contre les murs, me firent horreur; mais j'étois couché, je m'endormis; j'étois si las, que je crois que je ne me serois pas relevé de dessus le cadavre même de cette malheureuse victime.

Nous partîmes le lendemain avant le jour : j'emportois cette fois plus de dessins et moins de regrets; je soupirois cependant dans la pensée que je quittois peut-être Thebes pour toujours : sa situation éloignée de tout établissement, la férocité de ses habitants, le miri payé, tout me démontroit qu'il falloit renoncer à l'espoir d'y revenir : je n'avois pas vu les tombeaux des rois; mais il falloit des soldats pour les aller chercher, et les troupes étoient fatiguées outre mesure par les marches forcées et répétées qu'elles venoient de faire; je me recommandai aux évènements, et dans la suite ils seconderent mes desirs.

A la pointe du jour, je m'approchai assez près de Guédime pour voir la ruine qui y existe : quatre colonnes portent encore trois pierres de leur entablement, et en avant on voit la base de deux môles, absolument ruinés et sans forme; ce sont les seuls fragments qui restent d'un monument, qui aujourd'hui a du moins le grand avantage de servir comme de jalons pour mesurer monumentalement l'extension de Thebes.

A midi, nous arrivâmes à Kous, où nous apprîmes que les Mekkains avoient passé par les mains de tous nos détachements, et en fuyant avoient passé à Tata sous le sabre de notre cavalerie, qui, pour la tranquillité du pays, avoit exterminé tout ce qui en restoit; leurs besoins les avoient rendus un véritable fléau, et les propriétaires les poursuivoient comme des bêtes féroces.

Les habitants de Kous, toujours bien intentionnés, et qui nous avoient accueillis lors même qu'ils croyoient que nous marchions à une perte certaine, vinrent au-devant de nous, et nous reçurent comme des triomphateurs.

Le chérif de la Mekke avoit envoyé au général Desaix pour protester contre l'expédition de ses compatriotes, et pour proposer alliance et amitié; les villes de Gidda et de Tor demandoient aussi la paix, et Cosséir offrit de se soumettre. Nous sûmes que Soliman et un autre bey étoient allés avec leurs femmes aux oasis; nous pûmes juger de la détresse des autres à la soumission des habitants, au paiement volontaire du miri, au rapprochement des chefs d'Arabes, et à une hilarité répandue dans le pays, que je n'avois pas encore vue, et qui me fit espérer qu'à l'avenir nous pourrions faire en même temps le bonheur des naturels du pays, et la fortune des colons.

Desaix fit annoncer que les terres ensemencées qui avoient été mangées en herbe par les Mamelouks et par les Français ne paieroient pas le miri : ce premier réglement d'équité charma les habitants autant qu'il les surprit; mais ils furent entièrement conquis lorsqu'on leur déclara qu'ils pouvoient se vêtir sans distinction, comme le leur permettroient leurs moyens, sans que cela compromît leurs propriétés. Des négociants de Cosséir, qui s'étoient tenus cachés, sortirent de leur village, et vinrent acheter du bled à Kené; ceux de Gidda arriverent sur leurs vaisseaux chargés de café, et vinrent avec ceux de Cosséir offrir de payer un droit qui n'étoit plus arbitraire. Enfin nous commençâmes à voir de l'argent arriver sans baïonnettes, la paille, l'orge, et les bœufs, garnir nos magasins et nos parcs; et les chefs de village nous promirent au nom des cultivateurs que la campagne, alors ridée et seche, seroit l'année prochaine verdoyante, et couverte de moissons, dont le seul miri surpasseroit la totalité de la récolte de cette année.

Les caravanes députoient aussi vers nous et nous demandoient des passeports; les Mamelouks abandonnés par leurs maîtres venoient nous apporter leurs armes, nous demander à servir dans l'armée : nous avions donc le spectacle satisfaisant de l'écroulement d'un gouvernement odieux à tous, sans ressources dans sa détresse, et ne conservant pas une seule base sur laquelle il pût fonder son rétablissement.

Également éloignés d'Elfi-bey, qui avoit descendu le fleuve, et d'Osman, qui l'avoit remonté jusqu'à Syene, nous nous reposâmes quelques jours à Kous : je fis le dessin du couronnement d'une porte, le seul morceau d'antiquité qui reste de l'ancienne Apollinopolis parva (*voyez pl.* LXXX, *n*° 3). Ce seul fragment semble plus grand que tout le reste de la ville; il offre un tableau frappant du caractere monumental de l'architecture des Égyptiens; le reste de cet édifice est sans doute enfoui sous la montagne d'ordures sur laquelle est bâtie la ville moderne. Je copiai aussi ce qui restoit d'une inscription écrite sur le listel de la gorge du couronnement de cette porte (*même planche*, *n*° 2) : cette inscription étoit postérieure au monument; j'ai cru voir une adroite flatterie d'un préfet de la haute Égypte au temps des Ptolémées, qui, après vingt ou trente siecles, s'est avisé, à la suite de quelques réparations, de dédier ce temple à ses maîtres, d'écrire leurs noms sur cette porte, et de charger ce monument de les porter à la postérité : en effet la gloire des rois ne traverse la nuit des temps qu'inscrite sur les monuments qu'élevent les arts; privés de leur éclat, certains siecles sourds et muets dévorent les évènements, ne laissent échapper que des noms ternes dont la mémoire ne veut pas se charger, et que l'histoire répete en vain. Que seroit Achille sans le poëme d'Homere, qui est aussi un monument? C'est par les monuments qu'on connoît Sésostris; les arts chaque jour nous répetent le nom de Périclès; ils font toute la gloire du beau siecle d'Auguste; celui de Médicis illustre la Toscane, et le tombeau de Laurent rayonne de lumieres, tandis qu'on cherche en vain ceux des Genseric, des Attila, des Tamerlan, ces ouragans, ces fléaux de la terre qui renversent, ravagent, passent, et se perdent dans la poussiere du tourbillon qu'ils avoient élevé.

Je trouvai dans les champs, près la partie basse de la ville, un fragment d'un tabernacle, ou d'un temple monolite, qui, avant d'être brisé, avoit servi d'abreuvoir près d'une citerne; un des chambranles, conservé dans son entier, laisse voir encore une inscription en hiéroglyphe, aussi complete que précieusement exécutée : je la copiai; un petit fragment de cette espece est à lui seul un monument, une irrévocable attestation des lumieres et de la culture de la nation à laquelle il a appartenu (*voyez pl.* CXVIII, *n*° 3).

Nous partîmes de Kous et vînmes à Kéné, où nous trouvâmes nombre de négociants de toutes les nations. En se mettant en communication avec les gens des contrées les plus étrangeres, les points éloignés se rapprochent; en comptant les jours de marche, et quand on voit les moyens de les franchir, les espaces diminuent, ils cessent d'être immenses, ils disparoissent, pour ainsi dire, lorsqu'on s'y trouve engagé; la mer Rouge, Gidda, la Mekke, devenoient des lieux voisins du point que nous habitions; et l'Inde semble leur être, pour ainsi dire, contiguë : de l'autre côté, les oasis n'étoient plus qu'à trois journées de nous; elles cessoient d'être un pays perdu pour notre imagination : d'oasis en oasis, par des marches d'une journée ou de deux au plus, on s'approche de Sennar, qui est une des capitales de la Nubie, qui sépare l'Égypte de l'Abyssinie, ainsi que de Darfour, qui est sur la route, et fait le commerce avec les Tomboutyns, le peuple qui est maintenant l'objet de notre curiosité en Afrique, et dont, il y a peu de mois, l'existence étoit encore problématique : il est vrai que s'il ne faut que quarante jours pour aller à Darfour, il en faut cent de plus pour arriver à Tombout. Mais enfin voici la route de Darfour, où arrivent les habitants de Tombout ; un négociant, que je trouvai à Kéné, et qui avoit fait souvent ce voyage, me donna l'itinéraire que je joins ici (1). Nous trouvâmes aussi nombre de marchands turcs, maures, et mekkains, apportant du café, des toiles des Indes, venant acheter du bled.

Malgré ces bonnes dispositions et le calcul des gens sensés, la masse de la nation, ceux qui n'avoient rien à perdre, accoutumés à appartenir à des maîtres cruels, prenant pour foiblesse ce que nous leur montrions d'équité, continuoient de se laisser séduire par les beys, qui, profitant du préjugé de la religion, de l'avantage que leur donnoit le langage auquel ces malheureux avoient coutume d'obéir, organisoient encore des rassemblements à huit à dix lieues de nous.

Bénéadi, village de deux milles de longueur, appuyé sur le désert, composé de douze mille habitants toujours rebelles à tout gouvernement, avoit appelé les Arabes : une caravane de Darfour venoit d'y arriver ; Mourat-bey avoit saisi cette circonstance ; il avoit trouvé le moyen, par ses intelligences, de soulever les uns, de fanatiser les autres, et de leur faire prendre tout-à-coup les armes. Le général Davoust fut envoyé avec la cavalerie à Bénéadi ; la tranquillité générale exigeoit la destruction de ce volcan qui menaçoit sans cesse : livré un instant à l'ardeur qu'inspiroit le butin que le soldat pouvoit y faire, le village disparut ; les habitants dispersés se joignirent à ce

(1) Route de Siut a Darfour et Sennar, par Dongola.

De Siut par le désert, en se dirigeant au sud-ouest, quatre journées pour arriver à Korg-Elouah, l'oasis le plus peuplé et le plus cultivé : on y trouve de l'eau douce et courante, qui sort de terre et y rentre de nouveau ; il y a une forteresse et un gros village.

De Korg-Elouah à Boulague, qui est un autre oasis, une demi-journée ; il y a un petit village, de l'eau d'un bon goût, mais qui donne quelquefois la fievre à ceux qui n'y sont pas accoutumés.

De Boulague à él-Bsactah une journée ; de l'eau saumâtre.

De él-Bsactah à Beris une demi-journée ; il y a un grand village et de l'eau assez bonne.

De Beris à él-Mekh deux heures ; encore de l'eau, dont il faut faire provision, parcequ'à él-Mekh les oasis cessent, et qu'on ne trouve plus que de l'eau salée tout le reste de la route. Marchant toujours dans la même direction, après six jours de marche, on arrive à Desir.

De Desir à Selima trois jours ; eau salée, mais moins mauvaise.

De Selima à Dongola, où on retrouve le Nil, quatre jours ; il faut renouveler les provisions.

De Dongola, se dirigeant plus à l'ouest, à él-Goyah, quatre jours.

De él-Goyah à Zagaoné six jours ; eau salée, mais fraîche.

De Zagaoné à Darfour, dix journées, sans trouver ni eau ni village.

Arrivé à Dongola, il y a dix-sept journées de marche pour aller à Sennar, en se dirigeant au sud ; et de Sennar à Darfour douze journées de traversée marchant de l'est à l'ouest.

Il faut penser que, dans une telle route, celui qui ne peut suivre est abandonné, parceque l'attendre seroit compromettre le salut de toute la caravane.

qui restoit de Mekkains, marcherent sur Miniet, et furent encore battus dans un second combat.

Dans le butin de Bénéadi, il se trouva une quantité immense de femmes, de filles du pays, et d'esclaves de la caravane : les premiers à qui les femmes échurent en partage les négocierent à grand marché; mais, comme il arrive en certaines villes de l'Europe à certaines femmes que nous pourrions citer, à chaque mutation elles doubloient de prix; toute la différence qu'il y avoit avec celles ci, c'est qu'au lieu d'en devenir plus insolentes, modestement elles suivoient avec une impassible résignation tous ceux à qui l'un après l'autre elles étoient adjugées, jusqu'à ce qu'enfin leur pere, leur mari, ou leur ancien maître, sans prendre d'autres informations, vinssent les racheter des derniers enchérisseurs beaucoup plus cher qu'elles ne leur avoient coûté. Cela paroît tout d'abord ne pouvoir s'accorder avec les mœurs et la jalousie musulmanes; mais, ainsi que nous l'avons déja observé, ils disent à cela très sensément : Est-ce leur faute si nous n'avons pas su les défendre?

Mourat-bey, qui par le désert étoit venu nous couper la communication avec le Caire, vit attaquer et détruire ses alliés sans oser venir à leur secours; il se contenta de se mettre en mesure pour nous tenir en échec sans se compromettre; il temporisoit en attendant les circonstances; ce n'étoit point encore pour lui le moment d'accepter ou de demander des conditions; rien ne pouvoit baser un traité entre nous : quel intérêt politique ou commercial eût pu alors garantir respectivement une mutuelle bonne foi? accoutumé d'ailleurs à voir sa fortune se relever par des évènements imprévus, il rêvoit des chances favorables; l'absence du général en chef, l'expédition de Syrie qui avoit éloigné une partie de nos forces, quelques conspirations ourdies, tout servoit à lui rendre de l'espoir; aussi employoit-il toute espece de moyens pour réchauffer les esprits et organiser des partis : il parvint à persuader l'émir Adgi, qui étoit au Caire, et qui devoit aller rejoindre le général en chef en Syrie, de se composer un cortege assez considérable pour tenter un coup de main dans la route, s'emparer de Belbéis, fermer le retour à l'armée, et soulever l'Égypte contre nos forces partagées, nous obliger à nous réunir et à abandonner l'Égypte supérieure. Ce plan assez beau en apparence ne produisit, faute de base solide, que la ruine de l'Adgi; des mouvements suspects découvrirent ses desseins; au moment d'être arrêté par la garnison de Belbéis, il n'eut que le temps de se sauver par le désert avec quelques uns des siens : cette mine éventée, le massacre de Bénéadi, et la seconde défaite à Miniet de ceux qui s'en étoient échappés, déjouerent encore les projets de Mourat-bey, et l'obligerent à se retirer aux oasis.

En arrivant à Kéné, j'eus à regretter la mort d'un crocodile, que des paysans avoient surpris endormi, qu'ils avoient lié et apporté vivant à celui qui commandoit en l'absence du général Belliard; encore jeune, cet animal ne pouvoit être bien redoutable, on l'eût enchaîné avec un cercle de fer entre les épaules et le ventre, et alors nous eussions pu l'observer et connoître ses habitudes, ignorées dans le pays même qu'il habite, tant il y inspire de peur ! et cette peur s'augmentant et se perpétuant par tous les contes qu'elle-même enfante, il eût été si curieux de voir comment cet amphibie mangeoit, ce qu'il mangeoit, si la mastication lui est nécessaire, comment elle s'effectue avec des dents qui sont toutes incisives, quelle est l'action de son gosier qui lui sert de langue, si sa voracité pourroit être un moyen de l'apprivoiser, ou bien, en lui laissant son caractere, de tenter de le faire arriver vivant à Paris, de le livrer aux observations des naturalistes, à la curiosité des Parisiens, enfin d'en faire un hommage à la nation comme un trophée de la conquête du Nil ! Errant perpétuellement sur les rives de ce fleuve, j'en ai vu un grand nombre de toutes grandeurs, depuis trois jusqu'à vingt-six ou vingt-huit pieds de longueur; plusieurs officiers dignes de foi m'ont assuré en avoir vu un de quarante : ils ne sont pas aussi farouches qu'on le prétend; ils affectent certains parages de préférence, ce qui prouve qu'ils vivent en famille; c'est sur les isles basses qu'ils se montrent au soleil, dont ils paroissent chercher la chaleur; on y en voit plusieurs à la fois, toujours immobiles, et le plus souvent endormis, souvent au milieu des oiseaux, qui ne s'en inquietent pas. De quoi peuvent vivre de si grands animaux? On conte d'eux bien des histoires; mais nous n'avons pas été témoins d'un seul fait: hardis jusqu'à l'imprudence, nos soldats les bravoient; moi-même je me baignois tous les jours dans le Nil; les nuits plus tranquilles que me procuroient les bains me faisoient passer sur de prétendus dangers qu'aucun évènement ne rendoit vraisemblables: s'ils ont mangé quelques cadavres que la guerre leur aura procurés, ce mets ne devoit qu'exciter leur appétit, et les engager à une chasse qui pouvoit leur promettre une proie aussi friande; et cependant nous n'avons jamais été attaqués, jamais nous n'avons rencontré un seul crocodile éloigné du fleuve; il faut apparemment que le Nil leur fournisse assez abondamment des proies faciles, qu'ils digerent lentement, ayant, comme le lézard et le serpent, le sang froid et l'estomac peu actif: au reste, n'ayant à combattre dans la partie du Nil qui nous est connue qu'eux-mêmes et les hommes, ils deviendroient bien redoutables pour ces derniers, si, couverts comme ils le sont d'une arme défensive presque à l'épreuve de toutes les nôtres, ils étoient adroits à se servir de celles que la nature leur a données pour attaquer. Lorsque je partis de Kéné, le général Belliard en avoit un petit qui avoit six pouces; il étoit déja méchant: ce général m'a dit depuis qu'il avoit vécu quatre mois sans manger, sans paroître souffrir, sans maigrir ni croître, et sans s'apprivoiser.

Ammien-Marcellin écrivoit au temps de Julien que de toute antiquité les Égyptiens se regardoient comme dupes lorsqu'ils payoient ce qu'ils devoient, sans y être contraints par la force, ou tout au moins par la peur: heureusement pour moi les habitants de Dendera étoient de race antique.

A Kéné je voyois de ma fenêtre les ruines de Tentyra à deux lieues de l'autre côté du Nil : ces ruines de Tentyra, dont je me souvenois avec tant d'intérêt, et dont je regrettois particulièrement un zodiaque qui prouvoit d'une maniere si positive les hautes connoissances des Égyptiens en astronomie !

On ne payoit point le miri à Dendera ; on y envoya cent hommes : je les suivis ; il n'y avoit que vingt minutes de chemin de Dendera aux ruines de Tentyra, qui s'appellent maintenant Berbé, qui est le nom que les Arabes donnent à tous les monuments antiques. Nous arrivâmes le soir au village ; le lendemain, avec trente hommes, je me rendis aux ruines, que je possédai cette fois dans toute la plénitude du repos et de la quiétude : ma premiere jouissance fut de me convaincre que mon enthousiasme pour le grand temple n'avoit point été une illusion de la nouveauté, puisqu'après avoir vu tous les autres monuments de l'Égypte, celui-ci me paroissoit encore le plus parfait d'exécution, et construit à l'époque la plus heureuse des sciences et des arts ; tout en est soigné, tout en est intéressant, important même : il faudroit y dessiner tout pour avoir tout ce qu'on doit desirer d'en rapporter ; rien n'y a été fait sans objet : mon temps ne pouvoit être que très limité ; je commençai donc par ce qui étoit en quelque sorte l'objet de mon voyage, le planisphere céleste, qui occupe une partie du plafond du petit appartement bâti sur le comble de la nef du grand temple. Le plancher très bas, l'obscurité de la chambre qui ne me laissoit travailler que quelques heures dans la journée, la multiplicité des détails, la difficulté de ne pas les confondre en les regardant d'une maniere si incommode, rien ne m'arrêta ; la pensée d'apporter aux savants de mon pays l'image d'un bas-relief égyptien d'une telle importance me fit un devoir de souffrir patiemment le torticolis qu'il me falloit prendre pour le dessiner (voyez *pl.* CXXX, *n°* 2, *et l'explication des pl.*, en songeant toutefois que je ne donne cette explication que comme une hypothese). Je dessinai le reste du plafond, qui est partagé en deux parties égales par une grande figure, que je crois celle d'Isis ; elle a les pieds appuyés sur la terre, les bras étendus vers le ciel, et semble occuper tout l'espace qui les sépare (*voy. pl.* CXVIII, *n°* 5). Dans l'autre partie du plafond est une autre grande figure, que je crois ou le ciel, ou l'année, touchant des pieds et des mains à la même base, et couvrant de la courbure de son corps quatorze globes posés sur quatorze bateaux, distribués sur sept bandes ou zones, séparés par des hiéroglyphes sans nombre, et trop couverts de stalactites enfumées pour pouvoir être copiés ; j'ai pris aussi une esquisse de cette partie du plafond, pour donner une idée de la forme de ce tableau (voyez *pl.* CXXIX, *n°* 4, et le plan général de ce petit appartement, *pl.* CXXX, *n°* 1, où sont représentés les objets comme ils sont situés sur les plafonds).

Derriere cette premiere chambre il y en a une seconde qui ne reçoit de jour que par la porte; elle est de même couverte de tableaux hiéroglyphiques les plus intéressants et les mieux exécutés. Malgré l'obscurité, la difficulté de faire éclairer tout à la fois le bas-relief et mon papier, je dessinai cependant presque tout ce que contenoient le plafond et les murailles de cette seconde piece (*voyez pl.* CXXIX, *n*° 6, *et pl.* CXXVI, *n*° 9, 10, 11 *et* 12, *et leur explication*). Il est bien difficile d'arrêter une pensée sur ce que pouvoit être ce petit édifice si bien soigné dans ses détails, orné de tableaux si évidemment scientifiques; il paroît que ceux des plafonds sont relatifs au mouvement du ciel, et ceux des murailles à celui de la terre, aux influences de l'air, et à celles de l'eau. La terre est représentée par-tout par la figure d'Isis; c'étoit la divinité de tous les temples de Tentyra, car on en trouve l'emblême de toutes parts; sa tête sert de chapiteau aux colonnes du portique et de la premiere chambre du grand temple; elle est au centre de l'astragale; elle est gigantesquement sculptée au mur extérieur du fond; elle est l'objet des ornements de la frise et de la corniche: elle est dans tous les tableaux avec ses attributs; c'est elle à qui l'on fait toutes les offrandes, lorsque ce n'est pas elle qui les fait elle-même à Osiris son époux: elle est aux portes qui servoient d'entrée à l'enceinte; c'est à elle que sont dédiés les petits temples qui y sont inscrits; dans celui qui est à droite en entrant, elle est triomphante des deux mauvais génies; dans celui qui est derriere le grand, elle y est à tout moment représentée tenant Horus dans ses bras, le défendant contre tout attentat, ne le confiant qu'à des figures de vaches, l'allaitant à tous les âges, depuis l'enfance jusqu'à la puberté, le tenant dans ses bras comme l'enfant qui vient de naître, d'autres fois lui présentant le sein, qu'il reçoit debout étant déja presque de la taille de sa mere.

Je consacrois tous les moments où je manquois de lumiere pour travailler au planisphere, à mesurer les chapiteaux, les colonnes, à lever les plans, quelques élévations, à dessiner les portes: il ne reste aucun gond ni battants de ces portes qui renfermoient des mysteres dont les prêtres étoient si jaloux, qui renfermoient peut-être aussi les trésors de l'état, cachés avec le même soin, car ces sanctuaires ressembloient à des coffres-forts par leur double enceinte précédée de tant de portes. Ces chambres consacrées à une nuit éternelle; ce mystere répandu sur le culte, aussi obscur que les temples; ces initiations, si difficiles à obtenir, auxquelles jamais un étranger ne pouvoit être admis, dont on n'avoit de notions que sur des rapports mystiques; ce gouvernement, et cette religion qui perdit toute sa force et tout sont empire dès que Cambyse en eut violé les sanctuaires, renversé les divinités, et enlevé les trésors; tout annonce que ces temples contenoient, pour ainsi dire, *l'essence* de tout, que tout en émanoit.

Mes recherches, mes observations, et mes travaux, furent arrêtés par l'empressement du cheikh du village à débarrasser le pays de notre présence; dès le premier jour, il étoit allé porter sa contri-

ΥΠΕΡΑΥΤΟΚΙΑΤΟΡΣΚΑΙΣΑΡΘΣΘΕΟΥΥΙΟΥΔΙΟΣΕΛΕΥ∪Ⅎ : : ω : : : ΡΑΣΡΟΤΕΡΙΙΙΟΠΛΙΟΥΟΚΤΑΙΟΥΗΓΕΜΟΝΟΣΚΑΙ
ΜΑΡΚΟΥΚΛΩΔΙΟΥΠΟΣΤΟΜΟΥΕΠΙΣΤΡΑΤΗΓΟΥΤΡΥΦΩΝΟΣΣΤΡΑΤΗΓΟΥΝΤΟΣΟΙΑΠΟΤΗΣΜΗΤΡΟΠΟΛΕΩΣ
: : : ΟΧΝΟΜΟΥΤΟΠΡΟΠΥΛΟΝΙΣΙΛΘΕΑΙΜΕΓΣΤΗΙΚΑΙΤΟΙΣΣΥΝΝΟΙΣΙΘΕΟΙΣΙΕΤΟΥΣΛΑΚΑΙΣΑΡΟΣΟΩΥΘΣΕΒΑΣΤΗΙ

Voici la même inscription avec les mots séparés, et les lettres restituées par les personnes que j'ai consultées, et la traduction qu'elles en ont faite; je donnerai les éclaircissements qu'elles m'ont fournis à l'explication des planches, article *Apollinopolis Parva*, planche 80:

ΥΠΕΡ ΑΥΤΟΚΡΑΤΟΡΟΣ ΚΑΙΣΑΡΟΣ ΘΕΟΥ ΥΙΟΥ ΔΙΟΣ ΕΛΕΥΘΕΡΙΟΥ ΣΩΤΗΡΙΑΣ ΗΟΥ ΕΠΙ ΠΟΠΛΙΟΥ ΟΚΤΑΟΥΙΟΥ ΗΓΕΜΟΝΟΣ ΚΑΙ
ΜΑΡΚΟΥ ΚΛΩΔΙΟΥ ΠΟΣΤΟΥΜΟΥ ΕΠΙΣΤΡΑΤΗΓΟΥ ΤΡΥΦΩΝΟΣ ΣΤΡΑΤΗΓΟΥΝΤΟΣ ΟΙ ΑΠΟ ΤΗΣ ΜΗΤΡΟΠΟΛΕΩΣ
ΙΕΡΩΣΑΝ ΕΚ ΝΟΜΟΥ ΤΟ ΠΡΟΠΥΛΟΝ ΙΣΙΔΙ ΘΕΑΙ ΜΕΓΙΣΤΗΙ ΚΑΙ ΤΟΙΣ ΣΥΝΝΑΟΙΣ ΘΕΟΙΣ ΕΤΟΥΣ ΛΑ ΚΑΙΣΑΡΟΣ ΘΩΥΘ ΣΕΒΑΣΤΗΙ

POUR LA CONSERVATION DE L'EMPEREUR CÉSAR, DIEU, FILS DE JUPITER AUTEUR DE NOTRE LIBERTÉ;
LORSQUE, PUBLIUS OCTAVIUS ÉTANT GOUVERNEUR, MARCUS CLAUDIUS POSTHUMUS COMMANDANT GÉNÉRAL,
ET TRYPHON COMMANDANT PARTICULIER DES TROUPES, LES ENVOYÉS DE LA MÉTROPOLE CONSACRERENT,
EN VERTU D'UNE LOI, LE PROPYLÉE A ISIS, TRÈS GRANDE DÉESSE, ET AUX DIEUX HONORÉS DANS CE MÊME TEMPLE:
EN L'AN XXXI DE CÉSAR, LE COLLEGE DES PRÊTRES A L'IMPÉRATRICE.

bution : le général rappela les troupes; et mon expédition fut terminée.

Je pris encore, en m'en allant, une vue générale du site de Tentyra, du groupe de monuments qui dominent les ruines de la ville, et des montagnes qui s'élevent derriere (*voyez pl.* XXXVIII, *n*° 1). J'avois pris aussi copie d'une inscription sculptée en beaux et grands caracteres grecs, placée, ainsi que celle de Kous, sur les listels de droite et de gauche du couronnement d'une des portes de circonvallation, au sud du grand temple : voici l'inscription, sauf quelques erreurs produites par des lettres dégradées : (*Voyez cette inscription à la planche ci-contre*).

Il y a une autre inscription sur le listel de la corniche du grand temple, mais je n'ai jamais pu en distinguer assez bien les caracteres pour pouvoir les copier; ce peu de caracteres grecs au milieu de ces innombrables inscriptions égyptiennes paroît extraordinaire et contrastant.

Quelques jours après mon retour de Tentyra on envoya la cavalerie au-devant d'un payeur qui rapportoit sa caisse d'Esnê à Kéné; j'en profitai pour aller visiter Keft ou Cophtos, devant lequel j'avois passé trois fois sans qu'il m'eût été possible de le traverser ni même d'en approcher. J'ignorois si cette ville, célebre par ses malheurs au temps des persécutions de Dioclétien, possédoit quelques vestiges d'une existence plus antique. Je fus frappé, en y entrant, de la conservation de ses divers monuments : la partie antique est encore dans l'état où l'a laissée l'embrasement qui termina le long siege qui la détruisit dans le troisieme siecle; à cette antique enceinte, qui a été abandonnée, a succédé une ville arabe, avec une circonvallation en brique non cuite, au-delà de laquelle, tirant toujours à l'ouest, on a bâti Keft, village existant encore. Cophtos étoit-il le nom antique de cette ville? et les Cophtes ont-ils pris leur nom de Cophtos où leur zele les avoit rassemblés, et leur avoit fait soutenir un siege si opiniâtre et si désastreux lors de la persécution de Dioclétien? Au reste on distingue évidemment les différentes ruines de deux temples de la haute antiquité, et ceux d'une église catholique, où le goût et l'art se faisoient sans doute moins remarquer que la magnificence et la richesse des matériaux employés à la construire : les fragments de colonnes et de pilastres en porphyre et en granit répandus sur un emplacement immense attestent l'opulence et le luxe de ces premiers croyants; mais les sculptures des frises doriques, dont on voit encore quelques restes, prouvent que l'art à cette époque ne faisoit qu'appauvrir la somptuosité des matieres les plus précieuses; tous ces monuments, réduits à quelques assises au-dessus du sol, restent sans forme, et ne purent me fournir un dessin.

J'avois souvent ouï parler du *kamsin*, que l'on peut nommer l'ouragan de l'Égypte et du désert; il est aussi terrible par le spectacle qu'il présente que par ses résultats. Nous étions déja à-peu-près à la moitié de la saison où il se manifeste, lorsque, le 28 floréal au soir, je me sentis comme anéanti par une chaleur étouffante; la fluctuation de l'air me paroissoit suspendue. Au moment où j'allois me baigner pour remédier à cette sensation pénible, je fus frappé, à mon arrivée sur le bord du Nil, du spectacle d'une nature nouvelle: c'étoient une lumiere et des couleurs que je n'avois point encore vues; le soleil, sans être caché, avoit perdu ses rayons; plus terne que la lune, il ne donnoit qu'un jour blanc et sans ombre; l'eau ne réfléchissoit plus ses rayons et paroissoit troublée: tout avoit changé d'aspect; c'étoit la plage qui étoit lumineuse; l'air étoit terne et sembloit opaque; un horizon jaune faisoit paroître les arbres d'un bleu décoloré; des bandes d'oiseaux voloient devant le nuage; les animaux effrayés erroient dans la campagne, et les habitants, qui les suivoient en criant, ne pouvoient les rassembler: le vent qui avoit élevé cette masse immense, et qui la faisoit avancer, n'étoit pas encore arrivé jusqu'à nous; nous crûmes qu'en nous mettant dans l'eau, qui étoit calme alors, ce seroit un moyen de prévenir les effets de cette masse de poussiere qui nous arrivoit de sud-ouest; mais à peine fûmes-nous entrés dans le fleuve qu'il se gonfla tout-à-coup comme s'il eût voulu sortir de son lit, les ondes passoient sur nos têtes, le fond étoit remué sous nos pieds, nos habits fuyoient avec le rivage, qui sembloit être emporté par le tourbillon qui nous avoit atteints: nous fûmes obligés de sortir de l'eau; alors nos corps mouillés et fouettés par la poussiere furent bientôt enduits d'une boue noire qui ne nous permit plus de mettre nos vêtements; éclairés seulement par une lueur roussâtre et sombre, les yeux déchirés, le nez obstrué, notre gorge ne pouvoit suffire à humecter ce que la respiration nous faisoit absorber de poussiere; nous nous perdîmes les uns les autres, nous perdîmes notre route, et nous n'arrivâmes au logis qu'à tâtons, et seulement dirigés par les murs qui servoient à nous retracer le chemin: c'est dans ces moments que nous sentîmes vivement quel devoit être le malheur de ceux qui sont surpris dans le désert par un pareil phénomene; j'ai essayé d'en donner l'image (*voyez planche* XLVII, *n°* 2).

Accoutumés comme nous l'étions à la constante sérénité du ciel d'Égypte, cette transition si prononcée nous parut une injustice de la Providence.

Le lendemain, la même masse de poussiere marcha avec les mêmes circonstances le long du désert de la Libye: elle suivoit la chaîne des montagnes, et lorsque nous pouvions croire en être débarrassés, le vent d'ouest nous la ramena, et nous submergea encore de ce torrent aride; les éclairs sillonnoient avec peine ces nuages opaques: tous les éléments parurent être encore dans le désordre; la pluie se mêla aux tourbillons de feu, de vent, et de poussiere; et dans ce moment les arbres et toutes les autres productions de la nature organisée semblerent replongés dans les horreurs du chaos.

Si le désert de la Libye nous avoit envoyé ces tourbillons de poussiere, ceux de l'est avoient été inondés: le lendemain, des marchands qui arrivoient des bords de la mer Rouge nous dirent que dans les vallées ils avoient eu de l'eau jusqu'à mi-jambe.

Deux jours après ce désastre, on vint nous avertir que la plaine étoit couverte d'oiseaux qui passoient comme des phalanges serrées, et descendoient de l'est à l'ouest; nous vîmes effectivement de loin que les champs paroissoient se mouvoir, ou du moins qu'un long torrent s'écouloit dans la plaine, en suivant la direction qu'on nous avoit indiquée. Croyant que c'étoient des oiseaux étrangers qui passoient ainsi en très grand nombre, nous nous hâtâmes de sortir pour aller les reconnoître; mais, au lieu d'oiseaux, nous trouvâmes une nuée de sauterelles, qui ne faisoient que raser le sol, s'arrêtant à chaque brin d'herbe pour le dévorer, puis s'envoloient vers une nouvelle proie. Dans une saison où le bled auroit été tendre c'eût été une vraie plaie; aussi maigres, aussi actives, aussi vigoureuses que les Arabes Bédouins, elles sont de même une production du désert: il seroit intéressant de savoir comment elles vivent et se reproduisent dans une région aussi aride; c'étoit peut-être la pluie qui étoit tombée dans les vallées qui les avoit fait éclore, et avoit produit cette émigration, comme certains vents font naître les cousins. Le vent ayant changé en sens contraire de la direction de leur marche, il les refoula dans le désert: j'en dessinai une de grandeur naturelle (*voyez pl.* CXI, *n*° 1); elles sont couleur de rose, tachetées de noir, sauvages, fortes, et très difficiles à prendre.

Nous apprîmes qu'un détachement de deux cents hommes de la garnison d'Esné, commandé par le capitaine Renaud, étoit parti d'Etfu, et avoit marché vers Syene pour en déloger Osman et Assan-bey, qui y étoient revenus; enhardis par le petit nombre des nôtres qui marchoient sans canons, ils vinrent à leur rencontre, et les attaquerent avec leur impétuosité ordinaire: Selim-bey tomba sous les baïonnettes; trois cheikhs, un casnadar, et quarante-deux Mamelouks resterent sur le champ de bataille, ou allerent mourir à Syene dans la même journée; quarante autres blessés, et le reste des fuyards passerent les cataractes, et allerent jusqu'auprès de Bribes. Ce combat acheva de détruire le parti des Mamelouks; les cheikhs arabes de la tribu des Ababdes reconnurent l'insuffisance de leurs moyens, s'en détacherent, et vinrent à Kéné faire paix et alliance avec nous.

Desaix, pour chasser Mourat de sa retraite, préparoit à Siouth une expédition pour les oasis; elle devoit être commandée par son aide-de-camp Savari, tandis que le général Belliard organisoit celle que nous devions faire à Cosséir. J'aurois bien voulu être par-tout; mais il falloit choisir: tandis que je balançois, Mourat quitta Hellouah: les Anglais avoient paru à Cosséir; tous les soins se tournerent de ce côté: le général Douzelot arriva à Kéné; il avoit ordre d'y tracer le plan d'un fort à tenir six cents hommes, et d'aller former un établissement à Cosséir. On fit toutes les provisions nécessaires pour l'un et l'autre projet; et tout fut bientôt prêt pour entrer dans le désert.

Nous rassemblâmes une grande quantité de chameaux; je dis *nous*, parceque peu-à-peu on s'identifie à ceux avec qui l'on vit, et que ce qui arrivoit à la division Desaix, et plus particulièrement à la vingt-unieme demi-brigade, me devenoit personnel; je partageois ses périls, ses succès, ses malheurs, et croyois partager sa gloire. Trois cents soixante-six des nôtres devoient composer la caravane ; nous avions un chameau pour chacun de nous, portant de plus le bagage et l'eau nécessaire à chaque individu ; deux cents chameaux étoient chargés des choses de premiere nécessité pour notre établissement à Cosséir. A notre caravane s'étoient joints les chefs d'Arabes, qui venoient de faire alliance, et qui profitoient de cette occasion de nous faire leur cour en nous servant de guides, d'éclaireurs, d'escorte, et d'arriere-garde ; en tout la troupe pouvoit être portée à mille ou onze cents hommes, et autant de chameaux. Le boute-selle fut très plaisant ; le chameau, si lent dans ses actions, leve très brusquement les jambes de derriere dès l'instant qu'on pose sur la selle pour le monter, jette son cavalier d'abord en avant, puis en arriere, et ce n'est enfin qu'au quatrieme mouvement, lorsqu'il est tout-à-fait debout, que celui qui le monte peut se trouver d'à-plomb : personne n'avoit résisté à la premiere secousse; chacun de se moquer de son voisin : on recommença, et nous partîmes.

Nous sortîmes de Kéné, le 6 prairial, à dix heures du matin, et arrivâmes à quatre heures de l'après-midi à Birambar ou Biralbarr, le *Puits-des-Puits,* village sur le bord du désert, à la hauteur de Cophtos, et vis-à-vis le défilé qui mene à la Kittah, fontaine dont j'ai parlé plus haut, et qui est le centre de l'étoile qui communique à tous les chemins qui conduisent à Cosséir : nous fîmes halte à Birambar; après que les chameaux eurent bu et mangé suffisamment, on les força d'avaler un seconde ration d'orge ou de feves en les leur mettant dans la bouche.

Le nom de Biralbarr ou Puits-des-Puits vient sans doute des deux fontaines qui sont la seule ressource qu'offre ce village; l'eau en est soufrée, mais douce et rafraîchie par le nitre qu'elle contient. J'avois redouté le balancement de l'allure du chameau; la vivacité du dromadaire m'avoit fait craindre de sauter par-dessus sa tête : mais je fus bientôt détrompé. Une fois en selle, il n'y a plus qu'à céder au mouvement, et l'on éprouve tout de suite qu'il n'y a pas de meilleure monture pour faire une longue route, d'autant qu'on n'a à s'en occuper que lorsqu'on veut la diriger dans un autre sens, ce qui arrive rarement dans le désert et en marche de caravane : le chameau bronche peu, et ne tombe jamais où il n'y a pas d'eau ; les dromadaires sont parmi les chameaux ce que sont les lévriers parmi les chiens; ils ne servent que pour la selle; ils ont une boucle infibulée dans la narine, à travers laquelle on passe une ficelle qui sert de bride pour l'arrêter, le tourner, et le faire agenouiller lorsque l'on veut en descendre; l'allure du dromadaire est leste; l'ouverture des angles que forment ses longues jambes, et le ressort assoupli de son pied charnu rend son trot plus doux, et cependant aussi rapide que celui du cheval le plus léger.

En sortant de Biralbarr nous tournâmes à l'est, et entrâmes dans une vallée large et prolongée, qui forme une longue plaine, aux extrémités de laquelle quelques pointes de rochers avertissent cependant qu'on traverse une chaîne. Je regrettois Dolomieu dans ce voyage; mais le citoyen Rosiere le remplaçoit. Nous marchâmes ainsi jusqu'à deux heures de nuit avec un ordre assez bien conservé pour qu'en nous arrêtant nous nous trouvassions postés militairement : chacun auprès de nos chameaux nous étendîmes nos tapis, soupâmes, et dormîmes. A une heure du matin la lune se leva; on battit le tambour, et cinq minutes après nous fûmes en marche sans trouble ni désordre. C'est dans le désert qu'on redouble de respect pour le chameau, pour ce vénérable animal; quelque dure que soit sa condition, il la connoît et s'y conforme sans impatience; vrai don de la Providence, la nature l'a placé sur le globe dans une région où pour l'utilité des hommes il ne pourroit être remplacé par aucun autre agent; le sable est son élément, dès qu'il en sort et qu'il touche à la boue, à peine il peut se soutenir, ses fréquentes chûtes et son embarras font trembler pour lui, pour sa charge, ou pour son cavalier; mais on peut dire que le chameau dans le désert est comme le poisson dans l'eau.

A la pointe du jour nous arrivâmes à la Kittah, fontaine assez étrange, puisqu'elle est située sur un plateau plus élevé que tout ce qui l'entoure; cette fontaine consiste en trois puits de six pieds de profondeur, creusés d'abord dans un lit de sable, ensuite dans un rocher de grès, à travers duquel filtre l'eau, et remplit doucement les trous que l'on y fait: il y a une petite mosquée ou caravanserail qui abrite les voyageurs quand ils sont peu nombreux.

C'est ici qu'on apprend à connoître l'importance de ces puits si souvent nommés dans l'ancien Testament, et dans l'histoire des Arabes, que l'on voit combien il est difficile et coûteux d'élever le plus petit monument dans des points si isolés, si dénués de secours et de moyens: il sera cependant absolument nécessaire, en s'établissant en Égypte, d'élever une tour et d'avoir une garnison à la Kittah, pour s'assurer de la libre communication de Cosséir au Nil, et contenir les Arabes de ces contrées, pour lesquels cette fontaine est un poste qui les rend maîtres d'un grand pays, à cause de l'eau qui y est permanente et inépuisable, et peut seule en approvisionner l'ennemi que l'on auroit chassé dans le désert. Je fis un dessin de cette halte, dans lequel je représentai une partie de notre caravane défilant tandis que l'autre acheve de décamper (*voyez planche* LXXXII). Nous marchâmes le reste du jour sans que le sol changeât de nature; il s'élevoit insensiblement, et les montagnes s'approcherent de droite et de gauche : nous bivouacquâmes, et nous nous remîmes en marche comme la veille.

A la pointe du jour la scene avoit changé; les montagnes que nous avions rencontrées le jour d'avant étoient des rochers de grès, celles-ci étoient des roches de poudingue dans lesquelles les pierres roulées étoient mêlées de granit, de porphyre, de serpentin, de toutes les matieres primitives contenues dans une agrégation de schiste verd; la vallée alloit toujours se rétrécissant, et les rochers s'élevant de toutes parts. A midi nous nous trouvâmes à la moitié de notre chemin, au milieu de beaux rochers de breche, qui n'offrent de difficulté pour leur exploitation que l'éloignement des subsistances: les parties de granit qui composent cette breche annoncent que les montagnes primitives ne sont pas éloignées: après avoir passé ces rochers si riches, nous commençâmes à redescendre jusqu'à une fontaine permanente appelée *êl-More*, qui n'est qu'un petit trou sous une roche; l'eau en est excellente: elle n'étoit pas assez abondante pour notre nombreuse caravane, nous passâmes à une seconde composée de plusieurs puits, sous un rocher de très beau schiste verd, mêlé de quartz blanc, qui fait ressembler cette substance au marbre verd antique: c'est ici seulement que pendant quarante pas la route est étroite et embarrassée, et donna quelque peine à notre artillerie; tout le reste avoit été une allée de jardin bien sablée: la base du rocher est balayée par le torrent lorsqu'il pleut; et ces laves d'eau, qui ne durent que quelques heures, étendent les éboulements, et sans faire de ravin aplanissent la vallée.

Les formes et les couleurs variées des rochers ôtoient déja au désert cet aspect triste et monotone, et en formoient presque un paysage: le pays devint sonore, le bruit répercuté dans les vallées nous parut le réveil de la nature: nos soldats avoient traversé la plaine sablonneuse dans le silence de la taciturnité; à peine dans les vallons ils commencerent à parler; arrivés au milieu des rochers ils firent répéter aux échos les chants de la gaieté, et le désert disparut. Cette seconde fontaine, quoiqu'abondante, étoit trop resserrée pour satisfaire aux besoins de tous; une partie seulement y remplit ses outres, et nous poussâmes jusqu'à celle de êl-Adoute, où la vallée est plus spacieuse, et où l'eau, quoiqu'un peu moins fraîche, est encore fort bonne: nous creusâmes un puits qui nous en donna à l'instant d'excellente; c'étoit la derniere supportable que nous dussions rencontrer; ainsi que les chameaux nous en bûmes pour le passé et pour l'avenir; on renouvela celle de toutes les outres, et on s'en approvisionna pour la route et pour Cosséir, où nous savions qu'elle devoit être rare et mauvaise: je fis un dessin de ce second point important (*voyez pl.* LXXXI, *n*° 1). Il faudroit avoir encore ici une tour, une grande citerne, et un caravanserail, et avec un tel établissement la traversée de Cosséir au Nil deviendroit aussi commode que toute autre route.

A mesure que nous descendions, les montagnes s'abaissoient; elles avoient cessé d'être riches de ces magnifiques breches, elles étoient redevenues siliceuses, tranchées de quartz. Nous nous arrêtâmes pour dormir quelques heures, après en avoir marché dix-huit. A la pointe du jour nous trouvâmes la vallée très élargie, et bientôt elle fut tout-à-coup traversée par une montagne calcaire roussâtre, précédée de quelques rochers de grès; nous longeâmes cette montagne, qui se trouva à son tour tranchée par une roche schisteuse très obscure, au détour de laquelle nous ne trouvâmes plus que matiere calcaire: c'est là qu'on rencontre la fontaine appelée l'Ambagi; celle-ci ne réjouit que les chameaux, car il n'y a qu'eux qui en boivent: si elle est très abondante elle est aussi très minérale, et ne seroit peut-être pas moins propre à la guérison de plusieurs maux que celles de Spa et de Barege; mais ici où, grace à la stérilité du sol et la sobriété des habitants, il n'y a que peu de malades et point de médecins, elle croupit sans gloire sur sa fange méphitique et noire; et comme elle purge ceux qui peuvent supporter son arriere-goût, et qu'elle augmente leur soif au lieu de les désaltérer, elle passe pour la naïade la plus mal-faisante du pays; au reste elle a fait croître sept à huit palmiers, qui forment le seul bocage qu'il y ait à cinquante lieues à la ronde.

Je m'apperçus, à la légèreté de l'air, que nous approchions de la mer; effectivement, en suivant un large ravin, bientôt nous la vîmes se briser contre les ressifs qui bordent la côte; à l'horizon un brouillard nous indiqua celle d'Asie, trop éloignée cependant pour pouvoir jamais être apperçue. Les Arabes Ababdes, qui nous avoient précédés, avoient été en avant avertir les habitants de Cosséir; et nous les vîmes revenir avec les cheikhs de la ville et leur suite, précédés d'un troupeau de moutons, premier présent de paix et d'hommage; le costume cosséirien, qui est celui de la Mekke, celui des Ababdes, dont une partie étoit nue avec une seule draperie autour des reins, une lance à la main, et une dague attachée au bras gauche, assis les jambes croisées sur la selle élevée des dromadaires élancés, tout cela formoit un ensemble qui avoit de la singularité et de l'intérêt; les Mekkains, d'un maintien plus grave, coiffés comme des augures, vêtus d'habits longs à larges raies, étoient montés sur de grands chameaux. A la rencontre des différents corps tout le monde mit pied à terre; nos troupes se mirent en bataille, et après une conférence amicale de quelques minutes, nous allâmes tout d'un temps prendre possession du château, au-dessus duquel flottoit déja l'étendard blanc de la paix. Je m'étois figuré la ville de Cosséir si affreuse, le château tellement en ruine, que je trouvai la premiere presque fastueuse, et l'autre un fort; celui-ci est un édifice arabe bâti du temps des califes, dans le style des fortifications d'Alexandrie, formant un carré de quatre courtines, flanquées de quatre bastions, sans fossés; mais en ajoutant une contrescarpe à ce qui existe, on en pourroit faire un château à résister aux batteries flottantes et aux forces qu'on peut débarquer au fond de la mer Rouge: je fis un dessin dans lequel je rendis compte du port, de la rade, de la ville, du phare, et du château, avec le tableau portrait de notre rencontre avec les habitants (*voyez pl.* LXXXI, *n*° 2): le lendemain j'en fis un autre au revers, où l'on voit les brisants et les doubles ressifs qui forment le port, le mettent à l'abri contre les vents du nord, et le laissent ouvert à ceux de l'est et du sud-est (*voyez pl.* LXXXIII, *n*° 2); dans ce second dessin on voit la chaîne des montagnes qui bordent la côte escarpée, sans port, sans eaux, et déserte, dit-on, jusqu'à Babel-Mandel. Il seroit intéressant d'aller y reconnoître la rade de Bérénice, faite à grands frais par les Ptolomées à quarante lieues au sud, et abandonnée pour celle de Cosséir, qui ne peut cependant contenir qu'un petit nombre de petits vaisseaux marchands, la rade n'ayant seulement que deux brasses à deux brasses et demie à sa plus grande profondeur; on est obligé pour les chargements de faire porter les marchandises à bras à cent cinquante pas de la rive, de les déposer dans des chaloupes, qui les conduisent enfin jusqu'au bâtiment sur lequel elles doivent être chargées: avec tous ces inconvénients on est d'abord tout étonné de trouver encore quelques agitations commerciales sous les masures du chétif village de Cosséir : mais lorsqu'on pense que c'est encore le meilleur port connu de la mer Rouge; que c'est celui qui fournit le bled à la Mekke, et qui reçoit le café de l'Yémen, qu'il est le point de contact de l'Asie et de l'Afrique, et pourroit devenir l'entrepôt des marchandises de ces deux parties du monde, on s'étonne encore bien davantage qu'un gouvernement puisse être si aveuglément dévorateur, de n'avoir pensé qu'à imposer et vexer un commerce qui eût payé un si gros intérêt des avances qu'on lui auroit faites, et de ne trouver à Cosséir ni douanes, ni magasins, ni même une seule citerne. Lorsque nous arrivâmes dans ce port il n'y avoit d'eau que celle apportée d'Asie, et dont chaque gobelet coûtoit un sou : l'activité de nos soldats leur fit trouver des sources en vingt-quatre heures; nous eûmes pour rien de l'eau meilleure que celle que l'on vendoit si cher; à la vérité elle ne pouvoit être gardée ou chauffée sans prendre une amertume presque insupportable; mais, comme il est sûr que l'eau existe aux environs de Cosséir, nous laissâmes à la garnison qui y restoit, et à l'infatigable Douzelot qui alloit y commander, l'espoir d'en trouver dans des lits de glaise qui ne seroit imprégnée d'aucune substance âcre et mal-faisante.

La côte aux environs de Cosséir est d'une pauvreté hideuse; mais la mer y est riche en poissons, en coquillages et en coraux; ces derniers sont si nombreux, qu'il est possible que ce soient eux qui aient donné le nom de *rouge* à cette mer, tandis que le sable en est blanc; les ressifs ne sont que coraux et madrepores, ainsi que tous les rochers qui avoisinent les parages jusqu'à une demi-lieue de la rive actuelle; ce qui indiqueroit encore qu'à cette rive la mer se retire ou que ses bords s'élevent. J'aurois eu grand plaisir à faire une collection de coquilles qui, au premier aspect, me parurent aussi nombreuses que variées; mais quelques dessins à faire, et des soins à prendre pour le retour, ne me laisserent de libre que le temps d'aller faire une course sur la côte avec les Arabes Ababdes, nos nouveaux alliés: je montai un de leurs dromadaires avec la selle à leur usage; je fus ravi de la légèreté de l'un, et de la commodité de l'autre : nous gagnâmes toute leur estime en faisant avec eux des simulacres de charge, leur montrant assez de confiance pour nous éloigner et ne revenir que de nuit à Cosséir, en courant enfin comme eux jusqu'à faire une lieue en moins d'un quart-d'heure.

Deux jours après notre arrivée, pour ne point affamer la garnison que nous laissions, nous nous remîmes en route; nous étions toujours précédés par nos Arabes, auxquels il semble que le désert appartienne; ils ne négligeoient, chemin faisant, aucun des produits de leur empire : nous apperçûmes deux gazelles fuyant dans le désert; quatre des leurs se détacherent avec de méchants fusils à meches; quelques minutes après nous entendîmes tirer deux seuls coups, et nous les vîmes revenir rapportant les deux gazelles, grasses comme si elles eussent habité le pâturage le plus abondant. On m'invita à manger cette chasse: curieux de voir comment ils s'y prendroient pour l'apprêter, j'allai à leur quartier. Le chef, fier comme un souverain, n'avoit de décoration que la beniche que nous lui avions donnée; il trouvoit son palais par-tout où il étendoit son tapis; sa batterie de cuisine consistoit en deux plaques de cuivre et un pot de même métal; du beurre, de la farine, et quelques brins de bois formoient toutes les provisions; du vieux crottin de chameaux ramassé, le briquet battu, et de la farine délayée, en quelques minutes il y eut des galettes cuites (elles me parurent assez bonnes tant qu'elles furent chaudes); de la soupe, de la viande bouillie, et de la viande grillée, acheverent de composer un repas fort passable à qui eût eu appétit : mais il me manquoit absolument dans le désert; j'y vivois de limonade, que je faisois le plus souvent sur mon chameau, en mettant des tranches de citron dans ma bouche avec du sucre, et buvant de l'eau par là-dessus. Nos Arabes connoissoient jusqu'aux moindres recoins qui produisoient quelque pâture; ils savoient à quel degré de croissance devoient être arrivées telles plantes à une lieue de l'endroit où nous passions, ils envoyoient leurs chameaux s'en repaître : du reste ces pauvres animaux mangent une seule fois dans le jour une petite ration de feves qu'ils ruminent le reste des vingt-quatre heures, ou en marchant, ou couchés sur un sable brûlant, sans montrer un instant d'impatience; l'amour seul leur donne quelques mouvements de violence, surtout aux femelles, dans lesquelles les passions me parurent plus vives : j'ai remarqué une chose extraordinaire, c'est que la fatigue irrite leur tempérament au lieu de l'atténuer; je me suis cru obligé de faire un dessin des suites de cette irritation pour lever les doutes que des formes étranges peuvent donner sur quelques circonstances des amours des chameaux, et pour prouver que le desir redresse en eux la direction rétrograde qui nous avoit surpris d'abord dans la conformation du mâle (*voyez pl.* CI, *n*° 6).

Notre retour fut encore plus rapide;

débarrassés de l'artillerie et de toute charge, nous marchions plus lestement, prenant encore sur les haltes et sur notre sommeil : nous revînmes en deux journées et demie ; mais à la derniere demi-journée nous ne pouvions plus aller ; j'étois exténué de fatigue et desséché ; ce ne fut qu'en mangeant des pasteques et en me plongeant dans le Nil que je pus me désaltérer. Après huit jours de séjour dans le silence du désert, les sens sont réveillés par les moindres sensations ; je ne puis exprimer celle que j'éprouvai lorsque, la nuit, couché sur le bord du Nil, j'entendis le vent frissonner dans les branches des arbres, se rafraîchir en se tamisant à travers les feuilles déliées des palmiers qu'il agitoit; tout se réveilloit, s'animoit; la vie étoit dans l'air, et la nature me sembloit la respirer. Au reste, je me convainquis dans cette traversée, faite dans le temps le plus chaud de l'année, dont on nous avoit exagéré tous les périls, que le courage est d'entreprendre, et que le danger fuit devant ceux qui le bravent. Je joins ici une note des heures de marche de notre route, qui sont invariables, parceque le pas du chameau chargé est toujours le même ; il ne peut donc y avoir de variété dans ce compte que par les accidents, et par le plus ou moins de temps donné aux haltes et aux stations ; cependant toutes les autres saisons de l'année sont préférables à celle que nous fûmes obligés de prendre pour cette expédition : dans l'hiver, on peut dans les montagnes être rafraîchi par une pluie de plusieurs heures, ce qui donne de l'eau par-tout, et ne fait plus du voyage qu'une promenade sur un grand chemin sablé ; mais pendant le temps du kamsin on peut y éprouver des ouragans, dont à la vérité nous n'avons pas été assaillis.

NOTE DES HEURES DE MARCHE.

	heures	minut.
De Kéné à Byr-al-Baar.	3	50
Au coucher dans le désert.	4	45
Pour arriver à la Kittah.	3	30
Au coucher.	4	30
A la premiere fontaine.	9	35
A la seconde, appelée El-ad-Houte .	0	45
Au coucher.	4	30
A la fontaine de l'Ambagi.	8	45
A Cosséir	1	45
Total des heures de marche . .	41	55

Il ne manque au Mockattam que des rochers de granit et de porphyre pour qu'il ait toutes les conditions d'une chaîne primitive, encore doit-on croire que dans d'autres points on trouveroit ces rochers, puisque dans la breche de celui-ci on y en voit des fragments roulés. On observe sur l'une et l'autre inclinaison les mêmes circonstances, c'est-à-dire les sables provenants de la décomposition de la pierre calcaire, les rochers calcaires, les grès, le schiste et la breche, le schiste, le grès, la pierre calcaire et le sable ; la dégradation des rochers, réduits souvent à un noyau, offre l'image de la décrépitude des montagnes de la Chine. Cette vallée qui a la réputation de posséder des mines d'émeraudes, n'en a laissé voir aucun indice au citoyen Rosiere.

Isolés et relégués comme nous l'étions, nous attendions toujours des nouvelles ; au retour de chaque expédition, nous étions encore plus empressés d'apprendre les détails des travaux et des succès de nos chefs : mais cette jouissance étoit souvent troublée par la douleur que nous ressentions de la perte de quelques uns de nos braves compagnons. Ces fatigues de l'ame, jointes aux fatigues du corps, reportoient mélancoliquement nos pensées vers notre patrie, et nous faisoient sentir notre dénuement et le besoin de nous rapprocher d'êtres qui nous fussent chers. Nous eûmes à regretter à cette époque le général Caffarelli, qui joignoit aux talents les plus distingués le zele d'un patriotisme vraiment philanthropique ; il mêloit à l'ardeur des entreprises hasardeuses l'amour de l'humanité, veilloit sans cesse au bonheur des hommes et à leur conservation : chaque être instruit ou sensible crut perdre en lui un pere, un ami : en faisant mes dessins, j'avois souvent pensé au plaisir que j'aurois à les lui montrer, à la considération que mon zele obtiendroit de lui ; est-il une récompense comparable à l'approbation d'un être qu'on estime ?

Nous étions revenus altérés des faveurs du Nil; nous aspirions à l'instant d'imbiber notre peau desséchée de son eau salutaire, lorsque nous la trouvâmes toute dénaturée. Les derniers jours du kamsin le cours du Nil se ralentit ; il perd sa salubrité ordinaire, sa transparence ; ses eaux deviennent vertes, et il charie des flaques fangeuses qui exhalent une odeur marécageuse ; ce n'est plus enfin ce Nil créateur et restaurateur de l'Égypte ; il languit, et sa décrépitude effraieroit les habitants de ses bords, si sa régénération périodique n'étoit un phénomene aussi rassurant pour eux que surprenant pour l'étranger observateur : il diminue jusqu'au 28 prairial, reste deux jours en stagnation, et le 30 il commence à croître. C'est à cette époque que le séjour de la haute Égypte est presque insupportable ; les vents sont variables ; ils passent sans cesse de l'est au sud, ou au sud-ouest : ce dernier est terrible ; il trouble l'atmosphere, voile le soleil d'une vapeur blanche, seche, et brûlante ; il altere, il desseche, il enflamme le sang, irrite les nerfs, et rend l'existence douloureuse ; il opprime tellement les poumons, qu'on cherche involontairement un autre lieu pour respirer, se croyant toujours à la bouche de quelque four ardent : si l'on aspire l'air par le nez, le cerveau en est affecté, et lorsqu'on renvoie la respiration, on croit rendre des flots de sang ; tout ce que l'on touche est brûlant, et le fer même dans la nuit acquiert le degré de chaleur qu'il a en France dans la canicule exposé à midi aux rayons du soleil. Nous fîmes pendant ces derniers jours une tournée à Sahmatah et à Aboumanah, confins du gouvernement de la Thébaïde, pour régler avec les habitants les travaux des digues et des canaux. Notre général fut reçu en gouverneur de province ; le kaïmakam ou général de la gendarmerie, homme riche, nous avoit préparé, dans une de ses propriétés, une grande cour bien arrosée, où nombre de pasteques et de vases qui répandoient la fraîcheur calmoient un peu l'intempérie de la saison : le soir, il nous servit un souper pour nous, pour les cheikhs de la province, pour le détachement qui nous accompagnoit, et enfin pour les innombrables serviteurs qui s'étoient mis à notre suite; car, dans l'orient, c'est une espece de vermine qui s'engendre et vous mange sans qu'on puisse ni s'en défendre ni s'en préserver. A peine a-t-on un domestique qu'on est servi par un autre, qui n'a jamais tant de zele que lorsqu'il n'a point de salaire, et ne vous donne de véritable soin que lorsqu'il est le serviteur de votre serviteur; mais à peine a-t-il un habit, qu'il lui faut un cheval, et bientôt un autre officieux en troisieme ordre, et de suite. Ce nombre de sang-sues, dont l'armée se grossissoit insensiblement, étoit plus à charge au pays, et plus barbarement destructif pour les habitants que l'armée elle-même; ils voloient avec une audace atroce et proportionnée au grade ou au pouvoir de leurs maîtres, avec lesquels ils devenoient insolents dès qu'ils pouvoient passer à un autre plus puissant, près duquel ils croyoient trouver plus d'impunité; ils exerçoient toujours leurs brigandages aux dépens du cultivateur, du manufacturier, de toutes les classes utiles et respectables de la société: il est vrai que chaque combat en faisoit partir un grand nombre; mais ils revenoient pour le pillage, et ne faisoient que changer de division: j'en ai vu qui, au commencement de la campagne, avoient été palefreniers, commander au retour trois domestiques, et, par des promotions qu'impudemment ils faisoient eux-mêmes entre eux, ne conserver de service que celui de tenir l'étrier lorsque leurs maîtres montoient à cheval, encore dans ce cas y avoit-il là un de ces satellites pour recevoir leur pipe, ou plutôt pour être un témoignage à tous les yeux de la dignité à laquelle ils étoient parvenus. Il faut convenir que peu-à-peu nous devenions complices de cette corruption, que nous nous imprégnions de l'esprit des Orientaux en respirant le même air, et que nous en étions venus à ne savoir plus comment on pouvoit se passer d'une suite.

Je fis un dessin de notre souper (*pl.* LXXXIV, *n*° 2): le lendemain, j'en fis un autre (*voyez même planche*, *n*° 1) d'une assemblée des cheikhs des villages, où il fut discuté des intérêts du gouvernement et des avantages des cultivateurs, des primes à accorder à ceux qui se distingueroient dans l'année qui alloit commencer (car on pourroit commencer l'année en Egypte à l'époque de la préparation des canaux pour recevoir et distribuer les eaux de l'inondation; alors tout est fini pour le passé, et tout va recommencer pour l'avenir). Ce que j'ai recueilli de plus clair sur les délibérations de ce conseil, c'est qu'on n'y proposa pas de nouveautés sans avoir pris l'avis des habitants, qu'on leur promit toutes sortes d'encouragements, et qu'à l'honneur de ces braves gens, en terminant la séance, ils dirent: « Ceci ressemble à une assemblée du temps du cheikh prince Ammam, où on ne traitoit pas d'impositions arbitraires, mais de ce qui pouvoit être le plus utile à tous ». Ce prince Ammam étoit un Arabe puissant, qui, dans les troubles de l'Égypte, s'étoit rendu indépendant, et régnoit depuis Djirgeh sur toute la Thébaïde supérieure. Les Mamelouks qu'il avoit reçus dans leurs disgraces, dès qu'ils eurent eux-mêmes secoué l'autorité de la Porte, ne virent plus en lui qu'un rebelle toujours protecteur des mécontents, l'attaquerent, l'affoiblirent, le détruisirent: nous avons vu la fin malheureuse du dernier prince de cette maison après la bataille de Samanhouth.

Le lendemain, les villages d'Aboumanah nous donnerent à dîner avec même abondance, quoiqu'avec des manieres plus sauvages; par exemple, quoiqu'eux-mêmes eussent fourni à cet abondant repas, ils attendoient avec impatience que nous eussions fini de manger pour s'arracher nos restes, et en faire une espece de cocagne.

Le citoyen Girard et huit membres de la commission des arts remontoient le Nil avec ordre d'en prendre les nivèlements: cette circonstance me mit dans le cas de recommencer mes courses; ce fut alors que je dessinai le zodiaque qui est au plafond du portique de Tentyra (*pl.* CXXXI *et* CXXXII), que j'enrichis ma collection de ces nouveaux développements des connoissances astronomiques des Égyptiens, de nombre de tableaux, et d'inscriptions hiéroglyphiques, qui, rapprochés, examinés, et discutés dans la tranquillité du cabinet, doivent en dévoiler les mysteres, ou y faire renoncer à jamais. Je pris encore beaucoup de détails relativement à l'art: c'est à cette occasion que je fis la découverte du tracé au crayon rouge d'une figure dont *les repentirs* avoient été couverts par un stuc léger; moyen que les Égyptiens employoient sans doute pour terminer davantage leurs bas-reliefs, et les peindre d'une maniere indestructible. Je fis un dessin du contour du bas-relief et des lignes tracées pour la division des proportions de la figure; ce dessin (*pl.* CXXIV, *n*° 1) peut faire connoître les principes qu'ils avoient adoptés, leur méthode de les employer, leur mode enfin, qui joignoit à l'avantage de prévenir tout à la fois les erreurs, les défauts d'ensemble, et les proportions ignobles, celui d'obtenir cette constante égalité que l'on remarque dans leurs ouvrages, et qui, si elle est nuisible à l'élan du génie et à l'expression d'un sentiment délicat, tend à une perfection uniforme, fait de l'art un métier, de la sculpture un accessoire propre à décorer et enrichir l'architecture, une maniere de s'exprimer, une écriture enfin; et c'est à quoi en Égypte cet art a été le plus souvent réduit. On peut remarquer que dans les principes égyptiens la figure étoit divisée en vingt-deux parties et demie, que la tête en a deux et deux tiers, c'est-à-dire la huitieme partie du tout, et que ces proportions sont celles des Grecs pour le style héroïque. J'ai joint à ce dessin ce que le zele catholique, deux mille ans après, mettoit en remplacement de ce qu'il dégradoit; j'ai tâché de copier aussi fidèlement les deux figures d'évêques, que celle d'Horus offrant à Osiris un emblême de la tête d'Isis.

Je remarquai aussi dans les bas-reliefs un petit temple votif, avec un fronton qui n'est jamais employé dans l'architecture égyptienne (*voyez pl.* CXXVII, *n*° 15); une petite figure tenant un lievre démontre que, dans les figures de genre trivial, les artistes égyptiens pouvoient se laisser aller à la gaieté, lorsqu'ils n'étoient pas comprimés par le rite ou le mode; cette figure exécutée en statue feroit un faune grec (*v. pl.* CXXVII, *n*° 13). Je complétai aussi, d'après des enseignes militaires, la collection des animaux, genre dans lequel on peut dire qu'ils excelloient, et où la grandeur et la simplicité des lignes arrivent souvent au beau idéal: c'est toujours dans des coins oubliés, dans des pieces condamnées à une obscurité éternelle que j'ai trouvé les morceaux les plus soignés et les plus conservés, et par conséquent que j'ai éprouvé pour les copier les difficultés les plus contrariantes. On est toujours étonné de cette égalité de soin dans toutes les parties d'un si grand tout, de cette exécution minutieuse, de ce fini, fruit de l'opiniâtreté, de cette constance tenace, qui tient à l'esprit monastique, dont le zele ne meurt ni ne se refroidit, dont l'orgueil est celui de tout un corps, et non celui d'un seul individu: peut-être les artistes même faisoient-ils partie constituante de ces colleges de prêtres; en effet ils n'ont pas dû souffrir que les arts, qui élevent l'esprit humain, fussent confiés à une autre caste que la leur.

Le Nil commença à croître le 7 messidor; il s'éleva d'un pouce chacun des jours 7, 8 et 9; ensuite il s'éleva de deux pouces, puis de trois; l'eau commença à se renouveler, et, sans devenir trouble, elle cessa d'être verte.

Il fut question de faire une tournée pour reconnoître les canaux, les améliorations à faire, pour arrêter le plan de toutes sortes d'opérations d'utilité et de bienfaisance qui prouvent un soin paternel, et annoncent enfin un gouvernement. Les chaleurs étoient insupportables; le vent d'ouest nous oppressoit, nous causoit des saignements de nez, nous donnoit des ébullitions douloureuses qui couvroient alternativement toutes les parties du corps, séchoient et durcissoient la peau, et rendoient la transpiration difficile; les rayons du soleil, principale ou plutôt unique cause de tous ces maux, faisoient éprouver dans tous les pores des piquures à-peu-près semblables à celles que produit la petite-vérole, et qui devenoient insupportables lorsque, pour se coucher, il falloit appuyer sur tous ces points douloureux. J'étois aussi tourmenté que les autres: mais je regrettois les tombeaux des rois à Thebes; je bravai encore l'inflammation, que je redoutois, et je me mis en route avec le détachement.

Le 4 messidor, la chaleur étoit extrême; le soleil, au solstice, allumoit notre sang: deux soldats s'évanouirent en sortant de Kéné; le lendemain, 15 autres furent hors d'état de suivre: je suis assuré que, si nous n'eussions pas déja été un peu acclimatés, aucun de nous n'eût pu résister. Il fallut faire des journées plus courtes, et marcher le matin. Cependant la campagne étoit ravivée; toute la population, présidée par les cheikhs, étoit occupée à nettoyer les canaux, à en ouvrir les embouchures aux approches du Nil. La confiance avoit ramené les troupeaux des gorges du désert, et les campagnes, désertes quatre mois auparavant, se trouvoient couvertes alors d'animaux qui paissoient tranquillement.

Nous séjournâmes un jour à Kous; le troisieme jour, nous arrivâmes au soleil levé à Karnak, dont je fis les honneurs aux nouveaux arrivés : je vérifiai en même temps l'exactitude de mes premieres opérations. Parmi les nouvelles découvertes que je fis à travers les décombres du temple, je citerai une figure que j'apperçus sur les murs extérieurs des petits édifices qui sont à côté du sanctuaire; c'étoit celle d'un personnage faisant l'offrande de deux obélisques; je remarquai aussi la représentation d'une porte de temple, laquelle avoit deux battants, et se fermoit avec la même serrure en bois dont on se sert encore actuellement (*voy. pl.* CXXXIX, *n*° 13, 14, 15, *et* 16): l'excessive chaleur ne me permit pas de m'arrêter un seul instant aux endroits où étoient situés ces deux bas-reliefs, et par conséquent de les dessiner; mais on peut inférer de ces sculptures que les monuments du genre des obélisques étoient votifs, et offerts par les princes ou autres grands personnages; que les choses moins capitales, comme les portes, étoient aussi des offrandes pieuses; enfin que les inventions simples et d'une utilité générale se transmettent par une tradition qui traverse toutes les révolutions des nations. L'image que je donne de la serrure moderne peut absolument suppléer au dessin de celle antique, puisque je n'y ai remarqué aucune différence.

J'ajouterai aux diverses descriptions que j'ai déja faites de ce gigantesque monument qu'à la partie sud de la premiere cour il y a un édifice particulier, compris dans la circonvallation générale, composé d'un mur d'enceinte, d'une porte donnant l'entrée à une cour entourée d'une galerie en pilastres, devant lesquelles étoient des figures les bras croisés, et tenant d'une main un fléau, de l'autre une espece de crochet; deux secondes galeries latérales, cinq antichambres dans la partie du fond, et cinq chambres derriere; le tout terminé par une autre galerie, avec des couloirs aboutissant aux cours latérales du grand temple. Étoit-ce là enfin le palais des rois, ou plutôt leur noble prison? ce qui pourroit le faire croire, ce sont les figures sculptées sur les parties latérales de la porte, représentant des héros tenant par les cheveux des figures subjuguées; des divinités leur montrent de nouvelles armes, comme pour leur promettre de nouvelles victoires tant qu'ils auront recours à elles pour les obtenir. N'y auroit-il point en ceci quelque analogie avec ce qu'Hérodote nous transmet du régime des rois, de l'obligation où ils étoient d'être servis, conseillés, et toujours accompagnés par des prêtres, contraints chaque matin d'écouter la lecture qu'ils leur faisoient de leurs devoirs, d'aller ensuite au temple faire hommage de leur autorité à la divinité, et reconnoître qu'ils ne la tenoient que d'elle ,et ne pouvoient la conserver que par elle ? de telles obligations pourroient amener à croire que, pour ne pas leur laisser la pensée de pouvoir s'y soustraire, ils logeoient encore dans l'enceinte des temples ces esclaves couronnés.

A Luxor, où nous allâmes dîner, on apporta au général un petit crocodile de cinq pouces de longueur. La terreur qu'inspire cet animal aux Égyptiens avoit fait tuer celui-ci par l'homme qui l'avoit pris; son âge et l'impossibilité où il étoit de nuire n'avoient pu trouver grace devant la peur; et nous perdîmes encore cette occasion de connoître les mœurs de cet amphibie.

Le lendemain, nous vînmes à Salamier; le jour d'après, nous arrivâmes de bonne heure à Esnê. Le général Belliard faisoit monter ses reconnoissances plus en avant; nous ne nous étions pas encore quittés: il me restoit à faire une vue latérale du temple d'Apollinopolis, et j'allai la chercher malgré la fatigue d'un pareil voyage dans cette brûlante saison. Nous allâmes coucher à Bassalier, maison de campagne d'Assan-bey, située sur le bord escarpé du Nil, sans un seul arbre pour rafraîchir les yeux, vis-à-vis la roche ardente et pelée de la chaîne du Mokattam. On ne peut imaginer ce qui a pu faire choisir cette situation pour y bâtir une maison de plaisance. L'intérieur n'offre aucun dédommagement de tous les inconvénients de l'extérieur; de mauvaises murailles ouvertes par de mauvaises portes, voilà tout ce que l'architecture prête de charmes à ce palais, où l'on n'entre qu'en se courbant, où chaque escalier est un précipice, où la vue des fenêtres n'offre d'incidents que l'apparition de crocodiles aussi gros que nombreux dans cette partie du Nil. A notre arrivée il y en avoit un sur la plage qui étoit si grand, que je l'avois pris d'abord pour le tronc d'un palmier, et que je ne le reconnus que lorsque je le vis remuer et fuir.

Entre Bassalier et êl-Moêcat, en suivant un canal, nous fûmes attirés par un monticule de briques appelé Com-êl-Acmart; à son extrémité sud, on trouve la substruction d'un temple égyptien, et quelques assises des bases de son portique, le tout couvert d'hiéroglyphes: cette ruine inconnue a échappé aux géographes et aux voyageurs anciens et modernes. Sont-ce les ruines de Silsilis, la ville qui auroit donné son nom aux carrieres qui sont près de là?

J'arrivai pour la troisieme fois à Etfu: son temple me parut toujours plus magnifique; je me convainquis que si celui de Tintiris est plus savant dans ses détails, celui d'Etfu a plus de majesté dans son ensemble: on m'avoit promis un jour de séjour, et je n'eus qu'une après-midi; encore l'air étoit-il si brûlant, que je pouvois à peine me tenir dehors pour faire le dessin qui avoit déterminé mon voyage; mais accoutumé à suivre les mouvements des autres et à me conformer aux circonstances, je fis, comme je pus, la vue que j'étois venu chercher (*voyez pl.* LVIII, *n°* 1); j'augmentai mon alphabet hiéroglyphique de plus de trente figures (*voyez planche* CXIV): je découvris aussi dans les masures élevées sur le temple une violation de la plate-forme, qui permettoit d'entrer dans une des chambres de l'intérieur; ce devoit être la seconde après le portique, et celle qui précédoit le sanctuaire. Ce que les ordures entassées me laisserent voir de sculpture étoit d'un grand fini et d'un excellent goût; le grès employé dans cet édifice étant plus fin que dans aucun autre, tout le travail qu'on lui a confié a conservé la franchise, la finesse, et la fermeté du marbre.

Nous partîmes dans la nuit, et revînmes tout d'une traite à Esnê, très fatigués de notre course; nous pûmes cependant nous appercevoir que, quoique nous fussions presque perpendiculairement sous le soleil, les chaleurs insupportables avoient fini avec le kamsin, et que si le vent du nord devenoit brûlant en longeant l'Égypte dépouillée de productions, il ne causoit point l'oppression des bourrasques de l'est, et des tourbillons dévorants de l'ouest. Je n'appaisois la piquure de mes boutons, et la démangeaison de mes ampoules, qu'en me baignant sans relâche, même en présence des crocodiles, que j'avois appris à braver; j'ajoutois à ces bains multipliés un régime végétal; je ne mangeois plus de viande et très peu d'autre chose, et cependant, malgré cette diete austere, je ne pouvois encore obtenir qu'avec peine quelques heures d'un sommeil inquiet.

Le Nil, après avoir crû pendant plusieurs jours de deux pouces, arriva par progression à grandir d'un pied; alors ses eaux se troublerent, ce qui pourroit indiquer que dans son cours il traverse quelques grands lacs, dont il pousse d'abord les eaux limpides devant lui, et que ces eaux arrivent claires en Égypte jusqu'à ce que celles des pluies de l'Abyssinie viennent successivement y manifester leur couleur.

De retour à Esnê j'allai visiter le temple qui est dans la plaine à droite de la route d'Harment (*voyez pl.* LII, *n*° 1); un sol mouvant ou des fondations mal faites ont causé des affaissements qui ont dérangé l'à-plomb d'une partie de ses colonnes, et hâté la destruction du plafond du portique. Je fis le plan de l'édifice pour avoir une idée de sa distribution, de l'état de la ruine, et de quelques particularités, telles qu'un double parement, dont étoient formés les murs latéraux des portiques, qui laissoient entre eux un espace vide dont il est difficile de deviner l'utilité (*voyez son plan, planche* XCVII, *lettre* C).

Les pieces qui sont derriere le portique sont petites et négligées quant à la décoration; le sanctuaire est absolument détruit; on voit, par les arrachements de ses substructions, et par ce qui reste du mur qui enceint les deux pieces qui restent debout, qu'il y avoit une galerie extérieure tout à l'entour du temple. Des fouilles faites récemment par Assanbey ont mis à découvert des substructions qui font voir que cet édifice se prolongeoit en avant du portique; sa ruine consiste en huit colonnes à chapiteaux évasés, tous variés dans l'ornement qui les décore, tels que la vigne, le lierre, la feuille de palmier et son régime. Des briques énormes et parfaitement faites annoncent que les édifices qui environnoient ce temple avoient été soignés. Étoit-ce Aphrodilopolis, que Strabon place à-peu-près ici, ce qui me paroîtroit trop près de Latopolis, qui est Esnê? d'ailleurs les décombres qui restent ont si peu d'extension, qu'on peut croire que tout ce qui avoit été bâti autour de ce monument en dépendoit. Aucune éminence, un sol dur, nu, désert, balayé par le vent, ne laissent même pas soupçonner qu'il ait existé d'autre édifice; rien d'aussi facile cependant que de reconnoître les emplacements qui ont été occupés par une population plus ou moins nombreuse : on pourroit donc croire qu'il y avoit en Égypte des couvents, des sanctuaires, des especes de chapelles isolées près des villes; comme chez nous, les madones, les saints, les grottes miraculeuses, où le zele religieux étoit ravivé par le silence et le mystere. Le petit temple près Chnubis, celui que l'on trouve encore à la rive droite vis-à-vis d'Esnê, sont d'autres exemples de l'existence de ces especes de temples; les hiéroglyphes qui couvrent ce qui reste des murs extérieurs et l'intérieur du portique de celui-ci sont d'un style mesquin et d'une exécution molle: il y a quelques figures astronomiques dans le plafond du portique, assez grossièrement exécutées, mais qui attestent que les parties extérieures de ces temples étoient consacrées à l'astronomie, à l'histoire du ciel et des temps, et à celle des époques données par le mouvement des astres.

On nous avoit dit qu'à l'ouest d'Ésnê un couvent cophte renfermoit des choses merveilleuses; j'y courus: un sol arrosé du sang de nombre de martyrs est devenu un sanctuaire révéré de toute la catholicité égyptienne, dont le zele infatigable répare chaque jour à grands frais les dévastations faites par les Mamelouks chaque fois qu'ils ont à punir les chrétiens des retards du paiement de leurs impositions. Toute cette immense fabrique se ressent des diverses époques de ces dévastations, et de l'impéritie de ceux qui les réparent. Au moment où j'y allai, on achevoit des restaurations immenses occasionnées par la rage des beys au moment où ils avoient été obligés de quitter Esnê; l'argent nécessaire à cette opération employé à cet usage dans le temps de crise où nous étions encore fut ce qui me parut le plus merveilleux, et ce qui peut donner une idée de l'enthousiasme et des ressources de cette secte qui affecte un extérieur si humble et si pauvre.

J'allai prendre congé du portique d'Esnê, du fragment le plus pur de l'architecture égyptienne, et, j'ose le dire, d'un des monuments les plus parfaits de l'antiquité (*voyez pl.* LIV, *n*° 3); je dessinai les variétés de ses chapiteaux (*voyez planche* LIX), et une partie des signes de son plafond (*voyez planche* CXIV, *n*° 1 *jusqu'à* 13); je cherchai avec soin, et fus surpris de n'y trouver aucune représentation du poisson latus, dont la ville portoit le nom.

Nous partîmes le 20 à la pointe du jour; nous passâmes devant Asfun, à deux lieues et demie d'Esnê : ce village est élevé sur de vastes décombres; il paroît plus naturel d'y chercher les ruines d'Aphrodilopolis, Asphinis ou Asphunis, que de les trouver dans celles du temple que je viens de décrire. Ce que Strabon dit de cette ville convient davantage à l'éloignement de Latopolis, et l'affinité du nom d'Asfun à Asphunis, affinité dont il y a nombre d'exemples en Égypte, me feroit encore pencher pour cette opinion; au reste Sophinis, à une demi-lieue plus loin, a aussi ses éminences, mais moins considérables : ces deux villages sont dépourvus de monuments. Quelques fouilles découvriront peut-être un jour auquel des deux appartient l'honneur d'avoir été la ville de Vénus. Après avoir marché tout le jour au soleil, nous arrivâmes rôtis à Hermontis; la chaleur de l'air étoit devenue moins étouffante, mais les rayons du soleil n'étoient pas moins brûlants : on peut dire cependant que l'époque de la croissance du Nil, où soufflent les vents du nord, est celle où la chaleur de l'été en Égypte cesse d'être insupportable : il suffit de se garder des rayons du soleil pendant six heures, c'est-à-dire depuis neuf heures jusqu'à trois; le reste du jour l'air est léger, et les nuits sont transparentes et fraîches : mais l'objet de notre voyage avoit été une reconnoissance des canaux, et l'établissement de l'organisation des travaux de la campagne, par conséquent nous étions obligés de voyager aux heures les plus brûlantes du jour pour y trouver les travailleurs. Plusieurs des nôtres moururent de chaud dans cette traversée : rien n'est affreux comme cette mort; on est surpris tout-à-coup d'un mal de cœur, et aucuns secours ne peuvent prévenir des défaillances qui se succedent, et dans lesquelles expirent les malheureux qui en sont atteints : des chevaux même éprouverent le même sort.

Nous vîmes avec quelque satisfaction que l'espoir de jouir des fruits de ses travaux avoit fait anticiper sur nos volontés : les champs étoient couverts de cultivateurs occupés à défricher les canaux, déja plus qu'à demi creusés; et les paysans ne se détournoient de leurs occupations que pour apporter de l'eau et des pasteques à nos soldats, dont la contenance pacifique ne les effrayoit plus. Une autre circonstance consolante pour le pays et pour nous, c'est que les villages avoient arrêté entre eux que *le rachat du sang* étoit aboli, et la punition des nouveaux crimes renvoyée à notre équité. Le rachat du sang est un de ces fléaux, fils du préjugé et de la barbarie, qui élevoient des barrieres entre chaque pays, et en interceptoient la communication : si une querelle particuliere, un accident, avoit causé la mort de quelqu'un, le défaut de justice, la vengeance, un honneur mal entendu, accumuloient représailles sur représailles, et dès-lors une guerre éternelle; on ne marchoit plus qu'en nombre et armés : les visites d'affaires étoient des expéditions; les chemins cessoient d'être pratiqués : on n'y rencontroit plus que les piétons de la classe la plus abjecte, ce qui ne pouvoit qu'ajouter au peu de sûreté des routes. L'oubli des erreurs passées fut donc la premiere influence heureuse de la justice de notre gouvernement. Un autre bonheur pour les habitants aisés fut de pouvoir impunément se parer de leurs richesses, venir chez nous tous les jours mieux vêtus, manger ensemble sans essuyer une avanie ou un surcroît d'impositions. Nous fûmes nous-mêmes invités, traités avec magnificence par des gens bien vêtus que nous n'avions jamais apperçus, qui, pleins de sens et d'esprit, parloient avec sagacité de nos intérêts et des leurs, de nos erreurs, de leurs besoins, parloient de Desaix avec respect et confiance : j'entrevoyois enfin l'époque où le bonheur alloit doubler la population, déja suffisante à la culture, où les manufactures et les arts deviendroient utiles au repos politique; celle enfin où le gouvernement seroit peut-être obligé, pour occuper la multitude, de faire élever comme autrefois des pyramides.

Nous approchions de Thebes : je devois voir cette fois les tombeaux des rois, la derniere curiosité qui me restât à satisfaire sur ce territoire si intéressant; mais, comme si le sort m'eût envié des satisfactions completes en ce genre, je vis le moment où ces monuments, dont je venois d'acheter la vue par une marche pénible de plus de cinquante lieues, alloient encore m'échapper. Usant de la sécurité qui s'établissoit, j'avois galopé en avant pour prendre quelques traits des ruines des temples de Médinet-Abou, où la troupe devoit me reprendre en passant: j'arrivai une heure avant elle; je fis une vue du temple qui touche au village (*voyez planche* XLV, *n*° 1): je vis qu'à droite de ce temple il y avoit un monument carré, qui étoit un palais attenant au temple, fort petit à la vérité, mais dont les portiques voisins pouvoient servir de prolongements dans un climat où des galeries de colonnes et des terrasses sont des appartements. Je fis un dessin du petit palais, qui a un caractere tout différent des autres édifices, par son plan et par son double étage de croisées carrées, par les especes de balcons soutenus par quatre têtes en attitudes de cariatides. On a à regretter que ce monument particulier soit si dégradé, sur-tout dans son intérieur, et que ce qui reste de décoration de son extérieur soit aussi fruste : les sculptures qui décorent les murailles extérieures, comme dans la partie du temple de Karnak, que j'ai soupçonné être un palais, représentent des figures de rois menaçant des groupes de captifs prosternés, semblables à celles *n*° 7, *planche* CXX.

Toujours précédant la troupe et pressé par sa marche, je courus aux deux colosses, dont je fis une vue avec l'effet du soleil levant à la même heure où l'on avoit coutume de venir pour entendre parler celle de Memnon (*voyez pl.* XLIV, *n*° 1, *et la description des planches*); ensuite j'allai au palais isolé, appelé le Memnonium, dont je fis la vue (*planche* XLV, *n*° 1). Pendant que je m'oubliois à observer on oublioit de m'avertir, et je m'apperçus que le détachement étoit déja à une demi-lieue en avant; je me remis au galop pour le rejoindre. La troupe étoit fatiguée, et l'on remettoit en question si l'expédition des tombeaux auroit lieu : je dévorois en silence la rage dont j'étois animé; et je crois que ce silence obtint plus que ce que m'auroit dicté le mécontentement que j'éprouvois, car on se mit enfin en route sans autre discussion. Nous traversâmes d'abord le village de Kournou, l'ancienne Nécropolis: en approchant de ces demeures souterraines, pour la troisieme fois les incorrigibles habitants nous saluerent encore de plusieurs coups de fusils.

C'étoit le seul point de la haute Égypte qui refusât de reconnoître notre gouvernement; forts de leurs demeures sépulcrales, comme des larves, ils n'en sortoient que pour effrayer les humains ; coupables de nombre d'autres crimes, ils cachoient leurs remords, et fortifioient leur désobéissance de l'obscurité de ces excavations, qui sont si nombreuses, qu'à elles seules elles attesteroient l'innombrable population de l'antique Thebes (*voyez planche* XLII, *n*° 4). C'étoit en traversant ces humbles tombeaux que les rois étoient portés à deux lieues de leur palais, dans la silencieuse vallée qui alloit devenir leur paisible et derniere demeure : cette vallée, au nord-ouest de Thebes, se rétrécit insensiblement; flanquée de rochers escarpés, les siecles n'ont pu apporter que de légers changements à ses antiques formes, puisque vers son extrémité l'ouverture du rocher offre à peine encore l'espace qu'il a fallu pour passer les tombes, ainsi que les somptueux corteges qui accompagnoient sans doute de telles cérémonies, et qui devoient produire un contraste bien frappant avec l'austere aspérité de ces rochers sauvages : cependant il est à croire qu'on n'avoit pris cette route que pour obtenir de plus grands développements, car la vallée depuis son entrée dérivant toujours au sud, le point où sont les tombeaux ne doit être que très peu éloigné du Memnonium; et ce ne fut cependant qu'après trois quarts d'heure de marche dans cette vallée déserte qu'au milieu des rochers nous rencontrâmes tout-à-coup des ouvertures paralleles au sol : ces ouvertures n'offrent d'abord d'ornements architecturals qu'une porte à simples chambranles de forme carrée (*voyez pl.* XLII, *n*° 2), ornée à sa partie supérieure d'un ovale aplati, sur lequel sont inscrits en hiéroglyphes un scarabée, une figure d'homme à tête d'épervier, et hors du cercle deux figures à genoux en acte d'adoration (*voyez pl.* CXXII, *n*° 10). Dès que l'on a passé le seuil de la premiere porte on trouve de longues galeries de douze pieds de large, sur vingt d'élévation, revêtues en stuc sculpté et peint; des voussures, d'un trait élégant et surbaissé, sont couvertes d'innombrables hiéroglyphes, disposés avec tant de goût, que, malgré la bizarrerie de leurs formes, et quoiqu'il n'y ait ni demi-teinte ni perspective aérienne dans ces peintures, ces plafonds offrent cependant un ensemble agréable, et un assortiment de couleurs dont l'effet est riche et gracieux. Il auroit fallu un séjour de quelques semaines pour chercher et établir quelque système sur des sujets de tableaux aussi nombreux et encore plus mystérieux, et l'on ne m'accordoit que quelques minutes, encore étoit-ce d'assez mauvaise grace : je questionnois tout avec impatience ; précédé de flambeaux, je ne faisois que passer d'un tombeau à un autre. Au fond des galeries les sarcophages, isolés, d'une seule pierre de granit de douze pieds de long sur huit de large, étoient ornés d'hiéroglyphes en dedans et en dehors : rondes à un bout, carrées à l'autre, comme celle de la mosquée de S.-Athanase à Alexandrie (*voyez planche* IX, *n*° 4 *et* 5), ces tombes étoient surmontées d'un couvercle de même matiere, et d'une masse proportionnée, fermant avec une rainure: ni ces précautions ni ces masses énormes amenées de si loin et à si grands frais n'ont pu sauver les restes des souverains qui y étoient renfermés des attentats de l'avarice; toutes ces tombes sont violées: à la premiere que l'on rencontre, la figure du roi ou celle de quelque divinité protectrice est sculptée sur le couvercle du sarcophage; cette figure est si fruste que l'on ne peut distinguer au costume, si c'est celle d'un roi, d'un prêtre, ou d'une divinité: dans d'autres tombeaux la chambre sépulcrale est entourée d'un portique en pilastres; les galeries, bordées de loges soutenues de même maniere, et de chambres latérales creusées dans une roche inégale, sont revêtues d'un stuc blanc et fin, sur lequel sont sculptés des hiéroglyphes colorés, et d'une conservation surprenante; car, à l'exception de deux des huit tombeaux que j'ai visités, où l'eau est entrée, et qu'elle a dégradés jusqu'à hauteur d'appui, tous les ornements des autres sont d'une parfaite conservation, et les peintures aussi fraîches que si elles venoient d'être achevées; les couleurs des plafonds, en fond bleu avec des figures en jaune, sont d'un goût qui décoreroit nos plus élégants salons (voyez les plans que je pris en hâte, et qui rendront compte des autres, dont les différences dans la distribution ne m'ont paru d'aucune importance, *planche* XLII, *n*° 1 *et* 3).

On avoit sonné le boute-selle, lorsque je découvris de petites chambres, sur les murs desquelles étoit peinte la représentation de toutes les armes, telles que masse d'armes, cotte de mailles, peau de tigre, arcs, fleches, carquois, piques, javelots, sabres, casques, cravaches, et fouets; dans une autre une collection des ustensiles d'usage, tels que coffre à tiroir, commode, chaise, fauteuil, tabouret, lit de repos et pliant, d'une forme exquise, et tels que nous les admirons depuis quelques années chez nos ébénistes lorsqu'ils sont dirigés par des architectes habiles: comme la peinture ne copie que ce qui existe, on doit rester convaincu que les Égyptiens employoient pour leurs meubles les bois des Indes sculptés et dorés, et qu'ils les recouvroient d'étoffes brochées; à cela étoit jointe la représentation d'ustensiles, comme vases, cafetieres, aiguiere avec sa soucoupe, théiere et corbeille (*voyez pl.* CXXXV, *n*° 15, 19, 21, *et* 25); une autre chambre étoit consacrée à l'agriculture, avec les outils aratoires, une charrue telle que celles d'à présent, un homme qui seme le grain sur le bord d'un canal des rives duquel l'inondation se retire, une moisson faite à la faucille, des champs de riz que l'on soigne; dans une quatrieme une figure vêtue de blanc, jouant d'une harpe à onze cordes; la harpe sculptée avec des ornements de la même teinte et du même bois que celui dont on se sert actuellement pour fabriquer les nôtres. Comment pouvoir laisser de si précieuses curiosités avant de les avoir dessinées! comment revenir sans les montrer! je demandai à hauts cris un quart d'heure; on m'accorda vingt minutes la montre à la main; une personne m'éclairoit tandis qu'une autre promenoit une bougie sur chaque objet que je lui indiquois; et je fis ma tâche dans le temps prescrit avec autant de naïveté que de fidélité (*voyez planche* CXXXV): je remarquai beaucoup de figures sans tête; j'en trouvai même avec la tête coupée; elles étoient toutes d'hommes noirs, et ceux qui les coupoient et qui tenoient encore le glaive instrument du supplice étoient rouges (*voyez planche* CXXIV, *n*° 2): étoient-ce des sacrifices humains? sacrifioit-on des esclaves dans les tombeaux? ou étoit-ce le résultat d'un acte de justice, et la punition du coupable?.... J'observois tout ce que je rencontrois, et je mettois dans mes poches tout ce que je trouvois de fragments portatifs. A l'inventaire que j'en fis depuis je trouvai la charmante petite patere en terre cuite (*n*° 1 *et* 2, *planche* C), morceau digne du plus beau temps des arts chez toutes les nations qui s'en sont le plus occupées: des figures de divinités en bois de sycomore, ébauchées avec une franchise extraordinaire: des cheveux fins, lisses, et blonds: un petit pied de momie, qui ne fait pas moins d'honneur à la nature que les autres morceaux en font à l'art; c'étoit sans doute le pied d'une jeune femme, d'une princesse, d'un être charmant, dont la chaussure n'avoit jamais altéré les formes, et dont les formes étoient parfaites; il me sembla en obtenir une faveur, et faire un amoureux larcin dans la lignée des Pharaons (*voyez planche* C, *n*° 6). Enfin on m'arracha de ces tombeaux, où j'étois resté trois heures, où j'aurois pu être tout autant occupé pendant trois jours! le mystere et la magnificence intérieure de ces excavations, le nombre de portes qui les défendoient, tout me fit voir que le culte religieux qui avoit creusé et décoré ces grottes étoit le même que celui qui avoit élevé les pyramides. Enfin nous quittâmes bien vîte ces retraites où tant d'objets intéressants devoient nous retenir, pour arriver de bonne heure à Alicate, où personne n'avoit rien à faire. J'éprouvai, comme toutes les autres fois, que la traversée de Thebes étoit pour moi comme un accès de fievre, comme une espece de crise qui me laissoit une impression égale d'impatience, d'enthousiasme, d'irritation, et de fatigue.

Le lendemain matin nous arrivâmes de bonne heure à Nagadi, riche bourg peuplé de chrétiens; l'évêque cophte, la crosse à la main, à la tête de tous ses fideles, vint au-devant de nous, et nous conduisit à une maison où étoit préparé un déjeûner pour l'état-major et tout le détachement; c'étoit sans doute en actions de graces d'avoir délivré le pays des courses des Mekkains, et particulièrement d'avoir tiré l'évêque de la captivité où nous l'avions trouvé au château de Benhoute. Nous vînmes coucher à Balasse, qui a donné son nom aux jarres de terre, dont ses manufactures fournissent non seulement toute l'Égypte, mais la Syrie et les isles de l'Archipel; elles ont la qualité de laisser transsuder l'eau, et par-là de l'éclaircir, et de la rafraîchir; fabriquées à peu de frais, elles peuvent être vendues à si bon marché, qu'on s'en sert souvent pour construire les murailles des maisons, et que l'habitant le plus pauvre peut s'en procurer en abondance : la nature en donne la matiere toute préparée dans le désert voisin ; c'est une marne grasse, fine, savonneuse, et compacte, qui n'a besoin que d'être humectée et maniée pour être malléable et tenace : et les vases que l'on en fait, tournés, séchés et cuits à moitié au soleil, sont achevés en peu d'heures par l'action d'un seul feu de paille : on en forme des radeaux, que tous les voyageurs en Égypte ont décrits : ils se transportent ainsi le long des bords du Nil ; on en débite une partie dans le chemin ; le reste s'embarque à Rosette et à Damiette pour le faire passer en pays étrangers (*voyez pl.* XCIV, *n*° 2) : j'ai trouvé les mêmes jarres, dans les mêmes formes, employées aux mêmes usages, montées sur les mêmes trépieds, dans des tableaux hiéroglyphiques (*voyez planche* CXV, *n*° 31), et dans des peintures sur des manuscrits (*voyez planche* CXXXVI).

Le lendemain, nous arrivâmes de bonne heure vis-à-vis Kéné, où nous trouvâmes le Nil six pieds plus élevé que nous ne l'avions laissé.

Nous apprenons que Mourat-bey a quitté les oasis, qu'il est descendu par la route de Siouth dans les environs de Miniet, qu'il a ouvert des intelligences dans la basse Égypte, et jusqu'au nord de l'Afrique, qu'il en a fait arriver un émissaire qui a débarqué à Derne. Cet émissaire n'est rien moins que l'ange él-Mahdi, annoncé et promis dans le koran ; il est reconnu par un adgi conduisant deux cents Mongrabins ; le drapeau du prophete est déployé, les prodiges sont annoncés ; les fusils, les canons même des Français ne pourront atteindre ceux qui suivront cette enseigne sacrée ; nombre d'Arabes joignent ce premier rassemblement : il arrive tout-à-coup dans la province de Bahiré, s'empare de Demenhour gardé par soixante Français. A ce premier succès, les partisans de cette nouveauté accourent, les Bédouins arrivent de toutes parts : la tourbe devient innombrable, semblable aux tourbillons qui traversent le désert, élevant dans leur marche des trombes de sable et de poussiere, semblent en même temps menacer le ciel et la terre, mais au premier objet dont leur base est atteinte, penchent, vacillent, et s'évanouissent dans l'espace. Un détachement est envoyé ; Demenhour est repris, quinze cents hommes des révoltés sont tués, le reste se disperse ; l'ange él-Mahdi blessé n'échappe qu'avec peine ; l'illusion cesse, et le fantôme et l'armée n'existent déja plus.

Les nouvelles de Syrie annonçoient le retour de notre armée : je calculois que, l'Égypte supérieure conquise et occupée par nous, l'époque approchoit où la basse Égypte, couverte d'eau, alloit être pour long-temps à l'abri des descentes ; que Bonaparte alloit se trouver sans opérations d'une grande utilité : je n'avois pas oublié qu'en m'amenant il m'avoit promis de me ramener avec lui ; je n'avois pas encore tourné mes regards du côté de l'Europe, et cette pensée fut une sensation qui devint un mouvement de trouble et d'impatience.

Cependant le bruit des coups de fusils que nous avoient tirés les habitants de

Kournou retentissoient encore dans le souvenir du général Belliard; le temps de les en punir étoit arrivé. A peine de retour à Kéné, il s'occupa d'organiser une expédition contre eux, pour les surprendre, s'emparer de leurs troupeaux, miner leur repaire, les faire sauter, et emmener leur cheikh. Cette expédition alloit nécessiter quelque séjour à Thebes; à Thebes! j'étois en proie à des volontés contradictoires; mon incertitude cessa en faveur de ce que ma passion appeloit mon devoir. Je me remis donc en route (c'étoit mon septieme voyage) pour cette grande Diospolis, que j'avois toujours vue avec une telle hâte, qu'un regret avoit été pour ainsi dire attaché à chacune de mes jouissances; j'espérai cette fois, sinon compléter, au moins augmenter encore ma collection sur ce point si important de mon voyage, et m'assurer de la valeur et de la vérité du résultat de mes premieres sensations sur cette capitale du monde ancien, ce foyer de lumieres pendant tant de siecles pour tous les peuples qui avoient voulu s'éclairer.

Arrivés dans ces parages, nous nous vîmes signalés; nous prîmes le parti de passer outre, comme si notre destination eût été d'aller à Esnê : la feinte réussit; nous mouillâmes à Luxor, et le lendemain avant le jour nous revînmes sur nos pas: mais cette manœuvre n'aboutit qu'à une méprise; l'officier qui commandoit s'obstina à penser que nous devions trouver les habitants dans un petit bois de palmiers au sud des grottes; il le fit cerner, on le battit: on n'y trouva qu'un malheureux passager, qui y étoit resté la nuit: réveillé par des soldats, il voulut fuir; il étoit armé, on courut dessus, on ne l'atteignit que d'un coup de sabre qui lui coupa le poignet: le malheureux n'en accusa que la fatalité, et passa son chemin: je lui donnai deux piastres; ô comble de la misere! il crut qu'il étoit mon obligé!

Les chiens nous avoient dépisté, et les premiers rayons du jour éclairerent notre erreur, et nous laisserent voir les habitants en fuite dans le désert, précédés de leur cheikh à cheval, et suivis de leurs troupeaux; une partie de ces derniers fut interceptée, quelques femmes furent arrêtées; et nous commençâmes à former le siege de chaque tombeau. Nous rassemblâmes toutes les matieres combustibles, nous en allumâmes des feux devant les grottes, pour obliger par la fumée ceux qui étoient dedans d'en sortir; on nous repoussoit à coups de pierres et à coups de javelots; la plupart de ces retraites, communiquant les unes aux autres, avoient de doubles issues : une surprise auroit terminé heureusement notre opération; mais commencée par une mal-adresse, elle devint cruelle, et n'aboutit qu'à la prise de trois cents bêtes à cornes, quatre hommes, autant de femmes, et huit enfants. Ceux qui avoient fui dans le désert étoient sans provisions, et n'en pouvoient obtenir des villages voisins avec lesquels ils étoient en guerre; ceux qui étoient restés dans les grottes manquoient d'eau. Nous prîmes position pour former un double blocus, et nous fîmes jouer la mine; elle produisit peu d'effet, mais elle effraya: les pourparlers commencerent; c'étoit une guerre avec les gnomes, et nos propositions d'accommodements et nos articles étoient communiqués à travers les masses de rochers : nous demandions les cheihks ; ils ne vouloient pas les livrer ; ils s'informoient de leurs prisonniers, de leurs femmes, de leurs enfants, et de leurs troupeaux, pour lesquels leurs sollicitudes étoient égales : on leur permit d'envoyer un député dans le désert ; la guerre fut suspendue pendant ce temps.

Accompagné de quelques soldats volontaires, je commençai mes perquisitions : j'observai les grottes que nous avions prises d'assaut ; elles étoient sans magnificence ; derriere une double galerie réguliere, soutenue par des piliers, étoit une file de chambres, souvent doubles et assez régulieres ; si l'on n'y eût pas trouvé des sépultures, et même encore des restes de momies, on auroit pu croire que c'étoit là la premiere demeure des premiers habitants de l'Égypte, ou bien même qu'après avoir servi d'abord à cet usage, ces souterrains étoient devenus des tombeaux, et que définitivement les habitants de Kournou (nouveaux Troglodytes) les avoient rendus à leur premiere destination.

A mesure que ces grottes s'élevent sur la côte elles deviennent plus décorées ; et bientôt je ne pus pas douter, non seulement à la magnificence des peintures et des sculptures, mais aux sujets qu'elles représentent, que j'étois dans les tombeaux des grands ou des héros. Les tombeaux que l'on croit avoir été ceux des rois, et que j'étois allé chercher à mon dernier voyage à trois quarts de lieue dans le désert, n'avoient d'avantage sur ceux-ci que la magnificence des sarcophages, et de particularité que l'isolement mystérieux de leur situation ; les autres dominoient immédiatement les grands édifices de la ville : les sculptures en étoient incomparablement plus soignées que tout ce que j'avois vu dans les temples ; c'étoit de la ciselure : j'étois émerveillé que la perfection de l'art fût réservée à des tombeaux, à des lieux condamnés au silence et à l'obscurité. Ces galeries ont quelquefois traversé des bancs d'une glaise calcaire d'un grain très fin ; alors les détails des hiéroglyphes y ont été travaillés avec une fermeté de touche et une précision que le marbre n'offre presque nulle part, les figures rendues par des contours d'une souplesse et d'une pureté dont je n'aurois jamais cru la sculpture égyptienne susceptible : ici j'ai pu la juger dans des sujets qui n'étoient plus hiéroglyphiques, ni historiques, ni scientifiques, mais dans la représentation de petites scenes prises de la nature, où les attitudes, profilantes et roides étoient remplacées par des mouvements souples et naturels, par des groupes de personnages en perspective, et d'un relief si bas, que jusqu'alors j'avois cru le métal seul susceptible d'un travail aussi surbaissé. J'ai rapporté quelques fragments de ces bas-reliefs, comme un témoignage que j'ai cru nécessaire pour persuader aux autres ce qui m'avoit moi-même tant surpris (*voyez ces fragments*, *pl.* CXIII) ; je les ai dessinés, de retour en France, de grandeur naturelle, et avec autant de vérité que d'exactitude, pour donner une idée juste du caractere et de la précision de ce travail. On est bien étonné du peu d'analogie de la plupart des sujets de ces sculptures avec le lieu où elles sont placées; il faut la présence des momies pour se persuader que ce sont là des tombeaux : j'y ai trouvé des bas-reliefs représentant des jeux, comme de sauteurs sur la corde; des ânes auxquels on fait faire des tours, que l'on éleve sur les pattes de derriere, etc. (*voyez planche* CXXIV, *n*° 7 *et* 8) ; ces ânes sont sculptés avec la même naïveté que le Bassan les a peints dans ses tableaux.

Le plan de ces excavations n'est pas moins étrange; il y en a de si vastes et de si compliquées, qu'on les prendroit pour des labyrinthes, pour des temples souterrains. Quelques uns des mêmes habitants avec lesquels nous faisions la guerre me servoient de guides; et le son de l'argent, cette langue universelle, ce moyen contre lequel toute haine cede, sur-tout chez les Arabes, m'avoit fait des amis parmi les habitants fugitifs de Kournou; quelques uns étoient venus me trouver en secret lorsque j'étois éloigné du camp, et me servoient de bonne foi : nous pénétrâmes avec eux dans ces dédales souterrains, qui véritablement ressemblent, par leurs distributions mystérieuses, à des temples construits pour servir aux épreuves des initiations. Après les pieces si bien décorées que je viens de décrire, on entre dans de longues et sombres galeries, qui, par plusieurs angles, vont et reviennent, et paroissent occuper de grands espaces; elles sont tristes, séveres, et sans décoration : on rencontre de temps à autre des chambres couvertes d'hiéroglyphes, des chemins étroits à côté de précipices, des puits profonds, où l'on ne peut descendre qu'en s'aidant contre les parois de l'excavation, et mettant les pieds dans des trous pratiqués dans le rocher; au fond de ces puits on trouve de nouvelles chambres décorées, et ensuite de nouveaux puits et d'autres chambres, et, par une longue rampe ascendante, on arrive enfin à une piece ouverte, et qui se trouve être tout à côté de celle où on a commencé son voyage. Il eût fallu des journées pour prendre une idée et lever les plans de pareils dédales : si la magnificence de l'intérieur des maisons étoit analogue au faste de ces habitations ultérieures, comme on le doit croire d'après les beaux meubles peints dans les tombeaux des rois, qu'il est à regretter de n'en retrouver aucun vestige! que sont devenues ces maisons qui renfermoient ces richesses? comment ont-elles disparu? elles ne peuvent être sous le limon du Nil, puisque le quai qui est devant Luxor atteste que le sol n'a éprouvé qu'une élévation peu considérable. Étoient-elles en briques non cuites? les grands comme les prêtres habitoient-ils les temples? et le peuple n'avoit-il que des tentes?...

Pendant toute l'expédition nous avions été suivis d'une bande de milans et de petits vautours, qui étoient devenus aussi familiers qu'ils étoient naturellement voraces; ils se nourrissoient de ce que nous laissions après nous, et nous rejoignoient toujours à la premiere station; les jours de combats, au lieu d'être éloignés par le canon, ils accouroient de toutes parts : cette fois-ci notre expédition faite en bateau avoit trompé nos habitués ; mais aux premiers coups de fusils, sur-tout à l'explosion de la mine, ils furent avertis et vinrent nous rejoindre ; leur adresse et leur familiarité devenoient un spectacle et un divertissement pour nous ; des berges élevées du Nil nous leur jetions de la viande qu'ils ne laissoient jamais tomber jusque dans l'eau ; ils enlevoient quelquefois les rations qu'on envoyoit aux postes avancés, et que nos serviteurs portoient sur leur tête : j'ai vu des soldats vidant des volailles, les milans leur enlever délicatement de la main les foies et les entrailles qu'ils étoient occupés d'en séparer ; les petits vautours n'avoient pas la même dextérité, mais leur impudence égaloit leur voracité, ils mangeoient tout ce qu'il y avoit de plus abject et de plus corrompu ; et leur nature participoit de l'infection de leur nourriture, car à plusieurs reprises il m'a été impossible de supporter l'odeur de la chair de ces oiseaux, que j'essayois d'écorcher au moment où je venois de les tuer, soit à coup de fusil, soit même à coup de pistolet, et pendant qu'ils étoient encore chauds.

Le soir, après quelques ouvertures de négociations, nous nous quittions, mes guides et moi, contents les uns des autres, avec rendez-vous pour le lendemain, et nous étions également empressés d'y être exacts. Je fus conduit à de nouvelles sépultures, moins sinistres, et qui auroient pu servir d'habitations agréables par le jour, la salubrité, l'air, et le beau point de vue dont on jouit dans leur situation ; elles n'ont au reste rien qui les distingue des autres, c'est ce qu'attestent les peintures dont elles sont couvertes. Le rocher, d'une nature graveleuse, est enduit d'un stuc uni, sur lequel sont peintes en toutes couleurs des pompes funebres d'un travail infiniment moins recherché que celui des bas-reliefs, mais non moins curieux pour les sujets qui y sont représentés : on regrette que l'enduit dégradé ne laisse pas suivre la marche des cérémonies ; on voit par les fragments qui en sont conservés que ces fonctions funebres étoient d'une extrême magnificence.

Les figures des dieux y sont portées par des prêtres sur des brancards et sous des bannieres, suivies de personnages portant des vases d'or de toutes les formes (*voyez pl.* CXXXV, *n*° 33, 34, *et* 35), des calumets, des armes, des provisions de pain (*voyez même planche*, *n*° 32 *et* 36), des victuailles, des coffres de différentes formes : je ne pus dans aucun groupe distinguer le corps du mort ; peut-être étoit-il enfermé dans quelque sarcophage, et surmonté des figures des dieux ; des femmes marchoient en ordre jouant des instruments : j'y trouvai un groupe de trois chanteuses s'accompagnant, l'une de la harpe, l'autre d'une espece de guitare ; la troisieme jouoit sans doute d'un instrument à vent dont une destruction nous a dérobé la connoissance (*voyez même planche n*° 27, 28, *et* 29).

Si j'avois eu le temps de dessiner tous les méandres qui décorent les plafonds, j'aurois emporté tous ceux qui font ornement dans l'architecture grecque, et tous ceux qui rendent les décorations dites arabesques, si riches et si élégantes.

A travers ces souterrains il y a un monument bâti en briques non cuites, dont les lignes ont quelque caractere de beauté. Le talus des murailles et les couronnements rappellent le style égyptien, mais quelques ornements à l'extérieur, ainsi que des voûtes dans les soubassements, ne me laisserent pas douter que le monument ne fût arabe: il est considérable, et par sa situation il domine tout le territoire de Thebes.

On m'apportoit des fragments de momie: je promettois ce qu'on vouloit pour en avoir de completes et d'intactes; mais l'avarice des Arabes me priva de cette satisfaction: ils vendent au Caire la résine qu'ils trouvent dans les entrailles et dans le crâne de ces momies, et rien ne peut les empêcher de la leur arracher; ensuite la crainte d'en livrer une qui contînt quelques trésors (et ils n'en ont jamais trouvé dans de semblables fouilles) leur fait toujours casser les enveloppes de bois, et déchirer celles de toile peinte qui couvrent les corps dans les grands embaumements. Le lecteur peut juger quelle journée de délices c'étoit pour moi que celle où je découvrois tant de nouveautés, d'autant que, reprenant mon ancien métier de diplomate, j'étois devenu l'homme de confiance, l'intermédiaire des bons offices, et que c'étoit à moi qu'on recommandoit les femmes et les enfants. Je me gardois bien de dire que les femmes n'avoient jamais été si heureuses ni si bien traitées; j'insistois sur ce que les cheikhs me fussent livrés; je leur peignois l'appétit de nos soldats, et conséquemment le danger qui résultoit pour le troupeau d'une longue résistance; mais, je l'avouerai, je ne hâtois rien, je temporisois, je remettois au lendemain, ne voulant ni brusquer mes négociations, ni tronquer mes opérations.

J'avois découvert, en gravissant les montagnes, que les tombeaux des rois se trouvoient tout près du Memnonium: j'étois bien tenté d'y retourner; mes guides m'en pressoient, mais je craignois d'y rencontrer la peuplade fugitive, et de devenir à mon tour otage ou moyen d'échange pour les moutons.

Le troisieme jour, j'allai à Médinet-Abou; je revis ce vaste édifice avec des yeux nouveaux. N'étant plus harcelé par la marche précipitée d'une armée, je me rendis compte du plan de ce groupe d'édifices (*voyez planche* XLVI); je me persuadai encore davantage que ces grandes cours, qui se trouvent être en ligne directe du palais à deux étages, que j'ai déja décrit (*n*° 2, *planche* XLVI), pouvoient bien en être des dépendances, ainsi que cette immense circonvallation de deux cents pieds de long, dont on ne voit plus qu'un des côtés (*voyez lettre* J, *figure* IV). J'avois déja remarqué dans le second portique que la catholicité s'y étoit fabriqué une église dont il ne reste plus que le soubassement de la niche du chœur et les colonnes de la nef; mais je découvris, par nombre de petites portes décorées de croix fleuries, que le corps-de-logis, de deux cents pieds, avoit, suivant toute apparence, servi de couvent à quelque ordre de moines des premiers siecles. Dans le portique où étoit l'église (*lettre* Z) j'eus le temps d'observer que les sculptures du mur intérieur (*marqué* V) représentoient les exploits et le triomphe d'un héros qui avoit porté la guerre dans des contrées lointaines, de Sésostris peut-être, et ses victoires dans l'Inde, comme tous ces bas-reliefs semblent l'indiquer. On y remarque un vainqueur poursuivant seul une armée qui fuit devant lui, et se jette, pour échapper à ses coups, dans un fleuve, qui est peut-être l'Indus: ce héros, monté sur un petit chariot où il n'y a place que pour lui, conduit deux chevaux dont les rênes aboutissent à sa ceinture: des carquois, des masses d'armes, sont attachés à son char et tout autour de lui; sa taille est gigantesque; il tient un arc immense, dont il décoche des traits sur des ennemis barbus et à cheveux longs, qui ne tiennent en rien du caractere connu des têtes égyptiennes. Plus loin, il est représenté assis au revers de son char, dont les chevaux sont retenus par des pages: on compte devant lui les mains des vaincus morts au combat; un autre personnage les inscrit; un troisieme paroît en proclamer le nombre. Quelques voyageurs ont vu un second tas d'une autre espece de mutilation, qui annonceroit que ce n'étoit pas contre des amazones que le héros auroit combattu; mais les formes de ces mutilations ne m'ont pas frappé, et je ne les ai pas distinguées: des prisonniers sont amenés attachés de diverses manieres; ils sont vêtus de robes longues et rayées; leurs cheveux sont longs et nattés, des panneaux d'hiéroglyphes, de cinquante pieds de diametre, suivent, et expliquent sans doute ces premiers tableaux. Reprenant à gauche sur une autre face de ces galeries, on trouve un long bas-relief représentant sur deux lignes une marche triomphale; c'est le même héros revenant sans doute de ses conquêtes; quelques soldats couverts de leurs armes attestent que le triomphe est militaire, car bientôt on ne voit plus que des prêtres ou des personnages de la caste des initiés, sans armes, avec des habits longs et des tuniques transparentes; les armes du héros en sont recouvertes : il est porté sur les épaules et sur un palanquin avec tous les attributs de la divinité; devant et derriere lui marchent des prêtres portant des palmes et des calumets; on lui présente l'encens; il arrive ainsi au temple de la grande divinité de Thebes, que j'ai déja décrite; il lui offre un sacrifice dont il est le sacrificateur: la marche suit, et le héros devient cortege; c'est le dieu qui est porté par vingt-quatre prêtres; le bœuf Apis avec les attributs de la divinité marche devant le héros; une longue suite de personnages tiennent chacun une enseigne, sur la plupart desquelles sont les images des dieux. Arrivés à un autel, un enfant, les bras attachés derriere le dos, va être sacrifié devant le triomphateur, arrêté pour assister à cet horrible sacrifice, ou recevoir cet exécrable holocauste; un prêtre qui brise la tige d'une fleur, des oiseaux qui s'envolent, sont les emblêmes de la mort et de l'ame qui se sépare du corps. Ce que Longus et Apulée nous ont dit des sacrifices humains chez les Égyptiens dans leurs romans de Théagenes et de l'Ane d'or est donc une vérité ! les hommes policés ressemblent donc par-tout aux hommes barbares ! Ensuite le héros fait lui-même au bœuf Apis le sacrifice d'une gerbe de bled ; un génie protecteur l'accompagne sans cesse ; il change d'habits, de coiffures dans la cérémonie, ce qui peut être la marque de ses différentes dignités ou degrés d'initiation : mais la même physionomie est toujours conservée, ce qui prouve qu'elle est portrait ; son air est noble, auguste, et doux. Dans un tableau il tient neuf personnages enchaînés du même lacs : sont-ce les passions personnifiées ? sont-ce neuf différentes nations vaincues par lui ? on lui offre l'encens en l'honneur de l'une ou l'autre de ces victoires ; un prêtre écrit ses fastes, et en consacre le souvenir. C'étoit la premiere fois que j'eusse vu des figures dans l'acte d'écrire : les Égyptiens avoient donc des livres ; le fameux toth étoit donc un livre, et non des panneaux d'inscriptions sculptées sur des murailles, comme il étoit resté en doute. Je ne pouvois me défendre d'être flatté en songeant que j'étois le premier qui eût fait une découverte si importante ; mais je le fus bien davantage lorsque, quelques heures après, je fus nanti de la preuve de ma découverte par la possession d'un manuscrit même que je trouvai dans la main d'une superbe momie qu'on m'apporta : il faut être curieux, amateur, et voyageur, pour apprécier toute l'étendue d'une telle jouissance. Je sentis que j'en pâlissois ; je voulois quereller ceux qui, malgré mes instantes prieres, avoient violé l'intégrité de cette momie, lorsque j'apperçus dans sa main droite et sous son bras gauche le manuscrit de papyrus en rouleau, que je n'aurois peut-être jamais vu sans cette violation : la voix me manqua ; je bénis l'avarice des Arabes, et sur-tout le hasard qui m'avoit ménagé cette bonne fortune ; je ne savois que faire de mon trésor, tant j'avois peur de le détruire ; je n'osois toucher à ce livre, le plus ancien des livres connus jusqu'à ce jour ; je n'osois le confier à personne, le déposer nulle part ; tout le coton de la couverture qui me servoit de lit ne me parut pas suffisant pour l'emballer assez mollement : étoit-ce l'histoire du personnage ? l'époque de sa vie, le regne du souverain sous lequel il avoit vécu y étoit-il inscrit ? étoient-ce quelques dogmes, quelques prieres, la consécration de quelque découverte ? Sans penser que l'écriture de mon livre n'étoit pas plus connue que la langue dans laquelle il étoit écrit, je m'imaginai un moment tenir le *compendium* de la littérature égyptienne, le *toth* enfin. Je regrettois de n'avoir pu dessiner tout ce que j'avois vu dans cette journée si intéressante ; au reste ne devois-je pas être satisfait ? quel autre voyageur avoit vu autant d'objets nouveaux ? quel autre les avoit, comme moi, pu dessiner sur les lieux mêmes ?

La négociation avançoit plus que je ne voulois ; les cheikhs avoient été livrés, mais heureusement le miri n'arrivoit pas. L'officier qui commandoit eut la bonté de me consulter: je ne répondis pas à sa bonne foi, et l'égoïsme dicta ma réponse; au surplus que cent hommes dont on n'avoit que faire à Kéné fussent à Thebes, l'inconvénient n'étoit pas grand; j'allois irrévocablement quitter la haute Égypte. Les opérations militaires avoient si souvent et si impérieusement contrarié les miennes! je cédai à l'occasion de me venger un peu: je dis qu'on ne pouvoit mettre trop de circonspection dans une circonstance aussi délicate, que je croyois qu'on ne devoit rien hasarder. On envoya un courier dont le voyage m'assuroit quatre jours; pendant ce temps arriverent des ordres plus pressants; il fut question d'envoyer réclamer les habitants de Kournou par-tout où on pourroit les avoir recelés. Je me mis en chemin avec le détachement mis en tournée, dans l'espérance de faire quelques nouvelles découvertes dans une contrée aussi fertile en ce genre. En chemin nous apprîmes que les fuyards étoient à Harminte: je connoissois ce pays; il y avoit une lieue et demie à faire, autant pour revenir, par un soleil ardent, et j'étois à pied: trois soldats étoient sans souliers; j'offris de les garder avec moi, et d'aller à Medinet-Abou, vis-à-vis duquel nous nous trouvions alors: heureusement l'officier ne calcula pas l'insuffisance d'une si foible escorte; et tous quatre, bien contents, nous allâmes passer la journée au frais sous les portiques de Medinet. Les habitants, qui me connoissoient par quelques petites générosités, vinrent, au lieu de nous chercher querelle, nous apporter de l'eau fraîche, du pain, des dattes déja mûres, et des raisins; et j'eus le temps de dessiner tout ce que la veille je n'avois fait qu'observer (*voyez pl.* CXXXIV, *n*° 1 *et* 2, *et l'explication*). J'avois avec moi des bougies, ce qui me donna la facilité d'aller visiter les endroits les plus obscurs, dans lesquels je n'avois pu pénétrer lors des autres voyages. Je trouvai (*pl.*XLVI, *figure* IV, *lettres* E, F, G) trois petites chambres couvertes de bas-reliefs, qui avoient été de tout temps privées de lumiere; au fond de la troisieme il y avoit une espece de buffet en pierre, dont les montants étoient encore conservés; c'étoit tout ce qu'il y avoit de particulier dans ce petit appartement soigné, et sur-tout fermé de trois portes aussi fortes que des murailles, ce qui pourroit faire croire que c'étoit une espece de trésor. Nous allâmes aussi visiter l'intérieur obscur du petit temple voisin (*voyez même planche, figure* II), où il nous arriva une aventure: à côté du sanctuaire étoit une petite piece dont un temple monolite de granit occupoit presque tout l'espace; il étoit renversé; nous voulûmes en visiter l'intérieur, il en sortit tout-à-coup une bête assez grosse qui sauta au visage de celui qui portoit la lumiere, et le lui écorcha; je n'eus que le temps de cacher ma tête dans mes deux mains, et de plier les épaules, sur lesquelles je reçus le premier bond de l'animal, qui du second me jeta par terre en passant entre mes jambes; il renversa mes deux compagnons qui fuyoient du côté de la porte, et en un clin d'œil nous mit tous hors de combat. Nous sortîmes tous quatre riant de notre frayeur, sans avoir pu nous assurer de ce qui l'avoit causée; c'étoit, suivant toute apparence, un chacal, qui avoit choisi cette retraite, et qui venoit d'y être troublé pour la premiere fois.

Dans une vérification générale, j'entrai dans une fouille faite sous les fondements de la piece Z, figure IV, que je crois la plus ancienne du monument; et cependant, dans la bâtisse de la fondation d'un des principaux piliers de l'édifice, je trouvai des matériaux sur lesquels étoient sculptés des hiéroglyphes aussi bien exécutés que ceux qui décoroient la partie extérieure. D'après cela, quelle antiquité ne doit-on pas supposer aux édifices qui en avoient été ornés! que de siecles de civilisation pour produire de tels édifices! que de siecles avant qu'ils fussent tombés en ruines! que d'autres siecles depuis que leurs ruines servoient de fondations! comme les annales de ces contrées sont mystérieuses, obscures, infinies!

Au nord de ces temples, nous trouvâmes la ruine de deux figures de granit renversées et brisées; elles peuvent avoir trente-six pieds de proportion, toujours dans l'attitude ordinaire, le pied droit en avant, les bras contre le corps; elles ornoient sans doute la porte de quelques grands édifices détruits dont les ruines sont enfouies. Je m'acheminai vers les deux colosses dits de Memnon; je fis un dessin détaillé de leur état actuel (*voyez pl.* XLIV, *n*° 1 *et* 2): sans charme, sans grace, sans mouvement, ces deux statues n'ont rien qui séduise; mais sans défaut de proportion, cette simplicité de pose, cette nullité d'expression a quelque chose de grave et de grand qui en impose: si pour exprimer quelque passion les membres de ces figures étoient contractés, la sagesse de leurs lignes en seroit altérée, elles conserveroient moins de formes à quatre lieues d'où on les apperçoit, et d'où elles font déja un grand effet. Pour prononcer sur le caractere de ces statues il faut les avoir vues à plusieurs reprises, il faut y avoir long-temps réfléchi; après cela, il arrive quelquefois que ce qui avoit paru les premiers efforts de l'art finit par en être une des perfections. Le groupe du Laocoon, qui parle autant à l'ame qu'aux yeux, exécuté de soixante pieds de proportion, placé dans un vaste espace, perdroit toutes ses beautés, et ne présenteroit pas une masse aussi heureuse que celle-ci: enfin plus agréables, ces statues seroient moins belles; elles cesseroient d'être ce qu'elles sont, c'est-à-dire éminemment monumentales, caractere qui appartient peut-être exclusivement à la sculpture extérieure, à celle qui doit entrer en harmonie avec l'architecture, à cette sculpture enfin que les Égyptiens ont portée au plus haut degré de perfection. J'appelle à l'appui de ce systême l'heureux résultat de l'emploi de ce style sévere toutes les fois que les modernes l'ont employé, et l'espece de partialité que tous les artistes de l'expédition ont prise pour ce genre austere, partialité qui est la preuve la plus évidente de la réalité de sa beauté.

J'examinai de nouveau le bloc de granit qui est entre ces deux statues, et me persuadai davantage qu'il étoit la ruine de ce colosse d'Ossimandue, dont l'inscription bravoit le temps et l'orgueil des hommes; que les deux figures qui sont restées debout sont celles de sa femme et de sa fille, et que, dans un temps bien postérieur, les voyageurs en ont choisi une pour en faire la statue de Memnon, afin de n'être pas venus en Égypte sans avoir vu cette statue, et, selon la progression ordinaire de l'enthousiasme, sans l'avoir entendue rendre des sons au lever de l'aurore.

Quelques uns de mes amis de Kournou m'avoient joint: je calculois que la troupe étoit allée à Hermontis et ne pouvoit revenir que tard; nous nous remîmes de nouveau à la recherche des tombeaux, toujours dans l'espérance d'en trouver qui n'eussent pas été fouillés, afin d'y voir une momie vierge, et la maniere dont elles étoient disposées dans les sépultures; c'est ce que les habitants nous cachoient avec obstination, parceque la situation de leur village leur en fait une propriété qui est devenue pour eux une branche de commerce presque exclusive. Après de pénibles et infructueuses recherches, nous arrivâmes cependant à un trou devant lequel étoient épars de nombreux fragments de momies: l'ouverture étoit étroite; nous nous regardâmes pour savoir si nous risquerions d'y descendre: mes compagnons étoient curieux; nous réglâmes qu'un des volontaires avec mon serviteur resteroient en dehors, et garderoient les guides, avec la précaution de ne les laisser ni partir ni entrer; on battit le briquet, et nous nous mîmes en route: ce fut d'abord à plat-ventre, marchant avec les mains et les genoux; après une minute un des nôtres nous cria qu'il étouffoit; nous l'envoyâmes à la porte remplacer la sentinelle, avec ordre de la faire entrer avec sa lumiere. Après nous être traînés pendant plus de cent pas sur un tas de corps morts et à demi consumés, la voûte s'éleva, le lieu devint spacieux et décoré d'une maniere recherchée: nous vîmes d'abord que ce tombeau avoit été fouillé, que ceux qui y étoient entrés, n'ayant point de flambeaux, s'étoient servis de fascines, qui avoient mis le feu d'abord au linge et bientôt à la résine des momies, et avoient causé un incendie qui avoit fait éclater les pierres, couler les matieres résineuses, et noirci tout le souterrain. Nous pûmes remarquer que le caveau avoit été fait pour la sépulture de deux hommes considérables, dont les figures de rondes bosses de sept pieds de proportion se tenoient par la main: au-dessus de leurs têtes étoit un bas-relief, où deux chiens en laisse étoient couchés sur un autel, et deux figures à genoux avoient l'air de les adorer; ce qui pourroit faire présumer que cette sépulture étoit celle de deux amis qui n'avoient pas voulu être séparés par la mort. Des chambres latérales sans ornements étoient remplies de cadavres dont l'embaumement étoit plus ou moins soigné; ce qui me fit voir avec évidence que si les tombeaux étoient entrepris et décorés pour des chefs de famille, non seulement leurs corps y étoient déposés, mais ceux de leurs enfants, de leurs parents, de leurs amis, de tous les serviteurs de la maison. Des corps emmaillottés et sans caisse étoient posés sur le sol, et il y en avoit autant que l'espace pouvoit en contenir dans un ordre régulier : je vis là pourquoi on trouvoit si fréquemment des petites figures de terre vernissée, tenant d'une main un fléau, et de l'autre un bâton crochu (*v. pl.* XCVI, *n*° 49) : l'enthousiasme religieux alloit jusqu'au point de faire poser les momies sur des lits formés de ces petites divinités; j'en remplis mes poches en les ramassant à la poignée. Nombre de corps qui n'étoient point emmaillottés me laisserent voir que la circoncision étoit connue et d'un usage général, que l'épilation chez les femmes n'étoit point pratiquée, comme à présent, que leurs cheveux étoient longs et lisses, que le caractere de tête de la plupart tenoit du beau style; je rapportai une tête de vieille femme qui étoit aussi belle que celles des Sibylles de Michel-Ange, et leur ressembloit beaucoup. Nous descendîmes assez incommodément dans des puits très profonds, où nous trouvâmes encore des momies, et de grands pots longs de terre cuite, dont le couvercle représentoit des têtes humaines; il n'y avoit dedans que de la matiere résineuse. J'aurois bien voulu dessiner; mais j'étois trop à l'étroit, l'air manquoit, la lumiere ne pouvoit luire, et sur-tout il étoit tard; des patrouilles nous avoient cherchés; on avoit battu la générale; on venoit de tirer le canon; enfin on nous comptoit déja au nombre de ceux dont nous venions de visiter les asyles, lorsqu'une de nos sentinelles vint nous avertir de l'alarme. A notre retour nous fûmes réprimandés comme des enfants qui viennent de faire une équipée; nous avions effectivement commis bien des imprudences : mais j'étois si content du butin que j'avois fait dans ma journée, que je ne sortis de mon enchantement que lorsque j'appris que l'officier commandant, ne me consultant plus, avoit pris sur lui de quitter la rive gauche, et d'aller à Luxor attendre des ordres ultérieurs : on le blâma dans la suite de ce changement de position, mais certainement pas autant que je l'aurois voulu de m'avoir enlevé à un pays dont je n'avois nullement à me plaindre, et avec les habitants duquel j'aurois continué de vivre en bonne intelligence, eût-on continué la guerre encore un mois. Luxor n'étoit que magnifique et pittoresque; je passai trois jours à en faire les vues (*n*° 2, *planche* XLIX, *et n*° 2, *planche* L), le plan, que je relevai de mon mieux à travers les habitations, et au milieu d'hommes jaloux de la retraite obscure qu'ils avoient assignée à leurs femmes (*voyez planche* XLVIII, *n*° 2); je copiai les hiéroglyphes des obélisques (*pl.* CXVIII, *n*° 1 *et* 8), et quelques tableaux hiéroglyphiques représentant des offrandes au dieu de l'abondance (*pl.* CXXIII, *n*° 7).

Pendant mon séjour à Luxor je trouvai quelques belles médailles d'Auguste, d'Adrien, et de Trajan, avec un crocodile au revers, frappées en Égypte en grand bronze, avec inscription grecque, et un grand nombre de médailles de Constantin. J'achetai aussi une multitude de petites idoles (*voyez planche* XCVI). Je trouvai dans la cour d'un particulier un torse en granit, de proportion plus grande que nature, représentant les deux signes du lion et de la vierge; je l'achetai, et le fis embarquer.

Comme je me disposois à passer à Karnak, le détachement eut ordre de se rendre dans d'autres villages où je n'avois que faire; enfin je quittai pour toujours la grande Diospolis.

Je repris avec quelques soldats malades la route de Kéné; en arrivant, je trouvai deux barques prêtes à partir pour le Caire, et des compagnons de voyage qui m'attendoient. J'ignorois absolument quelles étoient ma situation et mes ressources; je n'avois depuis neuf mois pensé qu'à chercher, qu'à rassembler des objets intéressants; je n'avois redouté aucuns dangers pour satisfaire ma curiosité: la crainte de quitter la haute Égypte avant de l'avoir vue m'en auroit fait braver encore davantage; mais quand les circonstances au-devant desquelles j'avois marché ne m'auroient procuré que l'avantage d'abréger les mêmes recherches pour ceux qui devoient me succéder dans un temps plus calme, je me serois encore applaudi que mon ardeur m'eût mis dans le cas de rendre ce service aux arts. Ce ne fut pas sans un sensible chagrin que je quittai tous ceux dont j'avois partagé si immédiatement la fortune dans toute l'expédition, notamment le général Belliard, dont l'égalité de caractere m'avoit rendu l'intimité si douce: nous ne nous étions quittés depuis Zaoyeh que deux jours pour aller à Etfu, et huit jours pour ma derniere expédition de Thebes; et dans ces courtes absences j'avois chaque jour éprouvé le desir de le rejoindre.

Je m'embarquai le 16 messidor: je vis avec regret disparoître Dindera et la Thébaïde, ce sanctuaire où j'avois désespéré si souvent de pénétrer, et que j'avois eu le bonheur de traverser tant de fois dans tous les sens, qui enfin étoit devenu le pays de l'univers que je connusse le plus minutieusement; les arbres, les pointes de rochers, les canaux, les moindres monuments, tout étoit devenu reconnoissance pour moi; je pouvois nommer tout ce que je pouvois appercevoir, et, de tous les points où je me trouvois, je savois toujours combien j'étois éloigné de tel ou tel autre lieu.

Nous trouvâmes le Nil plus peuplé que jamais de toutes sortes d'oiseaux d'eau; les pélicans l'habitoient depuis un mois; les cicognes, les demoiselles de Numidie, toutes les especes de canards, de railles, et de butors, couvroient les isles que le fleuve n'avoit pas encore submergées. Nous vîmes de très grands crocodiles jusqu'au-dessous de Girgé; nous mîmes trente-huit heures à arriver jusqu'à cette ville, que nous trouvâmes déja tout accoutumée à notre domination: nous y passâmes la nuit du 17 au 18 pour faire quelques provisions, et pour y attendre le vent; il vint, et nous eûmes en deux heures atteint Minchiée, l'ancienne Ptolémaïs; il ne reste de cette grande ville grecque qu'un quai, dont j'ai déja parlé, et qui est assez mal conservé, quoiqu'il soit mieux construit que ne le sont les édifices égyptiens de ce genre; sur ses ruines est bâti un gros village habité par des catholiques: trois milles plus bas on trouve à droite du fleuve les ruines de Chemnis ou

Pannopolis, aujourd'hui Achmin; on y voit un édifice enfoui, m'a-t-on assuré, jusqu'au comble, et dont on ne peut appercevoir que la plate-forme: c'est sans doute le temple dédié au dieu Pan, autrefois consacré à la prostitution; on y rencontre encore aujourd'hui, comme à Métubis, nombre d'almés et de femmes publiques, sinon protégées, au moins reconnues et tolérées par le gouvernement: on m'a assuré que toutes les semaines elles se rassembloient à un jour fixe dans une mosquée près du tombeau du cheikh Harridi, et que, mêlant le sacré au profane, elles y commettoient entre elles toutes sortes de lascivetés.

Achmin est grand, très bien situé sur une langue de terre, dont le Nil fait un promontoire, adossé contre la chaîne du Mokattam, qui se replie en cet endroit et y forme une gorge profonde.

Nous passâmes la nuit devant Antéopolis, qui conserve un portique assez élevé et très fruste: nous arrivâmes le 2 à trois heures de l'après-midi au port de Siuth: le général Desaix n'y étoit pas; nous ne nous y arrêtâmes que pour renouveler nos provisions: nous ne faisions plus que glisser devant les objets qui nous avoient retenus si souvent.

Nous passâmes de nuit devant Monfalut; à la pointe du jour nous nous trouvâmes sous le Mokattam, dont le Nil vient frôler la base taillée à pic: il y a eu là autrefois des carrieres, dont il reste encore des grottes, qui ressemblent à celles de Siuth, et paroissent avoir de même servi de tombeaux aux anciens Égyptiens, et de retraite aux premiers solitaires. Depuis Girgé, le climat change d'une maniere très sensible; le soleil y conserve son empire tant qu'il est présent, mais dès qu'il disparoît ce n'est plus cette ardeur desséchante que ne peut tempérer l'étroite vallée de la Thébaïde. Après Maloui, on rencontre sur la rive droite, près le village de Schech-Abade, les ruines d'Antinoë, bâtie par Adrien en l'honneur d'Antinoüs, son favori, qui mourut en Égypte ayant sacrifié sa vie pour sauver celle de son souverain. Il est sans doute malheureux qu'un héroïsme sublime puisse s'allier avec une sale prostitution, et qu'il autorise un grand homme, sous le titre sacré de la reconnoissance, à afficher des regrets naturellement proscrits et dévolus d'avance au mystere de la honte. Au reste, il est difficile de juger ce qui a fait choisir la situation d'Antinoë au pied du triste Mokattam, entre deux étroits déserts, à moins que Besa, ville plus antique qu'Antinoë, sur laquelle elle a été élevée, ne fût le lieu où l'empereur eût été arrêté par la maladie qui menaça sa vie, et où les prêtres fameux de cette ville, ayant été consultés, annoncerent que le malade mourroit si quelqu'un ne se dévouoit à sa place.

Depuis le Nil, on apperçoit une des portes de la ville, qui paroît être un arc de triomphe; en effet elle est décorée de huit colonnes d'ordre corinthien, entre lesquelles sont trois arcs pris dans un massif orné de pilastres: ce groupe de ruines est ce qu'il y a de plus considérable de ce qui reste d'Antinoë. A partir de ce point, il y avoit une rue qui alloit, suivant toute apparence, en traversant toute la ville, joindre la porte opposée; cette rue étoit décorée de droite et de gauche de colonnes d'ordre dorique, et formoit un portique où l'on marchoit à l'ombre; on voit encore quelques uns de leurs fûts, et quelques chapiteaux fort usés, à cause de la nature friable de la pierre calcaire employée à la construction de ces édifices. Les maisons étoient bâties en briques; l'emplacement d'Antinoë étoit très grand, à moins que les ruines de Besa, mêlées aux siennes, n'en aient augmenté l'extension. Nous voulûmes monter sur une éminence pour nous rendre compte de l'ensemble de ces ruines: nous apperçûmes les habitants du village qui se rassembloient derriere un autre monticule; à peine nous virent-ils vis-à-vis d'eux qu'ils nous crurent postés hostilement, et qu'ils appelerent du secours en jetant de la poussiere en l'air et faisant les cris de rassemblement. Nous n'étions que six, et je n'étois point armé; un groupe marchoit sur les barques, que nous avions laissées dépourvues de défenses: nous fûmes obligés de faire un mouvement pour empêcher qu'ils ne nous coupassent la retraite; ce mouvement parut une autre hostilité; l'alarme se répandit; on tira sur nous: nous n'étions pas venus pour faire la guerre; je jetai à la hâte un regard sur la totalité des ruines; je n'en vis pas une qui me parût se grouper de maniere à faire un dessin pittoresque: je ne regrettai que le plan intéressant qu'on pouvoit faire d'une ville bâtie dans le beau temps de l'architecture par les ordres et sous les yeux du prince le plus amateur des beaux arts, et le plus puissant qu'il y eût au monde; et cependant, il faut le dire à la gloire de l'architecture égyptienne, encore tout imbu de l'impression que venoient de me faire éprouver Latopolis, Apollinopolis, et Tentyra, je trouvai les ruines d'Antinoë maigres et mesquines.

Nous nous retirâmes sur nos barques, d'où je fis une petite vue de ce que du bord du Nil on apperçoit des ruines et de la situation d'Antinoë (*voyez planche* LXXXVI, *n*° 1); toute la rive droite continue d'être à-peu-près nulle pour la culture jusqu'aux environs de Meinet. Le cœur me battoit en approchant de cette ville, où je croyois trouver Desaix, lui montrer mes travaux, l'en faire jouir, en jouir moi-même auprès de lui; mais je ne devois plus revoir ce brave et respectable ami: nous apprîmes qu'il poursuivoit encore cet infatigable Mourat-bey. Calme dans les malheurs, ce Fabius égyptien, sachant allier à un courage patient toutes les ressources d'une politique active, avoit calculé ses moyens; il avoit apprécié le résultat de l'emploi qu'il en pouvoit faire au milieu des évènements d'une guerre désastreuse; quoiqu'il eût à combattre à la fois un ennemi étranger et toutes les rivalités et les prétentions d'une jalouse égalité, il s'étoit immuablement conservé le chef de ceux dont il partageoit les privations, la fuite, et les revers; il étoit resté leur seul point de ralliement, régloit leur sort, leurs mouvements, les commandoit encore comme au temps de sa prospérité: une longue expérience lui avoit appris le grand art de temporiser; il avoit senti cette vérité que heurter l'écueil, c'est se briser contre lui, que le foible doit user le malheur, et ne le combattre qu'avec la faux du temps, qu'enfin lorsqu'on ne peut plus commander aux circonstances l'art est de savoir céder à celles qui commandent, et leur dérober encore les moyens d'en attendre de nouvelles : c'est par ces ressources que Mourat-bey s'étoit montré le digne adversaire de Desaix, et que l'on ne savoit plus ce qu'il falloit admirer davantage, ou des ingénieuses et itératives attaques de l'un, ou de la calme et circonspecte résistance de l'autre.

Nous apprîmes que ce dernier avoit ménagé des intelligences dans la basse Égypte, qu'il avoit fait en conséquence un mouvement avec tout ce qui lui restoit de Mamelouks et d'Arabes, qu'il avoit traversé le Faïoum, et pénétré jusqu'au désert des pyramides, pour y opérer une diversion en cas d'une descente sur la côte. Différents corps commandés par le général Friand, le général Boyer, et le général Jayomehck, après lui avoir pris quelques chameaux, tué quelques Mamelouks, l'avoient forcé de remonter du côté de Meniet, où Desaix l'avoit repris et le chassoit des positions où il cherchoit à s'établir. On nous prévint que nous pourrions rencontrer, à quelques lieues au-dessous, des barques qu'il avoit armées, et qui suivoient ses mouvements; nous attendîmes la nuit pour les éviter, et passâmes sans voir ni être vus. A la pointe du jour, nous nous trouvâmes au monastere de la Poulie, qui est un couvent posé à pic sur les rochers du Mokattam : les religieux viennent demander à la nage l'aumône aux passants; on dit qu'ils les dévalisent lorsque cela leur paroît sans danger et plus profitable : ce que j'ai pu remarquer, c'est que ce sont plutôt des amphibies que des nageurs; ils remontent le courant du fleuve comme des poissons. Alternativement victimes de trois éléments, ils manquent absolument du quatrieme; en effet, séparés de toute culture par un immense désert, ils sont dévorés de l'air qui l'a traversé, et brûlés de l'ardeur du soleil qui frappe sur le rocher tout nu qu'ils habitent; ce n'est que péniblement et à la nage qu'ils obtiennent de petites et rares charités. On appelle ce monastere *le couvent de la Poulie*, parcequ'ils ne s'approvisionnent de l'eau et des autres besoins de la vie que par le secours de cette machine. Il nous parut, à en juger par les groupes des fabriques et par ceux des religieux que nous vîmes sur le rocher, que la clôture du monastere est vaste, et que les moines en sont nombreux; ils ressemblent parfaitement aux solitaires qu'ils auront sans doute remplacés, et l'intérieur de ce couvent doit être le même que ceux de S. Antoine, du mont Kolzim, et des lacs Natron. Je fis rapidement deux vues de ce lieu sauvage; l'une du sud au nord, l'autre du nord au sud (*voyez planche* LXXXVI, *n*° 2 *et* 3). A une demi-lieue plus loin, la chaîne s'éloigne du Nil, et les deux rives du fleuve deviennent basses et cultivées; je revis des nuages qui m'annoncerent que je me rapprochois de la mer et d'un climat plus tempéré.

Nous vînmes coucher près d'Abuseifen, monastere cophte, premiere position au-delà du Caire, où nos troupes se logerent, et se fortifierent après la bataille des pyramides.

Je repassai de nouveau devant les pyramides de Saccara, devant ce nombre de monuments qui décoroient le champ de mort ou la nécropolis de Memphis, et bornoit cette ville au sud, comme les pyramides de Gisée la terminoient au nord. On chercheroit encore le sol de cette cité superbe, qui avoit succédé à Thebes et en avoit fait oublier la magnificence, si ces fastueux tombeaux n'attestoient son existence, et ne fixoient irrévocablement l'étendue de l'emplacement qu'elle occupoit. Toutes les discussions publiées à cet égard, et qui rendent sa situation incertaine, ont été faites par des savants qui ne sont pas venus en Égypte, et qui n'ont pas pu juger combien les descriptions faites par Hérodote et Strabon sont évidemment exactes : si cette discussion n'est pas encore terminée, c'est que jusqu'à notre arrivée en Égypte, quelque près du Caire que soient les pyramides, il avoit toujours été difficile d'y séjourner, parceque les Arabes avoient conservé la possession des environs comme une propriété imprescriptible.

A la pointe du jour, nous nous trouvâmes entre Alter-Anabi et Gisa, et vis-à-vis Roda, ayant à droite le Caire et Boulac, qui forment ensemble un coup-d'œil riche de verdure, et qui se détache d'une maniere brillante et fraîche sur le fond lisse et sauvage des deux chaînes qui terminent l'horizon. J'aurois voulu dessiner cette vue qui donne connoissance de la position de l'ensemble de tous ces lieux; mais je ne sais rien que mes camarades de voyage ne m'eussent accordé plutôt que de retarder notre arrivée de quelques minutes. J'achevai de me persuader dans cette traversée que c'est un mauvais moyen pour observer que de voyager en barques, que les rivages élevés empêchent de voir le pays, que la crainte de perdre le vent, ou celle de l'avoir contraire, changent tous les projets ou les font avorter, que le vent vous fait marcher quand vous voudriez vous arrêter, et vous arrête quand il n'y a plus rien à voir; mais ce dont je fus encore plus convaincu, c'est que, lorsqu'on a des observations à faire ou des objets à dessiner, il ne faut pas voyager avec des militaires, qui, toujours actifs et inquiets, veulent sans cesse partir et arriver, lors même que rien ne les chasseroit de l'endroit où ils sont, ni ne les appelleroit ailleurs.

J'étois le membre de l'institut qui le premier fût revenu de la haute Égypte; mes confreres m'entouroient, me pressoient de questions : ma premiere jouissance fut de me voir ainsi l'objet de leur avide curiosité, et de m'instruire des observations qu'ils me faisoient; je me proposois de rédiger mon voyage sous leurs yeux, et de les questionner à mon tour; mais les évènements en disposerent autrement. Mourat-bey avoit rassemblé par ses intelligences quelques hordes d'Arabes; il avoit promis de les joindre près des lacs de Natron, dans la vallée du fleuve sans eau : le général Murat avoit été envoyé contre les Arabes, et avoit empêché cette jonction ; le général en chef étoit allé camper aux pyramides, pour comprimer Mourat-bey entre Desaix et lui, lorsqu'il apprit qu'une flotte turque de deux cents voiles avoit paru devant Aboukir. Dès-lors Bonaparte quitte les pyramides, il revient à Gisée, prend des dispositions, donne ses ordres, pourvoit à tout, marche sur Rahmanié, vient prendre position à Birket, également distant d'Alexandrie et d'Aboukir. Pendant que les différents corps s'y rassemblent, il va à Alexandrie, en prépare la défense, donne les ordres pour tous les cas, envoie à l'armée celui de marcher à l'ennemi, et la rejoint à la pointe du jour, le 7 thermidor. Les Turcs avoient effectué leur descente à Aboukir, et s'étoient emparés des retranchements construits en avant du château ; ils en avoient passé la garnison au fil de l'épée : mille Turcs avec deux canons occupoient un monticule à leur droite ; deux autres mille étoient retranchés sur un autre monticule à gauche, au poste des fontaines ; un troisieme corps étoit en avant du faubourg ; l'armée étoit dans les retranchements flanqués d'une artillerie formidable, et les espaces qui restoient étoient coupés par des boyaux qui se prolongeoient de chaque côté jusqu'à la mer ; le quartier de réserve et l'état-major du pacha occupoient le terrain entre les retranchements et le château dans lequel étoit une forte garnison (*voyez le plan, planche* LXXXIX).

L'ordre fut donné d'attaquer le premier avant-poste, qui fut culbuté par les demi-brigades commandées par le général Destaing ; la cavalerie leur coupa la retraite ; une partie fut sabrée, l'autre se jeta à la mer, où elle se noya. Bonaparte sentoit l'importance de s'emparer des fontaines et d'en priver l'ennemi ; le camp retranché qui les défendoit fut attaqué, et ne tint pas long-temps ; le corps qui y étoit logé eut le même sort que l'autre, et fut traité de même par la cavalerie : on se forma, et on attaqua le corps d'ennemis qui étoit en avant du faubourg ; il résista un moment, et se retira bientôt à travers les habitations : derriere les murailles et dans des rues étroites il disputa quelque temps le terrain ; mais poussé avec intrépidité, malgré l'avantage du lieu, il fut contraint à se replier de nouveau sur les retranchements, où l'artillerie et le feu de rempart arrêterent ceux qui l'y suivoient : nous nous ralliâmes dans le faubourg ; et après quelques moments nous attaquâmes avec une ardeur égale les boyaux de droite et de gauche.

L'infanterie, commandée par le général Fugiere, faisoit des prodiges de valeur, tandis que la cavalerie à plusieurs reprises venoit se fondre sous le feu croisé des batteries et des chaloupes canonnieres. L'adjudant-général le Turcq en voulant précipiter ses compagnies dans les fossés y resta engagé, et y périt. Par des sorties nombreuses et répétées, l'ennemi reprenoit le terrain dont une poignée de nos braves venoit de s'emparer par des prodiges de valeur ; l'acharnement étoit égal, et la victoire incertaine. Il y a toujours un moment dans les batailles où, dans une lutte égale, les deux partis sentent l'inertie de leurs moyens et l'inutilité de leurs efforts, où l'épuisement des forces et le sentiment de la conservation inspirent aux combattants un même penchant vers la retraite; ce moment de relâchement saisi par l'homme supérieur qui sait profiter de cette disposition morale pour employer les moyens qu'il a su réserver détermine toujours la victoire en sa faveur. Le corps de réserve commandé par Lanes eut ordre de charger.

Au moment où les troupes turques étoient sorties pour couper les têtes de ceux qui étoient restés sur le champ de bataille, le brillant Murat, ranimant le courage des siens, effectue une nouvelle charge; il traverse avec autant de vélocité que d'intrépidité tous les ouvrages de l'ennemi, le prend à dos, et lui coupe toute retraite. Ce mouvement téméraire ranime l'action, qui devient générale: on attaque sur tous les points; ils sont tous emportés; la déroute est entiere; tout ce qui n'a pas été tué est fait prisonnier: la cavalerie charge les fuyards jusque dans la mer, où ils s'étoient jetés pour regagner leur flotte à la nage. Il y avoit vingt mille Turks; six mille furent faits prisonniers, quatre mille périrent sur le champ de bataille; tout le reste fut noyé. De ce moment, plus d'ennemis: jamais bataille ne fut plus nécessaire, plus absolue, jamais victoire plus complete; c'étoit celle que Bonaparte avoit promise à ses braves en les ramenant de Syrie; ce fut la derniere qu'il remporta en Égypte. Ce fut sans doute ou son bon génie ou le nôtre qui lui fit penser que la France et l'Europe entiere l'appeloient à des opérations aussi glorieuses et plus utiles encore. Kleber, en l'embrassant, lui dit dans un moment d'enthousiasme: Général, vous êtes grand comme le monde, et il n'est pas assez grand pour vous.

Bonaparte m'ordonna de dessiner la bataille, et je me trouvai heureux de pouvoir donner une image vraie du théâtre de sa gloire: je choisis pour le moment de la scene celui où le pacha prisonnier fut amené au général (*voyez pl.* XC, *le plan de la bataille* LXXXIX, *et l'explication de ces planches*).

De retour au Caire Bonaparte examina attentivement tous les dessins que j'avois rapportés; il jugea que ma mission étoit achevée, me proposa de partir, et de porter les trophées d'Aboukir à Alexandrie. Le général Berthier, dont j'avois éprouvé l'obligeance dans toutes les occasions, me rendit mon neveu pour mon retour aussi gracieusement que Dufalga me l'avoit donné pour mon voyage. Il n'y avoit que quelques jours que j'avois quitté Thebes, il me sembloit déja voir Paris; mon départ que je n'entrevoyois que dans l'avenir fut arrêté pour le lendemain; un rêve se réalisoit pour moi; poussé dans le sens de mes desirs je m'y sentois précipité: je ne sais si j'en étois épouvanté; mais un sentiment dont je ne saurois me rendre compte me faisoit regretter le Caire; je ne l'avois presque jamais habité, et cependant je l'avois toujours quitté avec peine. Je connus alors combien, tout naturellement et sans qu'on s'en apperçoive, on est sensible à la jouissance douce et égale que donne une température délicieuse, qui, sans besoin d'autres plaisirs, fait sentir à chaque instant le bonheur de l'existence; sensation quotidienne à laquelle il faut attribuer ce qui est arrivé souvent dans ce pays, c'est que des Européens, venus pour quelques mois au Caire, y ont vieilli, sans imaginer la possibilité d'en sortir.

Enfin, dans cet étrange voyage, le projet, le départ, le retour, tout fut une suite de surprises et de circonstances précipitées qui, soit pour aller, soit pour revenir, me placerent toujours à l'avant-garde. Je me trouvai en deux jours embarqué dans un petit bâtiment armé qui nous attendoit à Boulac: je fis dans le chemin le dessin où le Nil se partage et forme le Delta, et celui de Chebreis, où s'étoit donné le premier combat contre les Mamelouks (*voy. pl.* LXXXVII, *n*° 1, 2, *et* 3): le troisieme jour de notre départ nous arrivâmes à Rahmanié; nous en repartîmes le lendemain accompagnés d'un détachement de dromadaires, et de cinquante hommes, avec lesquels nous nous rendîmes à Demenhour; et, suivant le canal d'Alexandrie, après avoir traversé la province de Garbie, nous arrivâmes à Birket, où nous passâmes la nuit. Le lendemain, nous vînmes déjeûner à la fontaine de Béda, et dîner à Alexandrie.

A mon arrivée, le premier objet qui frappa ma vue fut l'équipement de deux de nos frégates; elles étoient à l'entrée du port neuf, et déja sur une seule ancre: je ne voyois plus de vaisseaux anglais en croisiere, et je commençai à croire aux prodiges: les généraux Lanes, Murat, Marmont, étoient dans le trouble et dans l'agitation; nous nous entendions sans nous parler, nous ne pouvions nous occuper de rien; nous nous retrouvions à chaque instant à la même fenêtre, observant la mer, questionnant le mouvement du plus petit bateau, lorsqu'à une heure de nuit, le 6 fructidor, le général Menou vint nous dire que Bonaparte nous attendoit en rade. Une heure après nous étions hors du port: à la pointe du jour, un vent de nord-est nous mit en route; ce même vent dura deux jours, et nous sortit des hauteurs de la croisiere anglaise. Obligés de masquer notre marche, nous serrâmes les parages arides de l'ancienne Cyrénaïque; contrariés par les courants qui portent à la côte dans ce golfe encore inconnu et toujours évité, ce ne fut qu'avec beaucoup de peine que, dans cette saison de calme et de temps variables, nous pûmes doubler les caps de Derne et Doira; à cette hauteur nous retrouvâmes le vent d'est, qui nous fit traverser le golfe de la Cidre; enfin nous doublâmes le cap Bon, et nous nous trouvâmes par le travers des terres d'Europe, sans avoir encore apperçu une barque; bien convaincus que nous avions une étoile, rien ne troubloit notre joie et notre sécurité: Bonaparte, comme un passager, s'occupoit de géométrie, de chimie, et quelquefois jouoit et rioit avec nous.

Nous passâmes devant le golfe de Carthage, devant le port de Biserte: nous vînmes reconnoître la Lampedouze, habitée par un homme qui y nourrit quelques moutons et des volailles; hermite et santon tout à la fois, il reçoit également bien tout ce qui aborde chez lui, les catholiques dans une chapelle, les musulmans dans une mosquée.

Le lendemain nous vîmes d'une lieue le rocher sourcilleux de la Pantellerie; bientôt après, nous découvrîmes le sommet de la Sardaigne, les bouches de Bonifacio, autre point de croisiere que nous devions redouter; par-tout un égal silence dans l'espace, rien ne troubloit notre sécurité; nos deux barques portoient César et sa fortune. La Corse enfin nous offrit le premier aspect d'une terre amie: un vent fort nous porta sur Ajaccio: on envoya un petit bâtiment qui étoit de conserve chercher des nouvelles de France, et prendre connoissance des croisieres ennemies sur nos côtes. Pendant que nous attendions son retour, un coup de vent nous obligea de relâcher dans le golfe, et d'aller mouiller dans la patrie de Bonaparte. On le croyoit perdu; le hasard l'y faisoit aborder: rien ne fut si touchant que l'accueil qu'on lui fit; les canons tiroient de toutes parts; toute la population étoit dans des barques et entouroit nos bâtiments. Je cherchois partout madame Bonaparte; je me peignois l'émotion, le trouble, l'étendue du bonheur d'une mere retrouvant tout-à-coup son fils, et quel fils! mais lorsque j'appris qu'elle n'étoit pas à Ajaccio, je ne vis plus dans cette réception si brillante que de l'orgueil et que du bruit, et je me contentai de faire un dessin de cette belle scene (*voyez pl.* XCI, *n*° 1). L'enthousiasme avoit fait passer sur le danger du contact; les frégates avoient été plutôt assaillies qu'abordées. C'est nous qui avons la peste, disoient-ils à Bonaparte; c'est à vous de nous guérir. Nous savions nos défaites en Italie; nous en apprîmes les suites à Ajaccio: notre séjour fut employé à la triste lecture de nos désastres dans la collection des papiers publics; tout le fruit de nos belles campagnes d'Italie avoit été dévoré par la perte de deux batailles: les Russes étoient à nos frontieres; le désordre, le trouble, et la terreur, alloient bientôt les leur ouvrir.

Le vent devint favorable, et nous partîmes; le surlendemain, vers la fin du jour, poussés par un vent frais, à la vue des côtes de France, lorsque nous nous félicitions de notre fortune, nous découvrons au vent deux voiles, puis cinq, puis sept: nous baissons toutes nos hautes œuvres, et n'invoquons que l'obscurité, qui nous fut encore propice; la lune se voila d'une brume épaisse qui nous sépara les uns des autres: nous entendîmes au vent les signaux à coups de canons de la flotte ennemie tracer à nos côtés une demi-circonférence. On mettoit en question si l'on retourneroit en Corse, dont le cap nous étoit encore ouvert: heureusement Bonaparte reprit le commandement, il eut une volonté; c'étoit la premiere du voyage; elle le rendit à sa fortune. Nous nous portâmes sur la côte de Provence, et à minuit nous en étions si près que nous n'avions plus de flotte à craindre; si un autre avis nous eût remenés en Corse, nous y serions peut-être encore. A la pointe du jour, nous vîmes Fréjus; et nous entrâmes dans ce même port où, huit siecles auparavant, S. Louis s'étoit embarqué pour une expédition dans le même pays que nous venions de quitter.

Rien de plus inopiné que notre arrivée en France ; la nouvelle s'en répandit avec la rapidité de l'éclair. A peine la bandiere de commandant en chef fut-elle signalée que la rive fut couverte d'habitants qui nommoient Bonaparte avec l'accent qui exprime un besoin ; l'enthousiasme étoit au comble, et produisit le désordre : la contagion fut oubliée ; toutes les barques à la mer couvrirent en un instant nos deux bâtiments de gens qui, ne craignant que de s'être trompés dans l'espoir qui les amenoit, nous demandoient Bonaparte plus qu'ils ne s'informoient s'il leur étoit rendu. Élan sublime ! c'étoit la France qui sembloit s'élancer au-devant de celui qui devoit la rendre à sa splendeur, et qui de ses frontieres lui demandoit déja le 18 brumaire. Notre héros fut porté à Fréjus ; une heure après, une voiture étoit prête, il en étoit déja parti.

Ravi de pouvoir faire enfin ma volonté, je laissai aller tout le monde, pour jouir du bonheur de n'être plus pressé, ce qui ne m'étoit pas arrivé depuis mon départ de Paris. Dans un autre temps, me trouvant à Fréjus, je me serois cru un voyageur ; mais arrivant d'Afrique, il me sembla que j'étois chez moi, que j'étois un des bourgeois de cette petite ville, c'est-à-dire que je n'avois plus rien à faire au monde. Je me levai tard ; je déjeûnai méthodiquement ; j'allai me promener, je visitai l'amphithéâtre et les ruines, regardant avec complaisance les frégates qui nous avoient apportés, stationnées dans le port qui nous avoit reçus. Je fis le dernier dessin de mon voyage, le premier que j'eusse fait à mon aise, en rendant grace au hasard de ce que je pouvois y ajouter encore l'intérêt d'un monument (*voyez pl.* XCI, *n*° 2).

Ici se termine mon journal : mais je ne veux point quitter mon lecteur sans lui présenter une derniere observation sur la forme et le but de cet ouvrage.

Lorsque je partis d'Alexandrie les membres de l'institut étoient encore au Caire : arrivé en France, j'ignorois s'ils avoient pu effectuer dans la haute Égypte le voyage ordonné par Bonaparte avant son départ ; les circonstances de la guerre avoient pu arrêter la marche de cette société savante, ou l'empêcher d'en rapporter en France les précieux résultats : alors je me fusse trouvé le seul qui eût été dans le cas d'écrire sur cette contrée, et sur-tout le seul qui eût réuni un grand nombre de dessins, où je n'offrois pas seulement l'image du pays, mais le plus souvent celle des évènements d'une des plus intéressantes expéditions de cette guerre ; je ne pouvois donc sans une espece d'injustice ravir à mes concitoyens ces nombreux fruits de mes recherches et de mes pénibles travaux ; et je me déterminai à les publier.

J'avois cru d'abord devoir ajouter à mon journal quelques digressions critiques sur les antiquités, joindre à mes descriptions des discussions sur les voyageurs qui m'avoient précédé ; j'avois consulté des personnes éclairées pour ajouter quelques notes érudites aux objets curieux dont je présentois l'image : mais à peine ai-je été informé que l'institut du Caire avoit effectué son voyage dans le calme de la paix; que les membres n'avoient connu de bornes à leur ardeur, à leur émulation, que l'ordre établi par leur chef de division; qu'ils revenoient chargés de leur immense butin; que le gouvernement, après avoir protégé leur voyage, faisoit avec magnificence les frais de la mise au jour d'une collection si précieuse sous tous les rapports, je n'ai plus songé à suivre un plan que d'autres devoient nécessairement mieux exécuter. Réduit à mes foibles moyens, comment aurois-je voulu mesurer mes travaux aux travaux de toute une société, émettre des hypotheses, lorsque sans doute on pourra présenter des certitudes, enfin marcher, pour ainsi dire, à tâtons à côté d'un faisceau de lumieres! J'ai donc dépouillé mon journal de ce que j'y avois hasardé de recherches; j'ai repris mon uniforme de soldat éclaireur, et mon poste à l'avant-garde, où je n'ai conservé que la prétention d'avoir planté quelques jalons sur la route, pour avertir ceux qui avoient à me suivre, et, ne fût-ce que par mes erreurs, servir ainsi les rédacteurs du grand ouvrage.

Heureux pour ma part, si, par mon zele et mon enthousiasme, je suis parvenu à donner à mes lecteurs l'idée d'un pays si important par lui-même et par les souvenirs qu'il retrace; si j'ai pu lui présenter avec vérité ses formes, sa couleur, et le caractere qui lui est particulier; si enfin, comme témoin oculaire, je lui ai fait connoître les détails d'une grande et singuliere campagne, qui faisoit partie principale de la vaste conception de cette expédition célebre! Si j'ai atteint ce but, je le devrai sans doute à l'avantage d'avoir tout dessiné et tout décrit d'après nature.

FIN DU JOURNAL.

EXPLICATION

DES PLANCHES.

Les deux premieres planches forment ensemble le portulan de la partie maritime de l'expédition, ou la vue des côtes et isles apperçues par la flotte dans la traversée depuis Toulon jusqu'à Alexandrie.

PLANCHE Ire.

No 1. La partie nord-ouest de l'isle de Corse. A gauche est le cap corse; dans le centre, le cap de la Cholle, derriere lequel est la baie S.-Florent; à droite, où est un oiseau, la côte sur laquelle est située Calvi; enfin, la partie supérieure des montagnes, toujours couverte de neiges.

Le No 2 représente le passage de la flotte et du convoi entre le cap corse et l'isle de Capraia; à gauche, où sont trois oiseaux, la partie la plus nord de l'isle de Corse, dont le cap fait la pointe: le convoi serre la côte en doublant le cap; au centre, où il y a deux oiseaux; l'isle d'Elbe; à droite, l'isle de Capraia, et les vaisseaux de guerre.

No 3. La partie nord de l'isle de Corse. Au centre, où sont deux oiseaux, le cap; à droite, où il n'y en a qu'un, le golfe de S.-Florent; à gauche, où il y en a trois, la partie de l'est où est Bastia.

No 4. La partie ouest de l'isle d'Elbe, que nous laissions à gauche, ayant vis-à-vis et au centre de l'estampe le cap S.-Pierre. A droite et au revers, où il y a deux oiseaux, Porto-Longone; à gauche, où il y en a un, Porto-Ferraio.

No 5. La partie sud de l'isle de Capraia, que nous laissions à notre gauche, roc à pic inabordable dans cette partie; les deux petits monuments de droite et de gauche sont des tours d'observation: le rocher dans le lointain est l'isle de la Gorgone.

No 6. La côte orientale de la Corse. A droite, où il y a un oiseau, le cap corse; au centre, le cap Sagri; à gauche, où il y a deux oiseaux, la rade et le port de Bastia.

No 7. La partie ouest de Monte-Christo, que nous laissions à gauche, rocher inculte et inabordable.

No 8. Une vue générale de la partie est de l'isle de Corse. Le cap corse à droite, où il y a un oiseau; les bouches de Bonifacio à gauche, où il y en a deux; au centre, le cap Mescano, les petites isles de San-Cipriano; et où il y a trois oiseaux, la partie des montagnes les plus élevées, et toujours couvertes de neiges.

No 9. Les bouches de Bonifacio, que nous laissions à notre droite, et qui sont marquées par trois oiseaux; la pointe la plus sud de la Corse, marquée par un; et les côtes de l'est de la Sardaigne, marquées par deux.

No 10. Une vue de notre flotte longeant les côtes de l'est de la Sardaigne, laissant cette isle à droite.

PLANCHE II.

No 1. La Tolara, isle en avant de la côte de l'est de la Sardaigne.

N° 2. Côte de l'est de la Sardaigne, le soir, au moment d'un orage, vis-à-vis la rade de la Guilastre.

N° 3. Partie est de l'isle de la Sardaigne, depuis la petite isle Co jusqu'au cap Serpente, au revers duquel est la rade de Cagliari, que nous abandonnâmes à notre droite.

N° 4. Vue de Maretimo, que nous reconnûmes par sa partie nord-ouest; sa sommité est presque toujours couverte de nuages : le rocher qu'on apperçoit derriere est la Favayane, et dans le fond les côtes de Sicile.

N° 5. La partie sud-ouest de Maretimo, marquée par deux oiseaux; la Favayane, marquée par un. Au centre, le rocher de Levenzo; et tout au fond, le Mont-Erix, sur la côte de Sicile, près de Trapani.

N° 6. Vue de la Favayane, avec les côtes de la Sicile.

N° 7. Vue de la côte ouest de la Sicile, que nous laissions à notre gauche. Marsala dans le centre; Mazzara à droite; Mont-Erix et la pointe de Trapani à gauche.

N° 8. La partie sud de Maretimo.

N° 9. Vue prise à vingt lieues de distance de la partie ouest de l'isle de Candie, que nous laissions à notre gauche.

N° 10. Partie sud de l'isle de Candie, vis-à-vis le grand et le petit Gose. A droite, le grand Gose; au centre, le petit Gose; à gauche, le mont Ida et le cap S.-Jean.

PLANCHE III.

N° 1. Vue de la flotte et du convoi, dessinée au soleil couchant.

N° 2. Vue de la ville de Malte et de l'entrée de ses deux ports, à la partie nord-est de l'isle. Au centre, la Cité-Valette; à gauche, l'entrée du grand port, la Cité-Vieille, et le fort S.-Ange; à droite, le port de Marza-Muchet, le lazaret dans le fond et du même côté de la Cité-Notable.

N° 3. Vue de Malte, au moment où la ville et les forts commencerent à tirer sur la flotte française.

N° 4. L'intérieur du grand port. La Cité-Valette à droite; à gauche, les batteries du fort S.-Ange.

N° 5. L'entrée du grand port. La Cité-Valette à droite; à gauche, une partie du fort S.-Ange.

N° 6. Le fort S.-Ange, et la Cité-Vieille.

PLANCHE IV.

Diverses antiquités trouvées au Gose. Les figures 2 et 3 sont deux vues d'un même vase en terre cuite, servant de lampe.

Les N° 1 et 4 sont le profil et la face de l'anse du même vase, que j'ai dessinés avec détail, pour faire connoître plus exactement le caractere du travail de ce vase, et sur lequel il m'a paru difficile de prononcer dans un pays où l'on trouve rassemblés des monuments phéniciens, grecs, puniques, et romains.

Les N° 5 et 7, même planche, sont les deux côtés d'une espece de disque votif en pierre de Malte; quoique le travail n'en soit pas précieux, le style en atteste l'antiquité.

N° 6. Un vase de verre de quinze pouces six lignes.

PLANCHE V.

(Même feuille que planche IV). Les vues perspectives, les plans, les détails, et les coupes d'un tombeau et d'un sarcophage, trouvés dans l'isle de Malte, près la Cité-Notable, dans un enclos appelé Earbasea. Ce monument, creusé dans le roc à dix-sept pieds de profondeur, est composé de deux chambres (voyez le plan, n° 3, lettres A et B). La porte qui communique d'une piece à l'autre étoit murée et enduite; la piece B contenoit le sarcophage, et trois niches carrées à hauteur d'appui, dans lesquelles étoient trois lampes de terre en forme de coquille, grossièrement travaillées; un petit canal partageoit cette piece. Il y a trente ans qu'on a déja trouvé une chambre de même forme, partagée aussi par un même canal, dans lequel il se trouva un manuscrit punique.

La figure 1 est la vue perspective du sarcophage, de terre cuite, de six pieds de longueur sur trois de large, et d'un seul morceau, par conséquent une des plus grandes pieces de terre cuite qui aient été exécutées; une feuillure recevoit le couvercle, dont le n° 2 est la figure : les petits trous ronds qu'on peut remarquer à la partie supérieure de la bordure du sarcophage étoient peut-être destinés à sceller ce couvercle.

N° 4. Le fond du sarcophage, sur lequel posoit le corps.

N° 5 et 6. Les coupes de l'un et l'autre côté du monument.

PLANCHE VI.

N° 1. La côte basse de l'Afrique, qui n'offre au-dessus de la surface des eaux qu'une ligne blanche, que l'on n'apperçoit que de très près, et qui disparoît derriere les vagues dès qu'il y a du vent, ou dans la vapeur lorsque le ciel est brumeux. Les fabriques qu'on voit au centre sont ce qu'on appelle la tour et le fort des Arabes (voyez le journal, pages 13 et 14).

N° 2. Là vue du fort du Marabou, où s'effectua la descente: ce nom de Marabou lui vient de la mosquée sur le minaret de laquelle fut déployé le premier pavillon tricolor en Afrique.

N° 3. Une vue d'Alexandrie, prise dans son développement de l'est à l'ouest. A droite, le vieux port *Eunostiportus*, renfermant le petit port de *Kibotos*, et derriere, le Maréotis: ensuite la ville moderne, au-dessus de laquelle on voit la butte Sainte-Catherine; les vaisseaux contenus dans le port neuf, *magnus portus*, devant lequel s'avance la jetée; et le château du Pharillon, anciennement le Phare. Dans le lointain, la colonne de Pompée, la mosquée de S.-Athanase, le grand Morne, l'obélisque de Cléopâtre, les ruines du palais des Ptolomées, et enfin le petit Pharillon.

N° 4. Une autre vue d'Alexandrie, prise à l'est au moment de l'attaque et de la prise de cette ville.

PLANCHE VII.

Carte de l'Égypte inférieure, où sont tracées les marches décrites dans le journal, et les batailles et combats qui se sont donnés lors de la conquête de cette partie de l'Égypte. Cette carte, qui ne peut être comparée à celle qui sera le résultat des opérations des ingénieurs-géographes de l'institut du Caire, a déja l'avantage de présenter la forme réelle du littoral de l'Égypte, des bouches par lesquelles le Nil arrive dans la Méditerranée, des lacs Madier, Brûlos et Menzaléh, d'après les reconnoissances faites par le général Andréossy; elle a encore celui d'être dressée d'après les observations astronomiques du citoyen Moette, qui ont fixé les hauteurs d'Alexandrie, du Caire, de Rosette, de Damiette, des bouches de Dybeh, et d'Omm-faredje; opération qui attache l'Afrique à l'Asie, et fixe avec exactitude des points si importants de la géographie. Les noms des villages, écrits le plus souvent sous la dictée des nomenclateurs, dont la prononciation offroit une grande variété, doivent nécessairement présenter des erreurs que le temps et une étude particuliere de ces objets pourront seuls rectifier.

PLANCHE VIII.

N° 1. Vue générale des isles de Malte, du Gose, de Cumino, et de Cuminoto. Cette vue peut donner une idée de la forme générale de ce groupe dans sa partie sud-est, et la mesure de sa surface sur l'horizon maritime: la fumée du coup de canon à gauche part du fort Ste-Catherine, à la pointe orientale de l'isle de Malte; le coup de canon du milieu est tiré du château qui domine la Cité-Valette; ce que l'on apperçoit au revers de la montagne la plus élevée est le sommet des fabriques de la Cité-Notable, l'ancienne capitale, située au centre de l'isle: la partie à droite, marquée d'un oiseau, est le Gose; celles marquées de deux et de trois oiseaux sont le Cumino et le Cuminoto: l'aspect de ces isles est aride, et la couleur en est blanche.

N° 2. Un plan figuré des ruines situées sur le bord de la mer, dans l'emplacement de l'ancienne ville de Canope; ces substructions, taillées dans le roc, doivent être les ruines d'un bain pris sur l'emplacement du sol de la mer, et devant lequel des blocs, des débris d'architecture et de sculpture, semblent avoir été placés pour servir de jetée, et défendre cet édifice de l'effort des vagues de la mer. Les parties qui excedent le niveau de l'eau conservent encore des canaux en briques, recouverts en ciment et pouzzolane, qui distribuoient sans doute l'eau douce dans les pieces marquées A, B, C, D, E, F. Voyez le reste de la description dans le journal, pag. 40 et suiv., etc.

N° 3. Une vue du grand port d'Alexandrie, *magnus portus*, depuis le petit Pharillon jusqu'à la place des Francs; à droite, le château du petit Pharillon, où l'on croit qu'étoit bâtie la fameuse bibliotheque. Le soubassement du premier monument que l'on rencontre en suivant la ligne, et revenant à droite, faisoit partie des ruines du palais des Ptolomées: près de là, les deux aiguilles dites de Cléopâtre, dont l'une est debout, et l'autre renversée; derriere est la porte de Rosette, *Porta canopica*. Tout ce qui suit offre les ruines de la circonvallation arabe; la plage où arrive doucement la mer; un bois de palmiers, derriere lequel est le grand Morne, aujourd'hui fortifié: ensuite, d'anciennes constructions arabes, faites du temps des kalifes; un palais arabe, où sont établis aujourd'hui les bains de vapeurs; une mosquée, et une partie de la ville moderne. Sur le premier plan, une espece d'esplanade, qui sert de promenade à la factorerie européenne, et où sont représentées les premieres huttes que nos soldats fabriquerent en arrivant pour se mettre à l'abri du soleil, de l'humidité, et de la fraîcheur des nuits, également incommodes à Alexandrie.

La couleur généralement blanche de ce site, les ruines, qui en sont presque usées, offrent un aspect mélancolique, qui formeroit un tableau étrange et piquant, si on pouvoit le rendre avec sa couleur naturelle : les grands souvenirs d'ailleurs qu'il rappelleroit à l'imagination ajouteroient sans doute un grand intérêt à la singularité unique de ce tableau.

PLANCHE IX.

N° 1. Aboufaquir, mendiant égyptien.

N° 2. Vue d'une principale mosquée d'Alexandrie, connue sous le nom de S.-Athanase : quatre rangs de colonnes antiques de marbres de toute espece portent des arcs qui soutiennent un plancher, et forment un portique couvert, dont les trois murailles et le pavé sont revêtus de mosaïque en marbre, avec une frise où des sentences du Coran en grands caracteres sont exécutées en mosaïque en émail. Ce portique ouvert donne sur une cour carrée, pavée en marbre, entourée d'une galerie soutenue par des colonnes de même nature que celles du portique (voyez le plan N° 3 même planche). Les plus misérables fabriques sont ajoutées par les Turcs aux magnificences sarrasines que je viens de décrire. Dans la cour, les plantes, ensuite les arbres, se sont fait jour, et ont soulevé le pavé de marbre; les éboulements ont remplacé les voûtes à l'endroit où elles se sont crevées, et quelques planches de sycomore qui ne se joignent point réparent les défauts de continuité de la clôture: le petit édifice octogone que l'on voit dans le milieu de cette vue (N° 6) renferme le sarcophage antique dont le N° 2 est le trait. Le N° 4 en est le plan. Voyez sa description dans le journal, page 22.

N° 2. La colonne de Pompée. Cette colonne a été mesurée dans tous ses détails par le citoyen Norry, qui a donné au public le résultat de ses opérations; la dissertation qu'il y a jointe ne laisse rien à desirer à la curiosité sur ce monument. Le simple trait que je donne ici pour faire connoître les principales dimensions de cette colonne est emprunté des opérations du citoyen Norry.

N° 3. C'est également un simple trait de l'obélisque de Cléopâtre, d'après les mesures prises postérieurement à la fouille faite à sa base depuis notre séjour en Égypte.

PLANCHE X.

N° 1. La vue de trois colonnes que l'on rencontre près de la mosquée de S.-Athanase: elles sont de granit, et d'un beau travail. Aucun voyageur n'a parlé de cette ruine: il faudroit faire des fouilles pour s'assurer de l'époque à laquelle elle appartient. A en juger par la délicatesse du trait de ces colonnes, on ne peut mettre en doute qu'elles n'aient fait partie de quelques monuments antiques; mais leur espacement exagéré doit faire croire qu'elles ne sont pas placées à leur destination primitive. Quoi qu'il en soit, elles sont les restes d'un grand et magnifique édifice: leur diametre à l'arasement du sol, qui doit être à-peu-près à la moitié de leur hauteur, est de quatre pieds six pouces; la fabrique qui est derriere est un casin arabe dans un jardin: dans le fond, on apperçoit le sommet de la colonne de Pompée.

N° 2. L'obélisque de Cléopâtre. Le monument qui est derriere est moitié grec, moitié arabe; on distingue encore des chapiteaux de colonnes engagées d'ordre dorique, dont les fûts vont se perdre sous le niveau de la mer. Cette circonstance coïncidant avec ce que Strabon rapporte du palais des Ptolomées battu par les vagues de la mer a fait croire que cette fabrique étoit une portion de ce palais: ce que les Arabes y ont ajouté n'est pas dénué de goût et de magnificence. Le petit monument qu'on voit à gauche est la porte de Rosette; ce qu'on voit au pied de l'obélisque en est un autre qui est renversé.

N° 3. Le grand Pharillon, bâti au bout d'une jetée; château turk de quelque apparence, plus utile, dans l'état où il est, à loger une garnison qu'à défendre la ville. Le rocher en avant est appelé le Diamant.

On croit que c'étoit là qu'étoit bâti le fameux Phare, une des merveilles du monde: on n'en apperçoit aucun vestige; ce n'est plus maintenant qu'un écueil battu et couvert des vagues de tous les vents.

No 4. Une vue générale d'Alexandrie, prise des galeries du minaret de la mosquée de S.-Athanase. Elle présente le grand port dans tout son développement, les deux châteaux du grand et du petit Pharillon, qui terminent les deux bouts du demi-cercle: en se rapprochant à droite, les ruines du palais des Ptolomées, le palais des Arabes, où sont les bains, la ville moderne, bâtie sur le remblaiement qui a joint l'isle du Phare à la terre ferme, espace appelé autrefois *Hepta stadium*, et à gauche, une partie du vieux port: sur le devant, les ruines d'une partie de la circonvallation arabe, autrefois le *Serapeum*.

PLANCHE XI.

Plan de la bataille des pyramides.

J'y ai joint ceux de la ville du Caire, de Boulac, de Djyzéh, du vieux Caire, et d'Embabé, des isles de Raoudhah et de Boulac, des pyramides, et du cours du Nil; j'ai marqué le mouvement des troupes par des lignes, pour une plus facile intelligence, et j'ai mis des figures dans tous les points où il y a eu engagement de combats, pour achever de donner une entiere connoissance de cette importante bataille. J'emprunte ici les détails qu'en a donnés le général Berthier dans sa relation des campagnes du général Bonaparte en Égypte, et en Syrie.

Rapport du général Berthier.

« Mille souvenirs se réveillent à la vue de ces « plaines, où le sort des armes a tant de fois changé « la destinée des empires. L'armée, impatiente d'en « venir aux mains, est aussitôt rangée en ordre de « bataille. Les dispositions sont les mêmes qu'au « combat de Chebreisse. La ligne formée dans l'ordre « par échelons et par divisions qui se flanquent refu- « soit sa droite; Bonaparte ordonne à la ligne de « s'ébranler: mais les Mamelouks, qui jusqu'alors « avoient paru indécis, préviennent l'exécution de « ce mouvement, menacent le centre, et se précipi- « tent avec impétuosité sur les divisions Desaix et « Reynier qui formoient la droite; ils chargent in- « trépidement ces colonnes, qui, fermes et immobiles, « ne font usage de leur feu qu'à demi-portée de la « mitraille et de la mousqueterie. La valeur téméraire « des Mamelouks essaie en vain de renverser ces mu- « railles de feu, ces remparts de baïonnettes: leurs « rangs sont éclaircis par le grand nombre de morts et « de blessés qui tombent sur le champ de bataille, et « bientôt ils s'éloignent en désordre, sans oser entre- « prendre une nouvelle charge.

« Pendant que les divisions Desaix et Reynier re- « poussoient avec tant de succès la cavalerie des Ma- « melouks, les divisions Bon et Menou, soutenues « par la division Kleber, commandée par le général « Dugua, marchoient au pas de charge sur le village « retranché d'Embabé; deux bataillons des divisions « Bon et Menou, commandés par les généraux Ram- « pon et Marmont, sont détachés avec ordre de « tourner ce village, et de profiter d'un fossé pro- « fond pour se mettre à couvert de la cavalerie de « l'ennemi, et lui dérober leurs mouvements jus- « qu'au Nil.

« Les divisions, précédées de leurs flanqueurs, « continuent de s'avancer au pas de charge: les Ma- « melouks attaquent sans succès les pelotons de flan- « queurs; ils font jouer et démasquent quarante « mauvaises pieces d'artillerie: les divisions se préci- « pitent alors avec plus d'impétuosité, et ne laissent « pas à l'ennemi le temps de recharger ses canons. « Les retranchements sont enlevés à la baïonnette; « le camp et le village d'Embabé sont au pouvoir des « Français Quinze cents Mamelouks à cheval, et au- « tant de fellahs, auxquels les généraux Marmont et « Rampon ont coupé toute retraite en tournant Em- « babé, et en prenant une position retranchée derriere « un fossé qui joignoit le Nil, font en vain des prodiges « de valeur: aucun d'eux ne veut se rendre, aucun « d'eux n'échappe à la fureur du soldat; ils sont tous « passés au fil de l'épée, ou noyés dans le Nil. Qua- « rante pieces de canon, quatre cents chameaux, les « bagages et les vivres de l'ennemi, tombent entre « les mains du vainqueur.

« Mourat-bey, voyant le village d'Embabé em- « porté, ne songe plus qu'aux moyens d'assurer sa « retraite. Déja les divisions Desaix et Reynier « avoient forcé sa cavalerie de se replier; l'armée, « quoiqu'elle marchât depuis deux heures du matin, « et qu'il en fût six du soir, le poursuit encore jusqu'à

« Gizeh. Il n'y avoit plus de salut pour lui que dans « une prompte fuite; il en donne le signal, et l'armée « prend position à Gizeh après dix-neuf heures de « marches ou de combats.

« Jamais victoire aussi importante ne coûta moins « de sang aux Français: ils n'eurent à regretter dans « cette journée que dix hommes tués, et environ « trente blessés; jamais avantage ne fit mieux sentir « la supériorité de la tactique moderne des Euro- « péens sur celle des orientaux, du courage discipliné « sur la valeur désordonnée. »

PLANCHE XII.

Bataille des pyramides. Ce tableau représente le moment de la double action, où deux corps de Mamelouks font chacun une sortie: l'un sur les divisions Dugua, Desaix, et Reynier; l'autre sur le bataillon commandé par le général Rampon (voyez dans le journal le récit de la bataille, page 96). J'ai tâché de donner l'image d'une charge de Mamelouks, dont j'ai été plusieurs fois témoin, et dont la rapidité, l'abandon, le dévouement, et la bravoure chevaleresque, m'ont toujours frappé; j'ai voulu rendre aussi l'effet de la mitraille sur cette cavalerie, qui venoit la braver jusqu'à la bouche du canon; j'ai fait voir les serviteurs à pied à travers les combattants, leur maniere d'emporter les blessés, de les éloigner du combat; les chameaux portant les cartouches, et les instruments guerriers; les palmiers avec leurs fruits, comme ils étoient à cette époque, et jusqu'à la gerçure produite par l'inondation et l'ardeur du soleil; enfin tout ce qui caractérise le pays, et contribue à lui donner une physionomie particuliere. Le fond contient tout ce que le vaste horizon offre d'intéressant: à droite de l'estampe, est la route qui conduit à Suez et en Asie, où l'on voit le corps d'Ibrahim-bey; la ville du Caire, au pied du Mokattam, ou l'extrémité de la chaine arabique; le grand aqueduc, qui arrive jusqu'au vieux Caire, sur le bord du fleuve Boulac: plus en avant, le Nil, avec les isles de Raoudhah, de Boulac, et du Lazaret; le vaisseau amiral de la flotte de Mourat-bey, auquel il fit mettre le feu pendant le combat: de l'autre côté du Nil, Djyzeh, la maison de Mourat-bey, la plaine et les pyramides de Ssackarah; l'espace entre elles et celles de Djyzeh, qui est l'emplacement qu'occupoit Memphis; et en derniere ligne, le Mont-Libyque, dont la chaîne gît du sud au nord jusqu'aux pyramides de Djyzeh, et d'où, changeant tout-à-coup de direction à l'ouest, elle va se perdre dans les déserts de Barca.

PLANCHE XIII.

N° 1. Vue du château de Rachid, à l'ouest du Nil, la premiere construction que l'on rencontre en remontant ce fleuve: fortifié depuis l'invention de la poudre, on peut croire qu'il a été bâti au temps de la conquête de Sélim, et qu'il y laissa une garnison, dont nous avons trouvé les descendants soldés et gardant encore le même château, qui est un grand bastion carré, flanqué de quatre tours; dans le milieu, des casernes, et une mosquée; de beaux jardins, plantés d'orangers et de palmiers, entourent actuellement cette fabrique démantelée, et en rendroient le séjour agréable si l'intérieur en étoit logeable.

N° 2. Une mauvaise batterie en ruines, construite presque vis-à-vis le château de Rachid: il y reste aussi quelques familles de Sorbadgi ou descendants de ces garnisons turques dont j'ai parlé à l'article cidessus; le petit dôme qu'on apperçoit à droite est un santon ou tombeau de personnage révéré.

N° 3. L'arrivée à Rosette.

N° 4. Un village du Delta, vis-à-vis Rosette.

N° 5. Le couvent d'Abou-Mandour, à une demilieue de Rosette, bâti à un angle du Nil sur les ruines de l'antique Bolbitine, situation aussi agréable que pittoresque, entre un désert aride et brûlant, et tout ce que la nature peut offrir de plus frais et de plus abondant. Un tombeau révéré y amene beaucoup de musulmans atteints de l'ophtalmie, et qui en reviennent la vue rafraîchie des ablutions qu'ils font de l'eau claire d'une citerne, que l'on y distribue abondamment pour une très petite rétribution.

PLANCHE XIV.

N° 1. Vue d'une mosquée avec son minaret. Chaque province a son goût particulier dans ces sortes de monuments: l'architecture mauresque n'ayant ni principes ni regles fixes, la légèreté et l'élégance en sont les seules lois, et, par suite, les productions en sont infiniment variées; les ornements surabondants n'y sont jamais incohérents, et conservent entre eux une harmonie qui n'est jamais dépourvue de grace.

Ces dômes, construits très rapidement, sont élevés avec régularité par des maçons qui n'ont que quelques outils, et n'emploient à ces constructions que du plâtre, soutenu par quelques petits morceaux de bois. Le minaret n'a d'autre utilité que de faire appercevoir de loin la mosquée à laquelle il tient, et de porter cette galerie d'où les imans, toutes les quatre heures, appellent les fideles musulmans à la priere en chantant des hymnes à l'Éternel et à son prophete. A chaque mosquée, il y a une citerne, un bassin pour les ablutions, et, toutes les fois que cela est possible, un petit enclos planté d'arbres pour faire la priere à l'ombre. Celle qui est représentée ici est située à l'extrémité sud de Rosette; la fumée que l'on voit à droite est produite perpétuellement par une fabrique de charbon, qui est une des denrées rares du pays: l'importation de bois, qui, en temps de paix, se fait de Syrie à Rosette, est un article de commerce particulier à cette ville.

Nº 2. Vue d'une portion du port de Rosette. Les fabriques qui y sont représentées, appartenant à des Francs, et la plupart bâties par eux, sont un mélange de constructions qui ressemblent plus à nos maisons du quatorzieme siecle qu'aux fabriques orientales des autres villes de l'Égypte; celle où est le pavillon appartenoit à la maison Varsi, où étoit logé le général Menou. La scene représentée fut celle de la prestation de serment du gouvernement du pays entre les mains de ce général: les coups de bâton distribués, un reste de pratique orientale généralement établie pour écarter la foule, ennoblir la fonction, et avertir le foible de la présence du pouvoir, et de l'éloignement dans lequel il doit l'envisager. Nous n'arrivions jamais dans un village, que le cheikh, pour nous faire honneur, n'en ordonnât une distribution, qui ne cessoit qu'à notre réquisition, et lorsqu'il croyoit que sur cela le témoignage de son respect s'étoit suffisamment manifesté. A droite, le Nil, sur lequel on voit un aviso armé, et dans le fond, l'isle de Varsi.

PLANCHE XV.

Nº 1. Vue d'Aboukir, prise de la mer, avec la flotte française telle qu'elle étoit embossée avant la bataille du 14 fructidor: on apperçoit derrière le fort, la ville, et dans le fond, le monticule où sont les fontaines.

Nº 2. Le passage de la Madié, l'ancienne bouche canopite, dans laquelle entre la mer, et y forme un lac de plus de quatre lieues de profondeur; ce qui fait que les caravanes d'Alexandrie à Rosette traversent ce lac à son embouchure, au lieu d'en faire le tour, quelque incommode que soit ce passage par les bas-fonds des rives, et l'embarcation qu'il faut faire au milieu de l'eau.

Nº 3. Le fort d'Aboukir tel qu'il étoit à l'arrivée des Français en Égypte, avec son petit port pour les barques.

Nº 4. Carte à vol-d'oiseau de la péninsule d'Aboukir. En avant, les rochers du promontoire; à gauche, sur cette même ligne, l'islot contre lequel étoit appuyée la flotte embossée; derriere le château, le village d'Aboukir; plus loin, le faubourg, entre lequel les retranchements ont été élevés; au bout de la ligne de palmiers, les monticules où sont situées les trois fontaines; plus au fond, à gauche, le lac Madié, l'ancienne embouchure de la bouche canopite, la digue, et deux obélisques de construction arabe; au fond du lac Madié, la chaussée derriere laquelle passe le canal qui porte les eaux du Nil à Alexandrie, celle que les Anglais ont rompue après leur débarquement, en l'an 9; ce qui a isolé la presqu'isle d'Aboukir, submergé le territoire d'Alexandrie, et renouvelé le lac *Maréotis*: l'extrémité de l'horizon, à droite, est l'emplacement d'Alexandrie; en revenant le long de la côte, celui de *Nicopolis*, de *Taposiris*, et de Canope. Ce point, déja si important pour la géographie ancienne, l'est devenu encore davantage pour l'histoire moderne par les évènements qui s'y sont passés depuis notre arrivée en Égypte: le plan et la vue de la bataille gagnée par Bonaparte, le 7 thermidor, acheveront de le faire connoître sous tous ses aspects, et dans tous ses détails. Voyez pl. LXXXIX et XC.

Nº 5. La tour d'Abou-Mandour, près Rosette, avec la vue à sept lieues de distance des deux flottes anglaise et française, le lendemain de la bataille navale d'Aboukir, du 14 fructidor, à dix heures du matin, à l'instant où le Guillaume-Tell et le Généreux, la Diane et la Justice, leverent l'ancre, et s'éloignerent sans être inquiétés dans leur retraite.

Cette tour, de construction arabe, est bâtie sur un monticule de sable qui couvre les ruines de l'antique Bolbitine; la situation élevée au milieu d'une grande plaine domine d'un côté un vaste désert, jaune et aride, terminé à l'horizon par la mer. Lorsque l'ame s'est attristée de ces objets, elle peut, en se retournant, être consolée par l'aspect de tout ce que la nature peut déployer de verdure, de richesse, et d'abondance: les plaines du Delta couvertes de rizieres et de plantations de sucre, coupées d'innombrables canaux qui aboutissent au Nil, qui dans cet endroit est toujours couvert de barques en mouvement dans tous les sens; enfin ces deux tableaux, d'une couleur si différente, offrent le contraste le plus frappant; c'est la jeunesse de la nature, et sa décrépitude: ces tableaux seroient aussi beaux à peindre qu'ils me parurent impossibles à rendre par des dessins.

PLANCHE XVI.

N° 1. Vue de Tfémi, gros village de la province de Bahiré, situé sur le bord du Nil, vis-à-vis *Métabis*.

N° 2. Vue du Nil, d'où on apperçoit tout à la fois, à droite, Sandion, bourg dans le Delta; au centre, Métabis, aussi dans le Delta; et Tfémi, de l'autre côté du fleuve.

N° 3. Métabis, petite ville de la province de Garbié, dans le Delta, connue par ses mœurs dissolues, et le nombre d'almés qui l'habitent.

N° 4. Vue de Sandion dans le Delta, et de Deirut, dans la province de Bahiré; les villages dans le Delta, à l'abri des incursions des Arabes, sont toujours plus peuplés, plus riches, et mieux bâtis.

N° 5. Cafr Schaabas-Ammers, petit village fortifié, situé dans le Delta: cafr veut dire faubourg ou hameau séparé, mais dépendant de la ville de Schaabas-Ammers. La fumée que l'on voit est la suite de l'embrasement de cette petite forteresse: sur le devant, la digue rompue, sur laquelle nous fûmes obligés de porter nos blessés. Voyez le journal, page 55.

N° 6. Un de nos logements dans le Delta; c'étoit à Deroulh. La maison s'appeloit le Palais: dans la partie intérieure étoit un angar, et une cour dans laquelle il y avoit un sycomore; il faut toujours compter l'abri d'un sycomore en Égypte comme un appartement d'été, ou un logement pour les gens de la suite; un escalier montoit à une galerie ouverte, qui étoit la piece principale; à droite, une grande piece servant de magasin; au bout de la galerie, la chambre d'honneur. La scene ressemble à celle qui auroit pu avoir lieu si c'eût été un bey qui eût été en tournée, et qui eût donné audience par la fenêtre: sous la porte sont les gens qui apportent le déjeûner fourni par le pays.

PLANCHE XVII.

N° 1. Plan des ruines et de la circonvallation d'un temple d'Isis, près Beibeth, dans le Delta: je n'ai pas vu cette ruine, dont je dois la carte au général Dugua, qui commandoit la province de Garbié, dans le Delta, où sont situés les monuments qu'elle contient.

N° 2. Plan des ruines de Sann ou Zoan, l'ancienne Tanis, dans la province de Charkié, près du lac Menzaléh, ancienne capitale et habitation royale.

Je tiens aussi cette carte du général Dugua; la forme carrée qu'on distingue dans cette carte étoit sans doute l'enceinte d'un temple ou d'un palais. Le travail fini des hiéroglyphes et les riches matieres employées dans ces édifices font foi qu'on avoit conservé dans des temps postérieurs la même magnificence dans la construction des monuments de la basse Égypte que dans ceux de la haute: les fragments de lapis que l'on a trouvés dans celui-ci attestent aussi que l'usage s'étoit introduit d'employer des matieres étrangeres pour les décorer.

Je n'ai point vu les ruines de Sann, mais les détails de son plan ne me laissent aucun doute sur son exactitude; tout ce que je dois observer, c'est que les ruisseaux que l'on a tracés à travers les collines de sable ne peuvent exister que momentanément après quelques pluies d'hiver, toute l'Egypte étant absolument privée de sources jaillissantes, et de tout ce qui peut perpétuer des ruisseaux.

PLANCHE XVIII.

N° 1. Le village d'Alcan, sur la rive gauche de la branche de Rosette, dans la province de Bahiré. Lorsque je dessinai ce village, les habitants en avoient été chassés pour avoir massacré l'aide-de-camp Julien, et le détachement qu'il commandoit: il n'y restoit que des volées innombrables de pigeons. Dans une partie des villages de l'Égypte, tout le dessus des maisons est construit pour y loger des pigeons, et les y laisser se multiplier, pour le seul avantage d'en ramasser la fiente, qui sert principalement à la culture des pasteques et des melons, que l'on plante sur les bords du Nil immédiatement après l'inondation.

N° 2. Le village de Demichelet, sur la même rive, dans la même province qu'Alcan, et d'un aspect tout-à-fait différent.

N° 3. Le même village vu de plus près. J'en ai répété les fabriques avec plus de détails, pour faire voir combien ces constructions modernes, faites de terre, tiennent du style des grands monuments de la haute Égypte, et combien, sans projet d'imitation, les traditions se conservent de proche en proche, et, pour ainsi dire, par consentement.

N° 4. Une vue de la maison de campagne de Mourat-bey, prise du côté du nord. C'étoit dans cette maison qu'il faisoit sa résidence ordinaire; elle étoit fortifiée: son enceinte contenoit les logements militaires de ses Mamelouks; et ses fortifications l'y mettoient à l'abri d'une surprise, ou d'un mouvement de parti.

PLANCHE XIX.

N° 1, 2, 3, et 4. Vues des pyramides, d'aussi loin qu'on puisse les appercevoir en remontant le Nil.

N° 5. Vue de la ville du Caire, Boulac, Forstath, qui ne forment qu'un seul ensemble à l'instant que l'on vient à les découvrir en remontant le Nil; la montagne que l'on apperçoit derriere est le Mokattam, contre lequel est appuyée cette ville.

PLANCHE XX.

N° 1. Vue de Salmie, sur la rive gauche du Nil, dans le Delta. Voyez le journal, page 33.

N° 2. Vue des pyramides de Gizeh et de Ssakarah, élevées sans doute aux extrémités nord et sud de Memphis; l'espace qui est entre ces deux groupes de pyramides fixe l'étendue de cette ville dans cette direction, tandis que le Nil et la chaîne libyque bornoient irrévocablement ses côtés est et sud.

N° 3. Coupe de la pyramide ouverte, appelée le Chéops, par laquelle on peut prendre une idée des galeries qui conduisent aux deux chambres sépulcrales, qui paroissent avoir été les seuls objets pour lesquels on avoit construit ces especes d'édifices. G, l'entrée de la premiere galerie, qui étoit recouverte par le parement général, et qui apparemment avoit à cet endroit quelque particularité qui aura pu faire découvrir cette entrée lorsqu'on en a tenté la fouille. La galerie G jusqu'à H se dirige vers le centre et à la base de l'édifice; elle a soixante-cinq pas de longueur, que l'on est obligé de faire d'une maniere si incommode, que l'on ne doit les estimer qu'à cent soixante pieds: arrivé à H, l'incertitude, causée par la rencontre de deux blocs de granit L, a égaré la fouille, et en a fait tenter une dirigée horizontalement dans la masse de la fabrique; cette excavation abandonnée, on est revenu au point I; et, fouillant autour des deux blocs jusqu'à vingt-deux pieds en remontant, on a trouvé l'entrée de la rampe ascendante K, qui, jusqu'à M, a cent vingt pieds: on monte cette galerie étroite et rapide en s'aidant d'entailles faites dans le sol, et de ses bras contre les côtés de cette galerie étroite; la fabrique en est de pierre calcaire, liée avec un ciment de brique. Arrivé au haut de cette rampe, on trouve un nouveau palier M, d'environ quinze pieds carrés; à droite est une ouverture N, qu'on est convenu d'appeler le Puits, et qu'à l'irrégularité de son orifice on peut croire être encore une tentative de fouille: il faudroit du temps, de la lumiere, et des cordes, pour s'assurer avec exactitude de sa profondeur et de sa direction; on entend qu'elle cesse bientôt d'être perpendiculaire par le bruit qu'y fait la chûte d'une pierre: ce puits a deux pieds sur 18 pouces de diametre; il faudroit faire une fouille pour pouvoir hasarder quelque conjecture sur cette excavation; à droite de ce trou, est une galerie horizontale O, de 170 pieds, se dirigeant au centre de l'édifice, au bout de laquelle est l'entrée d'une chambre dite de la reine, E: sa forme est un carré long de 18 pieds 2 pouces sur 15 pieds 8 pouces; sa hauteur est incertaine, parcequ'une avide curiosité en a fait bousculer le sol, et creuser une des parties latérales, et que les décombres de toutes ces violations ont été laissés sur la place. La partie supérieure a la forme d'un toit d'angle à-peu-près équilatéral; aucun ornement, aucun hiéroglyphe, aucun vestige de sarcophage: une pierre calcaire fine, et liée d'un appareil recherché, fait tout l'ornement de cette piece. Voyez même pl., le plan et la coupe de cette chambre, nº 4 et 5. A quoi cette chambre a-t-elle été destinée? étoit-ce pour mettre un corps? Dans ce cas, la pyramide, bâtie à dessein d'en mettre deux, n'a pas été fermée à une seule époque; en cas d'attente, et que cette seconde sépulture fût effectivement celle de la reine, les deux blocs de granit, dont j'ai déja parlé, et qui sont à l'entrée des deux galeries inclinées, étoient donc réservés à clorre définitivement l'ouverture des deux chambres, et des galeries adjacentes.

Revenons sur nos pas jusqu'à la plate-forme du puits M, où, en se hissant de quelques pieds, on se trouve au bas d'une grande et magnifique rampe, P Q, de 180 pieds de longueur, se dirigeant aussi vers le centre de l'édifice; sa largeur est de 6 pieds 6 pouces dans laquelle il faut comprendre deux parapets de 19 pouces de diametre, percés, par espace de 3 pieds 6 pouces, de trous longs de 22, larges de 3. Cette rampe étoit sans doute destinée à monter le sarcophage; les trous avoient servi à assurer par quelque machine le hissement de cette masse sur un plan aussi incliné; la même machine avoit sans doute nécessité des entailles au-dessus de la partie latérale de chacun de ces trous, qui ont été réparés ensuite par un ragréement. Cette galerie se ferme peu-à-peu jusqu'à son plafond par huit retraites de 6 pieds de hauteur; ce qui, joint à 12 qu'il y a du sol jusqu'à la premiere plate-bande, donne 60 pieds de clef à cette étrange voûte (voyez sa coupe nº 6). Arrivé au-dessus, en s'aidant d'entailles assez régulieres, mais modernes, on trouve une petite plateforme, puis une espece de coffre de granit C, dont les parties latérales, soutenues par la masse générale de l'édifice, étoient destinées à recevoir dans le vide qu'elles laissoient des blocs de même matiere, qui, hersés dans des rainures saillantes et rentrantes, devoient masquer et défendre à jamais la porte de la principale sépulture (voyez lettre C, nº 7 et 8). Il a fallu sans doute des travaux immenses pour construire d'abord et détruire ensuite cette partie de l'édifice; ici, l'enthousiasme superstitieux s'est trouvé aux prises avec l'ardente avarice, et la derniere l'a emporté. Après la destruction de treize pieds d'épaisseur de granit, on a découvert une porte carrée F, de 3 pieds 3 pouces, qui est l'entrée de la piece principale D, de forme carrée, longue de 16 pieds sur 32 de large, et de 18 pieds de hauteur; la porte est à l'angle du grand côté, comme à la chambre d'en-bas. Vers le fond, à droite en entrant, est un sarcophage isolé, de 6 pieds 11 pouces de long sur 3 pieds de large, et 3 pieds 1 pouce 6 lignes d'élévation. Quand on aura dit que ce tombeau est d'un seul morceau de granit, que cette chambre n'est qu'un coffre de même matiere, avec un demi-poli d'un appareil assez précieux pour qu'il n'ait point nécessité de ciment dans tout son appareil, on aura décrit cet étrange monument, et donné l'idée de l'austérité de sa magnificence.

Le tombeau est ouvert et vide, sans qu'il soit resté aucun vestige de son couvercle; la seule dégradation dans toute cette chambre est la tentative d'une fouille à un des angles, et deux petits trous à-peu-près ronds, à hauteur d'appui, auxquels des curieux ont attaché trop d'importance. C'est ici que se termine le voyage, comme c'est là qu'il paroît qu'ait été le but de cette immense entreprise, où les hommes semblent avoir voulu se mesurer avec la nature.

Le citoyen Grosbert, ingénieur, qui a séjourné aux Pyramides, qui en a fait un plan en relief, que l'on voit avec intérêt au Jardin national des plantes, et une explication dans un livre intitulé, Description des pyramides de Djyzéh, de la ville du Caire et de ses environs, donne au Chéops 728 pieds de base, et évalue sa hauteur à 448 pieds, en comptant la base par la moyenne proportionnelle de la longueur des pierres, et la hauteur par l'addition de la mesure de chacune des diverses assises. D'après les calculs du citoyen Grosbert et de M. Maillet, la chambre sépulcrale est à 160 pieds au-dessus du sol de la pyramide.

La base de la pyramide appelée Chefrenes est estimée par le même auteur de 655 pieds, et son élévation de 398 pieds; sa couverte, dont il existe encore quelque chose à sa partie supérieure, est un enduit formé de gypse, de sable, et de cailloux. Le Miserinus, ou troisieme pyramide, dit encore le citoyen Grosbert, a 280 pieds de base, et 162 d'élévation: je renverrai mes lecteurs à cet écrivain pour les plans et les détails que je n'ai pas eu le temps de prendre, et que ses connoissances dans cette partie ont mis dans le cas de donner avec l'exactitude que mérite l'importance de ces édifices, et l'intérêt qu'ils inspirent.

PLANCHE XX (bis).

N° 1. Profil du Sphinx, qui rend compte de son état de destruction, et du caractere de cette figure dans les parties qui en sont conservées : les personnages vivants servent d'échelle de proportion ; celle qui est au-dessus de la tête, et que l'on aide de la main, sort d'une excavation étroite, terminée par des décombres, et qui n'a plus que 9 pieds de profondeur. Des échancrures taillées d'espace en espace dans les parties latérales de cette excavation y servent d'échelons pour monter et descendre dans ce trou, dont l'usage est resté dans la nuit du mystere; le monument que l'on apperçoit derriere est une espece de tombeau dans le genre des petites pyramides ; mais si dégradé, qu'il est difficile d'en rendre compte autrement que par la forme existante de sa ruine.

N° 2. Entrée des galeries de la pyramide de Chéops; chaque pierre dessinée fidèlement peut donner une idée de l'appareil de cette partie de l'édifice, qui étoit recouverte d'un parement semblable à la superficie générale de tout le monument.

C'est au citoyen Rigo, membre de l'institut du Caire, que je dois cette planche intéressante ; de retour de l'expédition, il a bien voulu me permettre de prendre dans son intéressant porte-feuille plusieurs objets, tels que celui-ci, et des costumes que j'annoncerai à leur numéro.

PLANCHE XXI.

N° 1. Une mosquée, avec plusieurs santons ou tombeaux situés au nord de Rosette; le mur à hauteur d'appui, qui est dans le milieu de l'estampe, sert de chaussée, lors de l'inondation, pour communiquer des habitations au Nil : dans le fond est l'isle Baschi.

N° 2. Le khalydge, ou canal qui conduit l'eau du Nil au Caire, lorsque l'inondation est arrivée à une certaine élévation; l'ouverture de ce canal est une fête annuelle, d'autant plus gaie qu'elle annonce l'abondance, puisque le manque d'eau est le seul fléau qui puisse amener la disette en Égypte.

Le jour de cette cérémonie, les beys étoient placés dans le kiosque que l'on voit dans cette planche: le canal y est représenté dans le moment où il porte les bateaux du Nil au Caire; dans le fond est l'isle de Rhaoudah; à gauche de l'estampe sont des montagnes de décombres, et la prise d'eau du grand aqueduc. Tous les voyageurs ont fait la description de l'ouverture du khalydge, et particulièrement Savari.

N° 3. L'aqueduc qui conduit l'eau du Nil au Caire; les colonnes que l'on voit en avant renversées et rompues sont les ruines d'un édifice, dont l'institut me demanda un rapport, et dont je vais rendre compte en citant le rapport lui-même.

Ces fûts de colonnes, éloignées d'environ 40 centimetres du minaret d'une mosquée en ruine, qui a été bien bâtie, et dont les arrachements prolongés ont nécessairement englobé ces débris, doivent porter à croire qu'ils en faisoient partie : la richesse de la matiere de ces fragments, la perfection d'une partie de ces colonnes, l'inégalité absolue de leurs dimensions, l'empreinte des mains barbares marquée sur toutes leurs réparations, le style, plus barbare encore, de tous les détails qu'on y a ajoutés, font penser que s'il existoit quelques morceaux antiques dans cet édifice, ils y avoient été employés dans un temps rapproché de ces époques malheureuses, où la gloire des armes ne s'allioit point à la philosophie et à l'amour des arts, où le caprice brutal, la barbare adulation en régloient les déterminations politiques, faisoient bâtir une ville où Amroun avoit dressé sa tente, la faisoient abandonner pour aller la rebâtir où Saladin avoit vaincu le dernier des souverains Mamelouks. Dans ces temps, les beaux restes de la noble antiquité étoient groupés avec de lourdes inepties, et formoient de monstrueuses magnificences, ainsi qu'on peut le remarquer dans cette immense fabrique, appelée le Palais de Joseph, construite, comme celle-ci, de morceaux précieux et inégaux, et raccordés par les mêmes moyens ; dans ces constructions, où les chapiteaux et les bases avec toutes sortes de profils vont chercher les colonnes quand les colonnes n'arrivent pas jusqu'à eux. Mais pour assigner un siecle à ces édifices, il faudroit connoître celui où ont régné les princes qui les ont fait construire: peut-être est-il réservé à l'activité française de rendre des annales aux Arabes; plus instruits dans leur langue, de découvrir des manuscrits qui fixent des époques à leur histoire, et de jeter des lumieres sur la ténébreuse antiquité par la lecture des hiéroglyphes, de fixer le temps moyen par des recherches littéraires sur le regne des kalifes, par là laisser la part qui appartient aux siecles d'engourdissement où nous avons trouvé l'Égypte, et de faire une nouvelle époque en ramenant les sciences et les arts dans leur pays natal.

PLANCHE XXII.

No 1. Tombeaux des kalifes. Ces monuments du neuvieme siecle sont bâtis hors des murs du Caire, à l'est de cette ville. Quoiqu'en ruines, ils sont encore les témoignages de l'irrégularité et de l'élégance de l'architecture arabe: la richesse y est jointe à la légèreté avec un goût très délicat, et forme des groupes qu'aucune autre masse d'édifices de ce genre ne m'a jamais offerts.

Le bâtiment qui occupe le milieu de l'estampe étoit une caserne de Mamelouks; l'emplacement sert encore de cimetiere. Tout ce que l'on apperçoit de petit sur le premier plan sont des sépultures modernes: les figures représentent un convoi, que l'on peut voir d'une maniere plus développée dans la planche CIII, no 1.

No 2. Une vue du vieux Caire ou Forstah, bâti par Amroun; à gauche, une maison à l'usage du pays, et bâtie sur la rue: les fenêtres grillées, les auvents qui sont dans la partie supérieure, sont tournés au nord pour en recevoir l'air frais, et le diriger dans un trou qui est au bas, pour être de là distribué dans toutes les parties de la maison.

Dans le fond, l'isle de Rhaoudah, à la pointe de laquelle est le Mekkias ou nilometre; le petit mur en rond, que l'on voit au premier plan, au milieu de l'estampe, est une bâtisse que l'on éleve autour des jeunes palmiers et des sycomores, pour les soigner et les arroser, jusqu'à ce qu'ils soient venus à un certain degré de force pour se défendre eux-mêmes.

No 3. Vue prise du vieux Caire, où l'on voit d'une maniere plus détaillée le Mekkias, et le palais qui y est attenant, bâti dans le même temps de l'expédition de S. Louis en Égypte: on apperçoit les pyramides dans le lointain; sur le devant, deux sycomores avec leurs formes surbaissées. On peut remarquer dans cette estampe l'usage que l'on fait de l'ombre de cet arbre, l'utilité dont il est dans un climat si chaud, et les établissements que l'on fait sous son abri: les vues naïves de ce genre peuvent peut-être suppléer à de longues descriptions.

PLANCHE XXIII.

No 1. Tombeaux musulmans en briques, en pierres ou en marbre: le corps est introduit par l'ouverture cintrée, et repose sur une terre douce et tamisée: au-dessus du tombeau est figuré un turban, et vis-à-vis est une inscription contenant le nom, les titres, et quelquefois l'éloge du mort. Les figures pleurent et prient; cérémonie qui se renouvelle chaque semaine, et qui devient le jour de fête pour les femmes: tant leur régime est dénué de tout ce qui est agrément, puisque pleurer est compté au nombre des plaisirs de leur vie.

No 2. Cimetiere des Mamelouks, à l'est du Caire, du côté de la porte d'El-Kerasé. Les monuments les plus considérables sont les tombeaux des beys en marbre, avec des ornements peints et dorés, et d'un goût d'architecture plus agréable que régulier, mais dont les masses offrent un aspect de magnificence et de grace, qui donneroit à qui arriveroit au Caire par ce côté une idée de splendeur de cette ville, qui seroit bien démentie par la réalité: toutes ces richesses sur un sol triste et âpre donnent à ce lieu calme et silencieux un caractere particulier, auquel je n'ai rien vu de comparable. A droite est la mosquée de Cheroiné; suit une partie de l'aqueduc qui porte l'eau du Nil au Caire; tout le reste sont des tombeaux de particuliers: le petit groupe de figures est un enterrement.

No 3. Boulac, petite ville séparée du Caire, et que l'on peut regarder comme son port; c'est à ce port que se rendent toutes les embarcations de la basse Égypte et toutes les provisions et marchandises qui viennent de la haute: Boulac, bâtie dans les premiers siecles de l'hégire, a des monuments arabes d'une charmante exécution.

La scene représente le marché aux bleds, que l'on voit exposés en tas, et le marché aux poissons, qui se fait aussi dans ce même lieu.

Sur le dernier plan, derriere les barques, on apperçoit Embabéh, village devenu fameux par la bataille des pyramides.

PLANCHE XXIV.

No 1. Une autre vue des tombeaux des kalifes, avec la caravane de Tor et du mont Sinaï, qui apporte au Caire du charbon, de la gomme arabique, et des meules de moulins à bras.

No 2. Attaque d'Arabes sous les murs du Caire, au soleil levant, qui est le moment où le plus souvent ils viennent enlever les passagers jusqu'aux portes de la ville. Dans l'estampe, ceux qui leur ont échappé s'enfuient à la nage, pour éviter la poursuite des chevaux; la montagne à gauche, formée de décombres, est maintenant couronnée du fort de l'institut: les jardins que l'on voit dans le fond étoient ceux du palais de Cassim-bey, qui étoient devenus ceux de l'institut.

PLANCHE XXV.

No 1. Vue du village de Zaouyéh, sur la rive gauche du Nil, prise au sud de ce village; à droite, le fleuve sur lequel deux avisos armés protégeoient le convoi qui suivoit l'armée.

No 2. Un arbre révéré, auquel on fait des offrandes. Voyez le journal, page 77 et 78.

No 3. Vue intérieure du jardin de Cassim-bey, devenu le jardin de l'institut du Caire. Je l'ai prise au moment de l'inondation, pendant laquelle on peut également s'y promener à pied et en bateau; les grands arbres qui sont au milieu sont des épines d'Égypte, espece de cassie, de la famille des mimosas, celui qui produit la gomme arabique: le petit monument qui est dessous est un kiosque turc à prendre du café, fumer et reposer sa nullité, faire des calculs d'intérêt personnel, ourdir des trames en silence, prévoir ou concentrer le projet d'une conspiration, et ne s'émouvoir que pour l'exécuter. Quelle différence, depuis qu'il étoit devenu le point de ralliement des membres de l'institut! que de mouvements! que de rapides discussions! que de franches communications! que de projets proposés, avortés, remplacés par de nouvelles conceptions, souvent utiles, et toujours brillantes! L'étincelle naissoit du choc de la pensée; la plaisanterie terminoit la dispute, et la gaieté nous ramenoit tous au logis.

PLANCHE XXVI.

No 1. Vue de la pyramide d'Ellahoun, à l'entrée de la province du Fayoum, à l'extrémité du Bark Jusef; c'étoit peut-être la pyramide de Mendes, si le lac Batheu étoit le Mœris: cette suite de rochers taillés à pic, que l'on voit dans le dernier plan, recevoit peut-être les efforts du Nil, si autrefois, par le fleuve sans eau, il alloit se jeter à la mer par le Maréotis. Cette pyramide est bâtie en briques non cuites; une construction en pierres calcaires lui servoit de noyau.

No 2. La pyramide de Médoun, prise du Nil, entre les villages de Rega à droite, et Cafr-él-Rych à gauche.

No 3. Autre vue de la même pyramide, à une demi-lieue de distance. Voyez le journal, p. 75.

No 4. Les pyramides de Saccara, comme on les voit du Nil.

PLANCHE XXVII.

No 1. Ka-van-ray ou karavanseray, établissement bâti sur le bord des chemins par des êtres modestes et bienfaisants, qui n'attachent point leur nom à cet acte charitable: ouverts à tous les passants, ils y trouvent de l'ombre et de l'eau pour eux et pour leurs bêtes de somme. L'édifice consiste en une citerne, le premier motif de l'institution; deux chambres, une galerie ouverte, un abreuvoir, une fontaine, quelques pots, et des nattes. Point de propriétaire, personne qui mette aucune contribution à l'usage qu'on en veut faire: bâti également pour le riche et pour le pauvre, il est au premier occupant, et cette liberté est sans inconvénients dans un pays où les voyageurs sont rares, et les marches isolées se font toujours en troupes nombreuses.

No 2. Seconde vue de Zaouyéh, prise dans la partie nord de ce village; la maison la plus élevée étoit la plus considérable, et celle du général qui y commandoit. Les constructions terminées en pointe sont des colombiers: tous les cordons qui couronnent les maisons sont formés de mottes à brûler, composées de fiente de bœuf et de chameau, délayée avec un mélange de poussiere et de paille hachée, et séchée au soleil. Ce sont ces mottes, et la canne de dourach qui chauffent les fours, et font bouillir la soupe; les terrasses des maisons en sont les magasins, et de loin elles en paroissent décorées.

No 3. Nahourah, ou machine à monter l'eau pour arroser les nouvelles plantations, lorsque les eaux du Nil se sont retirées. Ces roues à chaînes, à pots, et à caisses, sont d'un usage général dans toute l'Égypte: elles s'établissent d'ordinaire sous un arbre, afin que celui qui mene les chevaux se trouve à l'ombre pendant cet exercice. Dans cet heureux climat, le tranquille propriétaire calcule sa premiere récolte sur l'élévation du débordement, et la seconde et troisieme sur le nombre d'arpents que la quantité d'animaux qu'il possede peut arroser.

Le grand arbre à droite est un sycomore avec sa forme surbaissée, qui est celle qui le caractérise : quelquefois l'homme que l'on voit dessous, au lieu de marcher en excitant les bœufs, est assis sur une espece de fauteuil attaché à la barre, et tourne avec la machine. Voyez le plan no 2, planche XXXVI.

PLANCHE XXVIII.

No 1. Un bivouac, pour donner une idée de ceux d'Égypte. Des groupes de palmiers, éclairés au-dessous par une multitude de feux, d'autres groupes de personnages encore plus variés par le mouvement de leurs divers besoins, offroient le plus souvent les tableaux les plus brillants, auxquels les formes pompeuses et élégantes du palmier donnoient un air de fête, dont il auroit été délicieux de jouir dans ce beau séjour, si l'excès de lassitude des fatigues de la journée n'avoit fait passer les besoins impérieux avant ces jouissances superflues, et n'avoit ôté jusqu'à la faculté de les appercevoir. Autant le palmier est triste lorsque, dans un pays sec, il n'offre qu'une touffe pauvre au-dessus de son fût sec et grêle, autant il donne de pompe, d'élégance, et de légèreté, à une masse d'arbres à tige basse et feuillée, ou seulement quand de jeunes plantations du même arbre sont mêlées aux anciennes. Mais un des inconvénients de la végétation d'Égypte, c'est qu'il est difficile de l'habiter, attendu que les neuf dixiemes des arbres et des plantes sont armés d'inexorables épines, qui ne laissent jouir qu'avec une inquiete précaution de l'ombre que l'on desire toujours.

No 2. L'embrasement de Salmie, dont j'ai parlé dans le voyage de la basse Égypte, et dont on peut voir la vue prise de jour, planche XX, no 1. Cette vue de nuit se trouve placée ici par analogie d'effet avec le no 1, et par analogie de facultés dans le talent du graveur; circonstance à laquelle il m'a fallu quelquefois céder lorsque l'inconvénient a pu être réparé par le rappel des numéro.

PLANCHE XXIX.

No 1. Bataille de Sediman.

J'ai pris l'instant terrible où, obligé d'abandonner les blessés, le bataillon carré traverse la vallée pour aller s'emparer de la batterie qui étoit sur la hauteur; les Arabes courent sur la crête de l'éminence, examinant sur qui ils doivent diriger leur charge, et quelle partie leur offrira un plus sûr butin; sur le devant, les morts, et les blessés, plus malheureux encore. Un d'eux que son camarade veut emporter lui fait voir l'inutilité de ce secours; il lui montre l'ennemi qui approche, il lui observe qu'ils vont être deux victimes, tandis qu'il peut encore échapper à la mort; *Laisse-moi, disoit-il: tu pourras te sauver, je te ferois périr.* Je tiens l'anecdote de l'ami, qui, en pleurant, se reprochoit d'avoir cédé à l'amour de l'existence. L'autre blessé se couvre la tête pour ne pas voir approcher la mort qui va l'atteindre; il prioit ses camarades de l'achever, et qu'il n'eût pas à périr sous les coups des barbares. La valeur a les mêmes expressions dans tous les siecles, et dans toutes les classes: Antoine expirant disoit à Cléopâtre, Ne pleure pas sur moi; après une glorieuse vie, je n'ai pu être vaincu que par un Romain. Cette générosité du soldat, qui engage son camarade à l'abandonner, n'est-elle pas la même que celle du chevalier de Lorda qui lâche le matelot qui ne peut le reporter jusqu'au rivage? Si nos soldats laissent voir quelques passions brutales dans un moment de pillage, ils déploient toutes les vertus dans un jour de combat.

Dans le second plan sont les Arabes dans un nuage de poussiere, tels qu'on les distingue à l'instant de leur charge: car si le talent m'a manqué pour rendre un moment si terrible, j'ai pour attestation de la vérité de mon tableau le cri de tous les témoins auxquels je l'ai montré. Dans celui-ci, on peut voir rassemblé tout ce que la guerre a de fureur, d'atrocité, de courage, et de générosité : l'aide-de-camp Rapp, à la tête des tirailleurs, s'étant précipité avec une bravoure qui le caractérise sur la batterie des ennemis, l'ayant enlevée et fait tourner les pieces contre eux, trouva les têtes des Français pris la veille, qui étoient encore sur les affûts des canons.

Le nº 2 est le tableau d'un mouvement de la nature moins généreux, et malheureusement tout aussi vrai ; celui de l'amour de sa propre conservation, qui est irrésistible dans les moments extrêmes où la foiblesse humaine est tout à côté de l'héroïsme. Le local est à-peu-près le même que dans le précédent, parceque le lieu de la scene n'a changé que de quelques pas. Sur le devant, un soldat, qui emportoit son camarade blessé, entend la cavalerie ennemie qui va l'atteindre; celui qu'il vouloit sauver va le faire périr; il le pose, et veut fuir : le malheureux blessé, qui voit la mort dans cette séparation, a saisi son habit; il le lui abandonne, et s'échappe.

PLANCHE XXX.

Nº 1. Vue de la partie sud de Bénisouef, sur la rive gauche du Nil; à la rive opposée on voit l'entrée de la vallée qui conduit à la plaine de Sannur ou du Chat, dans laquelle est la gorge formée par le mont Askar ou très dur, et le mont Culil ou du bien-aimé, au pied duquel sont les ruines d'une ville inconnue; la plaine de l'Araba ou des Chariots, où l'on dit qu'étoient d'antiques carrieres de marbre jaune; et enfin le mont Kolzim, au pied duquel sont bâtis les monasteres de S.-Pierre et S.-Paul hermites, d'où l'on découvre les sommets du mont Horeb et du mont Sinaï.

Nº 2. Vue de la partie de la ville de Siuth ou Ossiot qui est sur le canal d'Abou-Assi, à une demi-lieue du Nil, et à égale distance de la chaîne libyque. On croit que cette ville est bâtie sur l'emplacement de Lycopolis ou la ville du Loup; la quantité de tombeaux que l'on trouve dans la montagne que l'on voit dans l'estampe, et leur magnificence, attestent irrévocablement qu'il y a eu une grande ville près de là.

Nº 3. Tombeaux de gens pauvres, construits en terre, dans la province de Bénisouef. Il y a une grande variété dans la forme des tombeaux en Égypte, ainsi que dans celle des minarets : chaque province a les siens d'un goût qui les caractérise. Les deux figures à droite sont deux santons; nus sans indécence, ils passent la journée au soleil attendant la charité sans la demander : les autres personnages sont des musulmans qui prient aux tombeaux de leurs proches.

PLANCHE XXXI.

Nº 1. Vue de Bénécé ou Bhéneséh, sur le canal appelé le Bar-Juseph, l'antique Oxyrynchus, capitale du trente-troisieme nome, citée par les premiers catholiques comme une ville considérable; elle a donné son nom à un poisson particulier à l'Égypte, ou en a reçu le sien : ce poisson d'une forme très extraordinaire est un de ceux qui composent la superbe collection des animaux du Nil qu'a peints avec autant de vérité que de talent le citoyen Redouté, membre de l'institut du Caire.

La triste vue de Bénécé a cela de particulier qu'elle offre l'aspect de la marche des sables sur les villes et villages : la partie de droite de l'estampe a été habitée, et a disparu; celle où est la colonne est presque enfouie; celle où est le minaret est déja abandonnée; celle à gauche, où il y a deux oiseaux, est le village moderne, qui semble se retirer et fuir devant le désert qui marche sur lui.

Le nº 2 est la vue d'une ruine, qui paroît être celle de l'angle d'un grand portique d'ordre composite, dont il ne reste qu'une colonne et une partie de l'architrave : je n'avois point de moyens de mesurer la hauteur de la colonne, mais son diametre au quart du fût, à son départ des sables qui l'enfouissent, est de quatre pieds et demi; il en reste sept assises de visibles, de quarante pouces chacune. Cet édifice en pierres étoit d'un travail médiocre; le chapiteau en est lourd, quoique privé de ses feuilles et de ses volutes, ce qui doit le faire juger romain, et postérieur à Dioclétien, c'est-à-dire du temps de la décadence de l'architecture.

PLANCHE XXXII.

Nº 1. Deir Beyadh ou le couvent blanc, dont la vue est prise du nord au sud sur le canal d'Abou-Assan.

Nº 2. Vue du même couvent, prise du sud au

nord; on apperçoit dans le lointain un édifice du même genre, appelé le couvent rouge: ces deux monasteres sont à une demi-lieue de distance l'un de l'autre.

Au plan et à la décoration intérieure on reconnoît facilement le goût de l'architecture du quatrieme siecle, dans lequel la catholicité a commencé à bâtir pour son culte: avec d'assez beaux plans, de mauvais détails, et l'emploi de matériaux antiques mal assortis, l'extérieur est plus simple; la corniche et les portes tiennent plus du style égyptien que de tout autre; les grandes lignes et le talus général de tout l'édifice en sont encore des imitations; c'est un carré long de 250 sur 125 pieds, percé de trois portes, et de deux rangées de vingt-six croisées pour chaque rang des grands côtés, et neuf sur l'autre face. Voyez le plan, planche CXIII, nº 3. L'intérieur consiste en une grande galerie latérale B, par laquelle on entre, et qui pouvoit être le lieu où se tenoient les prosélytes qui n'avoient point été baptisés; cette piece est décorée de portiques surmontés d'une corniche: parallèlement à cette galerie étoit la nef C, décorée de seize arcs et pilastres, et de deux rangs de seize colonnes chacun; le chœur, composé d'un cu-de-four II, et de quatre chapelles EE et DD, décorées de deux ordres de colonnes: dans le cu-de-four et les deux chapelles voisines, les deux ordres sont surmontés d'une coquille qui leur sert de couronnement. Toutes ces colonnes sont autant de fragments antiques rajustés de mauvais goût; la chaire pour l'épître, K, et l'escalier qui y monte, sont faits de deux morceaux de granit énormes: ce qui reste de pavé dans le chœur est en beau marbre de breche, mais absolument dégradé; la nef est pavée de grands morceaux de granit, où l'on apperçoit encore des hiéroglyphes. Au bout de la nef, sur la largeur du temple, est une chapelle, décorée de fort bon goût, d'un seul ordre: derriere l'autel, L, cinq colonnes portant un entablement couronné d'une coquille: les parties latérales sont ornées de trois niches; le tout terminé par un portique carré, M, soutenu par quatre colonnes; c'étoit peut-être le lieu où les chrétiens faisoient leur acte de foi: à côté, N, étoient le baptistaire, et une superbe citerne, P.

La montagne contre laquelle est appuyé ce couvent fait partie de la chaîne libyque.

Nº 3. Miniet, que l'on croit être bâti sur les ruines de Cô, où étoit un temple dédié à Anubis: la chaîne de montagnes que l'on voit dans le fond est toute percée de grottes, anciennement habitées par les premiers cénobites ou les peres de l'église, qui, dans les temps de persécutions et de proscriptions, s'y retiroient, ou y étoient relégués lorsqu'on ne les envoyoit pas jusque dans les oasis; ènsuite, par zele, ceux de leur ordre venoient occuper les mêmes lieux qu'ils avoient habités.

Sur la rive du fleuve est une forêt de palmiers de plusieurs lieues de longueur, dans laquelle sont quatre beaux villages, qui formoient une des plus riches propriétés de Mourat-bey.

PLANCHE XXXIII.

Nº 1. Ruines du temple d'Hermopolis ou la grande cité de Mercure, capitale du trente-cinquieme nome, bâtie par Ishmun, fils de Misraïm, à quelque distance du Nil, tout près d'un gros bourg appelé Ashmunein, et peu éloigné de Mélaui. Pour donner une idée des proportions colossales de cet édifice, il suffit de dire que le diametre des colonnes est de 8 pieds 10 pouces, leur espacement égal; celui des deux colonnes du milieu, dans lequel la porte étoit comprise, est de 12; ce qui donne 120 pieds de face au portique: il en a 60 de hauteur. L'architrave est composée de cinq pierres de 22 pieds de long, la frise d'autant; la seule pierre qui reste de la corniche a 34 pieds; ces détails peuvent faire juger à la fois de la faculté que les Égyptiens avoient d'élever des masses énormes, et de la magnificence des matériaux qu'ils employoient. Ces pierres sont d'un grès qui a la finesse du marbre; elles ne sont liées que par la perfection de leurs assises: à l'égard du plan du temple, aucun arrachement ne peut rendre compte de son enceinte et de sa nef; le second rang de colonnes étoit engagé jusqu'à la hauteur de la porte, le reste étoit à jour: il est à croire que ce qui suivoit immédiatement n'étoit pas encore la nef ou le sacre du temple, mais une enceinte ou espece de cour qui le précédoit. Ce qui autorise à adopter cette opinion, c'est que la frise et la corniche avoient de ce côté la même décoration, et la même saillie que du côté de la façade de l'entrée. Le moment de la journée, et cette particularité, me firent choisir ce côté pour faire le dessin que je donne ici, où l'on peut remarquer l'arrachement de l'engagement des colonnes, et celui de la porte; les fûts de colonnes semblent représenter des faisceaux, et le bas le pied de la plante du lotus au départ de la racine. Le chapiteau n'a rien d'analogue à aucun autre chapiteau connu, mais équivaut, pour la gravité dans l'architecture égyptienne, au chapiteau dorique dans l'architecture grecque, et l'on peut dire que celui-ci est plus riche que l'autre. Tous les autres membres ont leur équivalent dans tous les autres ordres: sur l'astragale de l'un et l'autre côté du portique, et sous le plafond entre les deux colonnes du milieu, sont des globes ailés, emblêmes répétés à la même place dans tous les temples égyptiens.

Les hiéroglyphes qui sont sur les dales qui couronnent les chapiteaux sont tous les mêmes, et tous les plafonds sont décorés d'un méandre formé d'étoiles peintes couleur aurore sur un fond bleu.

Le plan du portique est placé au-dessous de la vue.

Nº 3. Tombeau de Lycopolis. C'est un des plus considérables et le mieux conservé de ceux qui sont creusés dans la montagne auprès de Siuth; le plan qui est au-dessous en fait connoître l'intérieur et la distribution: l'espece de péristyle qui lui sert d'entrée est, de même que le reste, taillé et creusé sans maçonnerie à même dans le rocher; on a réparé les parties manquantes par un revêtissement de stuc encore très bien conservé. D'abord il n'a pour ornement qu'un tore qui borde un cintre surbaissé; mais, à partir de là et jusqu'au fond de la derniere chambre, tout est couvert d'hiéroglyphes, et les plafonds d'ornements sculptés et peints: sur le parement des portes il y a de grandes figures qui sont répétées sur l'épaisseur du chambranle. Je n'y ai vu aucune trace de gonds ni autre fermeture: la partie supérieure de la porte est plus large que le bas; ce n'est qu'à la troisieme qu'on arrive à la chambre du fond, où étoit sans doute le principal sarcophage; le sol a été fouillé presque par-tout.

PLANCHE XXXIV.

Nº 1. Un karavanseray. Voyez l'explication que j'ai donnée d'un autre à la planche XXVII, nº 1. Le palmier doum, le héné, et le palmier dattier, joints au style arabe de l'édifice, donnent à cette estampe-ci un aspect oriental, dont j'ai pensé qu'on me sauroit gré d'offrir le tableau.

Dans un pays où tout est extraordinaire, le lecteur aime à surprendre quelquefois le voyageur dans les circonstances qui lui paroissent les plus vraies, par cela même qu'elles sont les moins importantes et les plus imprévues; ce sont des portraits faits rapidement, sans qu'on ait fait poser le modele: ils frappent de vérité, et ils en ont toujours toute la grace. C'est dans la même pensée que j'ai dessiné, même planche nº 2, un quartier de la ville de Girgé, où j'ai mis, comme je l'ai vu par hasard, un kiachef entouré du faste de sa maison: des bâtonniers à pied, des bâtonniers à cheval, marchent devant lui pour écarter ceux qui s'en approcheroient; il est suivi de ses Mamelouks.

Ce sont ces sortes de scenes, avec le portrait du lieu où elles se passent, qui font connoître la physionomie d'un pays. Pour qu'un lecteur entende bien un voyageur, il faut qu'il marche avec lui, que le voyageur puisse lui dire, Quand j'étois là, voilà ce que je voyois; voilà l'espece d'arbre sous lequel j'étois assis; voilà une maison de tel pays. Le coin d'une rue pris au hasard donne plus l'idée d'une telle ville que le dessin à prétention de ses principaux édifices; on fait souvent mieux connoître un personnage en citant de lui un mot sentimental, une repartie, qu'en en faisant un long et fastueux panégyrique.

PLANCHE XXXV.

Nº 1. Plan des bains chauds en Égypte. CC, une galerie étroite, amenant au couloir D, qui sert d'entrée au bain; la lettre E est le comptoir de celui qui y commande, et qui reçoit le paiement en sortant; F, grande piece octogone à demi-chauffée, au milieu de laquelle est une piece d'eau, G, entourée d'une rotonde en colonne; H, estrades sur lesquelles sont des lits de repos. C'est dans cette piece où l'on se rassemble, et où particulièrement les femmes passent une partie de la journée qu'elles consacrent à cette jouissance, où elles se parfument, se font tresser les cheveux, étalent leur magnificence, prennent des rafraichissements; c'est aussi dans cette piece qu'on laisse ses habits: de là on est conduit par les couloirs, I K et B, à la piece *y*, où, assis sur une dalle, on y est inondé d'eau brûlante prise dans le bassin *z*. Un ou deux baigneurs, les mains dans des petits sacs de flanelle, commencent une friction avec de la mousse de savon, qui dégage les pores de la peau de tout ce qui peut les obstruer; après cette opération, on est conduit à la piece V, qui est excessivement chaude, et toujours remplie d'une vapeur humide, dont la peau est imbibée en peu d'instants; on monte sur une petite plate-forme *x*, où la chaleur est étouffante; on descend dans un bain *u*, dont l'eau est brûlante, et où on ne reste que quelques instants. Après toutes ces épreuves, on est ramené doucement à la grande piece F, où, étendu sur les lits de repos H, un autre baigneur plus adroit vient avec dextérité couper les ongles, rompre toutes les jointures, briser la roideur de toutes les articulations, et procurer une détention si voluptueuse, qu'on est tenté de le remercier de la sensation douloureuse qu'il vous a faite en faveur de celle dans laquelle il vous laisse. Les pieces d, c, O, S et T, sont des pieces particulieres que l'on n'est jamais en droit d'exiger que lorsqu'on les a retenues d'avance; *hh* sont deux fourneaux extérieurs par où l'on entretient le feu qui chauffe les bains, une cour où se tient la provision de bois et de paille de maïs pour chauffer les fourneaux; F, piece à sécher et étendre le linge; G, magasin à le serrer.

Ces édifices, construits avec magnificence, pavés en marbre, décorés en mosaïque de même nature, entretenus avec de grands frais, sont ordinairement les propriétés des principaux habitants du pays, qui les font gérer par des êtres à eux, ou les afferment à des gens en sous-ordre.

Nº 2 est un personnage distingué dans une chambre particuliere, assis sur une dalle à côté d'une baignoire; un des baigneurs le masse en le frottant avec une main gantée d'un petit sac de pluche de laine; friction qui ouvre les pores, et en enleve tout ce qui les obstruoit, et prépare à une transpiration facile : pendant que celui-là nettoie la peau, un autre la lave en versant de l'eau chaude sur le corps du baigné; un troisieme fait une fumigation odoriférante; le quatrieme apporte du café, qui restaure et rétablit l'équilibre, et prévient l'affaissement que feroit éprouver cette espece de friction dans une atmosphere laxative.

PLANCHE XXXVI.

Nº 1. Plan et élévation géométrale du naourah ou machine à élever l'eau.

A. Axe de la roue dentée horizontale.

B. Bras du levier, à l'extrémité duquel agit la puissance.

C. La citerne.

D. La roue à godet.

E. La roue dentée.

F. La roue motrice du mouvement.

NOTE SUR LA ROUE À GODET.

Le mécanisme de la roue est si simple, que la seule inspection du plan suffit pour le faire concevoir; il y a seulement un mot à dire sur la charpente de la grande roue.

Quatre circonférences d'environ quinze lignes d'équarrissage chacune forment les arêtes; elles sont soutenues par de petites pieces de bois du même équarrissage, placées perpendiculairement au plan de la roue, et distantes l'une de l'autre de la longueur d'un godet: elles servent en même temps et à soutenir les arêtes, et à appuyer les petites planches qui forment la séparation des godets. Cet assemblage est consolidé par huit traverses clouées sur le plan de la roue, et quelquefois liées ensemble par leurs extrémités, prolongées au-delà de la circonférence de la roue, avec une corde ou une petite piece de bois; ses traverses servent à assembler la roue avec son axe: quatre pieces de bois, clouées obliquement sur les traverses, et fixées intérieurement à la roue, augmentent encore la solidité.

Cette charpente est recouverte de planches d'environ quatre lignes d'épaisseur. Il paroît que les Égyptiens ne suivent point de méthode pour la coupe de ces planches; ils les emploient de maniere qu'il n'y ait rien de perdu, sans avoir égard à la forme; deux rangs de tringles, appliquées sur chaque face, servent encore à fixer ces planches, d'ailleurs clouées sur les arêtes.

L'ouverture de chaque godet a trois pouces carrés de surface; celle qui est destinée à faciliter l'entrée du fluide a quinze lignes de largeur, et pour longueur l'épaisseur de la roue.

Si l'on fait abstraction du frottement dans cette

machine, on trouve que, dans le cas d'équilibre, la puissance est à la résistance comme le produit du rayon de la roue principale par le rayon de la roue horizontale est au produit du rayon de la roue dentée verticale par le bras de levier: on peut donc mettre la machine en mouvement avec une force très médiocre en augmentant suffisamment le rayon de la roue dentée verticale et le bras de levier, ou l'une seulement de ces deux dimensions, ou encore en diminuant le rayon de la roue horizontale; mais dans tous ces différents cas on perdra sur le temps ce que l'on gagnera sur la force. Les dimensions de la machine doivent être déterminées par la considération de la force qu'on est en état d'employer. Il est probable que les Égyptiens sont parvenus, par un tâtonnement, à se procurer les dimensions les plus convenables, eu égard à la force des animaux dont ils se servent; ce sont ordinairement deux buffles ou deux bœufs attelés à la fourche qui forme l'extrémité du levier. Quand les dimensions de la machine sont petites, comme de douze pieds ou environ pour le diametre de la grande roue, un seul de ces animaux suffit; ils emploient encore quelquefois un cheval ou un chameau; quelquefois un âne tire en avant, tandis qu'un homme ou une femme pousse derriere le levier; quelquefois les paysans fatigués s'asseyent sur la fourche, et se promenent ainsi en chassant leurs buffles devant eux.

Ce plan fait par un ingénieur, ainsi que la note explicative, m'a été donné par le général Dugua.

Le n° 2 est le tableau d'une anecdote, dont le récit est dans le journal, page 88.

PLANCHE XXXVII.

Bataille de Samanhout. Voyez, dans le journal, le récit de cette bataille, page 110.

Sur le premier plan, la demi-brigade la vingt-unieme, commandée par le général Belliard; la quatre-vingt-huitieme, commandée par le général Friand, et la cavalerie, par le général Davoust, formées en trois bataillons carrés, marchant sur le village de Samanhout, derriere lequel étoit posté Mourat-bey: à gauche, les volontaires de la Mecque, retranchés dans un fossé, incommodent notre marche: l'aide-de-camp Clément est envoyé avec un détachement d'infanterie pour les déloger; l'aide-de-camp Rapp avec un détachement de cavalerie pour leur couper la retraite.

Un troisieme détachement est envoyé contre ceux qui occupent le village, et les en chasse. Dans le fond, derriere Samanhout, est le camp de Mourat-bey, qui effectue sa retraite sur Farschout. La longue ligne de cavalerie est composée des Mamelouks des différents beys, qui paradent, nous enveloppent, et font des mouvements incertains pour découvrir sur quel point ils peuvent plus avantageusement tenter une charge sur nous: à gauche, un de leurs chefs, blessé par un boulet, ne peut ni être secouru par les siens, ni reprendre son cheval pour nous échapper. Dans le dernier plan à droite, la côte sur laquelle les Mamelouks firent leur retraite, et où notre cavalerie les poursuivit. A gauche, dans la plaine, les rassemblements d'infanterie, qui, voyant la mauvaise issue de la bataille, se dispersent et disparoissent.

Cette vue, dessinée pendant l'action, peut donner une idée très exacte de l'évènement, et de notre maniere de combattre dans ce pays. Si la bataille des Pyramides offre le tableau de la charge des Mamelouks, notre disposition dans celle-ci fait voir notre maniere de nous former pour la recevoir: l'artillerie, en avant et aux angles tant que l'ennemi étoit loin, étoit rentrée dans le bataillon au moment de la charge.

PLANCHE XXXVIII.

N° 1. Vue générale de Tintyra, qui fait connoître l'ensemble de ses monuments, leurs positions respectives, tels qu'on les voit en y arrivant du côté de l'est, l'éminence formée par les décombres de la ville, et derriere, la chaîne libyque. Le désert arrive jusqu'au sol qui termine la planche. Les palmiers que l'on voit sont les dernieres productions du dernier champ atteint par l'inondation.

N° 2. Un petit monument carré-long, de quatre colonnes de face, sur cinq de profondeur, devant porter un entablement et une corniche; les colonnes engagées jusqu'au tiers (voyez le plan, pl. XL, n° 7). Cet édifice n'a jamais été fini; les chapiteaux n'offrent que la masse dans laquelle ils devoient être travaillés; isolé il se trouve situé tout vis-à-vis la porte du grand temple.

Nº 3. Un autre édifice en ruine, qui, dans la vue générale, se trouve à droite du grand temple: le sanctuaire est précédé de deux grandes pieces couvertes de bas-reliefs, les plafonds décorés d'une suite de globes ailés. Cette partie fermée est entourée d'une galerie ouverte et d'un péristyle, dont on n'apperçoit ici qu'un chapiteau très dégradé (voyez le plan nº 6, planche XL); l'extérieur en est très enfoui, ce qui fait qu'il est difficile de se rendre compte de la galerie, et qu'il m'a été impossible d'avoir connoissance de la colonne entiere.

Nº 4. Une vue de la partie sud du temple; à droite, dans le lointain, le petit monument nº 2, qui est vis-à-vis la grande porte, contre laquelle s'appuyoit sans doute l'enceinte qui fermoit le temple: cette porte ouvre vis-à-vis le centre du portique; elle est couverte d'hiéroglyphes en dedans et en dehors.

Le portique est plus élevé que la celle ou nef; une austere simplicité dans l'architecture est enrichie d'une innombrable quantité de sculptures hiéroglyphiques, qui n'en troublent cependant pas les belles lignes: une large corniche couronne majestueusement tout l'édifice; un tors, qui semble le cercler, ajoute encore un aspect de solidité au talus qui existe par-tout, et sert d'empatement, ce qui ôte la maigreur des angles répétés, sans ôter la précision et la fermeté de l'ensemble, puisque cette fermeté se manifeste où elle doit se prononcer, c'est-à-dire à l'extrémité des corniches. Trois têtes de sphinx sortent du flanc de la celle ou nef; à leur forme et au gouleau qui est entre leurs pattes on doit croire que c'étoient des gouttieres par lesquelles se seroient écoulées les eaux que l'on auroit versées sur la plate-forme du temple pour en rafraîchir les appartements qui y étoient construits, car sous les ruines des constructions arabes que l'on voit encore sur ce monument, j'ai trouvé de petits temples particuliers, décorés des sculptures les plus soignées et les plus scientifiques : c'est dans un de ces appartements que j'ai vu et dessiné le zodiaque, et autres détails intéressants, que j'expliquerai à l'article des hiéroglyphes. Les habitations modernes, dont on voit encore les ruines, auront sans doute été construites à cette élévation dans la pensée de se mettre à l'abri des incursions des Bédouins, et de se loger sur ces monuments comme dans une forteresse, ou bien pour s'éloigner du sol ardent, et aller chercher l'air dans une région plus élevée.

Le reste de ce que présente cette estampe n'est plus que décombres, et arrachements de murailles des fabriques les dernieres construites avec les matériaux de la ville antique, qui, à l'exception des temples, étoit bâtie en briques. La quantité de monnoie romaine du temps de Constantin et de Théodose, que l'on trouve tous les jours en fouillant pour chercher du nitre, doit faire croire que Tintyra existoit encore à cette époque : j'y ai trouvé moi-même des lampes romaines en terre cuite, mêlées dans les décombres avec de petites divinités égyptiennes en pâte de verre et en porcelaine, avec une couverte bleue.

Nº 5. Le portique du temple tourné à l'est; à gauche, un fragment de la porte; à droite, le petit temple, nº 3; dans le fond, la chaîne libyque, à l'ouest de la ville.

PLANCHE XXXIX.

Nº 1. Porte intérieure du sanctuaire du temple (voyez le plan fig. 8, planche XL). J'ai mesuré avec soin toutes les parties de ce superbe fragment de l'architecture égyptienne; j'y ai placé avec exactitude les différents genres d'hiéroglyphes : j'y ai exprimé la conservation parfaite de cette partie de l'édifice; ce qui fait que l'image que j'en donne devient tout à la fois une vue géométrale et une vue pittoresque.

Le plan nº 2, que j'ai ajouté au bas, donnera la mesure de la saillie des différents membres de ce morceau d'architecture.

Nº 3. La vue géométrale du portique du grand temple: sur la plinthe de la corniche on voit une inscription grecque, trop élevée et trop fruste pour que ma vue m'ait permis de la copier; je la crois une dédicace faite postérieurement par quelques gouverneurs de la province pour les Ptolomées : une autre inscription grecque, placée de même sur la porte du sud, et que j'ai copiée exactement, pourroit appuyer cette opinion ; au milieu de la corniche est en relief une tête d'Isis répétée par-tout : elle fait voir que le temple étoit dédié à cette divinité; au-dessous, sur l'entablement, est le globe ailé qui occupe cette place dans tous les édifices ; cette même figure est répétée ici sur toutes les pierres en plates-bandes qui forment le plafond de l'entre-colonnement du milieu du portique. Les chapiteaux des colonnes, très extraordinaires par l'ornement qui les décore, produisent dans l'exécution un effet aussi noble que riche.

La porte étoit formée de deux chambranles sans cymaise ; l'assise portant les gonds étoit en granit ; ce qui pourroit faire soupçonner que cette partie du linteau recevoit à nu le frottement du gond ; le choix de cette matiere plus dure annonçant que l'emboîtement du gond n'étoit point en bronze ou en fer, mais que le gond en bois rouloit dans l'emboîtement de la pierre même. La partie qui engage les colonnes est enfouie ; je n'ai pu en voir les ornements n'ayant jamais eu le temps d'en faire faire la fouille ; j'y ai suppléé par ceux que j'ai trouvés sur le même membre d'architecture au temple ouvert de Philée.

PLANCHE XL.

Le nº 9, que j'expliquerai d'abord, est la carte topographique de l'emplacement général de la ville de Tentyra, de ses ruines, et du gisement de ses temples, dont on a les vues pittoresques et géométrales planches XXXVIII et XXXIX, et dont le plan est détaillé sur cette même planche XL, nº 8.

Le plus grand monument qui est au milieu de la carte est le grand temple, dont on peut voir les détails nº 8 ; ce qui est en avant est une porte ; et plus avant encore, dans la même direction, un petit temple qui n'a jamais été terminé, dont le plan est nº 7, et la vue particuliere, planche XXXVIII, nº 2. Le petit monument qui est derriere le grand temple a son plan particulier nº 1, et les détails de son entrée nº 3. Le monument à droite est un Typhonium, dont le plan est détaillé nº 6, et dont la vue particuliere est à la planche XXXVIII, nº 3. Les deux autres monuments à gauche sont deux portes ; c'est sur celle qui est la plus proche des temples qu'est l'inscription grecque que j'ai citée dans le journal, p. 179. Tout le reste des ruines sont celles de constructions en briques qui n'ont conservé aucunes formes. Les montagnes figurées au haut de cette carte sont celles de la chaîne libyque ; la ligne blanche qui traverse est le chemin de Haw à Dindera ; les palmiers que l'on voit au bas désignent le point où arrive l'inondation et la culture : la vue générale de toute cette carte est planche XXXVIII, nº 1.

Le nº 1, petit sanctuaire, dont la paroi est dégradée, mais dont l'intérieur est aussi bien conservé que bien travaillé : j'y ai pris divers tableaux hiéroglyphiques, dont je rendrai compte dans la suite du journal, et dans l'explication des planches de ce genre.

Le nº 3 est le plan particulier de l'entrée des trois chambres du temple ci-dessus.

Le nº 6 est le plan d'un temple dédié à Typhon, à en juger par les ornements des frises, où ce mauvais génie est toujours en attitude d'adoration devant la déesse Isis. Le portique fort enfoui et fort en ruine, est représenté nº 3, planche XXXVIII.

Le nº 7 est le plan du temple ouvert, qui n'a jamais été achevé, et dont on voit la ruine nº 2, planche XXXVIII.

Le nº 4 est une vue perspective d'une colonne isolée du péristyle du grand temple ; la partie carrée du chapiteau représente un temple avec la divinité sous le portique du sanctuaire ; quatre faces d'Isis, avec des oreilles de vache, et la coiffure des femmes égyptiennes achevent de composer ce chapiteau ; tous les ornements qui couvrent le fût sont exacts, ainsi que la base de la colonne, que j'ai fait fouiller pour m'en rendre compte.

Le nº 5, le chapiteau renversé, et vu en plan.

Le nº 2, une des gouttieres qui décorent les côtés de la nef.

Le nº 8, le plan du grand temple et de son portique, soutenu de vingt-quatre colonnes semblables à celles nº 4 ; les plafonds sculptés et peints sont les zodiaques de la planche CXXXII, nº 1 et 2, et les nº 1 et 3 de la planche CXXXI. La piece qui suit, soutenue de six colonnes, est fort enfouie, et ne reçoit de jour que de la porte ; les chapiteaux des colonnes qui soutiennent les plafonds de cette piece sont composés du chapiteau de la colonne du portique ; plus un chapiteau évasé, comme celui planche LX, nº 7 ; je n'ai pu juger du reste de la colonne. La piece qui suit, fort déblayée, est fort obscure ; celle au-delà, très ornée, recevoit un peu de jour de larmiers situés auprès du plafond ; la lumiere est représentée en sculpture, sous l'embrasure du larmier, par des gouttes triangulaires qui vont toujours en se chassant et en s'agrandissant (voyez les rayons du soleil, planche CXXXII, nº 1); toute la face du fond de cette piece est décorée de la belle porte, dont je donne la vue nº 1, planche XXXIX; rien ne dénote quel en étoit l'usage. La piece du fond étoit sans doute le sanctuaire; elle ne recevoit de jour et d'air que de la porte, qui donnoit sur une piece déja fort obscure: s'il se faisoit quelques fonctions dans l'intérieur de ces temples, ce devoit être de nuit, car si les cérémonies religieuses n'eussent eu lieu qu'à l'extérieur, à quoi bon l'extrême magnificence des détails de la décoration intérieure? le sanctuaire, absolument déblayé, a été fouillé jusque sous le sol de son pavé, qui portoit sur le rocher aplani; cette piece étoit isolée, comme tous les sanctuaires. Sans avoir pu pénétrer dans l'espace qu'il y a entre le mur du fond et celui de l'extérieur du temple, j'ai pu, par la comparaison des mesures intérieures et extérieures, juger de son espace: toutes les parties du plan qui sont ombrées sont des pieces trop encombrées où je n'ai pu pénétrer; une des trois pieces latérales contient un escalier à palier, dont les marches n'ont que quatre pouces de hauteur, et qui monte sur la terrasse de la nef du temple, d'où un autre escalier latéral montoit encore sur la plate-forme la plus élevée du portique: les sculptures de ces escaliers sont aussi nombreuses et aussi soignées que celles du sanctuaire; celles de l'escalier sont pour la plupart des figures de prêtres et de militaires présentant des offrandes (voyez planche CXXI, nº 2 et 6). Le long des marches qui montoient à la plate-forme du péristyle étoient quatorze divinités sur quatorze marches, à-peu-près pareilles à celles représentées dans le plafond du portique, nº 3, planche CXXXI.

A la partie extérieure du fond du temple il y a une tête d'Isis, semblable à celle de la corniche du péristyle, mais dans des dimensions colossales, à laquelle de chaque côté deux figures gigantesques sculptées en bas-relief présentent l'encens.

Le nº 2 est un sphinx à tête de lion, servant de gouttiere à verser l'eau dont on arrosoit sans doute la plate-forme du temple, soit pour la nettoyer, soit pour la rafraîchir.

Ce que j'ai encore à décrire de ce que j'ai pu ramasser à Tentyra consiste en détails hiéroglyphiques, aussi intéressants que ce que j'en ai déja représenté: j'y ai fait vingt voyages dans lesquels j'ai travaillé autant qu'il m'a été possible; je l'aurois habité six mois que je n'aurois pas achevé de rendre compte de tout ce qu'il y a d'intéressant.

PLANCHE XLI.

Nº 1. Temple monolite ou d'une seule pierre, où étoient logés les oiseaux sacrés: j'ai dessiné celui-ci dans le grand temple de l'isle de Philée; il y en a deux de même grandeur, ils sont placés au fond de deux sanctuaires.

Nº 2. Plan du même petit temple.

Nº 3. Porte latérale du palais attenant au temple de Thebes, situé à Medinet-Abou (voyez le temple, planche XLV, nº 2).

Nº 4. Soubassement très particulier des balcons du même palais, où l'on trouve la premiere idée des cariatides.

Nº 5. Fenêtre du même palais.

Nº 6. Vue d'un temple de Thebes à Kournou; il est encombré de mauvaises fabriques modernes, qui se composent très pittoresquement avec la sévérité du style antique du monument et son état de délabrement; sa forme, différente des autres temples, en auroit rendu le plan intéressant; mais, outre la difficulté qu'opposoit la ruine de l'édifice, les circonstances ne m'ont jamais permis de l'entreprendre; son enfouissement et la lourdeur de ses dimensions ajoutent encore à l'aspect colossal de sa grandeur effective.

PLANCHE XLII.

Nº 1. Plan d'un des tombeaux des rois à Thebes, le premier que l'on rencontre à droite, dans la vallée des morts, à l'ouest de cette ville. A, l'entrée, dont on voit la vue, même planche, nº 2, creusée dans le rocher; les parois en sont revêtues en stucs décorés de peintures; le plafond est une voûte dont la ligne est surbaissée; les trois repos, dans cette premiere galerie, peuvent avoir appuyé des portes; les especes de tribunes, marquées B, doivent avoir servi à déposer, ou des corps, ou des figures, ou des offrandes, d'autant qu'il y a une espece de soubassement à hauteur d'appui; les lettres CC sont des especes de niches au même usage; DD, d'autres niches plus grandes pour y placer peut-être de la musique dans les cérémonies, car j'en ai trouvé de peinte dans des pompes funebres; E, la chambre sépulcrale avec le sarcophage de granit de 8 pieds de longueur, sur 6 de hauteur, et 5 de largeur; sur le couvercle une figure en haut relief, couchée à-plat, coiffée et vêtue en habit sacerdotal, qui, selon toute apparence, étoit le costume de cérémonie des initiés; le sarcophage est ouvert, et le couvercle rompu; la piece F paroît avoir eu une porte particuliere, et avoir été un sanctuaire; celle marquée G, qui semble aussi avoir été fermée, est terminée par une espece d'autel qui tient tout le fond de la piece, et paroît avoir été destiné à poser des offrandes ou des figures sacrées; trois lectisternes sont peints sur la paroi contre laquelle est appuyé cet autel.

N° 2. Ouverture du rocher qui sert d'entrée au tombeau, dont le plan vient d'être décrit; cette entrée paroît prise au hasard, et laissée à toute sa rusticité: étoit-ce dans le dessein d'y apposer des rochers et de perdre ainsi la trace de l'existence de ces monuments pour les consacrer par l'oubli à un éternel repos? mais alors pourquoi cette pompe intérieure? pourquoi cette vallée consacrée à cet usage?

Avec la vue d'une de ces ouvertures on a l'image de toutes les autres; car il y a peu de différence entre elles, ou ces différences ne sont d'aucune importance; les portes se ressemblent toutes, elles sont toutes décorées du même bas-relief en forme d'attique (voyez planche CXXII, n° 10).

N° 3. Plan d'un autre tombeau à deux issues: le sarcophage, qui est brisé, étoit dans la piece B, entre quatre piliers qui portent le plafond; c'est à la lettre D que sont situées les petites chambres que j'ai décrites, planche CXXXV, dans lesquelles sont peints chacun à part les attributs des sciences, des arts, et des métiers.

N° 4. Nécropolis de Thebes, situé au nord-ouest de cette ville, sur un plateau de la partie basse de la chaîne libyque: cette partie déserte et aride étoit par sa nature dévolue au silence de la mort.

En taillant le rocher sur un plan incliné, trois côtes ont offert tout naturellement des escarpements, dans lesquels on a creusé des doubles galeries, et derriere, des chambres sépulcrales; ces excavations sont innombrables, et occupent un espace de plus d'une demi-lieue carrée; ils servent à présent de logement aux habitants du village de Kournou, et à leurs nombreux troupeaux. Il seroit très intéressant d'observer les détails de ces tombeaux: mais la premiere fois que je les vis, j'y entrai avec Desaix, et nous pensâmes y être tués à coups de piques par les habitants qui s'y étoient cachés; la seconde fois on nous y tira des coups de fusils; la derniere fois nous y étions allés pour faire la guerre aux habitants, et, la paix faite, on ne voulut pas les tourmenter par une visite domiciliaire.

N° 5. Vue de ce que l'on est convenu d'appeler le Memnonium sur la rive gauche du Nil (voyez le plan, planche XCIII, n° 5). A gauche de la vue est la ruine d'une grande porte, couverte de bas-reliefs barbarement composés, représentant une bataille; entre cette grande porte et une autre est un colosse renversé, dont les fragments de la ruine ressemblent au chantier d'une carriere; la totalité de ce monument se dirige d'orient en occident, et arrivoit presque jusqu'à la base de la chaîne libyque: les arbres que l'on voit sont des palmiers-doum; et au-dessous des arbres est le pied de la statue, que l'on auroit pu apporter en Europe, et qui auroit pu donner une idée de la proportion colossale de ces especes de monuments égyptiens.

PLANCHE XLIII.

N° 1. Le voyageur aime à jouir du premier aspect de l'objet qu'il cherche, à le voir de loin placé dans un plus grand espace, à en comparer les masses, à en embrasser l'ensemble, comme on aime à observer le personnage auquel on va avoir affaire; le lecteur doit avoir la même sensation: c'est ce qui m'a fait prendre souvent des vues très éloignées, qui semblent d'abord n'offrir qu'une ligne vague, et qui à l'examen deviennent de petites cartes topographiques, qui ont un genre d'intérêt particulier; celle-ci offre toute la vallée de l'Égypte, terminée à l'est, à gauche du spectateur, par la chaîne arabique; et à droite, à l'ouest, par la chaîne libyque; le fleuve, dans la traversée de l'emplacement de Thebes, court d'abord du sud-est au nord-ouest, revient du sud-ouest au nord-est, et partage la ville. Sur la rive droite sont les ruines les plus apparentes de l'estampe, celles que l'on voit au milieu, et qui sont connues sous la dénomination de Karnak, celles qui sont plus loin et du même bord, sont celles du temple qui est à Luxor; l'endroit où sont deux statues, que l'on découvre de cinq lieues, est le Memnonium; derriere sont les temples du village de Medinet-Abou, et en se rapprochant toujours sur la droite Kournou, qui sont les cinq points principaux de l'emplacement de l'ancienne Thebes, ceux où on retrouve ses grandes ruines.

No 2. La vue du grand temple de Karnak et d'une partie de l'emplacement de son enceinte; la qualité saline du terrain de cette partie du site de Thebes a décomposé les grès, et produit des éboulements, des entassements, et une combustion qui troublent l'intelligence des plans de cette ruine immense, qui, dans nombre d'aspects, n'offre plus que l'image d'un chantier de matériaux, au milieu desquels commence à s'élever l'édifice qu'ils doivent achever. En parcourant à plusieurs reprises tous les points de vue que présentent les parties de ce grand ensemble, celui qui m'a paru laisser voir le plus de formes qui pussent servir à l'intelligence de son plan est celui que j'ai pris de la porte de l'est: on voit d'abord sur le devant son mur d'enceinte couvert d'hiéroglyphes, les deux galeries, la grande cour, le sanctuaire, flanqué de deux portiques, les obélisques, les grandes avenues de colonnes, les portes, et au-delà de la cour les deux grands môles qui servent d'entrée à la partie opposée; à gauche ce qui reste des pieces d'eau, des monticules, des ruines des autres édifices contenus dans la même circonvallation, et tout au fond, de l'autre côté du fleuve, la chaîne libyque, et la montagne où sont les tombeaux des rois (voyez le plan, planche LXXXVIII.)

No 3. Vue des mêmes monuments, prise de la porte du sud, la mieux conservée et la moins enfouie; on voit encore quelques sphinxs de l'immense avenue qui la précédoit, et qui arrivoit jusqu'à la porte d'un temple particulier, dont on voit la porte flanquée de deux môles; dans le fond est la partie latérale du grand temple, dont le no 2, même planche, est la vue; on n'en voit que les deux grands môles ruinés, la seule colonne qui reste dans la premiere cour, et le commencement de l'avenue des colonnes colossales; à droite de la porte du sud est une citerne; sur le premier plan à gauche une partie du village de Karnak.

PLANCHE XLIV.

No 1. Les deux statues qu'on est convenu d'appeler les statues de Memnon, sur l'une desquelles sont inscrits les noms des savants et illustres personnages grecs et latins qui sont venus pour entendre les sons qu'elle rendoit, dit-on, lorsqu'elle étoit frappée des premiers rayons de l'aurore; parmi ces noms on trouve celui de l'impératrice Sabine, femme d'Adrien.

J'ai choisi le moment du lever du soleil, celui où des voyageurs arrivent pour entendre; ce qui tout à la fois présente ces monuments d'une maniere historique, les oriente, et fait voir l'effet de la traînée d'ombre se projetant jusque sur la base de la chaîne libyque, couverte de tombeaux.

La ruine que l'on apperçoit au-delà des statues est celle du Memnonium.

No 2 et 3. L'état de destruction des figures ci-dessus. J'ai fait le portrait fidele des cassures, et mis les figures vivantes en proportion exacte. Le no 2 est celle qui est en avant dans la vue; elle est dessinée à sa partie nord; celle no 3 est l'autre statue prise à sa partie sud, et qu'on est convenu, je ne sais par quelle préférence, d'appeler la statue de Memnon; du moins c'est sur les jambes de celle-ci que sont inscrits en grec et en latin les noms de ceux qui sont venus pour l'entendre. Il faut bien observer que les no 2 et 3 sont deux dessins faits à part, que la direction de ces deux figures est la même, et que si ces dernieres paroissent se tourner le dos, c'est que le soleil étoit si ardent lorsque j'en ai fait les dessins, que ce n'a pu être que respectivement à l'ombre de l'une que j'ai pu dessiner l'autre.

Elles ont 55 pieds d'élévation; elles sont d'un seul bloc; posées sur un sol élevé, et s'apperçoivent de cinq lieues.

PLANCHE XLV.

No 45. Le Memnonium, le même monument que j'ai déja décrit planche XLII, no 5; cette vue-ci a été faite à la partie opposée.

No 1. Le petit palais qui est près du grand temple

de Médinet-Abou (voyez-en le plan, nº 3, pl. XLVI); c'est le seul monument qui évidemment ne soit pas un temple, et cependant il y étoit encore contigu; il a un étage, des fenêtres, de petites portes, un escalier, des balcons (voyez-en les détails planche XLI, nº 3, 4, et 5) aussi solidement construits que les édifices sacrés; il est également couvert de bas-reliefs: les circonstances ne m'ont jamais laissé la liberté de les dessiner; les soubassements à porter les balcons sont fort extraordinaires, et les seuls que j'aie vus de cette espece; c'est la même pensée que celle des cariatides: une autre singularité sont des parements crénelés, que l'on voit au milieu de l'estampe, que je n'ai retrouvés nulle part ailleurs, et dont je n'ai pu sur les lieux imaginer l'usage. On m'a dit depuis que parmi les bas-reliefs il y en a qui représentent des scenes licencieuses; ils m'ont échappé: lorsqu'on aborde des monuments d'une antiquité aussi extraordinaire et d'une forme si particuliere, on éprouve une telle préoccupation, une curiosité si agitée, qu'on regarde sans voir, et que pour le plus souvent on les quitte avec autant d'inquiétude et de regrets que d'enthousiasme.

PLANCHE XLVI.

Nº 1. Vue générale des temples et palais situés près le village de Médinet-Abou à Thebes; les plans qui sont au-dessous peuvent en donner l'intelligence; la partie en avant est celle marquée figure premiere; elle n'a jamais été terminée, et l'on y voit encore en bossage ce qui étoit destiné à être sculpté en bas-relief; derriere, à gauche, marqué dans le plan fig. 3, est la ruine du petit palais, dont la vue est faite à part, planche XLV, nº 2; à droite est le temple, figure 2; le grand monument qui est sous la montagne est celui qui dans le plan est marqué figure 4; une partie du village de Médinet-Abou est bâtie sur le comble de la partie *h* de ce temple.

Au-dessous sont les plans des monuments de Médinet-Abou, dans leurs situations et à leurs distances respectives; celui figure premiere n'a jamais été terminé; la cour B devoit-elle être entourée de colonnes engagées comme on en voit à la partie D? devoit-elle former un temple à la maniere de celui de Philée? ou ces six colonnes devoient-elles former un portique devant les deux môles qui flanquoient la porte? c'est ce qu'il est difficile de résoudre; les deux autres môles F, F, sont plus anciens et presque en ruine.

Le temple, figure 2, est entouré d'une galerie de pilastres; ses chambres sont très obscures, et son sanctuaire absolument privé de lumiere.

Le plan, figure 3, est celui dont la vue est donnée planche XLV, nº 2.

Figure 4. Plan d'un grand édifice, dont il est bien difficile d'assigner l'usage, et dont une grande partie *h* est enfouie, et couverte de maisons actuellement habitées; les deux galeries de la cour T sont portées, l'une sur des colonnes, l'autre par des pilastres; la cour Z est bordée de deux côtés par des pilastres devant lesquels sont des termes; la galerie V est celle où est le grand bas-relief, planche CXXXIV; la catholicité y avoit élevé dans cette cour une église, dont il n'y a plus que les colonnes qui soutenoient la nef. Les pieces, 1, 2, et 3, sont absolument obscures; la derniere a un soubassement creux; tout l'extérieur du mur, marqué J, est couvert de bas-reliefs historiques, représentant des batailles entre des Égyptiens et des nations étrangeres, coiffées d'especes de mitres, comme les anciens Perses.

PLANCHE XLVII.

Nº 1. Une vue de Karnak et Luxor, prise de la rive gauche du Nil, à la premiere pointe du jour.

A ma seconde traversée de Thebes, bivouacquant dans l'enceinte de cette ville, sans pouvoir approcher d'aucun de ses monuments, ne sachant pas si j'y reviendrois jamais, je fis ce dessin de désespoir; c'est sur les isles basses, comme celle qui est dans cette vue, que l'on voit le plus souvent les crocodiles.

Nº 2. Vue du temple de Luxor, et du quai bâti pour le défendre des invasions du fleuve; j'y ai joint l'aspect d'un tourbillon de poussiere, comme je l'ai vu dans le moment où je finissois mon dessin. Ce phénomene, particulier à ces contrées, offriroit à la peinture une couleur et des effets nouveaux: tout ce qui est ordinairement diaphane, comme le ciel et l'eau, prend une teinte terne et opaque; tous les corps solides et durs, se refletent du peu de rayons qui traversent la poussiere, paroissent brillants, et offrent l'image de la transparence; l'atmosphere, empreinte d'une teinte jaune, décompose le verd des arbres, les fait paroître bleus, met ainsi en confusion l'ordre connu de la nature, et en change tous les effets. C'est ordinairement dans le temps du kamsin que ces phénomenes ont lieu. Privée du secours de la couleur, la gravure ne peut qu'en indiquer très imparfaitement le résultat. Ce que l'on voit du monument en est la partie sud (voyez le plan nº 2, planche XLVIII, depuis la lettre L jusqu'à X).

PLANCHE XLVIII.

Nº 1. Vue générale de Thebes, prise du sud-est au nord-ouest, à la rive droite du fleuve, d'où l'on apperçoit tous les monuments de cette ville, excepté celui du village de Damhout; à commencer à droite, où on voit six oiseaux, le village de Karnak, avec ses ruines (voyez les vues prises de près, nº 2 et 3, planche XLIII, et le plan, nº 2, planche XCIII); au milieu, sur une espece de promontoire formé par un coude du fleuve, celui de Luxor (voyez le plan au-dessous de cette vue-ci, nº 2, et les vues nº 1 et 2, planche XLIX, et nº 1 et 2, planche L); immédiatement après sur le troisieme plan, et à l'autre rive du fleuve, Kournou (voyez la vue du monument, planche XLI, nº 6); en suivant, sur la même ligne, le Memnonium (voyez planche XLII, nº 5, et planche XLV, nº 1), les deux statues colossales (voyez planche XLIV, nº 1, et nº 2); et Médinet-Abou (planche XLVI, nº 1), le tout couronné par les montagnes de la chaîne libyque: l'endroit où l'on apperçoit deux oiseaux est celui où est la vallée qui conduit aux tombeaux des rois; à gauche, une isle cultivée, et au milieu, sur le premier plan, de ces isles basses sur lesquelles on voit souvent les crocodiles; cette vue, qui se trouve être une espece de carte topographique de quatre lieues carrées, outre l'extrême intérêt de ses monuments, offre un aspect pittoresque par ses formes, par le mouvement du sol, et par la variété de ses couleurs.

Nº 2. Plan du temple de Luxor.

On est étonné d'abord de voir la ligne centrale de cet édifice faussée à plusieurs reprises : on peut trouver trois causes à cet effet; la premiere, c'est que, construit à diverses époques, comme presque tous les temples d'Égypte, on a bâti d'abord la partie du sanctuaire, qui est au sud, lettre T, agrandie des parties R, X, Y; on aura fait le quai revêtu, pour empêcher que le courant, qui appuyoit sur la droite, ne vint dégrader le monument; on a même à plusieurs fois augmenté cette construction; car l'épaulement, bâti en brique, est postérieur au quai revêtu; et, malgré ces différentes précautions, le fleuve menace encore de tourner ces opérations, et de les détruire en les prenant au revers; la cour M, les galeries NN, et l'avenue de colonnes colossales L, construites ensuite, ont changé de direction, parcequ'on a été obligé de suivre le plateau élevé, et le rocher calcaire, qui pouvoit seul servir de fondement à des masses si lourdes; il est possible aussi que ces parties L, M, N, n'aient été faites que pour raccorder et unir les deux édifices C, E, G, à O, R, T, et Y: ce qui appuieroit cette derniere opinion, c'est que ces deux parties paroissent plus anciennes, soit par le style, soit par la couleur des pierres; la troisieme opinion, qui est sans doute la plus hypothétique, est que les Égyptiens, ayant toujours paru sacrifier la rectitude géométrique et la symétrie réguliere, ont pu préférer les effets de perspective: ce qu'il y a de certain, c'est que l'étendue de ces édifices empêche d'en distinguer d'abord les irrégularités du plan, et que le faussement de la ligne centrale produit des effets plus riches et plus piquants que le seul point de vue géométrale; que, ne tenant point aux petites considérations, les Égyptiens n'ont tendu qu'aux grands effets. On peut citer pour exemple la principale porte de ce monument, planche L; il n'y a pas de plus belle conception architecturale, composée de moins de lignes, et qui produisent un effet plus grand; et cependant les deux obélisques AA ne sont pas absolument égaux; les deux statues BB ne sont pas tout-à-fait les mêmes; les sculptures qui couvrent les môles DD ne sont pas symétriques: mais tout cela est trop grand, trop magnifique pour qu'on ose chercher à quereller sur des regles; on est étonné, et l'on admire. Ce qui par la réflexion doit surprendre encore, c'est qu'on ait su ajouter, d'une maniere si *grandiose*, des embellissements à des édifices déja anciens. A la comparaison du travail et au style de la sculpture il est évident que les obélisques et les statues ont été ajoutés postérieurement devant la porte, déja anciennement bâtie; il y a toute probabilité qu'une avenue de sphynxs arrivoit du temple de Karnak jusqu'à cette porte; j'ai suivi cette allée dans cette direction, à plus de la moitié de l'espace qu'il y a entre ces deux monuments, qui est au moins d'un mille de chemin. De pareilles constructions semblent des rêves ou des contes de géants. La partie E, la plus voisine des môles, sert encore aujourd'hui de mosquée au village de Luxor, et en fait la plus belle mosquée de la haute Égypte. La partie F, parallele à celle E, étoit sans doute symétrique; elle est détruite, et couverte d'habitations; G, H, I, étoit un sanctuaire particulier, dédié, suivant toute apparence, à quelque divinité particuliere, comme chez nous on voit la chapelle de S. Thomas dans l'église de S. Jean. La partie P a servi à une église catholique; il n'en reste que des niches cintrées, taillées dans l'ancienne construction. Les couloirs Q ne me semblent avoir été conservés que pour y établir des escaliers pour monter sur les combles, où je crois qu'il y avoit des tentes et des abris qui devenoient agréables à habiter à cause de la vue et de l'air; les habitants actuels en ont senti l'avantage, et y ont construit des maisons. Il est à croire que les parties XZZ ont été les premieres entrées de ce temple, que Y et X en étoient les péristyles et portiques; le corridor V, qui tourne autour du sanctuaire, et qui l'isole, lui donne le sentiment mystérieux et sacré d'un tabernacle; les ornements en sont très soignés; c'est la partie la plus enrichie de sculpture, celle où l'architecture est la plus riche de détails; c'est la piece la plus petite, la plus magnifique, et celle qui a le plus de caractere; c'est le saint des saints. Les artistes égyptiens entendoient parfaitement cette partie des plans, cette magie de l'art agissant sur l'ame par les sens, ce développement de magnificence, cet accroissement d'intérêt par le mystere d'une lumiere sourde et presque éteinte, cette progression pour ainsi dire dramatique, faite pour produire les sensations les plus profondes, les plus analogues à la religion, au gouvernement des Égyptiens, à seconder enfin l'empire du mystere. Et que l'on ose dire encore que c'étoit là l'enfance de l'art, quand c'est le *nec plus ultrà* de ses moyens!

PLANCHE XLIX.

No 1. Une vue du village de Luxor et de ses monuments, prise de l'ouest à l'est, comme il apparoît en traversant le fleuve, et comme les voyageurs l'ont apperçu lorsqu'ils n'ont pas eu la liberté d'y descendre.

No 2. Le même monument, vu de l'est à l'ouest, et pris de plus près; ce monument, le plus conservé de tous ceux de Thebes, est aussi un des plus considérables de l'Égypte; il contient encore une nombreuse population, logée dans des cabanes, construites ou sur le comble du monument, ou dans les embrasures des colonnes, comme les maisons d'été et les maisons d'hiver des habitants de Kamtchatka; au reste c'est la ruine de Thebes dont on a tiré le plus de parti sans l'endommager, et qui offre l'aspect le plus singulier dans son intérieur, par le mélange et l'opposition de tout ce que l'architecture a de plus fastueux, et tout ce que l'industrie humaine a de plus misérable.

On peut se rendre compte des détails de ce monument en jetant un coup-d'œil sur le plan no 2, planche XLVIII: ce beau développement de la même ruine, la plus riche, la plus imposante, la plus conservée, que nous aient laissée les siecles les plus reculés, se détache sur le fond de paysage le plus brillant d'effet et le plus favorable à la peinture; le devant est aride, d'un jaune tranquille, sur lequel les groupes des figures se détachent d'une maniere puissante; la couleur dorée de cette noble architecture, ses belles formes, ses larges ombres, ses grandes lignes interrompues par ces pittoresques constructions arabes, ce beau fleuve réfléchissant l'azur du plus beau ciel, animé du mouvement des barques à grandes voiles, circulant à travers des isles cultivées ou sablonneuses, au-delà une plaine verte et abondante, parsemée de groupes d'arbres et des plus imposants monuments, enfin l'horizon sur lequel se découpe une chaine de montagnes de la plus belle forme: tel est le sublime tableau que je n'ai pu rendre par une gravure, mais auquel la couleur d'un savant pinceau joindroit tout le charme de la nature et de l'art aux richesses des souvenirs de l'imagination.

PLANCHE L.

No 1. L'entrée du village de Luxor: quel mélange de mesquinerie et de magnificence! quelle échelle des siecles pour l'Égypte! quelle grandeur et quelle simplicité dans ce seul détail! il me parut tout à la fois le tableau le plus pittoresque et la piece comparative la plus probante de l'histoire des temps; jamais mon imagination et mes yeux n'ont été plus vivement frappés que par la vue de ce monument. Je suis venu plusieurs fois rêver à cette place, y jouir du passé, du présent, y comparer les fabriques pour en pouvoir comparer les habitants, et y entasser des volumes de souvenirs et de réflexions : le cheikh du village, m'abordant une fois dans cette préoccupation, me demanda si c'étoient les Français ou les Anglais qui avoient élevé tout cela; et cette note acheva mes mémoires. Les deux obélisques, de granit rose, ont encore 70 pieds hors du sol: à en juger par l'enfouissement des figures, il doit y avoir 30 pieds de recouverts, ce qui en donneroit 100 à ces monuments; leur conservation est parfaite; l'arête et le fuselé en est d'une pureté on peut dire inouie; les hiéroglyphes, profonds et en relief dans le fond, sont d'une touche franche et d'un fini précieux: quelle trempe pour les outils d'une pareille sculpture sur une telle matiere! que de temps pour le travail! quelles machines pour tirer de si énormes blocs de la carriere, pour les transporter, pour les dresser! tout faits, ils coûteroient des millions pour les changer de place. Les deux colosses du même granit sont dégradés, mais les parties conservées annoncent qu'elles ont été terminées de la maniere la plus soignée: on y peut remarquer que l'usage de percer les oreilles étoit connu des Égyptiens; celles de ces figures en ont l'empreinte. Les deux grands môles qui formoient la porte sont couverts de sculptures, représentant des combats avec des chariots en lignes, montés de deux chevaux et d'un seul conducteur.

Tout le reste de ce que l'on voit dans l'estampe sont des fabriques modernes. Entre les deux môles est la porte moderne du village, et derriere cette porte les principales maisons, surmontées de colombiers.

N° 2. Vue de Luxor, prise de dessus le fleuve, du nord-ouest au sud-est; à la partie opposée à la vue, n° 2, planche XLIX, à droite, à la pointe que forme le cours du Nil, le petit port; dans le second plan, la rive gauche du fleuve; au fond de la plaine on apperçoit Médinet-Abou, et la chaîne libyque.

PLANCHE LI.

Cette planche contient le plan et deux vues du temple d'Hermontis, à présent Ermente; la premiere, n° 1, est une vue latérale, prise d'un bassin antique, qui reçoit l'eau du Nil au temps de l'inondation, et la retient encore malgré l'état de destruction où il est arrivé; quatre escaliers descendent dans ce bassin; c'étoit sans doute au milieu qu'étoit le nilometre dont parle Aristide le sophiste; il ne reste rien de la colonne où on dit qu'étoient marqués les degrés de l'inondation; au-dessus de ce bassin est un escalier à découvert et très bien conservé, dont les marches sont très basses, taillées dans un bloc de grès énorme; cet escalier montoit à une plate-forme dont on voit encore de chaque côté quelque arrachement de revêtissement. Suivant toute apparence, cette plate-forme servoit de terrasse au temple qui est derriere; le sanctuaire en est complètement conservé; ce que l'on y avoit ajouté, et qui n'a jamais été fini, a éprouvé plus de destruction: ce qui est à gauche, près de la colonne isolée, est un tombeau moderne.

N° 2. Le plan de tout ce qui compose la vue n° 1: ce qui n'est marqué que d'une taille est détruit jusqu'à rase du sol; la partie du portique n'a jamais été ragréée; la sculpture des chapiteaux n'a pas été terminée, et l'on ne voit que le massif dans lequel devoit être pris le relief des hiéroglyphes qui devoient couvrir les panneaux de tout l'édifice: le sanctuaire, plus anciennement construit, a été complètement achevé: il étoit divisé en trois parties; la premiere ouvre par une porte latérale sur un escalier qui conduit au comble; la seconde piece, 4, ne reçoit de jour que par la porte, le sanctuaire, 5, en étoit absolument privé, et n'en reçoit maintenant que par une petite dégradation qui s'est faite près du plafond; auparavant il ne recevoit d'air que par une petite porte latérale fort basse; cette piece obscure est cependant tout aussi décorée que tout le reste, comme on peut le voir par le dessin que j'y ai fait avec beaucoup de peine, n° 5, planche CXXVI; le n° 7 du plan est l'arrachement d'un mur, qui doit être ce qui reste de celui de la circonvallation; il n'y a pas à douter que dans les premiers temps on n'avoit bâti que des sanctuaires, et que dans des temps postérieurs on y avoit ajouté des portiques ouverts, des circonvallations, des galeries, soit pour rendre les cérémonies plus augustes, soit pour y loger les prêtres, ou peut-être les rois.

N° 3. Vue du même temple, prise d'A en B sur le plan; tout ce que l'on voit de droite et de gauche sont des tombeaux et des enclos modernes.

PLANCHE LII.

N° 1. Vue d'un temple isolé, à un mille au nord-ouest d'Esné (voyez son plan, pl. XCVII, lettre C, et la description dans le journal, page 195).

Cette partie du portique est la plus conservée; quelques affaissements ont cependant apporté des changements au niveau des colonnes, et dérangé les plates-bandes qui formoient le plafond: les pierres que l'on voit en avant, sont les décombres d'une cour qui étoit devant ce portique, et qui est entièrement détruite, ainsi que le sanctuaire qui étoit derriere; les bas-reliefs, sculptés au plafond du portique, sont des tableaux astronomiques, dont le travail est fort négligé.

N° 2. Djebelein ou les deux montagnes sur le revers du second rocher; il y a un santon très révéré, et faisant journellement des miracles; à droite, la route tracée sur le désert, dont le sol, balayé par le vent, est très dur en cet endroit, et parsemé de cailloux roulés de fort belle matiere, et très variés de couleur; à gauche, le Nil, dont la rive opposée est bordée d'une guirlande de production qui se détache très pittoresquement sur le fond jaune et aride des deux déserts, qui se rapprochent à ce point; au fond, la chaîne arabique, ou le Mokattam; sur le devant est notre division faisant halte lors du premier passage en cet endroit.

PLANCHE LIII.

N° 1. Vue du portique du temple de Latopolis à Esnê, prise telle que nous l'avons trouvé la premiere fois que nous sommes arrivés à Esnê, c'est-à-dire encombré d'ordures, et des plus méchantes fabriques, qui sembloient être là pour rehausser la magnificence de cet édifice, que je crois le plus parfait de proportion, et le plus pur d'exécution de tous les temples d'Égypte, un des plus beaux monuments de l'antiquité (voyez le plan et la vue géométrale, planche LIV, n° 2 et 3) Pour donner le type de l'architecture égyptienne il faudroit mesurer avec la plus grande exactitude toutes les parties de ce temple, leur rapport, l'appareil des pierres, et les détails des ornements dont elles sont toutes couvertes, les variétés des chapiteaux, la beauté de leur exécution, tous les tableaux scientifiques et mystérieux qui tapissent l'extérieur et l'intérieur de ce monument: toutes les fois que les circonstances m'ont amené à Esné, j'ai occupé tout le temps que l'armée y a séjourné, à dessiner quelques parties de ce seul reste de l'antique Latopolis (voyez divers chapiteaux, planche LIX, n° 1, 5, 7, 8, 9, 10, 11, 12, et nombre d'hiéroglyphes, que l'on trouvera à leur article).

Ce beau portique décore actuellement la principale place d'Esnê: cet embellissement, dû aux soins du général Belliard, est peut-être le seul monument que nous aurons laissé dans la haute Égypte; et il s'est opéré en déblayant ce fragment des masures qui le couvroient et le masquoient, et en construisant de droite et de gauche des boutiques qui forment un beau bazard: j'ai vu les habitants, charmés de ce projet, contribuer avec plaisir à la dépense de son exécution.

N° 2. Contra-Latopolis.

Vue de la ruine d'un temple bâti vis-à-vis Latopolis, à la rive orientale du Nil; c'est un des monuments les plus frustes de l'Égypte, c'est le seul portique où j'ai vu ensemble des chapiteaux à tête d'Isis, comme à Tintyra, et des chapiteaux évasés.

PLANCHE LIV.

N° 1. Une tente et un ménage d'Arabe Bédouin; j'ai voulu mettre ce frêle établissement des habitants actuels de l'Égypte en opposition avec le plus solide et le plus parfait des édifices des anciens; d'un côté sont les chameaux, de l'autre la jument du chef de la famille, du guerrier, de celui qui va en expédition, qui rapporte le produit de sa part du butin; à droite on voit deux Arabes reposant sur leurs lances, leurs habits, qui ne sont la plupart du temps que des haillons de près, ont une forme grave et patriarchale de loin, qui est tout-à-fait du genre de l'histoire. On trouvera dans le journal la description des autres détails.

N° 2. Le plan du beau portique de Latopolis, qui précédoit sans doute une suite de pieces qui composoient le temple: lorsque je l'ai mesuré il n'étoit point encore déblayé, et je n'ai pu savoir si le portique communiquoit au reste par une ou trois portes, et quelle étoit la largeur de leur ouverture, ce qui m'a empêché de rien marquer sur le plan; toute la partie de derriere est détruite, autant que j'ai pu en juger dans l'état d'enfouissement où à mon départ étoit encore ce monument.

Nº 3. Vue géométrale du portique du temple de Latopolis, déblayé de tout ce qui empêchoit de le voir lorsque nous sommes arrivés à Esnê; voyez la description de ce portique à l'explication du nº 1 de la planche précédente.

PLANCHE LIV (bis).

Nº 1. Au jour expirant un de nos malades conduit sur le bord du désert un de nos aveugles à travers des tombeaux, et rencontre un chakal disputant à un vautour les restes d'un des nôtres; voilà ce que j'ai vu, voilà ce que j'ai dessiné un soir d'après nature: c'étoit par-tout la mort, et cependant tout ce qui respiroit encore ne s'occupoit que de la vie. Ce tableau, chaque jour sous nos yeux, nous frappe moins, parcequ'il ne se compose pas d'un vautour, d'un chakal, d'un cadavre, et d'un désert.

Les ruines d'Hiéraconpolis: elles consistent en une seule porte, fort dégradée, et d'une forme peu intéressante à conserver; autour de ce vestige isolé on ne voit que quelques chapiteaux très frustes, quelques fragments de granit sans forme, et une grande quantité de matoni, qui annoncent l'antique existence d'une ville considérable. Comme tout cela ne pourroit former qu'un triste tableau, j'ai ajouté quelques groupes de tout ce qui formoit mon train à l'époque de sa grande magnificence, mon serviteur, mon petit negre, mon cheval, mon âne, et mon pliant portatif, qui composoit à lui seul l'établissement de mon atelier; je me suis représenté avec toutes les ruines de mon costume, suite inséparable de mes marches continuelles, de la perte de mes équipages, et du peu de soin et de temps que j'avois à donner à ma personne; occupé de mes dessins et de mon journal, je ne soignois qu'eux; je n'ai jamais quitté mon portefeuille, je le portois par-tout, et la nuit il me servoit d'oreiller, sur la fin du voyage son poids avoit considérablement augmenté: celui de mon nécessaire, semblable à celui de Robinson, étoit composé de deux pistolets à deux coups, d'un sabre, de quelques charges de balles, d'une ceinture où il y avoit cent louis d'or, pour me faire porter à la suite de l'armée en cas que je fusse blessé, d'une cuiller, d'une fourchette, et d'un gobelet d'argent, de papier à dessiner et à écrire, ce que je faisois presque chaque fois que dans les marches l'on laissoit respirer un moment l'infanterie: car c'est ainsi que j'ai fait mon journal et mes dessins, pour qu'ils eussent, sinon le mérite de la pureté, au moins la naïveté du moment et la vérité de la nature.

PLANCHE LV.

Nº 1. Ruines d'un monument à deux lieues au sud-ouest de Qouss, sur un tertre élevé; il n'y a de vestiges autour de lui que ceux de sa destruction; on reconnoît à ce qui reste de son élévation que son plan étoit celui d'un sanctuaire entouré d'une galerie, précédée d'un portique en colonnes, engagées à l'extérieur jusqu'à la moitié de leur hauteur, et devant ressembler, avant sa destruction, à celui qui est au nord de Chenabochion (voyez planche LXXV, nº 1). Mes recherches ne m'ont donné aucun indice de la ville antique à laquelle a pu appartenir cette ruine.

Nº 2. Tombeau dans les carrieres de Silsilis, le plus grand et le plus conservé de tous ceux qui y sont creusés; la façade est de 55 pieds 8 pouces de longueur sur 15 à-peu-près de hauteur, avec un entablement; cinq portes, dont celle du milieu ornée d'un chambranle couvert d'hiéroglyphes, deux niches carrées, avec des figures dedans; derriere cela une galerie de 50 pieds de long et de 10 de large, au milieu de laquelle est une porte ouvrant sur une chambre, au fond de laquelle sont sept figures debout; de chaque côté de cette porte intérieure, une niche, avec une figure aussi debout; et au fond de la galerie, à droite en entrant, un autre groupe de trois figures; sur la façade extérieure sept niches, trois grandes avec des figures, une petite aussi avec une figure, et deux plus petites encore et qui sont vides, le tout taillé à même, les statues aussi; le reste du rocher est conservé dans sa forme primitive. Ce que l'on voit à droite sont des ouvertures de tombeaux plus petits, avec des figures dans l'intérieur (voyez planche LXXVI, nº 2).

PLANCHE LVI.

No 1. Vue d'Etfu, du sud au nord. Cette vue générale, ainsi que celle no 2, présente l'aspect imposant de ce grand édifice, et de l'effet qu'il fait dans l'espace, comparé avec les édifices modernes, avec tout un village, avec les montagnes, avec toute la nature environnante. On ne peut juger d'un tel objet qu'avec de telles comparaisons; dès que l'on est tout auprès on n'a plus d'échelles, un fragment devient un monument, et il perd sa majesté parcequ'on n'en distingue pas la forme. J'ai toujours pensé que les voyageurs ne pouvoient trop s'occuper de cette distinction, pour donner une idée juste de ce qu'ils veulent faire connoître, et qu'avant de s'approcher de l'objet et d'en attaquer les détails, ils doivent toujours en présenter la vue générale, qui tienne lieu de carte topographique du pays. Le no 1 contient, sur le premier plan, le typhonium, dont on a la vue plus détaillée planche LVII, no 1. Le village d'Etfu, le temple d'Apollinopolis magna, du côté de l'entrée, son portique, et son sanctuaire, son mur de circonvallation, dont on se rendra compte en voyant le plan, planche LXI; derriere est le Nil, et la vallée, bordée à l'est par la chaîne arabique.

No 2. La vue du même temple, du nord au sud; sur le devant la grande route qui amene d'Esné à Etfu, bordée de tombeaux modernes; le temple tout couvert d'hiéroglyphes, les fabriques modernes qui couvrent encore le comble du sanctuaire et du portique; de droite et de gauche, le village d'Etfu, la chaîne libyque; et dans le ciel une volée de cicognes, dont le pays abonde.

PLANCHE LVII.

No 1. Le typhonium d'Apollinopolis magna à Etfu; ce petit temple, quoiqu'enfoui dans les décombres et les sables, est encore très intéressant dans ses détails; ses ornements sont d'une exécution recherchée; il est situé au sud, et à peu de distance du grand temple, dont on voit la sommité des môles qui flanquent la porte d'entrée; en avant du sanctuaire du typhonium on apperçoit des arrachements de construction qui attestent que ce petit temple avoit eu son portique; la colonne dont on voit le chapiteau en est encore une preuve; ceux de la galerie qui entourent le sanctuaire sont décorés, sur la dalle qui les surmonte, de quatre figures de la divinité (voyez ce chapiteau à part, planche LX, no 9.)

No 2. Vue de l'intérieur du grand temple d'Apollinopolis, prise de dessous le portique entre les deux premieres colonnes de gauche (voyez le plan planche LXI, lettre D). Cette vue donne une idée de l'intérieur de ce monument, de sa magnificence, de la recherche de son exécution, de ses plates-bandes et de ses architraves, de la beauté et de la variété des chapiteaux, des colonnes, de leurs atterrissements progressifs causés par l'amoncellement des ordures et des décombres des maisons de ceux qui s'y logent encore; ces atterrissements, l'ouvrage des siecles, sont produits par de chétives fabriques construites et détruites successivement sur le comble du temple, et dans la cour qui est entre le portique et la porte d'entrée, qui forme le second plan de cette vue; dans le fond sont les ruines de l'ancienne ville, qui recouvertes de sables forment maintenant des monticules qui dominent le temple à l'ouest.

PLANCHE LVIII.

No 1. Vue d'Apollinopolis magna à Etfu, prise de l'ouest à l'est de ce temple sur des hauteurs qui le dominent, et d'où on voit tout à la fois son développement extérieur et quelques parties de son intérieur. J'ai fait un voyage de plus de cinquante lieues dans la seule pensée d'ajouter ce dessin à ma collection, d'achever de faire connoître ce superbe édifice; et cependant, arrivé à Etfu, je fus au moment d'en repartir sans avoir pu le dessiner, par l'impossibilité de supporter l'ardeur du soleil auquel il falloit que je fusse exposé pour faire cette vue. Je dois à l'intelligence du citoyen Baltard d'avoir rendu l'esquisse très imparfaite, que j'avois faite comme j'avois pu, tourmenté par les éblouissements que mes yeux éprouvoient de la vivacité du jour, et ceux que mon sang en ébullition me causoit à chaque instant; cette estampe est une des nombreuses obligations que j'ai au citoyen Baltard, qui s'est prêté à l'exécution de mon ouvrage avec une exactitude, un zele, et une amitié, qui ont égalé le talent qu'il lui étoit si facile d'y mettre. Dans le développement de ce grand monument on peut remarquer à droite la porte d'entrée; entre les deux grands môles deux pierres avançant sur le chambranle, contre lequel venoient sans doute appuyer les têtes de deux statues en forme de cariatides; les quatre niches longues devant lesquelles ont dû être des obélisques, comme je suis autorisé à le croire par la répétition des mêmes niches derriere des obélisques que j'ai trouvés à Philée; sur les parois des môles trois ordres d'hiéroglyphes, devenant toujours plus gigantesques, et finissant par avoir vingt-cinq pieds de proportion; la cour intérieure, décorée d'une galerie de colonnes, portant deux terrasses, qui aboutissent à deux portes, par lesquelles on arrive aux escaliers qui montent aux plates-formes des môles; dans la cour les édifices modernes, qui font partie du village d'Etfu, dont on apperçoit l'autre partie au-delà du temple; le portique de dessous lequel j'ai fait le dessin, pl. LVII, nº 1; ce qui suit contient sans doute différents appartements, et le sanctuaire du temple enfoui, et maintenant encombré d'ordures, à l'exception de quelques vides qui servent de magasin aux maisons bâties sur la plate-forme du temple; à l'arasement un mur de circonvallation, décoré en-dedans comme en-dehors d'innombrables hiéroglyphes, exécutés avec un soin recherché; tout à la partie gauche de l'estampe les tombeaux arabes que l'on rencontre sur la route d'Esnê à Etfu; le Nil dans le troisieme plan, et tout au fond la chaîne arabique; sur le devant le monticule de décombres, sous lequel sont les restes de l'antique ville d'Apollinopolis, et le groupe des figures, le repas frugal d'une famille d'Arabes.

Nº 2. Vue de la situation du temple d'Apollinopolis magna, prise de plusieurs lieues; ce temple, bâti sur une éminence au milieu de la vallée, a l'air d'une forteresse, placée ainsi pour commander au pays.

PLANCHE LIX.

Divers chapiteaux de colonnes égyptiennes; cette planche, ainsi que celle qui suit, est un rapprochement de tous les différents chapiteaux que j'ai rencontrés offrant des particularités remarquables. A voir tant de formes différentes, unissant tant de richesses d'ornement à tant de graces dans les contours, on est tout étonné de s'être laissé aller à croire sur leur parole les Grecs inventeurs de l'architecture, et que trois ordres soient les seules vérités de cet art; on peut dire qu'il ne manque à chacun de ces chapiteaux-ci qu'une histoire, comme celle de l'urne de la prêtresse de Corinthe, ou, pour mieux dire, qu'ils n'ont pas besoin d'histoire pareille à celle du chapiteau corinthien, pour avoir la même célébrité, et pour être une superbe production de l'art. Les Égyptiens ont copié la nature; ils ont copié la leur; et les Grecs n'ont qu'ajouté des fables aux vols qu'ils leur ont faits. Ici le calice d'une fleur, au-dessus d'un faisceau de sa tige, a fourni la forme de la colonne, de sa base, et de son chapiteau: le lotus leur en a donné le premier modele; cette plante exprimoit chez eux l'inondation; elle étoit l'emblême de l'entrée du Nil dans les canaux, d'un grand bienfait de la nature en Égypte; ils l'ont fait entrer dans la décoration de leur temple comme un hommage de leur reconnoissance à Isis, qui présidoit à ce bienfait; comme déesse de la terre, ils lui en ont dédié toutes les productions, des tiges de lotus, de joncs, de palmiers, de vignes, etc., etc.

Je n'avois dessiné ces membres d'architecture que pour m'en rendre compte, et aider mes graveurs dans l'intelligence de mes vues pittoresques; mais arrivé à Paris, le citoyen Legrand, architecte éclairé, l'ami des arts et le mien, zélé pour tout ce qui peut étendre le domaine de l'architecture, et propager les connoissances, m'enhardit à donner au public et mes plans et les détails architecturals qui pouvoient ajouter de l'intérêt à mon ouvrage: la crainte que le citoyen Pere ne pût faire ou ne pût rapporter les opérations qui lui avoient été attribuées par la commission des arts en Égypte acheva de me déterminer à donner la foible esquisse de mes foibles moyens; mais, en attendant l'immortel ouvrage entrepris par le gouvernement, monument aussi colossal que les colossals monuments qu'il présentera, le lecteur sera bien-aise de voir une petite image des formes aussi gracieuses que variées de tous ces significatifs chapiteaux, qui ornent d'une maniere explicative le culte du dieu dont ils décorent le temple. Le nº 1, sur un galbe très pur s'enlacent très agréablement les feuilles et les tiges du jonc; le nº 2, composé de branches et de feuilles du palmier et du régime de son fruit, est peut-être le plus élégant de tous les chapiteaux connus; et, sans avoir ici le même intérêt qu'en Égypte, il feroit encore la décoration la plus fastueuse d'une salle de fête; le nº 3 est composé de plusieurs calices de la fleur du lotus groupés avec les feuilles de cette plante; le nº 4, un faisceau de touffes de palmiers, lorsqu'au printemps les branches et les feuilles ne sont pas encore déployées, et où tout l'arbre ressemble à un seul bouton de fleur; le nº 5 est composé ingénieusement du culot de la plante du lotus, de sa tige, et de sa fleur alternativement épanouie et en bouton; nº 9, les pampres de vigne mêlés à des palmiers, etc., etc. Cette variété de chapiteaux si richement composés peut faire croire aux pompeuses descriptions qui nous ont été transmises de ceux du temple de Salomon, données dans l'écriture comme des chapiteaux corinthiens à feuilles de palmiers.

PLANCHE LX.

Cette estampe est une continuation de la planche précédente. Il est facile de remarquer dans le nº 3 l'origine de la volute ionique, les caulicoles du chapiteau corinthien, et les gouttes de l'entablement dorique; nº 4, 5 et 6, que je crois pouvoir assurer être les plus anciens chapiteaux égyptiens, pourroient bien être l'image de la touffe du palmier avant d'être développée, mais est en effet le chapiteau dorique alongé; le fût, nº 5, est un faisceau cordé de la tige triangulaire du papyrus, autre plante du Nil; le nº 8, la tête d'Isis, avec tous ses attributs couronnant les colonnes du temple de Tintyra, dédié à cette déesse; dans le nº 7, tous les attributs de cette divinité ajoutés à l'emblême du débordement; le nº 9 est tiré d'un temple qui paroît avoir été dédié à Typhon, dont on voit la figure sur un dé, qui n'est qu'un prolongement de la colonne; ce membre d'architecture que je n'ai vu que dans la colonne égyptienne dégage le chapiteau, l'empêche de paroître écrasé par l'architrave, et produit un si bon effet lorsque l'on est près de la colonne, que je suis étonné qu'il n'ait jamais été imité; le nº 10 est une espece de terme ne portant rien : j'en ai trouvé six comme celui-là placés par trois aux deux côtés de la porte d'un des tombeaux des rois à Thebes; j'ai trouvé le nº 12 dans une des galeries du grand temple de Karnak.

PLANCHE LXI.

Réunion de fragments : ce rapprochement met tout à la fois sous les yeux tout ce qui constitue le genre égyptien, et le style de son architecture et de sa sculpture monumentale.

Nº 8. Une colonne des galeries du temple qui est près de Médinet-Abou à Thebes.

Nº 5. Une des colonnes du temple de l'isle d'Éléphantine (voyez planche LXV, nº 2).

Nº 9. Une colonne du temple de Cneph dans l'isle d'Éléphantine (voyez planche LXVI, nº 2).

Nº 11. Une colonne d'une des galeries du grand temple de Thebes à Karnak; elle ressemble tellement par sa dimension et sa cannelure à la colonne dorique, qu'elle peut en être l'origine.

Nº 2. Figures de prêtres ou de divinités, employées comme ornement dans divers édifices, et particulièrement à celui qu'on est convenu d'appeler le Memnonium à Thebes : les cariatides n'en seroient-elles pas encore une imitation (voyez pl. XLV, nº 1)?

Nº 12. Colonnes terminées par une tête de bœuf, il s'en trouve de ce genre à la porte d'un des tombeaux des rois à Thebes.

Nº 4. Une des pyramides dépouillée de sa couverte, et tronquée comme le Chéops.

Nº 3. Un petit temple monolite, sanctuaire où l'on tenoit enfermés les oiseaux sacrés.

Nº 7. Un obélisque.

Nº 6. Deux figures colossales, dont on est convenu d'appeler une, la *statue de Memnon;* sur le premier plan, une statue enfouie; c'est une des deux figures placées à la porte du village de Luxor; le pied qui est auprès est celui de la statue qui est devant le Memnonium, et qui avoit 75 pieds de proportion; la tête d'oiseau qui est devant est le couvercle d'un vase canopite.

Nº 2. Plan du temple d'Apollinopolis magna.

Deux grands môles de formes pyramidales, réunis par une grande porte A, dont les battants venoient poser sur les dormants du tambour B; les battants de ces portes avoient environ 45 à 50 pieds d'élévation, et rouloient sur des gonds dont on ne voit plus que l'entaille dans laquelle ils étoient fixés : en-dehors il est resté deux pierres saillantes, sous lesquelles il est à croire que venoient appuyer deux statues en forme de cariatides, dans le genre de celles que l'on voit à la porte du Muséum Clementinum; à côté sont deux niches LL, longues et étroites, devant lesquelles étoient sans doute des obélisques, tels que j'en ai vu deux dans la même situation à côté de la porte du môle du principal temple de Philée.

La distribution intérieure de ces deux môles les partageoit également en trois parties; II, le tambour d'un escalier tournant, de foulées douces, qui amene à des paliers qui donnent d'espace en espace dans deux tristes chambres, H et K, dont il est bien difficile d'imaginer l'usage, sinon pour éclairer et aérer l'escalier, alléger la masse de l'édifice, et empêcher que, comme à Thebes, il ne s'écrasât de son propre poids: ces escaliers aboutissent à deux plates-formes, qui pouvoient servir d'observatoires ou de védettes militaires pour éclairer tout le pays. La cour C est entourée de trois côtés d'une galerie, faisant terrasse F, portée par des colonnes d'un diametre et d'une élévation moindres que celles du portique D, et qui semblent en rehausser la majesté; cette belle cour est encombrée de méchants petits habitacles, qui écroulent et se rebâtissent depuis bien des siecles, exhaussent le sol, ont déja enfoui les belles colonnes du portique jusqu'aux deux tiers de leur hauteur, et ferment actuellement jusqu'à la cymaise la porte qui entroit dans les différentes pieces de la partie E de la nef du temple; cette partie de l'édifice sert dans ce moment-ci de magasins à ceux qui ont leur maison sur le comble: un mur de circonvallation forme un couloir G, qui termine à deux fausses portes; ce mur, moins élevé et tout aussi couvert de sculptures que le reste de l'édifice, semble être pour sa décoration extérieure un magnifique soubassement (voyez planche XLVI, nº 2); ce mur d'enceinte est terminé par une corniche, et couvert d'hiéroglyphes en-dedans comme en-dehors; enfin ce monument, qui a plus de 500 pieds de longueur, construit avec un grès qui a l'égalité et presque la finesse du marbre, est couvert d'hiéroglyphes, sculptés d'une maniere si ferme et si précieuse, que le travail a plutôt l'air d'être coulé en bronze et ciselé que d'être sculpté.

PLANCHE LXII.

Nº 1. Les restes d'un quai revêtu, près Etfu; deux escaliers descendoient au Nil; nulles autres ruines n'accompagnent ce fragment, qui indique cependant l'antique voisinage d'une ville, puisque les escaliers annoncent que ce quai avoit encore un autre usage que celui de retenir les eaux; le fleuve a déchaussé la culée de cette construction, et passe actuellement derriere. Ce fragment intéressant en lui-même, mais offrant des formes peu pittoresques, j'ai cru devoir y ajouter un groupe de jeunes personnages appelés *Goubli* ou d'*au-delà*, ou Barabra, qui est le nom générique de tous les peuples de l'Égypte qui sont d'au-delà des cataractes; leur costume, pour les hommes, est la nudité absolue, à quoi ils ajoutent un morceau de drap ou de toile de coton qu'ils promenent à volonté sur ce qu'ils veulent couvrir de leur personne; leurs cheveux, assez longs, quoique crêpus, sont encore frisés et bouclés en long à la maniere des anciennes figures égyptiennes; ils oignent leur chevelure avec de l'huile de cedre, dont ils aiment l'odeur, et qui prévient en même temps l'inconvénient de la vermine, qui sans cela s'établiroit d'une maniere indestructible dans des cheveux impossibles à peigner. Les femmes et les enfants portent deux boucles à chaque oreille, l'une au-dessus, l'autre au-dessous, des colliers avec des franges formées de petites lanieres de cuir, terminées par des grains de verre colorés; une ceinture de même étoffe, terminée de même, et qui leur arrive jusqu'à la moitié des cuisses, suffit pour tranquilliser leur pudeur, jusqu'au moment où elles deviennent nubiles. Les femmes d'*au-delà* sont bien faites, ont les muscles ronds et fermes, ont la peau fine, le contact frais, et par cela ont un mérite particulier très apprécié par des hommes dont l'amour est palpable, et la volupté toute matérielle, qui calculent et évaluent les qualités physiques, et achetent dans les femmes d'*au-delà* des jouissances d'été, genre de luxe que nous ne connoissons encore que pour nos vêtements: les Russes bâtissent leurs maisons pour l'hiver, les Italiens pour l'été, les Orientaux, comme les Kamchadals, croient avoir besoin d'une habitation d'hiver et d'une habitation pour le temps des grandes chaleurs.

Nº 2. Une vue de la derniere des pyramides, à cent trente lieues de celles de Gizeh, près d'un village bâti dans le désert, au-delà d'Etfu; cette pyramide, infiniment plus petite que les autres, construite de masses plus divisées, n'a pas opposé la même résistance au temps, ou bien appartient à une époque antérieure; écroulée dans toutes ses parties, elle ne paroît plus qu'un tas de moëllons, que l'on voit cependant qui ont été façonnés et posés sur des assises régulieres. Pour donner quelque intérêt à cette vue si seche par elle-même, j'y ai ajouté l'habitation, prise aussi d'après nature, d'une famille d'Arabes cultivateurs sur le bord du désert; j'ai voulu donner l'image de cette tranquillité monotone qui n'est distraite par le choc d'aucune nouveauté; de ce calme qui laisse un long-temps entre chaque évènement de la vie; de cette tranquillité où tout se succede paisiblement dans l'ame, où peu-à-peu une émotion devient un sentiment, où une habitude devient un principe, où enfin la plus légere impression est analysée; de telle sorte qu'en conversant avec cette espece d'hommes, on est tout étonné de trouver en lui les distinctions les plus délicates, et le sentiment le plus fin à côté de l'ignorance la plus absolue.

Quelques pans de murailles de terre, auxquels ils ajoutent une couverture de paille, suffisent pour leur habitation. La fabrique qui est au milieu est un colombier, construit en terre cuite au soleil; elle est divisée en petites cases dans l'intérieur pour chaque famille de pigeon; la porte est ronde; c'est ce qu'on voit au-dessous du colombier; il y a au milieu une petite ouverture pour laisser passer l'air; on l'applique chaque nuit pour mettre la colonie en sûreté contre les chakals. A droite est le poulailler, moins élevé, plus petit, parcequ'il n'a point de division intérieure; à gauche l'appartement principal, celui des femmes, et où l'on se retire lorsqu'on craint une nuit froide; au-dessus sont des chiens, qui ne sont de rien dans la société amicale, et qui vivent à part comme alliés défensifs; une gazelle, un milan, qui sont aussi des associés libres; les poulets et les pigeons sont les seuls domestiques: les bardaks, qui sont les pots à boire, les ballasses ou jarres à éclaircir l'eau, et quelques écuelles, sont à-peu-près tous les ustensiles du ménage; la plante que l'on voit est une coloquinte, qui croît dans le désert, germe et se développe pendant la saison des nuits fraîches qui succedent à l'inondation, et lorsque quelques pluies dans les montagnes amenent un peu d'eau dans la plaine; cette plante s'étend; les melons qu'elle produit se forment; une partie des feuilles est mangée par les gazelles, le reste est dévoré par la sécheresse; défendus par leur amertume, les fruits restent isolés jusqu'à l'année d'ensuite, que la graine ensemence et perpétue cette végétation, la plus marquante du petit nombre de celles qui croissent dans le désert. Un des hommes est occupé à tricoter un turban de la laine de ses moutons : l'autre jouit par cela seul qu'il ne fait rien; calme, il rêve, il vit.

PLANCHE LXIII.

No 1. Vue de Contra-Syene, à deux milles d'Éléphantine et de Syene, sur la rive gauche du Nil. A mi-côte de la montagne, à droite de l'estampe, est un couvent cophte, au-dessus une guérite à placer une védette, d'où on découvre tout le pays; dans le troisieme plan, à gauche du Nil, une forêt de palmiers par laquelle on arrive à Syene; et tout au fond la ruine d'un château arabe, comme il y en a beaucoup sur toute cette frontiere de l'Égypte; sur le devant à droite une touffe de palmiers, les uns portant des fruits, les autres dans leur premiere croissance; au milieu un palmier-doum, avec ses branches bifourchues, et ses feuilles seches qui pendent sous les nouvelles.

No 2. Un des temples d'Éléphantine vu de l'est à l'ouest, avec les habitations modernes telles qu'elles existent, et qui contrastent si pittoresquement avec les monuments, qu'on ne pourroit les grouper avec plus de goût.

No 3. Vue de Philée de l'ouest à l'est au soleil levant; cette isle est si pittoresque, que j'ai cherché à la présenter sous tous ses aspects et à tous les instants du jour (voyez les autres numéro où il en est question, planches LXXI et LXXII).

PLANCHE LXIV.

No 1. L'entrée du Nil dans l'Égypte; cette vue est une espece de carte qui présente tout à la fois l'aspect d'un site extraordinaire, dans lequel on voit la situation de nombre de points intéressants.

Le Nil, après avoir traversé les cataractes, courant du sud-est au nord-ouest, tourne tout-à-coup au nord en traversant un banc de granit, dont il déchausse les roches, et dont son cours est déchiré: diverses oppositions rendent ce paysage aussi varié qu'étrange; les deux chaînes libyque et arabique, nues, jaunes, brûlées, et sablonneuses, contrastent merveilleusement avec les aiguilles noires et aiguës des roches de granit; ces rochers, baignés par le courant du fleuve, formant des isles que les alluvions arrosent perpétuellement, se couvrent alternativement de grands arbres et de champs de verdure, à travers desquels on apperçoit des ruines de tous les temps. Ce que l'on voit à droite de l'estampe, sur le premier plan, est ce qui reste d'un monastere des premiers siecles de la catholicité; au-dessus est la védette dite des quatre vents, d'ou j'ai fait cette vue. C'est au bas de ce premier plan qu'étoit l'antique Contra-Syene, à présent Garbi-Assuan ou Essuen-occidentale; la grande isle, au milieu du Nil, est l'Éléphantine, aujourd'hui Geziret-êl-Sag, l'isle Fleurie; au milieu, le village moderne; la partie supérieure de l'isle couverte des ruines des monuments égyptiens; sur la rive droite du Nil un monument romain qui arrive jusque dans le fleuve, et a résisté à son courant; c'étoient des thermes, et nous en avions fait une batterie: sur les rochers, au-dessus de ce monument, sont les ruines de la ville arabe du temps des kalifes; dans le lointain des châteaux sur des pointes de rochers; sur la plus grande plate-forme le fort que nous avons construit; dans la petite vallée et à travers des tombeaux, l'on voit les restes de la route antique qui passoit de Syene au-delà des cataractes, et servoit de communication pour le transport des marchandises de l'Égypte en Éthiopie; au-devant de tout cela Assuan ou la Syene moderne, ses jardins, et son mauvais château turc.

No 2. La vue pittoresque et perspective du pays, dont le no 1 est la carte: le Nil traversant les rochers de granit; à droite, l'isle d'Éléphantine; à gauche, la ville arabe; au-dessous les thermes romains, servant de môles pour le petit port d'Assuan.

No 3. Autre vue, prise du pied des rochers, sur lesquels sont perchées les ruines de l'ancienne ville fortifiée des Arabes au temps des kalifes, où l'on voit encore des inscriptions égyptiennes sur les mamelons de granit qui servoient de base à cette ville; à gauche de l'estampe le profil de l'isle Éléphantine, les rochers et les revêtissements antiques qui défendent la partie sud des efforts du courant du Nil, et du poids de la masse de ses eaux au temps de l'inondation; des mamelons de granit couverts d'hiéroglyphes; une portion de quai, portant les restes d'une galerie ouverte donnant sur le fleuve; au niveau des eaux du fleuve une porte ouvrant sur un escalier en granit, qui a pu servir de nilometre; au-dessus une suite de ruines de monuments égyptiens, composés de couloirs; de petites chambres ornées de sculptures hiéroglyphiques très soignées; cette continuité de ruines semble aller joindre et arriver aux fabriques qui environnoient un temple, dont on peut voir la vue plus en grand, planche LXVI, no 3: les deux pointes qui dominent le tout sont les deux montants d'une superbe porte de granit (voyez planche LXV, no 1); tout-à-fait à droite de l'estampe, parmi les palmiers une chaîne à pot pour monter l'eau, posée sur une construction contre laquelle est incrusté un bas-relief en marbre blanc, ouvrage romain, représentant la figure du Nil dans la même attitude de celle de la statue de ce fleuve qui est au belvédere à Rome.

PLANCHE LXV.

No 1. Reste de deux chambranles d'une porte, aussi grande que magnifique, construite en granit, et couverte d'hiéroglyphes, située à la partie la plus élevée de l'isle Éléphantine, près le temple de Cneph.

No 2. Vue de la ruine d'un temple de l'isle Éléphantine, prise à l'angle sud-est, d'où on voit la portion de galerie qui entouroit le temple; on peut voir un autre aspect du même temple, planche LXIII, no 2.

PLANCHE LXVI.

No 1. Ruines d'un temple à Syene; il est situé sur une hauteur qui dominoit la ville antique au nord, et les ruines de la ville arabe; il est enfoui, comme on le voit, jusqu'au chapiteau de ses colonnes, qui soutenoient une galerie ajoutée postérieurement au sanctuaire du temple; les pierres renversées, que l'on voit entassées, étoient celles d'un portique tout-à-fait détruit; derriere on apperçoit le Nil, l'isle Éléphantine; et sur le dernier plan, la chaîne libyque.

No 2. Le plan du temple de Cneph ou Chnuphis à Éléphantine; un sanctuaire décoré en beaux bas-reliefs, représentant dedans et dehors des sacrifices offerts par un héros; la seconde piece a été ajoutée postérieurement, et n'est point ornée de sculpture dans son intérieur; la galerie et les deux portiques ont été ajoutés aussi postérieurement, et sont revêtus d'hiéroglyphes en relief, dont on peut voir le dessin planche CXXVIII.

N° 3. Ruines d'un des temples d'Éléphantine, dont le plan est le n° 2. Ce monument est d'un grand intérêt par sa célébrité, par sa conservation, par la beauté de ses sculptures intérieures (voyez planche CXXVIII); il occupoit le centre de l'isle Éléphantine, consacré à la sagesse sous le nom de Cneph; conservé presque en entier au milieu des décombres des monuments dont il étoit entouré, il n'a de dégradé qu'un angle de sa galerie: les deux fragments parallèles que l'on apperçoit derriere sont deux chambranles d'une porte en granit, qu'on peut voir planche LXV, n° 1: la statue qui est sur le second plan est celle d'un dieu, d'un prêtre ou d'un initié; elle est trop fruste pour en distinguer les attributs; elle est en granit et de 10 pieds de proportion: les pierres en avant sont les décombres d'un édifice dont les substructions vont rejoindre la fabrique du temple, et en dépendoient suivant toute apparence: cent toises en avant de cette vue et jusque sur le bord du Nil tout l'espace est couvert de débris de fabriques dégradées et presque sans formes.

PLANCHE LXVII.

N° 1. Bloc de granit destiné à être sculpté; transporté hors de la carriere, il a été abandonné sur le grand chemin qui conduisoit de Philée à Syene; les hiéroglyphes dont il est couvert sont exacts dans l'estampe; les figures en proportion peuvent servir d'échelle pour mesurer le bloc; une telle masse transportée par terre suppose des machines très puissantes: le petit monument à droite est un tombeau arabe, comme il y en a beaucoup dans cet espace de Syene à Philée; les inscriptions qui sont sur les pierres sépulcrales, qui m'ont paru de caracteres arabes, pourroient donner l'époque de ces nombreux monuments, et par cela devenir intéressantes pour l'histoire des bas siecles; je n'ai jamais eu assez de temps pour en copier.

N° 2. Roches de granit de 150 pieds d'élévation, qui ressemblent à des restes de palais construits par des géants, et sont en effet les ruines de la nature; chaque mamelon est monumenté par une inscription hiéroglyphique en caracteres inscriptifs, et en figures hiéroglyphiques. A gauche la plaine est traversée par une espece de monument appelé Hhait-al-Adjouz, la muraille de la Vieille; les temples que l'on apperçoit dans le milieu de l'estampe sont ceux de l'isle de Philée; les montagnes qui bordent l'horizon sont celles de la chaîne arabique; l'arbre qui est au milieu de la plaine est un thérébinte, arbre qui croît d'espace en espace dans le désert, et dont la ramification légere divise les rayons du soleil, et dérobe un instant la tête du voyageur à leur poignante ardeur; ce qui dans ces climats avares paroît aux êtres reconnoissants un bienfait de la Providence.

PLANCHE LXVIII.

N° 1. Rochers de granit sur la grande route de Syene à Philée; l'inscription hiéroglyphique est ici telle qu'elle existe là.

N° 2. Vue des carrieres de granit, situées à un mille au sud de Syene; les marques qui sont tracées horizontalement et verticalement sont d'antiques travaux préparés pour détacher le bloc dont on voit la surface; ces travaux devoient recevoir, ou des coins de fer que l'on frappoit tout à la fois, ou des coins de bois sec que l'on mouilloit pour faire éclater et déliter la partie destinée à être enlevée; tous les rochers avoisinants qui offrent des superficies planes ont été travaillés de même, et les traces des travaux s'y sont conservées aussi vives que s'ils n'eussent été abandonnés que la veille.

PLANCHE LXIX.

N° 1. La derniere cataracte, c'est-à-dire le dernier saut que fait le Nil marchant au nord; ce n'est proprement qu'une barre, formée par un banc de granit, qui, traversant le fleuve pendant l'espace d'une lieue et demie, ne le laisse passer qu'en s'échappant à travers des rochers plus ou moins hauts, et plus ou moins aigus, et qui d'espace en espace lui font faire de petites nappes de quatre pouces à un pied, pendant le temps de l'année que les eaux sont basses; c'est dans ce temps que les bateaux rencontrent des obstacles qu'ils ne peuvent franchir, et que les eaux du fleuve écumeuses et bruissantes prêtent en quelque sorte aux idées qu'on s'est faites en Europe de ces cataractes si fameuses: au reste le passage est fermé neuf mois de l'année pour tous bateaux chargés, et six pour toutes especes de barques: c'est à ce gros rocher qui est au milieu que nous fûmes arrêtés, quoique les eaux ne fussent pas encore arrivées à leur grand décroissement et que notre barque fût des plus légeres. La route par terre depuis là jusqu'à Philée passe à travers de petits villages composés de quelques maisons, de rochers, de petites portions de terre cultivée qui ressemblent à des jardins, de parties sablonneuses et désertes, d'amas de ruines de la nature, de petites chûtes d'eaux s'échappant de toutes parts avec fracas, et qui offrent une variété tout-à-fait pittoresque.

Nº 2. Autre aspect de ce qui forme la cataracte du Nil (voyez l'article nº 1, et le journal, page 133).

Nº 3. Maison nubienne des plus somptueuses et des plus completes dans sa distribution; celle-ci, ainsi que toutes les autres, est bâtie de terre, mêlée de quelques morceaux de bois de palmiers, servant de chambranles aux portes ou ouvertures par lesquelles on s'introduit dans les chambres et magasins, le tout couvert à-peu-près de fagots de paille de dourac, qui servent de provision de bois pour cuire: lorsque les maisons sont dépourvues d'arbres et construites dans les rochers, elles disparoissent à l'œil dès que le soleil levé ne laisse plus d'ombres aux corps, et n'en dessine plus la forme: il m'est arrivé plusieurs fois de chercher à midi un village que j'avois vu le matin, tandis que j'étois au milieu des maisons. Une des étranges sensations du tropique est de se trouver à midi comme un centre de lumiere dont on est le foyer, de voir la nature sans ombres s'affaisser, s'aplanir, n'avoir plus de saillies apparentes, et tout un pays prendre un nouvel aspect, et perdre ses formes devenues méconnoissables.

La fabrique à gauche est le magasin des différents grains, que l'on enferme hermétiquement dans des especes de cipes, dont on les retire, à mesure qu'on en a besoin, par de petits trous qui sont au bas; ce qui est de chaque côté de la porte sont des poulaillers et des pigeonniers: le besoin, qui est le distributeur des localités et l'architecte de chaque corps-de-logis, fait que toutes les maisons se ressemblent, sans qu'il y en ait deux qui soient de même. Ce que l'on voit à droite est la cuisine, toujours à l'angle d'un des murs, pour que le feu soit à l'abri de deux vents, et qu'on ne soit pas incommodé de la fumée par les deux autres; la figure assise, fumant sa pipe, est dans la piece principale, celle des conférences; au-dessous l'habitation des femmes, où l'on n'entre et où l'on ne peut se tenir qu'accroupi; c'est là que sont relégués les plus chétifs et les plus vilains enfants que l'on puisse imaginer: car il semble que les orientaux deviennent beaux jusqu'à quatre-vingts ans, et ne commencent à être bien qu'à vingt; les palmiers-dattiers et les palmiers-doum font les frais de la pompe et de la décoration de cette habitation: mais j'ai pensé qu'on verroit avec intérêt sur le même sol les extrêmes des résultats de l'industrie, l'homme s'agrandissant de la majesté de ses palaïs et du faste du superflu dont il s'est couvert, et l'homme rendu presque à la classe des animaux en se rapprochant de la nature et se réduisant à ses seuls besoins.

PLANCHE LXX.

Plan de l'isle de Philée, située au-delà des cataractes du Nil, à un coude de ce fleuve, gisant dans sa longueur du nord-ouest au sud-est; elle a à-peu-près 300 toises de long sur 120 de large; elle est presque toute couverte des plus fastueux monuments de divers siecles; le sud-ouest de sa partie supérieure est occupé par un beau rocher très pittoresque, dont l'aspect âpre et sauvage semble ajouter à sa magnificence, et faire valoir les belles lignes régulieres de l'architecture des temples qui l'avoisinent.

Le courant du fleuve, venant frapper jusqu'au pied du rocher, lettre &, a dispensé de faire un quai dans cette partie; au moment où manque le rocher commence un quai revêtu Z, d'environ 36 pieds de haut, décoré d'un tore, au-dessus duquel s'éleve un parapet à hauteur d'appui; sur ce parapet s'élevent deux petits obélisques de grès, sans hiéroglyphes, et d'un travail médiocre; il n'y en a plus qu'un debout.

Le quai continue en talus, à la partie nord de l'isle, avec des poternes (nº 28) qui ouvrent et embarquent sur le fleuve: ce fut par où passerent les habitants lorsqu'ils se sauverent, et nous abandonnerent l'isle (voyez le journal, page 137): nº 27 est une rampe qui amenoit du fleuve à une porte; le mur se prolongeoit jusqu'à une autre porte, où il reprend, et va se perdre en ruine; c'est là tout ce qui reste de la circonvallation égyptienne. Les deux portes sont belles et bien conservées (voyez pl. LXXII, nº 2).

Le n° 3 est un temple périptere; les colonnes engagées jusqu'au tiers, les chapiteaux à gobelet surmontés d'une quadruple tête d'Isis (voyez pl. LX, n° 7), portant une architrave et une corniche sans couverture, et fermant de deux portes sans sommiers. N° 4, une galerie de 250 pieds de longueur; cette galerie étoit en colonnes assez bien sculptées, à chapiteaux évasés, surmontés d'un dé, d'une architrave, et d'une gorge; il y a des différences à presque tous les chapiteaux : cette partie de l'édifice étoit moins ancienne que le temple, mais plus que celle qui lui est parallele, n° 5, et qui, je crois, n'a jamais été achevée de construire, quoiqu'elle soit plus en ruine que la premiere; elles servoient de corridor à nombre de cellules, n° 6, que l'on peut croire avoir été des chambres de prêtres.

Le n° 10 sont deux pieces formant un édifice à part, un sanctuaire des plus anciens, et sans doute des plus révérés, car il paroît que c'est pour épargner son existence que l'on a gauchi toutes les lignes du plan général; les sculptures sont en bas-reliefs précieusement sculptés.

Le n° 9 sont deux grands môles en talus, de 47 pieds de large chacun et 22 pieds d'épaisseur, qui flanquent une grande et magnifique porte.

Ils sont bordés aux angles par un tore, et surmontés d'une gorge; les panneaux, couverts de deux rangs d'hiéroglyphes gigantesques, représentant cinq grandes divinités; au bas, de grandes figures, tenant d'une main une hache levée, et de l'autre les cheveux d'un groupe de trente figures à genoux implorant leur clémence (voyez planche CXX, n° 7); au revers de cet édifice quatre figures de prêtres (planche CXXI, n° 9), portant un bateau, dans lequel est un emblême pareil à celui qui est dans le bateau du bas-relief du temple d'Éléphantine (voyez planche CXXVIII, n° 5); aux deux côtés de la porte il y avoit deux petits obélisques en granit, de 18 pieds d'élévation, couverts d'hiéroglyphes bien purement sculptés, et devant étoient deux sphinxs de 7 pieds de proportion; tout cela est renversé.

Le n° 11 est une autre cour, de 80 pieds sur 45, flanquée de deux galeries en colonnes, derriere lesquelles à droite est une suite de cellules de 10 pieds de profondeur, et à gauche un édifice particulier, composé de deux portiques (n° 13 et 14), et de trois chambres de diverses grandeurs, se communiquant les unes aux autres, et s'ouvrant sur les portiques : c'est le seul que j'aie vu de ce genre; s'il étoit plus éclairé, on pourroit croire que c'auroit été un principal appartement; son exécution est très soignée, et son effet très pittoresque. Le n° 15 est encore un sanctuaire, plus petit que tous les autres, appuyé contre deux autres môles en talus, d'un tiers moins grands que les premiers, et servant de portail à l'édifice le plus grand et le plus régulier de tout ce groupe : la piece qui suit, n° 17 et n° 18, est une espece de portique, décoré de dix colonnes et de huit pilastres de 4 pieds de diametre, aussi magnifique qu'élégant; les colonnes et les murs couverts en tableaux hiéroglyphiques, sculptés dans le massif, perfectionnés en stucs, et peints; le portique et deux retours couverts en plafonds en plate-bandes, sculptés et peints en tableau astronomique, ou en fond d'azur avec des étoiles blanches. La partie numérotée 17 est à ciel ouvert, qui produit un beau jour, et un des plus beaux effets d'architecture : un tableau exact fait avec les couleurs naturelles seroit aussi imposant et aussi agréable qu'il seroit neuf et curieux; le relief de l'architecture et de la sculpture donnant des ombres aux teintes plates de la peinture, acheve ici de la faire tourner; elle prend une harmonie et une magnificence dont je fus étonné : je ne pouvois m'arracher de cette superbe et étonnante piece, dont il faudroit dessiner tous les détails, je n'eus le temps que d'en prendre le plan (voyez le journal, page 138).

A ce portique ouvert succédoit la partie fermée du temple, de 60 pieds de profondeur sur 30 de large, divisée dans la longueur en quatre pieces communiquant par quatre portes diminuant d'ouverture; la premiere de 7—4, la seconde de 6—4, la troisieme de 5—6, la quatrieme de 4—8; un coup-d'œil sur le plan donne une idée plus nette qu'une description, où la répétition des mêmes expressions distrait plutôt l'attention qu'elle n'éclaire l'imagination : il seroit bien difficile d'assigner l'usage de ces diverses pieces, dont il y en a de si longues, si élevées, si étroites, si ornées, et si obscures; dans la piece du fond est encore un autel ou un piédestal renversé, et à l'angle droit, n° 22, est une espece de tabernacle ou temple monolite, portant pour décoration la porte d'un temple de 7 pieds de hauteur sur 3 pieds de largeur, et 2 pieds 8 pouces de profondeur, d'une seule pierre de granit : on voit encore dans la pierre le creux où étoient scellés les gonds de la porte, qui avoit 3 pieds de haut sur 1 pied 6 pouces de large; dans la piece latérale, à droite, il y avoit en même matiere un même monument, dont j'ai fait un dessin à part, n° 1, planche XLI.

Ces tabernacles étoient sans doute destinés, ou à renfermer ce qu'il y avoit de plus précieux dans les temples, comme les choses sacrées, l'or, ou les pierreries, ou peut-être le dieu lui-même; dans ce cas ce ne pouvoit être qu'un reptile ou un oiseau, et la porte auroit été une grille, pour laisser de l'air à l'animal, s'il étoit vivant. J'ai trouvé depuis, sur un lange de momie, qui étoit de temps immémorial à la bibliotheque de l'académie française, et qui a passé depuis à celle de l'institut, la représentation d'un de ces petits temples, avec une porte grillée et fermée, et un autre avec la porte ouverte, un oiseau dans le temple, et un homme qui lui apporte à manger, et un troisieme, où le gardien des oiseaux les surveille pendant qu'ils prennent l'air (voyez planche CXXV, n° 13, 16 et 17). Cette découverte ne me paroît laisser aucun doute sur l'usage de ces sanctuaires monolites.

Après cette suite d'édifices le monument le plus considérable est un portique carré-long, n° 25, de 64 pieds de long sur 44 de large; quatre colonnes de face, et cinq sur la partie latérale; deux portes de 9 pieds sans sommiers; cet édifice, ouvert pour le ciel, n'étoit clos que par un soubassement, qui n'arrivoit qu'à la moitié de la hauteur de la colonne ; ce monument, élevé sans doute dans les derniers moments de la puissance égyptienne, n'a jamais été fini; mais ce qui en existe atteste que l'art étoit arrivé alors à son dernier degré de perfection : les chapiteaux sont les plus beaux, les plus ingénieusement composés, et les mieux exécutés de tous ceux que j'ai vus en Égypte; le lotus y est enlacé avec une grace infinie avec les volutes du chapiteau ionique et composite; il n'y a que deux panneaux de soubassement qui aient été achevés. Le lotus étoit l'ornement qui régnoit par-tout dans cet édifice.

Le n° 23 est encore un sanctuaire, très difficile à séparer de ses propres décombres et de ceux des autres édifices.

Le n° 24 est un petit sanctuaire d'une conservation parfaite; la noblesse de ses proportions fait illusion sur la petitesse de ses dimensions; il consiste en un portique décoré de deux colonnes, et un sanctuaire de 11 pieds 6 pouces de profondeur sur 8 pieds de large; les ornements en sont très finis et d'un goût exquis ; c'est un véritable temple à antes, amphiprostyle (voyez sa frise, planche CXVI, n° 1).

Le n° 28 sont des parapets bastionnés, qui peuvent faire croire que toute cette isle a été enceinte de murailles : il est pourtant possible que celle-ci soit de construction romaine, comme l'est certainement la fabrique à laquelle elles viennent aboutir, lettre A, qui servoit de port ou d'arrivage; les voûtes et le style dorique de ces ruines ne laissent aucun doute que ce ne sont plus ici des constructions égyptiennes: seroit-ce une douane romaine? une rampe en gradin, et un petit écueil vis-à-vis en font encore une petite rade pour les bateaux.

La lettre D est une muraille, décorée de pilastres doriques, vis-à-vis desquels des bases de colonnes annoncent qu'il y avoit une galerie couverte, et derriere la muraille d'autres édifices ruinés.

Le monument de la lettre E est la ruine d'une église grecque, avec sa nef et le chœur fermé; elle avoit été construite de matériaux antiques, aux sculptures desquelles on avoit ajouté des croix, des rinceaux, et autres ornements dans le style du temps.

Le reste de l'isle n'offre plus que quelques petites cultures faites dans le terrain, amassées par les alluvions du fleuve; et quelques plantations d'arbres, qui se marient admirablement bien avec les rochers, les monuments, le fleuve, et de beaux fonds, offrent à chaque instant les tableaux les plus variés et les plus intéressants.

Au sud de l'isle, lettre K, au-delà du fleuve, le pays est cultivé et abondant; au nord, lettre M, est une autre isle, beaucoup plus grande que Philée, tout hérissée de rochers de granit; dans une vallée, à travers des palmiers, on trouve la ruine, lettre H, composée d'un sanctuaire fort dégradé; quatre colonnes à chapiteau évasé et fort élégant formoient un portique devant le sanctuaire; des fabriques moins anciennes, et cependant plus détruites, sont encore défigurées par un cintre repris dans le massif, ouvrage de la catholicité; à la partie la plus orientale de la carte, lettre L, est un rocher en forme de siege, figuré par deux pointes de granit.

PLANCHE LXXI.

N° 1. Vue de l'isle de Philée; également pittoresque sous tous les aspects: j'ai cru ne pouvoir trop en répéter l'image; celle-ci est prise de l'est à l'ouest du soleil couchant, telle que je l'ai vue pour la premiere fois; les rochers qui sont à droite, et qui ont l'air de ruines, sont d'autres isles: dans la petite plaine qui est au-dessous, on trouve encore des monuments: il faut, pour l'intelligence des localités, consulter la carte, planche LXX, et son explication.

N° 2. La même isle de Philée dans la partie opposée à la vue ci-dessus, éclairée de même par le soleil couchant; à côté des fabriques, à gauche de l'isle, les deux mamelons de granit, offrant la forme d'un fauteuil; voyez le même rocher, planche LXXII, n° 3.

N° 3. Autre vue de Philée dans le moment où les habitants, nus, et tenant en main de grands sabres, de longues piques, des fusils et des boucliers, montés sur le haut du rocher, nous déclarerent la guerre: ce tableau étoit aussi beau par la couleur, par les formes de la nature, que par les monuments et les groupes d'habitants qui les parcouroient.

PLANCHE LXXII.

N° 1. Temple sur une isle au nord et tout auprès de celle de Philée (voyez la carte, lettre H, pl. LXX); il consiste en un sanctuaire, devant lequel on a ajouté un portique, dont on voit encore deux colonnes avec leurs chapiteaux, et plus en avant une porte, qui tenoit sans doute à la circonvallation du temple; la forme cintrée que l'on voit à cette porte a été ajoutée à la construction égyptienne dans les siecles où la catholicité a fait des églises de ces temples.

N° 2. Partie nord de l'isle de Philée, avec le développement de tous ses monuments (voyez la carte, planche LXX, et son explication): on peut être étonné de trouver sur la frontiere d'Éthiopie un grand nombre de monuments de cette magnificence, aussi bien conservés après tant de siecles.

N° 3. Un rocher de granit à qui la nature a donné la forme d'un fauteuil, et sur lequel il est possible que les Égyptiens, toujours colossals dans leurs entreprises, aient eu le projet de placer une statue gigantesque; ils avoient déja achevé ce que le hasard avoit commencé en perfectionnant la foulée du siege, en taillant dans le rocher un escalier pour y parvenir, et en décorant ce rocher de belles inscriptions hiéroglyphiques; cette singularité de la nature est située à l'est de Philée (voyez la carte, lettre L, planche LXX).

PLANCHE LXXIII.

N° 1. Couvent cophte, près le village de Bénéadi, à l'issue d'une des routes du désert qui conduit de Cosséir au Nil, en passant par la fontaine de la Kitta. Ce couvent, fortifié d'une circonvallation, détruit et remplacé par des tombeaux musulmans, nous servit de logement pendant que nous cherchions à bloquer lés Beys et leurs Mamelouks dans le désert: cette vue, qui n'offre que quelques lignes, peut cependant donner l'idée de la tristesse et de l'isolement d'une telle habitation; l'intérieur étoit spacieux et commode pour la circonstance où nous nous trouvions; de grandes cours logeoient les troupes, que de simples avant-postes et quelques védettes laissoient en sûreté, attendu que le plus petit objet se distinguoit à un grand éloignement; l'état-major y étoit assez commodément logé, quoiqu'à travers les tombeaux et les chauves-souris, dont nous avions troublé le repos et le silence. On peut prendre une idée de l'intérieur de ce monument dans la planche LXXIX. Les groupes de figures autour du retranchement représentent la cavalerie campée sous les murailles, la garde du camp, les postes avancés; sur le troisieme plan, à gauche, un petit corps en marche pour faire une reconnoissance; tout-à-fait au fond, un cavalier en sentinelle, que l'on voit d'une lieue; un ciel sans vapeurs, qui arde sur un terrain aride, et pas un signe de vie sur tout l'horizon.

N° 2. Vue de Nagadi, qui peut donner une idée des villages situés dans le désert, puisque celui-là, par sa position, est un des plus grands et des plus riches, étant sur le passage des caravanes, à un débouché d'une des routes de Cosséir au Nil, et par conséquent de la Mekke en Égypte; il contient nombre d'habitants riches faisant le commerce d'entrepôts et de fournisseurs de chameaux aux caravanes qui font perpétuellement la traversée; il y a des moments où l'on trouveroit à louer mille à douze cents chameaux à Nagadi; et, cependant, ce commerce actif ne change rien à l'aspect silencieux de ce village; les maisons et le sol de la même couleur; le village disparoît dès que le soleil perpendiculaire ne laisse plus de projection à l'ombre; quelques puits et des citernes décident du choix de l'emplacement de ces sortes de villages : l'eau à délayer la terre, dont on bâtit les maisons, est une des matieres les plus précieuses qui soient employées à leur construction : le peu de femmes qu'on y apperçoit accroupies aux angles des murailles, quoique voilées, disparoissoient comme des lapins dès que quelqu'un de nous arrivoit inopinément; elles se précipitoient dans les trous qui servent de portes aux tanieres qui les recelent : chaque dôme sont autant de magasins à déposer les marchandises apportées de la mer Rouge à travers le désert; les petits monuments qui ont l'air de vases ou cuvettes sont des especes de tables concaves qui sont autant de bassins dans lesquels on fait manger les chameaux; chaque maison est un enclos isolé, et les espaces entre chaque enclos sont les rues, dans lesquelles on se perdroit, si l'on ne voyoit toujours par-dessus les maisons : pour donner l'échelle de leur hauteur il suffit de dire qu'on voit presque toujours par-dessus le toit la tête du chameau qui est accroupi dans la cour : le paysage qui environne le village est aussi gai que celui que j'ai décrit n° 1; on ne voit pas clair, et l'on étouffe lorsque l'on est dans les maisons; on ne voit rien, et l'on grille lorsque l'on en est dehors.

N° 3. Ruines d'un couvent sur la rive gauche du Nil, vis-à-vis Syene, à une lieue dans le désert, dans une vallée silencieuse, dont aucune description, aucun tableau, ne peut peindre la mélancolie. J'ai rassemblé sur la même planche tout ce que l'Égypte offre de plus triste et de plus funeste (voyez le journal, page 141).

PLANCHE LXXIV.

N° 1. Une figure de femme dans le harem (voyez le journal, page 50).

N° 2. Mamelons de granit déchaussés et arrondis par le temps; ils sont situés sur la grande isle, au nord de celle de Philée; les figures peuvent servir d'échelle pour prendre une idée de leur grosseur : ce qui paroît des tentes sont des habitations construites en nattes à travers ces blocs, et où sont logés les pasteurs qui habitent cette isle sauvage. Le mamelon pointu que l'on voit au milieu de l'estampe est le même qui termine la montagne de la planche LXVII, n° 2.

PLANCHE LXXV.

N° 1. Ruines d'un temple près Chnubis, à sept ou huit cents toises de l'enceinte de cette ville : ce petit monument situé, comme un hermitage, sur le bord du désert, a un caractere très imposant; un sanctuaire de la plus haute antiquité a été entouré postérieurement d'une galerie tournante, qui étoit terminée par deux portiques qui sont détruits. J'aurois desiré en faire plusieurs vues, car tous ses aspects étoient également nobles et pittoresques; la nudité du sol à l'entour de ce monument ne laisse aucun doute sur l'isolement où il a été de tous les temps, et ne doit point y faire chercher l'existence d'une ville perdue dans la nuit des temps.

N° 2. Vue des ruines d'Ombos, capitale du nome de ce nom, bâtie dans une situation théâtrale, dominant le Nil et toute cette région de la vallée; les débris de ses monuments sortent encore fastueusement des briques et des tessons de ses édifices particuliers : on voit à droite le mur de sa circonvallation, avec une porte qui y est encore comprise; la seule fois que j'aie rencontré cette conservation; les deux môles, qui servoient sans doute d'entrée à l'enceinte du grand temple que l'on voit derriere, bâtis sur un terrain mouvant, ou rapporté, avoient des fondations qui descendoient jusqu'au niveau du fleuve; le temple, très avantageusement situé, devoit produire l'effet le plus imposant lorsqu'il étoit environné de tous ses accessoires; la ruine en est encore admirable. Je ne la vis que pour avoir à regretter de ne pouvoir en faire une vue qui pût donner l'idée de sa splendeur. A gauche, sur un monticule de briques rouges, qui sont les restes de la ville antique, on apperçoit quelques fabriques, qui sont les habitations d'Arabes pasteurs, qui vivent misérablement sur les ruines fastueuses des habitations antiques. J'ai regretté de ne pouvoir chercher dans son enceinte s'il y auroit des vestiges de quelques bassins où auroient été nourris les croc. diles que l'on adoroit à Ombos.

N° 3. Vue des ruines de Chnubis, une des villes dont les restes, quoique nombreux, donnent le moins d'idée de son plan et de la disposition de ses édifices; elle aura sans doute été bâtie ou reconstruite à diverses époques: on y voit de très petits monuments tout près des grands, et également soignés dans leurs détails. J'ai vu deux fois Chnubis, et toutes deux de la maniere la plus incommode (voyez le journal, page 165).

Les ruines à droite sont de petites formes, et n'ont pu appartenir qu'à de très petits monuments; ce qui les termine, est un groupe de deux figures de granit accolées et renversées : l'endroit où sont les deux personnages isolés est un parapet qui entoure un bassin autour duquel étoit une galerie en colonnes. Il reste encore de l'eau dans l'emplacement où l'on voit un chasseur qui tire un coup de fusil sur un des oiseaux qui étoient dans le marais. Le monument auprès des hommes à cheval est une galerie de deux especes de colonnes élevées à deux époques, unies cependant par la même plate-bande: seroient-ce les restes d'un temple auquel on auroit fait des augmentations? Tout près sont deux portes paralleles, de dimensions moins grandes, et ayant appartenu à un autre monument, le tout magnifiquement recouvert de nombreux hiéroglyphes; mais ce qu'il y a de plus particulier dans les ruines de cette ville, c'est la grande muraille en briques non cuites dont ses monuments sont encore enceints; on voit tout à gauche une ouverture, qui étoit sans doute une porte, dont on peut suivre la ligne tout le long du second plan; derriere est la chaîne libyque; en avant du paysage passe le Nil, devant lequel il y avoit un quai, dont il reste quelques ruines.

PLANCHE LXXVI.

N° 1. Tombeaux dans les carrieres de Silsilis: ces carrieres, prolongées dans la masse du rocher de grès, conservoient sur le rivage une espece de façade percée de portes, qui servent d'ouvertures à passer les matériaux tirés de l'intérieur pour les embarquer sur le Nil; cette espece de façade étoit décorée de petits portiques pris à même dans la masse et sculptés avec soin, sans ragréer autrement les rochers dans lesquels ils étoient pris, comme on peut le voir à droite de l'estampe; au milieu, où sont les quatre personnages avec des piques, est l'entrée d'une des rues de ces carrieres; à gauche une inscription décorée d'un couronnement couvert d'emblêmes sacrés; et ce qu'il y a d'étrange dans ce monument, c'est que les lignes paralleles entre elles ne sont pas perpendiculaires; l'espece de champignon qui est à gauche a servi sans doute de témoin pour aider au calcul de l'exploitation de la carriere, comme nous en conservons de nos jours pour les déblaiements des terres ou le nivellement d'un sol: l'erreur que l'imagination enfante, et que l'amour du merveilleux propage, seroit le plus souvent détruite, si l'on vouloit de bonne foi observer et se rendre compte du physique des choses, et ne pas leur prêter une maniere d'être qu'elles n'ont pas. Les voyageurs ont toujours vu ce morceau de rocher comme une des colonnes qui servoient à attacher une chaîne, que l'on croit qui devoit fermer le Nil à ce point, où ce fleuve est resserré par les montagnes; cependant il auroit fallu que cette chaîne eût été ou de corde ou de fer: si elle eût été de fer, son poids eût entraîné une colonne douze fois plus grosse que celle-ci; si elle eût été de chanvre, on verroit encore les marques de l'endroit où elle auroit été attachée; elle auroit d'ailleurs bien vite dégradé par le frottement une pierre tendre; et puis, quelle auroit été la machine qui eût pu tendre une corde qui auroit traversé ce grand fleuve? La meilleure preuve que ce n'étoit point là la colonne de la chaîne, c'est qu'une chaîne ne pouvoit être attachée à cette colonne, et que, si la chaîne a existé, c'est par d'autres moyens qu'elle a été attachée et tendue.

N° 2, 3, et 4. Figures dans les tombeaux, sur le devant des carrieres de Silsilis. Ces figures, de grandeur naturelle, sculptées à même dans la masse du rocher, étoient le plus souvent à peine ébauchées: chaque chambre de ces tombeaux, de 7 sur 10, et de 8 sur 11 pieds, est constamment revêtue en stuc avec des peintures, et contient une, deux, trois, ou quatre figures.

PLANCHE LXXVII.

N° 1. Vue d'une rue de Djirgée. A droite, la maison d'un grand; le mur de circonvallation en fait un quartier qui se ferme, en cas d'inquiétude politique ou de guerre ouverte, par la porte, dont le passage reste libre dans toutes les autres circonstances. Le Caire étoit obstrué de nombre de ces portes; chaque bey, chaque grande charge avoit son quartier: la premiere opération du gouvernement français, en entrant dans cette ville, fut d'en enlever toutes barrieres intérieures. Derriere celle-ci on apperçoit une maison particuliere, comme sont bâties toutes celles de la haute Égypte; tous les étages sont consacrés à la multiplication des pigeons, dont le rapport le plus utile est le produit de la fiente, qui sert à la culture des pasteques et des melons. L'édifice à droite est un minaret avec sa galerie, d'où les imans appellent les fideles à la priere; en tout, cette vue présente l'image naïve de la rencontre d'un coin de rue, ce qu'on ne s'avise jamais de dessiner, et ce qui plus qu'autre chose rend compte d'un pays; elle a été gravée très spirituellement par le citoyen Pillement, artiste distingué.

N° 2. Le château de Benouthah ou Benouth (voyez le journal, page 149) : j'ai choisi le moment où le feu prend à une petite mosquée qui contenoit les munitions de l'ennemi, et les fait sauter; sur le devant est la seule piece de canon que nous eussions, avec laquelle, dans l'impossibilité de faire breche dans des murs de terre, nous brisions la porte pour faciliter l'assaut.

PLANCHE LXXVIII.

N° 1. Maniere de passer le Nil assis sur un double faisceau de paille, avec une courte et double rame, les jambes servant d'avirons; les habitants de la haute Égypte traversent ainsi montant et descendant le Nil; ils tiennent à l'eau deux et trois heures, jusqu'à ce que la fascine soit absolument imbibée. Lorsque nos marches se dirigeoient vers les villages situés entre le désert et le fleuve et proche de l'un et de l'autre, les femmes et les enfants étoient envoyés en avant dans le désert; et le reste de la population, lorsqu'elle nous voyoit arriver, se lançoit à l'eau sur autant de ces fagots, nous regardoit passer de l'autre rive, et revenoit dans les habitations dès que nous étions éloignés.

Les deux figures qui sont au-dessous de l'homme qui est dans l'acte de passer sont celles du bateau et de la rame pris géométralement.

N° 2. Une assemblée de cheikhs : le sentiment de vérité de ce petit dessin a donné au citoyen Berteaux le desir de le graver; et il l'a fait avec tant de talent, que j'ai cru devoir le joindre aux autres productions dont cet habile artiste a décoré mon ouvrage.

Il a été question de cette assemblée dans l'expédition de la basse Égypte (voyez le journal, page 51).

N° 3. Combat de Birambar, et mort du général Duplessis (voyez le journal, page 160).

PLANCHE LXXIX.

N° 1. Fours égyptiens. Ces petites bâtisses, élevées en un jour et pouvant servir le lendemain, sont d'une grande commodité dans une expédition; les Arabes pour ces especes de constructions sont d'une adresse et d'une célérité inconcevables : on est encore plus étonné du peu de combustibles qu'ils consomment pour cuire une très grande quantité de pain ou biscuit (voyez le journal, page 107).

N° 2. Quartier-général dans les tombeaux, près Nagadi. Cette triste habitation, que nous avions été très heureux de trouver dans le désert, nous sauvoit de l'ardeur d'un soleil presque insupportable : on peut prendre une idée du dénuement de sa situation par la vue extérieure de cet édifice, planche LXXIII, n° 1; la scene représente le moment où les paysans de Nagadi nous amenent des Mekkains, qui, apres leur déroute, étoient devenus autant de voleurs qui désoloient le pays, et que les Égyptiens prenoient et tuoient par-tout où ils les rencontroient. La scene se passe au milieu de la nuit : les Arabes de Nagadi arrivent avec leurs prisonniers, éclairés par des especes de torches dont on fait beaucoup d'usage en Égypte dans les marches de nuit : de l'autre côté sont nos intendants cophtes et nos interpretes; dans le second plan, le général Belliard, son état-major et moi : cet effet, assez piquant pour la lumiere, donne une image vraie de notre maniere d'être à cette époque (voyez le journal, page 157).

PLANCHE LXXX.

N° 1. Un trait géométral du couronnement d'une porte d'Apollinopolis parva, aujourd'hui Qouss, dont le n° 3 est la vue pittoresque. Ce fragment se trouvant à portée, j'en ai mesuré avec exactitude toutes les courbures et les dimensions de ses détails: le plan et l'échelle sont au bas de la figure.

N° 2. Inscription qui est sur le listel du couronnement de la porte de Qouss à sa partie sud, qui étoit sans doute l'entrée du temple dont cette porte faisoit partie: cette dédicace, postérieurement faite du temps des Ptolomées, est actuellement dans l'état où je la donne; le citoyen Parquoi, avec l'attention et le soin dont il est capable, et avec les lumieres qu'une longue étude lui ont acquises, a fait aux lettres fragmentées les restitutions ponctuées que l'on voit à la troisieme et à la quatrieme ligne, et la traduction qui suit.

Il m'a accordé les mêmes bontés pour l'inscription que j'ai rapportée de Tintyra, que l'on peut voir dans le journal page 179.

N° 3. Vue pittoresque du village de Qouss, et du monument que l'on voit au milieu de la place, le seul reste de la ville antique d'Apollinopolis parva; le contraste de la gravité de ce seul fragment avec tous les édifices arabes dont il est environné est encore plus frappant dans la vérité que dans la gravure: si l'on fouilloit en avant de cette ruine, on trouveroit sûrement les restes du temple dont cette porte faisoit partie; l'exhaussement de cette place a été la suite des constructions, ruines, et reconstructions de méchantes barraques arabes faites sur les combles des antiques édifices, pour se loger d'une maniere plus assurée. Ce que l'on voit au-dessus du listel de cette porte est encore un reste du mur de ces especes de fabriques. Le squelette de chameau qui est en avant rappelle un usage établi en Orient de ne point traîner hors des villes et des villages les corps des animaux qui y meurent, d'en laisser infecter les habitations jusqu'à ce que les corbeaux, les vautours, ou les chiens, auxquels les habitants ne donnent aucune autre nourriture, les délivrent de l'odeur infecte de ces cadavres hideux.

PLANCHE LXXXI.

N° 1. Fontaine d'El-Adhout, dans le désert, entre Quénéh et Cosséir; la route traverse en cet endroit la chaîne arabique, ou le Mokattam, qui borde toute la partie orientale de l'Égypte supérieure entre le Nil et la mer Rouge: ces rochers, de schiste verd parsemé de quartz, ressemblent au marbre verd antique: les montagnes du fond sont schisteuses et roussâtres; au milieu de l'estampe sont des excavations de la roche, et la fontaine, dont l'eau est fraîche et assez bonne: tous ces groupes sont des portraits fideles de notre halte en allant à Cosséir (voyez le journal, page 183).

N° 2. Arrivée des Français à Cosséir; la mer Rouge dans le fond; la rade de Cosséir avec les barques de Iambo, telles qu'elles y étoient lors de notre arrivée; à droite, le château arabe dans l'état où nous l'avons trouvé, le canal, la ville, la plage blanche et nue, sur laquelle se découpoient les groupes, tels qu'ils se présenterent lors de notre arrivée; les Arabes qui nous avoient accompagnés suivent la députation des habitants de Cosséir, qui abordent le général Belliard, commandant l'expédition; les Français, descendus de leurs chameaux, viennent de se former, et l'artillerie, marchant en ordre, va prendre possession du château.

Cette estampe, gravée par Bertaux, est à mettre à côté des ouvrages les plus distingués du célebre Callot.

PLANCHE LXXXII.

N° 1. Fontaine de la Kittah: cette vue présente le tableau d'une caravane en mouvement, et rappelle ces marches si bien décrites dans les livres sacrés, dans cette histoire si poétique et si colorée, qui gravent si profondément dans l'imagination ces scenes patriarchales près des fontaines du désert, où le plus petit abri devient un monument cité, précieux, desiré, et cher à la mémoire. Je crus à Kittah voir la fontaine du jurement où Abraham fit alliance avec Abimélec, le puits du voyant et du vivant où Isaac rencontra Rebecca; je crus assister à la séparation de Jacob et de Laban. J'ai représenté ici le moment où la caravane, ondoyant dans la plaine, se perd déja dans l'espace, tandis que les derniers de ceux qui l'accompagnent pensent à peine encore à charger leurs chameaux: l'édifice principal est une espece de caravanserail pour abriter les chefs des caravanes;

les autres fabriques couvrent ou entourent les sources des diverses fontaines; au milieu une d'elles, creusée en pente douce, abreuve les animaux; sur le devant, des cadavres de chameaux, dont la substance, dévorée par l'ardente aspérité du sol, devient très vite d'une légèreté extraordinaire, et leurs os blanchis marquent pendant des siecles la route aux voyageurs, et leur servent encore de guide dans l'obscurité des nuits, toujours transparente dans ces climats brûlants.

PLANCHE LXXXIII.

No 1. Femme d'Égypte dans le harem.

J'ai dessiné celle-ci d'après nature; voyez dans le journal, page 50, la circonstance qui m'en a fourni l'occasion; elle est assise à l'angle d'un divan, coiffée, et couverte de schals; près d'elle est un éventail de plumes, et ses sandales au bas du divan.

No 2. Vue de Cosséir, prise du nord au sud, avec la triste vue des stériles côtes de la mer Rouge (1). A gauche sur le devant, on voit les ressifs qui forment la rade de Cosséir, et la défendent des vents du nord nord-ouest, et dans le fond, le cap qui l'abrite au sud sud-est. Cette plage, toute de nouvelle formation, n'est composée que de madrepores, dont la plupart sont énormes; sa couleur blanche, réfléchie par le soleil, en rend l'aspect difficile à soutenir. Ce que l'on apperçoit sur le premier plan sont des établissements arabes; ils sont composés de quelques morceaux de bois soutenant de mauvaises nattes, sous lesquelles de malheureux habitants vivent de coquillages, dont les débris forment tous les ustensiles de leur ménage: j'y ai trouvé des coffres assez curieux faits d'écailles de tortues; mais ce que l'on ne peut ni peindre ni décrire, c'est la triste austérité du pays, c'est le rigide aspect du sol, et l'insupportable reflet de l'ardeur du soleil sur la blancheur de cette plage: en voyant des êtres s'agitant sur ce point, et y formant des établissements, on peut prendre une idée de ce que l'avarice peut faire braver de privations pour obtenir le superflu.

PLANCHE LXXXIV.

No 1. Conseil arabe près Sahmatah (voyez le journal, page 189). Au milieu de l'estampe un grand sycomore fait le plus bel abri de cette enceinte; tous les cheikhs arabes des environs sont rassemblés pour traiter de projets utiles à la province, des travaux à faire pour l'ouverture des canaux à recevoir l'inondation du Nil, et de la répartition des frais à imposer à chaque village en raison des avantages du résultat des opérations. Ce conseil étoit présidé par le général français; tout y étoit discuté avec tranquillité, decence et dignité; tout ce qui étoit juste et utile, de quelque part qu'il vînt, étoit aussitôt approuvé et adopté. Après le conseil le kaïmakan ou commandant de la gendarmerie, chez lequel il se tenoit, donna à souper à tous les chefs, à nous et au détachement qui nous accompagnoit; c'est ce qui fait le sujet de la planche, no 2, où l'on voit la maison des champs du kaïmakan, homme riche, vieux, et en grande considération dans le pays; c'est lui qui, à cause de son grand âge, est couché sur le lit qu'on voit au milieu de l'estampe; il est servi par ses enfants, et ne mange qu'avec son petit-fils, le respect filial ne permettant pas que le fils se mette à table avec le pere, et l'étiquette ne prononçant rien à l'égard du petit-fils; un tapis étendu sur la terre, et tous les convives à l'entour; le général et son état-major est à la partie supérieure: les domestiques font le service en courant à travers les plats; à droite ils apportent le riz et les autres mets: la fumée est l'endroit où se faisoit la cuisine. Toujours à droite une sentinelle en védette, et deux estaffettes arabes envoyées en commission. Derriere le mur d'enceinte est un jardin avec un bois de palmiers; sur le devant une partie du même sycomore qui est dans l'estampe de dessus. Cette habitation n'a l'air au premier coup-d'œil que d'un emplacement où il y a un angar, tenue propre et rafraîchie par de perpétuels arrosements, décorée de beaux tapis, animée par une quantité de personnages ayant chacun une suite, de la magnificence en chevaux, en armes, une gravité, une décence nobles, une profusion de serviteurs apportant à chaque instant quelque chose à manger ou à boire. On est surpris d'abord d'un luxe nouveau; on s'apperçoit bientôt qu'il a ses agréments comme le nôtre, et l'on finit par céder à une mollesse qui a bien quelque charme: j'y passai deux jours et deux nuits, et déja je m'y trouvois très bien.

(1) Il s'est glissé une erreur dans l'annonce du titre de ce no: *lisez*, Vue de Cosséir, et des côtes de la mer Rouge.

PLANCHE LXXXV.

N° 1. Maniere de faire le macaroni: la manufacture et tout à la fois la boutique sont dans la rue; un four, sur lequel une grande plaque de cuivre est échauffée; le marchand fait tomber une pâte fine et liquide, qui se tamise à travers les trous d'un vase qu'il promene sur la plaque; au bout de quelques minutes, les filons de pâte sont durcis, desséchés, et cuits par une même chaleur entretenue sans relâche par une égale quantité de branches de palmier, dont on chauffe perpétuellement le four. On donne, dans le même espace de temps, le même degré de cuisson au macaroni, que l'on renouvelle continuellement sur la plaque, et qui se vend à mesure qu'il se fait.

N° 2. Divan militaire; les causes dans lesquelles les intérêts des Français entroient pour quelque chose, au lieu d'être jugées par la justice ordinaire, étoient portées au tribunal du commandant de la province; et souvent même les habitants demandoient que leurs différents particuliers fussent jugés par le même tribunal: ce tableau-ci est un jugement de ce genre. Le général, près les drapeaux de la république, a derriere lui deux truchemans ou interpretes, frippons intéressés, trop ordinairement payés des deux côtés; à gauche, sur des sieges élevés, sont les accusateurs ou demandeurs; à terre, au milieu, l'appelé ou accusé, et son défenseur; à droite, les témoins; tout le reste est l'assemblée. Cette maniere expéditive et absolue de terminer les causes n'étoit jamais suivie d'aucun murmure, malgré l'inconvénient des truchemans, qui étoit bien sûrement le seul qui pût altérer l'intégrité des jugements.

PLANCHE LXXXVI.

N° 1. Antinoë vue du Nil : on peut lire dans le journal, page 216, pourquoi je n'ai pas donné d'autres détails sur ce qui reste de cette ville; ce qu'on en apperçoit est une porte ou un arc de triomphe qui est à son extrémité sud; ce que l'on voit à droite sont quelques habitations arabes sur l'emplacement de l'antique Besa, dont les ruines m'ont paru s'étendre de là au sud-est: la forêt de palmiers est plantée entre les ruines d'Antinoë et le Nil; au-delà le village et sanctuaire du Schek-Abade, dont les habitants se sont constamment montrés très peu hospitaliers.

N° 2. Vue du couvent de la Poulie, prise du nord au sud, sur la rive droite du Nil (voyez le journal, page 217).

N° 3. Autre vue du couvent de la Poulie, du sud au nord, prise dans la direction du cours du Nil; on voit le couvent isolé dominant le désert, qui est derriere à l'ouest, le pays cultivé et le fleuve; il pourroit devenir un poste militaire en y fabriquant un moyen d'y arriver et d'en sortir: les cavités de ces rochers escarpés sont remplies d'oiseaux de toutes especes qui y font leurs nids; on voit sur le devant la chaîne avec laquelle les moines tirent l'eau dont leur territoire est absolument privé; on voit aussi comment ils demandent la charité aux passagers, en suivant à la nage les bateaux qui montent et descendent.

PLANCHE LXXXVII.

N° 1. Bathen-êl-Baqarah ou le ventre de la vache; c'est la pointe sud du triangle du Delta, qui sépare le Nil en deux branches, et l'envoie ainsi partagé se jeter dans la Méditerranée: cette position est une des plus belles de l'Égypte, celle qui seroit peut-être préférable pour y établir la ville qui en deviendroit nécessairement la capitale; au centre des plus riches provinces, à portée de tout, elle seroit approvisionnée tout naturellement par le commerce des ports de la Méditerranée, et par toutes les productions de l'Afrique que lui apporteroit le Nil: jusqu'à présent il n'y a cependant dans cette situation privilégiée qu'un mauvais petit village qui n'a pas seulement un petit port. A droite est la branche qui conduit à Damiette; à gauche, celle de Rosette, qui, pendant un moment de l'année, arrive jusqu'à Alexandrie par le canal de Rachmanier

N° 2. Vue de Chebreis, village où l'armée vint prendre position la premiere fois qu'elle aborda le Nil.

N° 3. Les ruines du combat de Chebreis, qui eut lieu entre la flottille française, commandée par le contre-amiral Pérès, et les forces navales des Mamelouks; les deux groupes de fumée indiquent comment les troupes de terre vinrent respectivement au secours des barques, et comment, après avoir perdu et repris ses bâtiments, chacun emmena ce qui étoit resté en état de faire route. Cette estampe, gravée par le citoyen Croutelle, est d'un ton délicat et transparent, qui donne une idée parfaite de la diaphanéité de l'atmosphere d'Égypte.

PLANCHE LXXXVIII.

La place de l'Elbequier, la plus grande place du Caire, sans régularité, sans groupe d'édifices pittoresques ; elle a cependant deux moments agréables dans l'année, celui où le Nil à sa grande hauteur y introduit ses eaux et l'inonde, et celui où l'eau en se retirant fait de toute la place un grand jardin couvert de la plus belle verdure. C'est la premiere époque que j'ai voulu représenter dans la pl. LXXXVIII; c'est celle qui annonce une récolte abondante; c'est la fête de tous les ordres de la société, celle de tout le monde. Cette place, devenue alors un vaste bassin, est couverte de barques illuminées, dans lesquelles les grands se promenent, jouissant du calme et de la fraîcheur de la nuit : j'ai pensé d'ailleurs que moins on verroit les maisons, plus elles paroîtroient agréables : la principale est le palais d'Elfy-bey, que l'on voit à droite, et qui est éclairé par des pots à feu; elle est devenue un monument historique pour avoir été l'habitation de Bonaparte pendant son séjour en Égypte, et par l'insigne valeur avec laquelle elle a été défendue dans le temps du siege du Caire, en l'an 8.

PLANCHE LXXXIX.

Plan de la bataille d'Aboukir.

Voyez le récit de cette bataille dans le journal, page 219 ; les renvois explicatifs sont au bas du plan. Je joins ici le rapport militaire fait par le général Berthier, dans son ouvrage intitulé, Relation des campagnes du général Bonaparte en Égypte et en Syrie, afin de ne rien laisser à desirer relativement à cette intéressante bataille.

« Bonaparte arrête les colonnes, et fait ses dispositions d'attaque.

Le général de brigade Destaing, avec ses trois bataillons, marche pour enlever la hauteur de la droite de l'ennemi, occupée par mille hommes; en même temps un piquet de cavalerie a ordre de couper ce corps dans sa retraite sur le village.

La division Lannes se porte sur la montagne de sable, à la gauche de la premiere ligne de l'ennemi, où il y avoit deux mille hommes, et six pieces de canon; deux escadrons de cavalerie ont l'ordre d'observer et de couper ce corps dans sa retraite.

Le reste de la cavalerie marche au centre.

La division Lanusse reste en seconde ligne.

Le général Destaing marche à l'ennemi au pas de charge; celui-ci abandonne ses retranchements, et se retire sur le village; la cavalerie sabre les fuyards.

Le corps sur lequel marchoit la division Lannes, voyant que la droite de sa premiere ligne est forcée de se replier, et que la cavalerie tourne sa position, veut se retirer; après avoir tiré quelques coups de canon, deux escadrons de cavalerie et un peloton des guides coupent la retraite, et forcent à se noyer dans la mer ce corps de deux mille hommes; aucun n'évite la mort : le commandant des guides à cheval, Hercule, est blessé.

Le corps du général Destaing marche sur le village, centre de la seconde ligne de l'ennemi; il le tourne en même temps que la trente-deuxieme demi-brigade l'attaque de front; l'ennemi fait une vive résistance, sa seconde ligne détache un corps considérable par sa gauche pour venir au secours du village; la cavalerie le charge, le culbute, et poursuit les fuyards, dont une grande partie se précipite dans la mer.

Le village est emporté, l'ennemi est poursuivi jusqu'à la redoute, centre de sa seconde position; cette position étoit très forte, la redoute étoit flanquée par un boyau qui formoit à droite la presqu'isle jusqu'à la mer; un autre boyau se prolongeoit sur la gauche, mais à peu de distance de la redoute; le reste de l'espace étoit occupé par l'ennemi, qui étoit sur des mamelons de sable et dans des palmiers.

Pendant que les troupes reprennent haleine, on met des canons en position au village et le long de la mer, on bat la droite de l'ennemi et sa redoute; les bataillons du général Destaing formoient au village qu'ils venoient d'enlever le centre d'attaque en face de la redoute; ils ont ordre d'attaquer.

Le général Fugiere reçoit l'ordre de former en colonne la dix-huitieme demi-brigade, et de marcher le long de la mer, pour enlever au pas de charge la droite des Turks; la trente-deuxieme, qui occupoit la gauche du village, a l'ordre de tenir l'ennemi en échec, et de soutenir la dix-huitieme.

La cavalerie, qui formoit la droite de l'armée, attaque l'ennemi par sa gauche; elle le charge avec impétuosité à plusieurs reprises; elle sabre et force à se jeter à la mer tout ce qui est devant elle : mais elle ne pouvoit rester au-delà de la redoute; se trouvant entre son feu et celui des canonniers ennemis, emportée par sa valeur dans ce défilé de feux, elle se replioit aussitôt qu'elle avoit chargé; et l'ennemi renvoyoit de nouvelles forces sur les cadavres de ses premiers soldats.

Cette obstination et ces obstacles ne font qu'irriter l'audace et la valeur de la cavalerie; elle s'élance et charge jusque sur les fossés de la redoute, qu'elle dépasse; le chef de brigade Duvivier est tué; l'adjudant-général Roze, qui dirige les mouvements avec autant de sang-froid que de talents, le chef de brigade des guides à cheval, Bessieres, l'adjudant-général le Turq, sont à la tête des charges.

L'artillerie de la cavalerie, celles des guides prennent position sous la mousqueterie ennemie, et par le feu de mitraille le plus vif concourent puissamment au succès de la bataille.

L'adjudant-général le Turq juge qu'il faut un renfort d'infanterie; il vient rendre compte au général en chef, qui lui donne un bataillon de la soixante-quinzieme; il rejoint la cavalerie; son cheval est tué; alors il se met à la tête de l'infanterie; il vole du centre à la gauche pour rejoindre la dix-huitieme demi-brigade, qu'il voit en marche pour attaquer les retranchements de la droite de l'ennemi.

La dix-huitieme marche aux retranchements; l'ennemi sort en même temps par sa droite; les têtes des colonnes se battent corps à corps; les Turks cherchent à arracher les baïonnettes qui leur donnent la mort; ils mettent le fusil en bandouliere, se battent au sabre et au pistolet : enfin la dix-huitieme arrive aux retranchements; mais le feu de la redoute, qui flanquoit du haut en bas le retranchement où l'ennemi s'étoit rallié, arrête la colonne : le général Fugiere, l'adjudant-général le Turq, font des prodiges de valeur; le premier reçoit une blessure à la tête, il continue néanmoins à combattre; un boulet lui emporte le bras gauche, il est forcé de suivre le mouvement de la dix-huitieme, qui se retire sur le village dans le plus grand ordre en faisant un feu très vif. L'adjudant général le Turq, qui avoit fait de vains efforts pour déterminer la colonne à se jeter dans les retranchements ennemis, s'y précipite lui-même; mais il s'y trouve seul, et y reçoit une mort glorieuse; le chef de brigade Morangié est blessé.

Une vingtaine de braves de la dix-huitieme reste sur le terrain; les Turks, malgré le feu meurtrier du village, s'élancent des retranchements pour couper la tête des morts et des blessés, et obtenir l'aigrette d'argent que leur gouvernement donne à tout militaire qui apporte la tête d'un ennemi.

Le général en chef avoit fait avancer un bataillon de la vingt-deuxieme légere, et un autre de la soixante-neuvieme sur la gauche de l'ennemi; le général Lannes, qui étoit à leur tête, saisit le moment où les Turks étoient imprudemment sortis de leurs retranchements; il fait attaquer la redoute de vive force par sa gauche et par sa gorge; la vingt-deuxieme et la soixante-neuvieme, un bataillon de la soixante-quinzieme, sautent dans le fossé, et sont bientôt sur le parapet et dans la redoute, en même temps que la dix-huitieme s'étoit élancée de nouveau au pas de charge sur la droite de l'ennemi.

Le général Murat, qui commandoit l'avant-garde, qui suivoit tous les mouvements, et qui étoit constamment aux tirailleurs, saisit le moment où le général Lannes lançoit sur la redoute les bataillons de la vingt-deuxieme et soixante-neuvieme pour ordonner à un escadron de charger, et de traverser toutes les positions de l'ennemi jusque sur les fossés du fort; ce mouvement est fait avec tant de précision, avec tant d'impétuosité et d'à-propos, qu'au moment où la redoute est forcée, cet escadron se trouvoit déja pour couper à l'ennemi toute retraite dans le fort : la déroute est complete; l'ennemi en désordre, et frappé de terreur, trouve par-tout les baïonnettes et la mort; la cavalerie le sabre; il ne croit avoir de ressource que dans la mer; dix mille hommes s'y précipitent, ils y sont fusillés et mitraillés : jamais spectacle aussi terrible ne s'est présenté; aucun ne se sauve; les vaisseaux étoient à deux lieues dans la rade d'Aboukir : Mustapha pacha, commandant en chef l'armée turke, est pris avec deux cents Turks; deux mille restent sur le champ de bataille; toutes les tentes, tous les bagages restent au pouvoir des Français ».

PLANCHE XC.

Vue de la bataille d'Aboukir: j'ai pris le moment où, les ennemis en déroute, on voit encore quelques fuyards qui sont poursuivis par la cavalerie; la grande masse, jetée à l'eau, cherche à regagner la flotte, dont elle est repoussée à coups de canon, et trouve au retour les batteries à mitraille et notre feu de file; les drapeaux, les trophées apportés, tout offre l'image d'une victoire complete. Bonaparte avec son état-major se trouve en ce moment au poste des fontaines, qu'on venoit d'enlever aux Turks ; le pacha, blessé, et prisonnier, est amené devant lui.

Pour prendre une connoissance plus absolue du local d'Aboukir, devenu si célebre par les évènements de cette guerre, on peut relire l'explication de la planche XV, et le journal, pages 40 et 219.

On peut voir aussi le portrait du pacha, planche CVI, nº 1.

PLANCHE XCI.

Nº 1. Vue d'Ajaccio, petite ville devenue célebre pour avoir été le berceau d'un grand homme; j'y ai représenté notre arrivée (voyez le Journal, page 222).

Nº 2. Vue de Fréjus, du côté de la porte d'Aix; j'y ai représenté le moment où les deux frégates qui rapportent Bonaparte en France entrent dans le port de cette ville; évènement qui appartient à l'histoire, et deviendra par elle un monument plus durable que l'amphithéâtre romain dont on voit la ruine sur le devant de l'estampe.

PLANCHE XCII.

Nº 1. Un cheikh. Plus les gens en dignité entassent d'habits, plus ils augmentent la considération et le respect qu'ils veulent commander: celui-ci, quoique maigre par nature, arrivé par ce moyen à paroître plus large que long, étant de plus un imbécille, étoit parvenu à être révéré comme un saint.

Nº 2. Barbier égyptien dans sa boutique. On ne sait ce dont on doit le plus s'étonner, ou de la patience calme de l'opéré, ou de la gravité imposante de celui qui opere: fort adroits à cette opération, les barbiers orientaux, après avoir rasé la tête, parfument la barbe, et lui donnent la tournure analogue à la physionomie et au caractere du personnage auquel ils ont affaire, le tout avec l'importance qu'une de nos marchandes de modes sait mettre en essayant un bonnet à une de nos élégantes; du reste ils sont toujours conteurs, nouvellistes, politiques comme dans les Contes arabes, et bavards en Égypte comme sur tout le reste du globe.

PLANCHE XCIII.

Nº 1. Homme du peuple dans l'attitude qu'il prend aussitôt qu'il a à traiter de quelque chose qui exige plus de deux ou trois phrases.

Nº 2. Plan du temple de Karnak, le plus grand monument de l'Égypte.

N'ayant jamais été dans le cas de pouvoir en mesurer les détails, j'en ai fait sur les lieux une image pour pouvoir m'en rendre compte, en garder le souvenir, et aider la description, qui paroît encore fantastique à ceux même qui se sont trouvés à portée de s'assurer de l'existence d'une aussi vaste conception: situé à trois à quatre cents toises des bords du Nil, sa principale entrée est dirigée de l'ouest à l'est; deux grands colosses, dont il ne reste que les piédestaux, étoient placés en avant de la porte, flanquée de deux môles énormes; ces derniers n'ont jamais été terminés: les Egyptiens commençoient par élever des masses, dans lesquelles ils dressoient leurs lignes architecturales; ils travailloient ensuite leurs hiéroglyphes par le procédé que nous employons pour dégrossir, et terminer une statue colossale composée de plusieurs quartiers de pierre ou de marbre. Derriere ces deux môles est une vaste cour, qu'une avenue de colonnes, B, partage en deux parties; il n'y a plus qu'une de ces colonnes debout: dans la cour à gauche une galerie couverte, C, avec de petits logements ou cellules; à droite, D, un édifice particulier, qui ressembleroit plus à un palais que toutes les autres parties de l'édifice, ayant une porte à part, une cour intérieure décorée d'une galerie, derriere laquelle sont une suite de chambres, et une galerie latérale conduisant au grand portique; au bout de la galerie B, deux autres môles EE, moins grands que les premiers, précédés aussi de deux colosses en granit; on en voit encore les torses renversés : ces seconds môles, qui ont été terminés, se sont écrasés sous leurs masses; c'est derriere cette seconde entrée qu'est le portique le plus vaste, le monument le plus extraordinaire de la magnificence égyptienne: une avenue de vingt colonnes, F, de 11 pieds de diametre, deux quinconces, GG, de quarante colonnes chacun, de 7 pieds de diametre, portant architrave, plate-bande et plafond. On est plus que surpris de si énormes magnificences, on est humilié de la comparaison de nos édifices avec ceux-ci: tout ce portique est encore debout; le terrain a cédé dans quelques parties, et a fait gauchir l'à-plomb de quelques colonnes, ce qui a ouvert le plafond dans plusieurs endroits; le comble de ces espaces couvert devoit servir de terrasse et de promenoir lorsque le soleil n'étoit plus sur l'horizon. L'avenue, de colonnes plus grandes, avoit aussi sa plate-forme; le tambour produit par son élévation étoit latéralement décoré d'un attique en pilastre, surmonté de claires voies en pierre, qui donnoient de l'air et un jour mystérieux à cette forêt de colonnes; cette avenue étoit terminée par une troisieme porte, qui est absolument en ruine; de droite et de gauche sont des chambres fort embarrassées de décombres, et dont la distribution embrouillée exigeoit des recherches embarrassantes. Vis-à-vis, K, sont quatre obélisques de granit parfaitement travaillés; deux grands d'abord, deux moins grands après, et tous quatre moins couverts d'hiéroglyphes que ceux de Luxor: il y en a encore trois debout; le quatrieme, renversé, a été morcelé pour faire des meules. Ces monuments si simples, si purs, si précieux dans leur exécution, la plus parfaite et la plus élégante production de l'architecture égyptienne, celle dont l'exécution prononce tout à la fois et sur la solidité de leur goût et sur la hardiesse de leur entreprise, celle que tous les arts perfectionnés pouvoient seuls exécuter, transporter et dresser, étoient ici prodigués pour décorer l'entrée du petit sanctuaire, pour lequel il semble que tout le reste de cet immense édifice ait été bâti; ce qui produit un contraste qui est peut-être encore une magie de l'art, celle de frapper l'ame de respect pour la sainteté du tabernacle qui occupe le centre de tous ces édifices: ce saint des saints est construit entièrement en granit, couvert de petits hiéroglyphes représentant toujours des offrandes au même dieu, qui est celui de l'abondance et de la régénération (voyez planche CXXVII, n° 10), divinité dont on trouve l'image répétée dans toutes les parties du temple avec les mêmes attributs toujours aussi prononcés. Le plafond est peint en bleu semé d'étoiles jaunes; la porte de ce sanctuaire, I, est précédée d'une autre porte dont les chambranles sont formés de trois tiges de lotus terminées par leurs fleurs, ce que l'on a pris pour des colonnes accouplées avec leurs chapiteaux. De chaque côté du sanctuaire il y a de petits appartements, LL, et derriere sont d'autres pieces, MM, devant lesquelles sont des portiques en colonnes, NN, qui donnent sur une immense cour, O, bordée de galeries, P P, et terminée par une autre qui est ouverte, Q, portée par des colonnes et des pilastres avec chapiteaux et sans chapiteaux (voy. pl. LX, n° 12, et pl. LXXI, n° 11): la corniche, très saillante de cette galerie, forme une espece d'auvent: une autre qui lui est parallele laisse un espace ouvert entre celle Q et une suite de cellules R: autour de tout cela est un mur de circonvallation, couvert d'hiéroglyphes en-dedans et en-dehors: par-delà et en droite ligne est la porte de l'est, S, encore très conservée; toutes les lignes architecturales en sont arrêtées; mais les ornements et les hiéroglyphes n'y sont sculptés qu'à sa partie supérieure, ce qui fait voir la marche de ces travaux: la porte du nord, U, étoit sans doute précédée de sphinxs, dont on ne voit plus que les substructions des socles qui les portoient; le chemin qui y amenoit étoit pavé en larges pierres; à la partie intérieure il y avoit des colonnes qui formoient ou une galerie couverte ou un portique: au sud-est du grand temple on trouve des ruines éparses, des cippes, des statues brisées ou renversées, des arrachements de murs annonçant des constructions de plus petites proportions: étoit-ce la partie des habitations des rois, des grands, des prêtres? En revenant à l'ouest, on trouve de grands môles éboulés, entre lesquels sont des portes ruinées; en-dedans et en-dehors il y a encore des torses de figures colossales en marbre blanc et en grès rouge; des galeries détruites formoient une cour terminée par d'autres môles décorés de même; la porte qui unissoit ceux-ci est tombée; les chambranles qui sont restés en place sont en granit couvert d'hiéroglyphes d'une exécution extraordinaire pour la franchise de la taille et le fini précieux des figures. Les Égyptiens avoient sans doute quelque trempe particuliere pour les outils avec lesquels ils travailloient le granit. Une autre cour, Z, amenoit à un sanctuaire; cette partie est tellement détruite que le plan en est effacé : l'extérieur de ce monument étoit précédé d'une de ces célebres allées de sphinxs; ceux-ci étoient à tête de taureau, ils arrivoient à un embranchement d'une autre allée, *b*, de sphinxs à tête humaine: cette seconde allée venoit couper la grande avenue, *d*, qui, depuis le temple de Luxor, à un mille de là, venoit aboutir à la porte du sud, *d*; ceux-ci étoient à tête de bélier, tenant entre les pattes de devant de petits sanctuaires où sont des figures d'Isis; les corps tronqués de ces sphinxs, sur leurs piédestaux enfouis, mêlés à des palmiers, offrent encore un aspect auguste et imposant; voyez la porte, *d*, planche XLIII, nº 3, qui est en ligne directe des deux môles; l'espace qui est entre la porte et ces môles étoit encore garni de sphinxs; il n'en reste que quelques uns: ces deux môles précedent un portique ouvert de vingt-huit colonnes, qui formoit une cour intérieure d'un style plus grave encore que tout ce que nous avons décrit, un péristyle et un sanctuaire plus mystérieux que tout ce que nous avons rencontré, une enceinte dans une enceinte; tout à côté, L, un autre temple; *mmm*, une enceinte générale, dont la ruine forme une petite chaîne de montagnes enfermant deux lacs XX, et d'autres ruines sans formes. On est fatigué de décrire, on est fatigué de lire, on est épouvanté de la pensée d'une telle conception; on ne peut croire, même après l'avoir vu, à la réalité de l'existence de tant de constructions réunies sur un même point, à leur dimension, à la constance obstinée qu'a exigée leur fabrication, aux dépenses incalculables de tant de somptuosité.

Nº 3. Plan du monastere blanc (voyez le Journal, page 89).

Nº 5. Plan du Memnonium, qui étoit un temple ou un palais. Lettre A, un môle, dont un pareil détruit formoit la premiere entrée de l'édifice : B, la statue la plus colossale de l'Égypte (voy. sa ruine, pl. XLII, nº 5, et pl. XLV, nº 1); elle avoit 75 pieds de proportion; on en voit encore le torse et les cuisses; il y a sur le bras une inscription hiéroglyphique (voyez pl. CXVIII, nº 7): il est probable que c'étoit là la statue de Memnon, puisqu'elle se trouve devant l'édifice qu'Hérodote et Strabon ont indiqué comme étant le Memnonium, puisque l'on a mis une grande volonté à la renverser; ce qui suppose un projet de découvrir un mystere célebre, ou détruire un objet de culte, et parcequ'elle est seule au lieu des deux (planche XLIV), de l'une desquelles on s'est obstiné à faire la statue de Memnon. La lettre C est un second môle, qui, avec un autre aussi détruit, formoit une seconde entrée à une cour bordée d'une galerie de colonnes et de pilastres, devant lesquels étoient des figures de prêtres ou divinités : les deux points carrés marquent la place de deux statues en granit noir d'un travail recherché; elles sont renversées et brisées : les détails apportés auroient pu donner une idée de la perfection de la sculpture égyptienne. La lettre E étoit sans doute un portique comme celui du temple de Karnak; les parties F, G, sont dans un état de destruction à ne pouvoir donner aucune idée de ce que pouvoient être ces pieces.

Nº 4. Le musulman entouré de tout ce qu'il aime; assis à l'ombre, avec sa pipe, son café, son chat, ses oiseaux, il est tourmenté, et jamais importuné par ses petits enfants qu'il idolâtre: heureux de jouissances si douces, il devroit être bon et vertueux; et il le seroit sans l'orgueil et la paresse, qui enfantent en lui l'intérêt, qui gâtent toutes ses bonnes qualités.

PLANCHE XCIV.

Ustensiles égyptiens de trois ordres : les premiers sont les ustensiles de terre grossiere pour l'eau; les seconds, ceux de fer battu et étamé pour la cuisine et pour porter en voyage; les troisiemes, les bijoux et meubles de luxe : les premiers, que l'on nomme en général bardach, servent à contenir l'eau, et avec lesquels on boit à même; ils sont tous fabriqués dans la haute Égypte, entre Dindera, Kéné, et Thebes, et plus particulièrement à Ballasse, village qui a donné le nom aux jarres du genre de celle qui est dans le milieu, nº 4; de temps immémorial elle est d'un usage général dans toute l'Égypte pour clarifier et rafraîchir l'eau du Nil. J'ai vu les mêmes vases, dans les peintures antiques, employés aux mêmes usages (voyez pl. CXXXVI);

la montagne où se prend la matiere premiere de ces vases est de roche argilleuse très tendre, que l'eau décompose, et qui se pêtrit en même temps qu'on l'inonde; ses parties grasses et sablonneuses sont tout naturellement composées pour l'usage desiré; machinée, elle se tourne facilement, se durcit d'abord à l'ombre, puis au soleil, ensuite reçoit une demi-cuisson par un seul coup de feu de paille, et se vend à la manufacture à si bon compte, que les habitants des environs ont meilleur marché d'en faire des maisons et des murailles d'enclos, que d'employer le pizet et la brique.

La nature spongieuse de cette terre fait transsuder l'eau, ce qui lui donne un mouvement qui attire la partie fangeuse aux parois du vase, et la partie extérieure se trouvant toujours mouillée de la transsudation, pour peu que l'air frappe sur le vase, l'eau en devient presque aussi fraîche que par l'usage de la glace, dont on est absolument privé par l'absence des hautes montagnes et la douceur des hivers; à l'étranglement des bardachs qui servent pour boire il y a de petites grilles de même matiere qui empêchent d'arriver l'eau avec trop d'abondance; on les parfume souvent de fumigation de benjoin, ou d'autres aromates, ou d'eau de fleur d'orange, pour varier la saveur insipide de l'eau, qui du reste, en sortant de ces vases, est la meilleure qui existe au monde. Dans mes voyages aux environs de Kéné, j'ai été plusieurs fois à Ballasse; j'en ai vu les manufactures et les chargements immenses qui s'en font sur des bateaux, ou sur des trains composés des pots mêmes, comme nos trains de bois, qui apportent leur marchand à l'endroit pour lequel le chargement est destiné.

La forme des bardachs et des ballasses est d'un assez bon style; ayant constamment été d'un usage général et absolu, ces ustensiles se sont conservés d'un galbe pur: j'ai fait la remarque que tout ce qui est d'usage de premiere nécessité dans les pays où il a existé de bonnes formes à certaines époques, la tradition s'en est conservée par succession d'imitation et d'usage.

Les ustensiles en fer sont d'un tout autre genre; ils ont les formes indiennes: ce que l'on voit ici est ce qui compose le nécessaire du militaire, du voyageur, et qui, répété, forme la vaisselle plate des gens ordinaires. Le n° 8 est l'assiette, le n° 9 le plat, le n° 10 la gamelle à faire bouillir la viande pour faire le bouillon; le couvercle, en se retournant, devient, n° 13, un plat creux à dresser la viande; j'ai vu pareille forme en terre parmi les jattes dites étrusques: le n° 11 est la bouilloire, qui sert à tout dans toutes les occasions où l'eau chaude est employée, pour le riz, le bouillon, le café, etc.: le n° 12 a aussi nombre d'usages; on y prépare tous les breuvages frais et sucrés, tous les ragoûts à longue sauce; le n° 14 est la tasse à boire tout ce qui n'est pas de l'eau pure.

Le n° 15 du troisieme rang est un plateau pour présenter avec cérémonie une tasse de café à un personnage auquel on veut marquer du respect; ce plateau est d'argent ou d'or, et même quelquefois garni de pierreries; on ne se sert pas de soucoupe en Orient, mais, afin que la tasse ne brûle pas la main, on met celle de porcelaine, dans laquelle est le café, dans la fig. n° 17, qui est d'argent ou d'or: la fig. n° 16 est un aspersoir, avec lequel on jette de l'eau de rose sur ceux qu'on veut bien traiter, après le repas, ou à la fin d'une visite, lorsqu'on paroît vouloir prendre ou donner congé: le n° 18 est l'aiguiere et sa jatte pour laver les mains et la figure, avant, pendant, et après le repas, et en général toutes les fois qu'on a touché quelque chose; à la jatte il y a un double fond percé de trous, à travers lesquels passe l'eau, et qui empêche que celle qui lui succede puisse faire rejaillir la premiere, et dérobe l'aspect de l'eau salie qui a lavé: le n° 19 est un profumatoire sur son plateau; il s'ouvre par le milieu, et l'on y fait brûler sur des charbons des parfums de bois d'aloès, de benjoin, ou pastilles composées; les grands profumatoires, de 2 à 3 pieds de hauteur, sont constamment au milieu de la chambre, les petits se portent à la ronde, et chacun avec la main en attire la fumée sur sa barbe ou sur ses habits. Ce superflu, dont nous ne nous sommes pas encore avisés, convient aux nations qui cherchent des jouissances sans agitations, qui écoutent posément leurs sensations, n'aiment point à parler, et trouvent dans ces sortes d'usages un hommage de plus à présenter à celui qu'ils veulent fêter et distinguer: ce sont les esclaves qui agissent; un signe de la main suffit pour en faire les honneurs, de sorte que dans une visite d'intérêt ou de respect, les confitures, le sorbet, le café, la pipe permanente, l'eau de rose et les parfums, remplissent à-peu-près le temps; ajoutez à cela quelques adages, tels que, Vous vous portez bien; Dieu est grand, très grand; et autres propos qui ne les compromettent pas davantage: on se sépare sans grand desir de se revoir; chacun trouve chez soi le bonheur ineffable d'être à son aise, de ne rien faire, de se reposer. Cette mollesse, si douce en apparence, est cependant la source de tous les vices dont le caractere des orientaux est flétri; c'est pour arriver à ce but chéri qu'ils sont cupides, égoïstes, avares, cruels, tyrans, atroces enfin.

PLANCHE XCV.

N° 22. Un bouclier de cuir de rhinocéros, à l'épreuve du sabre; celui-ci est d'un travail exquis: on doit croire que cette arme vient de l'Inde au vernis qui couvre le cuir et à la dorure des ornements; le petit coussinet de la partie du revers, n° 23, garde la main du contre-coup frappé sur le dessus.

Le n° 21 est une seconde arme défensive, qui n'est qu'un brassard avec son gantelet. Les Mamelouks n'en portent qu'au bras gauche, dont ils tiennent la bride du cheval; la main qui combat n'a qu'un gant de buffle dans la forme de ceux des trabans; la fourbissure est de l'ancien Damas; les ornements en relief sont modernes, en argent, et d'un travail médiocre; le gantelet est d'une double maille goupillée d'un travail minutieux et infini; le tout est matelassé d'une doublure en satin rouge.

Le n° 25 est un carquois, contenant trois javelots, que les Mamelouks ont coutume de lancer avant d'en venir au sabre; ils sont très adroits à cette sorte d'exercice, et leurs domestiques, qui courent à travers les combattants lorsque le coup ne porte pas et que le javelot tombe à terre, ont soin de le ramasser et de le rapporter à leur maître; cette arme a la pointe en fer battu, l'hast en bois, et les ornements en argent d'un travail moderne, d'un assez bon goût, et fait au Caire; le corps du carquois est en velours.

Le n° 24, un javelot hors du carquois.

Le n° 4 est une masse ou bâton de commandement, en fer damasquiné en lame, d'un bon goût et d'un travail précieux; cette marque de dignité peut devenir une arme dans la mêlée, et peut servir à briser les boucliers, et assommer les blessés; le manche, foré, recele une javeline de fer de deux pieces, n° 6, la partie inférieure servant de gaîne à la partie supérieure, le tout damasquiné en argent, et d'un travail recherché.

Le n° 2 est une hache de fer damasquiné en or, avec inscription perse qui indique le pays où elle a été travaillée; le manche, en argent et en cuir, est de manufacture du Caire.

La lettre B est une cafetiere dans un réchaud portatif, pour remettre du café bouillant dans les tasses où l'on en a déja pris; ces deux ustensiles en argent, manufacturés au Caire, sont du même genre que ceux de la planche XCIV.

N° 11. Un arc en baleine d'un travail parfait: au genre d'ornement et à sa dorure on doit croire que cette arme vient de l'Inde; sa corde est un faisceau de fil de soie non tordue, qui a plus de force que le boyau le plus gros et le mieux filé.

Les n° 13 et 14 sont deux ustensiles qui dépendent de l'arme n° 11; l'un est une rainure dans laquelle s'introduit la fleche; il s'adapte au poignet qui tient l'arc, pour servir de direction à la fleche au moment de son départ.

Le n° 13 est un morceau d'ivoire, que le tireur d'arc passe à son pouce pour pouvoir tirer la corde avec plus de force, et n'être pas blessé de la vibration à l'instant de l'échappement.

Lettre A, un profumatoire; c'est un ouvrage en filigrane, d'une forme étrange, mais dont chaque ornement à part est d'un goût exquis et d'un travail immense.

Lettre C, est un aspersoir; ce morceau d'orfévrerie est très recherché par son travail, qui paroît être indien: en général les Égyptiens modernes, quoiqu'ils aient un goût à eux, n'ayant que quelques ouvriers et point de manufactures, admettent de chaque pays tout ce qui peut convenir à leur usage; et l'on a trouvé dans des dépouilles de Mamelouks des tromblons anglais, des pistolets français du dernier siecle, des sabres dont les lames étoient de Damas ou de Perse, anciennes, avec la monture africaine, des cottes de mailles, des fleches et des arcs indiens ou chinois.

N° 15 et 17. La bride et la selle d'un Mamelouk.

N° 8. Son casquet. Tous les autres numéro sont le reste de ses armes, dont le rassemblement se voit à la figure, planche CI, n° 3.

PLANCHE XCVI.

La collection de ce que j'ai rapporté d'antiquités d'Égypte.

Nº 1. Figure de prêtre ou divinité de grandeur naturelle, en pâte verte, avec de petits points jaunes, semblable un peu aux émaux que l'on fait à Nevers; celle-ci trouvée à Tintyra, j'ai dû croire qu'elle y avoit été fabriquée, par la quantité que j'en ai trouvé là de la même manufacture qui n'avoient jamais été portées ni achevées de réparer, et qui sembloient même sortir du fourneau où elles avoient été fondues.

Nº 2. Un épervier, même pâte, même manufacture. Presque tous ces morceaux sont gravés de la grandeur de l'original.

Nº 3. Un lion en porcelaine.

Nº 4. Un sphinx, manufacture de Tintyra.

Nº 5. Un cynocéphale en porcelaine.

Nº 6. Pâte de Tintyra.

Nº 7. Un crapaud en terre, noir.

Nº 8. Un hippopotame en porcelaine verte.

Nº 9. Le dieu Loup ou le Chakal, en pâte, manufacture de Tintyra.

Nº 10. En pâte de Tintyra.

Nº 11. *Idem.*

Nº 12. En pierre dure jaspée, couleur olive.

Nº 13. Un Typhon en pâte.

Nº 14. Un cynocéphale en terre noire.

Nº 15. Un Harpocrate en porcelaine.

Nº 16. Un vase en pierre dure.

Nº 17. Une pâte.

Nº 18. Un nilometre en pâte bleue, de la manufacture de Tintyra, morceau non terminé, et comme l'empreinte d'une de nos pâtes de camée qui n'auroit pas été réparée.

Nº 19. Un œil sur une proue de vaisseau, en porcelaine verte.

Nº 20. Un Priape en porcelaine bleue.

Nº 21. En porcelaine verte.

Nº 22. Le même Priape que le nº 21, vu de côté.

Nº 23. Un œil en porcelaine bleue.

Nº 24. Un épervier en pâte verte, manufacture de Tintyra.

Nº 25. Une tête d'aigle; ce morceau, qui n'est point un fragment, est en pierre ollaire, couleur olive foncée, d'un beau travail et du plus grand style; il a été trouvé à Thebes.

Nº 26. Figure d'une victime les bras attachés derriere le dos: ce petit torse, d'une belle exécution, paroît, pour le style, être du siecle de Michel-Ange, en porcelaine verte, et trouvé à Thebes.

Nº 27. Cette figure, en porcelaine bleue, n'a qu'un côté, l'autre est lisse; une particularité qui lui est propre, c'est que l'émail est de deux couleurs, la coiffure de la figure étant en émail noir.

Nº 28. Une tête en ardoise, trouvée à Tintyra; le style en paroît romain.

Nº 29. Ce morceau, en pâte non vitrifiée, paroît représenter l'os du crâne d'un hippopotame; le travail en est précieux; il a été trouvé à Thebes.

Nº 30. Un buste de cynocéphale en porcelaine brute.

Nº 31. Une figure assise, très aplatie, en porcelaine bleuâtre.

Nº 32. La figure d'un ichneumon en pierre de touche; c'est la seule représentation que j'aie vue de cet animal; je l'ai acheté à l'isle d'Éléphantine où une femme le portoit à son cou; c'est ainsi que j'ai trouvé et acheté nombre d'antiquités.

Nº 33. Une tête d'Isis en pâte, manufacture de Tintyra.

Nº 34. Une chouette, avec une tête de cynocéphale; sur la plinthe qui est sous la figure l'empreinte d'un homme en creux, ce qui donne à ce morceau la figure d'un cachet.

Nº 35. Figure en porcelaine verte.

Nº 36. Une des deux figures de Typhon, celle que l'on voit répétée sur les chapiteaux et sur les frises des temples consacrés à ce dieu, en porcelaine verte, et d'un travail fort recherché.

Nº 37. Autre figure de Typhon, en pâte verte, ressemblant au Bacchus indien, de la manufacture de Tintyra.

Nº 38. Autre Typhon presque semblable au nº 36.

Nº 39. Fragment d'un Typhon en pâte, manufacture de Tintyra.

Nº 40. Cynocéphale en pierre ollaire, morceau très fruste.

Nº 41. Le dieu Chat en pâte, manufacture de Tintyra.

Nº 42. En porcelaine d'un très beau bleu; on

retrouve souvent cette espece d'amulette au bas des chaînes attachées au cou des statues.

N° 43. Figure de divinité en pierre de touche.

N° 44. Autre figure de prêtre ou de divinité, en pierre ollaire.

N° 45. Une figure d'enfant, assise sur un oiseau qui paroît un oiseau de riviere, dessiné moitié de la grandeur de l'original.

N° 46. Une tête en porcelaine verte.

N° 47. Une tête, que je crois celle d'Isis, en porcelaine verte, moitié de la grandeur de l'original.

N° 48 et 49. Figures de divinités ou de prêtres, en pierre ollaire, moitié de leur grandeur naturelle.

N° 50. Une figure de Jupiter Ammon : ce morceau en bronze est d'une grande perfection, soit par la fonte, soit par la maniere dont il est réparé ; il peut donner à lui seul une idée de la perfection où les Égyptiens avoient porté cet art.

N° 51. Autre figure en bronze, qui paroît avoir fait le dessus d'un bâton porté dans les cérémonies.

N° 52. La même figure de Jupiter au n° 50, présentée de côté pour la faire connoître sous un autre aspect: j'ai trouvé ce fragment à Éléphantine.

N° 53, 54. Figure d'un cynocéphale en bois de sycomore, ébauchée d'une maniere très franche et très hardie, dessinée le tiers de la grandeur de l'original : je l'ai trouvée à Thebes dans les tombeaux des rois.

PLANCHE XCVII.

Antiquités égyptiennes.

Scarabées, emblêmes de la sagesse, de la force, de l'industrie; son image se trouve par-tout, ainsi que celle du serpent; il occupe la place la plus distinguée dans les temples, non seulement comme ornement, comme attribut, mais comme objet de culte: ceux-ci se portoient au cou; ils sont faits en porcelaine de toute couleur, en pierre de touche, en cornaline, en jaspe, en pierre ollaire: je n'ai jamais vu deux fois la même empreinte dans le dessous; je n'ai fait graver que cette partie, les fig. 8 et 12 servant pour le dessus de toutes celles sans variétés, comme celles 10, 15, et 16, dont je n'ai pu deviner le sujet; ils sont tous de grandeur naturelle: celui E, au bas de la planche, appartient à Bonaparte; il est en jaspe, et a été bien évidemment gravé au touret.

La lettre A représente le dessous des pieds d'une momie, où étoit tracé cet ornement; celui qui est au bas servoit de bordure en laine à une toile de lin.

Les hiéroglyphes B, D, F, ont été pris dans les grottes qui se trouvent au sud des pyramides, à une distance d'environ 150 toises du sphinx.

La lettre G est le plan d'un temple au nord-est d'Esnê, cité dans le journal, page 195, et la vue, planche LII, n° 1.

PLANCHE XCVIII.

Outre des manuscrits intéressants que m'a communiqués le citoyen Amelin, il a eu aussi la complaisance de me confier les détails de la dépouille d'une momie de femme, trouvée à Thebes, qu'il a développée lui-même avec soin; opération dont il m'a transmis des particularités fort étranges, telles qu'un Priape ayant eu existence, embaumé à part, enveloppé de bandelettes, et superposé sur la partie correspondante de la momie; sur l'estomac de la même momie étoit une petite plaque carrée d'argent laminé, même grandeur que la gravure n° 34 : c'est le seul morceau d'argent que l'on ait encore trouvé; il atteste à la fois un instrument de mécanique d'une combinaison très avancée: cette plaque étoit percée aux quatre angles, et cousue sur les vêtements; le corps de la momie étoit couvert d'une tunique d'un tissu lâche, et composé d'un fil excessivement fin ; le fil à faire la dentelle n'est pas plus délié; plus mince qu'un cheveu, il est retors, et composé de deux brins, ce qui suppose, ou une adresse inouie dans la filature à la main, ou des machines très perfectionnées; autour des reins de cette momie étoit une ceinture, n° 29, composée de tube d'émail, semblable à ceux qui se font encore aujourd'hui, près de Venise, à la manufacture de Mourano; ce tube, tressé en losange, avoit un petit grain rond de même matiere à son croisement; une bande de même tissu, et qui descendoit par-devant, étoit terminée par huit gros grains de même matiere, formant huit glands, avec leur frange; autour du cou étoient six joyaux de bois doré, n° 23 jusqu'à 28, dont la préparation est la même que la dorure actuelle, c'est-à-dire une impression blanche, couverte d'or battu au livret; particularité très remarquable relativement aux arts: dans ce qui composoit les différentes enveloppes il y avoit des toiles d'especes absolument différentes; outre le tissu lâche et simple, il y avoit un coutil dont les bords étoient terminés par une bordure précieusement faite; une autre espece de toile ouvrée composée de deux brins très retors pour la trame comme pour la couverte, rayée à bandes de six pouces en six pouces par de gros brins, composés d'un faisceau de même fil, tel que cela se pratique encore dans l'Orient.

On trouve presque toutes ces toiles déchirées ou raccommodées avec des reprises assez mal-adroitement faites; ce qui indiqueroit que tout le vieux linge étoit employé à ensevelir les morts; car on ne peut imaginer que la toile fût rare, à l'abus qu'on en faisoit pour les embaumements.

Outre les curiosités ci-dessus, j'ai joint tous les scarabées que le citoyen Amelin a rapportés, qui contenoient quelques particularités; sous celui nº 16, est gravé un héros sur son char, dans l'acte de tirer une fleche sur des ennemis vaincus, tels qu'on en voit de sculptés en bas-relief sur les portiques de Thebes; le nº 18 est un bœuf Apis avec des bandelettes; autour de la gravure est un liseret semblable à celui que l'on trouve sur les pierres étrusques; le nº 4 est un petit cube alongé et percé dans sa longueur, sur les quatre faces duquel sont représentées quatre divinités, plus précieusement travaillées que dans les autres pâtes, et ayant deux couleurs comme le nicolo; ce qui prouve qu'ils étoient assez avancés dans cet art pour faire des choses agréables.

L'empreinte nº 6 est une tête d'Isis, avec les oreilles et les cornes de vache, telle que celle qui est figurée aux chapiteaux du temple de Tintyra; au lieu d'un scarabée c'est une grenouille qui fait le dessus: les nº 10, 12, sont l'image d'un fragment d'une bague, contenant une inscription: je l'ai fait répéter deux fois parceque c'est le seul joyau de cette espece que j'aie rencontré.

Les nº 1, 7, sont deux têtes de béliers, telles qu'on les remarque au temple d'Esné, surmontées d'un disque de la lune; la premiere est de la même pâte que les scarabées; la seconde est en cornaline, et prouve qu'ils savoient aussi travailler les pierres dures, et avoient l'usage du touret.

La figure nº 32 et 33 est de faïence, en grosse terre, recouverte d'un émail bleu; elle représente un Priape en forme circonflexe, sur lequel est accroupi un petit enfant.

Les nº 35, 36, et 37, sont d'autres Priapes en marbre, en terre, et en bronze: sont-ils romains, ou égyptiens, ou grecs? c'est ce qu'il est difficile de décider, n'ayant aucun de ces trois styles.

Le nº 13 est un œil, composé d'émaux, bleu, blanc, et noir, posé sur champ, et lié à la maniere de certaines mosaïques trouvées à Pompéïa; les couches subsistent dans toute l'épaisseur du diametre que l'on peut remarquer à cette petite figure, et les couleurs s'en trouvent répétées au revers. Il est bien difficile de savoir si cet œil à lui seul est une chose, ou si c'est le fragment d'une figure entiere; mais ce seul petit morceau atteste un art à part qui ne peut appartenir qu'à une nation très avancée.

Le nº 21 est un petit manuscrit, trouvé dans la main d'une momie, et lié, comme on peut le remarquer, avec un fil qui semble être fait de chanvre d'aloès; ce manuscrit a trop souffert pour être développé et copié, j'ai pensé qu'il valoit mieux en conserver l'image, et en donner la forme.

Le nº 31 est un vase, très lourd, très dur, et très compacte; il ressemble assez à du grès; il avoit deux anses, dont on ne voit plus que la fracture; il ne pouvoit être d'aucun usage, par la petitesse de son gouleau, qui n'est que d'une ligne de diamettre, et par le peu de vide de son intérieur. J'ai pu remarquer en général, dans les ruines des villes égyptiennes, que la poterie y étoit extrêmement abondante, mais que la grande majorité étoit mal cuite et commune, comme celle d'à présent; celle qui étoit plus fine étoit sans doute fort rare, et les fragments en ont disparu.

Le nº 38 est la figure d'un poisson dans la forme d'un scarabée, en porcelaine, de la grandeur de l'original.

PLANCHE XCIX.

Momie d'ibis. Les pots dans lesquels ces oiseaux sont fermés, et qui leur servent de sarcophages, sont de terre rouge et commune, de 14 à 18 pouces de hauteur (voyez la forme de ce pot, lettre A); on les trouve en grand nombre à Saccara, dans des chambres souterraines; ces chambres sont si saines, que ces pots semblent encore neufs en en sortant, et qu'on douteroit de leur antiquité si la méthode de l'embaumement n'étoit perdue, et si l'oiseau dont on trouve le squelette n'eût disparu du sol de l'Égypte: on dit que de temps à autre on en voit encore quelques individus dans le lac de Menzaleh, entre Damiette et Peluse; cependant, malgré mes questions obstinées à tous les chasseurs du pays et à tous ceux qui s'occupent d'histoire naturelle, je n'ai trouvé personne qui m'ait assuré en avoir vu.

Je fis avec le cit. Jeoffroy l'ouverture de deux de ces pots et des momies qu'ils contenoient: un léger effort fit céder la soudure du couvercle, qui n'est qu'une espece de chaux; nous trouvâmes l'emmaillottement de l'oiseau ballottant dans le diametre du pot, ce qui est cause sans doute que presque toutes les momies de cette espece, envoyées en Europe, y arrivent réduites en poussiere par les secousses de la route. Leur premier aspect est celui de la momie d'un enfant qui vient de naître (voyez les figures B, C, D, E); une toile assez fine, bistrée, et qui semble avoir été imbibée d'un fluide aromatique, après avoir été croisée à la partie inférieure, en couvre tout un côté (voyez lettre B); sous cette enveloppe un fil double serre horizontalement et transversalement la momie dans toutes les parties (voyez figure C); sous ce fil la seconde enveloppe est comme la premiere, formée du même lange; ensuite on trouve de petites bandelettes d'un pouce et demi de diametre, qui, comme le fil, serrent l'oiseau dans tous les sens (voyez F, G, H), qui sont les deux côtés de la momie dans cet état; ces bandelettes enlevées, on trouve encore un troisieme lange, sous lequel sont de petits tampons de toile adaptés à la partie inférieure, et placés là pour soutenir la forme de la momie, et lui donner plus de consistance; tout cela ôté, la momie prend la figure d'une nymphe de chenille prête à devenir un papillon (voyez figure I); cette derniere enveloppe, beaucoup plus grossiere que la premiere, trempée dans un baume plus compacte, en a reçu une couleur plus brune et d'une consistance plus forte, on commence alors à découvrir quelque forme de l'oiseau: nous ouvrîmes cette enveloppe; mais, comme si la matiere eût été employée trop chaude, ou qu'elle eût eu quelque qualité corrosive, elle avoit carbonisé tout ce qu'elle avoit pénétré, et les os tomboient en poussiere à mesure que nous les découvrions ou que nous voulions les détacher de l'adhérence qu'ils avoient à la toile ou à la matiere embaumante. Le desir de rendre notre opération complete nous fit ouvrir mon second pot; nous y trouvâmes une momie plus grande, plus compacte et plus pesante: la seule différence que nous trouvâmes dans les enveloppes de cette seconde fut qu'au lieu d'un lange pour derniere couverte, c'étoient des bandes de deux couleurs, alternativement posées et recouvertes par des fils enveloppant symétriquement le petit maillot (voyez figure C). J'ai trouvé encore deux autres différences depuis (voyez figures D et E): dans celle figure B il y avoit une espece de petite cocarde, qui nous parut d'abord un jeu de l'embaumeur; c'étoit un petit morceau de bandelette plié et attaché au maillot par le gluten de la matiere: j'ai été dans le cas de voir depuis que c'étoient, ainsi que les figures nº 12 et 13, de petits fragments de plumes, retrouvés peut-être après l'opération faite, et scrupuleusement enveloppés, et adaptés à la masse principale, pour que rien n'en fût séparé. Ce soin scrupuleux peut faire voir combien les Égyptiens attachoient d'idées religieuses à ces embaumements, et m'a expliqué dans la suite ce que c'étoit que de petites momies que j'ai trouvées depuis en dépouillant des embaumements d'humains; on en peut voir une figure de grandeur naturelle, et l'explication, nº 5 et 7, planche C. Toutes les autres enveloppes de notre seconde momie étoient les mêmes que celles de la premiere; la derniere n'étoit point adhérente, et nous trouvâmes dessous le plus beau petit squelette possible (voyez lettre G), pas une fracture des os même les plus délicats (voyez les os gravés de grandeur naturelle dans la partie supérieure de la même planche); les pennes et les barbes étoient conservées; on pouvoit juger, malgré la teinte altérée par l'impression de la liqueur balsamique, que la partie supérieure en avoit été blanche, et les extrémités roux-brun; la queue courte avec des pennes de peu de consistance.

Par cette double opération nous fûmes dans le cas de nous rendre compte du procédé employé dans cette espece d'embaumement; le voici en sens inverse de ce que je viens de le présenter, et tel qu'il devoit s'effectuer. Celui qui opéroit ôtoit toutes les parties intérieures de l'oiseau, les faisoit bouillir dans le baume, et les replaçoit; ensuite il prenoit l'oiseau, en plioit les ailes contre le corps, ce qui donnoit la grandeur totale de la momie; il replioit les jambes en les relevant des deux côtés du sternum, lui rabattoit la tête entre les deux cuisses, de maniere à ce que l'extrémité du bec arrivât à l'extrémité de la queue, et, tenant d'une main par la partie inférieure l'oiseau ainsi troussé, il adaptoit le premier linceul très imbibé de matiere balsamique et glutineuse, et achevoit de l'envelopper par la partie inférieure, en y ajoutant deux petits tampons, pour donner plus de consistance à cette partie, où il ne se trouvoit que la queue, les pennes des ailes, et le bec; ensuite venoit le grand linceul, de cinq pouces de large et trois pieds de long, d'une toile plus fine, et trempée dans une liqueur plus fluide; il l'appliquoit d'abord du haut en bas; il tournoit sans ordre du fil autour pour le fixer; ensuite il le tordoit au-dessous, puis adaptoit sur le linceul les bandelettes de deux à trois pouces de large, dont les extrémités étoient toujours fixées par le gluten de la matiere noire et épaisse; ensuite reprenant le linceul, il recouvroit les bandelettes, et les fils, comme je l'ai déja énoncé.

PLANCHE C.

Nº 1. Espece de patere en terre cuite jaunâtre très fine : je l'ai trouvée moi-même dans les tombeaux des rois, à Thebes; les ornements en sont d'un goût exquis, et l'exécution parfaite; les deux têtes sont celles d'Isis et d'Osiris; ce dernier, sous la figure d'un épervier, a le bec usé; l'ornement qui est au-dessous est la plante et le bouton du lotus.

Le nº 2 est le dessous de la même patere; les oves, de l'ordre dorique, ne sont autre chose que l'ornement qui sert de bordure à ce petit vase.

Le nº 3 est la coupe de ce vase, dont le trait est aussi pur que les ornements en sont agréables.

Nº 4. Le portrait fidele d'un rouleau manuscrit, que j'ai trouvé dans la main d'une momie (voyez le journal, page 207); développé, il s'est trouvé avoir 2 pieds 9 pouces de longueur; sa largeur et sa grosseur avant d'être déroulé sont celles de la figure de l'estampe. J'ai préféré de faire graver les manuscrits trouvés depuis, parcequ'ils sont plus conservés, n'ayant pas été comprimés comme celui-ci par la main de la momie, dont la liqueur embaumante avoit imbibé et oxygéné des parties. La vignette que j'ai trouvée à celui-ci représente une momie sur un lit de repos, qui a la forme et le corps d'un lion; au-dessus un vautour, les ailes déployées, à-peu-près semblable à la figure planche CXXVI, nº 11, et au-devant un homme invoquant une divinité qui tient un fléau et un crochet; entre les deux figures est un autel, sur lequel sont des vases et des fleurs du lotus.

Nº 5. Un résidu de matiere balsamique, auquel on a donné la forme d'une momie, et qui avoit son enveloppe à part; cette figure est gravée de grandeur naturelle; je l'ai trouvée dans la même momie où étoit le manuscrit. Cette momie étoit extrêmement soignée, ses enveloppes de toile rose aussi fine que du taffetas, ses bandelettes couvertes de caracteres, et le dessus peint et doré. Il est à croire que c'étoient les restes d'un personnage intéressant : cette petite momie interposée étoit, suivant toute apparence, le résidu de la liqueur embaumante, dans laquelle avoient trempé la cervelle et les entrailles, et qui, pouvant en contenir quelque particule, étoit scrupuleusement ramassé et rejoint à la masse, afin qu'à la résurrection il ne manquât rien au personnage considérable qui avoit à ressusciter; de sorte que manquant d'une partie de leur existence les gens du peuple étoient destinés à être aussi malheureux dans l'autre monde que dans celui-ci. Ma présomption à l'égard de cette momie est appuyée de la même observation faite sur l'embaumement des ibis, et les fragments de plumes empaquetés et adaptés au maillot (voyez planche XCIX, lettre B, et l'explication de cette planche).

Nº 6. Fragment d'une momie, que j'ai trouvé dans les tombeaux des rois, à Thebes; il est ici des deux tiers de sa grandeur naturelle : l'élégance, la délicatesse et la perfection de ses formes ne laissent pas douter que ce ne fût le pied d'une jeune fille adulte; son pouce relevé, son premier doigt alongé, le petit doigt remonté, la courbure élégante du cou-de-pied, sa virginale conservation, l'intégrité de ses ongles, annoncent que celle à qui tout cela a appartenu étoit un personnage distingué, dont le pied n'avoit jamais été ni fatigué par de longues marches, ni froissé par aucune chaussure; on peut s'appercevoir encore que les ongles étoient teints avec le héné, de la même maniere dont les femmes d'Égypte se teignent encore aujourd'hui, non seulement les ongles, mais le dessous des pieds et le dedans des mains.

N° 7. Cette figure est le profil de celle n° 5; on y apperçoit encore un fragment de son enveloppe.

PLANCHE CI.

N° 1. Un jeune Mamelouk en grand costume, les mains cachées par respect sous ses longues manches, comme lorsque son maître lui adresse la parole; le turban de schal, l'habit en petit drap de toutes couleurs, le plus souvent jaune ou pourpre; la veste, qui a de si longues manches, en velours ou satin, le plus souvent rayés; une grande culotte en pantalon immensément ample; des chaussettes de cuir jaune, et des sandales de même couleur; une ceinture en schal, un sabre, un cangiard, un poignard, et à gauche une giberne à cartouches; souvent dans un sac de même forme, des reliques, des talismans, de la vieille huile pour les blessures, ou un livre du koran, qu'ils croient tous également propre à prévenir les accidents de la guerre ou à y remédier: dans le fond une femme du peuple dans la rue.

N° 2. Une almé ou bayadere d'Égypte (voyez le journal, page 51, article Métubis); la robe en petit drap, la chemise en gaze, le turban et la ceinture en schal. Dans le fond une petite vue d'une mosquée de Rosette.

N° 3. Un Mamelouk en habit de guerre (voyez le détail de ses armes, planche XCV): dans le fond deux jeunes Mamelouks avec des bâtons, s'exerçant à espadonner: le paysage est celui où sont situées les pyramides de Saccara.

N° 4. Le costume d'un marchand; un turban de laine rouge ou blanc, un gilet de drap, une culotte lâche et courte de toile blanche, un surtout de toile bleue, une ceinture de toile des Indes, rayée bleu et blanc, qui sert à envelopper tout ce qu'il veut transporter. Dans le fond une boutique d'un bazard; un marchand et deux acheteurs qui disputent sur le prix, espece de récréation, ou un moyen de ne rien faire, auquel le vendeur se prête avec une extrême complaisance.

N° 5. Une dame allant à pied dans la rue; plus l'ampleur et le nombre de ses habits lui font perdre ses formes et rendent sa marche gauche et embarrassée, plus elle se croit dans le cas de penser qu'on doit la regarder comme une grande dame; la derniere enveloppe est d'ordinaire en taffetas noir qui tombe jusqu'à terre, et ne laisse pas même voir le bout des pieds; de toute la personne on n'apperçoit que les yeux, encore le plus souvent y suspendent-elles un anneau devant, qui a la vertu de repousser les enchantements et les mauvais sorts.

A droite, dans le fond, des psylles, faisant voir des serpents et des lézards; à gauche, un négociant musulman fumant sa pipe.

Je dois ces cinq costumes au citoyen Rigo, membre de l'institut du Caire, qui, de retour, a bien voulu me les communiquer.

N° 6. Un paysan de la haute Égypte, mangeant la premiere pousse de la luzerne (voyez le journal, page 95); à droite, deux santons; à gauche, l'accouplement du chameau (voyez p. 187).

N° 7. Un santon, espece d'imbécille, dont on a pitié pendant qu'il vit, et que l'on révere après sa mort; usage assez général et aussi ancien que le monde: derriere lui est un chien de l'espece des mâtins, celle qui est l'espece la plus nombreuse: à droite est un vieillard aveugle conduit par son petit enfant, groupe attendrissant que l'on rencontre malheureusement trop souvent en Égypte.

N° 8. Une femme noble dans l'habit qu'elle porte dans le harem, tenant un chasse-mouche; celle à droite est dans l'acte de marcher, relevant ses habits pour pouvoir avancer les pieds; à gauche, jeunes enfants barabras d'au-delà des cataractes; une femme pauvre, qui préfere employer ce qu'elle a de vêtement à s'envelopper le visage qu'à se cacher le derriere.

N° 9. Un habitant de Darfour, un conducteur de caravanes qui amene les Negres et les Négresses en Égypte; tout son costume consiste en une draperie de laine blanche, qu'il promene alternativement sur toutes les parties de son corps; sa chevelure est frisée en tire-bouchon, à la maniere des anciens Égyptiens. Dans le fond est une conversation établie entre un grand et un homme du peuple.

PLANCHE CII.

N° 1. Vue du désert, et d'un camp de Bédouins,

avec différentes figures de Bédouins et de Bédouines à pied et à cheval, également maigres et décharnés: la grande figure à cheval est celle d'un chef de horde dans toute sa magnificence.

Nº 2. Maniere d'élever l'eau et d'arroser les terres après l'inondation du Nil, puisée par des seaux de jonc, et versée dans un canal qui la distribue dans les terres par nombre de petites rigoles; le reste arrive dans un bassin d'où, par la même opération, on l'éleve à quatre pieds de plus pour la faire couler plus loin: cette machine ressemble absolument à celle des puits à bascule que l'on trouve dans nos villages d'Europe; la manœuvre s'en fait en mesure, soit en chantant, soit en prononçant des nombres, ou en récitant des louanges de Dieu ou des vertus de Mahomet: l'homme assis et qui fume est le propriétaire, qui fait travailler à l'arrosement de ses terres, compte les pouces d'eau qui reglent le produit de sa récolte: le groupe du milieu représente l'ablution et la priere que les musulmans font à la pointe du jour, en se tournant à l'orient, où est la Mekke et le tombeau du prophete: les femmes viennent à cette même heure puiser de l'eau dans le Nil; occupation qui fait l'objet de leur premier soin.

Nº 3. Autre machine à élever l'eau; les travailleurs sont disposés de maniere qu'ils puisent en se baissant, élevent l'eau en se renversant en arriere, et la versent en lâchant une des cordes; la même harmonie est réglée par les mêmes moyens décrits en l'article ci-dessus; les joncs qui reçoivent le choc de l'eau préviennent la dégradation de ces foibles constructions en terre: sur le devant, à gauche, une jeune fille dans le costume qui leur est ordinaire jusqu'au moment de la puberté.

Des femmes viennent au fleuve puiser de l'eau, cachant leur visage, parcequ'il n'y a que cela qu'il leur soit ordonné de cacher; une autre porte son enfant à la maniere du pays: la figure à droite est celle d'un porteur d'eau; l'eau est contenue dans une outre de peau de bouc dans laquelle il la porte.

PLANCHE CIII.

Nº 1. Enterrement d'un musulman; le corps est suivi des femmes de la maison, auxquelles en sont ajoutées d'autres payées pour déchirer leurs vêtements, s'arracher les cheveux, et pousser des cris lamentables; les parents précedent et suivent, exprimant leur douleur d'une maniere plus grave. Les tombeaux les plus ordinaires sont dans la forme de celui qu'on peut voir planche XXIII, nº 1. Le corps est déposé sur une terre molle et tamisée; et chaque semaine on vient s'entretenir du défunt et prier sur son tombeau.

Nº 2. Le moment où la mariée vient de quitter la maison paternelle, et passe dans celle de son époux; toutes les femmes, parentes et amies, voilées comme elle, l'accompagnent, et marchent sous un dais; des musiciens et des saltimbanques précedent le cortege: ce que l'on apperçoit à travers les figures est la vue de Gizéh, et de la maison de Mourat-bey, prise de l'isle de Raoudah.

Nº 3. École d'enfants, encore plus bruyante que celles d'Europe; ils y apprennent à lire le koran, et à recevoir des coups de bâton sous la plante des pieds. Les orientaux sont trop corrompus pour oser se permettre de donner le fouet aux enfants; ils craindroient ou de les croire trop facilement coupables, ou de le devenir eux-mêmes.

PLANCHE CIV.

Nº 1. Serpents dont les psylles se servent pour leurs jongleries; lorsqu'ils sont irrités ils se dressent, comme on peut le voir dans cette figure, leur gorge se gonfle, se dilate, s'aplatit; du reste ils ne sont ni méchants ni dangereux: on peut voir dans le journal, page 71, l'usage qu'en font les psylles modernes.

Pline dit que le tombeau de leur roi Psyllus subsistoit encore de son tems; il ajoute que les psylles guérissoient de la morsure avec leur simple salive ou par le seul attouchement, du moins ils le publioient. Selon le même auteur ces peuples furent taillés en pieces par les Nasamons, leurs voisins, qui s'emparerent de leurs demeures; mais il en échappa quelques uns à la défaite générale; et de son temps il y en avoit encore qui descendoient de ces anciens psylles.

Nº 2. Trois têtes d'Arabes. J'ai pensé qu'une suite de têtes des différentes nations qui habitent l'Égypte pouvoit intéresser la curiosité des observateurs; ces têtes, dessinées rapidement et sans avoir fait poser les personnages, ont conservé la naïveté du caractere, qu'elles auroient peut-être perdu en acquérant plus de fini; la difficulté de lire dans de si légeres esquisses, à qui n'a pas vu les modeles, m'a déterminé à graver moi-même ces têtes avec la même liberté avec laquelle elles ont été dessinées.

Ces trois personnages étoient freres, des plus riches et des plus puissants de Kéné, fort raisonnables et fort intelligents; ils s'étoient fort attachés à nous, et venoient continuellement nous communiquer leurs idées sur leur conduite personnelle, et nous aviser sur ce qui pouvoit nous être plus avantageux: j'allois journellement dans leur maison, et j'y ai mangé plusieurs fois familièrement, arrivant au moment du repas; sans interprete nous étions parvenus à nous entendre, et à établir entre nous gaieté et cordialité: celui du milieu, que j'aimois davantage, me dit que pour être plus libres ensemble il falloit que nous établissions une parenté: je lui proposai d'être son pere; il accepta avec attendrissement, et, se rangeant dès-lors à son devoir, il en prit le prétexte de m'envoyer à tout moment quelques galanteries, comme des fruits tant qu'ils étoient rares, des parfums, du café exquis et qu'on ne pouvoit trouver ailleurs; il acceptoit en retour avec beaucoup de grace des choses de nulle valeur, me disant toujours que je ne lui devois que protection et tendresse. L'esprit délicat dicte le bon ton et les mêmes manieres en Afrique comme dans les cours les plus recherchées de l'Europe.

N° 3. Têtes de négociants de la Mekke, que j'ai dessinées à Cosseïr; leurs turbans en soie jaune et rouge, avec de longues franges, les coiffent d'une maniere patriarchale, et leur donnent un air tout-à-fait imposant; ils ajoutent à l'habit ordinaire de musulman une large et longue béniche en laine à larges bandes noires et blanches.

PLANCHE CV.

N° 1. A droite, n° 1 et 2, deux membres du gouvernement d'Alexandrie, dessinés le jour de notre entrée dans cette ville. La tête vue de face, n° 3, est celle d'un Arabe; son caractere de dignité rappelle celui des têtes de Raphaël et du Poussin: ces deux grands artistes avoient sans doute fait dessiner les figures des orientaux pour en caractériser leurs sublimes conceptions, ou bien le besoin de rendre ce qu'ils vouloient exprimer leur en avoit fait deviner les belles formes et la noble gravité. La tête n° 4 est celle de Koraim, schérif d'Alexandrie, qui commandoit dans cette ville lorsque nous y arrivâmes (voyez le journal, pag. 16, 17 et 18): ce fut l'avarice qui trompa son esprit naturel; il nous trahit par la crainte de compromettre sa fortune; il quitta notre parti qu'il avoit embrassé, il devint criminel, et fut puni comme traître.

N° 2. 1. Une tête de Cophte. 2. Un esclave de la Mekke (voyez le journal, page 152): je l'ai dessiné lorsque, douloureusement affecté, il regardoit son maître qu'il croyoit au moment d'expirer; je regrette de ne l'avoir pas dessiné lorsqu'il apprit qu'il ne mourroit pas, pour faire connoître à quel degré le physique d'un être sensible peut être changé par la différence de ses affections, et comment cette physionomie si longue, si sévere, et si triste, pouvoit devenir aimable et gaie. 3. Un Arabe. 4. Un homme de loi.

N° 3. 1. Un Arabe qui a une fluxion sur l'œil: dans ces cas fréquents ils baissent leurs turbans sur la partie affligée, et continuent à veiller à leurs intérêts. 2. Un cheikh de village. 3. Un jeune homme marié de l'année, auquel par cela il vient d'être permis de porter la barbe; cette figure, naïve et douce, est peut-être l'expression et le caractere le plus général des jeunes gens de cet âge. En Égypte les enfants sont laids et débiles, et presque tous les vieillards sont beaux. Les trois têtes qui suivent sont trois vieux Mamelouks. Celui n° 4 étoit un kiachef d'Osman-bey que nous avions fait prisonnier: il étoit d'origine allemande, ce qu'on voit tout d'abord; cinquante ans d'expatriation, et la barbe, n'avoient point encore changé en lui le caractere national. 5. Un grave Asiatique, Mamelouk réformé, et vivant d'une pension de son maître, comme il arrive lorsque, faute de talents ou de circonstances heureuses, un Mamelouk n'a jamais été dans le cas d'être avancé en grade; une paie de retraite et quelques gratifications assurent à ses derniers jours une douce tranquillité, soit dans la maison du bey auquel il a appartenu, soit dans la maison d'un paysan, auquel il paie pension. 6. Vieux Mamelouk de race maure. 7. Un Mamelouk en activité, de race espagnole.

PLANCHE CVI.

N° 1. Portrait du pacha qui commandoit les

troupes turkes au débarquement à Aboukir, en l'an 7, et qui fut fait prisonnier à la bataille du 7 thermidor; blessé au bras gauche, et voyant la déroute totale des siens, il se précipita sur celui qui la causoit, et blessa le général Murat d'un coup de pistolet (voyez le journal, page 219).

No 2. La tête à droite, coiffée d'un turban, est celle d'un jeune prince arabe de la race des Ababdes, qui vint faire alliance avec nous après la défaite des Mamelouks à Syene (voyez le journal, page 181). Ce fut celui qui nous accompagna la premiere fois que nous allâmes à Cosséïr, et qui me donna à diner dans le désert (voyez page 187). La tête à côté est celle de son oncle; ils étoient peu basanés, fort glorieux, et fort intéressés; leurs manieres étoient cependant douces et polies, et leur caractere tranquille. Le jeune homme qui a la tête nue étoit un page favori du jeune prince; il avoit de très beaux yeux, et au premier aspect paroissoit être une jeune fille; il montoit un petit dromadaire charmant; tout son vêtement consistoit en une saie rayée, qui lui ceignoit les reins; il avoit pour armure, une lance, un sabre, et sur le bras gauche une javeline; ses cheveux, crêpus et non laineux, étoient parfumés; noués au-dessus de la tête, ils étoient toute sa coiffure malgré l'ardente chaleur du tropique et du désert.

No 3. La tête à droite est celle d'un Mamelouk noir, d'une grande beauté, et offrant l'aspect d'un de ces héros africains dont l'histoire et les contes arabes nous font concevoir l'idée. Celui du milieu étoit un Mamelouk, appartenant au chef Elbekri, un des grands seigneurs du Caire, descendant des kalifes; ce Mamelouk étoit un de ses favoris; il devoit épouser une fille de son maître, et faisoit les honneurs de sa maison, lorsque, quelques jours avant le départ de Bonaparte, ce seigneur lui donna une fête, à l'issue de laquelle il imagina de lui faire présent du jeune homme qui l'avoit servi: par hasard il fut celui qui accompagnoit Bonaparte le jour qu'il partit du Caire, et fut celui de sa maison qui fut amené en France; tant le sort qui agit sur toutes nos destinées influe plus puissamment encore sur celle de cette espece d'hommes née pour appartenir jusqu'à ce qu'elle commande! Les deux têtes à gauche sont celles d'un jeune noir de Darfour, destiné aussi à être un Mamelouk, et qui, lorsqu'il m'échut en partage, faisoit sa premiere éducation au service des femmes, auquel sont employés les jeunes esclaves jusqu'au temps où on commence à les exercer aux armes et à l'équitation.

PLANCHE CVII.

No 1. Le portrait du vieux kaymacan ou commandant de la gendarmerie de la province de Kéné, chez lequel nous logeâmes près Samata (voyez le journal, p. 189 et 190). 2 et 3. Reys ou commandant de barques sur le Nil. 4. Un habitant des bords du Nil au-delà des cataractes. 5. Le fellah, l'homme de journée, le serviteur des serviteurs, la derniere classe de la société.

No 2. Un mendiant de Boulac: il savoit qu'il avoit une belle figure, et ne s'étonna pas de me la voir dessiner; il faisoit semblant d'être imbécille auprès de ceux seulement auxquels il pensoit que cela inspireroit plus d'intérêt. 2 et 3. Deux têtes d'adgis maugrabins ou pélerins du nord, revenant de la Mekke; un mendiant du Caire qui avoit la barbe et la chevelure du Jupiter des Grecs.

No 3. Muley-Salamé, le frere aîné du roi de Maroc; il revenoit de la Mekke, et retournoit dans le royaume où il avoit été roi, pour savoir apparemment ce que le sort avoit ordonné de lui; sa démarche étoit aussi noble que sa personne. Deux Turks.

PLANCHE CVIII.

No 1. L'ichneumon, connu aussi sous le nom de rat de Pharaon, de la famille des mangoustes; il se cache le plus souvent à travers des joncs, et se tient dans les marais, près des villages, dont il va dérober les poules et les œufs: j'en ai vu de la grosseur d'une loutre et du même poil. L'individu que j'ai dessiné étoit jeune. Ce que l'on raconte de l'antipathie de l'ichneumon et du crocodile, que le premier non seulement mange les œufs de l'autre, mais que, lorsqu'il dort la bouche ouverte, il franchit son gosier et va lui dévorer les intestins, est une des nombreuses fables ridicules que l'on fait du crocodile: ces deux animaux n'ont jamais rien à démêler ensemble; ils n'habitent point les mêmes parages; on ne voit point de crocodiles dans la basse Égypte; on ne voit point d'ichneumon dans la haute.

No 2. Deux moines copthes (voyez l'article Cophte dans le journal, page 46): le troisieme à droite est Malem Jacob, personnage distingué et d'un mérite remarquable; il avoit fait les campagnes de Mourat-bey dans les guerres de ce bey contre les Turks, et en étoit fort estimé et fort regretté; il avoit embrassé notre parti, et y a été constamment fidele; il respectoit Desaix, et lui étoit très attaché; il fit avec lui, comme intendant-général, toute l'expédition de la haute Égypte, et nous fut toujours d'une grande utilité: il jouissoit d'une fortune considérable, et d'une haute considération dans le pays; il déployoit un faste oriental, qui étoit d'une opposition très remarquable avec la simplicité de son général. Lorsqu'il apprit qu'après la mort de Desaix on s'occupoit de lui élever un tombeau, il écrivit qu'à quelque somme que pussent s'élever les frais de ce monument, il s'engageoit à en payer le tiers, à condition qu'on inscriroit sur le mausolée que Malem Jacob, l'ami de Desaix, avoit toujours combattu près de lui. Il y a dans le sentiment de cette phrase autant de sensibilité que d'amour de la belle gloire. Ce brave homme, ce prodige de sa race, qui avoit suivi les Français dans leur retraite, mourut dans la traversée; et les dernieres paroles qu'il prononça furent pour demander que son corps fût déposé dans le tombeau de Desaix.

No 3. 1, 2, 3. Trois autres Cophtes. 4, 5, sont des cheikhs arabes. 7. Le bon et honnête cheikh du village de Chaabbas-Amrs, dont je parle dans mon journal, pages 56 et 57.

PLANCHE CIX.

No 1. Un poisson du Nil, dont toute la peau du ventre fait une seconde vessie.

No 2. Étude d'une tête de chameau, qui crie lorsqu'on le charge trop ou qu'on le charge mal; car ce bon animal ne se plaint que de l'injustice, encore faut-il qu'elle soit extrême.

No 3. Tête d'un Arabe bédouin (voyez le journal, page 31). 2. Un cheikh de Fua; son teint brun et sa barbe blanche faisoient un beau contraste; ils m'offroient l'image de Laban. 3 et 4. Deux freres cheikhs de Ballasse, d'un caractere raphaélesque.

No 4. Quatre Arabes. Ce furent ceux qui furent nommés municipaux par le peuple de Rosette lorsque le gouvernement mamelouk quitta cette ville à l'approche de notre armée: le premier, à gauche, fut choisi, parcequ'il étoit brave, et avoit ramené une fois les femmes de Rosette, qui, allant pleurer hors la ville sur les tombeaux de leurs parents, avoient été enlevées par les Arabes du désert; le second, parcequ'il étoit le plus doux et le meilleur; le troisieme, parcequ'il étoit éclairé; le quatrieme, parceque c'étoit le personnage le plus riche et le plus distingué. Peut-on mieux composer un corps des décisions duquel la société va dépendre? Si chacun de ces hommes avoit eu les qualités de tous les quatre, l'harmonie de l'ensemble n'eût peut-être pas été aussi parfaite.

PLANCHE CX.

No 1. Têtes d'Arabes.

Toute la premiere file a été prise à une assemblée de notables dans le moment qu'on leur faisoit lecture d'un manifeste.

Les deux premiers de la seconde file, deux cheikhs de Fua, dans la basse Égypte: le troisieme, le domestique qui m'a servi dans toute l'expédition, aussi distingué par le caractere moral que par la noblesse des formes; il avoit non seulement toutes les qualités qu'on recherche dans un serviteur, mais toutes celles qu'on peut desirer dans un ami: il n'a renoncé à me suivre que parcequ'il n'a pu résister aux justes regrets et aux larmes de sa mere; c'est le seul être qui m'en ait fait verser en quittant l'Égypte: je ne me consolai de le perdre qu'en lui donnant tant de choses, que toutes rassemblées je pusse penser que je lui assurois une petite fortune.

No 2. 1. Un moine grec. 2. Un Juif de Jérusalem (voyez le journal, page 48). 3. Un primat d'Alexandrie, homme plein d'esprit, de noblesse, et de grace, mais dont toutes les qualités étoient gâtées par un orgueil désordonné. 4. Un autre Grec de Rosette (voyez l'article des Grecs dans le journal, page 47).

PLANCHE CXI.

No 1. La sauterelle du désert, la plaie de l'Égypte. Elle ne doit point être confondue avec les autres sauterelles grises, dont les champs, et particulièrement ceux de la basse Égypte, sont couverts, sans qu'elles y causent aucun désastre : celles-ci, couleur de rose et noir, de la même grandeur de l'estampe, sont vraiment un fléau ; elles sortent du désert, passent et ravagent comme un torrent dévastateur. Je ne puis juger si dans une saison où elles auroient trouvé pâture elles se seroient fixées davantage; mais, dans la saison seche où je vis arriver la colonie, elles avoient l'inquiétude et l'instabilité de la faim qui ne trouve rien à dévorer ; sauvages comme le pays d'où elles sortent, elles sont seches et vigoureuses comme les autres habitants du désert (voyez le journal, page 181).

N° 2. Vieillard aveugle conduit par un enfant; groupe qui, pour être malheureusement trop répété en Égypte, n'en est pas moins touchant.

N° 3. Tête d'un mendiant du Caire. Il parcouroit les rues tout nu, et chaque partie de son corps avoit, comme sa tête, tout le caractere du Silene antique ; je le vis le jour de l'insurrection, et j'espérois trouver un moment plus opportun pour le dessiner tout entier : je ne sais s'il fut victime de cet évènement, mais je ne l'ai plus revu depuis. 2, 3, et 4, sont trois croisés de la Mekke ; c'étoient de beaux et vigoureux hommes, que le malheur des circonstances nous obligeoit de regarder avec horreur.

Le n° 5 est un habitant de Benhoute; j'ai dessiné tous ces personnages pendant et après le siege du château de ce village (voyez page 151).

PLANCHE CXII.

N° 1. Fête dans l'intérieur du harem. Dans des instants de faveur le mari, le maître, le seigneur, fait venir des almés pour réjouir la femme qui est devenue enceinte, ou qui lui a donné un fils ; celle-ci couchée entre les jambes de son époux lui présente le sorbet, tandis qu'il fume et fait exécuter des danses voluptueuses : les almés alternativement dansent, chantent, et jouent des instruments. Les figures à gauche sont des esclaves qui tiennent des rafraîchissements : sur le devant, une Négresse joue sur de petites timbales : plus en avant encore est un profumatoire : à droite, un candélabre à l'usage du pays : l'instrument dont joue le dernier personnage à droite est un petit tambour en terre cuite, sur lequel on frappe plus ou moins fort avec les doigts, ce qui est d'un effet très favorable au mouvement de l'air; celles qui dansent ont le plus souvent à la main des castagnettes, qui ont la forme de petites cimbales du diametre d'un écu (voyez l'article Almés, page 51).

N° 2. Toutes ces têtes sont celles de cheikhs de Kournou, que j'ai dessinées pendant le dernier séjour que j'ai fait à Thebes (voyez le journal, page 212).

PLANCHE CXIII.

Des fragments d'hiéroglyphes que j'ai rapportés de Thebes; je les ai dessinés de grandeur naturelle, pour faire connoître le style, le caractere, et les différents genres de ces especes de bas-reliefs, soignés dans leur exécution comme de l'orfévrerie ; ces fragments viennent de tombeaux particuliers, situés à mi-côte de la chaîne libyque, à l'ouest de Thebes, creusés dans une roche de pierre calcaire argilleuse, et sculptés dans la masse du rocher.

Toute fantastique qu'est la tête du lion, n° 2, le caractere en est grand, sévere, et monumental; la tête de serpent, celle de gazelle, et celle d'épervier, sont pleines de vie, et ont la souplesse et le moëlleux de la nature : on n'auroit qu'un seul fragment antique comme un de ceux-là qu'il faudroit penser que la nation qui l'a produit étoit très avancée dans les arts.

La grosse tête qui est au milieu, sculptée en creux et relief, est peinte ; sa physionomie peut servir de type au caractere des figures hiéroglyphiques, qui, selon toute apparence, étoit national, les Égyptiens paroissant n'avoir rien emprunté des autres nations dans les arts.

J'ai pensé que cette planche à la tête de la collection des hiéroglyphes pourroit lui servir comme de frontispice, faire voir de près et presque toucher les objets dont on n'alloit voir que le simple trait.

PLANCHE CXIV.

Cette planche est composée d'une espece de collection de figures, prises isolément par-tout où j'en ai rencontré que je n'avois pas encore vues. Le nombre de serpents qui commencent du n° 1 jusqu'au n° 13 sont pris à Latopolis, au plafond du portique du temple, qui est sur la place du bazard à Esné. On pourroit ranger toutes les autres figures dans la classe de celles qui tiennent le milieu entre la figure hiéroglyphique et le caractere cursif, et l'on pourroit appeler cette catégorie caracteres inscriptifs. Les n° 18 et 21 sont des figures simplifiées, se rapprochant du caractere de l'écriture: celle 22, est une espece de lézard, particulier à l'Égypte, et que l'on voit le plus souvent dans les maisons; je ne l'ai jamais vu sculpté qu'une fois à la partie extérieure du grand temple de Tintyra. Le n° 23 est une étoile personnifiée; je ne l'ai vue de même qu'une seule fois. Les n° 31, 32, 34, et 39, sont des figures souvent répétées, qui, plus simplifiées, sont devenues des lettres. n° 40. Une outre: je l'ai trouvée souvent. n° 41. Deux figures groupées, et dans un mouvement qui par-tout ailleurs les feroit croire du quinzieme siecle, et de l'école de Michel-Ange: j'ai trouvé deux fois ce même caractere dans le temple d'Apollinopolis magna à Etfu. Les n° 47 et 54, l'emblême de la génération; il me semble que les Égyptiens n'ont eu aucun scrupule à exprimer cette idée par la figure de la chose même: j'ai trouvé ces signes sculptés dans les temples, et souvent répétés. Je crois les n° 50 et 71 un nilometre. Le n° 77 m'a semblé un ballot, qui pourroit être l'emblême du commerce; 78, une Isis, emblême de l'eau, ou le Nil lui-même; 79, un pigeon portant des tablettes; voilà des ancêtres trouvés à ceux de Damas: je n'ai rencontré ce signe qu'une seule fois à Tintyra. n° 80. Une tête avec l'expression de l'effroi, qui sort du caractere égyptien; elle est cependant très souvent répétée parmi les figures isolées. n° 100. Un temple monolite, fermé, etc., etc.

Tout ce que j'ai hasardé sur ces signes ne sont que les idées que la vue, le nombre, la comparaison, le lieu où je les ai trouvés, m'ont fait naître, et je les abandonne absolument aux systêmes lumineux des savants qui se sont occupés de ce genre d'observation: je me trouverai assez glorieux d'avoir été dans le cas de fournir de nouveaux objets à leurs doctes recherches.

J'ai écrit le nom en abrégé de tous les lieux où j'ai trouvé ces différents caracteres; ceux où il n'y a point de nom continuent d'être du même lieu d'où est le dernier inscrit. J'ai mis des numéro à tous, pour aider les citations dans les dissertations de ceux qui voudront bien prendre mes figures pour autorité.

PLANCHE CXV.

Une autre collection de toutes les coiffures emblématiques et hiéroglyphiques, prises par-tout où j'ai trouvé des différences. J'ai pu remarquer que la plupart de ces coiffures non seulement étoient posées sur la tête des divinités, mais encore sur celle des prêtres et des héros triomphateurs, et qu'elles étoient différentes suivant la fonction ou la circonstance de la fonction du culte de telle ou telle divinité: j'en ai trouvé en bois doré, en pierre dure, en pâte, et en porcelaine, ayant toutes un anneau qui les rendoit susceptibles d'être portées; j'en ai vu attachées au cou des momies, et qui pourroient faire croire que c'étoient des amulettes indiquant telle ou telle divinité, ou une marque de dignité indiquant le grade d'initiation où étoit arrivé celui qui la portoit.

Même planche, au-dessous des têtes, est encore une autre collection faite de tous les vases que j'ai trouvés sculptés dans les tableaux hiéroglyphiques de tous les différents monuments de l'Égypte; les n° 3, 6, 8, 10, 13, 19, ne sont pas moins élégants que les vases étrusques, ou, pour mieux dire, les vases grecs, trouvés en Italie, et qui, comme on peut le voir, ne sont autre chose que des vases égyptiens; et ainsi peu-à-peu les arts des autres nations ne sont que les dépouilles de ceux des Égyptiens. Le n° 31 est la jarre, de même forme, montée en charpente, comme celle dont on se sert actuellement en Égypte.

PLANCHE CXVI.

Frises emblématiques de différents temples égyptiens.

N° 1. Hiéroglyphes qui décorent la corniche extérieure de la nef du grand temple de Tintyra; cet ornement, en se répétant, fait le tour de cette partie du monument. La figure du milieu est la tête d'Isis avec ses attributs; on la trouve répétée par-tout dans ce temple, qui lui étoit sans doute dédié. Les deux grands oiseaux ont une tête de vautour, sans plumes, sortant d'une espece d'œuf qui lui sert de corps: cet oiseau est souvent répété dans toutes sortes d'attitudes dans les plafonds, les ailes étendues, tenant dans les pattes l'espece de bâton avec la palme que l'on voit ici en avant; il accompagne aussi les héros et les rois dans les bas-reliefs représentant les victoires et les triomphes, et semble alors un génie protecteur.

Le n° 2 est la frise intérieure du temple près l'isle de Philée (voyez planche LXXII, n° 1).

N° 3. Frise du typhonium de Tintyra (voyez planche XXXVIII, n° 3), ou du temple dédié à Isis, victorieuse de Typhon, le mauvais génie ou le vent d'ouest; il a une tête de vieillard, le corps gras et de la forme de celui d'un enfant, une queue qui va en grossissant et qui est aussi longue que les jambes; il est toujours coiffé du même ornement: celui qui lui fait pendant est une divinité du même genre; la tête a tout à la fois le caractere du chien, du cochon, et du crocodile; il a les mamelles pendantes comme les femmes égyptiennes, un gros ventre, et des pattes de lion: cette figure, aussi répétée que l'autre et l'accompagnant pour le plus souvent, m'a paru être la divinité du temple d'Hermontis (voyez planche CXX, n° 4). On trouve fréquemment des figures de ces deux divinités en forme d'amulettes, en pâte de verre de couleur, et en porcelaine: j'en ai rapporté que j'ai dessinées de grandeur naturelle (voyez pl. XCVI, n° 37 et 38). Elles étoient très révérées, soit pour le bien qu'on en attendoit, soit pour le mal qu'on en pouvoit craindre, soit également pour les deux causes; car je les crois l'emblême des deux vents qui produisent l'inondation, et peuvent la rendre ou insuffisante ou trop considérable.

Il est à présumer que la figure qui est au milieu de ces deux monstres, assise sur une fleur de lotus à demi épanouie, est celle d'Isis, ou la bonne divinité, qui a obtenu de ces deux redoutables dieux l'équilibre des eaux, qui fait fleurir le lotus dans les canaux quand l'inondation est parfaite.

Le n° 4 est l'ornement de la frise du tout petit temple de l'isle de Philée; l'effet dans la nature est aussi riche qu'agréable: les artistes égyptiens ont avec un art tout particulier su allier la signification de l'emblême au bon goût de la décoration.

Le n° 5 en est encore une preuve; c'est la décoration du soubassement intérieur de la chambre du milieu du petit temple qui est situé derriere le grand temple de Tintyra (voyez le plan de Tintyra, planche XL, n° 1). Cette décoration représente le lotus dans trois instants du développement de la floraison de cette plante. L'épervier sur un autel est pris pour Osiris ou le soleil; la lune de l'autre côté; un ibis sur des lotus, autre emblême de l'inondation ou de l'entrée du Nil dans les canaux; car le lotus n'a rapport qu'aux canaux, puisqu'il ne croît que dans l'eau stagnante, et ne se trouve jamais dans le courant du fleuve.

Le n° 6, ornement de la frise intérieure du typhonium d'Apollinopolis magna, petit temple, situé près du grand temple (voyez planche LVII, n° 1): il doit avoir la même signification que celui ci-dessus, n° 3. Il y a de plus trois figures, que, vu l'emploi répété le plus souvent lorsqu'il est question de l'inondation, je croirois être des vases d'eau lustrale ou offrandes d'eau du Nil lors de sa croissance.

N° 7. Riche et très agréable frise, qui décore la piece ouverte qui est près de celle où est le planisphere céleste, dans le petit appartement situé sur le grand temple de Tintyra (voyez le plan, pl. CXXX, n° 1, lettre C). Le globe qui est au centre doit être le soleil, d'où part le faisceau de lumiere qui vient tomber sur la terre: j'ai été si souvent dans le cas de m'assurer de cette opinion sur ces deux figures, que je crois pouvoir la donner comme irrévocable: cette espece de pluie de globules triangulaires décore l'embrasure de presque tous les larmiers ou fenêtres qui donnent de la lumiere dans l'intérieur des temples.

Les n° 8 et 9 sont deux frises d'un temple qui est sur une isle près de celle de Philée (voy. pl. LXXII, n° 1).

N° 10. Cette figure, ainsi répétée, décore la corniche de la galerie qui est autour du Typhonium de Tintyra; c'est la tête du Typhon, avec les attributs de la divinité, tels que l'ornement du dé qui est au-dessous des chapiteaux du grand temple dédié à Isis: les petites têtes de huppes, qui sont au-dessus des bâtons, que tiennent le plus souvent les divinités égyptiennes, sont ajoutées ici au portique qui couronne le dieu.

PLANCHE CXVII.

Une seconde planche de frises emblématiques.

N° 1. L'ornement qui décore la partie supérieure

de la principale porte de la nef du temple d'Apollinopolis magna : le soleil qui répand sa lumiere sur la terre; opinion d'autant plus probable que le temple étoit dédié à Apollon, et que le lieu où est cet ornement est un des plus remarquables; des ailes au soleil sont peut-être l'emblême de son mouvement, de sa marche autour de la terre, dont la figure est au-dessous ; le scarabée ailé, surmonté de deux têtes de serpents, qui est sur la figure de la terre, autre emblême de la sagesse, du courage, et de l'industrie, qui sont les attributs de la terre; l'espece de nœud qui forme un anneau autour de la queue du grand serpent ailé se trouve presque par-tout ; il est joint à toutes les palmes que l'on porte dans les cérémonies, au bâton que l'on met à la main des divinités ; il enferme nombre d'inscriptions, de celles qui paroissent par leur position être les plus sentencieuses.

No 2. Un des ornements qui entourent par bandes le fût des colonnes de Tintyra (planche XL, no 4).

No 3. Tables d'offrandes avec des vases enlacés de fleurs de lotus en bouton; cet ornement est sculpté en bas-relief sur les tablettes qui engagent les colonnes du temple ouvert de Philée, et lui servoient de clôture.

No 4. L'ornement du soubassement d'un des temples de Tintyra, composé de la tige du lotus, du bouton de cette fleur au moment où elle s'épanouit, et à celui où la floraison est à sa perfection.

No 5. L'ornement qui décore toutes les corniches du grand temple d'Apollinopolis magna.

No 6. J'ai trouvé très souvent cette figure sans que rien ait pu m'en indiquer la signification; je l'ai trouvée en soubassements rassemblés, comme on les voit ici; j'en ai trouvé d'isolées avec d'autres hiéroglyphes servant à l'écriture; j'en ai trouvé en tableaux dans le sacré du temple d'Hermontis.

No 7. Ornement peint dans le plafond du portique du temple principal de Philée. La figure de dessous est celle de la terre sur une barque : ce qui signifieroit que les Égyptiens donnoient aussi un mouvement à la terre; la petite divinité à la pouppe en dirige le mouvement. Les Égyptiens ont toujours exprimé le mouvement par un bateau, ce qui est naturel à un peuple qui vit toute l'année, ou sur le bord d'un fleuve, ou au milieu d'un débordement ; le scarabée, le vautour, le globe ailé, employés alternativement, pouvoient être le soleil, la divinité, avec un attribut de circonstance: je croirois qu'ici les ailes étoient le ciel qui enveloppe la terre; les scarabées, la divinité ou le soleil; et le serpent, la providence ou la sagesse qui regle tout : ce qui détermine encore mon opinion, c'est que cette figure est voisine d'autres figures astronomiques.

No 8. Autres ornements des colonnes du temple de Tintyra, citées au no 2 de cette planche.

No 9. Soubassement du temple qui est près de l'isle de Philée : cet ajustement ingénieux de deux signes sacrés est d'un excellent effet; ce bâton terminé par une tête, qui a plus l'air d'une tête de huppe que de toute autre chose, est toujours à la main de quelques divinités. La huppe est un des oiseaux les plus abondants de l'Égypte, et y est familiere jusqu'à devenir presque domestique; les anciens Égyptiens lui auront peut-être attribué quelque qualité dont elle sera devenue l'emblême. L'autre figure à laquelle sa forme a fait donner le nom du tau grec, et que l'on a cru, je ne sais pourquoi, être un phallum, à tous les rapprochements que j'ai pu en faire, est la clef des digues ou des canaux, l'emblême de l'inondation, et pour l'Égypte le signe du plus grand bienfait de la divinité.

PLANCHE CXVIII.

No 1. La face orientale de l'obélisque qui est devant le temple de Luxor (voyez planche L, no 1). J'aurois desiré avoir le temps de dessiner les quatre faces, qui different entre elles, excepté pour les premieres figures du sommet, qui sont sans doute une espece de protocole de la dédicace du monument; j'ai pensé qu'il seroit avantageux d'avoir cette inscription pour l'ajouter à la suite de celles que l'on a des obélisques qui sont à Rome et ailleurs.

Le travail de celles-ci est d'une telle franchise, que l'on doit croire que les Égyptiens avoient une trempe particuliere pour les outils à tailler le granit; toute cette sculpture est en creux et relief, de deux pouces de profondeur, et d'une conservation merveilleuse.

No 2. Ce fragment est le torse d'une statue colossale, en marbre blanc, placée en dedans d'une des portes du grand temple de Karnak ; il a cette particularité d'avoir une ceinture dans laquelle est passé un poignard à la maniere orientale : j'ai mis au bas la petite inscription gravée sur le médaillon qui décore cette ceinture.

N° 3. Inscription, prise sur le chambranle de la porte d'un petit temple monolite en granit noir, dont on trouve les restes à Apollinopolis parva ou Kous. Ce fragment, si on parvient à le lire, indiquera l'usage de ces petits sanctuaires; la lettre A indique le commencement de l'inscription, qui se prolonge en droite ligne à la lettre B, et se continue à la lettre C jusqu'à la lettre D, n° 3 *bis*, que le monument est rompu; la perfection de ces hiéroglyphes est telle, soit par le style du dessin, soit par la précision de l'exécution, que, n'eût-on trouvé que ce seul fragment en Égypte, il ne seroit pas permis de douter que la nation qui l'a anciennement habitée n'eût connu les arts, et n'eût porté leur perfection à un haut degré.

N° 4. Une inscription, trouvée à Thebes sur une statue fragmentée.

N° 5. Une grande figure en bas-relief, sur le plafond de la chambre où est le planisphere céleste, dans le petit appartement qui est sur le grand temple de Tintyra (voyez le plan, planche CXXX, n° 1); cette figure tient tout le diametre du plafond de cette piece; quoique fragmentée comme on peut le voir, elle offre encore un contour bien roulant, et de belles proportions ; ses pieds, conservés, sont du plus beau style ; elle ne présente aucun attribut, excepté un collier, que j'ai vu souvent aux figures d'Isis; la chevelure est frisée en forme de tire-bouchon ; les deux inscriptions latérales sont exactes.

N° 6. Une inscription monumentale, gravée profondément et avec soin sur le rocher de granit qui est auprès de l'isle de Philée (voyez la vue, planche LXXII, n° 3, et la situation dans la carte, lettre L, planche LXX). Il y avoit plusieurs especes de ces inscriptions; les unes qui n'étoient que tracées; les autres qui étoient monumentales, comme celles-ci, gravées de près d'un pouce de profondeur : ces inscriptions étoient sans doute des consécrations ou des dédicaces. Cette roche extraordinaire, à laquelle la nature avoit donné la forme d'un siege gigantesque, et auquel on avoit ajouté le travail d'un escalier pris dans la masse, étoit peut-être consacrée aux cinq divinités dont les images sont tracées au-dessus de l'inscription.

N° 7. Une inscription du même genre que la précédente, gravée sur la partie supérieure du bras du colosse renversé, qui est près du Memnonium, à Thebes (voyez planche XLII, n° 5, et pl. XLV, n° 2). Cette inscription, qui est sculptée d'un pouce de profondeur, et qui a plus de 4 pieds de hauteur, ne fait pas plus d'effet sur la masse totale de cette figure gigantesque qu'un chiffre tatoué sur le bras d'un être vivant.

S'il étoit possible de lire cette dédicace, elle aplaniroit peut-être toutes les questions, et leveroit tous les doutes sur la situation des statues, palais, tombeaux, et temples de Memnon et d'Ossimandue.

PLANCHE CXIX.

Enseignes militaires, bâton augural, et autres emblêmes.

N° 1. Figure de vautour; l'aile est abaissée de cette maniere, lorsque dans les combats ou dans les triomphes il accompagne, dirige, ou protege les héros.

N° 2. C'est ainsi qu'on voit le même oiseau sur la frise des portiques des temples, ou sur les plates-bandes des plafonds des portiques.

N° 3. Un épervier faisant le même office que le vautour n° 1, et quelquefois conjointement avec lui.

N° 4. Une tête de chien, et une tête de loup ou chakal sur un corps d'épervier, en adoration devant un scarabée à deux têtes de lion, pris sur une des frises du temple d'Apollinopolis.

N° 7. Especes d'enseignes, prises à Tintyra.

N° 5. Ustensile à présenter l'encens ou autre offrande.

N° 6. Autre espece d'encensoir ou vase à présenter une liqueur enflammée, dont on faisoit hommage aux dieux dans les cérémonies religieuses, ou aux héros dans leurs triomphes (voyez-en l'usage planche CXXXIV, n° 9 et 29); la petite figure à genoux acheve de l'indiquer : devant les portiques des temples, des figures colossales tiennent souvent de ces especes d'instruments; les têtes d'animaux qui terminent leurs manches indiquent sans doute au culte de quelle divinité ils étoient consacrés.

N° 12. Ornements placés à côté des portes, et qui par leurs formes redressoient la perpendiculaire, perdue par le talus des chambranles : j'ai pris celui-ci à côté de la porte du sanctuaire, dans le portique d'Apollinopolis magna; il est aussi gracieux par sa forme qu'ingénieux par son usage; le serpent s'enroule très agréablement autour de ces tiges de lotus portant les trois époques de la floraison de cette plante.

Le nº 14 jusqu'à 24 sont des figures qui ont été prises isolément dans le petit appartement qui est sur le temple de Tintyra (voyez le plan, nº 1, planche CXXX, dans la chambre lettre A). A la forme de ces figures, à la banderolle qui est à chaque bâton, à l'usage que j'en ai vu dans le triomphe sculpté dans le palais de Médinet-Abou, nº 32, planche CXXXIV, ce ne peut être que des bannieres religieuses ou des enseignes militaires; elles sont chargées de tous les animaux qui sont les emblêmes de la divinité. La figure 19, très soignée d'exécution, doit donner l'idée juste de la forme de l'ibis, constatée par celle des ossements que j'ai trouvés en développant une des momies de cet oiseau (voyez pl. XCIX). Ces figures d'animaux sont dessinées d'une maniere bien supérieure à celles des divinités et des figures humaines; j'ai cherché à les imiter avec fidélité, et en cela j'ai été secondé dans la gravure par le citoyen Galien, jeune artiste plein de zele, de talents, et de vertus, que j'ai été dans le cas de regretter pour lui, pour moi, et pour mon ouvrage, au milieu de l'exécution duquel une mort prématurée l'a ravi inopinément à ses amis, et à une famille dont il étoit l'idole: je voudrois pouvoir rendre à sa mémoire le tribut de reconnoissance que je dois à ses soins, et faire connoître les regrets que les arts doivent à sa perte.

Nº 8. Bâton augural, espece de crosse que l'on voit très souvent à la main des diverses divinités; j'ai dessiné celui-ci avec exactitude d'après une figure colossale qui est sculptée sur le mur extérieur du fond du grand temple de Tintyra; la tête ressemble à celle d'une huppe ou du canard huppé; il est toujours terminé par une double pointe.

Nº 9. Un bâton à quadruple emblême, que j'ai trouvé sculpté contre le mur intérieur du sacré du temple d'Éléphantine.

Nº 10. Bâton terminé par une fleur de lotus, que portoient peut-être les simples initiés, les dieux, et les prêtres.

Nº 11. Espece d'enseigne (voyez nº 7).

Nº 13. Bâton surmonté de la tête d'Isis, et d'un petit temple, dans lequel est la figure d'Osiris.

PLANCHE CXX.

Nº 1. Quatre hommes enchaînés et menacés d'un dard. Est-ce un sacrifice humain? est-ce la puissance, ou la domination? c'est ce que nous expliqueroient sans doute les deux petites inscriptions qui y sont jointes. Ce sont ces inscriptions qui m'ont souvent déterminé dans le choix que j'ai fait des tableaux hiéroglyphiques; je les ai dessinées dans l'espérance que quelque jour on pourroit les lire, et qu'elles expliqueroient les figures : celle-ci est sur le mur extérieur du grand temple de Tintyra, à la partie latérale au sud.

Nº 4. Un génie bien ou mal-faisant, tenant des ciseaux à la main: lorsqu'il est représenté en action de faire usage de cet instrument, c'est le plus souvent pour couper les tiges de lotus; ce qui pourroit le faire prendre pour le desséchement des canaux, pour le vent d'ouest, celui qui nuit au débordement, le grand fléau de l'Égypte, ou pour celui qui donne le trop ou le trop peu de la pluie qui produit le débordement; c'est peut-être sous cet emblême qu'il a un gros ventre et de longues mamelles, donnant ou retenant l'abondance : il est là comme divinité sous un portique qui a presque toujours cette forme dans les bas-reliefs égyptiens. Cette figure, qui a été prise dans l'intérieur du temple d'Hermontis, y est si souvent répétée qu'elle paroît en être la divinité.

Nº 6. Le sacrifice d'une antélope, espece de gazelle, chevre d'Afrique, commune dans l'Égypte: le sacrificateur a une coiffure emblématique; l'inscription qui est au-dessous est sans doute explicative: j'ai pris ce tableau sur le mur extérieur de la nef du grand temple de Tintyra.

Nº 2. Cet emblême extraordinaire est sculpté sur le mur de la troisieme chambre du petit appartement qui est sur le comble du grand temple de Tintyra (voyez planche CXXX, nº 1, lettre A).

Nº 3. La figure d'Isis avec tous ses attributs, ayant sur la tête un temple, le disque de la lune, les cornes de la vache, le vautour, dont les ailes lui servent de coiffure, les cuisses et les jambes couvertes des ailes de l'épervier, le corps et l'épaule gauche couverts d'écailles de poisson; assise sur un tronc décoré de tige de lotus, en tenant une fleur pour sceptre, et de l'autre main une clef des canaux, enfin tout ce qui parle de l'eau, de l'inondation, de tout ce qui produit et fait germer, le rassemblement de tous les attributs de cette divinité bienfaisante : celle-ci, très bien sculptée et très bien conservée, existe de grandeur humaine au sud de la partie latérale du grand temple de Tintyra.

Nº 5. Une divinité, qui ressemble à Harpocrate, accroupie sur une fleur de lotus; cette figure, trouvée pendant notre séjour à Syene dans l'isle d'Éléphantine, appartient au général Belliard; elle est de la grandeur du dessin; la tige de la fleur de lotus étoit creusée pour recevoir un manche, et servir comme bâton dans quelques fonctions religieuses : ce bronze, du plus beau jet, parfaitement réparé, et couvert de la patine la plus moëlleuse, peut servir de preuve que l'art de la fonderie étoit dans sa perfection en Égypte, si le monument est égyptien; et s'il est romain, que cette colonie y avoit adopté le culte du pays, et y avoit professé les arts du superflu.

Nº 7. J'ai rencontré plusieurs fois cette figure sculptée en proportion gigantesque à côté des portes des temples des dieux et des palais des rois; il est à présumer que c'est l'emblême de la force, ou du pouvoir attribué à la divinité, ou à la souveraineté; et dans ce cas on pourroit croire que le gouvernement du pays, sans attendre l'obéissance de la persuasion, la commandoit par la force et la terreur.

Nº 8. Figure de cinq pieds et demi, prise sur le comble du principal temple de l'isle de Philée.

PLANCHE CXXI.

Nº 1. Ce tableau a plutôt l'air de la représentation d'un évènement que d'un emblême hiéroglyphique; je l'ai trouvé contre le mur de la nef du petit temple d'Éléphantine (voyez planche LXV, nº 2) : il est fruste et dégradé; il m'a semblé représenter un héros qui vient de tuer un brigand, et des gens qui lui en rendent grace, ou qui lui font un serment: c'est la seule fois que j'ai vu de tels vêtements; ils ne paroissent point être égyptiens; c'est la seule fois que j'ai vu trois figures se grouper avec expression. Si je ne l'eusse vu en place, le style ne m'auroit point rappelé la sculpture égyptienne, et j'aurois douté de son intégrité.

Nº 2. La tête à part de la figure nº 6, même planche; je l'ai faite portrait, parcequ'elle en avoit le caractere, et qu'il m'a paru national par la comparaison que j'ai été dans le cas d'en faire toutes les fois que les figures étoient humaines et non emblématiques.

Nº 3. Un temple sur un bateau; c'est la seule fois que j'ai vu un signe rayonnant. Si cette figure étoit celle du soleil, on pourroit penser que les Égyptiens, dans leur système planétaire donnoient du mouvement à cet astre, puisque la barque en est toujours l'emblême. Cet emblême, posé sur un autel, étoit peut-être porté sur les épaules dans les fonctions religieuses, comme on peut le présumer à sa forme; il est sculpté sur les murs de la troisieme chambre du petit appartement qui est sur le comble du grand temple de Tintyra. Tout ce qui vient de ce réduit mérite la plus scrupuleuse attention, parceque la perfection de l'art dans tout ce qui y est exécuté est toujours ajoutée au mystere que le sujet peut renfermer.

Nº 4. Divinité, que j'ai rencontrée souvent dans les tableaux hiéroglyphiques représentée toujours grasse et sans avant-bras; ses deux jambes sont réunies dans une gaîne; celle-ci a cela de particulier qu'il lui sort de la nuque un lotus flétri. Seroit-ce encore un mauvais vent engraissé des désastres de la terre?

Nº 5. La terre au pouvoir de Typhon. Seroit-ce l'emblême du vent dévorant, appelé maintenant le kamsin, qui regne dans les mois d'avril et mai, qui précedent l'inondation? pendant ces deux mois l'Égypte desséchée offre un aspect plus triste et plus douloureux que celui des mois de nos plus rigoureux hivers: à côté est la figure de la reproduction ou la nature toujours en érection; elle est représentée tenant à la main un fléau: c'étoit une des principales divinités des Égyptiens, celle à laquelle étoit consacré le grand temple de Karnak, à Thebes. Elle est ici portée par douze prêtres, couverte d'un tapis parsemé de fleurs de lotus épanouies, qui annoncent l'époque de la récolte ou de la maturité. Ce tableau est sculpté dans l'intérieur du temple d'Hermontis (voyez planche LI, nº 1, 2 et 3).

Nº 6. Figure sculptée sur le mur de l'escalier intérieur qui monte au comble du temple de Tintyra (voyez planche XL, nº 8); elle est en acte d'adoration : elle peut donner une idée du costume civil; une calotte juste remplace les cheveux, les bras et le corps nus ou couverts d'une chemisette juste, par-dessus laquelle deux bretelles portent un vêtement croisé, rayé, et brodé; une ceinture en métal ciselé ou en broderie en relief, dans laquelle passe un poignard, dont le fourreau est décoré comme la ceinture, et un seul bracelet à l'avant-bras droit.

Nº 7. Un prêtre sculpté sur le mur de la piece ouverte de l'appartement qui est sur le comble du grand temple de Tintyra (voyez planche CXXX nº 1, lettre C): son bâton est terminé par une fleur de lotus: l'ornement qui est sur son justaucorps prouve que les parties de la figure qui paroissent nues étoient couvertes d'un tissu en mailles; la bordure de son vêtement ressemble au signe qui d'ordinaire représente l'eau; la chaussure est une semelle, portant un simple quartier, au bout duquel est attaché un arc, qui passe sur le coude-pied; le devant de la semelle est fixé au bout par un second arc, qui part du sommet de celui qui passe sur le coude-pied, et par un cintre élevé vient aboutir entre le pouce et le premier doigt à la naissance de l'un et de l'autre.

Nº 8. J'aurois cru que cette figure étoit la représentation d'un jeu, d'une cocagne, si la gravité du lieu où je l'ai trouvé, les signes sacrés qui terminent cette espece de mât dressé, ne m'eusent averti qu'il falloit y attacher un sens emblématique. J'ai trouvé deux fois cette même représentation: la premiere, qui est celle-ci, sur la partie extérieure du mur latéral de la nef du grand temple de Tintyra; l'autre fois dans la partie intérieure du temple. Le panache que portent les personnages qui montent est celui que les prêtres portoient dans les cérémonies: si ce sont des prêtres, cela ne voudroit-il pas indiquer les efforts que cette caste faisoit pour parvenir à la sagesse et à la connoissance des mysteres d'Isis, dont les emblêmes sont à la partie la plus élevée, tandis que les autres, sans y prétendre, ne font que leur prêter secours pour y parvenir? c'est-à-dire que les uns représenteroient le peuple, dont les travaux aident ceux qui ne s'occupent que de choses relevées, et purement immatérielles; et les différents points d'élévation de ceux qui montent indiqueroient les différents degrés d'initiations pour arriver à la connoissance parfaite des mysteres d'Isis, le principe de tout, dont les signes emblématiques sont au-dessus du mât.

Nº 9. Figure d'un prêtre portant un emblême sacré, sculpté sur une face intérieure d'un mur du temple principal de l'isle de Philée.

PLANCHE CXXII.

Nº 1. Deux chevaux ailés, sculptés sur la troisieme plate-bande du plafond du portique du grand temple de Tintyra; c'est la seule fois que j'aie vu la figure d'un cheval dans des tableaux hiéroglyphiques : on peut voir ici, comme dans les tableaux de batailles, que les Égyptiens les savoient très bien dessiner.

Nº 2. Ce tableau est sculpté en grand au fond du sanctuaire du temple qui est dans l'isle auprès de celle de Philée, et semble être l'emblême de sa consécration; cette figure ne seroit-elle pas celle de la terre environnée du ciel, au milieu duquel seroit le disque du soleil? j'ai déja trouvé pareille figure sous le portique du temple d'Appollinopolis magna (voy. planche CXVII, nº 1).

Nº 3. Le dieu Chat, auquel une figure à bec d'ibis offre un vase; il est dans un temple qui a un demi-fronton ou une espece de toit, que j'ai vu souvent représenté en bas-relief, et que je n'ai jamais trouvé en nature: celui-ci est sculpté dans l'intérieur du temple d'Hermontis.

Nº 4. Tableau sculpté dans l'intérieur du temple d'Hermontis.

Nº 5. Tableau sculpté dans le même lieu que le précédent.

Nº 6. Autre tableau sculpté dans le même temple; les murs intérieurs de ce temple, partagés en compartiments inégaux, sont couverts de bas-reliefs, placés ainsi que dans une galerie où seroient rassemblés des tableaux de différents maîtres: n'ayant pu jamais me flatter dans mes différents voyages à Hermontis d'avoir le temps d'en dessiner des faces entieres, j'ai pris à part tout ce qui m'a paru le plus intéressant. Celui-ci, représentant l'ibis entre deux divinités grasses, ne feroit-il pas allusion à la saison féconde, qui étoit celle du passage de cette espece d'oiseau en Égypte?

Nº 7. Un scarabée sur le disque du soleil ou de la

lune; l'inscription au-dessous est exacte, les endroits où elle manque sont fragmentés. Ce bas-relief est sculpté en grand à la partie extérieure du fond du temple d'Hermontis.

N° 8. Tableau fort remarquable; il est encore de ceux de la collection qui décore l'intérieur du temple d'Hermontis : un épervier en sphynx, avec une queue très extraordinaire, le mauvais génie, devenu le symbole de la propagation, et tenant le fléau de l'abondance.

N° 9. Un oiseau à tête de cheval, sculpté sur la même plate-bande que le n° 1 de cette même planche.

N° 10. Bas-relief sculpté au-dessus de la porte extérieure des grottes, qui étoient les tombeaux des rois d'Égypte, tandis que Thebes en étoit la capitale (voyez planche XLII, n° 2, la vue de la grotte, et la place qu'occupe ce bas-relief).

N° 11. Sphinx sculpté contre une des faces intérieures des murs du temple de Tintyra.

N° 12. Emblême sculpté sur une des architraves du portique du temple d'Apollinopolis magna.

N° 13. Tableau sculpté et peint sur une des architraves du grand temple de Tintyra; trois loups ou chakals enchaînés à la figure d'Isis, et trois Anubis en adoration; les marques qui sont sur leurs corps sont prononcées comme ici d'une maniere très remarquable.

N° 14. Cette figure, très souvent répétée dans l'écriture inscriptive, a été dessinée avec exactitude d'après une sculptée en grand sur une des architraves du portique d'Apollinopolis magna.

N° 15. Bas-relief sculpté sur la porte de la piece ouverte de l'appartement bâti sur le grand temple de Tintyra.

N° 16. Vase extraordinaire, avec une inscription sculptée sur un mur du temple d'Hermontis.

N° 17. Figure très remarquable d'une girafe, la seule que j'aie vue dans l'innombrable quantité d'hiéroglyphes ou de bas-reliefs que j'ai observés pendant mon séjour dans la haute Égypte; elle est sculptée sur la partie extérieure de la muraille qui fait le fond du temple d'Hermontis.

PLANCHE CXXIII.

N° 1. Cette figure de trois quarts de nature, sculptée de haut-relief sur la porte principale de l'intérieur du portique du temple de Latopolis à Esné, est sans doute celle du dieu auquel étoit dédié ce monument, le Jupiter égyptien, celui adoré à Ammon.

N° 2. J'ai trouvé plusieurs fois cette grande figure sculptée à côté de la porte des tombeaux, où il n'y avoit qu'un seul corps; je l'ai toujours trouvée dans cette attitude de pitié et d'attendrissement : seroit-ce la veuve du mort exprimant ses regrets? seroit-ce le costume des femmes égyptiennes, que l'on ne trouve nulle part ailleurs? dans ce cas il auroit été aussi incommode à porter que désagréable à voir. Cette figure-ci a été prise dans les tombeaux qui sont dans les carrieres de Silsilis (voyez planche LXXVI, n° 1).

N° 3. Ces figures, prises dans le même temple, et près de celles planche CXXI, n° 1, pourroient bien être la suite de la représentation du même évènement; ici ce seroit l'encens présenté au héros qui auroit remporté une victoire : on peut remarquer, comme dans l'autre tableau, des particularités dans le costume, et plus de mouvement dans les figures.

N° 4. La tête d'Isis, qui occupe le milieu de la corniche du frontispice du grand temple de Tintyra, et qui placée là semble indiquer la consécration de ce monument à cette divinité (voyez pl. XXXIX, n° 2). Cette même figure est sculptée d'une proportion gigantesque sur la partie extérieure du mur du fond du temple.

N° 5. Tableau sculpté dans l'intérieur du portique de Latopolis à Esné. Est-ce une chasse au filet? en un pareil cas ils n'ont pas mis des figures emblématiques (voyez planche CXXV, lettre F). Sont-ce trois mois pendant lesquels les ibis se répandoient dans l'Égypte, ou ceux de la retraite des eaux, ceux de l'abondance? la quatrieme figure, avec une tête d'ibis, et tenant une clef des canaux, sembleroit étayer cette derniere opinion.

N° 6. Sistre avec la tête d'Isis : on sait que cet instrument étoit employé aux cérémonies du culte de cette déesse; celui-ci, sculpté avec soin, a été dessiné avec exactitude dans le temple de Tintyra.

N° 7. Offrande faite par un héros au dieu de l'abondance ou de la reproduction, la grande divinité de Thebes; le héros est en habit militaire, dans le costume des triomphateurs, accompagné d'un génie protecteur. Ce tableau est sculpté en grand dans l'intérieur de la partie sacrée du temple de Luxor.

PLANCHE CXXIV.

No 1. Figure que je crois celle d'Orus ou de la terre, fils d'Isis ou d'Osiris; je l'ai vue le plus souvent avec l'une et l'autre de ces divinités, ou leur faisant une offrande, toujours avec une figure jeune et d'une taille plus petite que les autres : j'ai trouvé celle-ci sur une des colonnes du portique de Tintyra; elle étoit recouverte en stuc, et peinte: le stuc, en partie écaillé, me laissa voir des lignes tracées comme avec de la sanguine; la curiosité me fit achever d'enlever le stuc, et je trouvai le trait de la figure tracé avec des repentirs de dessin, une division en vingt-deux parties, le départ des cuisses partageant la grandeur totale de la figure, et la tête en formant un peu moins de la septieme partie; les Égyptiens avoient donc un type, un mode, un canon? ils avoient donc un art avec des principes fixes? Ce qui me parut singulier, ce fut de trouver, tout auprès de cette figure si réguliere, des traits tracés deux ou trois mille ans après et par les mêmes catholiques des premiers siecles, qui détruisoient si soigneusement les sculptures du culte égyptien, et qui, avec toute la gaucherie de la barbarie la plus inepte, s'étoient efforcés de dessiner la figure d'un de leurs évêques avec la mitre et la croix: sans partialité pour l'histoire de l'art, j'ai tout pris avec la même exactitude, et j'en ai conservé la comparaison telle qu'elle m'a frappé.

No 2. J'ai trouvé ce groupe très souvent répété dans les peintures qui décorent les tombeaux des rois de Thebes; la figure attachée au poteau, terminée par une tête de loup ou de chakal, et qui a la tête coupée, est toujours noire avec le caractere negre, et celui qui tient le coutelas est toujous rouge. Il y avoit donc des sacrifices humains? le poteau sacré indiqueroit que c'est une fonction religieuse, et non un supplice; que c'étoit une victime, et non un coupable; que c'étoit un captif, et non un criminel; que le rouge étoit la couleur nationale, et le noir la couleur étrangere. On trouve chez tous les peuples des divinités qui veulent du sang, parceque les hommes qui se sont faits des divinités les ont créées à leur image, et leur ont donné toutes leurs passions et tous leurs vices.

No 3. Cette figure, qui réunit de grandes curiosités, m'a été communiquée par le général Dugua; elle a été dessinée d'après un fragment de granit près de Souès, et si naïvement, que je ne puis soupçonner la main qui en a fait le dessin d'être capable de la malice d'un faux. L'écriture persépolitaine, jointe au caractere bien prononcé de la tête d'un mage, telle qu'on la voit sur les médailles antiques de Perse, et le signe égyptien du globe ailé, ce rapprochement d'époques, ce mélange des arts de deux nations rivales, que je n'ai jamais rencontré qu'ici, m'a fait penser que, malgré la loi que je me suis faite de ne présenter à mes lecteurs que ce que j'aurois vu ou dessiné moi-même, je ne pouvois me dispenser d'offrir ce fragment à la curiosité des observateurs.

No 4. C'est une espece de chapelle ou d'ex-voto, ou temple votif et portatif, d'une seule pierre de grès : celui-ci a été trouvé à Saccara; il est du double de la grandeur du dessin; il a été apporté en France par le citoyen Descotil, qui a bien voulu me le communiquer. Les no 5 et 6 sont les côtés; il falloit sans doute qu'il fût appuyé contre quelque chose, car il n'y a rien de sculpté derriere : la figure du milieu est la tête d'une divinité sur un corps de serpent; aux deux côtés sont un homme et une femme faisant des offrandes.

No 7. Ce tableau d'un genre particulier m'a paru être un jeu, et la représentation de tours de force que l'on fait faire à des ânes, dont je n'ai trouvé la figure dans aucun tableau hiéroglyphique; ceux-ci sont sculptés dans une grotte à mi-côte de la montagne libyque, à l'ouest de Thebes. Ce tableau, travaillé sur le massif de la roche, sur la pierre calcaire, est si fin et si recherché pour le travail, qu'il ressemble plutôt à de la ciselure d'orfévrerie qu'à de la sculpture; ce sujet d'un genre tout-à-fait particulier a plus de souplesse dans les contours, et plus de grace dans la pose qu'on n'en trouve ordinairement dans les bas-reliefs égyptiens. Ils avoient donc une école, et un style à part exempt des inconséquences des figures hiéroglyphiques. L'usage existe encore dans le pays de lever dans la même attitude les ânes qui viennent de faire une course, afin de les délasser et de leur déroidir les membres.

N° 8. Ce tableau est de même nature que le précédent, il existe dans la même grotte; il est encore plus évidemment un jeu: la figure du milieu va sauter sur la corde; elle a toute la naïveté de ce mouvement; les autres ne sont pas moins bien dans l'action, et prouvent que, lorsqu'ils en avoient une à exprimer, ils savoient prendre la nature sur le fait et en rendre l'expression. La roche sur laquelle tout cela est sculpté est friable, et s'est effeuillée d'elle-même, ce qui a fragmenté tout naturellement cette petite collection particuliere et très précieuse: j'en aurois dessiné tout ce qui en reste de détails, si je ne l'eusse découvert le soir et à l'instant où j'étois obligé de quitter ce lieu pour toujours.

N° 9. J'ai joint le développement de ce petit cippe persépolitain pour servir de comparaison avec l'écriture à clou du n° 3.

PLANCHE CXXV.

N° 1. Un manuscrit en toile ou bandelette de momie, trouvé dans un triage du magasin des curiosités de l'académie des sciences; il est composé d'une suite de dix-neuf pages, séparées et encadrées avec autant de vignettes: la premiere a un titre écrit en rouge; le premier mot de chaque colonne est écrit de même couleur; la boule de la premiere vignette, n° 1, paroît être le soleil; il est coloré rouge; ce qui en sort est sans doute un faisceau de lumiere, composé alternativement de globules rouges et de globules noirs; ensuite viennent des pages, dont les vignettes sont des oiseaux: je n'ai figuré qu'une des pages d'écriture, parceque la totalité auroit tenu un grand espace, sans ajouter aucun intérêt à l'estampe tant que l'on n'aura pas découvert le moyen de lire ce manuscrit; il suffit d'en voir quelques uns pour satisfaire la curiosité, et savoir où les autres existent en cas qu'on parvienne à pouvoir les lire; jusque-là les tableaux ont un intérêt plus particulier; comme ici, les temples monolites n° 13, 17 et 18, qui prouvent évidemment que ces especes de monuments ont servi à tenir les oiseaux sacrés, ainsi que je l'avois pensé lorsque je trouvai le premier encore à sa place dans le temple de Philée (voyez le plan de cette isle, planche LXX, n° 22, la figure que j'en ai dessinée à part, pl. XLI, n° 1, et le journal, p. 139 et 140). Le n° 2 est un épervier avec une tête d'homme, une figure devant lui dans l'attitude de l'admiration. n° 3. Un épervier sur une cage. n° 4. Un épervier sur une dalle. n° 5. Un vanneau, oiseau très multiplié en Égypte, et dont il y a nombre d'especes. n° 6. Une demoiselle de Numidie. n° 7. Un serpent à tête d'homme. n° 8. La consécration d'une fleur de lotus. n° 9. Une même consécration devant une tête qui sort de la plante du lotus. n° 10. Un homme prosterné devant trois divinités qui semblent les mêmes. n° 11. Un corbeau perché sur une demi-circonférence toute marquée de points, qui peuvent être des étoiles; ce qui pourroit être l'emblême de la nuit. n° 12. Un bateau sur l'eau. n° 13. Un petit temple monolite; deux éperviers dehors du temple, posés sur le stylobate; une figure d'homme assise, tenant un bâton, et qui semble être leur gardien; le siege, très élégant, est formé d'un corps d'animal, de ses jambes, de ses cuisses, et de sa queue. n° 14. Une figure, que j'ai toujours cru devoir être celle de la terre, posée et incrustée dans une dalle; un instrument tranchant semble la partager en deux parties. n° 15. Un homme à tête de loup, présentant à manger à une divinité en forme de terme; il porte en même temps la main sur la partie de la génération de cette divinité. n° 16. Un sacrifice; sous l'autel, sont des vases d'eau lustrale. n° 17. Une figure en admiration devant un tabernacle ou temple monolite, dont la porte est fermée; la porte est un treillage. n° 18. Un temple monolite, dont une figure ouvre la porte, et présente à manger à l'oiseau qui y est enfermé. n° 19. La même vignette que le n° 10. Après cela viennent quatre tableaux l'un dessus l'autre, et qui tiennent tout le diametre du manuscrit: celui d'en-haut est un bateau; le second, un homme à genoux fait une offrande de quatre vases, et d'autres choses, que je ne sais comment nommer, à une divinité assise; le troisieme, une autre offrande à deux figures qui paroissent être deux divinités; le quatrieme est à moitié déchiré. Parallèlement sont quatre autres tableaux, qui ne sont point terminés, parcequ'à cet endroit la bandelette a été déchirée: celui d'en-haut représente une offrande de la cuisse d'un animal à trois divinités accroupies, dont celle du milieu est rouge; un bateau conduit par un homme accroupi, tenant une rame à deux mains, et dans la même attitude pratiquée encore aujourd'hui en Égypte: le second tableau, une moisson en maturité, qu'un homme coupe avec une faucille; un autre homme qui soigne une plante, qui n'est plus du bled, mais du riz ou du doura: dans le troisieme, un homme qui laboure; il tient la corne de la charrue, et appuie le pied sur le soc; la charrue est traînée par un bœuf; il y a des arbres très mal dessinés, entre lesquels sont deux figures de la terre; la premiere bande est fort dégradée.

La derniere file, au bas de l'estampe, sont des bas-reliefs pris dans de petits monuments qui sont près des pyramides de Gizéh, représentant diverses actions de la vie privée, une suite d'occupations rurales, de transport de leurs productions aux marchés des villes, de pêche, de chasse, etc. On peut remarquer que, lorsque les figures ne sont plus hiéroglyphiques ou emblématiques, la sculpture perd la roideur de ses poses; que le mouvement indique parfaitement l'action, et souvent d'une maniere très gracieuse, comme on peut le remarquer, lettre D, dans le groupe de cette gazelle qui allaite son petit.

PLANCHE CXXVI.

No 1. Figure d'Isis sculptée sur la porte latérale d'une des plates-bandes du portique du temple de Tintyra: cette figure répétée trente fois de suite ne varie que par l'inscription, qui devient nulle par l'impossibilité d'en distinguer les caracteres, et l'éloignement où ils sont placés; inconséquence dont il est difficile de rendre compte, et qui est aussi ridicule qu'il le seroit de placer des livres sur des rayons de bibliotheque où on ne pourroit les aller prendre, inconvénient répété cependant à chaque instant dans les monuments d'Égypte; ce qui y est écrit ressemble à des dépôts d'archives qu'il suffit qui existent, et qu'on n'a jamais besoin de consulter.

No 2. Cette figure n'a de particularité que la tête d'Isis sur une gaîne, ce que je n'ai vu que cette seule fois; elle est dans la troisieme piece du petit appartement sur le temple de Tintyra.

No 3. Une figure de divinité avec une tête de crocodile; elle est sculptée dans le petit temple qui est derriere le grand à Tintyra.

No 4. Tout ce numéro est sculpté sur la face intérieure de la principale porte du temple d'Hermontis: j'ai dessiné ce groupe de tableaux pour faire voir comment ces rassemblements se composent; les inscriptions ne pouvoient être distinguées tant à cause de l'obscurité du lieu que de l'élévation où elles sont placées; je ne les ai figurées ici que pour donner une idée de leur distribution et de leur nombre. Le tableau principal représente deux figures d'Isis en action de grace devant un emblême d'Osiris, sur un autel rayonnant de tiges de lotus, que de mauvais génies semblent vouloir couper; entre les cornes de la vache, qui est au-dessous, j'ai cru distinguer la figure du petit Orus, que l'on voit répétée sur les genoux des quatre divinités qui sont sur des autels; aux parties latérales sont des cochons, auxquels il semble qu'on fait la chasse.

No 5. Ce tableau est sculpté dans le même temple, mais dans la partie secrete (voyez le plan, planche LI, no 2, chiffre 5), d'autant plus secrete qu'elle n'est éclairée à présent que par une dégradation près du plafond, que la lumiere n'en arrive pas jusqu'au sol, et que pour appercevoir ce qui étoit sur le mur j'étois obligé de fermer long-temps les yeux, et d'aller dessiner dehors ce que j'avois pu entrevoir et ce que ma mémoire avoit retenu.

Les figures des vaches sont-elles des signes célestes, des constellations? est-ce Isis qui leur confie son fils Orus pendant que le soleil est dans le signe du lion, sur la peau duquel elles sont assises? au-dessous on voit le même petit Orus allaité par deux vaches; dans les figures de côté, Isis semble défendre son fils de Typhon en acte de couper les tiges de lotus.

No 6. Figure sculptée dans le portique du temple de Latopolis, à Esnê, où il y a tant d'autres figures de serpents.

No 7. Figure sculptée dans le portique du grand temple de Tintyra.

No 8. Figure d'Osiris dans la piece ouverte du petit appartement sur le grand temple de Tintyra.

No 9, 10, 11, 12. Ces tableaux sont tous quatre sculptés dans la troisieme chambre du petit appartement qui est sur le grand temple de Tintyra (voyez planche CXXX, no 1, lettre A); ils m'ont paru représenter l'état de la terre ou de la nature à certaines époques de l'année.

N° 12. Seroit-ce la nature endormie, et toujours vivante, protégée par des emblêmes de la divinité bienfaisante?

Dans le n° 11 la même figure endormie sur le signe du lion, représenté par la peau de cet animal; les quatre figures qui sont dessous pourroient être des constellations, ou les mois du repos de la nature; pendant ce temps une divinité protectrice semble veiller sur elle.

Dans le n° 10 la même figure couchée de même avec quatre nouveaux signes sous le lit de repos; elle paroît s'éveiller, et reçoit l'offrande d'un sacrifice; ce qu'explique peut-être l'inscription qui y est jointe.

Dans le n° 9 la même figure, tout éveillée, et prête à se lever, tient le signe du pouvoir et de l'abondance; elle reçoit la clef des canaux, l'emblême du débordement, qui est le temps où cesse le sommeil de la nature en Égypte.

PLANCHE CXXVII.

N° 1. Le tableau peint sur le plafond du portique du principal temple de l'isle de Philée.

N° 2. Le sacrifice d'un bœuf fait à Osiris; le sacrificateur en présente la cuisse et le cœur à la divinité. J'ai remarqué toutes les fois que j'ai rencontré l'image de ces sacrifices ou celle des offrandes, que c'étoient toujours ces deux parties qui étoient offertes de préférence; la différence des costumes est très remarquable entre le victimaire, les sacrificateurs, et celui qui offre le sacrifice, d'où il résulte que l'habit long auroit été l'habit noble, et le plus respecté. Ce tableau est sculpté dans la piece ouverte de l'appartement qui est sur le grand temple de Tintyra.

N° 3. Ce sujet est sculpté dans le grand temple de Karnak, à Thebes; Isis tenant Orus au milieu des lotus pourroit indiquer la terre couverte d'eau, le temps de l'inondation.

N° 4. Ce tableau m'a semblé représenter le lotus flétri, et ravivé par l'eau qui est versée dessus, ou les maux de la sécheresse réparés par l'inondation; il est sculpté sur le mur dans l'intérieur du portique du temple de Latopolis, à Esné.

N° 5. Ce tableau est sculpté dans la partie intérieure du portique du grand temple de Karnak; c'est la seule fois que j'aie vu un arbre dans un tableau hiéroglyphique, et des offrandes au bout d'un bâton.

N° 6. Ce tableau extraordinaire est sculpté dans le petit temple qui est derriere le grand, à Tintyra; la figure sur laquelle est le serpent m'a semblé dans le relief être une massue, qui paroît être au moment d'écraser le petit Orus, secouru par l'emblême d'Isis; les cornes de la vache, la mesure du Nil, le débordement, qui sauve la terre des atteintes de Typhon, du vent du désert.

N° 7. Isis portée par des éperviers et par des chakals, sous un portique formé de trois tiges de lotus. Ce tableau est sculpté dans l'intérieur du portique de Latopolis, à Esné.

N° 8. Vase sculpté contre le mur de la partie intérieure du portique de Tintyra.

N° 9. Orus faisant une offrande à Isis et à Osiris, ou la terre reconnoissante des bienfaits du ciel: quoiqu'il me fût impossible de distinguer les petits caracteres à l'éloignement où ils étoient placés, j'ai dessiné ce tableau avec toutes les inscriptions qui l'accompagnent, pour donner une fois l'idée du nombre de celles dont ordinairement sont surchargés les tableaux hiéroglyphiques, et qui doivent leur servir d'ampliatifs ou être leurs explications. Celui-ci est un des deux mille qui sont sculptés sur les murs du grand temple de Tintyra.

N° 10. La grande divinité du grand temple de Karnak, à Thebes; le sanctuaire de ce temple, construit en granit, a tout son intérieur couvert en compartiments de petits tableaux de cette forme, où cette divinité est toujours représentée dans la même attitude et recevant des offrandes de différents genres: il est probable que c'est dans ce sanctuaire que se faisoit l'étrange sacrifice dont une jeune vierge étoit la victime, et les prêtres les sacrificateurs; c'est-à-dire la cruauté mêlée de tous les temps à la volupté, qu'il faut cacher et déguiser.

N° 11. Ce bas-relief hiéroglyphique, d'un dessin très agréable, est sculpté dans le sanctuaire du Typhonium d'Apollinopolis magna, à Etfû; c'est Isis au moment du débordement recevant les clefs des canaux du Nil.

N° 12. Deux divinités qui enfoncent une espece de pieu dans le calice de deux fleurs de lotus; une étoile surmontée de cornes, le vêtement de la figure de la femme recouvert d'une peau de panthere, sont des particularités que je n'ai vues que cette seule fois.

Nº 13. Je crois cette figure sans signification ; dans ce cas elle seroit très remarquable, et feroit voir combien les Égyptiens, lorsqu'ils n'étoient pas retenus par un usage sacré, savoient donner un mouvement gracieux à la pose de leurs figures ; la souplesse et la gaieté sont répandues dans toute l'attitude de celle-ci ; on en feroit une statue sans rien changer à sa pose; bien exécutée, elle pourroit passer pour une production grecque: j'appelle à l'appui de cette opinion les deux tableaux faits dans le même esprit (planche CXXIV, nº 7, et nº 8); celle-ci est sculptée dans la troisieme chambre de l'appartement qui est sur le grand temple de Tintyra.

Nº 14. Le crocodile sur le couronnement du portique d'un temple, un autel devant lui, et recevant une offrande; ce tableau est sculpté dans la partie intérieure du portique du temple de Latopolis à Esnê.

Nº 15. Un temple avec un fronton; il est sculpté dans le portique du grand temple de Tintyra. Les édifices n'ayant pas besoin de toits en Égypte, où il ne pleut jamais, il en est résulté qu'il n'y a point de fronton dans l'architecture égyptienne ; la représentation de celui-ci est tenue par un personnage qui en fait une offrande : c'étoit donc un temple votif, un temple égyptien, à en juger par la porte, et peut-être érigé par un héros égyptien dans un pays éloigné de l'Égypte? C'est la seule figure que j'aie vue de ce genre.

PLANCHE CXXVIII.

Toute cette planche a été dessinée d'après différentes parties du temple de Cneph, à Éléphantine (voyez planche LXVI, nº 2 et 3); les tableaux semblent représenter la consécration de ce temple par un héros, ou des sacrifices, pour se rendre les divinités propices et pour se mettre sous leur protection.

Nº 1. La partie extérieure latérale nord dudit temple.

Nº 2. La figure du héros prise à part, pour faire connoître les détails du costume, de la coiffure, du bandeau, du collier: j'ai vu un seul fragment de ce collier en nature; il appartenoit à l'adjudant-général Morand ; il étoit en acier, damasquiné en or: des bracelets, une ceinture, avec une agrafe représentant une tête servant à relever le tonnelet, une queue, qui étoit une marque de dignité. Chaque fonction d'une même cérémonie avoit son habit particulier, comme on peut le remarquer même planche, nº 5, et mieux encore planche CXXXIV; quelquefois par-dessus l'habit, nº 2, il y a une grande robe blanche de voile transparent, à travers laquelle on distingue les formes et même les couleurs des vêtements qui sont dessous, comme on peut voir à la figure à droite dans le bas-relief nº 5; une espece de frange qui partoit de la ceinture étoit terminée par sept figures de serpent; le brodequin étoit, comme on le voit, extrêmement simple.

Nº 3. Un des petits côtés des piliers qui soutiennent la galerie extérieure qui est autour du sanctuaire du temple.

Nº 4. Un des grands côtés des mêmes piliers.

Nº 5. Un grand tableau en bas-relief, qui tient tout un côté de l'intérieur du sanctuaire du temple ; il représente un sacrifice d'animaux domestiques, d'animaux sauvages, d'oiseaux, de poissons, de fleurs, de fruits; le héros qui présente les offrandes tient d'une main l'encens, de l'autre l'eau lustrale.

Sur un grand autel est un bateau, dans lequel est un temple qui paroit ne pouvoir pas contenir ce qui y est consacré.

A gauche, sous une espece de table de promission, sont des fleurs de lotus, des palmes, et des figures emblématiques d'Isis; et le groupe à droite, l'apothéose ou la protection accordée au héros par les deux grandes divinités : le tableau qui faisoit face à celui-ci n'a de différence que dans la figure qui offre le sacrifice, et qui, au lieu de tenir un vase d'eau lustrale, tient un groupe de pigeons par les ailes. J'ai pris toutes les inscriptions hiéroglyphiques avec une scrupuleuse exactitude.

PLANCHE CXXIX.

Nº 1. Un mauvais génie, qui menace Isis, assise sur des fleurs de lotus qui ne sont pas encore épanouies : ne seroit-ce pas le vent du désert qui menace la récolte avant sa maturité? Ce tableau est sculpté dans l'intérieur du temple d'Hermontis, qui m'a paru être consacré à cette divinité mal-faisante.

N° 2. Signes astronomiques sculptés sur le plafond de la partie sacrée du temple d'Hermontis (voyez le plan, planche LI, n° 2, chiffre 5): sur un fond d'étoiles, qui est le firmament, une grande figure, que je crois être celle de l'année, enveloppe l'écliptique; le soleil, sous l'emblême de l'épervier, a un de ses solstices au signe du scorpion, et l'autre à celui du taureau; la figure sur un bateau peut désigner la marche du soleil, ou le mouvement des astres.

N° 3. Tableau sculpté sur une des architraves du portique du grand temple d'Apollinopolis magna.

N° 4. Ce bas-relief fait partie du même plafond où est sculpté le planisphere céleste, dans la seconde chambre de l'appartement qui est sur le temple de Tintyra (voyez planche CXXX, n° 1, lettre B); ce doit être encore un tableau astronomique : ces quatorze barques portant une boule ou un disque seroient-elles les mois lunaires? mais pourquoi quatorze? le nombre quatorze étoit consacré, comme on peut le voir, planche CXXXI, n° 2 et 3.

Quel est ce globe ailé devant la bouche de la grande figure? J'ai retrouvé le même emblême dans le même temple à une figure à-peu-près pareille (n° 1 et 2, planche CXXXII). Est-ce le départ du soleil en commençant son voyage pour parcourir les planetes?

N° 5. Tableau peint sur le plafond du portique du grand temple de Philée. Sur un fond bleu les trois figures en couleur naturelle: est-ce l'espace dans lequel le soleil et la lune enveloppent la terre, présentés sous les figures d'Osiris, d'Isis, et d'Orus?

N° 6. Tableau qui occupe la moitié du plafond de la troisieme chambre de l'appartement qui est sur le comble du grand temple de Tintyra (pl. CXXX, n° 1, lettre A). Il est difficile d'imaginer ce que ce peut être que ces trois figures de femmes dans de si singulieres attitudes, et qui étendent si étrangement leurs bras pour atteindre à cette petite figure d'Osiris: ce que l'on peut remarquer de plus positif c'est que les bras qui partent du cerveau prouvent bien évidemment que les Égyptiens avoient des conventions pour exprimer certaines choses, auxquelles ils faisoient céder les lois les plus sacrées de l'art et même de la nature; qu'il ne faut donc pas juger de l'art chez eux d'après les figures emblématiques; qu'ils avoient un art à part, comme je l'ai fait voir ailleurs, mais qu'il étoit retenu dans des limites, et astreint à des usages consacrés par des réglements séveres; ce qui fait que les productions du genre gracieux sont si rares, qu'avant notre expédition on ne savoit pas s'il en existoit.

N° 7. Cette figure sans pieds est la seule que j'aie vue: ces figures qui reparoissent si rarement, devoient apporter de grandes difficultés à la lecture des hiéroglyphes, et introduire dans cette écriture tous les inconvénients de celle des Chinois, si nombreuse et si pauvre.

Cette figure-ci est sur la frise du portique du grand temple de Tintyra; une autre, qui lui ressemble, est dans le zodiaque qui est sur le plafond du même portique.

N° 8. Ce tableau est sculpté sur le plafond de la seconde chambre d'un second appartement, parallele à celui dont nous avons si souvent parlé, bâti sur le comble du grand temple de Tintyra; cette vaste plate-forme, entourée de la corniche de l'édifice qui lui servoit de parapet, contenoit dans la seule partie de la nef un petit temple ouvert à l'ouest; et à l'est, en se rapprochant du portique, l'appartement où est le zodiaque, et celui dont il est question ici: ce dernier est si encombré des ruines des mauvaises maisons qu'on a bâties postérieurement sur ce temple, qu'il faut le chercher pour le trouver, et que ce n'est qu'après plusieurs voyages que je l'ai découvert. Ce tableau, qui couvre tout le plafond de cette chambre, donne 30 pieds de proportion à la grande figure de femme: c'est peut-être celle de l'année; toutes les petites figures qui sont sur son bras et sur son corps peuvent le faire penser: ce globe qui a des jambes pourroit être la marche de la terre dans la révolution de l'année; le même globe passant de la figure du soleil à une autre figure pourroit bien être la terre entre le jour et la nuit; dans le globe la figure pliée entre un homme et une femme ne seroit-elle pas celle de la terre, qui présente un côté au jour, tandis qu'elle offre la partie contraire à la nuit; Isis et Orisis, qui veillent sur elle, la gouvernent, en reglent les mouvements: peut-être rien de tout cela, et peut-être toute autre chose; c'est ce que tout-à-coup décidera la découverte de l'écriture, c'est ce qui servira peut-être aussi à la faire déchiffrer. Je croirois la figure qui est dessous, celle d'Orus ou de la terre, dont le mouvement est en rond et sur elle-même ; les figures d'Osiris aux extrémités de ses bras, le soleil au tropique, s'approchant de chaque pole dans le cours de l'année; tous ces rayons, des divisions de l'année, ses influences sur la terre, une espece d'almanach : car il ne faut pas s'éloigner de l'astronomie dans les explications hypothétiques que l'on cherche à donner à ces sortes de figures, qui étoient sans doute des signes et des systêmes astronomiques. J'ai relevé avec exactitude toutes les divisions et toutes les figures caractérisées qui y restent tracées; ce qui en manque a été emporté par une transsudation saline qui a détruit la masse de grès dans laquelle ils étoient pris.

PLANCHE CXXX.

Le nº 1 est le plan du petit appartement qui est sur le comble du grand temple de Tintyra: il est bien difficile de dire quel en a été l'usage: étoit-ce un oratoire, un observatoire, un sanctuaire, un appartement? à en juger par les sujets qui y sont sculptés, on pourroit croire que c'étoit un lieu d'étude, un lieu consacré à l'astronomie, ou consacré peut-être tout entier à la sépulture d'un personnage recommandable qui y auroit inscrit des découvertes, le résultat des études de sa vie; on y entroit par une petite porte, nº 4: la premiere piece, C, est sans plafond, et a l'air d'une petite cour fermée, décorée avec le même soin que les autres pieces; contre le mur latéral de droite est représentée une momie couchée, sous laquelle est une longue inscription; une porte, nº 2, entroit dans la piece, B, éclairée de deux grandes croisées; sur le plafond de cette piece est sculpté le planisphere céleste, même planche, nº 2; une grande figure, planche CXVIII, nº 5, et un autre bas-relief, planche CXXIX, nº 4; la piece A, presque absolument obscure, ne reçoit d'air et de lumiere que par la porte, nº 1; son plafond est décoré de deux bas-reliefs, dont on peut voir le dessin d'une partie, planche CXXIX, nº 6: je n'ai pas eu le temps de dessiner l'autre à part; il étoit moins intéressant et très fruste: cette esquisse en petit en est la masse sans détail.

Nº 2. Lorsque j'ai fait le dessin de ce planisphere, je n'ai pas espéré en donner l'explication, mais apporter une preuve que les Égyptiens ont eu un systême planétaire, que leur connoissance du ciel étoit réduite en principes, que la seule image de leurs signes prouvoit évidemment que les Grecs avoient pris ces signes chez eux, et que par les Romains ils étoient arrivés jusqu'à nous; j'ai cru enfin me mettre dans le cas d'offrir aux savants et aux antiquaires de l'Europe un hommage digne d'eux, et mériter leur reconnoissance.

PLANCHE CXXXI.

Nº 1. Ce bas-relief est sculpté sur une des plates-bandes du portique du grand temple de Tintyra (voyez le plan, planche XL, nº 8). Entre les deux bandes, nº 1, il y avoit des caracteres hiéroglyphiques, que je n'ai pas eu le temps de copier; tous les cartels qui accompagnent les figures sont exacts; ceux que l'on ne peut distinguer dans la gravure sont de même inintelligibles dans la vérité, soit qu'ils aient été rompus par l'impression des balles de fusil que l'on a tirées dans ce plafond, soit par des stalactites qui en ont couvert le relief: il en est de même de quelques figures que j'ai données dans le même état où je les ai trouvées; les étoiles qui accompagnent chaque figure et chaque cartel annoncent que l'objet de ces bas-reliefs est relatif à l'astronomie; toute la premiere bande est occupée par des figures de serpents, comme au plafond du portique du temple de Latopolis, à Esnê.

Une particularité de la seconde bande est la figure du soleil sous l'emblême de l'épervier, au milieu de figures accompagnées d'étoiles, dont le nombre augmente progressivement d'un à douze, excepté la derniere, à laquelle il en manqueroit deux, qui auront sans doute été détruites. Seroit-ce l'année, et le soleil au milieu de sa course?

Nº 2. Cette suite de divinités égyptiennes est sculptée dans cet ordre sur la frise de la porte qui est sous le portique d'Apollinopolis magna, à Etfu; j'y ai joint avec une sévere exactitude tous les caracteres, qui paroissent être les noms, attributs ou qualités de chacune de ces figures: il est à remarquer que quartorze d'elles sont prêtes à monter quatorze marches vides qui aboutissent à un signe, qui est un œil sur une proue de vaisseau dans un disque de la lune, porté sur un support, terminé par une fleur de lotus, derriere laquelle est une petite divinité: que le même nombre de marches, le même nombre de divinités, le même signe, et le même petit dieu, sont sculptés sur chaque marche du plafond du portique de Tintyra (même plan, nº 3): j'ai encore une fois trouvé la même chose le long des marches de l'escalier qui monte de la plate-forme de la nef à la plate-forme du portique du même temple, et le même nombre quatorze dans le petit appartement sur le comble du temple (voyez le plan, planche CXXX, nº 1, lettre B, et la figure, planche CXXIX, nº 4). Dans le bas-relief d'Apollinopolis les figures ont les jambes engagées; dans celui de Tintyra il y a alternativement une figure d'homme, une figure de femme: j'ai cru devoir indiquer ces rapprochements et ces différences matérielles à ceux qui sauront y attacher des idées abstraites.

Nº 3. Je préviens le lecteur que tous les signes des petits cartels intérieurs attachés aux figures sont exacts, mais que toute la bordure ne l'est que dans la forme des inscriptions, que je n'ai pas eu le temps de prendre, et qu'avec du temps je n'aurois pu donner que très imparfaitement, soit par la petitesse des caracteres, soit par l'éloignement où ils sont placés, soit enfin par leur état de vétusté, accélérée par la filtration des eaux à l'usage de ceux qui ont habité dans des temps plus rapprochés sur le comble de ce temple, et y ont bâti des maisons, dont les murailles en briques non cuites existent encore.

PLANCHE CXXXII.

Les deux parties d'un zodiaque sur les deux plates-bandes les plus opposées du plafond du portique du temple de Tintyra (voyez le plan, planche XL, nº 8): les deux grandes figures enveloppantes paroissent être celles de l'année. Le signe ailé qui est devant leur bouche est celui de l'éternité ou le passage du soleil aux solstices: le disque qui est à la jointure des cuisses de la figure nº 1, le soleil, d'où il part un faisceau de lumiere qui tombe sur une tête d'Isis, qui représente ou la terre ou la lune; le soleil, placé au signe du cancer, peut servir d'époque à l'érection du temple: les figures jointes aux signes, les étoiles fixes; celles dans les bateaux, les étoiles mouvantes, les planetes, et les cometes. Plus les objets de ces tableaux sont importants, plus ils me paroissent devoir être laissés aux savants à qui ils appartiennent; mes observations doivent porter plus particulièrement sur les petits objets isolés, auxquels les localités, les rapprochements, les circonstances, donnent de l'intérêt, auxquels les détails de mes observations peuvent quelquefois donner de l'existence.

Ces grandes plates-bandes sont sculptées et peintes; les personnages en couleurs naturelles sur un fond bleu semé d'étoiles jaunes: je n'ai marqué que celles qui sont en relief, les autres étant en nombre indéfini, et ayant disparu pour la plupart par la dégradation.

Les inscriptions sont exactes; j'ai marqué par de petits traits les endroits où la dégradation ne m'a pas permis de distinguer les figures; un grand éclat de pierre qui est tombé en a emporté plusieurs de la seconde bande.

PLANCHE CXXXIII.

Fragment de bas-reliefs historiques représentant diverses circonstances de l'expédition glorieuse d'un même héros; dans le fragment nº 1, il saisit par le bras son adversaire, déja blessé et terrassé; il est prêt à le percer d'un coup de lance; un calumet, signe de victoire ou de paix, est à côté de lui: ces bas-reliefs, sculptés sur les murs à l'extérieur du temple de Karnak, sont moins détruits par le temps que par des démolitions; c'en est une qui nous prive de la tête du héros, dont il eût été curieux de voir l'expression. Si ces bas-reliefs sont les plus anciens de ceux qui sont arrivés jusqu'à nous, à coup sûr il y avoit long-temps qu'on en faisoit lorsque ceux-ci ont été sculptés. Il y a une noble simplicité dans l'agencement des figures, du style, et de l'expression, dans la pose des deux personnages; on pourroit plus soigner les détails, mais on ne pourroit pas mieux composer un groupe.

Nº 2. Le héros, remonté sur son char, poursuit l'ennemi, déja en pleine déroute, fuyant dans les bois et dans les marais pêle-mêle avec les habitants du pays, et les animaux de la campagne; plusieurs, réfugiés dans une forteresse, sont presque aussi effrayés que les autres, et paroissent même atteints des traits du vainqueur. Ce bas-relief-ci, plus barbare que l'autre, peche absolument par la composition, et plus encore par la perspective: mais la pose de chaque figure à part est vraie et expressive; elles sont toutes en fuite, blessées, effrayées, ou bien mortes; les animaux en sont beaux et pleins de style; les chevaux pleins de feu, de simplicité, et de noblesse: les Grecs n'ont pas fait autre chose pour ceux qu'ils ont mis sur leurs médailles.

La forteresse n'a l'air que d'un enclos palissadé; l'inscription qui est dessus, si nous savions la lire, nous en apprendroit peut-être le nom; la forêt est représentée par quelques branches, et le marais par quelques fleurs de lotus.

Nº 3. Le vainqueur sur son char, conduisant ses chevaux, dont les têtes sont panachées en signe de triomphe; il est entouré de toutes ses armes, de sa lance, de son javelot, de sa hache, de son carquois, de ses fleches, et de ses masses d'armes; deux génies protecteurs l'accompagnent et le couvrent de leurs ailes; il ramene des captifs attachés ensemble par les bras et dans différentes attitudes; ces captifs portent une barbe entiere, un habit long, une plume sur leur casque, et ont tout une autre physionomie que les Égyptiens: l'une des inscriptions est peut-être le nom du héros, et l'autre celui des peuples vaincus; un calumet marque la paix ou la victoire.

Nº 4. Le même héros présentant ses captifs aux dieux: l'inscription est peut être le nom des divinités; le génie protecteur est encore là.

Dans d'autres bas-reliefs du même genre le héros reçoit les armes des mains de la divinité, ou du prêtre qui la représente; ces rois, ces héros étoient très pieux, et jamais les prêtres n'étoient étrangers à leur fonction; ils recevoient les armes d'eux; c'étoit dans leurs mains qu'ils les remettoient; ils ordonnoient de la paix et de la guerre: c'étoit du temple que partoit le roi pour une expédition; c'étoit dans le temple qu'il en rapportoit les trophées.

PLANCHE CXXXIV.

Nº 1. Triomphe d'un roi d'Égypte, de Sésostris, d'Ossimandue, de Memnon, d'un des rois conquérants qui ont régné à Thebes; ce bas-relief historique est sculpté sur le mur intérieur d'une des galeries d'une cour du temple, ou du palais de la partie sud-ouest de Thebes, près le bourg de Médinet-Abou (voyez le plan, nº 4, planche XLVI, lettre Z).

Nº 2. Ce bas-relief commence à la lettre V; les trois premieres figures de la ligne supérieure sont des soldats portant leurs lances et leurs boucliers; des prêtres, avec des habits longs, et des panaches, marchent devant eux, tenant de longues palmes; deux autres tiennent des tablettes, et des bâtons à fleurs de lotus; deux autres semblent faire des proclamations.

Nº 3. Quatre personnages portent des gradins, pour monter sans doute à la chaise triomphale et en descendre.

Nº 4. D'autres prêtres tiennent des plumes, et sont couverts de tuniques transparentes.

Nº 5. Deux enfants tiennent des bâtons avec des fleurs de lotus.

Nº 6. Douze personnages portent sur un brancard le triomphateur, assis sur un trône, couvert d'un baldaquin; le lion, le sphinx, l'épervier, le serpent, sont les emblèmes de la force, du mystere, de la vélocité, et de la prudence, qui caractérisent le héros; le calumet et les palmes sont ceux de la victoire et de la paix: de plus petits enfants que les premiers marchent à côté du siege, portant les armes du héros; le triomphateur est décoré des attributs de la grande divinité de Thebes; il a un collier, et sur son vêtement est une tunique transparente comme celle des prêtres ou des initiés; son nom ou ses victoires sont peut-être inscrits à côté de sa figure.

Nº 9. Un prêtre en haut, un autre en bas, lui présentent l'encens.

Nº 10. Deux autres en grand costume lisent et proclament ses victoires, et huit autres tiennent de grandes plumes; couverts de tuniques, ils marchent devant lui: ils arrivent au temple de la grande divinité; elle est sous un portique formé de deux tiges de lotus terminées par leur fleur, sur lesquelles pose une corniche, composée de serpents; le héros, en habit de guerre, recouvert d'une tunique sacerdotale, présente d'une main l'encens à la divinité, et de l'autre fait une libation sur les préparatifs d'un sacrifice, composé de vases, d'eau, de cœurs et de cuisses de victimes, et de fleurs de lotus: ensuite la marche recommence; deux personnages, nº 21, portent une espece d'autel, sur lequel sont cinq vases renversés; figure que j'ai souvent trouvée à côté de la grande divinité.

Au-dessus, nº 20, deux autres personnages portent une grande tablette, sur laquelle étoient peut-être écrites les victoires du héros; ensuite la grande divinité, portée par vingt-quatre personnages, est entourée de toute la pompe des cérémonies, de panaches, de calumets, de trophées, de fleurs; le triomphateur marche devant, coiffé d'un autre bonnet, et toujours accompagné de son génie tutélaire; il est précédé du bœuf Apis, décoré de bandelettes, portant le disque d'Isis entre ses cornes; un enfant lui présente l'encens; vingt-une figures tiennent chacune une divinité ou l'attribut d'une divinité, ou des oiseaux, et autres animaux sacrés. Arrivés à une espece d'autel, un prêtre paroît être au moment de sacrifier devant ce triomphateur une jeune victime humaine; un autre laisse aller un oiseau, qui semble être l'emblême de l'ame qui se sépare du corps de la victime; ce qui attesteroit l'usage, que les Grecs nous disent égyptien, de sacrifier après une victoire le plus jeune des captifs de l'un ou de l'autre sexe: l'inscription qui y est jointe en est peut-être la consécration; le personnage qui est au-dessus, nº 36, et qui tient une tige de lotus rompue dont la fleur n'est pas épanouie, est peut-être l'emblême de la mort prématurée de la victime.

Vient après, nº 40, un sacrifice moins barbare, fait par le héros lui-même, d'un faisceau d'épis au dieu Apis, porté sur les épaules des prêtres.

Dans une proportion plus petite, nº 41, le même héros tient une chaîne, supportée par neuf figures, qui pourroient bien être l'emblême des nations vaincues par lui; son génie protecteur tient le signe de la victoire : un personnage lui présente l'encens; l'autre, marqué 43, semble inscrire ou proclamer ses conquêtes.

Si je me permets de prononcer avec confiance sur des objets si importants et tellement perdus dans la nuit des temps, ce n'est pas par la prétention de convaincre mon lecteur de mes opinions, mais pour l'arrêter un moment par des idées quelconques, pour exciter sa curiosité, même sa contradiction : le voyageur observe, parcequ'il n'est occupé que de ce qu'il est venu chercher, de ce qu'il a payé de tant de peines et de soins; le dessinateur, obligé de se traîner lentement sur les objets, est contraint d'en considérer tous les détails; le curieux, qui le reçoit si commodément tout rédigé, glisse facilement sur eux, s'il n'y est ramené par des observations minutieuses, par des observations même qui le blessent, et lui en font souvent enfanter d'autres qui amenent des découvertes. C'est dans l'envie de satisfaire les questions de l'homme que tout intéresse que j'ai dessiné tant d'objets; c'est pour aller au-devant de sa curiosité que j'ai encore fait à part, et dans une proportion plus grande, nº 42, la tête du triomphateur, qui est sans doute portrait, puisqu'elle est toujours la même dans toutes ses répétitions : si c'est celle de Sésostris, il est assez piquant d'en connoître les formes, et de s'assurer non seulement qu'il n'avoit rien du caractere africain, mais qu'il avoit toute la noblesse et l'élégance des figures grecques.

Après cette longue bande de bas-reliefs sans interruption, et qui appartient par conséquent au même sujet, suivent de grandes pages d'inscriptions, qui sont sans doute l'explication de cette cérémonie, ou l'histoire du héros qui en a été l'objet.

Après ces inscriptions viennent des tableaux fracturés, qui représentent des faits d'armes, des combats; à travers les dégradations j'ai pu reconnoître le même héros poursuivant des ennemis qui fuient à la nage, nº 46; dans le fragment que j'ai pu dessiner j'ai rendu compte de la maniere d'atteler les chevaux, d'en attacher les rênes à la ceinture pour laisser les deux mains libres, et les conserver pour combattre; j'ai fait connoître la forme des chars, leurs petites proportions, la maniere d'y être placé, les carquois et la maniere d'en faire usage.

Dans le tableau qui suit et qui termine cette planche, le héros, après la bataille, assis en arriere de son char, dont ses pages ou archers tiennent les chevaux, fait compter devant lui le nombre des morts par celui des mains qu'on leur a coupées; le personnage qui les compte tient encore le coutelas sous son bras, un autre les inscrit, un autre, en grand habit, semble en proclamer le nombre : derriere lui sont des prisonniers à longues chevelures, qui servent quelquefois à leur lier les bras; leur coiffure, leur barbe, et leur costume, sont absolument étrangers à l'Égypte; une longue suite de ces derniers se perd dans les dégradations occasionnées par les différents usages que l'on a faits de ces temples à diverses époques (voyez le journal, pages 207 et 208).

PLANCHE CXXXV.

Cette planche ne contient que des objets peints

pour la plupart dans les tombeaux des rois à Thebes, et particulièrement dans quatre petites chambres (voyez le plan, nº 3, planche XLII, lettre D); chacune de ces petites chambres est décorée d'objets particuliers; l'une étoit consacrée à la musique, l'autre aux armes, l'autre aux ustensiles et meubles, une autre à l'agriculture.

Dans celle des armes je dessinai, nº 1, un carquois, qui contenoit d'autres armes que les fleches, et qui dans les combats s'attachoit en-dehors des chars (voyez planche CXXXIII, nº 3, et planche CXXXIV, nº 46).

Nº 2. Une des armes renfermées dans le carquois ci-dessus, et dont je n'ai pu deviner l'usage.

Nº 3. Un bouclier : on peut voir dans les figures du bas-relief (planche CXXXIV, nº 1) la maniere dont il étoit porté; l'ouverture qui est à sa partie supérieure pouvoit servir à le suspendre, ou à laisser voir à celui qu'il couvroit les mouvements de celui contre lequel il avoit à combattre.

Nº 4. Un sabre, à la poignée duquel est un cordon avec un gland en cuir.

Nº 5. Un autre sabre.

Nº 6. Une cravache.

Nº 7. Une cotte de mailles.

Nº 8. Un poignard dans la même forme que les poignards de ceinture dont on se sert généralement encore dans tout l'orient (voyez pl. XCV, nº 12).

Nº 9. Une masse d'armes, avec une poignée à cacher la main.

Nº 10. Un fouet.

Nº 11. Un casque.

Nº 12. Une hache d'arme, derriere la lame de laquelle est une masse, pour en rendre le coup plus lourd, et partant plus pénétrant.

Nº 13. Un carquois à fleches.

Nº 14. Pliant matelassé.

Nº 15. Meuble à tiroir et à couvercle, avec des poignées pour lever l'un et tirer l'autre.

Nº 16. Un fauteuil, d'une si excellente forme, qu'il n'en existe pas qui soit d'un meilleur goût; il est tapissé de la maniere la plus commode.

Nº 17. Lit dont nous avons admis la forme depuis que les architectes président à l'ameublement, comme à la décoration des intérieurs des appartements.

Nº 18. La chaise du fauteuil nº 16 : dans la peinture on distingue très bien que l'étoffe qui le couvre est à fleurs, par conséquent brochée, peinte, ou brodée; le bois est de couleur de bois des Indes, et la sculpture est dorée.

Nº 19. Un coffre à couvercle.

Nº 20. Un pliant à trois matelas.

Nº 21. Un pot à l'eau, et une aiguiere.

Nº 22. Une espece d'armoire.

Nº 23. Une charrue qui ressemble à celles dont on se sert encore à présent; derriere celui qui laboure est un homme qui seme en jetant le grain par-dessus sa tête : j'ai dessiné deux autres charrues (voyez planche CXXV, nº 26, et lettre E même planche).

Nº 24. Un tabouret couleur de bois des Indes, et doré.

Nº 25. Une corbeille d'osier d'une jolie forme, et tressée très agréablement.

Nº 26. Une harpe à vingt-une cordes; le vêtement de la figure qui en joue est étrange et désagréable, mais il y a dans la pose de l'enthousiasme et de la vérité.

Nº 27, 28, 29. J'ai trouvé ce groupe peint dans des tombeaux sur la montagne à l'ouest de Thebes; la carnation des musiciennes est rouge : celle nº 27 a une tunique juste, dont les manches sont amples; les tuniques des autres ne se distinguent qu'à la couleur, qui est blanche, et devient rose en ce qu'elle participe de la teinte de la chair que l'on voit à travers; la gorge de ces femmes est de la même forme que la gorge des Égyptiennes d'à présent. La figure nº 27 pince d'une espece de théorbe; celle nº 28, au mouvement du corps, de la tête, et des bras, joue d'un instrument à vent; il est à regretter qu'une lésion de l'enduit l'ait fait disparoître, car il nous auroit donné un troisieme instrument de la musique des Égyptiens : j'ai consulté les plus petits fragments au bas du mur, je n'ai rien trouvé qui ait pu m'en rendre compte.

La pose de celle nº 29 est très souple et très vraie; tout bonnement et tout parallèlement que sont posées ces trois figures, elles annoncent un sentiment très délicat et très juste dans celui qui les a dessinées : on peut y voir la différence de style que les Égyptiens adoptoient dans les figures hiéroglyphiques par le contraste de la roideur de celle qui vient immédiatement après n° 30. Elle est sculptée sur la frise du portique du temple de Tintyra.

N° 31. Cette quatrieme harpe, si ingénieusement composée, est sculptée dans la troisieme chambre du petit appartement qui est sur le comble de la nef du temple de Tintyra.

N° 32. Cette figure, et celle n° 36, sont peintes dans des tombeaux qui sont creusés dans la montagne qui borde Thebes au sud-ouest; ces porteurs d'eau, de pain, et d'autres victuailles, sont si souvent répétés dans ces sortes de monuments, qu'il est à croire que l'on portoit des comestibles dans les cérémonies funebres avec les vases, les trophées d'armes, et les images des dieux, et que ces especes de fonctions se faisoient avec le faste et la profusion proportionnés à la majesté du personnage qui en étoit l'objet.

N° 33. Ce vase, ainsi que les deux qui suivent, sont pris dans la représentation peinte des fonctions dont j'ai parlé à l'article ci-dessus, et copiés dans le même tombeau: ce premier est peint en couleur d'or; c'étoit sans doute de l'orfévrerie, et de la plus magnifique; si on a quelque chose à reprocher à la maigreur de la forme de ce vase, on peut admirer sa magnificence et la richesse de sa décoration: ce sont des plantes aquatiques qui en sont les principaux ornements, une fleur de lotus lui sert de couvercle; ce cheval passant, ces têtes de chevres et de chevreaux, sont d'un beau style: cela n'a donc pu être que la copie d'une belle ciselure.

N° 34. Un autre vase d'or, d'une forme ingrate et d'un style corrompu, comme celui dont nous faisions usage dans l'autre siecle avant que les vases étrusques fussent venus redresser notre goût en ce genre de magnificence; les branches de lotus indiquent que ce vase étoit destiné à contenir de l'eau du Nil, de celle du débordement, et le globe ailé, que son usage étoit sacré.

N° 35. Ce vase d'une belle forme est peint dans le même tombeau, et de couleur d'argent; la richesse est distribuée avec une noble simplicité; la figure à genoux, et la tête de Jupiter qui lui sert de couvercle, annoncent qu'il devoit contenir quelque liqueur sacrée, et son gouleau qu'il servoit à des libations.

N° 36. Cette maniere de porter est encore en usage en Égypte; les vases sont parfaitement composés.

PLANCHE CXXXVI.

Manuscrit trouvé dans l'enveloppe d'une momie.

La premiere observation que l'on peut faire sur ce manuscrit, c'est que le papyrus en est préparé de la même maniere que celui qu'ont employé les Grecs et les Romains, c'est-à-dire de deux couches de la moëlle de cette plante collées l'une sur l'autre, le fil de la moëlle se croisant, et par cela donnant plus de consistance à la feuille; on peut y voir aussi que l'écriture va de droite à gauche, en commençant par le dessus de la page; ce qui est constaté par l'alinéa de la sixieme page, qui termine à la moitié de la ligne, et qui est suivi d'un post-scriptum.

Le premier tableau à droite représente un sacrifice à quatre divinités, dont la premiere est celle de l'abondance, tenant un fléau tel qu'on l'a rencontré dans tous les temples de Thebes, et particulièrement dans le grand temple de Karnak, à laquelle ce temple étoit dédié: la seconde, une figure d'Isis, coiffée des cornes de la vache, du disque de la lune, et d'un serpent qui les traverse; elle tient en main les clefs des canaux du Nil: la troisieme est Osiris, tenant d'une main le bâton à tête de huppe, et de l'autre une clef: la quatrieme divinité est coiffée d'un temple, tenant aussi une clef. A la partie droite un grand-prêtre vêtu de blanc, avec une fourrure, et des brodequins, comme je les ai décrits à l'explication de la planche CXXI, n° 7 et 9; il est dans l'acte de faire une offrande; devant lui est un autel en forme de table, sur lequel est un faisceau que l'on peut croire être de fleurs de lotus; le reste de ce qui est sur la table est figuré d'une maniere trop informe pour lui donner un nom; sous cette table sont deux jarres à deux anses, terminées en pointe, d'une forme assez agréable, posées et soutenues sur des especes de trépieds: ce qu'il y a de remarquable à cet égard, c'est que la forme des jarres et la maniere de les asseoir est la même que celle qui se pratique encore en Égypte; tant l'usage de ce qui est d'une absolue et continuelle nécessité franchit les siecles sans éprouver d'altération!

Tout le tableau est encadré d'un portique, composé de deux colonnes de forme bizarre, ressemblant au balustre, portant une courbe qui tient lieu d'architrave et de corniche : ce tableau, dont les couleurs et le contour ressemblent tout d'abord à nos cartes à jouer, n'a que quatre teintes de couleurs entieres ; une bleue, ressemblant à celle de l'azur, du rouge-brun, du jaune couleur de graine d'avignon, et un verd triste, qui sont les seules couleurs que j'aie trouvées employées dans les peintures les plus recherchées, dans les tombeaux des rois, et sur les hiéroglyphes sculptés. Le trait de ce tableau, quoiqu'infiniment négligé, avoit cependant été tracé d'abord avec une couleur rougeâtre claire, comme une premiere esquisse, dont on voit encore quelque repentir ; la tête d'épervier a un style et une fermeté qui prouvent qu'il y avoit des modeles bien faits de ces copies médiocres, et qu'en suivant des conventions reçues elles ont été mal dessinées dans des temps qui n'étoient déja plus barbares.

Le second tableau, à gauche du spectateur, est une offrande que fait un prêtre à Isis sous la figure d'une vache, dont on voit les mamelles : elle est coiffée comme les figures humaines de cette divinité, et a sur le cou une espece de joug, que j'ai trouvé à la figure du dieu Apis dans le bas-relief historique du temple de Médinet-Abou, à Thebes, et que l'on peut voir planche CXXXIV, n° 28 : ce qui est devant la figure de vache est peut-être un autel ; le tout est posé sur un portique sous lequel est une momie couchée, pareille à celle que j'ai cru être la nature endormie, que l'on peut voir pl. CXXVI, n° 11 ; au-dessus de la vache est un disque d'où descend un serpent : le prêtre est vêtu comme celui du premier tableau, c'est-à-dire avec une tunique blanche et croisée, qui l'enveloppe depuis la moitié des reins jusqu'à la moitié des jambes, soutenue par des bretelles qui passent sur son épaule droite, qui est nue ainsi que ses bras ; sur la tête il a un capuchon juste, que l'on pourroit croire de mailles, qui tourne autour de ses oreilles, et les lui laisse découvertes ; il tient à la main un vase, d'où sortent deux especes de fleurs, que j'ai trouvées souvent sans pouvoir déterminer ce qu'elles sont. Au-dessus du tableau est une inscription en sept colonnes verticales, et quatre horizontales : on peut remarquer que l'écriture de ces inscriptions est encore différente de celle qui compose les pages de ce manuscrit, et sembleroit être encore une troisieme écriture. On pourroit comparer à notre écriture majuscule les inscriptions sur les obélisques ; celle qui est figurée par des objets, comme celles qui sont en colonnes, avec les figures qui ne sont que des diminutifs des autres, à notre écriture moulée ou ronde ; la troisieme est une espece de cursive consacrée aux manuscrits : dans cette derniere le nombre des caracteres m'a paru infiniment nombreux et varié ; on y reconnoît encore quelques uns des autres, tels que le serpent, les yeux et les oiseaux ; mais ces caracteres sont mêlés avec d'autres qui sont conventionnels, et n'offrent plus aucune image. J'ai trouvé, en gravant le manuscrit, le retour de phrases tout entieres, et certains caracteres tellement répétés, qu'ils ne peuvent être autres que des articles, des conjonctions, ou des verbes auxiliaires : il sera facile à ceux qui font une étude particuliere de ce genre d'observations de composer des alphabets, ou des groupes de mots, des tableaux comparatifs, et par le rapprochement de ces trois écritures, de s'en aider pour l'explication générale, qui, d'un moment à l'autre, peut cesser d'être hypothétique : un seul de ces manuscrits devroit donner la totalité des caracteres, si chaque caractere n'étoit qu'une lettre.

La figure d'un 3, que l'on rencontre à chaque instant, ne peut être qu'un article ou la marque d'un pluriel ; mais il y en a d'autres qui viennent si rarement, qu'on ne peut aussi les prendre que pour des substantifs appellatifs, ou penser qu'à eux seuls ils sont un mot tout entier, et dans ce cas l'alphabet seroit immense : au reste toutes mes opinions ne me sont dictées que par le zele et par le desir d'accélérer les recherches de ceux qui peuvent avoir déja sur cela des systêmes établis, et des connoissances acquises. Ce manuscrit appartient au premier consul, qui a bien voulu me le communiquer.

PLANCHE CXXXVII.

Ce second manuscrit, beaucoup plus petit, roulé de gauche à droite, a pour particularité un titre au revers, composé de neuf caracteres, que j'ai placés à la droite de l'estampe ; le dedans représente un tableau de trois rangs de figures, parsemées d'inscriptions à colonnes toutes verticales, à l'exception d'une seule ligne horizontale : il n'y a aucune partie qui soit cursive, comme dans l'autre manuscrit; et tous les caracteres étant isolés, et l'un sur l'autre sans qu'il y en ait jamais deux d'accolés, cela peut faire croire que dans ces caracteres d'inscription chaque figure est un mot. Le tableau général semble être une cérémonie mortuaire; dans la derniere bande on voit évidemment une momie dans une barque, passant un fleuve, le Styx peut-être : dans la partie droite la même momie est reçue dans les bras d'une figure d'Orus ou la terre; dans la bande du milieu il y a une autre barque portant un Jupiter Ammon, traîné par huit personnages alternativement masculins et féminins.

Il est à remarquer que la divinité qui est sur la barque est enveloppée d'un serpent, et quatre divinités de même forme dans la bande de dessous sont assises sur des serpents, et des jets de lumiere leur sortent de la bouche, et descendent jusqu'à leurs pieds; dans la bande de dessus et dans celle de dessous, huit figures humaines, qui semblent être des prêtres, marchent en avant les bras élevés dans l'attitude de l'exclamation : le nombre de huit semble être consacré dans ce tableau, puisqu'il se répete dans les trois bandes de figures.

Sur la bande du milieu, derriere la divinité en bateau, est un autel, sur lequel est accroupi un chakal ou loup d'Égypte; sur le panneau de l'autel sont deux vases d'eau lustrale, au milieu desquels est une figure représentant une mesure de l'accroissement du Nil, ainsi que j'ai pu le présumer pour l'avoir vue souvent mieux prononcée dans des figures sculptées avec soin : on doit dire cependant que la négligence avec laquelle tout cela est fait tient plus à la vélocité de l'exécution qu'à l'ineptie du dessinateur; car on peut remarquer dans ces gros traits peu soignés une précision et un tact qui ne manquent ni de finesse ni de sûreté.

Ce manuscrit est dépourvu des couleurs des autres; on n'y voit que du noir et du rouge : il seroit bien difficile de déterminer quelle est la raison qui a pu motiver cette variété; mais comme il peut y en avoir une, j'ai pris le parti de faire graver par deux lignes fines tout ce qui est en rouge, et une grosse ligne pleine ce qui est en noir.

PLANCHE CXXXVIII.

Un troisieme manuscrit; il m'a été communiqué par le citoyen Amelin : il n'a de particularité que le costume du sacrificateur, qui paroît être un guerrier; sa coiffure surmontée, et traversée par un couteau; sa robe transparente, par-dessus laquelle est une peau de tigre, qui indiqueroit un militaire; il présente un vase dont il semble qu'il sort une flamme. On peut remarquer encore dans ce manuscrit, dont l'écriture est plus grosse et plus soignée, la différence des caracteres d'inscription qui sont au-dessus du tableau, et le caractere cursif du reste du manuscrit. Pour rendre raison des couleurs de ces tableaux j'ai pris de même le parti d'exprimer dans la gravure les couleurs par les tailles, en avertissant le lecteur que la taille horizontale indique le rouge, la taille verticale le bleu; la taille inclinée le verd, et pour le noir une taille croisée.

PLANCHE CXXXIX.

Diverses antiquités, la plupart apportées par le citoyen Descotil.

N° 1. Vase d'albâtre du quart de la grandeur de l'original; il a été trouvé dans des tombeaux grecs, à Alexandrie.

N° 2. Vase égyptien du quart de la grandeur de l'original, contenant de la résine semblable à celle des momies.

N° 3. Dé en pierre ollaire de la grandeur de l'original; il a plus l'air d'un poids que de toute autre chose.

N° 4. Petite figure de grandeur naturelle, en gomme aromatique, trouvée dans des caisses de momie.

N° 5. Un petit Anubis de bois de sycomore de la grandeur de l'original; il est dans l'attitude de tirer une fleche : c'est la premiere divinité égyptienne que j'aie vue dans cet acte; il a cela de particulier que dans ses deux grandes oreilles il y en a deux plus petites, comme on en voit à certaines chauves-souris. Ce morceau de sculpture, coupé dans un bois tendre, a toute la fermeté de l'ébauche d'une pierre dure taillée par méplat dans les plus graves principes; on pourroit y compter chaque incision de l'outil, et quoiqu'en très petite proportion pour une matiere aussi grossiere, tout y est ménagé avec autant de science que de dextérité.

N° 6. Morceau de porcelaine bleue de moitié de la grandeur de l'original, avec un creux incliné, absolument dans la forme des écritoires des Chinois ; les caracteres sont en émail noir.

N° 8. Bouchon d'un vase en terre, du même amalgame que le n° 10, avec une empreinte, n° 7, qui fait voir que l'imprimerie n'est pas une invention européenne, et que l'usage qu'on en devoit faire un jour n'attendoit depuis quatre mille ans que l'invention d'un papier facile à fabriquer.

N° 9 et 11 est une tête de femme, sculptée en bois, couverte d'une impression à la colle peinte et vernie; elle a cette particularité très remarquable, que la chevelure en est laineuse, les traits africains, quoique délicats, et la couleur parfaitement européenne; les yeux étoient sans doute en métal, et auront été arrachés par l'avidité des Arabes.

N° 10. Tête moulée en terre, peinte, et appliquée sur les planches des caisses des momies de Ssakharah. Il y a plusieurs particularités à observer dans ces antiquités; premièrement c'est qu'elles sont en terre non cuite, pétrie avec de la paille hachée très menue, ou de la fiente de vache: ce qui indiqueroit que les Égyptiens ont fait de toute antiquité usage de cet amalgame; que les grandes murailles de Syene, certains monuments près des pyramides, d'autres à Thebes, à Chnubis, et à Hilaum, bâtis en briques de terre non cuite, sont des ruines égyptiennes ainsi que les temples; et que si les maisons particulieres, trop légèrement bâties avec les mêmes matériaux, ont absolument disparu, les grands monuments ainsi construits n'ont éprouvé d'altérations que celles produites par l'animosité et les efforts destructifs des mains ennemies.

Ces sortes de têtes, peintes en détrempe, sont de trois couleurs; il y en a de rouges, de couleur de chair blanche, et de vertes. Strabon a parlé d'hommes rouges; étoit-ce une espece d'hommes à part? Dans les tombeaux des rois, à Thebes, j'ai vu dans les peintures des hommes rouges et des hommes noirs; j'y ai vu des hommes rouges couper la tête à des hommes noirs, et jamais des hommes noirs couper la tête à des hommes rouges (voyez planche CXXIV, n° 2); j'ai vu des figures de divinités avec une teinte verte: étoient-ce des divinités aquatiques? car il n'a jamais été question nulle part d'hommes verds par leur nature. Il y a aussi de ces têtes entièrement dorées.

N° 12. Un petit tombeau de grandeur naturelle, en bois de sycomore, contenant un petit simulacre de momie en résine ou baume odoriférant et précieux: étoient-ce des tombeaux votifs? étoient-ce des cénotaphes de personnages morts dans des expéditions lointaines, et ajoutés aux sépultures des familles contenant toute une lignée?

N° 13, 14, 15, et 16. La serrure égyptienne: elle ferme la porte de la ville, celle de la maison, celle du plus petit meuble; je l'ai placée à travers les antiquités, parcequ'elle est la même que celle dont on se servoit il y a quatre mille ans; j'en ai trouvé une sculptée parmi les bas-reliefs qui décorent le grand temple de Karnak: simple de conception, facile d'exécution, aussi sûre que toutes les autres serrures, elle devroit servir à fermer toutes nos clôtures rurales; le n° 13 est la clef, qui peut se combiner de mille manieres différentes: n° 14, la serrure fermée, vue par l'intérieur, la clef dans l'acte de repousser les pointes, qui en tombant arrêtent le pêne; le n° 15, le pêne tiré, et la serrure ouverte; n° 16, la partie extérieure de la serrure fermée, le pêne arrêté dans la gâche.

N° 18. Lange de momie en toile brodée, et d'une broderie de même style que celle adoptée tout récemment par nos brodeurs, c'est-à-dire en emportant alternativement tantôt partie de la couverte, tantôt partie de la trame; les bouts des fils coupés sont crochetés, et tout ce qui est enlevé est remplacé par un tissu passé à l'aiguille, de sorte que la broderie remplace le fil emporté, et a le triple avantage de n'avoir point d'envers, d'être sans épaisseur, et de paroître par conséquent un broché double. Dans le morceau sur lequel je viens de faire la digression ci-dessus, la broderie est en laine, filée très fine, teinte de couleurs tellement solides, que, malgré l'impression de la liqueur corrosive de l'embaumement, et le laps d'au moins quarante siecles, les couleurs en sont encore très vives; il y a du verd, du jaune, du rouge, et de l'orangé. J'ai pensé qu'il seroit assez piquant de faire connoître le goût du dessin d'une bordure égyptienne; le fragment en question est suffisamment grand pour y distinguer un fond uni, trois bandes ouvrées dans le même tissu, et la bordure brodée: on peut remarquer dans la forme des fleurs le même goût de dessin qui existe encore dans les bordures des schals de l'Inde.

Le nº 17 est une bordure brochée en laine noire, composée dans le meilleur goût.

Ces morceaux ajoutent encore quatre articles nouveaux à l'industrie égyptienne; la filature de la laine, la teinture, la broderie, et la brochure, c'est-à-dire des manufactures perfectionnées. Peut-être quelque jour trouvera-t-on encore dans la dépouille de quelque momie de l'étoffe brochée en trois couleurs; dès-lors il ne restera dans ce genre aucune invention à l'industrie européenne, et peu-à-peu on pourra se convaincre que les hommes sont toujours arrivés aux mêmes résultats par les mêmes moyens, et que les lacunes causées par les révolutions ont fourni à l'amour-propre l'illusion de créations qui ne sont que le retour des mêmes choses retrouvées sous la dictée du même besoin: ceux du superflu sont immenses, et l'on pourroit peut-être déterminer combien telle production industrielle donne de siecles à telle société sous tel climat, et par ce rapport présenter de nouvelles époques pour l'histoire des peuples.

PLANCHE CLX.

N'ayant aucunes nouvelles observations geographiques à présenter au public relativement à la haute Égypte, j'ai pensé devoir tracer sur la carte de Danville les marches de l'armée française dans cette partie de l'Afrique, et ces marches ont tout naturellement tracé celles de mon voyage; au lieu de répéter les erreurs qui ont existé jusqu'à présent dans la nomenclature des innombrables villages arabes qui sont situés le long du Nil, je n'ai inscrit que les villes antiques que j'ai reconnues, les lieux principaux de nos stations, les batailles, et quelques monuments épars; j'ai remplacé le reste par les numéro des dessins que j'ai faits; ces numéro, placés aux lieux dont ils indiquent les vues, pourront par leurs renvois satisfaire la curiosité du lecteur sur l'aspect que chaque point offre à la vue, et faire de l'ensemble une carte pittoresque de l'Égypte; quelque jour celle faite, sous la direction du général Andréossy, par les citoyens Nouette, Jacotin, le Pere, et toute la société des ingénieurs-géographes de l'expédition, offrira le plus beau résultat de l'opération la plus soignée qui ait jamais été faite en ce genre.

PLANCHE CLXI.

Autre manuscrit trouvé à Thebes, et rapporté au moment où j'achevois mon ouvrage: il a été donné au général Andréossy, qui a bien voulu me le communiquer; c'est le plus considérable de tous ceux que j'ai vus: il a douze pieds de longueur, et contient dix-neuf pages d'écriture, qu'il sera très intéressant de publier dès qu'on sera parvenu à lire ces especes de manuscrits: je me suis contenté de prendre la vignette, qui m'a paru assez intéressante pour mériter d'être ajoutée à douze autres estampes que je donne de plus que celles que j'avois annoncées à mes souscripteurs.

Ce dernier manuscrit a quelque analogie avec celui en toile (planche CXXV), qui a de même dix-neuf pages, un tableau, et une vignette ou espece de frise qui regne sur le dessus de toutes les pages; celle-ci est malheureusement trop fruste pour avoir conservé de l'intérêt, ainsi qu'on peut le voir dans la partie supérieure du tableau; j'ai remarqué dans les fragments qui restent, des crocodiles, un scorpion, une écrevisse: ce manuscrit, divisé par chapitres, le commencement de chacun d'eux est écrit en rouge; trois des pages semblent être la récapitulation ou le titre des chapitres: composés chacun d'une demi-ligne, le premier mot qui commence la ligne est le même tout le long de la page, et semble devoir être un article ou un pronom; il y en a un différent à chacune des pages: je les ai copiés fidèlement tous les trois (voyez lettres A, B, et C). Le papyrus de ce dernier manuscrit m'a paru plus fin, l'écriture d'un plus beau caractere, et la touche du dessin un peu plus ferme, et d'un style plus précis: je crois qu'il est de ces especes de dessins comme de ceux que nous voyons sur les vases étrusques, c'est-à-dire qu'il doit y avoir tout naturellement une grande variété dans la perfection de leur exécution, et qu'il est possible qu'il en existe d'aussi purs et d'aussi précieux que la sculpture de certains hiéroglyphes qui ont la précision de l'orfévrerie. J'ai gravé celui-ci moi-même, et j'y ai mis une grande imitation de la touche; ses couleurs se sont conservées très vives; elles sont posées à plat; je les ai blasonnées dans la gravure pour les faire connoître: la ligne verticale indique le rouge, la ligne horizontale le jaune, l'inclinée le verd, et la croisée le noir; la premiere disposition du tableau avoit été tracée au crayon gris; il en paroît encore quelques traces près des colonnes (voyez les lignes ponctuées). En humectant le papyrus pour le dérouler, il a répandu une odeur si forte et si pénétrante, quoiqu'agréable, qu'il a fallu ouvrir les fenêtres pour ne pas en être incommodé. J'ai cru trouver dans les personnages une nouvelle raison de penser que ces coiffures étranges, présentant des têtes d'animaux sur des corps d'hommes, étoient des especes de masques, des signes extérieurs qui indiquoient la dignité attachée aux degrés d'initiations, et dont les initiés étoient revêtus dans les cérémonies. La figure n° 15, dans l'acte d'écrire, est un personnage vivant, dans un mouvement actif; ses jambes et ses bras sont rouges, de couleur animée, et sa tête, surmontée d'un bec d'oiseau, ne doit être qu'une figure superposée. La figure 3, entre deux divinités, est sans marque de dignité, sans barbe; elle a le simple habit sans couleur que portoient tous les Égyptiens; sa chair est rouge; elle est dans l'attitude d'un aspirant, et en est peut-être un : toutes les petites statues, trouvées étudiant sur des manuscrits, sont également sans marque de dignité, sans barbe, et paroissent toutes être jeunes. Les deux figures n° 10 et 13, qui sont sous le fléau de la balance, et qui semblent en régler l'équilibre, sont du genre de la premiere; tandis que la petite, n° 5, vêtue d'une seule toile blanche, et qui met une divinité dans un des bassins de la balance, est de la classe de celle n° 3; elle paroît établir l'équilibre de l'autre bassin, dans lequel est l'emblême de la terre : les deux extrémités du fléau de la balance sont terminées par deux fleurs de lotus, peut-être signifiant l'équilibre des eaux, qui fait seul fleurir cette plante; et la figure du chien ou du cynocéphale, n° 8, qui est au-dessus du support, qui est verte, qui a un gros ventre, et qui épanche de l'eau sur l'image de la terre, qui lui est présentée par l'initié à la figure d'Osiris, est peut-être le vent de la pluie, celui qui presse les nuages contre la chaîne des montagnes de la lune, celui qui produit le trop ou trop peu d'inondation; cette figure d'Osiris, n° 10, paroît avec l'une et l'autre main en chercher l'équilibre. L'espece de lion, n° 17, avec des mamelles, qui est sur un autel, la gueule ouverte, la langue haletante, est aussi une particularité que je n'ai trouvée nulle part ailleurs; l'offrande d'une fleur aquatique, et d'un vase transparent à moitié plein d'eau, n° 18 et 19, n'indiqueroit-elle pas l'invocation à la divinité pour obtenir l'entiere inondation dont la terre altérée sollicite le secours? C'est toujours pour obtenir de l'eau que l'on prie en Égypte, parceque c'est toujours l'eau qui y produit tout, qui est le principe de tout, l'objet de tous les vœux, la source de toutes les craintes, parceque c'est le premier besoin, le principe de la végétation et celui de l'abondance.

Chaque antiquité que l'on trouve fournit une assertion qui souvent ne vient qu'à l'appui d'une erreur: voulant donner une histoire à un grand peuple éclairé, puissant, qu'une longue suite de siecles a séparé de nous pendant nombre et nombre de siecles par une barriere mystérieuse, chacun a voulu voir dans les premiers fragments des monuments égyptiens apportés en Europe l'application d'un système prématuré; impatient, on a voulu y trouver l'explication du ciel, de la terre, les principes du gouvernement de ce peuple, et le tableau de ses mœurs; celui des cérémonies de son culte, de ses arts, de ses sciences, et de son industrie: les formes hiéroglyphiques se sont prêtées au délire de l'imagination; et, s'appuyant sur des hypotheses, chacun s'est avancé avec la même autorité par des routes différentes, et toutes également obscures et hasardées. Un auteur, trouvant un jour une suite de vignettes, s'avisa de parodier ces estampes; le roman se trouvant agréable, personne ne s'avisa de revendiquer sa conquête: mais ici que l'histoire peut protester contre la parodie chaque fois qu'on apporte une authenticité nouvelle, plus les objets de comparaison se multiplient, et plus on craint de hasarder des rêves, et moins par conséquent on ose écrire. Amasser sans système et rassembler des monuments qui offrent des rapprochements et des rapports, si ce n'est pas donner la lumiere, c'est battre la pierre dont s'échappe l'étincelle qui la produit. Bien pénétré de ce sentiment, j'ai trouvé en moi ce courage passif qu'il falloit avoir pour faire des dessins hiéroglyphiques, cette pieuse ardeur, ce zele aveugle enfin qui ne peut être comparé qu'à celui de nos vestales, qui, naguere, dans une langue étrangere, prioient, croyoient, adoroient, sans comprendre.

FIN DE L'EXPLICATION DES PLANCHES.

INDEX

DES PLANCHES ET DU JOURNAL.

N. B. Indépendamment du renvoi qui est indiqué dans cet Index, soit aux Planches, soit au Texte, le lecteur est invité à lire l'explication particuliere à chaque Planche, où il trouvera le plus souvent de nouveaux détails, et des développements qu'il est impossible de faire entrer dans le Journal sans en interrompre la narration.

FIN.

NOMS DES SOUSCRIPTEURS

POUR L'ÉDITION IN-FOLIO.

	NOMBRE D'EXEMPL. PAP. VÉL.	PAP. ORD.
BONAPARTE, général, 1er consul,	26	20
CAMBACÉRÈS, second consul,	1	
LEBRUN, troisieme consul,	1	
MARET, secrétaire d'état,	1	1
ABRIAL, ministre de la justice,	.	1
TALLEYRAND, ministre des relations extérieures,	1	1
CHAPTAL, ministre de l'intérieur,	1	
GAUDIN, ministre des finances,	.	1
ALEX. BERTHIER, ministre de la guerre,	1	
DECRÈS, ministre de la marine et des colonies,	.	1
FOUCHÉ, ministre de la police générale,	1	1
BARDÉ-MARBOIS, minist. du trésor pub.,	.	1
PORTALIS, ministre, conseiller d'état,	.	1
BONAPARTE (Joseph), ministre, conseiller d'état,	1	
MARESCALCHI, ministre d'état de la République italienne,	.	1
S. M. l'empereur d'Allemagne,	1	
S. M. l'empereur de Russie,	1	
S. M. le roi d'Espagne,	1	
S. M. la reine de Prusse,	1	
S. M. la reine de Naples,	1	
S. A. R. l'archiduc Jean d'Autriche,	1	
S. A. R. le prince Albert de Pologne, duc de Saxe-Teschen,	1	
S. A. S. E. madame l'électrice régnante Bavaro-Palatine,	1	
S. A. S. Mgr le prince Frédéric de Hesse-Darmstadt,	1	
S. A. S. madame la Landgrave régnante de Hesse-Darmstadt,	1	

	PAP. VÉL.	PAP. ORD.
S. A. le prince régnant de Anhalt-Dessau,	.	1
S. A. le margrave d'Anspach,	1	
S. A. le prince régnant Reuss Lobeinsten,	.	1
S. A. le prince Lobkowitz,	.	1
S. A. le prince Schwarzenberg,	.	1
Le comte de Cobenzel, ambassadeur de S. M. l'empereur et roi,	1	
Le comte de Kalitscheff, ministre plénipotentiaire de S. M. I. de toutes les Russies,	.	1
Le chevalier d'Azara, ambassadeur de S. M. C.,	1	
Le marquis de Lucchesini, envoyé extraordin. de S. M. le roi de Prusse,	.	1
Jackson, ministre plén. d'Angleterre,	1	
Rufus-King, ministre plénipotentiaire des États-Unis d'Amérique,	.	1
Aberdeen (Earf of),	.	1
Ambrasone,	.	1
Anderson, major,	.	1
Andréossy, général,	.	1
Anker (chambellan),	.	1
Armefeldt (le général),	1	
Arnaud, chef de l'instruction publique au ministere de l'intérieur,	.	1
Artaria (Dom), libr. à Manheim,	13	13
Asserblad, secrétaire du roi de Suede,	.	1
Aubourg,	.	1
Auguié, administrateur des postes,	.	1
Baccioky (madame),	.	1
Barclay (sir Robert),	.	2

	PAP. VÉL.	PAP. ORD.
Barlow (J.), citoyen des États-Unis d'Amérique,	.	1
Barrillon, banquier,	1	1
Barrois l'aîné, libraire,	2	
Bastereche, banquier,	2	1
Becman,	.	1
Bekfort,	1	
Belanger, architecte,	.	1
Belliard, général,	1	
Bentinch (lord Williams),	.	1
Berard (madame),	.	1
Bergerot, commiss. de liquidation des émigrés,	1	
Bertin,	1	
Bibliotheque publique de feu le général Classen, à Copenhague,	.	1
Blake (W.),	.	1
Bonaparte (Lucien), ambassadeur en Espagne,	1	
Bonaparte (Louis),	1	
Borrel (l'adjudant-commandant),	.	1
Bottoy,	.	1
Boulongue,	.	1
Bourguignon, juge du trib. crim.,	.	1
Bourrienne, conseiller d'état,	.	1
Boyelleau, maire de Châlons-sur-Saône,	.	1
Bozerian, relieur,	1	2
Brunet, adj. au maire de Châlons-sur-Saône,	.	1
Burdett,	.	1
Cabarus, banquier,	.	1
Caillard, ex-ambassadeur à Berlin,	1	
Cambry, préfet,	.	1
Camus, garde des archives du corps législatif,	.	1
Camus Dumartroy,	1	
Carbonnet,	.	1
Catellan,	.	1
Chaltas,	.	1
Chatillon, artiste,	.	1
Chauvelin, tribun,	.	1
Cherb, banquier à Lyon,	.	1
Clarke (le chev.),	.	1
Cllaisse, commiss. du gouvern. près le trib. de Forcalquier,	.	1

	PAP. VÉL.	PAP. ORD.
Coclers, libraire,	.	3
Collot, banquier,	.	1
Coswai (madame de),	.	1
Courlande (princesse de),	1	2
Currie (Jam.), president of the athenaum of Liverpool,	.	1
Deboffe, libraire, à Londres,	1	15
Debure, libraire,	2	1
Dechancenay (madame),	.	1
Dedem de Gelder, envoyé extraord. et ministre plénipot. de la républiq. batave près S. M. le roi d'Étrurie,	.	1
Degen, libraire à Vienne,	3	3
Degotty, architecte,	.	1
Deharchies,	.	1
Dekreny (madame),	.	1
Delamardelle,	.	1
Delarue (madame),	.	1
Depillon, commiss. de préfecture,	.	1
Depontis,	.	1
De Praslin, sénateur,	.	1
Desgenettes, méd. en chef des armées,	.	1
Desmarets,	.	1
Desporck (son excellence le comte de),	.	1
Destaing, général,	.	1
Déterville, libraire,	.	13
Deuros, conservat. de la bibliotheque de Grenoble,	.	1
Devoize, commiss. gén. à Tunis,	.	1
Didot l'aîné, imprimeur,	18	
Diwoff, née comtesse Boutourlin,	1	
Don Juan Maury,	.	1
Douglas (le marquis de),	1	
Doye (le major),	.	3
Dubreuil,	.	1
Dubuc,	.	1
Dufalga (le général),	.	1
Dugua (le général),	.	2
Dukermont, chef de la div. du secrét. de la guerre,	.	1
Durand, bibliothécaire de l'école centrale des Ardennes,	.	1
Duval (Amaury),	.	1
Duveyrier, tribun,	.	1
Edwards,	.	1

	PAP. VÉL.	PAP. ORD.
Egremont (mylord),	.	1
Erskine (monsignor),	.	1
Fauche,	.	9
Faucher (César), général,	.	1
Félix des Portes, secrétaire-général du ministere de l'intérieur,	.	1
Fontaine, libraire, à Manheim,	.	13
Foster (M. Thom. Esquire), à Londres,	.	1
Fouchet,	1	1
Frege, conseiller de la chambre des finances de S. A. E. de Saxe,	.	1
Fuchs, libraire,	1	25
Fulchiron, législateur,	.	1
Gampelrhairne,	.	1
Giguet, imprimeur-libraire,	1	2
Girard, ingénieur en chef des ponts et chaussées,	.	1
Gore, cit. des États-Unis d'Amérique,	.	1
Gonteau,	.	1
Graham, colonel,	2	
Gregory Watte,	.	1
Griffiths, littérateur,	.	1
Groen (M. W.),	1	
Gueigneux, administ. des postes,	.	1
Guillemart, citoyen des États-Unis d'Amérique,	.	1
Gurney,	.	1
Hainguerlot, banquier,	1	
Haller, banquier,	.	1
Harrington (Earl of),		
Harville, sénateur,	1	1
Henry (Mlle), artiste du théâtre des Arts,	1	
Herbouville, préfet des Deux-Nethes,	.	1
Hertault, inspect. des bâtiments des Tuileries,	.	1
Hoare, banquier, à Londres,	.	1
Holland (Lady),	.	1
Holland (lord),	1	
Hompten Rob,	.	1
Hoodford (chevalier),	1	
Horgniet, libraire à Bruxelles,	.	1
Hudson Gournay,	.	1
Infantado (M. le duc del), à Madrid,	.	1
Izard, cit. des États-Unis d'Amérique,	.	1

	PAP. VÉL.	PAP. ORD.
Jeanson,	.	1
Joly,	.	1
Jones (Milady),	1	
Jouty, banquier,	.	1
Junot, général,	1	
Kairslinger,	.	1
Klostermann, libraire à Pétersbourg,	.	3
Laborde (Alexandre),	.	1
Laborde Mereville,	.	1
Labouchere, associé de la maison de Hope,	1	
Lacase, banquier,	2	1
Lambert (le comte),	.	1
Langlès, membre de l'institut nat.,	.	1
Lavalette, commiss. du gouvern. près la poste aux lettres,	.	1
Lebegue Germiny,	.	1
Lecoq, jurisconsulte,	.	1
Lecoulteux de Canteleux, sénateur,	1	1
Lefevre Laroche, législateur,	1	
Legrand, archit. des monum. pub.,	.	1
Lehoc, ex-ambassadeur,	.	1
Lenoir (Alex.), conservateur des monuments français,	.	1
Lenoir, banquier,	.	1
Lepere, ingénieur-direct. des ponts et chaussées,	.	1
Lepretre Château-Giron,	.	1
Leroy, ex-préfet maritime en Égypte,	.	1
Leroy, négociant,	.	1
Leroy, de l'institut national,	.	1
Leroux,	.	2
Levrault freres, libraires,	2	12
Loesch (le conseiller),	.	1
Lom,	.	2
Madden, major,	.	1
Majou, adjudant,	.	1
Mark-Davis (esquire),	.	1
Marmont (le général),	1	1
Masson, statuaire,	.	1
Maurice de Fries (comte),	.	1
Menou, général en chef,	.	1
Meuricoffre, banquier,	.	1
Metra, libraire à Berlin,	1	2
Metzger,	.	1

	PAP. VÉL.	PAP. ORD.
Michaux, ordonnat. en chef de l'armée d'observation,	.	1
Milingin,	.	1
Molini, libraire,	.	1
Montigny, receveur des rentes,	1	
Montesson (madame de),	1	
Morin,	.	1
Motteux,	1	
Murat, général en chef,	1	1
Mycielschi (le comte Stanislas),	.	1
Naigeon, de l'institut national,	1	
Neergaard (baron de), hom. de lett.,	.	2
Neny (Goswen de),	.	1
Nicolas, amateur,	.	1
Orselti de Luc,	.	1
Ossuna (M. le duc d'), à Madrid,	.	1
Osterwald l'aîné,	.	2
Otter (esquire), à Londres,	.	1
Ourches (d'),	1	
Paris, architecte,	.	2
Payne et Mackinlay, libr. à Londres,	15	13
Perregaux, sénateur,	.	1
Petiet, ancien ministre de la guerre,	.	1
Pezet Corval, notaire,	.	1
Pilner, à Lisbonne,	.	1
Pommereul, préfet d'Indre et Loire,	.	1
Poncet, préfet du Jura,	.	2
Ponblom, marchand d'estampes, à Anvers,	.	2
Portland (duchesse de),	1	
Pougens, membre de l'institut,	.	4
Pourtalis,	.	1
Poussielgue, ministre des finances au Caire,	.	1
Prunelle Deliere, homme de lettres,	.	1
Pujet (Jn.) esquire,	1	
Quatremere de Quincy,	.	1
Rapp, aide-de-camp du premier consul,	.	1
Réal, conseiller d'état,	.	1
Renaud de S. Jean-d'Angely, conseiller d'état,	.	1
Reina, législateur italien,	.	1
Renouard, libraire,	.	1
Rigo, de l'institut du Caire,	.	1

	PAP. VÉL.	PAP. ORD.
Riviere,	.	1
Rochefoucauld (madame de la),	.	1
Roittiers,	.	1
Romana (M. le marquis de la),	.	1
Ronus, banquier,	.	1
Rowley (Henri),	.	1
Salsburi,	.	1
Santacrux (madame la marquise de),	.	1
Sauzay, préfet du dép. du Mont-Blanc,	.	1
Savary, législateur,	.	1
Savoye Rollin, tribun,	.	1
Schoenborn (le comte),	.	1
Seguin, banquier,	1	1
Segur, législateur,	.	1
Seymour (le chevalier),	.	1
Smith, Allen de la Caroline,	.	2
Smith (Spencer), ministre plénipot. de S. M. B. près la Porte Ottomane,	.	1
Smith (le commodore sir Sydney),	.	1
Smith (Henri),	.	1
Sokolnicki (le général),	.	1
Sprengporten (le général),	1	
Suchet, général,	.	1
Suchet, chef d'escadron,	.	1
Talma, artiste du Théâtre Français,	.	1
Talon,	1	
Taylord, libraire, à Londres,	2	9
Tillard, libraire,	1	3
Tranpract, à Bruges,	.	1
Treuttel et Wurtz, libraires,	.	6
Tronchin Labat, à Geneve,	.	1
Valence, général,	.	1
Vauborel (madame),	.	1
Volney, sénateur,	.	2
Wans, libraire à Londres,	.	13
Weis,	.	1
Wely,	.	2
Wilkins,	.	1
Whiltingham,	.	2
William Maclure, citoyen des États-Unis d'Amérique,	.	1
Winckter,	.	1
Woodford (le chev.),	.	1
Wycombe (lord),	.	2

www.ingramcontent.com/pod-product-compliance
Ingram Content Group UK Ltd.
Pitfield, Milton Keynes, MK11 3LW, UK
UKHW020429200726
13857UKWH00002B/345